Special Thanks to

세상이 아무리 바쁘게 돌아가더라도
책까지 아무렇게나 빨리 만들 수는 없습니다.

길벗은 독자 여러분이
가장 쉽게, 가장 빨리 배울 수 있는 책을
한 권 한 권 정성을 다해 만들겠습니다.

독자의 1초를 아껴주는 정성을
만나보세요.

운영 체제 컴퓨터 운영체제는 윈도우를 기준으로 서술하였습니다.
맥 사용자는 윈도우의 Ctrl 을 맥의 command 로, Alt 를 option 으로 사용하시기 바랍니다.

예제 및 완성 파일 다운로드

이 책에 사용된 예제 파일과 완성 파일은 길벗출판사 홈페이지(www.gilbut.co.kr)에서 다운로드할 수 있습니다.

- 예제 및 완성 파일 : 예제를 따라하면서 꼭 필요한 예제 파일과 완성 파일을 파트별로 담았습니다.

1단계 　🔍 애프터 이펙트 CC 무작정 따라하기　　검색　에 찾고자 하는 책 이름을 입력하세요.

2단계 　검색한 도서로 이동한 다음 〔자료실〕 탭을 선택하세요.

3단계 　예제 및 완성 파일 등 다양한 실습 자료를 다운로드하세요.

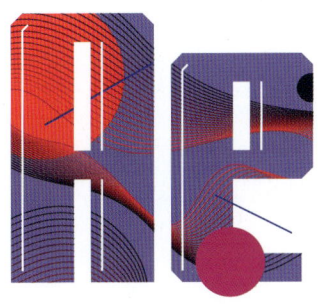

애프터 이펙트
CC 무작정 따라하기

전은재 · 앤미디어 지음

애프터 이펙트 CC 무작정 따라하기
The Cakewalk Series - After Effects CC

초판 발행 · 2022년 3월 18일

지은이 · 전은재, 앤미디어
발행인 · 이종원
발행처 · (주) 도서출판 길벗
출판사 등록일 · 1990년 12월 24일
주소 · 서울시 마포구 월드컵로 10길 56(서교동)
대표 전화 · 02) 332-0931 | **팩스** · 02) 323-0586
홈페이지 · www.gilbut.co.kr | **이메일** · gilbut@gilbut.co.kr

기획 및 책임 편집 · 정미정(jmj@gilbut.co.kr) | **표지 및 본문 디자인** · 장기춘
제작 · 이준호, 손일순, 이진혁 | **영업마케팅** · 전선하, 차명환 | **영업관리** · 김명자 | **독자지원** · 윤정아

편집 진행 · 앤미디어 | **전산 편집** · 앤미디어 | **CTP 출력 및 인쇄** · 교보피앤비 | **제본** · 경문제책

* 잘못된 책은 구입한 서점에서 바꿔 드립니다.
* 이 책은 저작권법에 따라 보호받는 저작물이므로 무단전재와 무단복제를 금합니다.
  이 책의 전부 또는 일부를 이용하려면 반드시 사전에 저작권자와 (주)도서출판 길벗의 서면 동의를 받아야 합니다.

ⓒ 전은재, 앤미디어, 2022

ISBN 979-11-6521-855-3 03000
(길벗 도서번호 007134)

정가 24,000원

독자의 1초를 아껴주는 정성 길벗출판사

길벗 | IT단행본, IT교육서, 교양&실용서, 경제경영서
길벗스쿨 | 어린이학습, 어린이어학

페이스북 | www.facebook.com/gilbutzigy
네이버 포스트 | post.naver.com/gilbutzigy

AFTER EFFECTS

애프터 이펙트 CC 2022로 익히는
크리에이티브한 영상 및 모션 그래픽 작업!

1993년, 애프터 이펙트가 세상에 처음 나온 이후로 애프터 이펙트는 꾸준히 업데이트하며, 많은 사람의 관심 속에 그래픽 작업에서 필수 소프트웨어 중 하나로 성장하였습니다. 이는 시대적 상황이 반영된 것으로, 영화사나 방송사의 전유물로 여겨졌던 영상 및 모션 그래픽이 유튜브, 인스타그램, 틱톡 등과 같은 동영상 플랫폼의 발달로 점차 일반인에게도 친근한 존재가 되었습니다. 우리는 단순히 영상을 시청하는 것을 넘어서 영상을 이용하여 작품을 만들고, 상상력을 표현할 수 있는 영상 그래픽의 시대에 살아가고 있습니다.

작업 속도의 향상과 안정성을 가져온 애프터 이펙트 CC 2022

애프터 이펙트는 매해 새로운 기능과 최적화를 업데이트하고 있습니다. Adobe AI를 이용하여 기능 속도와 정확도 향상 그리고 3D 작업 인터페이스를 2021 버전에 이어 지속해서 향상하고 있습니다. 특히 2022 버전에서는 렌더링 시간이 얼마나 남았는지, 한 프레임 당 렌더링 시간이 얼마인지를 직관적으로 확인할 수 있어 작업의 효율을 높였습니다.

이 책 한 권이면 다양한 영상 및 그래픽 작업에 필요한 애프터 이펙트의 모든 기능을 배울 수 있습니다. 모션 그래픽 분야에 한정하지 않고 실사 영상을 이용하는 필름 메이커들도 애프터 이펙트를 활용할 수 있게 구성하여 모션 그래픽과 영상 그래픽을 모두 잡을 수 있도록 구성했습니다. 애프터 이펙트는 한 쪽에 치중되지 않은 툴로, 모션 그래픽과 영상 그래픽 둘 다 이용할 줄 알아야 경쟁력 있는 작업자가 될 수 있습니다.

암기보다는 이해, 자연스럽게 체득할 수 있는 애프터 이펙트 무작정 따라하기

애프터 이펙트를 배우는 과정에서 '왜 이런 효과를 넣었고, 왜 이런 설정을 했지?'라는 생각은 학습 과정에서 항상 드는 의문이었습니다. 이 과정에서 암기로 체득되는 부분도 있었지만, 이해하고 넘어가는 부분이 더 오래 기억에 남고 추후에 빠른 적용으로 나타났습니다. 이 책에서는 '왜? 그럴까?' 코너와 'TIP'을 통해 이러한 궁금점을 해결할 수 있도록 구성했습니다. 본문의 내용으로 이해하기 어려운 부분을 해당 부분을 통해 이해하면서 학습해 보세요.

『애프터 이펙트 CC 무작정 따라하기』는 필수적이고 핵심적이면서도 실용적인 많은 기능들을 빠짐없이 넣었습니다. 안 쓰이는 기능은 과감히 빼고, 많이 사용하는 기능과 이펙트 위주로 예제를 구성하였습니다.

여러분의 애프터 이펙트 실력 향상에 도움이 되길 진심으로 바랍니다.

THANKS TO

이 책을 위해 도움을 주신 많은 분들에게 감사합니다. 책이 기획되고 나오기까지 신경 써 주신 길벗 출판사 정미정 팀장님과 기획, 편집 디자인을 담당한 앤미디어 최소영, 이송이, 박기은, 이미자님, 예제 작업에 도움을 주신 조매력(유튜버), 임연주, 김소정 님에게 진심으로 고마움을 전합니다.

체계적인 구성을 따라 쉽고 빠르게 공부하세요!

필수 기능 & 실습 예제

애프터 이펙트 기능을 쉽게 배울 수 있도록 필수 기능과 실습 예제를 담았습니다. 직접 따라하면서 애프터 이펙트를 익히세요.

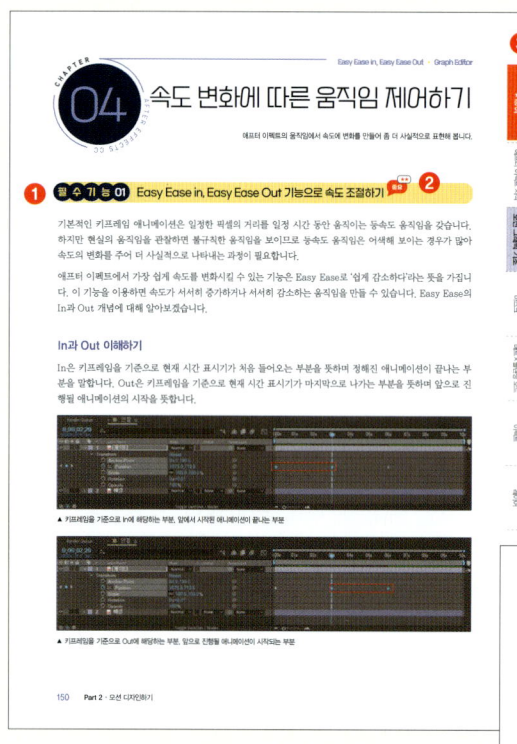

❶ **필수 기능** : 애프터 이펙트를 다루기 위해 꼭 알아야 할 필수 기능을 다양한 예시와 함께 설명합니다.

❷ **중요도 / 신기능 표시** : 중요 표시와 신기능 표시를 통해 중요도와 애프터 이펙트 CC 2022 버전의 새로운 기능을 확인할 수 있습니다.

❸ **탭** : 기능별 탭을 이용하여 원하는 기능을 빠르게 찾을 수 있습니다.

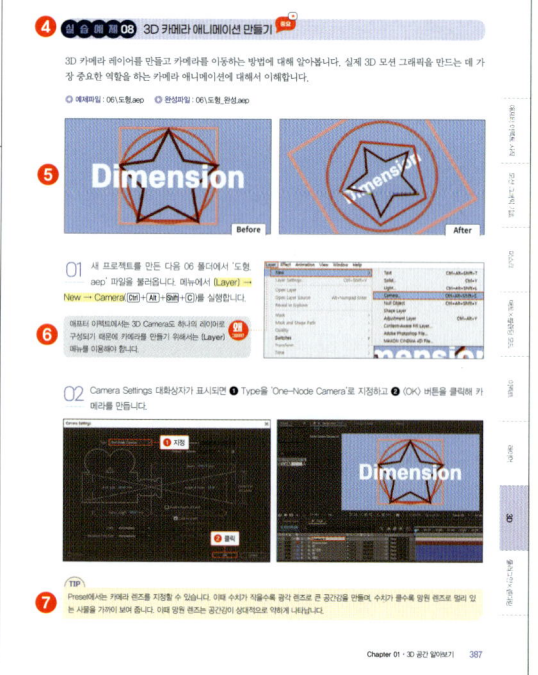

❹ **실습 예제** : 학습 내용을 직접 따라할 수 있도록 감각적인 예제로 구성했습니다. 눈으로만 읽지 말고 꼭 직접 따라 해 보세요.

❺ **Before / After** : 원본 이미지와 결과물을 미리 볼 수 있습니다.

❻ **왜** : 애프터 이펙트의 활용 폭을 넓히기 위해 예제에서 사용한 기능을 '왜?' 사용했는지를 친절하게 설명합니다.

❼ **TIP** : 예제에 관한 기본 팁을 제공합니다. 개념에 대한 부연 설명, 관련 정보, 주의할 점은 무엇인지 등을 설명해 놓았습니다.

혼자 해 보기

파트가 끝날 때마다 실력을 체크해 보는 예제를 제공합니다. 힌트를 보고 혼자 해 보고, 해설 동영상을 QR 코드로 확인하세요.

혼자 해 보기 : 학습을 마무리할 때마다 혼자 해 보는 코너를 통해 자신의 애프터 이펙트 실력을 체크해 보세요.

QR 코드 : 스마트폰으로 QR 코드를 촬영하여 예제 제작 과정을 동영상으로 확인할 수 있습니다.

힌트 : 혼자 해 보기의 과정을 간략하게 소개합니다.

별책부록

새로운 기능 중 알아두면 좋은 기능들을 따로 모아 별책에 담았습니다. 기존 기능에 익숙하거나 새로운 기능이 궁금하다면 별책에서 소개하는 새로운 기능만 따로 뽑아 익히세요.

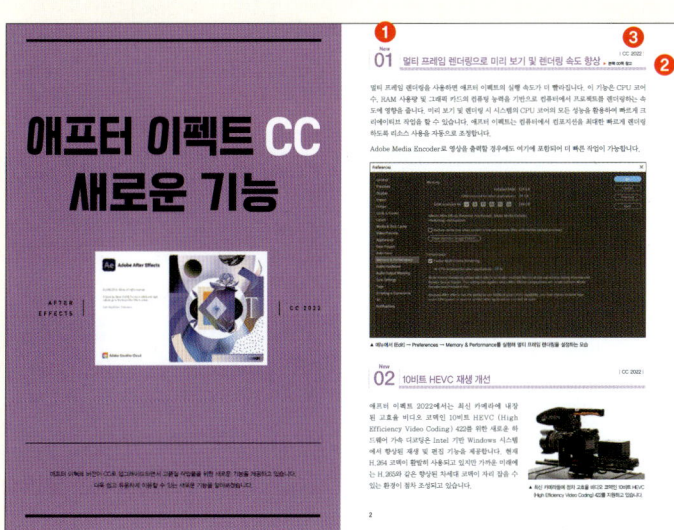

❶ **새로운 기능** : CC 버전 이상에서 나온 주요 새로운 기능들을 간략하게 소개합니다.

❷ **참고 페이지** : 본문에서의 관련 페이지를 표시하였습니다.

❸ **버전** : 해당 기능이 나온 버전입니다.

독자들이 원하는 책을 만들기 위해
먼저 따라 해 봤습니다!

AFTER EFFECTS

책을 출간하기 전에 부족한 점이 없는지 베타테스터가 꼼꼼하게 확인해 보았습니다. 베타테스터가 따라하면서 어려웠던 부분과 따라 해도 안 되는 부분을 모두 수정하고 보완했기 때문에 독자 여러분은 이 책을 '무작정 따라하기'만 하면 됩니다.

차근차근 따라 할 수 있어요.

처음 애프터 이펙트를 시작하는 사람도 차근차근 책을 따라 진행하면 어떤 예제든 금세 응용할 수 있어 하나씩 배워나갈 수 있어 좋았습니다. 친절하게 설명해 주는 기본 팁과 왜?의 추가적인 설명을 통해 예제를 진행하면서 궁금했던 점이 해결되었습니다.

직장인 최혜미

중요한 기능으로 한 번에 알 수 있어요.

중요한 기능과 우선으로 알아야 할 예제들을 한눈에 볼 수 있어 중요한 예제들을 중점으로 살펴볼 수 있었습니다. 중요 기능을 중심으로 다양한 방법으로 기능들을 활용하여 애프터 이펙트를 쉽고 재미있게 배울 수 있었습니다.

작가 심재원

다양한 예제로 활용법을 배워요.

애프터 이펙트를 사용하면서 기능은 알지만, 작업할 때 어떤 식으로 응용해야 할지 막막했던 경우가 많았죠. 책에 있는 다양한 실습 예제를 따라 해 보면서 어떤 상황에 기능이 사용되는지 알 수 있고, 혼자 해 볼 수 있는 예제가 같이 있어 자신의 실력을 알아볼 수 있어 좋았습니다.

애니메이터 서혜원

모션 그래픽과 영상 제작을 알 수 있어요.

애프터 이펙트를 처음 시작할 때 어떤 방법으로 작업이 진행되는지, 어떤 상황에서 사용되는지 알 수 없었습니다. 하지만 이 책에 있는 감각적인 예제를 따라 해 보면서 하나의 방법이 아닌 모션 그래픽과 실사 영상에 두 가지 방법에 쓰이는 다양한 방법들을 알 수 있었습니다.

교육자 강다미

길벗출판사 홈페이지를 적극 활용하세요!

길벗출판사에서 운영하는 홈페이지(www.gilbut.co.kr)에서는 출간한 도서에 대한 정보뿐 아니라 예제 파일 및 완성 파일, 최신 기능 업로드 등 학습에 필요한 자료도 제공합니다. 또한 책을 읽다 모르는 내용이 있다면 언제든지 홈페이지의 도서 게시판에 문의해 주세요. 저자와 길벗 독자지원센터에서 신속하고 친절하게 답해 드립니다.

활용 01 무엇이든 물어보세요!

길벗출판사 홈페이지에 접속한 후 ❶ 검색(🔍) 창에 『애프터 이펙트 CC 무작정 따라하기』를 입력해 해당 도서 페이지로 이동하세요. 홈페이지 화면의 오른쪽에 보이는 퀵 메뉴를 이용하면 ❷ 도서 문의를 빠르게 할 수 있습니다.

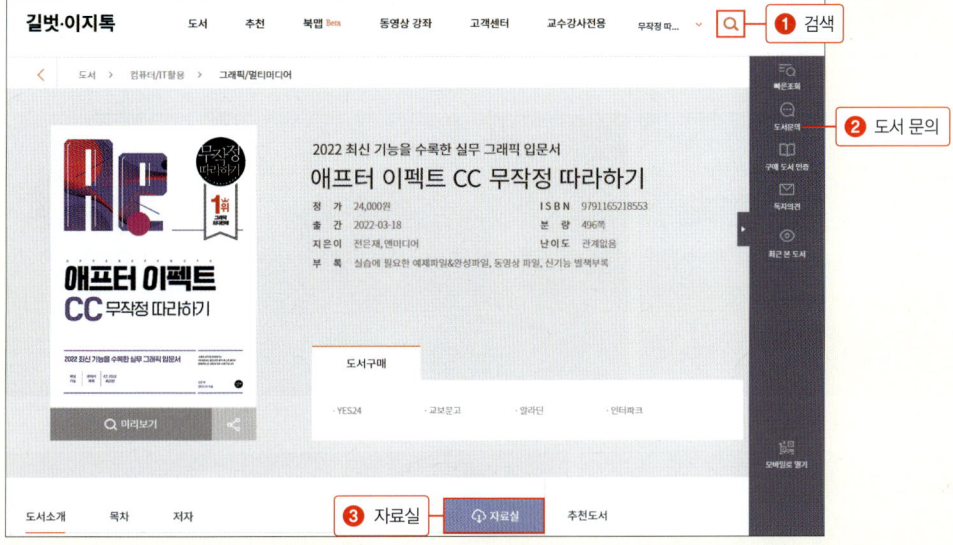

활용 02 실습 자료 다운로드

이 책에 사용된 모든 예제 파일 및 완성 파일은 자료실에서 다운로드할 수 있습니다. 해당 도서 페이지 아래쪽의 ❸ [자료실]을 클릭해 실습 파일을 다운로드하세요. 홈페이지 회원으로 가입하지 않아도 누구나 자료를 다운로드할 수 있습니다.

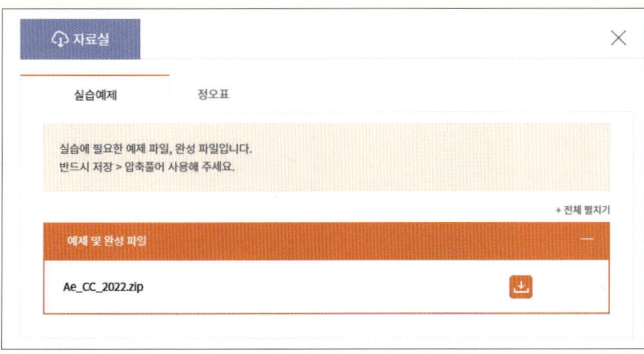

작업 디자인 미리보기

애프터 이펙트를 활용하여 작업한 디자인을 미리 확인해 보세요.

P.120 다양한 속성을 적용한 애니메이션 만들기

P.136 회전 기능이 추가된 퍼핏 핀 도구 이용하기

P.145 움직임에 따른 모션 블러 적용하기

P.188 패스 도구로 마스크 만들기

P.201 부드러운 마스크 적용하기   P.208 특정 물체 지우기

P.212 로토 브러시로 영상 분리하기

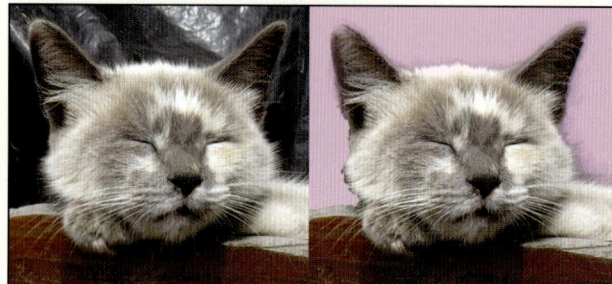

P.217 로토 브러시로 불분명한 경계 영역 분리하기

P.223 알파 매트와 알파 반전 매트 적용하기

P.237 블렌딩 모드 적용하기

P.243 CC Rainfall / CC Snowfall 이펙트로 비/눈 효과 만들기

P.246 Gaussian Blur 이펙트로 흐림 효과 만들기

P.248 Camera Lens Blur 이펙트로 원근감 만들기

P.266 Chang to Color 이펙트로 색상 변경하기

P.259 흑백 영역 조정하기

P.261 색상과 채도 조정하기

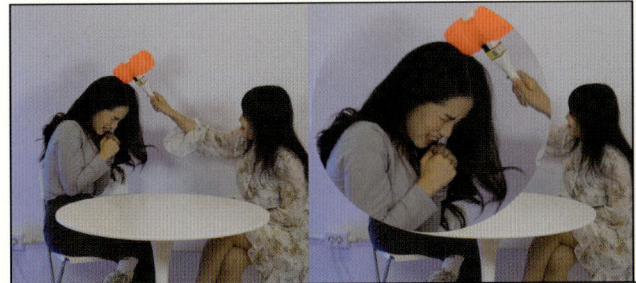
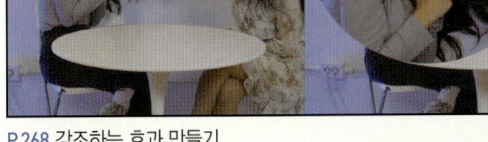
P.268 강조하는 효과 만들기

P.268 만화경 효과 만들기

P.276 그러데이션 배경 만들기

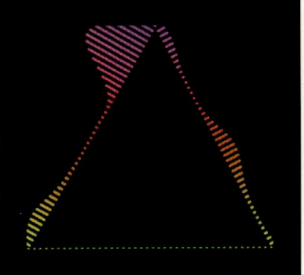
P.278 음악에 반응하는 그래픽 만들기

P.282 Keylight(1,2) 이펙트로 그린스크린 작업하기

09

P.288 Add Grain 이펙트를 이용해 빈티지 효과 만들기

P.291 Remove Grain 이펙트를 이용해 자글자글 노이즈 제거하기

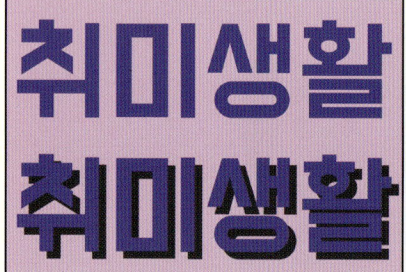
P.295 Drop Shadow 이펙트로 그림자 만들기

P.297 입체적인 형태 만들기

P.302 만화 효과 만들기

P.306 Grid Wipe 이펙트로 화면 전환 효과 만들기

P.308 CC Glass Wipe 이펙트로 화면 전환 효과 만들기

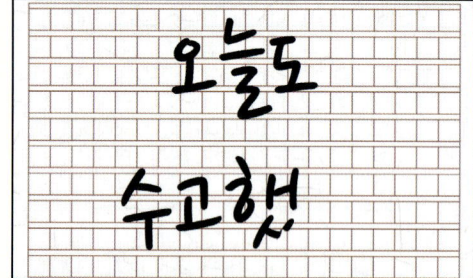
P.310 Stroke 이펙트를 활용하여 손글씨 효과 만들기

P.318 텍스트 레이어 만들기

P.329 패스를 따라 움직이는 텍스트 애니메이션 만들기

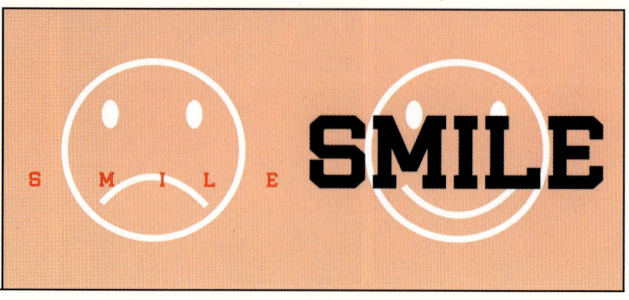
P.335 Animate와 Range 속성으로 애니메이션 만들기

P.339 키네틱타이포 장면 만들기 P.357 Dashes를 이용해 점선 만들기 P.363 셰이프 레이어 복제하기

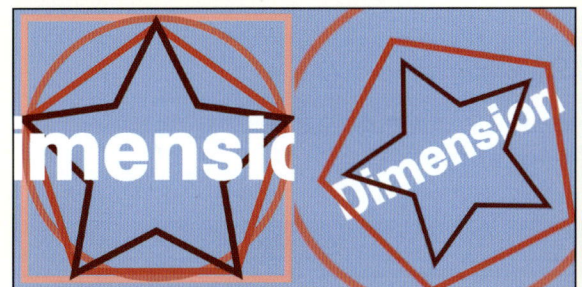 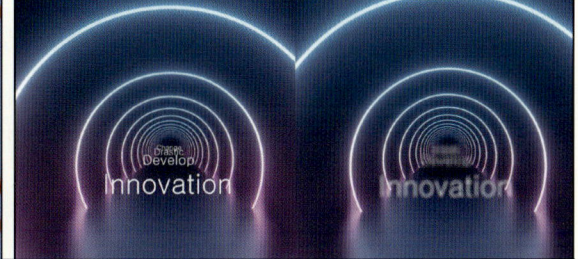

P.383 카메라 애니메이션 만들기 P.389 3D 카메라에서 카메라 심도 표현하기

 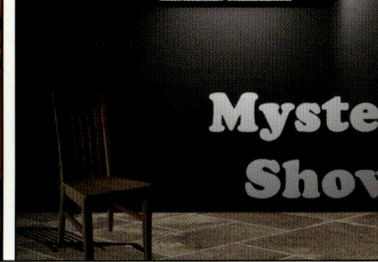 

P.393 조명으로 그림자 표현하기 P.397 조명으로 입체감 나타내기 P.401 사진으로 만드는 입체감 나타내기

 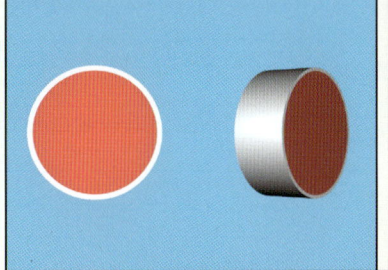 

P.407 Fake 3D 만들기 P.411 2D 셰이프 레이어를 3D로 만들기 P.417 3D Camera Tracker로 합성하기

 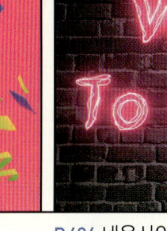  

P.430 모션 그래픽 만들기 P.434 네온사인 글씨 만들기 P.441 화면 전환 효과 적용하기

애프터 이펙트 학습 계획을 세워 보세요!

본격적으로 공부를 시작하기 전에 **자신에게 맞는 학습 계획**을 세워 보세요. 의지가 부족해 매번 중간에 포기했다면 여기서 안내하는 계획표대로 따라 해 보세요. 한두 달 안에 애프터 이펙트를 마스터할 수 있습니다.

학습 계획 A 애프터 이펙트를 사용한 적이 있으신가요?

중급 과정 학습 플랜 | 기본 기능을 어느 정도 알고 있다면 각 파트의 '실습 예제'를 중심으로 여러 가지 기능들을 학습해 보세요. 예제를 따라하다가 막히는 경우에는 '필수 기능'을 찾아서 확인합니다.

일	학습 날짜		파트	챕터	쪽수	학습 목표
1일 차	월	일	Part 1	1–3	53-58	작업 환경 설정, 컴포지션 만들기, 불러온 파일로 컴포지션 만들기
2일 차	월	일	Part 2	2	110-122	키프레임 애니메이션 활용, 레이어 속성 숨기기, 단축키 키프레임
3일 차	월	일		3	123-135	모션 스케치, 패스 마스크, 움직임 자동 전환, 흔드는 움직임
4일 차	월	일		3	136-146	퍼핏 핀 도구 사용, 익스프레션 움직임, Parent 기능, 모션 블러
5일 차	월	일		4	167-180	그래프 에디터 활용, 공튀기는 애니메이션
6일 차	월	일	Part 3	1	186-203	패스, 마스크, 마스크 페더 도구
7일 차	월	일		1	204-220	Null 기능, Content-Aware Fill 기능, 로토 브러시 도구
8일 차	월	일		2	221-238	알파 매트, 알파 반전 매트, 루마 매트, 루마 반전 매트, 블렌딩 모드 이미지 합성
9일 차	월	일	Part 4	1	245-284	Blur & Sharpen, Channel, Color Correction, Distort, Generate 이펙트 활용
10일 차	월	일		1	285-314	Noise & Grain, Perspective, Stylize, Transition 이펙트 활용
11일 차	월	일	Part 5	1	326-348	글자 변경 애니메이션, 패스 연결 애니메이션, Mesh Warp 이펙트
12일 차	월	일		2	349-370	셰이프 레이어, 점선 만들기, 둥근 선 끝 만들기, Add 활용
13일 차	월	일	Part 6	1	376-400	3D 레이어, 3D 카메라, 조명 활용
14일 차	월	일		1	401-420	2D를 3D로 만들기, 곡면 만들기, 3D Camera Tracker로 합성
15일 차	월	일	Part 7	1	424-443	서드파티 플러그인, Animation Composer, Saber, Motion Bro Free Preset 활용
16일 차	월	일		2	444-459	렌더링, 미디어 인코더 출력

학습계획 B 애프터 이펙트를 처음 시작하시나요?

초급 과정 학습 플랜 | 책을 차례대로 따라 해 보세요. 앞부분을 참고하여 프로그램을 설치하고 '필수 기능'과 '실습 예제'를 차근 차근 따라하면서 애프터 이펙트 기본기를 단단히 다질 수 있습니다.

일	학습 날짜	파트	챕터	쪽수	학습 목표
1일 차	월 일	Part 0	1-3	24-41	애프터 이펙트 설치, 오류 해결하기, 미리 알아두기
2일 차	월 일		1	44-49	애프터 이펙트 인터페이스, 메뉴
3일 차	월 일		1	50-55	기본 도구 기능, 작업 환경 설정, 기본 패널 기능
4일 차	월 일		2-3	56-61	프로젝트와 컴포지션 이해, 컴포지션 만들기, 컴포지션 수정, Project 패널 기능
5일 차	월 일	Part 1	3	62-70	파일 불러오기, 불러온 파일로 컴포지션 만들기
6일 차	월 일		4	71-80	Composition 패널 기능, Layer 패널 및 Footage 패널 이해
7일 차	월 일		5	81-90	Timeline 패널 기능, 타임라인 기능
8일 차	월 일		5	91-100	레이어 이동하기, 레이어 나누기와 삭제하기, 램 프리뷰 진행, 타임코드 활용
9일 차	월 일		1	104-109	레이어 선택, 작업 화면 이동, 작업 화면 확대와 축소
10일 차	월 일		2	110-122	키프레임 애니메이션 기능 활용, 레이어 속성 숨기기, 단축키 키프레임
11일 차	월 일	Part 2	3	123-135	모션 스케치, 패스 마스크, 움직임 자동 전환, 흔드는 움직임
12일 차	월 일		3	136-146	퍼핏 핀 도구 사용, 익스프레션 움직임, Parent 기능, 모션 블러
13일 차	월 일		4	147-159	Easy Ease In/Out 기능, 프레임과 키프레임의 변화, Temporal/Spatial interpolation 이해
14일 차	월 일		4	160-180	그래프 에디터 이해, 그래프 에디터 활용
15일 차	월 일		1	184-207	패스, 마스크, 마스크 페더 도구, Null 기능
16일 차	월 일	Part 3	1	208-220	Content-Aware Fill 기능, 로토 브러시 도구
17일 차	월 일		2	221-228	알파 매트, 알파 반전 매트, 루마 매트, 루마 반전 매트
18일 차	월 일		2	229-238	블렌딩 모드 이해, 블렌딩 모드 이미지 합성
19일 차	월 일		1	242-249	이펙트 적용, Blur & Sharpen 이펙트 기능 활용
20일 차	월 일		1	250-262	Channel, Color Correction 이펙트 기능 활용
21일 차	월 일	Part 4	1	263-284	Distort, Generate 이펙트 기능 활용
22일 차	월 일		1	285-329	Noise & Grain, Perspective 이펙트 기능 활용
23일 차	월 일		1	329-314	Stylize, Transition 이펙트 기능 활용
24일 차	월 일		1	318-331	텍스트 레이어, Character 패널 기능, Paragraph 패널 기능, 글자 변경 애니메이션, 패스 연결 애니메이션
25일 차	월 일	Part 5	1	332-348	Animate, Selector 속성, Mesh Warp 이펙트
26일 차	월 일		2	349-370	셰이프 레이어, 점선 만들기, 둥근 선 끝 만들기, Add 기능
27일 차	월 일		1	374-390	애프터 이펙트의 3D, 3D 레이어, 뷰 지정, 3D 카메라
28일 차	월 일	Part 6	1	391-420	조명 활용, 2D를 3D로 만들기, 곡면 만들기, 3D Camera Tracker로 합성
29일 차	월 일	Part 7	1	424-443	서드파티 플러그인, Animation Composer, Saber, Motion Bro Free Preset 활용
30일 차	월 일		2	444-459	렌더링, 미디어 인코더 출력

애프터 이펙트 『우선순위 TOP 20』을 통해 핵심 기능을 익히세요!

애프터 이펙트 사용자들이 네이버 지식iN, 실무 카페 및 블로그, 웹 문서 등에서 **가장 많이 검색하고 찾아본 키워드를 토대로 우선순위 TOP 20**을 선정했습니다. 우선순위 TOP 20을 통해 핵심 기능을 확인할 수 있습니다.

순위	키워드	간단하게 살펴보기	빠른 쪽 찾기
1 ▲	그래프 에디터	그래프 에디터 알아보기	160
2 ▲	Easy Ease In/Out	Easy Ease in, Easy Ease Out 기능으로 속도 조절하기	147
3 ▲	3D 레이어	3D 레이어 만들기	376
4 ▲	저용량 고화질 렌더링	어도비 미디어 인코더로 저용량 고화질 영상 만들기	454
5 ▲	기본 이펙트 적용하기	기본 이펙트 알아보기	242
6 ▲	키프레임 애니메이션 적용하기	다양한 속성을 적용한 애니메이션 만들기	120
7 ▲	렌더링	렌더링으로 작업 마무리하기	444
8 ▲	컴포지션 만들기	컴포지션 만들기	57
9 ▲	기본 도구 사용하기	회전 기능이 추가된 퍼핏 핀 도구 이용하기	136
10 ▲	마스크	마스크 만들기와 로토 브러시로 영상 분리하기	186, 188, 212
11 ▲	그린스크린 영상	Keylight(1.2) 이펙트로 그린스크린 작업하기	282
12 ▲	3D Camera Tracker	3D Camera Tracker로 합성하기	417
13 ▲	3D Camera	Camera Settings 설정하기	388
14 ▲	3D Light	조명으로 입체감 나타내기	397
15 ▲	애프터 이펙트 설치	애프터 이펙트 설치하기	24
16 ▲	블렌딩 모드	블렌딩 모드 알아보기	229
17 ▲	빈티지 영상	Add Grain 이펙트로 빈티지 효과 만들기	285
18 ▲	모션 블러	움직임에 따른 모션 블러 적용하기	145
19 ▲	텍스트 애니메이션	Animate와 Range 속성으로 애니메이션 만들기	335
20 ▲	서드파티 플러그인	서드파티 플러그인 이해하기	424

『신기능 표시』와 『중요 표시』를 활용해 효율적으로 공부하세요!

신기능 표시를 통해 애프터 이펙트 CC 2022 버전에 새롭게 추가된 기능을 확인할 수 있고, 중요 표시를 통해 중요도를 살펴볼 수 있습니다. 언제, 어디서나 원하는 기능을 쉽게 찾아 바로 적용해 보세요!

버전	키워드	CC 2022 기능 살펴보기	빠른 쪽 찾기
CC 2022	컴포지션 프로파일러	프레임 데이터 시각화 알아보기	84, 86

중요도	키워드	중요 기능 살펴보기	빠른 쪽 찾기
★★★	패널	주요 패널 살펴보기	54
★★★	프로젝트와 컴포지션	프로젝트와 컴포지션 알아보기	56
★★★	Project 패널	Project 파일 알아보기	59
★★★	Composition 패널	Composition 패널 살펴보기	71
★★★	램 프리뷰	작업 영역 지정하고 램 프리뷰 진행하기	98
★★★	키프레임	키프레임 애니메이션 이해하기	110
★★	퍼핏 핀 도구	회전 기능이 추가된 퍼핏 핀 도구 이용하기	136
★★	Parent	Parent 기능을 적용해 레이어에 움직임 만들기	140
★★★	Easy Ease와 In/Out	Easy Ease와 In/Out으로 속도 변화 만들기	149
★	Temporal/Spatial Interpolation	Temporal/Spatial Interpolation 이해하기	154
★★★	그래프 에디터	그래프 에디터로 자연스럽게 움직임 연결하기	167
★★★	패스 도구	패스 도구를 이용해서 마스크 만들기	188
★	마스크	마스크 속성 살펴보기	194
★★	Keyling	Keylight(1,2) 이펙트로 그린스크린 작업하기	282
★★	CC Sphere	CC Sphere 이펙트로 입체적인 형태 만들기	297
★★	CC Glass Wipe	CC Glass Wipe 이펙트로 장면 전환하기	308
★★★	문자	텍스트 레이어 만들기	318
★★	Animate	Animate 속성 살펴보기	332
★★	Animate와 Range 속성	Animate와 Range 속성 애니메이션 만들기	335
★★★	3D 레이어	3D 레이어 만들기	376
★★★	3D 공간	사진으로 입체감 나타내기	401
★★★	3D Camera Tracker	3D Camera Tracker로 합성하기	417
★★★	이미지 저장	영상을 이미지로 저장하기	446
★★★	파일 저장	영상 파일로 저장하기	449
★★	시퀀스 파일 저장	시퀀스로 영상 파일 저장하기	451
★★★	어도비 미디어 인코더	어도비 미디어 인코더로 저용량 고화질 영상 만들기	454

목차

머리말		003
이 책의 구성		004
베타테스터의 말		006
길벗출판사 홈페이지 소개		007
작업 디자인 미리보기		008
학습 계획		012
우선순위 TOP 20		014
신기능 표시와 중요 표시		015

PART 00 준비하기

01 애프터 이펙트 설치하기 `우선순위 TOP 15` — 024
- 1 애프터 이펙트 최신 버전(CC 2022) 설치하기 — 024
- 2 애프터 이펙트 최신 버전으로 업데이트하기 — 028
- 3 애프터 이펙트 이전 버전(CC) 설치하기 — 029
- 4 무료 체험판 설치 후 자동 카드 결제 취소하기 — 030

02 애프터 이펙트 설치 Q&A — 032
- 1 애프터 이펙트 버전 문제 — 032
- 2 애프터 이펙트 설치 전 문제 — 032
- 3 애프터 이펙트 설치 중 문제 — 033
- 4 애프터 이펙트 언어 변경 관련 문제 — 033

03 애프터 이펙트를 학습하기 전에 미리 알아두기 — 034
- 1 모션 그래픽과 영상 제작의 필요성 알기 — 034
- 2 실무 영상의 제작 과정 이해하기 — 035
- 3 모션 그래픽에서 애프터 이펙트의 역할 확인하기 — 036
- 4 실사 영상 제작에서 애프터 이펙트의 작업 파악하기 — 036
- 5 영상에 대한 감각 키우기 — 037
- 6 완성도 있는 시간 절약의 핵심! 서드파티 플러그인 알아보기 — 038
- 7 다양한 디자인 템플릿 및 서드파티 플러그인 구하기 — 038
- 8 애프터 이펙트와 함께 공부하면 도움이 되는 프로그램 알아보기 — 039
- 9 다양한 저작권 무료 글꼴 사용하기 — 040
- 10 다양한 저작권 무료 이미지 & 영상 소스 사용하기 — 041
- 11 수많은 영상, 그래픽 소스 파일 관리하기 — 041

`중요` 핵심 기능에 따라 ★~★★★ 표시

`신기능` 애프터 이펙트 CC 2022 새로운 기능

`우선순위 TOP` 실무 중요도에 따라 TOP 01~20까지 표시

`기능` 꼭 알아야 할 필수 기능

▶ `혼자 해 보기` 실력 체크, 해설 동영상 제공

PART 01 애프터 이펙트 CC 2022 시작하기

01 애프터 이펙트는 어떻게 생겼을까? → 작업 화면·패널 — 044
- `기능` 1 애프터 이펙트의 작업 화면과 패널 살펴보기 — 044
- `기능` 2 메뉴 살펴보기 `중요` — 046
- `기능` 3 Tools 패널의 도구 살펴보기 `중요` — 050
- `기능` 4 작업 환경 설정하기 — 053
- `기능` 5 주요 패널 살펴보기 `중요` — 054

02 애프터 이펙트 시작하기 → 프로젝트·컴포지션 — 056
- `기능` 1 프로젝트와 컴포지션 알아보기 `중요` — 056
- 2 컴포지션 만들기 `우선순위 TOP 08` `중요` — 057

	3 작업 중 컴포지션 수정하기	058
03	**파일 불러오고 관리하기** → Project 패널	059
기능 1	Project 패널 알아보기 중요	059
기능 2	Project 패널에서 파일 불러오기	062
기능 3	다양한 방법으로 포토샵 파일(PSD) 불러오기 중요	064
4	포토샵 파일(PSD) 불러오기	066
기능 5	시퀀스 영상 파일 알아보기 중요	067
6	시퀀스 영상 파일 불러오기 1 중요	068
7	시퀀스 영상 파일 불러오기 2 중요	069
8	불러온 소스를 이용해 컴포지션 만들기 중요	070
04	**작업 환경 이해하기** → Composition 패널	071
기능 1	Composition 패널 살펴보기 중요	071
기능 2	Layer 패널과 Footage 패널 이용하기	079
기능 3	Composition 패널이 안 보일 때 표시하기	080
05	**실질적인 작업 공간 이해하기** → Timeline 패널	081
기능 1	Timeline 패널 살펴보기 신기능	081
기능 2	타임라인의 항목 확장, 축소하기 신기능	085
기능 3	각 항목의 추가, 이동, 숨기기	087
기능 4	타임라인 확대, 축소하기 중요	089
5	레이어 이동하기 중요	091
6	레이어 나누기 및 삭제하기 중요	094
7	작업 영역 지정하고 램 프리뷰 진행하기 중요	098
기능 8	타임코드를 활용하여 시간 이동하기	099
	혼자 해 보기 프로젝트 설정하고 스톱모션 만들기	101

PART 02
모션 디자인하기

01	**움직임을 위한 기본 도구 익히기** → 확대/축소·손 도구	104
기능 1	레이어, 화면 선택 및 이동과 확대/축소하기 중요	104
2	레이어 선택하기 중요	106
3	손 도구를 이용해서 작업 화면 이동하기	108
4	확대/축소 도구를 이용해서 화면 조정하기	109
02	**키프레임 애니메이션 알아보기** → 키프레임·Transform 속성	110
기능 1	키프레임 애니메이션 이해하기 중요	110
기능 2	Transform 속성의 구성 요소 알아보기 중요	111
3	위치(Position) 이동하기	111
4	크기(Scale) 조절하기	114
5	회전(Rotation)하기	115
6	불투명도(Opacity) 적용하기	117
7	레이어에서 불필요한 속성 숨기기	118
8	다양한 속성을 적용한 애니메이션 만들기 우선순위 TOP 06 중요	120
9	단축키로 부드러운 키프레임 적용하기	122
03	**기본 애니메이션 만들기**	
	→ 모션 스케치·패스·위글러·익스프레션/모션 블러	123
기능 1	모션 스케치 이해하기	123
2	모션 스케치를 이용해 드래그하는 대로 움직임 만들기	125

기능	3 패스를 이용해 마스크 적용하기	127
	4 패스 형태대로 움직임 구현하기 중요	127
	5 Auto-Orient로 경로에 따른 시선 조절하기 중요	130
기능	6 위글러(Wiggler) 이해하기	132
	7 위글러를 이용해 흔들리는 애니메이션 만들기	134
	8 회전 기능이 추가된 퍼핏 핀 도구 이용하기 우선순위 TOP 09 중요	136
	9 익스프레션(Expression)으로 움직임 만들기	138
	10 Parent 기능을 적용해 레이어에 움직임 만들기 중요	140
기능	11 모션 블러 설정하기 중요	142
	12 움직임에 따른 모션 블러 적용하기 우선순위 TOP 18	145

04 속도 변화에 따른 움직임 제어하기
→ Easy Ease in, Easy Ease Out • Graph Editor   147

기능	1 Easy Ease in, Easy Ease Out 기능으로 속도 조절하기 우선순위 TOP 02 중요	147
	2 Easy Ease와 In/Out으로 속도 변화 만들기 중요	149
기능	3 Composition 패널에서 프레임, 키프레임의 변화 살펴보기 중요	152
기능	4 Temporal/Spatial Interpolation 이해하기 중요	154
	5 Spatial Interpolation으로 동선에 변화 만들기	156
기능	6 그래프 에디터 알아보기 우선순위 TOP 01 중요	160
	7 그래프 에디터로 자연스럽게 움직임 연결하기 중요	167
	8 공처럼 튕기는 애니메이션 만들기	171
	9 그래프 에디터로 화면 전환하기	176

혼자 해 보기 움직임의 속성과 속도 변화 만들기   181

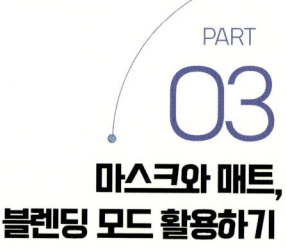

PART 03
**마스크와 매트,
블렌딩 모드 활용하기**

01 마스크 알아보기 → Path • Mask   184

기능	1 패스 이해하기 중요	184
기능	2 마스크 이해하기 중요	185
	3 셰이프 도구를 이용해서 마스크 만들기 우선순위 TOP 10 중요	186
	4 패스 도구를 이용해서 마스크 만들기 우선순위 TOP 10 중요	188
기능	5 마스크 모드 알아보기 중요	191
기능	6 마스크 속성 살펴보기 중요	194
	7 마스크 애니메이션 만들기	197
	8 마스크 페더로 부드러운 부분 마스크 적용하기	201
	9 Create Nulls From Paths로 선 애니메이션 만들기	204
	10 Content-Aware Fill로 특정 물체 지우기	208
	11 로토 브러시로 영상 분리하기 우선순위 TOP 10 중요	212
	12 로토 브러시를 이용하여 불분명한 경계 영역 분리하기	217

02 매트 알아보기 → 알파(반전) 매트 • 루마(반전) 매트   221

기능	1 알파 매트와 알파 반전 매트 알아보기 중요	221
	2 알파 매트와 알파 반전 매트 적용하기	223
기능	3 루마 매트와 루마 반전 매트 알아보기 중요	226
	4 루마 매트와 루마 반전 매트 적용하기	227

03 블렌딩 모드 알아보기 → Blending Mode 우선순위 TOP 16   229

기능	1 블렌딩 모드 이해하기 중요	229
기능	2 자주 사용하는 블렌딩 모드 알아보기	230
기능	3 어둡게 나타내기	231

기능	4 밝게 나타나기	232
기능	5 색 대비를 크게 만들기	233
기능	6 색 반전하기	234
기능	7 색상, 명도, 채도 이용하기	235
기능	8 매트 기능으로 중첩하기	235
기능	9 중첩 효과 적용하기	236
	10 블렌딩 모드 푸티지에 적용하기	237
	혼자 해 보기 마스크와 블렌딩 모드 적용하기	239

PART 04 이펙트 적용하기

01	기본 이펙트 알아보기 → Effect • Effects & Presets 우선순위 TOP 05	242
기능	1 이펙트를 적용하는 기본 프로세스 알아보기	242
	2 CC Rainfall/CC Snowfall 이펙트로 비/눈 효과 만들기	243
기능	3 Blur & Sharpen 이펙트 이해하기	245
	4 Gaussian Blur 이펙트로 흐림 효과 만들기 중요	246
	5 Camera Lens Blur 이펙트로 원근감 만들기	248
기능	6 Channel 이펙트 이해하기 중요	250
	7 Invert 이펙트로 색상 변경하기	251
기능	8 Color Correction 이펙트 이해하기 중요	253
	9 Change to Color 이펙트로 색상 변경하기	257
	10 Curves 이펙트로 흑백 영역 조정하기	259
	11 Hue & Saturation 이펙트로 색상과 채도 조정하기	261
기능	12 Distort 이펙트 이해하기 중요	263
	13 Magnify 이펙트로 강조하는 효과 만들기	266
	14 Mirror 이펙트로 만화경 효과 만들기	268
	15 Warp Stabilizer 이펙트로 화면 흔들림 보정하기 중요	271
기능	16 Generate 이펙트 이해하기 중요	273
	17 4-Color Gradient 이펙트로 그러데이션 배경 만들기	276
	18 Audio Spectrum 이펙트로 음악에 반응하는 그래픽 만들기	278
	19 Keylight(1.2) 이펙트로 그린스크린 작업하기 우선순위 TOP 11 중요	282
기능	20 Noise & Grain 이펙트 이해하기 우선순위 TOP 17 중요	285
	21 Add Grain 이펙트로 빈티지 효과 만들기	288
	22 Remove Grain 이펙트로 노이즈 제거하기	291
기능	23 Perspective 이펙트 이해하기 중요	293
	24 Drop Shadow 이펙트로 그림자 만들기 중요	295
	25 CC Sphere 이펙트로 입체적인 형태 만들기 중요	297
기능	26 Stylize 이펙트 이해하기 중요	299
	27 Cartoon 이펙트로 만화 효과 만들기	302
기능	28 Transition 이펙트 이해하기	304
	29 CC Grid Wipe 이펙트로 화면 전환하기	306
	30 CC Glass Wipe 이펙트로 장면 전환하기 중요	308
	31 Stroke 이펙트로 손글씨 효과 만들기	310
	혼자 해 보기 Stylize 이펙트 적용하기	315

PART 05 텍스트 레이어와 셰이프 레이어 알아보기

01 텍스트 레이어 알아보기
→ Character • Paragraph • Source Text • Path 318
1 텍스트 레이어 만들기 `중요` 318
`기능` 2 Character 패널에서 텍스트 설정하기 `중요` 320
`기능` 3 Paragraph 패널에서 문장 설정하기 324
4 Source Text로 애니메이션 만들기 `중요` 326
5 패스를 따라 움직이는 텍스트 애니메이션 만들기 `중요` 329
`기능` 6 Animate 속성 살펴보기 `중요` 332
`기능` 7 Selector 속성 살펴보기 333
8 Animate와 Range 속성으로 애니메이션 만들기 `우선순위 TOP 19` `중요` 335
9 Mesh Warp 이펙트로 키네틱타이포 장면 만들기 339

02 셰이프 레이어 알아보기 349
`기능` 1 셰이프 레이어의 면과 선 설정하기 `중요` 349
2 셰이프 레이어 만들기 350
3 펜 도구로 셰이프 레이어 만들기 353
`기능` 4 셰이프 레이어의 속성 알아보기 `중요` 356
5 Dashes로 점선 만들기 357
6 선 끝을 둥글게 만들기 359
`기능` 7 셰이프 레이어의 Add 기능 알아보기 360
8 Repeater 속성으로 셰이프 레이어 복제하기 363
9 Trim Paths 기능으로 선 조절하기 366
10 Wiggle Paths 지그재그 라인 만들기 369

`혼자 해 보기` 텍스트 레이어와 셰이프 레이어 적용하기 371

PART 06 3D 공간 다루기

01 3D 공간 알아보기
→ 3D · Select View Layout • Camera Setting • Light 374
`기능` 1 애프터 이펙트에서의 3D 개념 알아보기 374
`기능` 2 모션 그래픽에서의 3D 활용하기 374
`기능` 3 3D 레이어 알아보기 `중요` 375
4 3D 레이어 만들기 `우선순위 TOP 03` `중요` 376
`기능` 5 3D 뷰 지정하기 377
`기능` 6 레이아웃 뷰 지정하기 `중요` 379
7 3D 레이어 레이아웃 배열하기 380
8 3D 카메라 애니메이션 만들기 `중요` 383
`기능` 9 Camera Settings 설정하기 `우선순위 TOP 13` `중요` 388
10 3D 카메라에서 카메라 심도 표현하기 389
`기능` 11 Light Options 속성 알아보기 `중요` 391
12 조명 설치하고 그림자 표현하기 393
13 조명으로 입체감 나타내기 `우선순위 TOP 14` 397
14 사진으로 입체감 나타내기 `중요` 401
15 2D 이미지로 Fake 3D 만들기 407
16 Geometry Options로 2D 셰이프 레이어를 3D로 만들기 411
17 Geometry Options로 곡면 레이어 만들기 415
18 3D Camera Tracker로 합성하기 `중요` 417

`혼자 해 보기` 3D 레이어로 공간감 만들고 3D Camera Tracker로 합성하기 421

PART 07 서드파티 플러그인과 렌더링 알아보기

01 서드파티 플러그인 이해하기 `우선순위 TOP 20`
→ Animation Composer • Saber • Motion Bro ... 424
- 기능 1 서드파티 플러그인 살펴보기 `중요` ... 424
- 기능 2 서드파티 플러그인 알아보기 ... 426
- 기능 3 Animation Composer 설치하기 ... 429
- 4 Animation Composer로 모션 그래픽 만들기 ... 430
- 기능 5 Saber 이펙트 설치하기 ... 433
- 6 Saber 이펙트로 네온사인 글씨 만들기 ... 434
- 기능 7 Motion Bro Free Preset 이펙트 설치하기 ... 439
- 8 Motion Bro Free Preset 이펙트로 화면 전환 효과 적용하기 ... 441

02 렌더링으로 작업 마무리하기 `우선순위 TOP 07`
→ Render Queue • Media Encoder ... 444
- 기능 1 Render Queue 알아보기 `중요` ... 444
- 2 영상을 이미지로 저장하기 `중요` ... 446
- 3 영상 파일로 저장하기 `중요` ... 449
- 4 시퀀스로 영상 파일 저장하기 `중요` ... 451
- 기능 5 어도비 미디어 인코더 알아보기 ... 453
- 6 어도비 미디어 인코더로 저용량 고화질 영상 만들기 `우선순위 TOP 04` `중요` ... 454
- 7 어도비 미디어 인코더로 무압축 고화질 영상 만들기 ... 457

▶ 혼자 해 보기 서드파티 플러그인으로 영상 만들고 고화질 영상으로 렌더링하기 ... 460

찾아보기 ... 461

다운로드 예제 및 완성 파일

이 책에 사용된 예제 파일과 완성 파일은 길벗 홈페이지(http://www.gilbut.co.kr/)에서 다운로드할 수 있습니다. 홈페이지에 접속 후 검색란에 "애프터 이펙트 CC 무작정 따라하기"를 입력하고 〈검색〉 버튼을 클릭합니다. 도서가 표시되면 [자료실] 탭을 선택합니다. 자료실 항목에서 실습 자료를 다운로드한 다음 압축을 풀어 사용합니다.

예제 및 완성 파일
예제를 따라하면서 꼭 필요한 이미지 파일과 완성 파일들을 파트별로 담았습니다. 작업한 내용을 저장하려면 실습하기 전에 반드시 하드 디스크에 폴더째 복사해 두고 사용하는 것이 좋습니다.

동영상 파일
각 파트의 마지막 부분에 나오는 '혼자 해 보기'의 해설 동영상을 제공합니다.

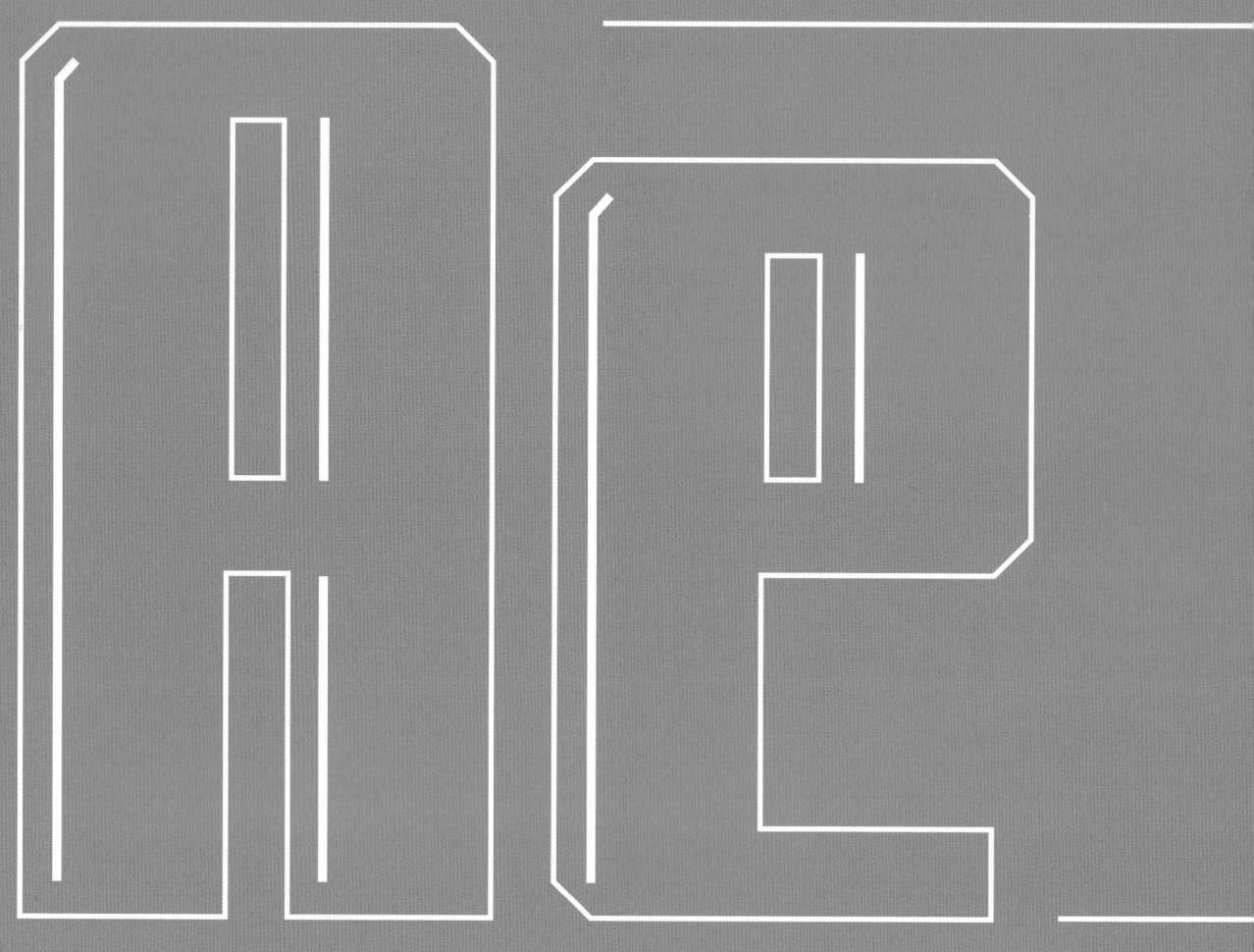

애프터 이펙트 작업을 시작하기 전에 알아두어야 할 기본 이론에 대해서 살펴봅니다. 애프터 이펙트로 영상 작업을 할 때 어떤 패널과 도구, 명령을 실행할지에 관한 기준을 세울 수 있습니다. 버전에 따른 애프터 이펙트 설치 방법과 설치할 때 생길 수 있는 궁금증을 해결해 봅니다.

PART 0.

준비하기

01 | 애프터 이펙트 설치하기
02 | 애프터 이펙트 설치 Q&A
03 | 애프터 이펙트를 학습하기 전에 미리 알아두기

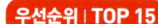

애프터 이펙트 설치하기

어도비 애프터 이펙트를 설치한 다음 인증하는 방법을 알아보겠습니다.
어도비 홈페이지에서 애프터 이펙트를 다운로드하면 7일 동안 무료로 이용할 수 있습니다.

※ 애프터 이펙트 CC 2022를 설치하기 위해서는 아래의 최소 사양을 만족해야 합니다.

윈도우(Windows)	맥(MAC)
Intel 또는 AMD 멀티코어 프로세서	Intel 및 Apple Silicon(Rosetta2 지원) 멀티코어 프로세서
Microsoft Windows 10(64비트) 버전 1903 이상	macOS 버전 10.14, 10.15 또는 macOS Big Sur 11.0 이상
최소 16GB(32GB 권장), GPU VRAM 2GB(4GB 이상 권장), 사용 가능한 하드 디스크 공간 15GB, 설치 중 추가 여유 공간 필요	최소 16GB(32GB 권장), GPU VRAM 2GB, 사용 가능한 하드 디스크 공간 15GB, 설치 중 추가 여유 공간 필요
1920×1080 이상 디스플레이 해상도	1440×900 이상 디스플레이 해상도

설치하기 01 애프터 이펙트 최신 버전(CC 2022) 설치하기

01 ❶ 어도비 홈페이지(http://adobe.com/kr)에 접속합니다. 메뉴에서 ❷ '도움말 및 지원'을 클릭하고 ❸ 〈다운로드 및 설치〉 버튼을 클릭한 다음 ❹ 〈무료 체험판〉 버튼을 클릭합니다.

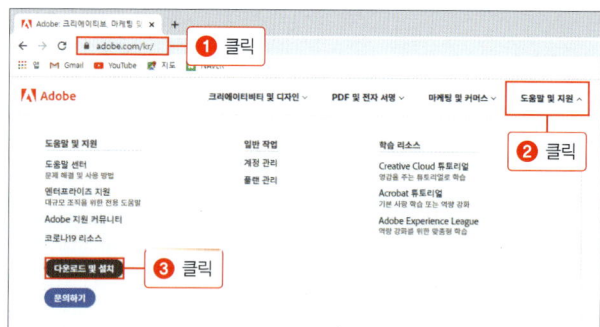
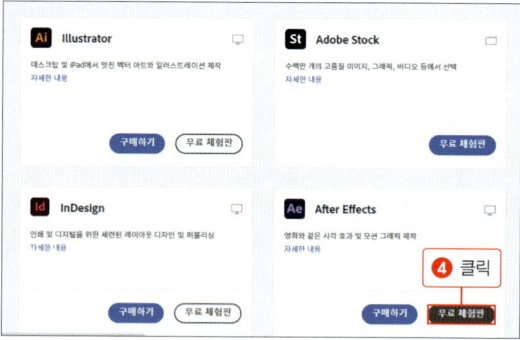

TIP
❶ 유료 구매의 경우 Adobe ID를 입력한 다음(Adobe ID가 없는 경우 새로 만들어야 합니다.)
❷ 플랜을 확인합니다(학생일 경우 재학 중인 학교명, 전공 등을 입력합니다).
❸ Visa, Master Card 등 해외 카드 브랜드는 물론 국내 결제 전용 카드로도 구매가 가능합니다.

02 7일간 무료로 체험하기 위해 〈무료로체험하기〉 버튼을 클릭합니다.

TIP
학생과 교사의 경우 유료 구매 시 할인을 적용받아 어도비 크리에이티브 클라우드에서 제공하는 모든 프로그램을 월 23,100원에 사용 가능하며, 애프터 이펙트만 사용할 경우 24,000원에 구입할 수 있습니다.

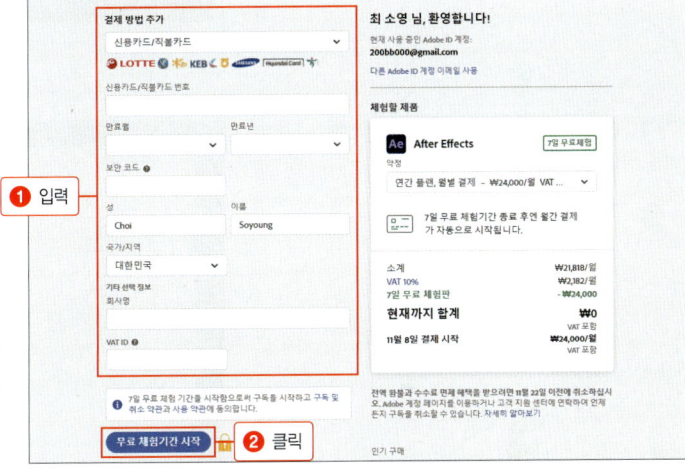

03 결제 방법을 추가하기 위해 ❶ 본인의 신용카드 번호와 이름, 국가, 회사명을 입력하고 ❷ 〈무료 체험기간 시작〉 버튼을 클릭합니다.

TIP
7일 무료 체험기간에는 무료이며, 7일 이후에는 애프터 이펙트의 경우 자동으로 매월 24,000원씩 결제됩니다. 결제가 되지 않도록 하기 위해서는 30쪽을 참고하세요.

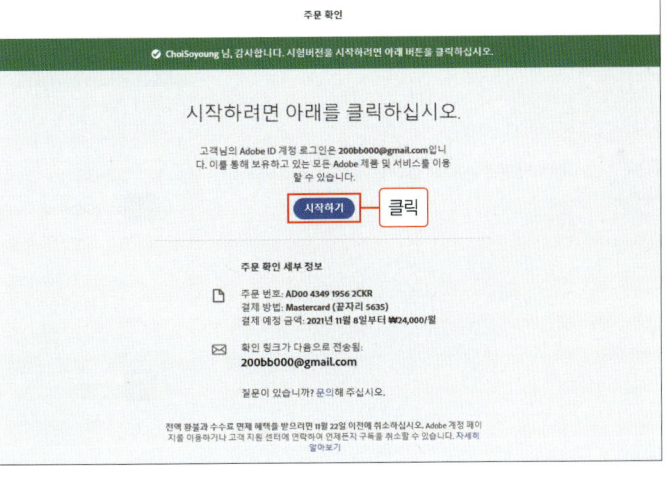

04 시험 버전을 시작하기 위해 〈시작하기〉 버튼을 클릭합니다.

05 Creative Cloud 앱을 열기 위해 〈Creative Cloud Desktop App 열기〉 버튼을 클릭합니다.

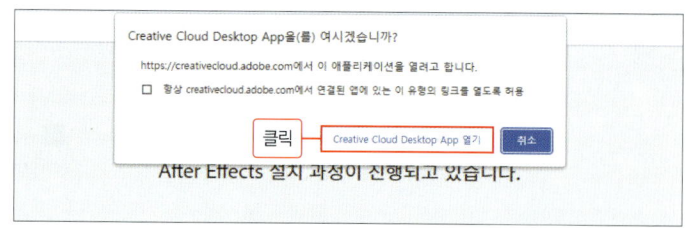

06 영문 버전 애프터 이펙트를 설치하기 위해 Creative Cloud Desktop 앱 화면이 표시되면 ❶ '계정'을 클릭한 다음 ❷ '환경 설정'을 실행합니다.

07 ❶ '앱'을 선택하고 ❷ 기본 설치 언어를 'English(International)'로 지정한 다음 ❸ 〈완료〉 버튼을 클릭합니다.

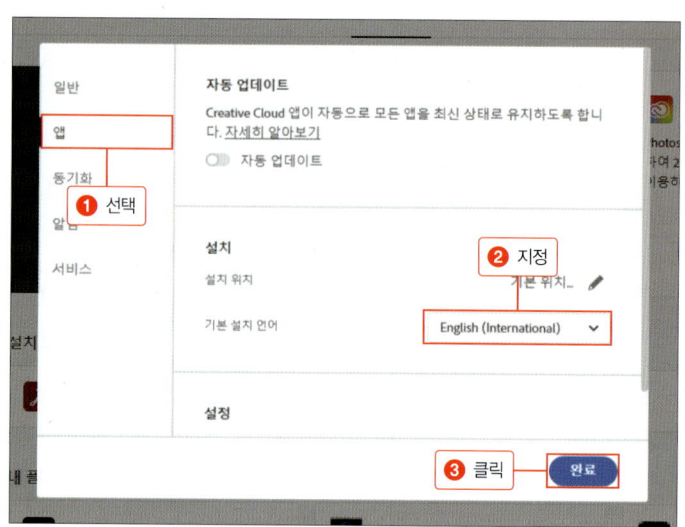

> **TIP**
> 기본 설치 언어를 선택하지 않으면 자동으로 한글 애프터 이펙트가 설치됩니다.

08 After Effects의 〈설치〉 버튼을 클릭합니다.

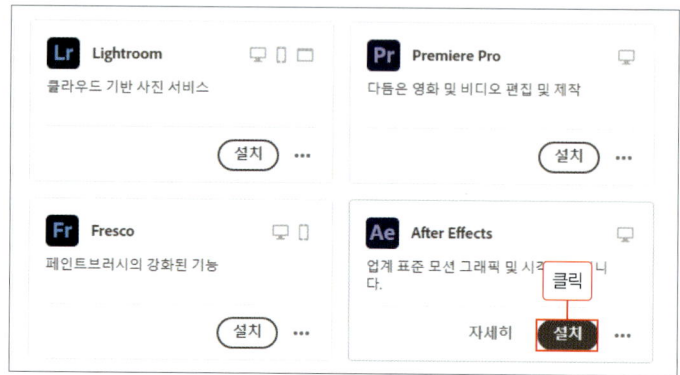

09 애프터 이펙트 설치 과정이 진행됩니다.

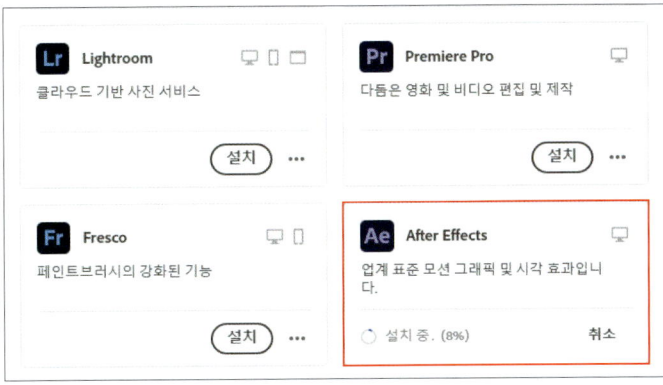

> **TIP**
> 애프터 이펙트 앱 구입 시 연간 플랜 매월 지불은 월 24,000원, 연간 플랜 선지불은 277,200원, 월별 플랜은 37,000원입니다.

10 설치가 완료되면 〈열기〉 버튼을 클릭합니다.

11 로딩 화면이 표시된 다음에 애프터 이펙트가 실행됩니다.

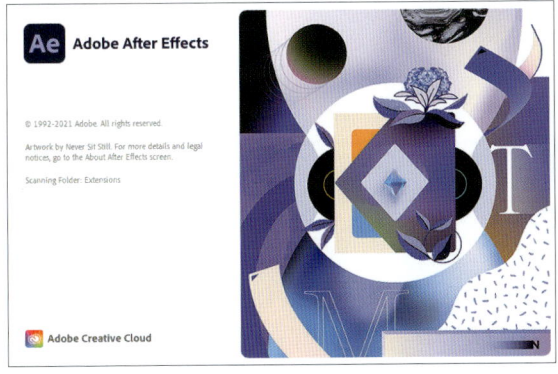 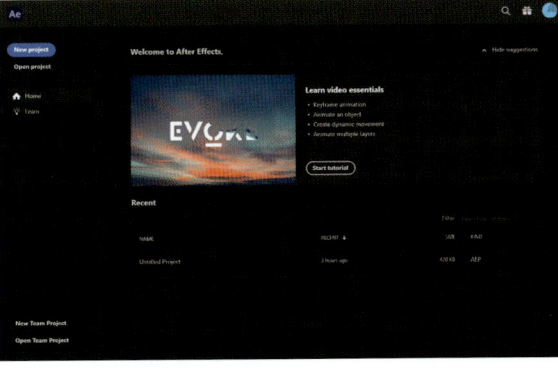

설치하기 02 애프터 이펙트 최신 버전으로 업데이트하기

01 이전 버전 사용자가 애프터 이펙트 최신 버전으로 업그레이드하기 위해서는 먼저 Adobe Creative Cloud 앱을 실행합니다.

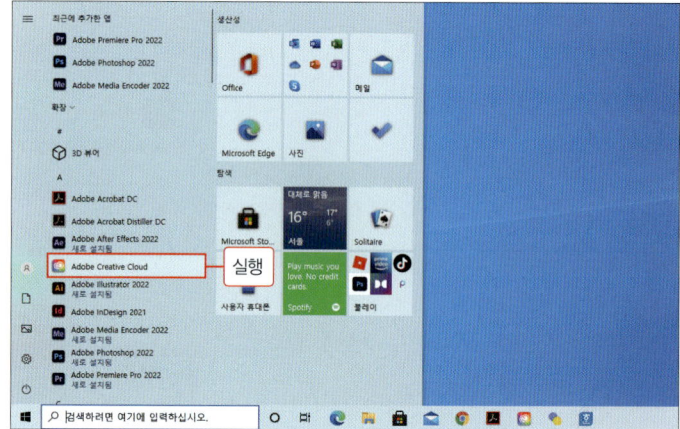

02 Creative Cloud Desktop 앱 화면이 표시되면 After Effects의 '업데이트 사용 가능'을 클릭합니다.

03 신규 업데이트에서 After Effects의 ❶ 〈업데이트〉 버튼을 클릭합니다. 고급 옵션에 대한 선택 사항이 표시되면 ❷ '이전 버전 제거'에 체크 표시한 다음 ❸ 〈계속〉 버튼을 클릭합니다.

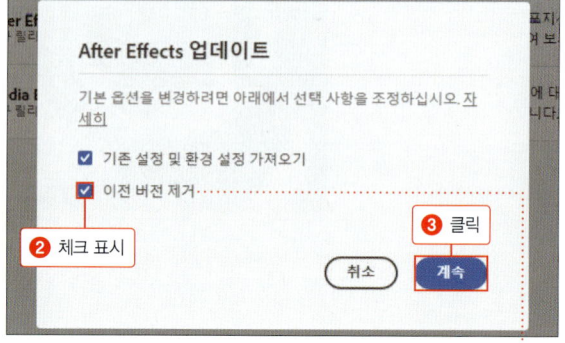

'이전 버전 제거'를 체크 표시하면 이전 버전은 삭제되면서 애프터 이펙트 최신 버전이 설치됩니다. 만약 PC에서 이전 버전과 최신 버전을 같이 사용하려면 '이전 버전 제거' 체크 표시를 해제합니다.

04 이전 버전 애프터 이펙트가 최신 버전으로 업데이트됩니다.

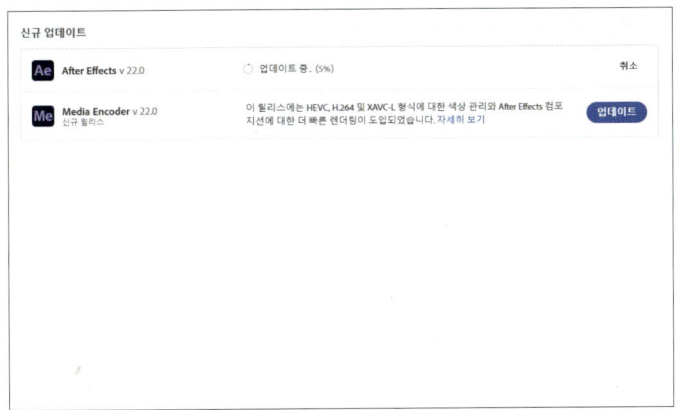

설치하기 03 애프터 이펙트 이전 버전(CC) 설치하기

01 Creative Cloud 앱의 After Effects에서 ❶ '목록' 아이콘(⋯)을 클릭한 다음 ❷ '기타 버전'을 실행합니다.

02 이전 버전 After Effects의 〈설치〉 버튼을 클릭하여 이전 버전 애프터 이펙트를 설치합니다.

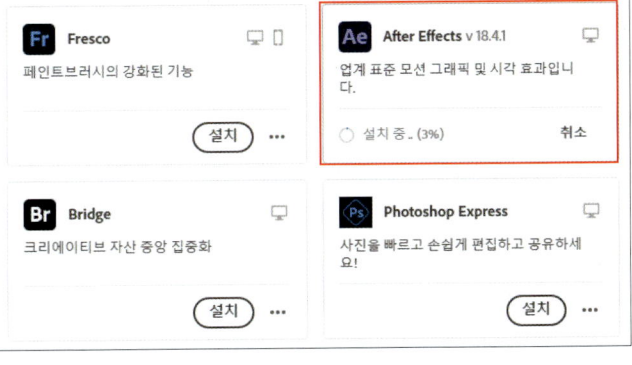

설치하기 04 무료 체험판 설치 후 자동 카드 결제 취소하기

01 무료 체험판 설치 후 자동 결제 방지하기 위해 ❶ 어도비 홈페이지(http://adobe.com/kr)에 접속합니다. ❷ '계정'을 클릭한 다음 ❸ '계정 보기'를 클릭합니다.

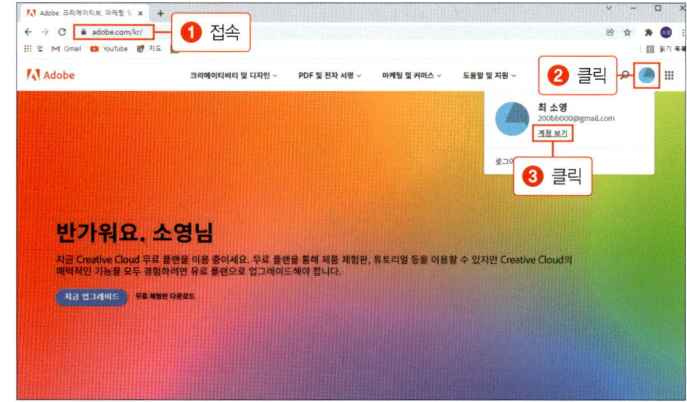

02 내 플랜에서 무료 체험판 이후 결제 플랜을 관리하기 위해 〈플랜 관리〉 버튼을 클릭합니다.

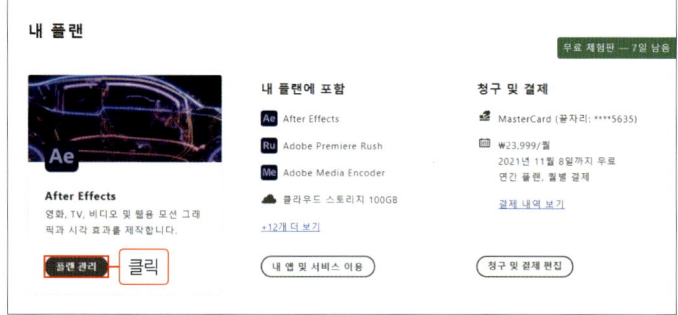

03 플랜 관리 팝업 창이 표시되면 〈플랜 취소〉 버튼을 클릭합니다.

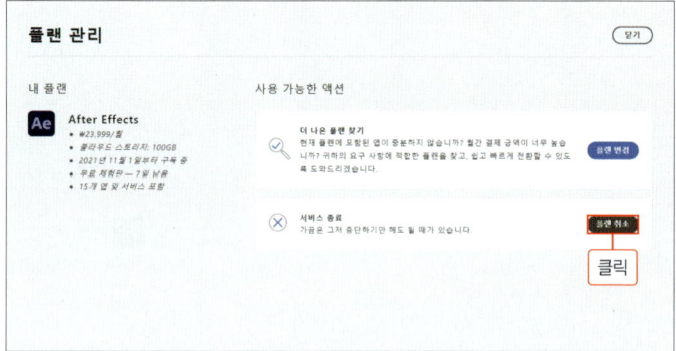

04 취소하려는 이유 항목이 표시되면 해당 ❶ 항목을 체크 표시하고 ❷ 〈계속〉 버튼을 클릭합니다.

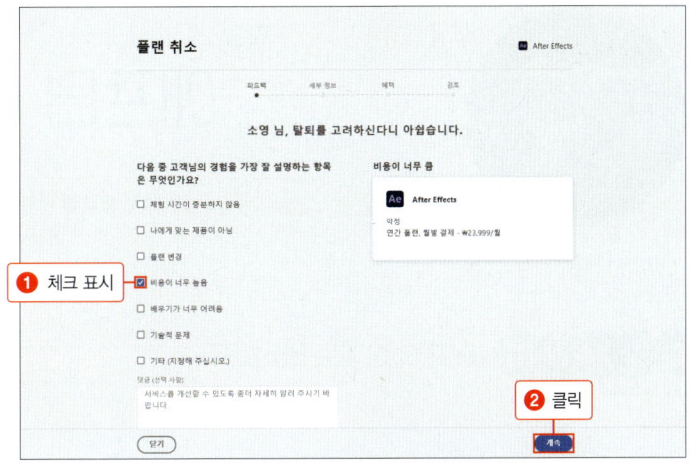

05 플랜 취소 세부 정보가 표시되면 ❶ 〈계속〉 버튼을 클릭합니다. 혜택 관련 항목을 확인한 다음 ❷ 〈아니요〉 버튼을 클릭합니다.

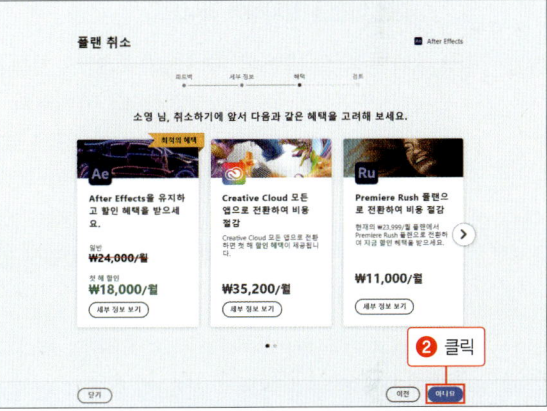

06 최종 플랜 취소 세부 정보를 확인한 다음 ❶ 〈확인〉 버튼을 클릭합니다. 플랜이 취소되면 ❷ 〈완료〉 버튼을 클릭합니다.

애프터 이펙트 설치 Q&A

독자 문의 중 애프터 이펙트 설치에 관한 부분은 굉장히 많은 비율을 차지합니다.
여기서는 설치 과정에서 가장 궁금한 사항들을 모아 알아보겠습니다.

설치에러 01 애프터 이펙트 버전 문제

Q 어도비 홈페이지에 애프터 이펙트 최신 버전만 있습니다. 이전 버전의 애프터 이펙트를 다운로드하고 싶어요.

A 최신 버전을 다운로드하여 이용하거나 29쪽에서 이전 버전 설치 방법을 참고하여 설치하세요.

Q 이 책에서 다루는 버전이 아닌 애프터 이펙트가 이미 컴퓨터에 설치되어 있습니다. 책 내용대로 보고 배우려면 책과 같은 버전을 설치해야 하나요?

A 책과 같은 버전이 아니더라도 일부 기능을 제외하면 충분히 책의 내용을 실습할 수 있습니다. 그러나 가능하면 책에 실린 애프터 이펙트와 같은 버전을 사용하는 것이 더욱 효과적인 학습이 될 것입니다. 2020 버전 이후부터는 기능적으로나 최적화 측면에서 이전 버전보다 장점이 많으므로 2020 이후의 버전을 사용하는 것을 권장합니다.

Q 다른 버전의 애프터 이펙트가 이미 설치되어 있는데 책에서 다루는 애프터 이펙트 버전을 설치하면 프로그램끼리 충돌하지 않을까요?

A 애프터 이펙트는 서로 다른 버전을 하나의 컴퓨터에 설치하여 사용해도 상관 없습니다. 그러나 컴퓨터 사양이 충분하지 않으면 충돌이 쉽게 일어날 수 있으므로 다른 버전을 실행하려면 사용 중인 애프터 이펙트를 종료한 다음 다른 버전을 실행하는 것이 좋습니다.

설치에러 02 애프터 이펙트 설치 전 문제

Q 정식 프로그램을 사용하지 않는 것은 불법인데, 어도비에서 제공하는 애프터 이펙트 체험판을 설치해도 되나요?

A 체험판은 어도비에서 공식으로 무료 배포하는 것이므로 이용해도 불법이 아닙니다. 하지만, 불법 프로그램을 이용해 인증 번호를 만들거나 크랙 프로그램을 이용하여 인증 툴을 변형하는 것은 불법입니다.

Q 'Dependencies'가 만족스럽지 않다는 오류 메시지 창이 표시되면서 설치 파일이 실행되지 않습니다.

A 제어판에서 방화벽을 해제하고 설치 폴더를 로컬 디스크로 옮겨 재설치합니다.

설치 에러 03 애프터 이펙트 설치 중 문제

Q 설치 중간에 설치되지 않습니다. 이유가 무엇인가요?

A 애프터 이펙트가 설치되지 않는 이유는 주로 다음과 같은 네 가지 이유로 구분할 수 있습니다.
① 윈도우 운영체제가 프로그램과 맞지 않는 경우 → 설치하는 애프터 이펙트에 맞는 운영체제를 이용하거나 운영체제에 맞는 버전의 애프터 이펙트를 설치합니다.
② 이전에 애프터 이펙트를 설치한 적이 있는 경우 → 체험판은 처음 7일 동안만 이용할 수 있으며 이후에는 애프터 이펙트를 삭제하고 다시 설치해도 이용할 수 없습니다. 계속 애프터 이펙트를 이용하려면 Creative Cloud를 구독하세요.
③ 메모리나 시스템 사양이 낮은 경우 → 시스템 사양을 애프터 이펙트의 설치 사양에 맞춰 업그레이드합니다. 주로 CPU, RAM의 문제일 확률이 높고 부수적으로 그래픽카드도 의심할 수 있습니다.
④ 설치 프로그램 이외의 응용 프로그램이 실행 중인 경우 → 애프터 이펙트 설치 프로그램 이외에 응용 프로그램과 인터넷은 종료하세요.

Q 이전 설치를 마치고 다시 설치하라고 합니다.

A 애프터 이펙트 외에 다른 프로그램을 설치하고 있을 때 표시되는 내용입니다. 여러 개의 프로그램을 동시에 설치하면 레지스트리가 충돌할 수 있으므로 프로그램을 설치할 때는 하나의 프로그램 설치를 마치고 다른 프로그램의 설치를 시작하는 것이 좋습니다.

Q 'Installation cannot continue until the following applications are closed ~'라는 메시지가 표시되며 설치되지 않습니다.

A 프로그램을 설치할 때는 다른 프로그램을 모두 종료한 다음 설치합니다. 만약 〈Ignore〉 버튼이 표시되면 버튼을 클릭합니다. 그래도 설치되지 않으면 열려 있는 응용 프로그램을 모두 닫고 설치를 시도하세요. 다시 설치할 때 같은 메시지가 표시되면 컴퓨터를 재부팅한 다음 설치하기 바랍니다.

Q 설치 중 오류가 발생해서 종료한 이후로 다시 설치할 수 없습니다.

A 컴퓨터 제어판에 들어간 다음 '프로그램 추가 제거'에 애프터 이펙트가 설치되어 있다면 제거합니다. 이후에도 설치할 수 없으면 레지스트리까지 말끔하게 정리하고 다시 시도합니다.

설치 에러 04 애프터 이펙트 언어 변경 관련 문제

Q Adobe → Adobe After Effects 2022 → Support Files → Dictionaries에서 'ko_KR'을 변경하여 한글 버전에서 영문 버전으로 변경했습니다. 애프터 이펙트를 실행하니 오류 창이 뜨는데 괜찮은 건가요?

A 해당 오류 창은 처음에 'ko_KR' 파일이 누락되었다고 알려주는 알림입니다. 이용 과정에는 아무런 문제가 없습니다. 오류 창을 비활성화 하려면 Creative Cloud에서 설치된 애프터 이펙트를 삭제하고 설정 창에서 언어를 영문으로 바꾼 다음 다시 설치하도록 합니다.

애프터 이펙트를 학습하기 전에 미리 알아두기

애프터 이펙트 기능을 배우기 전에 꼭 알아두어야 할 부분을 정리했습니다. 애프터 이펙트의 실무 프로세스부터 모션 그래픽 제작 노하우, 실사 영상에서의 애프터 이펙트 활용, 영상 소스 및 글꼴 구하는 방법 등 애프터 이펙트 작업에서 생기는 궁금증을 해소해 봅니다.

알아두기 01 | 모션 그래픽과 영상 제작의 필요성 알기

애프터 이펙트를 사용하는 유저들은 크게 두 가지 목적으로 나눠서 볼 수 있습니다. 바로 모션 그래픽 제작용으로 사용하거나 영상 제작용으로 사용하는 것입니다. 모션 그래픽은 영상이라는 매체에 그래픽, 타이포그래피, 색 등을 이용해서 만들어낸 것으로 실사 영상 촬영본을 제외한 도형들의 움직임, 나타나는 캐릭터, 글씨가 움직이는 것 등이 모션 그래픽에 속합니다. 모션 그래픽 영상은 독립적으로 이야기를 만들어내기도 하고 실사 영상 속에 섞여 디자인적인 멋스러움을 채워주기도 합니다.

애프터 이펙트를 이용한 실사 영상의 용도는 주로 영상 제작입니다. 영상을 컷 편집하여 이어 붙이는 '영상 편집' 보다는 실사 영상을 변형하고 합성해 물체를 지우는 용도로 주로 사용하며, 이를 '영상 제작'이라고 합니다. 실제로 영상 제작과 모션 그래픽은 영상 분야에서 세부적으로 다른 시작점을 가지고 있었지만, 영상이라는 공통적인 특징은 어떤 이야기를 표현하기 위한 도구 중 하나로 사용됩니다. 그러므로 영상은 표현하고자 하는 이야기를 잘 보여 주는 방법으로 진화하면서 실사 영상에 모션 그래픽을 더하여 작업하는 방법으로도 사용됩니다.

다큐멘터리 영상에서는 인포그래픽 모션을 이용하고, 예능에서는 정지된 자막에서 움직이는 자막과 각종 그래픽 요소들이 차지하는 비중이 커지고 있으며, 뉴스에서도 배경 영상에 많은 그래픽이 등장합니다. 모션 그래픽 영상 역시 촬영한 실사 영상 소스 위에 로토스코핑, 리터치, 합성 등 장르의 과정을 거치면서 다양한 스타일을 만들어냅니다. 서로 다른 장르이지만 충분히 결합하여 사용할 수 있고, 미래에는 그 비중이 더 커질 것입니다. 이러한 부분을 명확히 이해하면 이후 애프터 이펙트를 학습하는 데 도움이 될 것입니다. 그러므로 영상 제작과 모션 그래픽을 모두 학습하는 것이 바람직한 학습 방향입니다.

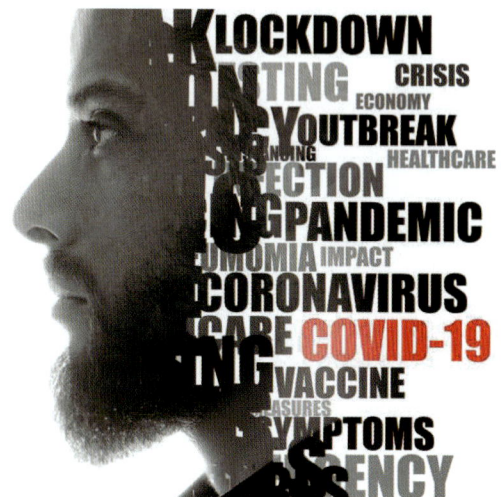

◀ 실사에 텍스트가 어우러져 섞이는 장르가 요즘 영상의 추세입니다. 시청자들과 클라이언트의 눈이 높아지면서 이러한 추세는 더더욱 강해질 것이고 새로운 장르는 앞으로도 계속해서 발굴될 것입니다.

알아두기 02 실무 영상의 제작 과정을 이해하기

모션 그래픽과 영상 제작 과정은 크게 다르지 않습니다. 실사 촬영본의 유무와 소스 제작 과정에서의 차이가 있을 수는 있지만, 근본적인 큰 흐름 자체는 차이가 없습니다. 경우에 따라서는 감독 개인적으로 진행되는 형태의 작업물도 있지만, 대부분 프로젝트는 팀 단위로 진행됩니다. 여기서는 팀 단위의 영상을 기준으로 제작 과정을 살펴보겠습니다.

먼저, 제작 회의가 진행됩니다. 보통 회의에는 클라이언트, 총괄 감독, 실무 제작자가 참여합니다. 때에 따라서는 총괄 감독과 클라이언트만 참여하기도 합니다. 이 회의를 통해 전체적인 기획과 표현 방식, 스타일 등의 요소가 확정됩니다. 제작 회의는 한 번에 걸쳐서 끝나는 경우는 거의 없고, 지속해서 아이디어를 발전하거나 변형하여 꾸준하게 지속하기도 합니다. 이 과정을 통틀어 '프리(Pre) 프로덕션(Production)'이라고 합니다. 스토리보드 작성, 시장 조사나 관련 자료, 추구하는 결과물과 비슷한 레퍼런스를 찾아서 계속해서 업데이트하는 과정도 여기에 포함됩니다.

프리 프로덕션 과정이 끝난 후에는 본격적으로 현장 촬영에 들어갑니다. 모션 그래픽의 경우 작가나 디자이너가 소스를 만듭니다. 기본적으로 제작 회의에서 나온 스토리보드를 토대로 진행되지만 여러 가지 변수로 인해 그대로 진행되는 경우는 거의 없습니다. 이러한 변수를 줄이기 위해 프리 프로덕션 과정이 탄탄하게 이루어져야 하며, 이 과정을 통틀어 '프로덕션(Production)'이라고 합니다. 촬영, 소스 제작, 소스 편집, 컴퓨터에 옮기는 과정 등이 여기에 포함됩니다.

프로덕션 과정이 끝난 후에는 촬영된 소스나 만들어진 모션 그래픽 소스를 활용하여 후반 작업에 들어갑니다. 영상을 컷 편집, 합성, 배치하는 것은 물론, 모션 그래픽 소스를 제작 회의에서 나온 대로 결과물을 도출하는 과정을 거치는데, 애프터 이펙트는 주로 여기에서 사용됩니다. 흔히 일반적으로 말하는 CG 작업, 색상 보정, 애니메이션, 음악 및 사운드 등의 작업이 이루어지며, 이 과정을 통틀어 '포스트(Post) 프로덕션(Production)' 과정이라고 합니다.

▲ 프리 프로덕션 과정에서 나온 결과물을 토대로 '스토리보드(콘티)'를 작성합니다.

알아두기 03   모션 그래픽에서 애프터 이펙트의 역할 확인하기

디자이너나 그림 작가의 스타일 프레임 디자인이 완료된 상태에서 영상 작업을 진행합니다. 애프터 이펙트 작업에 맞춰 스타일 프레임을 디자인할 수 있지만, 보통 아이디어를 시각화하는 과정에서는 툴을 고려하지 않고 디자인 작업을 진행할 때도 있으므로 일부 디자인을 애프터 이펙트에 맞춰 소스화 작업을 진행해야 합니다.

대표적인 소스화 작업은 포토샵이나 일러스트레이터에서 작업한 PSD 파일 또는 AI 파일 레이어를 분리하는 작업입니다. 이렇게 분리된 레이어를 애프터 이펙트로 불러온 다음 실제 모션 작업에 들어갑니다. 일부 디자인은 모션에 따라서 애프터 이펙트 또는 3D 소프트웨어(C4D, 마야, 블렌더 등)에서 영상에 맞춰 다시 디자인합니다.

글씨를 움직이게 하거나 소스를 변형하여 보기 좋게 만들거나 추상적인 아이디어를 시각적으로 표현하는 것이 모션 그래픽에서의 애프터 이펙트의 역할입니다. 기본적으로 영상화 작업을 할 때는 많은 시간을 투자하여 어색한 부분을 수정하고, 또 수정을 통해서 발전시키기 때문에 많은 시간을 투자할수록 좋은 결과물을 만들 수 있습니다.

알아두기 04   실사 영상 제작에서 애프터 이펙트의 작업 파악하기

실사 영상 제작에서 애프터 이펙트는 주로 컷 편집이 완료된 상태에서 사용됩니다. 많은 형태의 작업이 있지만, 주로 로토브러시와 키잉 기능을 활용한 배경과 피사체 분리, 색상 보정, 마스크 합성, 모션트래킹, 스테빌라이저 등 모션 그래픽에서는 잘 사용하지 않는 실사 영상용 효과들이 주로 사용됩니다.

대표적으로 '3D Camera Tracker' 이펙트를 활용하여 실사 촬영본에 디자인적 요소나 글씨를 넣을 수 있습니다. 3D Camera Tracker로 애프터 이펙트 프로그램 내에서 자체적으로 촬영본의 공간감을 분석합니다. 분석을 완료한 다음에는 정보 값을 애프터 이펙트에 표시하여 사용자는 그 정보를 토대로 물체를 합성할 수 있어 여기에 모션 그래픽을 결합하거나 또 다른 실사 요소 및 그래픽을 적용할 수 있습니다. 애프터 이펙트의 장점은 한 가지 툴에서 다양한 장르를 시도할 수 있다는 것입니다. 모션 그래픽 작업과 실사 영상 작업을 구별하지 않고 모두 처리할 수 있다는 점에서 두 가지 분야를 모두 공부할 수 있는 편리한 도구입니다.

모션 그래픽과 마찬가지로 실사 작업 또한 많은 시간을 투자할수록 좋은 결과물을 만들 수 있습니다.

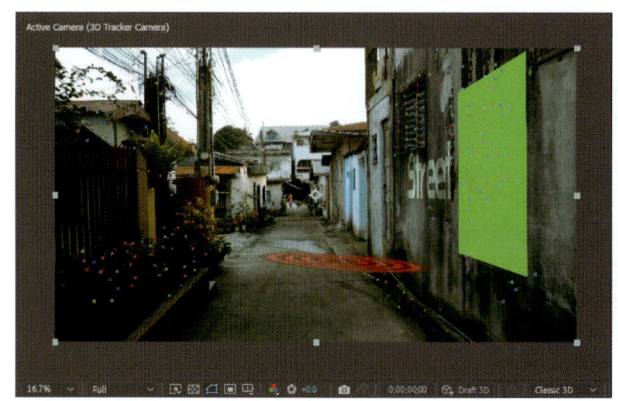 

▲ 3D Camera Tracker를 활용한 촬영본에 요소를 합성한 모습   ▲ 마스크로 촬영본 부분을 변형한 모습

알아두기 05 영상에 대한 감각 키우기

영상을 볼 때 사람마다 비중을 두는 부분은 전부 다릅니다. 어떤 사람은 영상의 기획적인 측면에 비중을 둘 것이고, 어떤 사람은 영상의 색감과 화려한 시각적인 요소에 비중을 둘 것입니다. 또 어떤 사람은 디자인적인 요소와 폰트 등에 비중을 두기도 합니다. 비중을 두는 부분은 다르지만 공통적으로 영상을 바라보는 시각을 키우기 위해 본인이 추구하는 영상에 대한 레퍼런스를 많이 쌓아두는 것이 중요합니다.

먼저 유튜브를 활용해볼 수 있습니다. 21세기는 유튜브의 시대라고 봐도 무방할 정도로 유튜브는 전 세계를 통틀어 단연 동영상 플랫폼 1위 사이트입니다. 이용자 수가 많은 만큼 자연스럽게 많은 장르의 영상들이 업로드되고 있습니다. 유튜브에 본인이 찾고자 하는 영상으로 키워드를 검색하면 관련한 자료들이 많이 표시되며 이를 통해 영상 만드는 감을 키워두는 것은 실력 향상에 큰 도움이 됩니다.

비메오는 영상 제작자 한정 좋은 레퍼런스 창고입니다. 유튜브는 이용자층이 상대적으로 젊고 영상이라는 장르뿐만 아니라 게임, 요리, 일상 등 영상이나 디자인과는 관련이 없는 장르들이 많이 업로드됩니다. 반면에 비메오는 높은 전송 속도를 제공하며 상대적으로 유튜브와 비교하여 고화질 영상 업로드가 가능하므로 영상 제작자와 모션 그래픽 디자이너들이 업로드를 많이 하는 플랫폼입니다.

네이버 카페도 유용한 사이트입니다. 특히 모션 그래픽 쪽은 '리드미컬 이미지네이션', 영상 제작 쪽은 '도프룩' 카페가 대표적입니다. 자료 찾기도 수월하고 관련 직종 사람들과 정보를 공유하고 취업 관련 정보도 얻을 수 있으며 사용자의 공부 및 업종에 대한 경험담을 듣고 작품들을 보면서 영상 및 디자인에 대한 감각을 키울 수 있습니다.

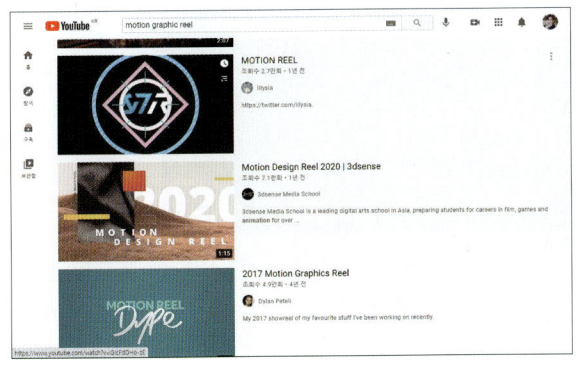

▲ 유튜브(youtube.com)

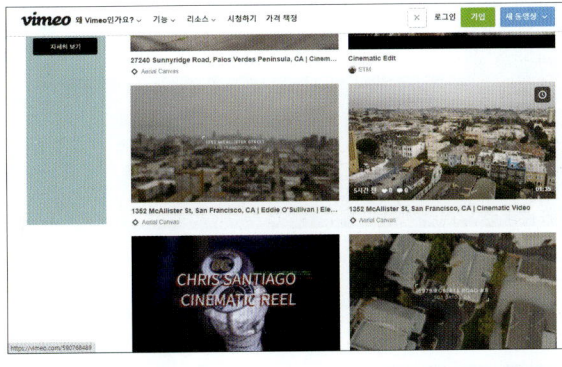

▲ 비메오(vimeo.com)

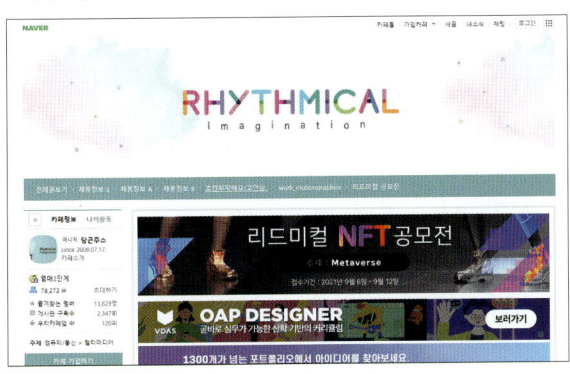

▲ 리드미컬 이미지네이션 카페(cafe.naver.com/rhymage)

▲ 도프룩 카페(cafe.naver.com/doflook)

알아두기 06 완성도 있는 시간 절약의 핵심! 서드파티 플러그인 알아보기

애프터 이펙트의 다양한 서드파티 플러그인이 존재합니다. 애프터 이펙트에는 정말 많은 기본 효과들이 내장되어 있지만, 기본 효과는 상대적으로 트렌드에 뒤처지는 것들도 많고 기본 효과로는 구현하기 어렵거나 시간이 오래 걸리는 효과들이 존재합니다. 이를 해결하기 위해 외부 사용자들이나 개발자들이 애프터 이펙트 전용 서드파티 플러그인을 만들어서 배포하거나 판매하며 일반적으로 프리셋, 플러그인 등의 용어로 혼용되어 사용되기도 합니다.

대표적으로 색상 보정 플러그인이나 파티클 플러그인, 모션 플러그인 등이 많이 사용됩니다. 색상 보정은 실사 영상에 기본적으로 사용되지만, 그래픽으로 이루어진 영상에도 사용하여 새로운 느낌을 줄 수 있습니다. 파티클은 그래픽 위주의 영상뿐만 아니라 영상에서 분위기를 연출하거나 빛 느낌의 파티클로 응용하여 사용할 수도 있습니다. 모션 플러그인은 자막이나 요소를 변형해 주는 플러그인으로 기본적으로 키프레임 애니메이션을 통해 변형해야 하는 것을 드래그 & 드롭 형태로 간단하게 효과를 구현해 줍니다. ▶ 424쪽 참고

▲ 텍스트 플러그인(Mister Horse)의 시연 영상

알아두기 07 다양한 디자인 템플릿 및 서드파티 플러그인 구하기

서드파티 플러그인과 이용자들이 만들어 놓은 디자인 템플릿을 구매하는 사이트는 2개로 비디오하이브(Videohive)와 에이이스크립츠(aescripts)가 대표적인 사이트입니다. 해당 사이트에는 색상 보정, 트래킹, 모션 그래픽, 트랜지션 등 다양한 효과에 대한 플러그인과 디자인 템플릿을 제공하고 있습니다. 일정 요금을 지불하면 플러그인 및 템플릿에 대한 라이센스를 부여받을 수 있습니다. 특정 상품을 제외하면 대부분의 플러그인과 템플릿은 한 번 구매하면 영구적으로 사용할 수 있으며 이후 업데이트된 기능도 무료로 받을 수 있습니다.

블랙 프라이데이나 여름, 겨울에 정기적으로 30~80% 할인 행사를 진행해 할인 판매 기간에 구매하면 저렴하게 플러그인과 템플릿을 이용할 수 있습니다. 기본 효과를 넘어서 폭넓은 결과물을 만들기 위해 서드파티 플러그인을 활용하면 도움이 될 것입니다. ▶ 426쪽 참고

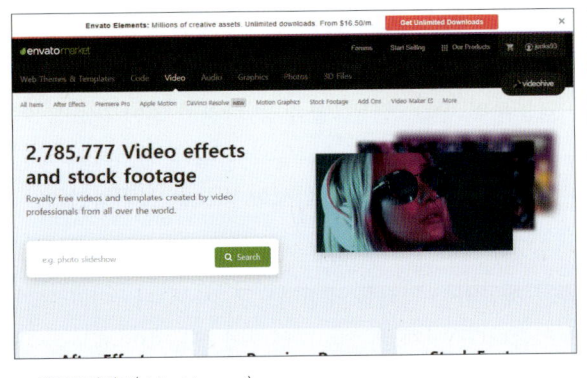

▲ 비디오하이브(videohive.net)

▲ 에이스크립츠(aescripts.com)

알아두기 08 애프터 이펙트와 함께 공부하면 도움이 되는 프로그램 알아보기

기본적으로 Adobe 사의 프리미어 프로, 포토샵, 일러스트레이션, 오디션 등을 공부하는 것이 기본 베이스로, 영상 디자인 및 VFX와 같은 시각 효과를 더 전문적으로 하거나, VR/AR로 확장하려면 C4D, 마야, 3DS 맥스, 블렌더와 같은 3D 소프트웨어를 익혀야 합니다.

3D 소프트웨어가 종착지는 아닙니다. 애프터 이펙트로 시작해 3D 소프트웨어는 중간 다리 역할을 하고 언리얼 엔진과 유니티 프로그램 등을 활용하여 게임 엔진을 이용한 영상 제작까지 바라볼 시기가 되었습니다. 두 가지 소프트웨어를 잘 학습하면 다양한 아이디어를 영상으로 표현할 수 있습니다.

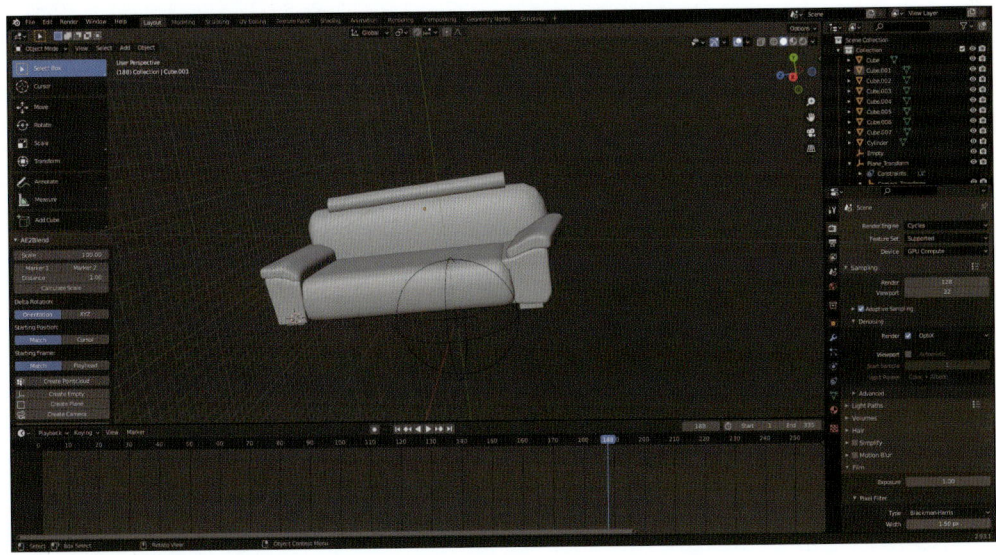

▲ 3D 프로그램 블렌더(Blender)

알아두기 09 다양한 저작권 무료 글꼴을 사용하기

디자인에서 가장 중요한 요소 중 하나는 글꼴입니다. 글꼴은 기본적으로 글꼴 배포 회사에서 저작권을 부여하며 이용자들은 디자인 글꼴을 이용하기 위해 이용료를 내야 합니다. 하지만, 요즘은 회사 프로모션 혹은 기념일에 이벤트성으로 저작권에서 자유로운 글꼴을 출시하기도 합니다.

애프터 이펙트 CC 2022에서는 20,000개 이상의 폰트를 영문부터 한글, 일본, 중국 등 다양한 언어 폰트를 어도비 크리에이티브 클라우드를 통해 제공하고 있습니다. 다양한 언어의 글꼴 스타일과 특징을 검색하여 개인적, 상업적 사용이 모두 가능한 폰트를 선택할 수 있으며, 다운로드할 필요없이 활성화 버튼만 클릭하면 모든 프로그램에서 사용이 가능합니다.

특히, 사용자가 원하는 폰트를 검색하기 위해 다양한 분류를 제공하는 필터를 제공하므로, 사용자는 미리 보기 화면을 보면서 원하는 폰트를 마음껏 선택하고 사용할 수 있습니다. 이제 폰트를 다양하게 사용하여 정보를 제공하는 기능 이외에 디자인의 요소로 폰트를 사용해 보세요.

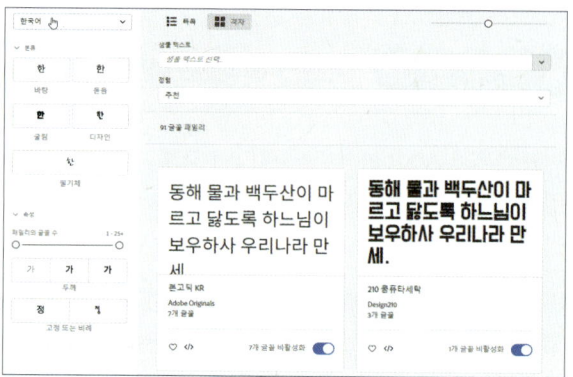

눈누에 게시된 폰트는 전부 100% 상업용으로 이용이 가능한 저작권 무료 글꼴로 개인작, 외주 작업, 상업용 영상 등 모든 분야에서 사용할 수 있습니다. 눈누 사이트에서 직접 글꼴을 입력해 보고 마음에 들면 해당 글꼴을 다운받을 수 있으므로 부담 없이 사이트 내에서 먼저 사용해 보세요.

▲ 눈누(noonnu.cc)

▲ 눈누에서 글꼴의 용도 및 형태를 확인한 화면

알아두기 10 다양한 저작권 무료 이미지 & 영상 소스를 사용하기

제작을 위해서는 기본적으로 디자인 소스 및 촬영본들을 직접 준비해야 합니다. 그러나, 직접 소스를 처음부터 제작하고 촬영하는 것은 시간과 비용으로 인해 어렵습니다. 특히 개인 형태로 작업을 하는 상황에서 이러한 고민은 더욱 심해질 수 있습니다. 이런 경우, 저작권에 문제가 없는 무료 이미지 및 영상들을 활용하면 도움이 됩니다.

먼저 무료로 이미지 & 영상을 얻을 수 있는 곳으로 픽사베이(Pixabay)와 픽셀즈(Pexels)가 있습니다. 두 사이트는 세계적으로 가장 큰 저작권 무료 이미지 & 영상 공유 사이트로 키워드 검색을 통해 필요한 이미지를 얻을 수 있습니다. 한글도 지원하기 때문에 국내 이용자들의 이용 과정에 어려움이 없으며 저작권에 문제가 없는 수백만 개의 이미지를 활용하여 표현의 폭을 넓힐 수 있습니다.

유료 사이트로는 대표적으로 셔터스톡(Shutterstock)과 모션엘리먼츠(Motionelements)가 있습니다. 두 사이트는 기본적으로 매달 정기 결제를 통해 몇백 개의 이미지와 벡터 소스를 구매하여 사용할 수 있습니다. 모션엘리먼츠의 경우에는 모션 그래픽에 좀 더 집중되어 있으며, 무료 소스 및 템플릿도 일부 지원하고 있습니다.

▲ 픽사베이(pixabay.com)

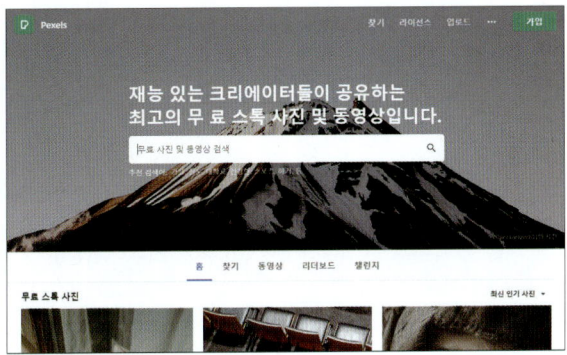
▲ 픽셀즈(pexels.com)

알아두기 11 수많은 영상, 그래픽 소스 파일 관리하기

애프터 이펙트는 수많은 영상과 그래픽 소스를 기반으로 움직임을 만들어내는 작업 형태이므로 작업 소스 파일을 잘 관리해야 합니다. 소스 형식에 따라서 분류하여 작업을 진행할 수 있으며, 이 방법은 디자이너마다 다르기 때문에 정해진 방법이 없어 자신에게 알맞은 최적의 방법으로 폴더를 나누면 됩니다.

또한 백업용으로 하드 디스크, 외장 하드, 구글 드라이브와 같은 대용량 저장소를 활용하는 것이 좋습니다. 영상 파일은 기본적으로 파일 용량이 크기 때문에 작업이 완료된 영상을 보관할 때는 대용량 하드 디스크(HDD)나 외장 하드, 클라우드 서비스를 활용하는 것이 좋습니다.

애프터 이펙트 CC 2022는 모션 그래픽 작업 및 영상 제작에 이용합니다. 기획부터 영상을 렌더링하는 과정까지 디자인하는 애프터 이펙트의 생김새를 살펴보고 필수로 알아두어야 할 파일 관리 방법과 기본 작업을 위한 기능에 대해서 알아보겠습니다.

PART 1.

애프터 이펙트 CC 2022 시작하기

01 | 애프터 이펙트는 어떻게 생겼을까?
02 | 애프터 이펙트 시작하기
03 | 파일 불러오고 관리하기
04 | 작업 환경 이해하기
05 | 실질적인 작업 공간 이해하기

CHAPTER 01 AFTER EFFECTS CC

작업 화면 • 패널

애프터 이펙트는 어떻게 생겼을까?

애프터 이펙트를 실행하면 쉽고 빠른 작업을 도와주는 각종 패널과 도구, 메뉴 등이 표시됩니다. 모션 그래픽 및 영상 제작 작업을 위해 작업 화면의 구성 요소 및 기능에 대해 알아보겠습니다.

필수기능 01 애프터 이펙트의 작업 화면과 패널 살펴보기

본격적으로 애프터 이펙트를 학습하기 전에 프로그램의 구성을 파악합니다. 애프터 이펙트 작업 화면은 다양한 메뉴와 패널로 구성되므로 각 메뉴와 패널이 어떤 기능을 가졌는지 살펴보겠습니다.

애프터 이펙트의 작업 화면은 모션 그래픽 및 영상을 확인할 수 있는 Composition 패널과 움직임을 만드는 Timeline 패널, 여러 가지 작업을 도와주는 도구들이 모인 Tools 패널, 그리고 작업에 필요한 소스들을 불러오고 관리할 수 있는 Project 패널 등이 있습니다. 각 패널은 작업에 따라 표시하거나 숨길 수 있습니다.

① **Home** : 애프터 이펙트를 처음 시작하면 Home이 표시됩니다. Home에서는 새로운 프로젝트를 만들거나 기존의 프로젝트를 불러올 수 있습니다.

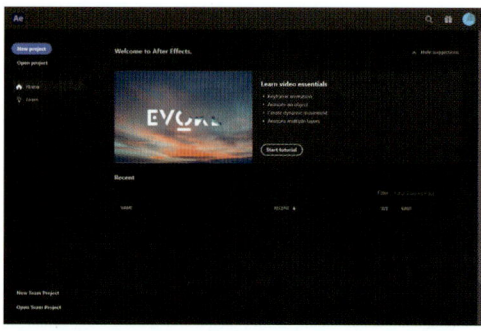

② **Tools 패널** : 작업을 위한 도구들이 모인 패널로 여러 가지 도구를 이용해서 디자인과 움직임을 만들 수 있습니다.

③ **Project 패널** : 작업에 필요한 파일을 가져오고 관리할 수 있는 영역입니다.

④ **Effect Controls 패널** : 이펙트를 적용하면 해당 이펙트가 나타나 세부적으로 설정할 수 있습니다.

⑤ **Composition 패널** : 디자인 및 영상 작업이 이루어지는 영역으로 화면에 해당하는 부분입니다. 이곳에서 결과물을 확인할 수 있습니다.

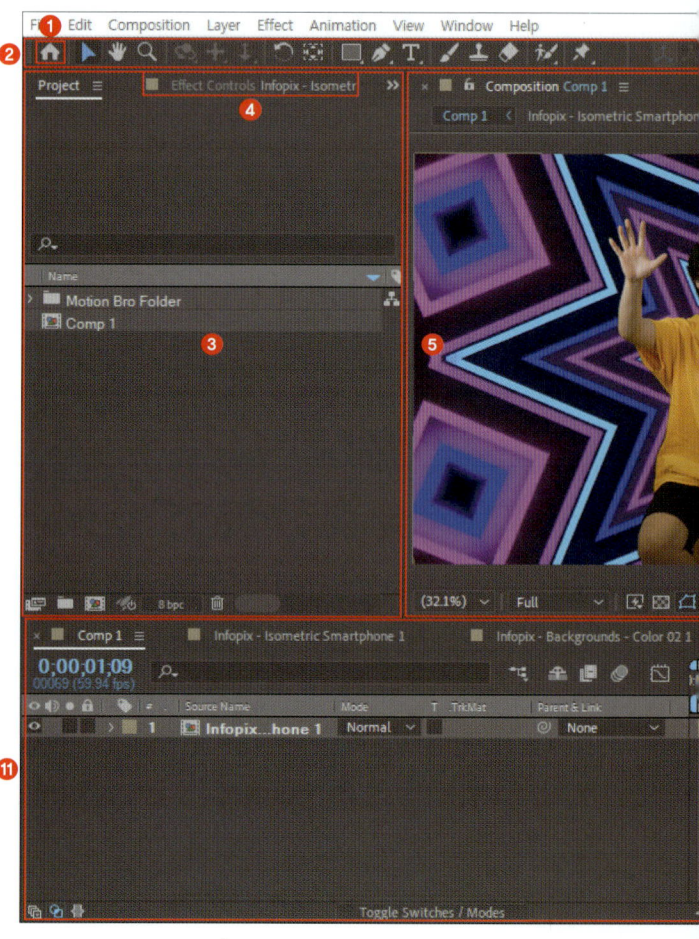

❻ **Info 패널** : 작업 정보를 알려주는 영역으로 색과 위치 정보, 레이어, 재생과 관련된 작업 환경 정보를 확인할 수 있습니다.

❼ **Audio 패널** : Info 패널 뒤에 숨겨진 Audio 패널은 애프터 이펙트에 오디오가 포함된 영상이나 웨이브(Wav) 파일을 불러왔을 때 전체 오디오 레벨(Level)을 보고 조절할 수 있습니다.

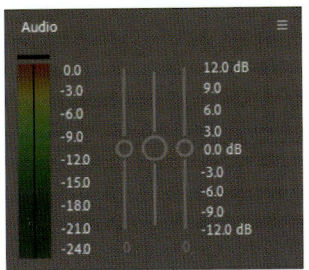

❽ **Preview 패널** : 재생에 관한 설정을 하고 작업할 수 있는 영역입니다. 애프터 이펙트에서는 영상을 실시간으로 재생할 수 없으며 재생할 때 프레임 간격 등을 설정할 수 있습니다.

❾ **Effects & Presets 패널** : 애프터 이펙트에 설치된 이펙트의 형태와 프리셋을 확인할 수 있으며, 검색 기능이 있어 이펙트를 쉽게 찾아서 적용할 수 있습니다.

❿ **Libraries 패널** : 어도비 작업 환경에서 라이브러리(Library)에 추가된 요소들을 볼 수 있는 환경으로 포토샵, 일러스트레이터와 연동하여 색, 그래픽 요소, 브러시 등을 확인하고 일부는 작업에 바로 적용할 수 있습니다. Creative Cloud에 그래픽, 색, 브러시 등을 추가해 사용할 수 있습니다.

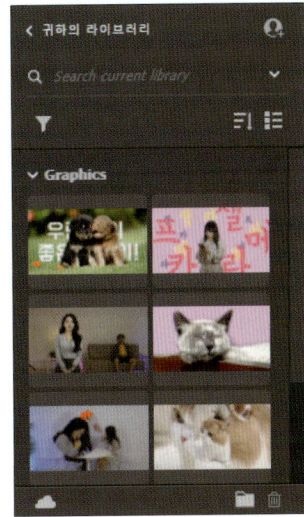

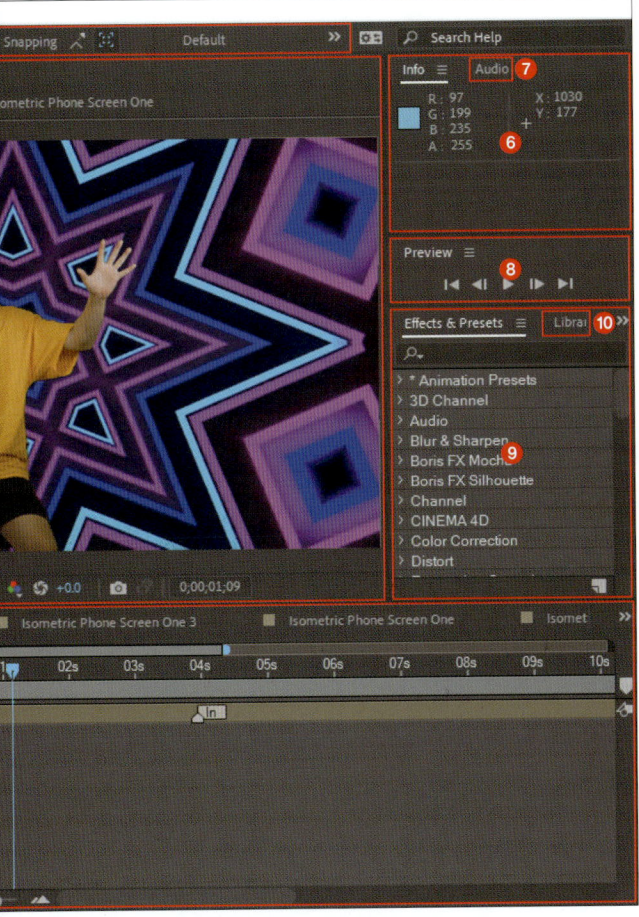

⓫ **Timeline 패널** : 움직임을 만드는 가장 중요한 곳으로, 이곳에서 시간을 설정하는 프레임부터 애니메이션 작업의 키프레임 설정, 레이어 속성(Position, Rotation, Scale, Opacity 등)을 세밀하게 설정할 수 있습니다.

> **TIP**
> 현재 작업 환경은 애프터 이펙트의 기본 작업 화면으로 Standard 환경입니다. 메뉴에서 (**Window**) → **Workspace** → **Default**를 실행하여 지정할 수 있으며, 작업 환경을 변경하고 Reset "Default" to Saved Layout을 실행하여 초기화할 수 있습니다.

필수기능 02 메뉴 살펴보기 ★★ 중요

애프터 이펙트 메뉴는 File, Edit, Composition, Layer, Effect, Animation, View, Window, Help로 구성되어 있으며, 각 메뉴는 작업에 많은 부분을 도와주는 기능이 있습니다. 모든 메뉴를 외울 필요는 없으며, 프로그램을 사용하다 보면 자연스럽게 체득되는 것이 많습니다. 여기서는 각 메뉴에 대해 간략하게 살펴보고 세부 기능들은 앞으로 예제를 따라 하면서 알아봅니다.

(File) 메뉴

파일과 관련된 메뉴로, 새로운 프로젝트를 만들고 저장하는 기능부터 작업에 필요한 파일을 가져오는 기능, 가져온 파일과 만든 컴포지션을 정리하는 기능을 포함하고 있습니다. 보통 New, Open Project, Save As, Import, Dependencies 등을 많이 이용합니다.

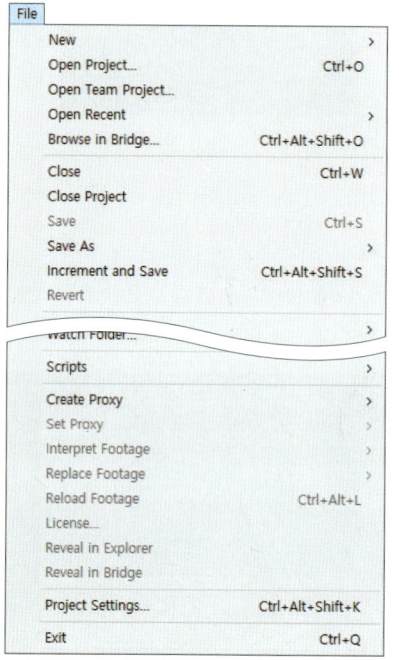

(Edit) 메뉴

편집에 해당하는 대표 기능으로, 파일을 복사하고 붙여 넣는 기능과 Timeline 패널에서 레이어를 복사하고 나누는 기능, 레벨을 설정하고 메모리를 관리하는 기능 등을 가지고 있습니다. 또한, 애프터 이펙트의 전체 환경을 설정하는 Preferences 명령이 있습니다. 보통 Undo, Copy, Paste, Duplicate, Split Layer, Preferences 등을 많이 이용합니다.

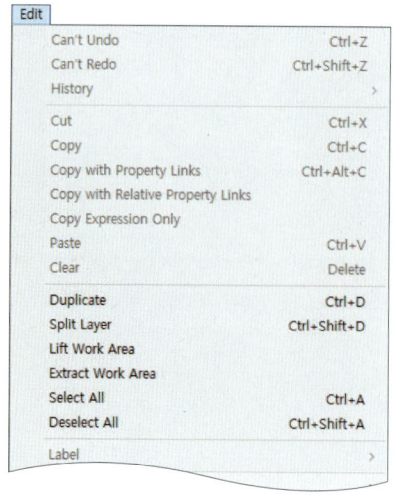

(Composition) 메뉴

컴포지션과 관련된 메뉴들이 있는 곳으로, 새로운 컴포지션을 만들고 설정하는 기능, 컴포지션 길이와 화면을 설정하는 기능, 렌더링을 진행하는 기능, 이미지나 램 프리뷰 등을 저장하는 기능이 있습니다. 보통 New Composition, Composition Settings, Add to Render Queue, Save Frame As 등을 많이 이용합니다.

(Layer) 메뉴

실제 작업을 진행할 때 필요로 하는 기능에 대한 메뉴들이 많이 있습니다. 새로운 레이어를 만드는 기능부터 각 레이어에 적용하는 Mask, 각 레이어 옵션 등을 설정할 수 있는 Switches, 물리적인 움직임을 설정할 수 있는 Transform, 영상 파일에서 시간을 설정할 수 있는 Time, 각 레이어의 중첩을 통해서 색을 변화하는 Blending Mode 등 다양한 메뉴들이 있습니다.

(Layer) 메뉴의 명령들은 Timeline 패널의 레이어에서 마우스 오른쪽 버튼을 클릭했을 때 나타나는 메뉴와도 같습니다. 각 메뉴들이 어떤 특징을 가지는지 알아두면 작업에 큰 도움이 됩니다. 보통 New, Open Layer, Mask, Switches, Transform, Time, Blending Mode, Track Matte 등을 많이 이용합니다.

(Effect) 메뉴

애프터 이펙트의 기본 이펙트뿐만 아니라 설치한 서드파티 플러그인과 가장 최근에 이용한 이펙트에 대한 명령이 있습니다. 이 메뉴는 Effects & Presets 패널과 같은 기능을 가집니다. 메뉴를 통해서는 각 이펙트의 위치를 알아서 적용해야 하지만 Effects & Presets 패널은 이펙트와 몇 글자만을 가지고도 이펙트를 찾을 수 있어 (Effect) 메뉴보다 더 편리합니다. 이펙트는 작업의 성격과 스타일에 따라 다르게 적용되므로 작업자마다 차이는 있지만, 모든 이펙트가 골고루 이용된다고 볼 수 있습니다.

(Animation) 메뉴

레이어에서 키프레임 설정으로 만들 수 있는 애니메이션 이외에 추가 애니메이션 기능에 관한 명령들이 있으며, 애니메이션 프리셋과 키프레임 설정 부분, 텍스트 레이어의 애니메이션, Track Camera, Warp Stabilizer FX와 같은 명령들이 있습니다. 보통 Keyframe Interpolation, Keyframe Velocity, Keyframe Assistant, Add Expression, Track Camera, Track Mask 등을 많이 이용합니다.

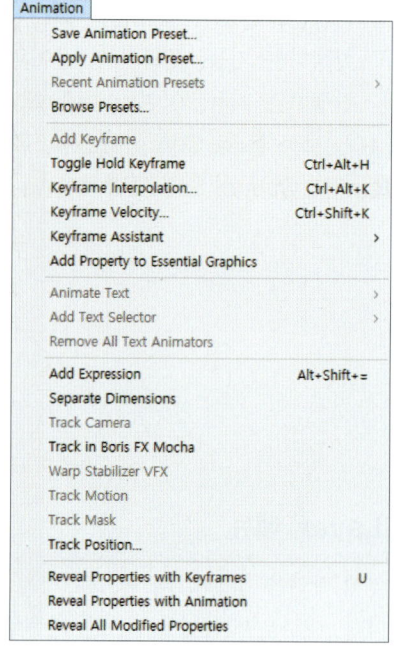

(View) 메뉴

격자, 눈금자, 안내선 등을 이용하여 작업을 조금 더 편리하게 도와주는 명령이 있습니다. 보통 Zoom In, Zoom Out, Resolution, Show Grid, Show Rulers, Show Guides 등을 많이 이용합니다.

(Window) 메뉴

인터페이스에 영향을 주는 기능으로 각 패널을 표시하고 숨길 수 있으며, 자신만의 인터페이스를 만들고 저장할 수 있습니다. 메뉴로 표시되는 서드파티 스크립트나 플러그인의 경우에도 표시됩니다. 특정 메뉴 창을 실수로 종료하거나 특정 메뉴가 안 보이는 경우 여기서 제어할 수 있습니다.

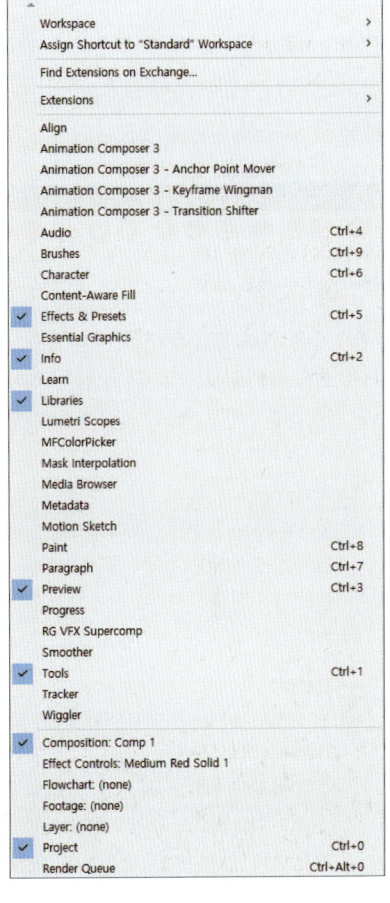

(Help) 메뉴

작업에 필요한 도움말과 정보를 얻을 수 있는 메뉴로, 스크립트, 표현, 애니메이션 등에 관한 정보가 있으며, 단축키 등을 지정할 수 있고, 온라인 사용자 포럼에 피드백을 보낼 수 있습니다. 보통 After Effects Help, Effect Reference, Animation Presets, Keyboard Shortcuts, Online User Forums 등을 많이 이용합니다.

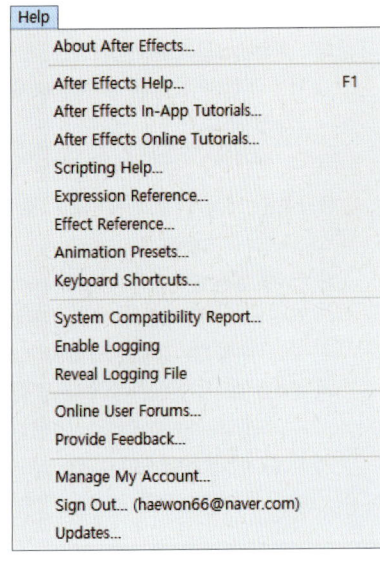

필수기능 03 | Tools 패널의 도구 살펴보기 중요

Tools 패널은 애프터 이펙트의 작업 화면 맨 위에 위치하며, 레이어를 선택하거나 문자를 입력하고 마스크를 만들 수 있는 도구들을 모은 곳입니다. Composition 패널에서 개체, 화면, 마스크 등을 제어하기 위한 Tools 패널의 도구를 살펴보겠습니다.

❶ **홈 화면(Home)** : 애프터 이펙트를 실행하면 표시되는 프로젝트 설정 화면을 표시하는 기능입니다. 홈 화면을 클릭해도 현재 작업이 종료되지 않습니다.

❷ **선택 도구(Selection Tool, V)** : 레이어를 선택하고 이동할 때 이용하는 도구입니다. 선택 도구를 선택하면 3D 공간에서 축(Axis)을 지정할 수 있는 Local Axis, World Axis, View Axis 선택 영역이 나타나고 레이어 정렬을 도와주는 'Snapping' 기능이 나타납니다.

❸ **손 도구(Hand Tool, H)** : 화면을 이동할 때 이용하는 기능으로 Composition 패널의 화면에서 보이는 부분보다 큰 화면의 작업 환경일 때 손 도구를 이용하여 화면을 이동하거나, Timeline 패널에서 작업 중 레이어가 늘어나 작업 화면에서 보기 힘들 때 드래그하여 볼 수 있습니다. 이외에도 Project 패널, Effects & Presets 패널 등에서도 작업 중 안 보이는 부분을 드래그하여 볼 수 있습니다.

❹ **확대/축소 도구(Zoom Tool, Z)** : Composition 패널의 화면을 자세히 보기 위해 확대하거나 넓게 보기 위해 축소할 때 이용합니다.

❺ **주위 궤도 도구(Orbit Around Tool, Shift + 1)** : 3D 영역의 시점 변화를 보여 줍니다. 카메라를 직접 들고 움직이는 상황을 프로그램에서 표현합니다.

ⓐ **커서 주위 궤도 도구(Orbit Around Cursor Tool)** : 마우스 커서 중심으로 이동하며 화면 위에 마우스 커서를 위치시키면 그 중심으로 회전합니다.

ⓑ **장면 주위 궤도 도구(Orbit Around Scene Tool)** : 무조건 화면 중심을 기준으로 회전하며 이동합니다.

ⓒ **카메라 POI 궤도 도구(Orbit Around Camera POI)** : Orbit Around Camera POI 카메라의 Point Of View(관점)를 기준으로 이동합니다. 오브젝트의 위치와는 상관없이 카메라 가운데를 중심으로 이동합니다.

❻ **팬 도구(Pan Tool, Shift + 2)** : 3D 영역의 위치 변화를 보여 줍니다. 카메라는 가운데 고정하고 위, 아래, 왼쪽, 오른쪽으로 패닝하는 상황을 프로그램에서 표현합니다.

ⓐ **커서 아래로 이동 도구(Pan Under Cursor Tool)** : 커서 중심으로 카메라를 상하좌우로 이동합니다.

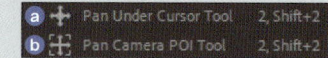

ⓑ **팬 카메라 POI 도구(Pan Camera POI Tool)** : 카메라의 Point Of View(관점)를 기준으로 상하좌우로 이동합니다.

❼ **돌리 도구(Dolly Tool, Shift + 3)** : 3D 영역의 줌 인과 줌 아웃을 보여 줍니다. 카메라를 레일에 달아서 앞뒤로 움직이는 상황을 프로그램에서 표현합니다.

ⓐ **커서를 향해 돌리 도구(Dolly Towards Cursor Tool)** : 화면 위에 커서를 위치시키고 드래그하여 Z축 앞뒤로 이동합니다. 앞으로 이동할 때는 커서 중심으로 이동하지만 뒤로 이동할 때는 중심으로 반환됩니다.

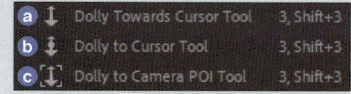

ⓑ **커서로 돌리 도구(Dolly to Cursor Tool)** : 화면 위에 커서를 위치시키고 드래그하여 커서 중심으로 Z축 앞뒤로 이동합니다. 앞뒤 모두 이동할 때 화면 위에 있는 커서 중심으로 이동합니다.

ⓒ **카메라 POI를 향해 돌리 도구(Dolly to Camera POI Tool)** : 카메라 중심 Point of View(관점)를 중심으로 Z축 앞뒤로 이동합니다. 애프터 이펙트 CC 2020에서는 이 기능만 지원하였습니다.

❽ **회전 도구(Rotation Tool, R)** : 선택한 레이어를 Composition 패널의 모니터 화면에서 회전할 때 이용합니다. 회전 도구를 선택하면 선택 도구와 마찬가지로 회전축을 설정할 수 있는 Axis 영역과 3D 작업에서 Rotation 및 Orientation을 설정할 수 있는 메뉴가 나타납니다. 이때 Rotation은 회전을 뜻하고 Orientation은 기울기 방향을 뜻합니다. 회전 도구는 Local Axis Mode와 World Axis Mode, View Axis Mode로 나누어 작업을 진행할 수 있습니다.

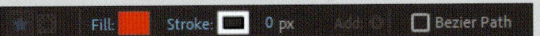

❾ **뒤로 팬 도구(Pan Behind Tool(Anchor Point Tool), Y)** : 크게 뒤로 팬 기능과 레이어 중심축 기준점을 이동하는 기능을 가지고 있습니다. 레이어 중심축 기준점을 이동하는 기능입니다. 레이어를 선택하고 중심축인 기준점을 클릭한 다음 드래그하면 이동할 수 있습니다. 이때 Position과 Anchor Point에 애니메이션이 적용되면 기준점을 이동할 때 달라질 수 있습니다.

❿ **마스크 및 셰이프 도구(Mask Tool, Q)** : 마스크를 만드는 기능으로, 사각형 도구는 가장 기본적인 사각형 마스크를 만드는 기능입니다. 이때 레이어를 선택한 상태에서 드래그하면 사각형 마스크가 만들어지고 레이어를 선택하지 않은 상태에서 드래그하면 셰이프 레이어가 만들어집니다. 마스크 및 셰이프 도구를 길게 클릭하면 다양한 마스크를 만들 수 있는 메뉴가 표시됩니다. 마스크 및 셰이프 도구는 셰이프 레이어도 만들 수 있어 선택하면 Tools 패널에 셰이프 레이어의 색과 선의 색, 굵기를 지정할 수 있는 옵션이 표시됩니다.

⓫ **펜 도구(Pen Tool, G)** : 패스를 이용하여 원하는 형태의 마스크를 만들거나 모양을 만들 수 있습니다. 이때 레이어를 선택하고 패스를 그리면 마스크(원하는 부분만 나타나는 레이어)를 만들 수 있고, 레이어 선택을 해제한 다음 패스를 그리면 모양을 만들 수 있습니다. 펜 도구를 길게 클릭하면 펜 도구를 제어할 수 있는 기능이 표시되고, 선택하면 마스크 및 셰이프 도구와 마찬가지로 모양을 설정하는 기능이 나타납니다.

ⓐ **펜 도구(Pen Tool)** : 클릭 또는 드래그하여 패스를 만들 수 있습니다.
ⓑ **기준점 추가 도구(Add Vertex Tool)** : 이미 그려진 패스에 기준점을 추가할 수 있습니다.
ⓒ **기준점 삭제 도구(Delete Vertex Tool)** : 기준점을 삭제할 수 있습니다.
ⓓ **기준점 변환 도구(Convert Vertex Tool)** : 베지어 곡선(선을 제어할 수 있는 곡선)을 추가하여 직선을 곡선 형태로 변형할 수 있습니다.
ⓔ **마스크 페더 도구(Mask Feather Tool)** : 마스크 영역을 지정하여 페더 효과(점점 흐려지거나 진해지는 효과)를 줄 수 있습니다.

⓬ **문자 도구(Type Tool, Ctrl + T)** : 텍스트를 입력할 수 있는 도구로, 기본적으로 가로 문자를 입력할 수 있습니다. 문자 도구를 길게 클릭하면 표시되는 메뉴에서 가로 문자 도구(Horizontal Type Tool), 세로 문자 도구(Vertical Type Tool)를 선택해 가로 또는 세로 문자를 입력할 수도 있습니다.

문자 도구를 선택한 다음 Tools 패널 오른쪽의 'Auto-Open Panels'를 체크 표시하면 자동으로 Character 패널과 Paragraph 패널이 표시되며, 해당 패널의 아이콘을 클릭해서 표시하거나 숨길 수 있습니다.

⓭ **브러시 도구(Brush Tool, Ctrl + B)** : 포토샵의 브러시 기능처럼 드래그하여 원하는 형태를 그릴 수 있습니다. Composition 패널의 화면에서는 브러시가 적용되지 않기 때문에 브러시 도구를 이용하려면 먼저 선택한 레이어를 더블클릭하여 Layer 패널을 표시해야 합니다.

> **TIP**
> 브러시 도구(Brush Tool), 복제 도장 도구(Clone Stamp Tool), 지우개 도구(Eraser Tool)는 모두 Ctrl + B를 눌러 순서대로 선택할 수 있습니다.

브러시 도구를 선택하고 오른쪽에 표시되는 'Auto-Open Panels'를 체크 표시하면 자동으로 Brushes 패널과 Paint 패널이 표시되며, 해당 패널 아이콘을 클릭해서 표시하거나 숨길 수 있습니다.

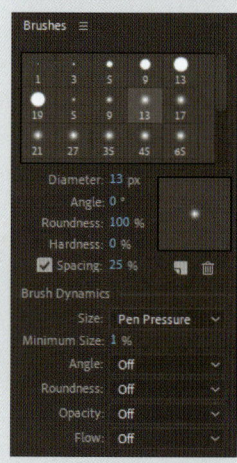
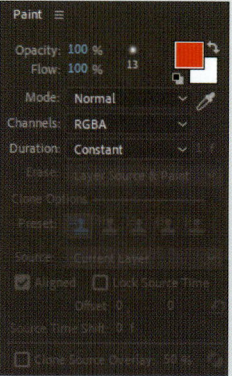

⑭ **복제 도장 도구(Clone Stamp Tool, Ctrl+B)** : 포토샵의 복제 도구와 같은 기능으로, 영상과 이미지 일부를 복제하는 기능입니다. 복제 스탬프 도구 역시 브러시 계열의 기능이기 때문에 Brushes 패널과 Paint 패널이 자동으로 표시됩니다. 이때 적용할 레이어를 더블클릭하여 Composition 패널의 위치에 Layer 패널을 표시하고 적용할 수 있습니다. 해당 기능을 이용하여 특정 부분을 지우거나 어색한 부분을 채워주는 등 VFX 시각 효과를 구현하는 경우도 많이 이용합니다.

⑮ **지우개 도구(Eraser Tool, Ctrl+B)** : 레이어의 일부 영역을 지워서 뒤에 있는 레이어를 나타내는 기능입니다. 지우개 도구 역시 브러시 계열로, Brushes 패널과 Paint 패널이 표시됩니다. 페인트 도구, 복제 스탬프 도구와 마찬가지로 적용할 레이어를 더블클릭하여 Layer 패널을 표시하고 적용할 수 있습니다.

⑯ **로토 브러시 도구(Roto Brush Tool, Alt+W)** : 브러시를 이용해서 그린 영역을 마스크처럼 선택하는 기능으로, 선택한 다음 Track 기능을 이용해서 선택 영역을 영상의 움직임에 맞출 수 있습니다. 주로 합성할 때 손쉽게 이용할 수 있으며, 로토 브러시 도구를 길게 클릭하면 선택 영역을 정리할 수 있는 리파인 에지 도구가 표시됩니다. 애프터 이펙트 CC 2021부터 지원하는 '로토 브러시 2.0'은 정확성과 속도 측면에서 혁신적인 업데이트를 받았기 때문에 로토 브러시는 CC 2021 이후 버전 사용을 권장합니다.

⑰ **퍼핏 핀 도구(Puppet Pin Tool)** : 레이어에 퍼핏 기준점을 추가하여 일부분을 움직이는 기능입니다. 퍼핏(Puppet)은 인형극에 이용하는 꼭두각시 인형이라는 뜻으로, 인형 모양의 레이어가 있으면 퍼핏 기준점을 추가해서 몸과 팔, 다리 등을 움직일 수 있습니다. 기본 도구는 퍼핏 핀 도구이며, 퍼핏 핀 도구를 길게 클릭하면 관련 도구가 표시됩니다.

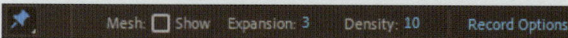

ⓐ **퍼핏 포지션 핀 도구(Puppet Position Pin Tool)** : 퍼핏 기준점을 배치하거나 이동합니다.

ⓑ **퍼핏 스타치 도구(Puppet Starch Pin Tool)** : 변형을 줄이기 위해 일정 영역을 고정하는 스타치 핀을 배치할 때 이용합니다.

ⓒ **퍼핏 벤드 핀 도구(Puppet Bend Pin Tool)** : 영역 단위로 퍼핏을 틀거나 변형할 때 사용하는 핀을 배치합니다.

ⓓ **퍼핏 어드밴스드 핀 도구(Puppet Advanced Pin Tool)** : 기본 퍼핏 핀 도구보다 정교한 변형을 할 수 있는 어드밴스드 핀을 배치합니다. 밴드 핀 도구와 사용법이 비슷합니다.

ⓔ **퍼핏 오버랩 도구(Puppet Overlap Pin Tool)** : 변형으로 인해 이미지의 여러 부분이 서로 겹칠 때 맨 앞에 표시할 이미지를 나타내는 겹치기 핀을 배치합니다.

필수기능 04 작업 환경 설정하기

애프터 이펙트의 작업 환경을 설정할 수 있는 기능으로, 간단히 기본 작업 환경을 선택하여 적용할 수 있습니다.

① **Learn** : 학습 모드로 왼쪽 탭에 어도비에서 제공하는 애프터 이펙트 관련 튜토리얼이 표시됩니다.
② **Standard** : 애프터 이펙트의 기본 작업 환경입니다.
③ **Small Screen** : 오른쪽에 있는 다양한 패널들을 숨기며 클릭했을 때 표시되도록 설정하는 방법입니다.
④ **Libraries** : 오른쪽에 Libraries 패널을 특화하여 보여 주는 기능으로 Adobe Stock을 통해서 다운로드한 라이브러리 등을 볼 수 있습니다.
⑤ **All Panels** : 작업 화면 오른쪽에서 모든 패널을 확인할 수 있습니다. 패널이 많아서 기본은 숨김 상태로 볼 수 있으며 클릭해서 각 패널을 표시할 수 있습니다.
⑥ **Animation** : 재생과 애니메이션에 관한 패널을 특화하여 표시한 작업 환경으로 Preview, Motion Sketch, Wiggler, Smoother, Audio 패널이 표시됩니다. 오른쪽 스크롤 바를 아래로 내리면 각 패널을 볼 수 있습니다.
⑦ **Essential Graphics** : 특정 기능 컨트롤러를 모아서 작업할 수 있는 Essential Graphics 패널을 표시하는 작업 환경입니다.
⑧ **Color** : 색 보정에 특화된 작업 화면으로 Lumetri Scope 패널이 표시된 작업 환경입니다.
⑨ **Effects** : 효과 설정에 특화된 작업 화면으로 Effect Controls 패널과 Effects & Presets 패널이 표시됩니다.
⑩ **Minimal** : Composition 패널과 Timeline 패널만 표시됩니다.
⑪ **Paint** : 드로잉 및 브러시 도구 작업을 할 수 있도록 Layer 패널이 표시됩니다.
⑫ **Text** : 문자 작업에 특화된 작업 화면으로 Character 패널과 Paragraph 패널이 표시됩니다.
⑬ **Motion Tracking** : 트래킹 작업에 특화된 작업 화면으로 Tracker 패널이 표시됩니다.
⑭ **Edit Workspaces** : 작업 환경 옵션을 배치할 수 있는 설정입니다. 작업 환경을 선택하여 메뉴 창에 표시되지 않게 설정할 수 있습니다.

필수기능 05 주요 패널 살펴보기 (중요)

기본 패널 외에도 작업 중 많이 이용하는 패널에 대해서 알아봅니다. 레이어에 이펙트를 적용하면 자동으로 표시되는 Effect Controls 패널, 문자 도구를 선택하면 표시되는 Character 패널 등을 살펴봅니다.

Effects & Presets 패널

[Effect] 메뉴의 기능으로, 검색을 통해 특정 효과를 찾을 수 있습니다. >를 클릭하면 Effects 목록을 확인할 수 있으며 더블클릭하거나 드래그해서 레이어에 적용할 수 있습니다. 서드파티 플러그인 등 외부에서 받은 효과를 설치하면 이곳에 표시됩니다.

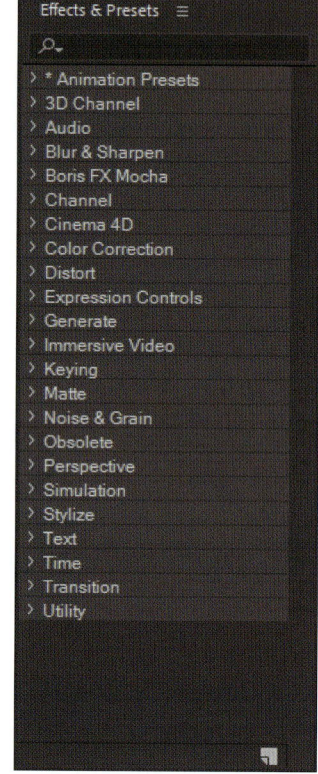
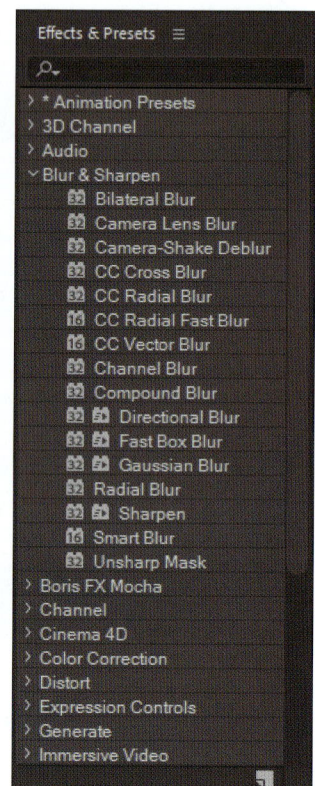

▲ 하위 메뉴를 표시해서 이펙트 목록을 확인

Preview 패널

램 프리뷰를 이용하면 작업 환경에서 RAM 메모리에 가상 렌더링을 진행해 영상을 볼 수 있습니다. 애프터 이펙트는 영상에 그래픽, 애니메이션 등을 만드는 소프트웨어로 실시간 재생을 할 수 없어 램 프리뷰를 통해 영상의 애니메이션, 움직임 등을 확인할 수 있습니다. 이때 컴퓨터 환경의 RAM 메모리 용량과 작업 성격에 따라서 진행 속도가 다릅니다. 예를 들어, 컴퓨터가 계산하기 어려운 이펙트 등을 이용하면 램 프리뷰로 인해 가상 렌더링 시간이 느려집니다. 작업이 늘어나 메모리에 여러 데이터가 누적되고 애프터 이펙트뿐만 아니라 여러 소프트웨어를 실행하면 램 프리뷰 진행 속도가 느릴 수 있습니다. 램 프리뷰는 오른쪽 숫자 키의 [0] 또는 [Spacebar]를 눌러 빠르게 실행할 수 있습니다.

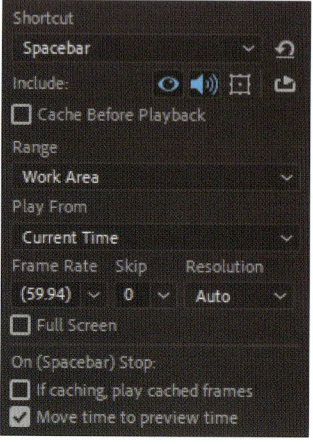

Info 패널

램 프리뷰 랜더링을 진행할 때 작업 중 오류가 발생하는 경우 간단한 정보를 보여 주며 Composition 패널의 화면 속 색 정보를 확인할 수 있습니다.

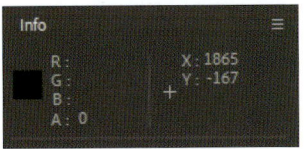

Audio 패널

Audio Level이 '0'을 넘으면 사각형이 빨간색으로 표시됩니다. 사운드가 커져서 한계임을 나타내는 것으로, 이때 오른쪽 오디오 슬라이더를 이용해서 사운드를 줄일 수 있습니다. Audio 패널은 기본적으로 비활성화되어 있으며, 사운드가 포함된 영상 파일 혹은 오디오 파일을 선택하면 활성화됩니다.

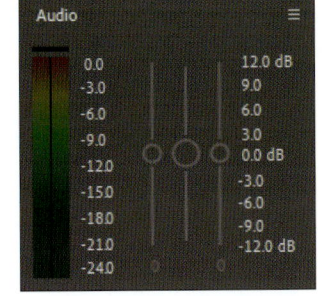

Effect Controls 패널

메뉴에서 [Window] → Effect Controls를 실행하여 Effect Controls 패널을 표시할 수 있습니다. 이펙트를 적용하면 효과에 따라서 다르게 나타나는 Effect Controls 패널을 확인할 수 있습니다.

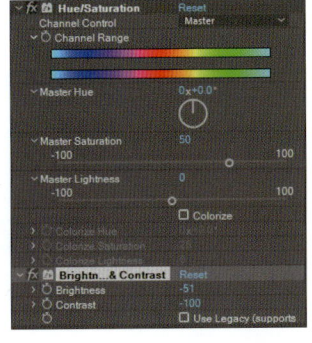

Hue/Saturation과 Brightness&Contrast 이펙트를 적용했을 때 Effect Controls 패널 ▶

Character 패널

문자 도구를 사용하면 활성화됩니다. 글꼴, 글꼴의 크기, 자간, 행간, 글꼴의 가로세로 비율 및 글꼴의 스타일 등을 설정할 수 있습니다. 글꼴을 설치하면 Character 패널에서 글꼴 설정을 할 수 있습니다.

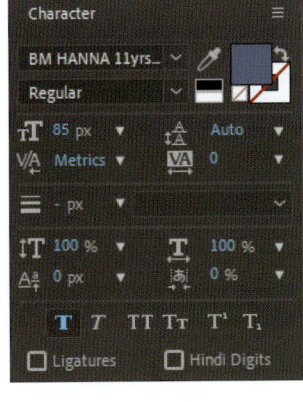

프로젝트 • 컴포지션

애프터 이펙트 시작하기

애프터 이펙트에서 첫 번째 작업은 프로젝트 파일을 만드는 것입니다. 애프터 이펙트의 작업물은 프로젝트와 프로젝트를 구성하는 컴포지션으로 이루어지는데 이 차이를 살펴보고 직접 만들어 비교해 봅니다.

필수기능 01 프로젝트와 컴포지션 알아보기 중요

작업 환경 = 프로젝트(Project)

그래픽 작업을 진행하는 프로그램에는 프로젝트 파일이 있습니다. 프로젝트(Project)는 현재 작업 환경을 저장하는 형식으로, 애프터 이펙트를 처음 실행하면 작업 화면 왼쪽 위에 나타나는 'Adobe After Effect CC 2022 – Untitled Project.aep'처럼 프로그램 이름과 함께 프로젝트 파일 이름을 확인할 수 있습니다. 파일을 저장하면 AEP 파일 형식을 확인할 수 있으며, AEP 파일이 곧 애프터 이펙트의 프로젝트 파일입니다.

즉, 프로젝트는 애프터 이펙트의 모든 작업 환경을 뜻하며 프로젝트 파일은 작업 환경을 저장하는 파일입니다.

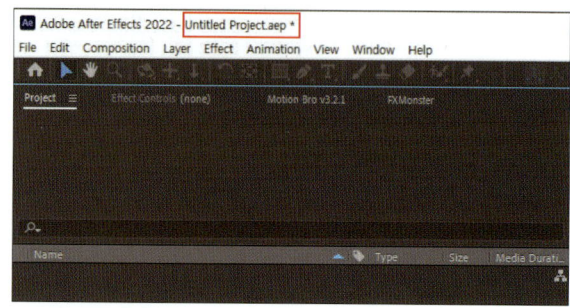

▲ 프로젝트 파일 이름

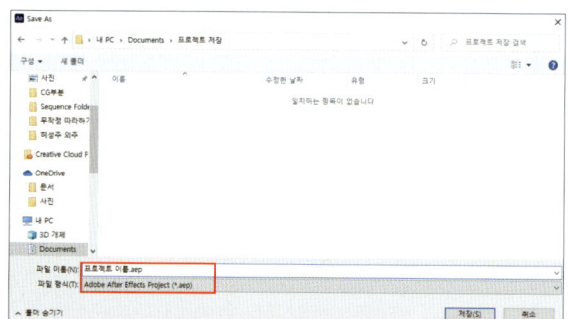

▲ 애프터 이펙트에서 저장할 때의 파일 이름과 형식

실제 작업 영역 = 컴포지션(Composition)

프로젝트를 만들었다고 해서 바로 작업을 시작할 수는 없습니다. 애프터 이펙트에서는 기본적으로 프로젝트 파일 안에 실제로 작업할 수 있는 컴포지션(Composition)을 만들어야 합니다. 하나의 프로젝트 안에는 여러 개의 컴포지션을 만들 수 있습니다. 포토샵(PSD) 파일에 하나의 화면을 저장하는 것과 다르게 애프터 이펙트(AEP) 파일에는 여러 개의 화면을 저장할 수 있습니다.

애프터 이펙트의 작업 환경에서 하나의 컴포지션을 만들면 다음과 같습니다. 애프터 이펙트에서 프로젝트 안에 컴포지션을 만들면 Project 패널에 'Comp 1' 컴포지션이 만들어지고 작업 화면 아래의 Timeline 패널이 달라집니다. 여러 개의 컴포지션을 만들면 Project 패널에 여러 개의 컴포지션이 표시됩니다.

애프터 이펙트를 처음 실행하면 프로젝트가 만들어지고, 그 안에 새로운 컴포지션을 만들어 작업을 시작할 수 있습니다. 즉, 애프터 이펙트 작업의 시작은 컴포지션을 만드는 것으로부터 시작합니다.

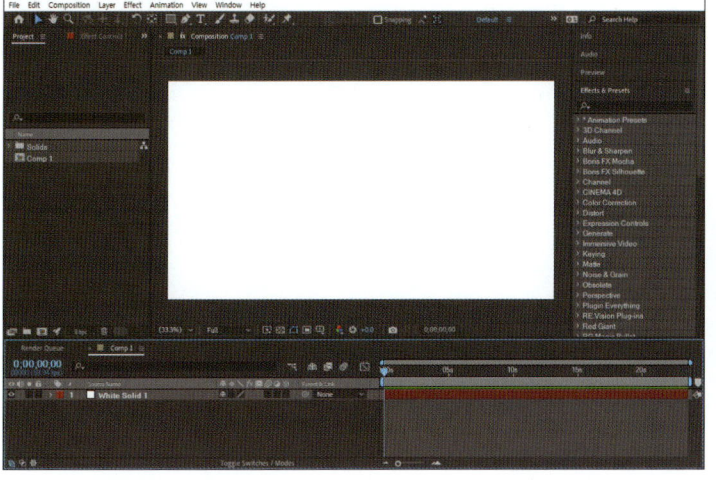

▲ 애프터 이펙트의 기본 작업 환경

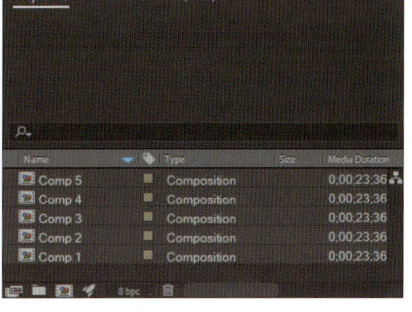

▲ Project 패널의 컴포지션

실습예제 02 컴포지션 만들기 우선순위 | TOP 08 중요

애프터 이펙트 작업을 시작하기 위해 먼저 새로운 컴포지션을 만들어 봅니다.

01 애프터 이펙트를 실행한 다음 메뉴에서 (Composition) → New Composition(Ctrl+N)을 실행합니다.

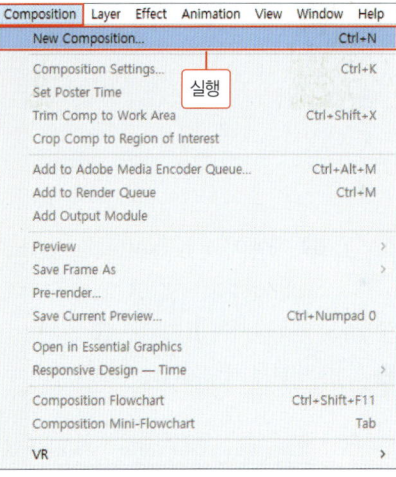

> **TIP**
> 다른 프로젝트가 열려 있는 상태라면 메뉴에서 (File) → New → New Project(Ctrl+Alt+N)을 실행하여 새로운 프로젝트를 만들고 컴포지션을 만듭니다.

> **TIP**
> **컴포지션을 만드는 또 다른 방법**
> ❶ Project 패널 하단에 있는 'Create a new Composition' 아이콘()을 클릭합니다.
> ❷ Composition 패널의 〈New Composition〉 버튼을 클릭합니다.

02 Composition Settings 대화상자가 표시되면 ❶ Width를 '1920px', Height를 '1080px', ❷ Frame Rate를 '30', ❸ Duration을 '0:00:10:00'으로 설정한 다음 ❹ 〈OK〉 버튼을 클릭합니다.

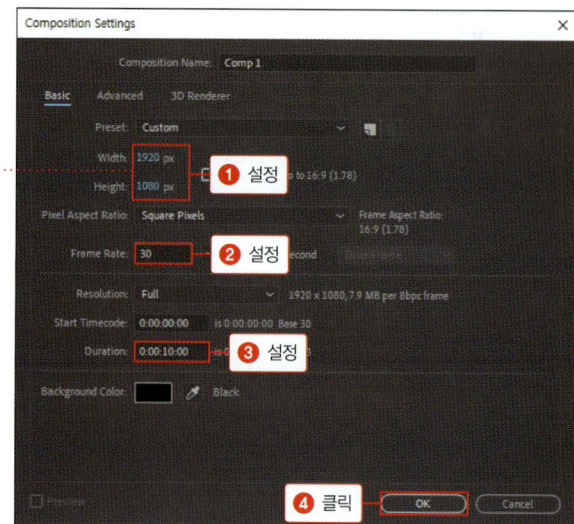

> **왜 그럴까?**
> 작업 화면은 작업 환경에 따라 변경합니다. 예제에서는 기본 작업 환경과 영상 소스 크기를 고려하여 일반적인 영상 크기인 FHD 사이즈에 맞춰 '1920×1080px'로 설정하였습니다. 환경에 따라 HD '1280×720px'이나 UHD(4K) '3840×2160px'로 설정합니다.

실습예제 03 작업 중 컴포지션 수정하기

컴포지션을 잘못 만들었을 때 간편하게 다시 설정하는 방법에 대해 알아봅니다.

01 컴포지션을 만들고 Project 패널에서 설정을 변경하려는 컴포지션을 선택합니다.

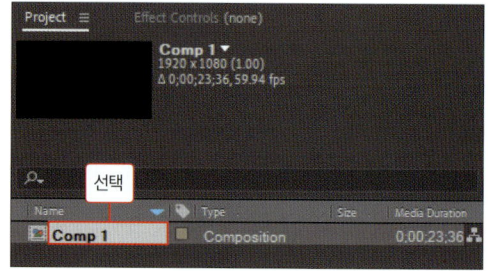

02 ❶ 메뉴에서 (Composition) → Composition Settings(Ctrl+K)를 실행합니다. Composition Settings 대화상자가 표시되면 ❷ 원하는 대로 설정한 다음 ❸ 〈OK〉 버튼을 클릭합니다. 컴포지션이 수정됩니다.

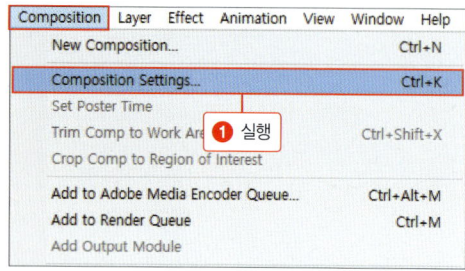
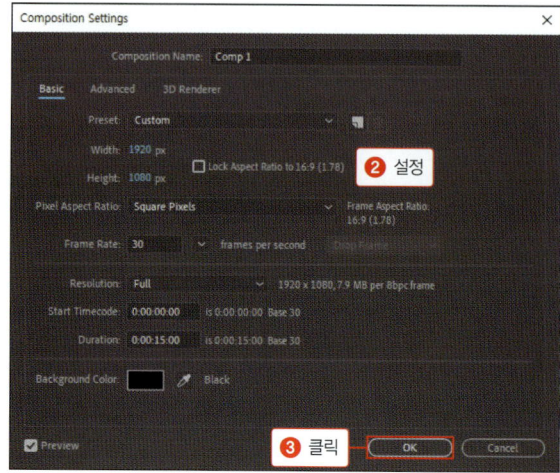

• Project 패널

파일 불러오고 관리하기

새로운 컴포지션을 만든 다음에는 작업에 필요한 소스 파일을 불러옵니다.
애프터 이펙트에서 소스 파일을 불러오고 관리하는 Project 패널에 대해 알아보겠습니다.

 Project 패널 알아보기

작업에 필요한 소스 파일을 불러오기 전에 Project 패널의 구성을 살펴봅니다.

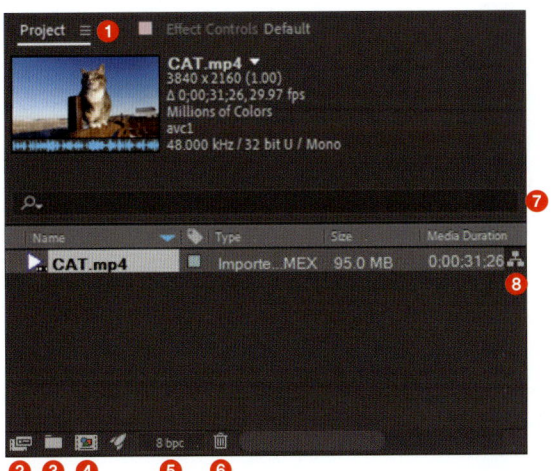

① **Project 패널 메뉴** : Project 패널에 관한 세부 기능이 포함된 메뉴입니다.

- ⓐ Close Panel
- ⓑ Undock Panel
- ⓒ Close Other Panels in Group
- ⓓ Panel Group Settings
- ⓔ Columns
- ⓕ Project Settings...
- ⓖ Thumbnail Transparency Grid

ⓐ **Close Panel** : 해당 패널을 닫습니다.
ⓑ **Undock Panel** : 해당 패널을 분리합니다.
ⓒ **Close Other Panels in Group** : 여러 개의 패널이 있을 때 활성화되며, 그룹화된 패널을 함께 닫습니다.
ⓓ **Panel Group Settings** : 그룹화된 패널들을 설정할 수 있습니다.
ⓔ **Columns** : Project 패널의 세부 속성을 표시하거나 숨길 수 있으며, 불러들인 파일들의 다양한 정보를 표시합니다.
ⓕ **Project Settings** : 작업 중인 프로젝트의 Timecode, Feet, Frame과 현재 작업 환경에서 Color Settings의 Depth를 설정할 수 있는 Project Settings 대화상자를 표시합니다. Depth는 기본적으로 '8 bits per channel'로 지정되며 세밀한 색 작업을 위해서는 '16/32 bits per channel'로 지정할 수 있습니다.
ⓖ **Thumbnail Transparency Grid** : Project 패널의 왼쪽 위 섬네일 이미지의 배경을 투명하게 지정합니다. 보통 검은색으로 지정되며 이 기능을 활성화하면 알파 채널(Alpha Channel) 레이어 작업에 유용합니다.

❷ **Interpret Footage** : 불러온 소스의 정보를 확인하고 설정할 수 있는 Interpret Footage 대화상자를 표시합니다. Project 패널에서 가져온 소스를 선택한 다음 'Interpret Footage' 아이콘( )을 클릭하면 해당 소스의 Alpha, Frame Rate, Start Timecode, Field and Pulldown, Pixel Aspect Ratio, Loop 등을 설정할 수 있습니다.

이때 Project 패널에서 불러온 파일을 선택해야만 실행할 수 있습니다. 만약 파일을 불러오지 않은 상태에서 'Interpret Footage' 아이콘( )을 클릭하면 Interpret Footage 대화상자가 표시되지 않습니다.

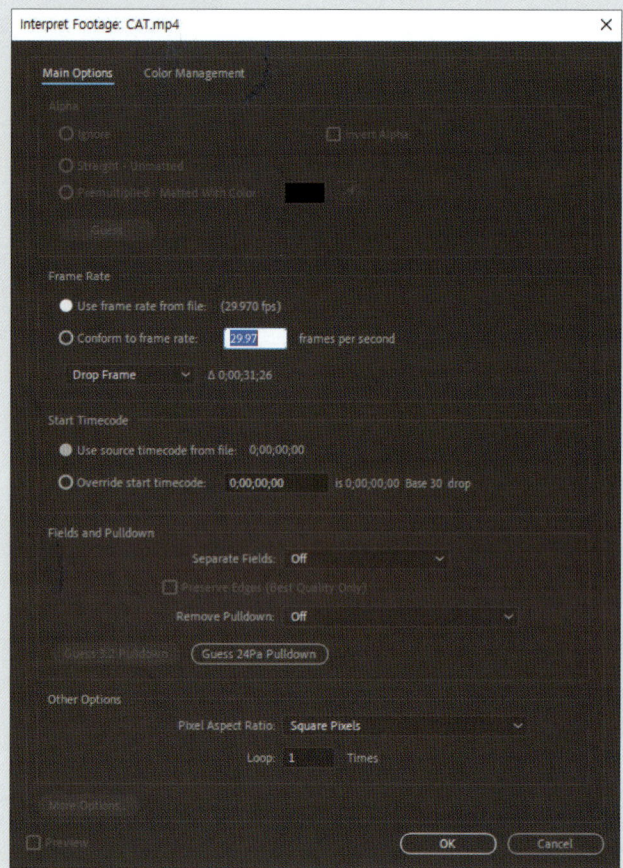

❸ **Create a new Folder** : Project 패널에 폴더를 만들어 가져온 소스 파일이나 컴포지션 등을 분류할 수 있습니다.

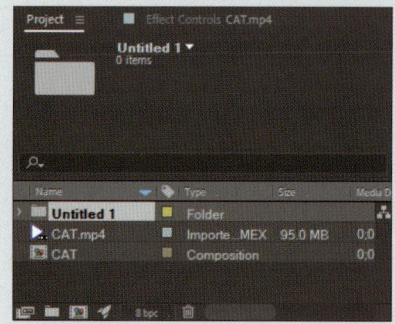

❹ **Create a new Composition** : 새로운 컴포지션을 만드는 기능으로, 메뉴에서 (Composition) → New Composition을 실행했을 때와 같습니다.

❺ **8 bpc(Project Settings)/16 bpc/32 bpc** : 프로젝트의 Color Depth를 설정하는 기능입니다. 기본적으로 '8 bpc'로 지정되며 해당 영역을 클릭하면 Project Settings 대화상자가 표시됩니다.

Project Settings 대화상자에서는 Video Rendering and Effects를 실행하기 위한 GPU를 설정할 수 있으며 Time Display Style에서는 작업 환경에 나타나는 Timecode를 설정할 수 있고 Color Settings에서는 8/16/32 bits per channel 등 색의 깊이를 설정할 수 있습니다. Audio Settings에서는 오디오의 Sample Rate를 설정할 수 있습니다.

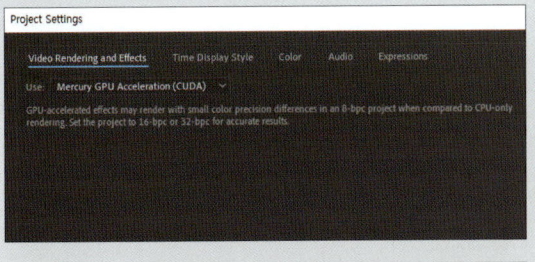
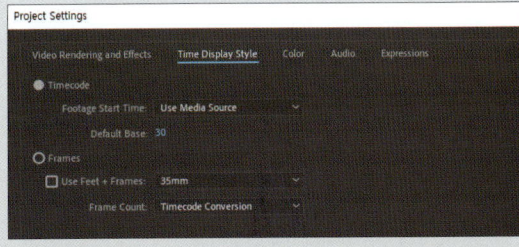
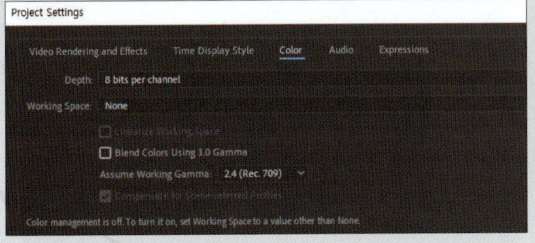
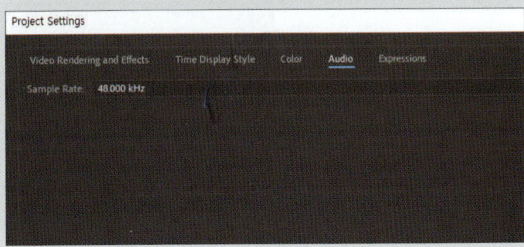
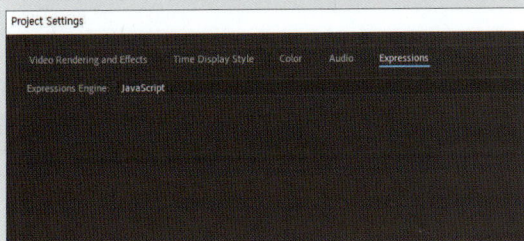

> **TIP**
> Alt를 누른 상태로 '8 bpc'를 클릭하면 Project Settings 대화상자를 표시하지 않은 상태로 '16 bpc', '32 bpc'로 지정할 수 있습니다.
>
>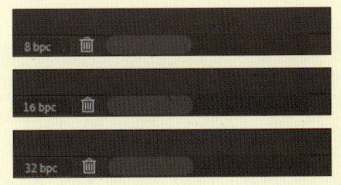

❻ **Delete selected project items** : 선택한 소스 또는 컴포지션을 삭제합니다.

❼ **검색 창** : Project 패널에 가져온 파일을 쉽게 찾는 기능으로, 돋보기 아이콘을 클릭하면 누락된 소스와 이펙트, 그리고 이용하지 않는 소스 파일들을 한 번에 찾을 수 있습니다.

❽ **Project Flowchart** : 작업 중인 플로우차트를 여는 기능으로, 전체 작업 환경을 간단히 보여 줍니다. 'Flowchart' 아이콘(▦)을 클릭하면 자동으로 Composition 패널의 위치에 Flowchart 창이 표시되며, 여기서는 작업 중인 컴포지션과 그 컴포지션 안에서 작업하는 소스 레이어, 그리고 소스 레이어에 이용된 이펙트 등을 한눈에 확인할 수 있습니다.

필수기능 02 Project 패널에서 파일 불러오기

Project 패널에 작업을 위한 이미지, 영상을 불러옵니다. 다음과 같은 네 가지 방법을 이용하여 파일을 불러올 수 있으며, 작업 환경에 따라서 알맞은 방법을 선택하여 실행합니다.

Import 명령 실행하기

❶ 메뉴에서 (File) → Import → File((Ctrl)+(I))을 실행하면 나타나는 Import File 대화상자에서 ❷ 작업 파일을 선택한 다음 ❸ 〈Import〉 버튼을 클릭하여 다양한 소스 파일을 불러올 수 있습니다. 작업에 따라 MulTIPle Files, From Libraries, Adobe Premiere Pro Project 등의 명령을 실행할 수도 있습니다.

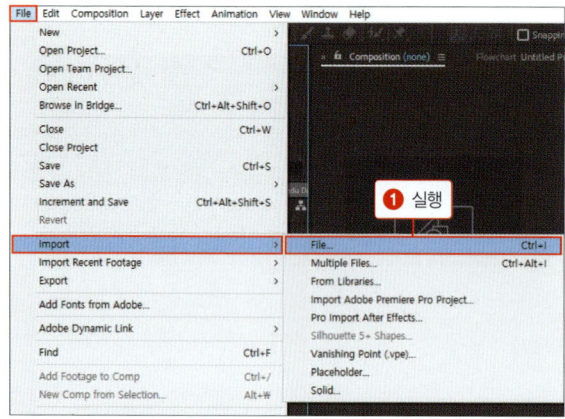
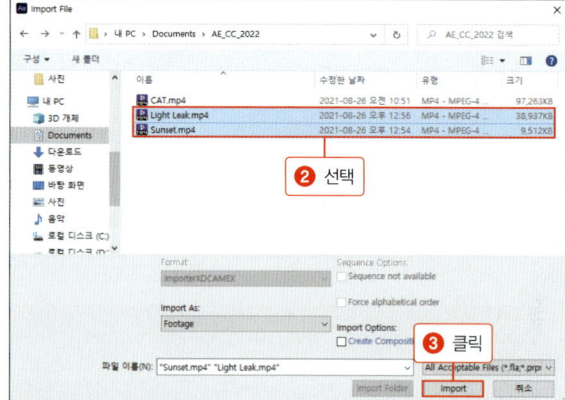

Project 패널에서 마우스 오른쪽 버튼을 클릭해 표시되는 메뉴 실행하기

❶ Project 패널에서 마우스 오른쪽 버튼을 클릭하고 ❷ Import → File((Ctrl)+(I))을 실행합니다. Import File 대화상자를 이용하여 소스 파일을 불러올 수 있습니다.

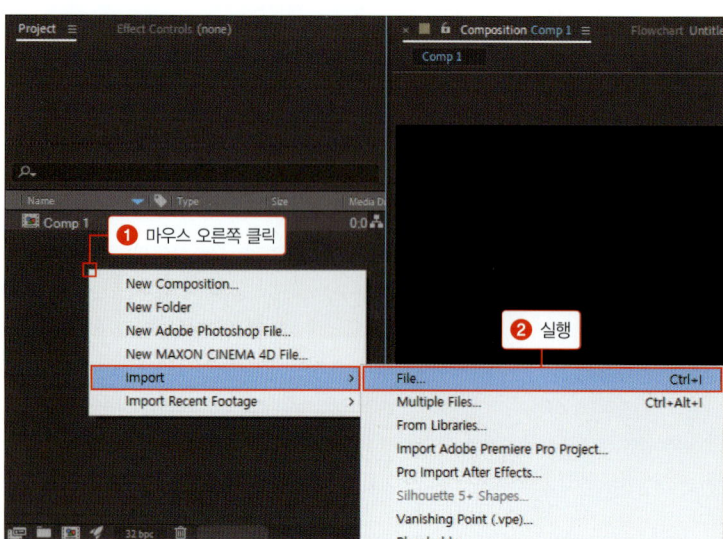

Project 패널에서 더블클릭하기

Project 패널의 여백을 더블클릭하면 자동으로 메뉴에서 (File) → Import → File을 실행한 것처럼 Import File 대화상자가 표시되어 바로 소스 파일을 선택해 불러올 수 있습니다.

탐색기 폴더에서 파일 드래그하기

작업 중 가장 많이 이용하는 방법으로, ❶ 탐색기의 소스 폴더에서 ❷ 파일을 선택하고 ❸ 애프터 이펙트의 Project 패널로 드래그하여 소스 파일을 불러올 수 있습니다.

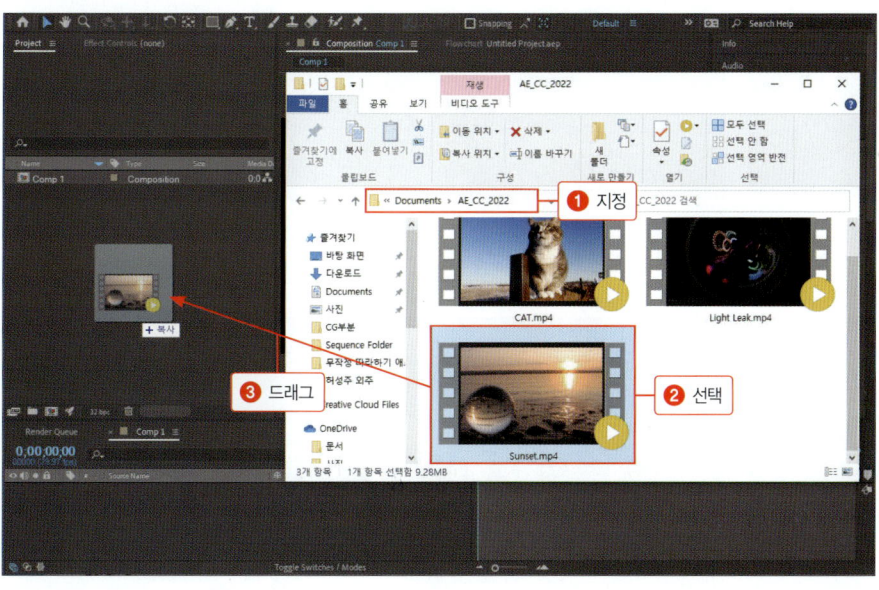

> **TIP**
> 작업 스타일에 따라 원하는 대로 소스 파일을 불러올 수 있습니다. 보통 파일을 불러올 때 Project 패널의 여백을 더블클릭하거나 탐색기에서 파일을 드래그하는 방법을 가장 많이 이용합니다.

필수기능 03 다양한 방법으로 포토샵 파일(PSD) 불러오기 ★★중요

완성도 있는 모션 그래픽 디자인을 위해 애프터 이펙트에 포토샵 파일(PSD)을 불러올 때는 작업 환경에 따라 크게 다음과 같은 세 가지 방법을 이용할 수 있습니다.

Footage 지정하기

장면(Footage)은 촬영된 영상을 말합니다. 예전의 애프터 이펙트는 영상 소스만으로 작업했지만, 현재의 애프터 이펙트는 촬영된 것뿐만 아니라 3D 프로그램이나 그래픽 툴에서 제작된 소스도 사용하기 때문에 어울리지 않더라도 장면(Footage)이라는 단어를 쓰고 있습니다. 현재 장면(Footage)은 영상, 이미지 소스 모두를 나타내며 PSD 파일을 장면이라고 부르는 건 단순한 소스 형태로 작업한다는 뜻입니다. 장면 설정으로 PSD 파일을 불러올 때도 두 가지 방법이 있습니다.

❶ 모든 레이어를 묶어(Merge) 하나의 이미지로 불러오기

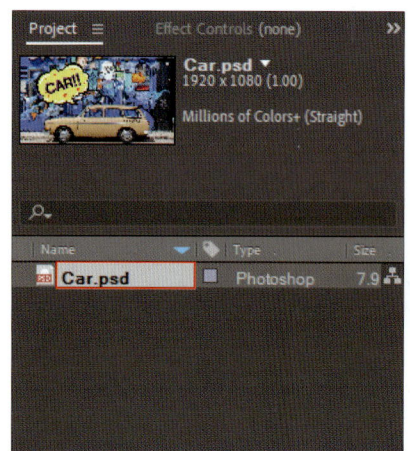

▲ 하나의 파일로 묶인 PSD 파일   ▲ 하나의 파일로, 하나의 레이어만 보이는 PSD 파일

❷ 레이어를 선택하여 불러오기

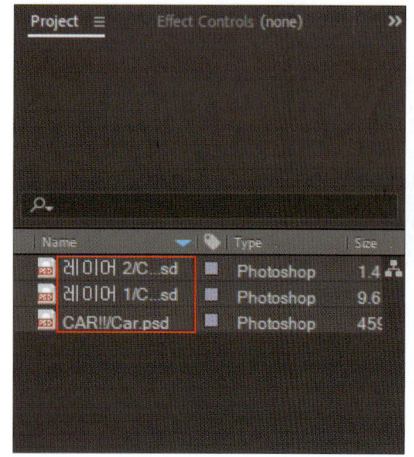

▲ 여러 레이어 중 3개 레이어만 불러온 PSD 파일   ▲ 작업 환경에 개별 레이어로 불러온 모습

Composition 지정하기

PSD 파일의 모든 레이어를 애프터 이펙트로 불러오는 방법입니다. PSD 파일은 컴포지션 형태로 불러와지며 각각의 레이어는 자동으로 폴더화됩니다. 이때 포토샵에서 레이어 스타일 작업을 불러오는 방법(Editable Layer Styles)과 레이어 스타일 작업을 이미지화하여 불러오는 방법(Merge Layer Style into Footage)이 있습니다.

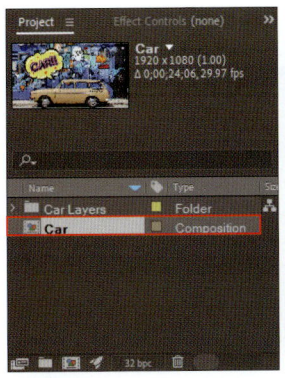

▲ 컴포지션 형태로 불러온 모습

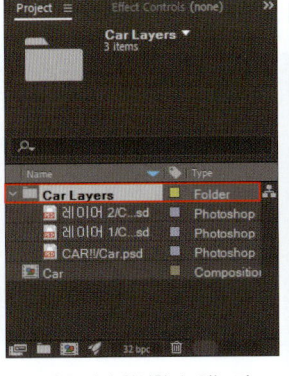

▲ 폴더를 열면 확인할 수 있는 각 레이어

▲ PSD 파일을 불러오면서 자동으로 만들어진 컴포지션을 더블클릭해 레이어들이 모두 불러들여진 모습

Composition – Retain Layer Sizes 지정하기

포토샵에서 디자인한 레이어의 원래 크기대로 불러오는 방법입니다. 컴포지션으로 불러오는 방법은 화면 크기에 맞춰 소스를 자른 채 불러옵니다. 다른 기능들은 Composition, Composition–Retain Layer Sizes와 모두 같습니다.

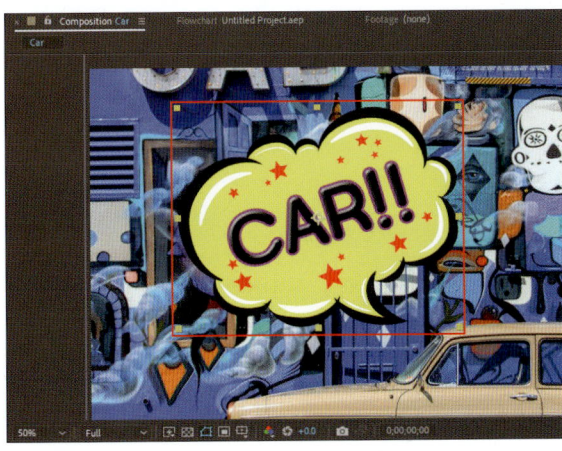

▲ Composition–Retain Layer Sizes를 통해 원본 PSD 파일을 불러온 모습

▲ 일반 Composition으로 불러오는 형태에서 컴포지션의 크기에 맞춰 선택된 모습

실습예제 04 포토샵 파일(PSD) 불러오기

포토샵 파일(PSD)을 애프터 이펙트에 불러오는 방법을 알아봅니다. 예제에서는 소스 수정에 편리한 방식인 'Composition – Retain Layer Sizes'로 불러옵니다.

◉ 예제파일 : 01\PSDimport.psd

01 새 프로젝트를 만들고 ❶ Project 패널에서 마우스 오른쪽 버튼을 클릭한 다음 ❷ Import → File을 실행합니다.

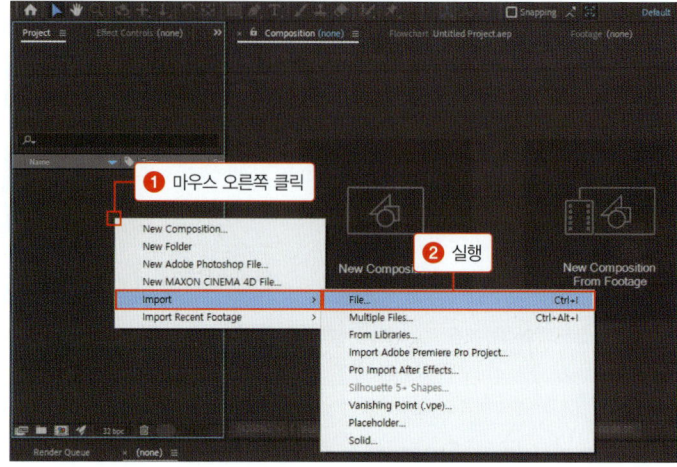

02 Import File 대화상자가 표시되면 ❶ 01 폴더에서 ❷ 'PSDimport.psd' 파일을 선택한 다음 ❸ 〈Import〉 버튼을 클릭합니다.

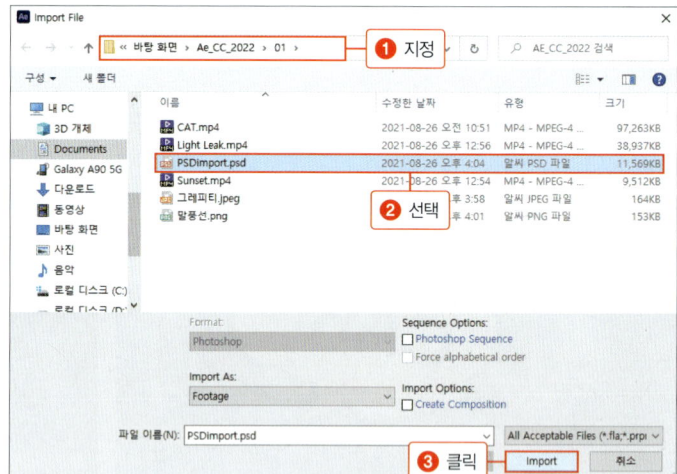

03 PSDimport.psd 대화상자가 표시되면 ❶ Import Kind를 클릭하고 ❷ 'Composition – Retain Layer Sizes'로 지정한 다음 ❸ 〈OK〉 버튼을 클릭합니다.

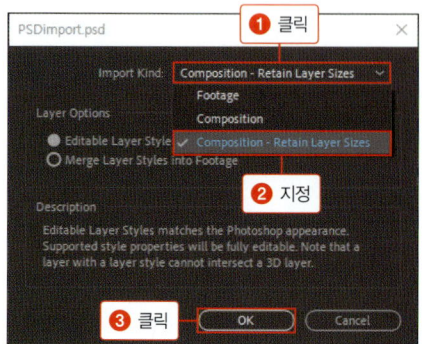

04 Project 패널에 'PSDimport' 컴포지션이 만들어지며 같은 이름의 폴더도 만들어진 것을 확인할 수 있습니다. 폴더 이름 왼쪽의 >를 클릭하면 폴더 안의 파일들을 확인할 수 있습니다.

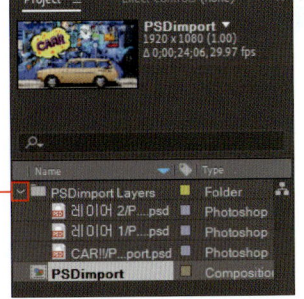

05 'PSDimport' 컴포지션을 더블클릭하면 해당 컴포지션이 열리면서 컴포지션 안의 레이어들을 확인할 수 있습니다.

TIP
레이어들은 포토샵에서 디자인한 레이어의 순서를 그대로 반영합니다.

필수기능 05 시퀀스 영상 파일 알아보기 ★★ 중요

실무에서 가장 많이 이용하는 영상 파일 형식 중에 시퀀스(Sequence) 파일이 있습니다. 시퀀스 파일은 영상을 한 장면씩 분리한 이미지 파일의 형태로, 주로 파일 이름과 뒤에 숫자로 구성된 Tga, Tiff, Dpx, Jpeg, Png와 같은 이미지 파일을 말합니다.

애프터 이펙트에서 시퀀스 파일을 불러오면 자동으로 영상처럼 불러올 수 있습니다.

실무에서 시퀀스 파일을 이용하는 가장 큰 이유는 화질 때문입니다. 보통 영상 파일은 낮은 용량으로 영상을 만들기 위해 압축 과정을 거치는데, 이때 화질이 떨어지는 문제가 발생합니다. 하지만 시퀀스는 재생을 목적으로 만드는 파일이 아니기 때문에 최고 화질을 얻을 수 있습니다.

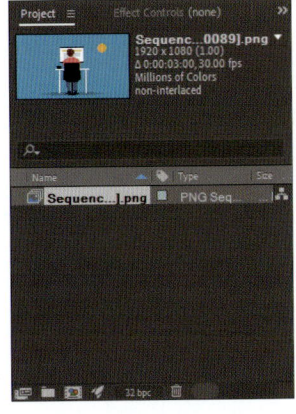

▲ 애프터 이펙트에 시퀀스 파일을 영상으로 불러온 모습

TIP
영상은 사진의 집합체기 때문에 사진을 연속적으로 배치하면 영상이 됩니다.

실습예제 06 시퀀스 영상 파일 불러오기 1

시퀀스 형태의 영상 파일을 애프터 이펙트에 불러오는 방법을 알아봅니다.

◎ 예제파일 : 01\Sequence 폴더

01 새 프로젝트를 만들고 ❶ Project 패널에서 마우스 오른쪽 버튼을 클릭한 다음 ❷ Import → File을 실행합니다.

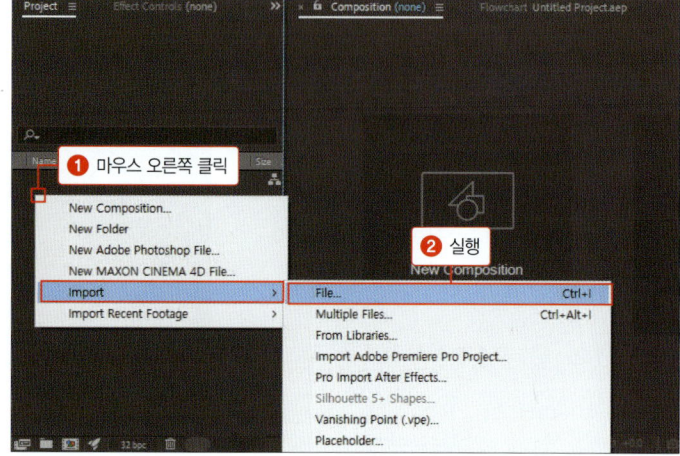

02 Import File 대화상자가 표시되면 ❶ 01 → Sequence 폴더에서 ❷ 'Sequence_00000.png' 파일을 선택하고 ❸ 'PNG Sequence'에 체크 표시한 다음 ❹ 〈Import〉 버튼을 클릭합니다.

03 Project 패널에서 하나의 파일로 불러들인 시퀀스 영상 파일을 확인할 수 있습니다.

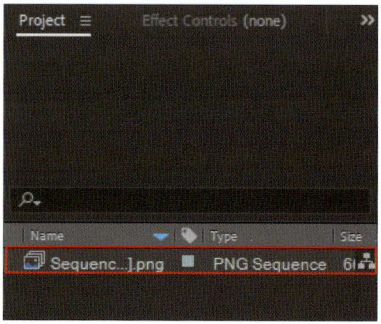

실습예제 07 시퀀스 영상 파일 불러오기 2 ★★중요

시퀀스 형태의 영상 파일을 애프터 이펙트에 불러오는 또 다른 방법에 대해 알아봅니다.

● 예제파일 : 01\Sequence 폴더

01 탐색기에서 시퀀스 파일이 있는 ❶ 01 폴더에서 ❷ 'Sequence' 폴더를 선택합니다.

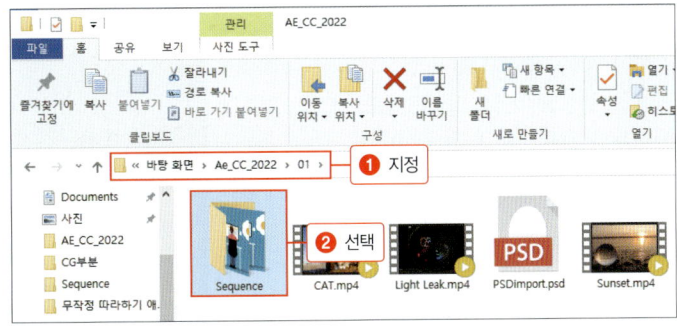

02 선택한 시퀀스 폴더를 애프터 이펙트의 Project 패널로 드래그하면 시퀀스 형태로 파일을 불러올 수 있습니다.

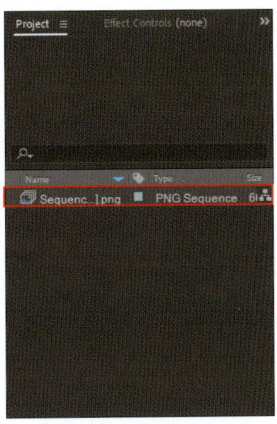

▲ 하나의 영상 파일 형태로 불러온 시퀀스 파일

> **TIP**
> 탐색기에서 여러 개의 시퀀스 파일을 선택한 다음 Project 패널로 드래그하면 시퀀스 파일이 각각의 파일 형태로 불러와 집니다. 시퀀스는 상위 폴더를 드래그하는 방식으로 애프터 이펙트에 쉽게 불러올 수 있습니다.

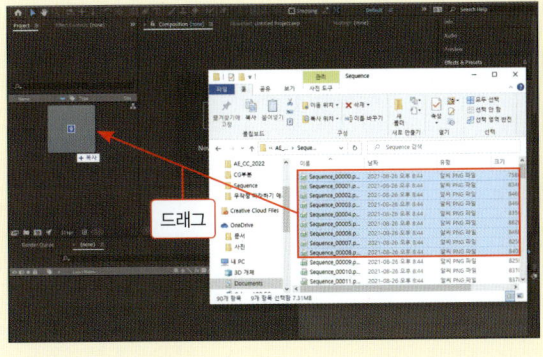

▲ 여러 개의 이미지 파일 형태로 불러온 시퀀스 파일

Chapter 03 • 파일 불러오고 관리하기   69

실습예제 08 불러온 소스를 이용해 컴포지션 만들기 ★★중요

Project 패널에 불러온 영상 파일을 이용하여 작업 환경을 만들어 봅니다. 작업 환경을 만드는 것은 컴포지션을 만드는 것과 같습니다. 영상 파일과 같은 환경의 컴포지션을 만드는 방법을 알아봅니다.

◉ 예제파일 : 01\Flower.mp4

01 새 프로젝트를 만들고 01 폴더에서 'Flower.mp4' 파일을 불러옵니다. 컴포지션을 만들기 위한 첫 번째 방법은 Project 패널의 영상 파일을 비어 있는 Composition 패널에 드래그합니다.

> **TIP**
> Project 패널의 영상 파일을 비어 있는 Timeline 패널로 드래그해도 됩니다. 시퀀스 영상 파일도 마찬가지입니다.

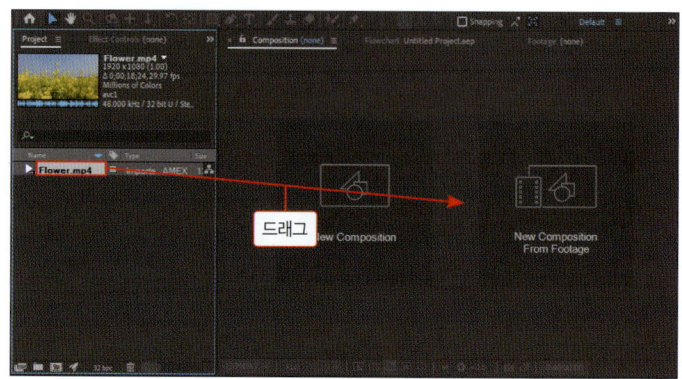

02 ❶ Ctrl + Z 를 눌러 이전 과정으로 되돌립니다. 컴포지션을 만드는 두 번째 방법은 ❷ Project 패널에 불러온 시퀀스 파일을 선택하고 ❸ 마우스 오른쪽 버튼을 클릭한 다음 ❹ New Comp from Selection 을 실행합니다. 영상 파일 환경과 같은 컴포지션을 만들 수 있습니다.

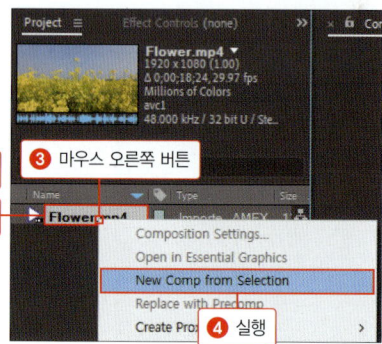

03 ❶ Ctrl + Z 를 눌러 이전 과정으로 되돌립니다. 컴포지션을 만드는 세 번째 방법은 ❷ Project 패널 아래 'Create a new Composition' 아이콘( )으로 드래그합니다.

• Composition 패널

작업 환경 이해하기

애프터 이펙트 작업에서 가장 먼저 진행하는 것은 새로운 컴포지션을 만드는 과정입니다. 컴포지션을 만들고 모션 그래픽 작업을 진행할 때 가장 중요한 영상을 작업하는 공간인 Composition 패널에 대해 알아보겠습니다.

필수기능 01 Composition 패널 살펴보기

영상 작업이 이루어지면서 시각적으로 확인할 수 있는 Composition 패널에 대해 알아봅니다.

① **Toggle Viewer Lock** : Timeline 패널에 여러 개의 컴포지션이 열려 있을 때 이용하는 기능으로 'Toggle Viewer Lock'이 해제된 경우 선택한 컴포지션에 따라서 자동으로 Composition 패널의 화면이 바뀝니다. 하지만 'Lock'을 지정했을 때는 Timeline 패널에서 다른 컴포지션을 선택해도 항상 잠금 설정된 컴포지션을 보여 줍니다.

② **Composition 탭** : 작업 중인 화면이 무엇인지 알 수 있는 기능으로 항상 'Composition'으로 지정되어 있는지 확인해야 합니다. 작업을 진행하다 보면 'Composition'이 'Layer' 또는 'Footage'로 변경되어 있기도 합니다. 설정에 따라 진행할 수 있는 작업이 각각 다르기 때문에 꼭 확인합니다.

▲ Footage 패널

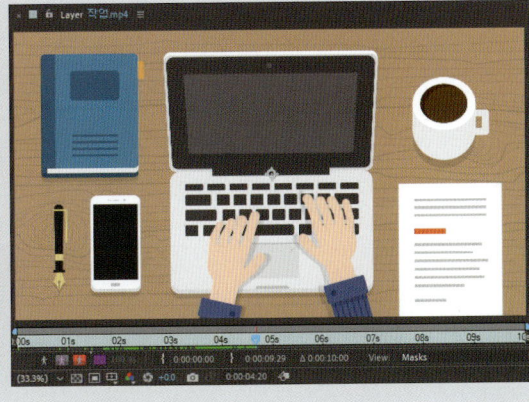

▲ Layer 패널

❸ **Composition 패널 메뉴** : 기본적으로 메뉴에서 위쪽의 Close Panel, Unlock Panel, Close Other Panels in Group, Panel Group Settings 명령은 모든 패널 메뉴에 있는 명령으로 Project 패널의 메뉴와도 같습니다.

ⓐ **View Options** : Composition 패널의 화면에서 보이는 형태를 설정하는 기능으로, View Options를 실행하면 View Options 대화상자가 표시됩니다.

ⓑ **Composition Settings** : Composition Settings 대화상자를 표시하는 기능으로 메뉴에서 (Composition) → Composition Settings를 실행한 것과 같습니다.

ⓒ **Show Composition Navigator** : 작업 중인 컴포지션의 구성을 보여 주는 기능으로 여러 컴포지션을 작업할 때 도움을 줍니다. 컴포지션을 또 하나 만들면 아래와 같이 Composition 탭 밑에 표시가 됩니다.

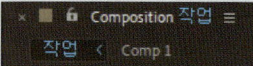

ⓓ **Flow Right/Left to Left/Right** : Composition Navigator의 진행 순서를 뜻하며, 기본 설정은 'Flow Right to Left'입니다. 'Flow Left to Right'로 지정하면 진행 방향이 바뀝니다.

ⓔ **Enable Frame Blending** : 영상의 프레임을 시간상 길게 만들거나 짧게 만들었을 때 끊김없이 자연스럽게 나타냅니다.

ⓕ **Enable Motion Blur** : 모션 블러를 적용한 레이어 형태를 화면에서 보이도록 설정하는 기능이며, 모션 블러는 무거운 효과라 작업 속도를 느리게 할 수 있으므로 필요할 때 설정합니다.

ⓖ **Show 3D View Labels** : 3D 작업 화면에서 Right, Left, Camera처럼 공간을 보여 줄 때 해당 공간의 레이블을 보여 주는 기능입니다. 특별히 작업에 방해되지 않으면 레이블을 나타내는 것이 좋습니다.

ⓗ **Transparency Grid** : 해당 레이어에 마스크, 매트, 알파처럼 일부분만 보이는 효과를 확인하기 위해 배경색을 지웁니다.

ⓘ **Composition Flowchart/Mini-Flowchart** : 작업 중인 컴포지션의 플로우차트와 미니 플로우차트를 보여 주는 기능입니다. Flowchart는 Project 패널의 Project Flowchart와 같으며 해당 컴포지션에 한정 지어서 보여 줍니다.

ⓙ **Always Preview This View** : 3D 작업 환경에 Right, Left, Camera처럼 여러 개의 컴포지션이 있을 때 설정한 컴포지션만 미리 보기를 진행하는 기능입니다. 이 기능을 설정하지 않으면 작업할 때 선택한 컴포지션에서 미리 보기를 진행합니다.

ⓚ **Primary Viewer** : 외부 오디오 장비 또는 외부 모니터를 통해서 보는 Composition 패널을 설정하는 기능입니다. 이 기능을 활성화하면 해당 컴포지션을 우선으로 볼 수 있습니다.

❹ **Magnification ratio popup** : 패널에 보이는 화면 크기를 설정하는 기능입니다. 이때 'Fit'과 'Fit up to 100%'는 화면 폭에 맞춰 최대한 크게 보여 줍니다. 화면 배치와 크기에 따라 적절한 화면 크기는 전부 다르므로 환경에 맞게 지정하도록 합니다.

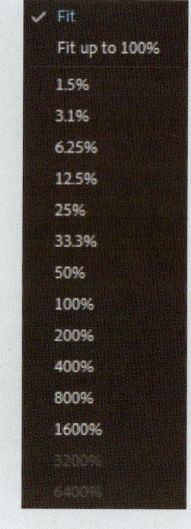

❺ **Resolution/Down Sample Factor Popup** : 화면 해상도를 조절하는 기능으로 'Full'은 최고 해상도, 'Half' 와 'Quater'는 각각 1/2, 1/4 해상도를 의미합니다. 'Auto'로 지정하면 컴퓨터 사양에 맞게 최적화된 해상도를 설정합니다. Resolution 기능을 이용하면 느린 작업 환경에서 화면 해상도를 떨어뜨려 좀 더 빠르게 작업할 수 있으며, 렌더링할 때 'Best Settings'로 지정하면 결과물에 영향을 주지 않습니다.

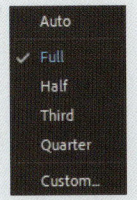

Resolution을 'Custom'으로 지정하면 직접 해상도를 설정할 수 있습니다. Custom Resolution 대화상자에서 Render every를 설정한 다음 〈OK〉 버튼을 클릭합니다.

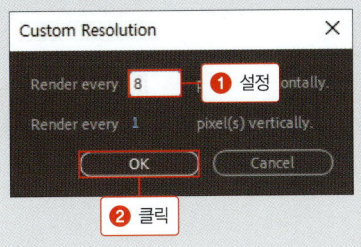

▲ Render every : 8(1/8)

❻ **Fast Previews** : 'Adaptive Resolution'으로 지정하면 컴퓨터가 스스로 작업 속도를 계산하여 순간적으로 화면 해상도를 낮출 수 있습니다.

ⓐ **Off(Final Quality)** : 'Resolution' 영역을 클릭하면 설정한 해상도로 미리 보기를 실행합니다. 작업 환경에 따라 해상도가 달라지는 것을 막아 줍니다. 단, 작업 속도가 늦을 수 있습니다.

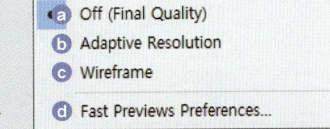

ⓑ **Adaptive Resolution** : 작업 환경에 맞춰 스스로 달라지는 해상도를 뜻하며, 무거운 작업일 경우 해상도를 1/4, 1/8로 떨어뜨려 원활하게 합니다. 단, 렌더링과 램 프리뷰 상태에서는 적용되지 않으며 Timeline 패널에서 시간 표시기를 이동할 때 빠르게 작업하기 위해 Composition 패널의 화면 해상도를 조절합니다.

ⓒ **Wireframe** : 불러온 레이어의 외곽선, 와이어프레임만 나타내는 기능입니다. 불러온 소스를 영상, 이미지와 상관없이 와이어프레임만으로 나타냅니다. 주로 움직임 모션 작업에서 빠르게 확인하기 위해 이용합니다.

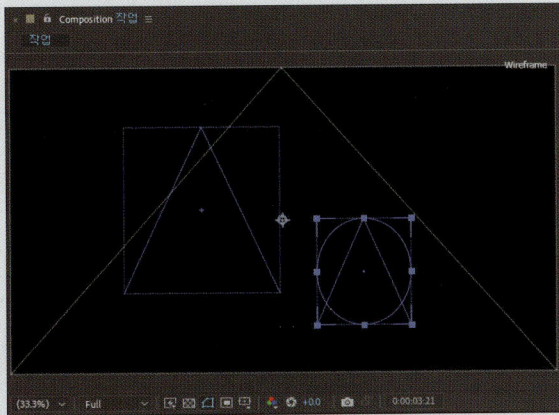

▲ Wireframe으로 지정된 Composition 패널

ⓓ **Fast Previews Preferences** : Fast Preview를 만들기 위해 적용하는 기능으로 해상도를 낮출 때 해상도 제한 등을 설정할 수 있습니다.

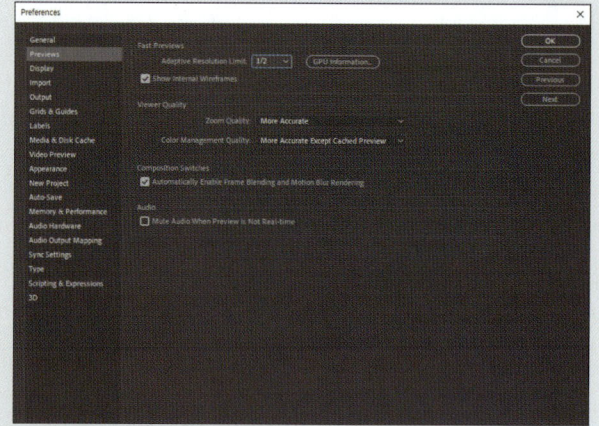

▲ Preference 대화상자의 Fast Previews 항목

❼ **Toggle Transparency Grid** : 해당 레이어에 마스크, 매트, 알파처럼 일부분만 나타내기 위해 배경을 투명하게 만듭니다. 다음의 왼쪽 화면은 반투명한 상태이지만 배경이 검은색으로 지정되어 있어 투명한 상태인지, 어두운 상태인지 확인하기 힘듭니다. 이때 'Transparency Grid' 아이콘(▦)을 클릭하면 배경색을 투명 그리드 상태로 바꿔 오른쪽 화면처럼 반투명한 상태를 확인할 수 있습니다.

▲ 어두운 화면(실제로는 반투명 상태에서 검은색 배경이 보이는 모습)　　▲ 'Transparency Grid' 아이콘을 클릭하여 나타낸 반투명 상태

❽ **Toggle Mask and Shape Path Visibility** : Composition 패널에서 기본적으로 마스크와 셰이프 레이어 패스를 나타내는 기능으로 설정되어 있습니다. 이 설정을 해제하면 마스크와 셰이프 레이어의 패스를 숨길 수 있습니다. 기능이 활성화되면 마스크 영역을 확인할 수 있으며, 바로 마스크 영역을 조절할 수 있습니다. 비활성화되었을 때는 마스크 영역을 확인할 수 없어 조절할 수 없습니다.

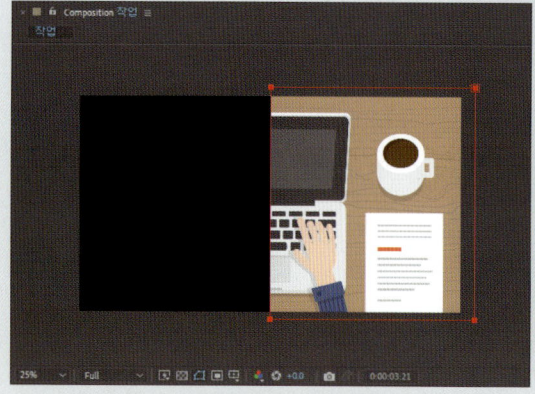 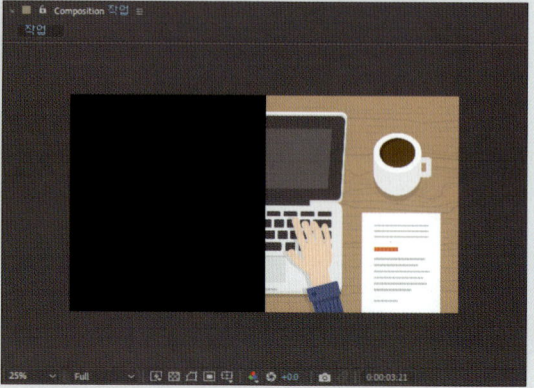

▲ Toggle Mask and Shape Path Visibility가 활성화된 화면　　▲ Toggle Mask and Shape Path Visibility가 비활성화된 화면

❾ **Region of Interest** : Composition 패널의 화면에서 원하는 부분만 선택하여 보는 기능으로 〈Region of Interest〉 버튼을 클릭하여 〈On〉으로 지정한 다음 Composition 패널에서 드래그하여 선택할 수 있습니다. 램 프리뷰를 진행할 때 램이 차지하는 비중을 줄이고 램 프리뷰를 계산하는 속도를 줄이기 위해 드래그해서 일부분만 나타낼 수 있습니다.

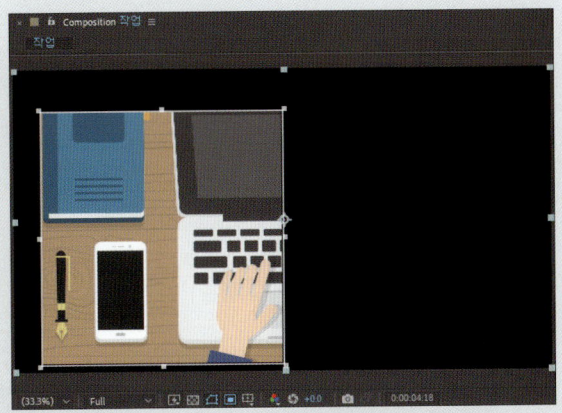

❿ **Choose grid and guide options** : 다양한 기준이 되는 안내선과 그리드를 나타냅니다. 메뉴에서 원하는 명령을 선택해서 실행할 수 있습니다.

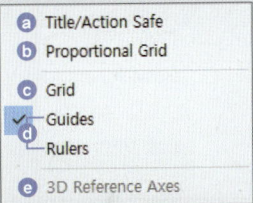

ⓐ **Title/Action Safe** : 타이틀이 가장 잘 보이는 영역의 안내선을 만드는 기능입니다. LCD와 LED TV에서는 모든 화면이 보이지만, 과거 브라운관 TV에서는 사방으로 1인치에 가까운 화면이 안 보였습니다. 안내선을 이용하면 이러한 문제를 해결할 수 있습니다. 인터넷 환경에서는 Title/Action Safe 작업 환경이 크게 중요하지 않습니다.

ⓑ **Proportional Grid** : 직접 비율에 맞춰 설정할 수 있는 그리드입니다. 작업에 따라 메뉴에서 (Edit) → Preferences → Grids & Guides를 실행하여 Preferences 대화상자에서 직접 설정한 비율을 표시할 수 있습니다.

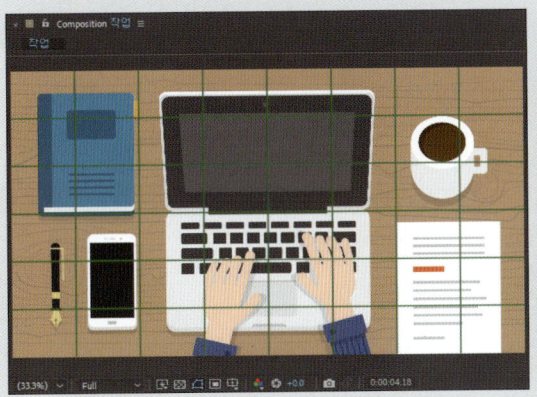
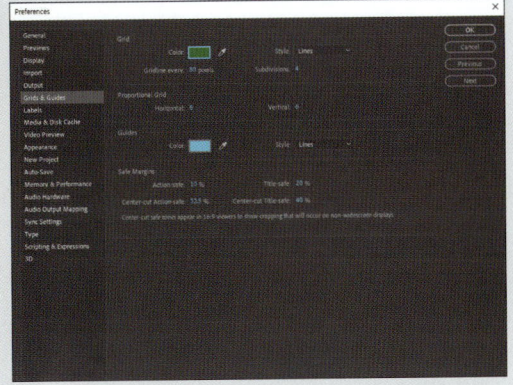

▲ Preference 대화상자에서의 Grid & Guides 설정

ⓒ **Grid** : 가장 기본 형태의 그리드를 보여 줍니다.

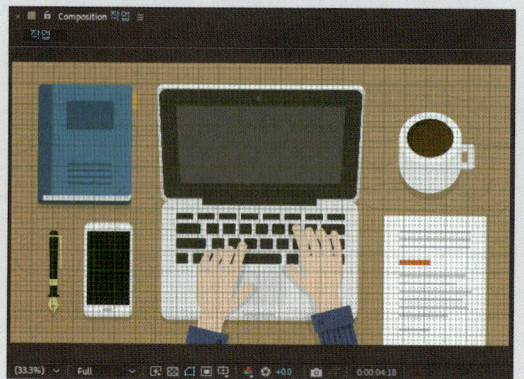
▲ 그리드가 표시된 모습

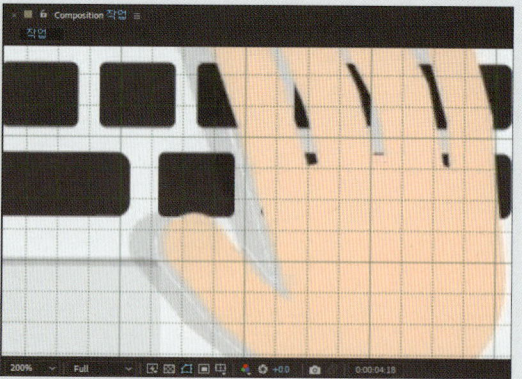
▲ 그리드를 확대한 모습

ⓓ **Guides/Rulers** : Rulers는 Composition 패널의 화면에 픽셀 단위 눈금자를 나타내고, Guides는 눈금자를 Composition 패널의 화면으로 드래그하여 기준선을 만듭니다. Guides를 만들기 위해서는 Rulers도 활성화되어야 합니다.

▲ 눈금자가 활성화된 모습

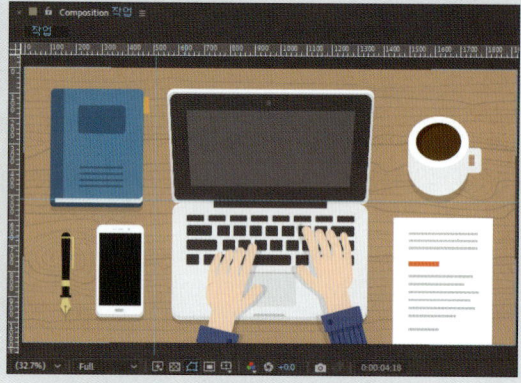
▲ 눈금자를 드래그하여 기준선을 만든 모습

ⓔ **3D Reference Axes** : 3D 기준 축을 나타내는 기능으로 3D 작업에 도움이 됩니다. 컴포지션 작업 환경에 3D 레이어가 없으면 비활성화됩니다.

▲ 3D 레이어가 활성화된 모습

⑪ **Show Channel and Color Management Settings** : 현재 이미지를 Red, Green, Blue와 알파 채널로 분리하여 보는 기능과 Color Management를 적용하고 설정할 수 있는 기능이 있습니다.

⑫ **Reset Exposure** : Composition 패널의 화면에 노출 값을 적용하는 기능입니다. 숫자 부분을 드래그하면 수치를 작거나 크게 설정할 수 있으며, 수치 왼쪽에 있는 'Reset Exposure' 아이콘(◎)을 클릭하면 Exposure를 '0'으로 빠르게 설정할 수 있습니다. 이 기능은 단순히 Composition 패널의 화면에서만 적용되는 기능으로 렌더링을 통해서 영상을 만들 때는 적용되지 않습니다.

⑬ **Take Snapshot** : 현재 화면을 저장하는 기능으로, 컴퓨터 메모리에 일시적으로 Composition 패널 화면을 저장합니다. 오직 한 장만 저장하며, 한 번 더 기능을 이용하면 이전에 저장했던 화면은 사라집니다.

⑭ **Show Snapshot** : 'Take Snapshot' 아이콘(◎)을 클릭해서 메모리에 저장한 화면을 다시 보는 기능으로, 'Show Snapshot' 아이콘(◎)을 클릭한 상태에서만 저장된 화면이 나타나고, 비활성화하면 원래대로 돌아갑니다. 'Take Snapshot' 아이콘(◎)과 'Show Snapshot' 아이콘(◎)을 클릭하면 화면을 비교하며 작업을 진행할 수 있습니다.

⑮ **Preview Time** : 현재 시간(Composition 패널의 화면에 표시되는 영상 시간)을 나타내며 버튼으로 이루어져 있습니다. 클릭하면 Go To Time 대화상자가 표시되며 이곳에 시간 또는 프레임을 입력하면 해당 시간으로 이동할 수 있습니다.

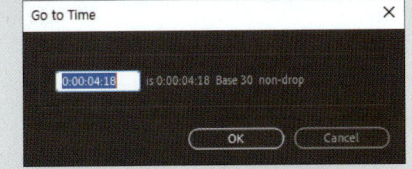

⑯ **Turn fast 3D previews on or off** : 컴포지션에 3D 콘텐츠가 있는 경우 컴포지션 패널 도구 모음에 'Draft 3D' 버튼이 표시됩니다. 버튼을 선택하여 실시간 초안 3D 미리 보기를 활성화합니다. 이렇게 하면 애프터 이펙트에서 실시간 엔진 렌더러를 사용하여 3D 디자인에 대한 변경/업데이트를 표시합니다. 원활하고 빠른 환경으로 미리 보기 중 지연이 발생하지 않습니다. 카메라 도구들을 활용해도 끊김이나 지연이 발생하지 않는 것이 특징입니다.

⑰ **3D Ground Plane** : 〈Draft 3D〉 버튼을 눌러 활성화한 상태에서 설정할 수 있으며, 이 기능을 통해 3D 장면 내 원근감과 공간감을 제공합니다. 해당 3D 공간에서 시각적으로 방향을 찾을 수 있습니다.

▲ 'Draft 3D' 기능과 '3D Plane Ground' 기능을 활성화한 모습

⑱ **3D Renderer** : 3D 레이어를 이용한 작업을 진행할 때 화면에서 볼 수 있는 렌더링을 지정하는 기능으로, 기본적으로 'Classic 3D'로 지정되어 있습니다. 'Classic 3D'와 'CINEMA 4D'로 구성되어 있으며, CINEMA 4D는 Classic 3D에서 지원하지 않는 벡터 이미지의 곡률과 두께 등을 구현합니다.

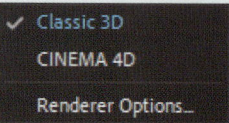

⑲ **3D View Popup** : 3D 레이어를 이용한 작업을 진행할 때 다양한 3D View를 확인할 수 있습니다. Camera, Front, Left, Top 등 다양한 3D 환경을 3D 레이어 상태에서 확인할 수 있습니다.

▲ Active Camera(Default)

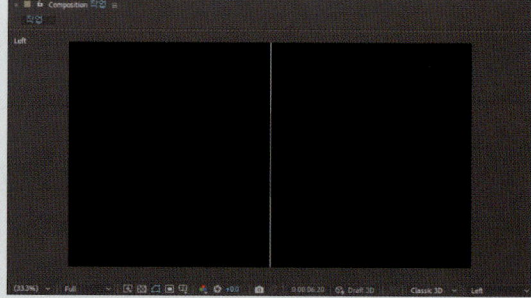

▲ Left

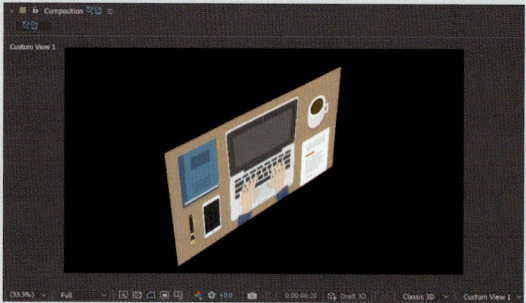

▲ Custom View 1 – 일반 평면 영상 1개의 경우

▲ Custom View 1 – 3D 속성을 설정해 배치한 경우

애프터 이펙트에서 3D 레이어 상태의 영상은 기본적으로 평면의 얇은 종이와 같이 옆에서 보면 하나의 선으로 보입니다. 레이어가 회전하여 기울어진 상태가 아니라면 기본적으로 평면 영상 하나인 상태에서는 Left, Right, Top, Bottom 뷰는 비슷합니다. Custom 뷰는 영상을 45° 각도에서 내려다보는 형태로 3D 공간을 더욱 명확하게 확인할 수 있습니다.

⑳ **Select view layout** : 3D 작업 환경의 해당 영역을 클릭해서 표시되는 메뉴를 실행해 Composition 패널의 화면을 숫자의 개수대로 나눠서 표시할 수 있습니다. 'Share View Options'로 지정하면 클라우드 환경의 화면을 공유하여 다른 컴퓨터에서 로그인하면 자동으로 이전 작업 환경을 적용할 수 있습니다.

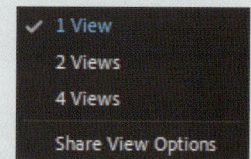

▲ 2 Views

▲ 4 Views

필수기능 02 | Layer 패널과 Footage 패널 이용하기

Composition 패널에서 작업할 때 가장 큰 변수는 Layer 패널과 Footage 패널입니다. Layer 패널과 Footage 패널을 잘 알고 비교할 수 있다면 쉽게 적응할 수 있습니다.

Layer 패널 표시하기

Timeline 패널에 불러온 파일의 레이어를 더블클릭하면 Composition 패널에 Layer 패널로 표시됩니다. Layer 패널은 주로 작업 중인 레이어를 확인하기 위해 이용합니다. Timeline 패널에 많은 레이어가 있을 때 하나의 레이어를 확인하기 위해 이용하는 기능입니다.

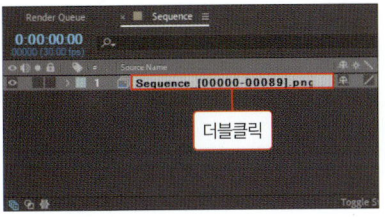

▲ Timeline 패널

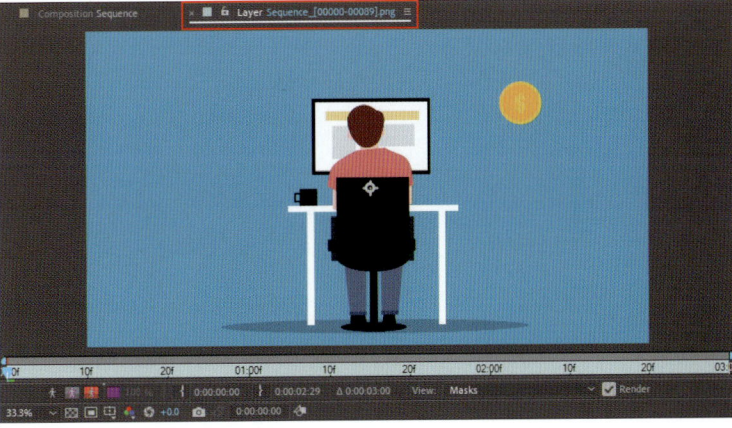

Layer 패널 ▶

Footage 패널 표시하기

장면(Footage)은 애프터 이펙트에 불러온 영상, 이미지 등의 소스를 말합니다. Footage 패널은 해당 레이어의 원본 형태를 확인할 수 있는 기능입니다. Project 패널에서 해당 소스를 더블클릭하면 Composition 패널에 Footage 패널이 표시됩니다. Footage 패널에서는 작업 환경에서 이용할 부분을 선택할 수 있습니다.

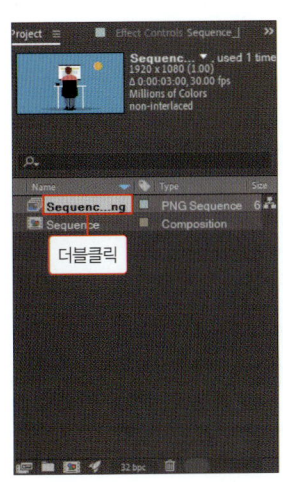

▲ Project 패널

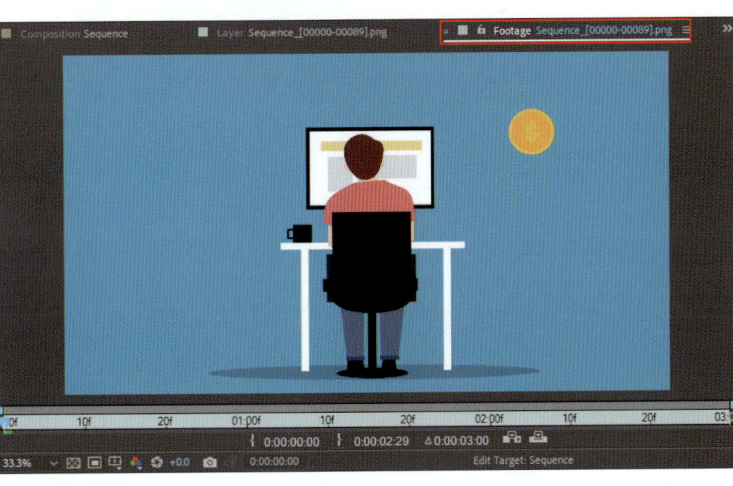

▲ Footage 패널

필수기능 03 Composition 패널이 안 보일 때 표시하기

많이 겪는 문제 중 하나로 Composition 패널의 화면이 사라지는 경우와 Composition 패널 자체가 사라지는 경우가 있습니다. Composition 패널이 안 보일 때 해결 방법에 대해 알아봅니다.

화면 대신 빨간색 경고 메시지가 나타날 때

실제 작업하면서 많이 보는 현상 중 하나입니다. 이 메시지는 화면 미리 보기를 하지 않는 기능으로 Caps Lock 을 누르면 나타납니다. 작업하다가 자신도 모르게 Caps Lock 을 눌러 발생한 경우이므로 당황하지 말고 Caps Lock 을 누르면 원래대로 되돌릴 수 있습니다.

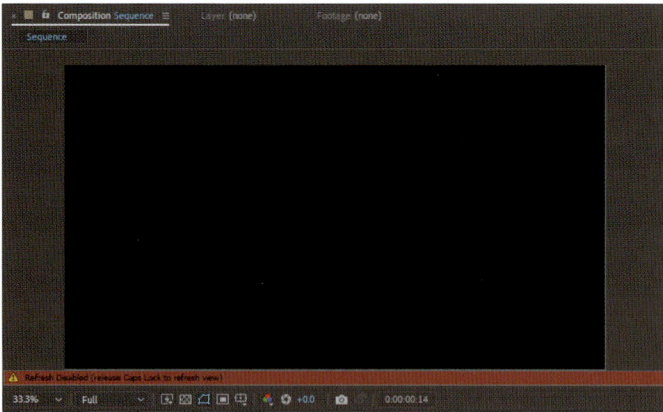

Composition 패널이 사라졌을 때

Layer 패널 또는 Footage 패널을 닫다가 실수로 Composition 패널을 닫아서 Composition 패널이 사라지는 상황입니다. 이때 Project 패널에서 작업 중인 컴포지션을 찾아 더블클릭하면 다시 Composition 패널이 표시됩니다.

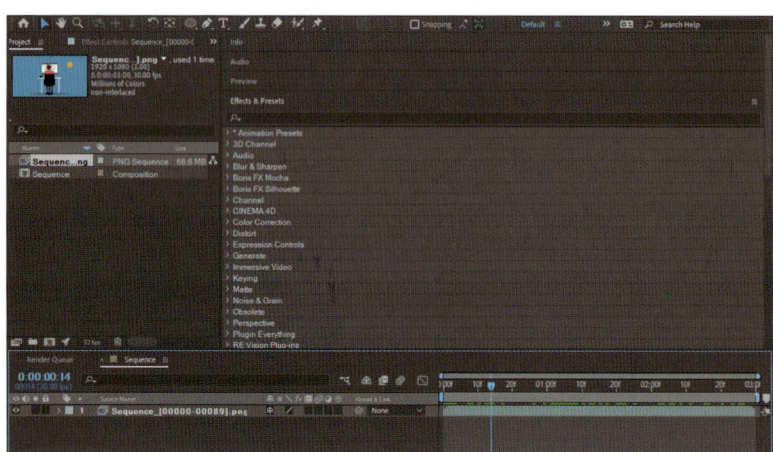

▲ Composition 패널이 닫힌 모습

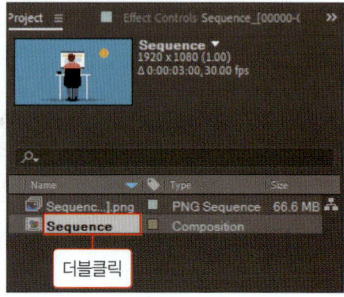

▲ Project 패널에서 작업 중인 컴포지션을 더블클릭

• Timeline 패널

실질적인 작업 공간 이해하기

Timeline 패널은 애프터 이펙트에서 대부분의 작업이 이루어지는 공간으로 모션 그래픽 디자이너와 제작자들이 가장 잘 다루어야 하는 부분이라고 해도 과언이 아닙니다. Composition 패널은 Timeline 패널에서 작업한 것이 표시되는 공간이므로 애프터 이펙트의 실질적인 작업은 Timeline 패널에서 이루어지므로 자세히 살펴보겠습니다.

필수기능 01 Timeline 패널 살펴보기 (2022 신기능)

애프터 이펙트에서 가장 많은 작업이 이루어지는 Timeline 패널은 수많은 아이콘과 설정 영역이 있습니다. 여기서는 Timeline 패널에서 꼭 알아두어야 할 주요 기능에 대해 알아봅니다.

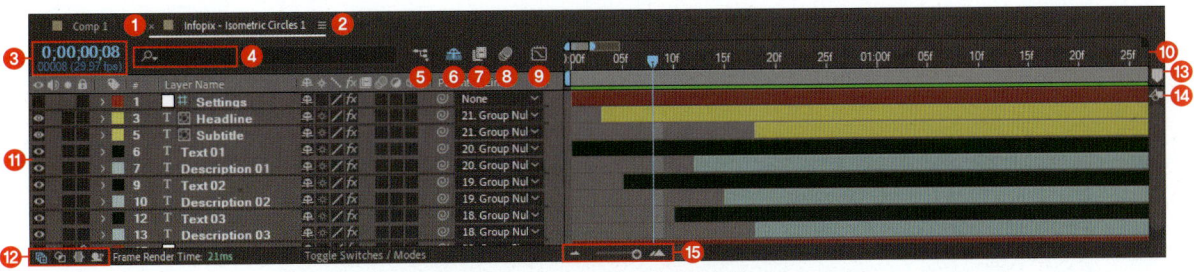

❶ **탭** : 하나의 컴포지션에는 하나의 타임라인이 존재합니다. 애프터 이펙트에서는 여러 개의 컴포지션을 만들어 동시에 작업하는 경우가 많으므로 여러 개의 타임라인이 존재합니다. Tab 을 누르면 해당하는 컴포지션의 타임라인으로 이동하며, 이는 곧 각각의 작업 컴포지션으로 이동하는 것입니다.

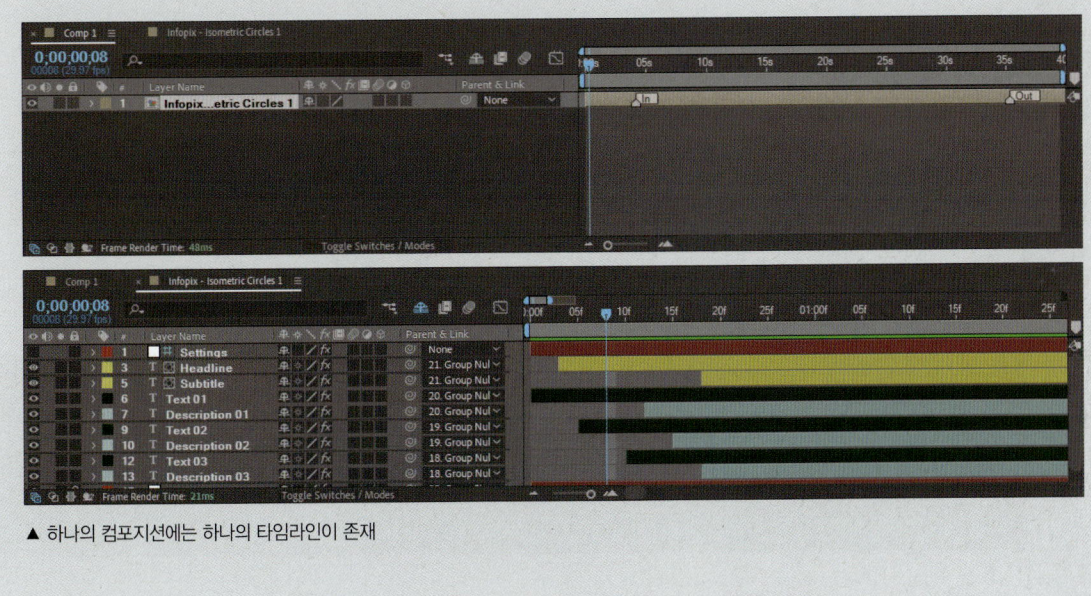

▲ 하나의 컴포지션에는 하나의 타임라인이 존재

❷ **Timeline 패널 메뉴** : 'Panel&Frame' 아이콘(≡)을 클릭하면 표시되는 메뉴는 애프터 이펙트의 모든 패널에 있는 명령입니다. 기본적으로 Undock, Close, Maximize Panel과 프레임 기능을 가지며, 각 패널과 프레임 특징에 따라 다양한 기능이 있습니다.

ⓐ **Composition Settings** : 작업 중인 컴포지션의 Composition Settings 대화상자를 표시할 수 있습니다.

ⓑ **Reveal Composition in Project** : 작업 중인 컴포지션을 Project 패널에서 나타내는 기능입니다. 작업이 진행되면서 많은 소스 파일과 컴포지션이 있을 때 쉽게 찾을 수 있도록 도와주는 기능입니다.

ⓒ **Columns** : Timeline 패널에는 다양한 항목이 있습니다. Columns에 있는 항목을 선택하면 Timeline 패널에 선택한 항목을 추가할 수 있습니다.

ⓓ **Show Cache Indicators** : 기본 설정된 기능으로 램 프리뷰를 진행할 때 Cache가 나타납니다. 만약, 이 기능의 설정을 해제하면 램 프리뷰 진행을 확인할 수 없기 때문에 작업할 때는 반드시 활성화하고 작업하도록 합니다.

ⓔ **Rectified Audio Waveforms** : Timeline 패널에서 Audio Waveform이 더 잘 보이도록 한쪽만 보여 주는 방식이며, 기본적으로 설정되어 있습니다. 설정을 해제하면 오디오가 1/2 크기로 작게 보이기 때문에 설정을 해제하지 않는 것을 권장합니다.

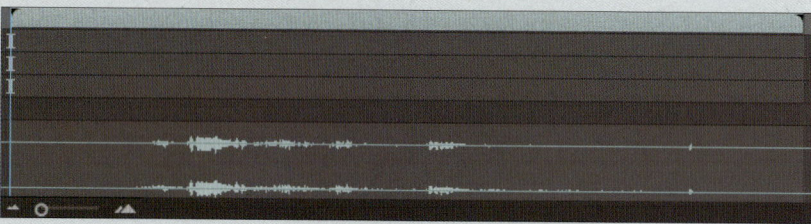

ⓕ **Hide Shy Layers, Enable Frame Blending, Enable Motion Blur, Enable Auto-keyframe** : 작업 중 Frame Blending 기능과 Motion Blur 기능을 Composition 패널의 화면에 나타내며, 자동으로 키프레임이 만들어집니다. 바로 아래에 있는 항목 아이콘들에 대응합니다.

ⓖ **Live Update** : Timeline 패널에서 현재 시간 표시기를 이동하여 시간에 변화를 주었을 때 Composition 패널의 화면에 실시간으로 변화가 나타나는 기능으로, 기본적으로 설정되어 있습니다. 무거운 파일 작업을 할 때 이 기능을 해제하는 경우 현재 시간 표시기를 이동하면 실시간으로 변화되는 모습이 나타나지 않고 이동을 마쳐서 현재 시간 표시기가 고정될 때 Composition 패널에 변화가 나타납니다.

ⓗ **Use Keyframe Icons** : Timeline 패널에서 레이어 움직임을 만들기 위해 키프레임을 적용했을 때 아이콘과 같은 형태로 보여 주며, 기본적으로 설정되어 있습니다.

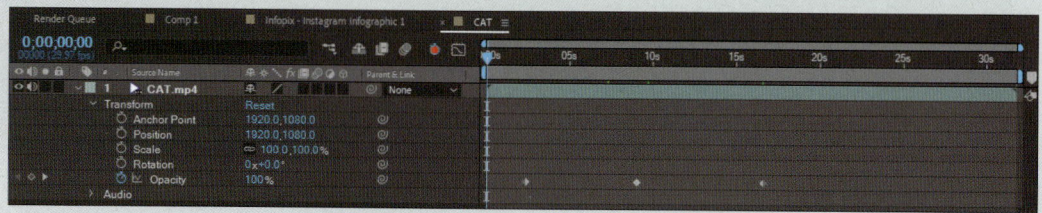

❶ **Use Keyframe Indices** : Timeline 패널에서 키프레임을 숫자 인덱스로 표현하는 기능으로, 키프레임이 적용된 순서를 숫자로 확인할 수 있습니다. 이때 Easy Ease나 Temporal Interpolation의 변화 등을 키프레임에서는 확인할 수 없습니다. 실제 작업할 때는 아이콘으로 표시하여 작업하는 것이 더 많은 정보를 얻을 수 있습니다.

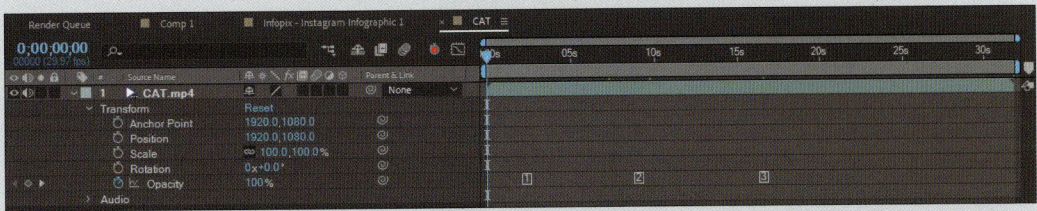

❶ **Composition Flowchart/Mini-Flowchart** : Composition 패널에 플로우차트나 미니 플로우차트를 표시하는 기능입니다.

❸ **Timecode** : Timeline 패널에서 시간 표시기가 위치하는 부분의 시간 정보를 나타내는 곳으로, 시간과 프레임을 확인할 수 있습니다.

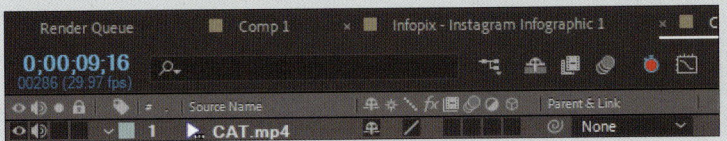

❹ **탐색 창** : Timeline 패널에서 레이어 이름과 레이어에 적용된 이펙트 등을 검색할 수 있어 작업 효율을 높일 수 있는 기능입니다. 돋보기 모양의 아이콘을 클릭하면 최근에 검색한 정보부터 다양한 프리셋을 검색할 수 있습니다.

❺ **Composition Mini-Flowchart** : Project 패널, Composition 패널에도 포함된 기능으로 작업 중 미니 플로우차트를 볼 수 있습니다. 작업 중 Tab 을 누르면 현재 마우스 포인터가 위치한 부분에서 미니 플로우차트를 확인할 수 있습니다.

❻ **Hides Shy Layers** : Shy 기능을 적용한 레이어를 보이지 않게 숨기는 기능입니다. 앞서 패널 메뉴에서 Hides Shy Layers 명령과 같은 기능입니다.

❼ **Enables Frame Blending** : 레이어 속도를 빠르게 혹은 느리게 했을 때 자연스럽게 만들어 실시간으로 확인할 수 있는 기능입니다. Timeline 패널에서 레이어에 영상을 자연스럽게 만드는 Frame Blending 기능을 적용한 다음 'Enables Frame Blending' 아이콘( )을 클릭하면 Composition 패널에서 확인할 수 있습니다. 이때 Frame Blending 기능은 단순히 디졸브를 통해서 연결하는 첫 번째 단계가 있고, 디졸브와 함께 몰핑을 통해서 연결하는 두 번째 단계가 있습니다. 두 번째 단계가 더 자연스럽지만 큰 동영상 소스의 경우 많은 프레임 사이 변화에 의해 오류가 발생할 확률이 높고 램 프리뷰와 렌더링 시간이 오래 걸립니다.

> **TIP**
> 몰핑(Morphing)은 두 장의 이미지를 서로 변형하여 최대한 일치하게 만드는 기술입니다. 하나의 이미지에서 다른 이미지로 자연스럽게 이미지의 형상이 변화되는 모습을 말합니다.

❽ **Enables Motion Blur** : 애프터 이펙트에서 움직임을 만들었을 때 속도에 따라 모션 블러가 나타나도록 합니다. Timeline 패널에서 모션 블러를 적용한 레이어가 있을 때, 'Enables Motion Blur' 아이콘( )을 클릭하면 Composition 패널 화면에서 모션 블러를 확인할 수 있습니다.

❾ **Graph Editor** : 여러 개의 레이어 움직임을 키프레임이 아닌 그래프 형태로 보여 줍니다. 모션 그래픽 디자이너들이 실제 작업에서 많이 이용하는 기능 중 하나입니다.

❿ **Work Area & Time Indicator** : Timeline 패널에서는 시간을 기반으로 움직임을 만듭니다. 여기에는 시간의 시작과 끝을 지정하는 작업 영역(Work Area)과 작업 시간이나 특정 프레임으로 이동할 수 있는 현재 시간 표시기(Time Indicator)가 있습니다.

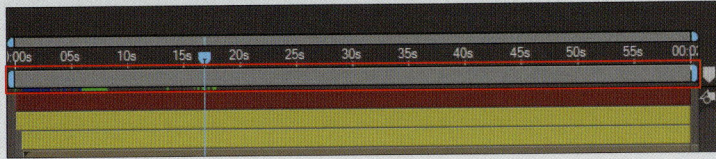

⑪ **Layer** : 레이어는 다양한 설정을 나타내는 기능으로 항목에 해당하는 기능들을 설정할 수 있습니다. 레이어 Label 항목 왼쪽의 >를 클릭하여 해당 속성을 표시하며 상하 배열을 통해 화면에 나타낼 수 있습니다.

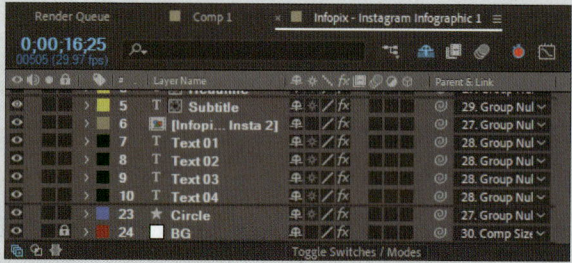

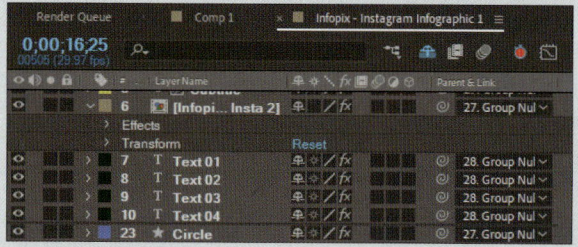

▲ 레이어를 확장한 모습

⑫ **Columns** : Timeline 패널에는 여러 가지 작업을 도와주는 다양한 항목들이 있습니다. 기본적으로 V/A Features, Label, #, Name, Switches, Modes, Parent, Render Time 항목으로 구성되며 작업하면서 항목 위치를 이동하거나, 추가 및 제거할 수 있습니다. Timeline 패널 아래에 있는 네 가지 확장 아이콘을 이용해서 빠르게 항목의 종류를 늘리거나 줄일 수 있습니다.

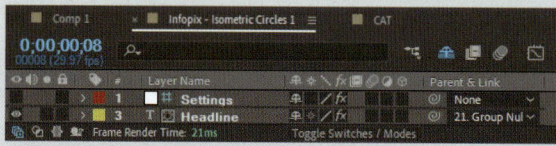

▲ 기본 확장 Layer Switches 항목을 활성화한 모습

▲ Modes 항목을 확장한 모습

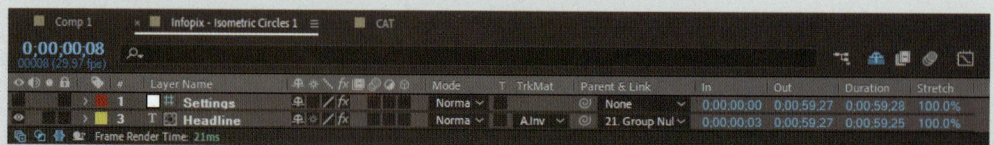

▲ In/Out/Duration/Stretch 항목을 확장한 모습

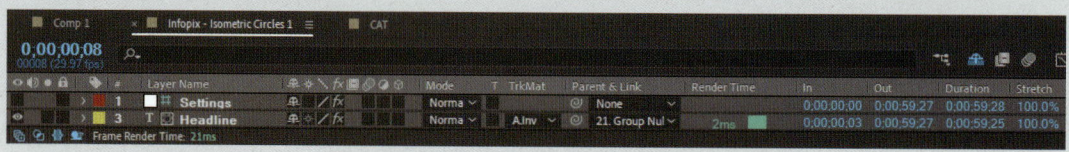

▲ Render Time 항목을 확장한 모습

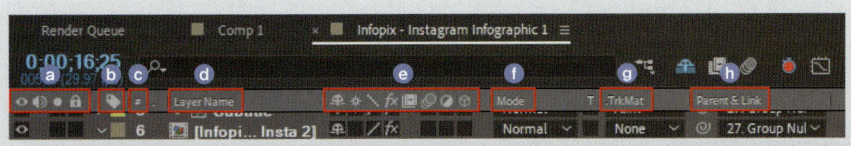

ⓐ **V/A Features** : Video, Audio, Solo, Lock을 통해 레이어를 보여 주거나 사운드를 활성화하거나 잠글 수 있습니다.

ⓑ **Label** : 레이블 색이 있는 부분을 클릭하면 레이어 색을 지정할 수 있습니다. 진행 중인 프로젝트 성격과 작업 방식에 따라서 원하는 레이블 색을 지정할 수 있습니다. 레이블 색 앞에 있는 ∨를 클릭하면 레이어 속성 메뉴를 표시합니다.

ⓒ **#** : 레이어 숫자를 보여 주는 부분으로 숫자가 작을수록 Composition 패널 모니터 화면 가장 위에 표시되는 레이어입니다.

ⓓ **Layer Name/Source Name** : 레이어 이름이 있는 부분으로 레이어 이름을 보여 줍니다. 이때 Layer Name 탭을 클릭하면 Source Name으로 변경됩니다. Source Name은 원본 소스 이름을 보여 줍니다. Source Name 탭을 다시 누르면 Layer Name으로 변경됩니다.

ⓔ **Switches** : 레이어에 여러 가지 기능을 적용하는 부분으로 앞서 살펴본 Shy, Frame Blending, Motion Blur, 3D Layer 등을 설정할 수 있습니다. 벡터 형식의 일러스트레이터 소스를 불러오면 Collapse 기능이 활성화되고, 이펙트를 적용하면 자동으로 Effect 기능이 활성화됩니다. Adjustment Layer로 만들 수 있는 Adjustment 기능도 있습니다.

ⓕ **Mode** : 레이어의 블렌딩 모드를 적용할 수 있습니다.

ⓖ **TrkMat** : 레이어에 알파 매트, 루마 매트를 적용할 수 있습니다.

ⓗ **Parent & Link** : 레이어끼리 묶어서 움직임을 따라가게 할 수 있는 Parent & Link 기능을 적용할 수 있습니다.

⑬ **Marker** : Timeline 패널의 Work Area Bar 영역에 마커를 만드는 기능으로 작업 중 특정 시간을 기억할 때나 간단히 메모할 때 이용합니다. Timeline 패널 오른쪽 'Marker'를 Work Area로 드래그하면 만들 수 있고, 지정한 마커를 더블클릭하거나 마우스 오른쪽 버튼을 클릭하고 **Settings**를 실행하여 메모를 입력할 수 있습니다.

⑭ **Composition** : 'Marker' 아래에 있는 'Composition' 아이콘( )은 현재 Timeline 패널의 Composition 패널을 찾는 아이콘으로, 여러 컴포지션이 있을 때 필요한 컴포지션을 찾는 기능입니다.

⑮ **Zoom** : 간단하게 슬라이더를 좌우로 드래그하여 Timeline 패널 영역을 확대 또는 축소할 수 있습니다.

필수기능 02 타임라인의 항목 확장, 축소하기 ^{2022 신기능}

타임라인의 항목은 자유롭게 확장 및 축소할 수 있습니다. 애프터 이펙트에서는 기본적으로 다음과 같은 네 가지 방법으로 Timeline 패널을 확장 및 축소할 수 있습니다.

Switches 항목 확장, 축소하기

Switches 항목은 중요해 기본적으로 설정되어 있습니다. Switches 항목의 아이콘을 클릭해 비활성화하면 Switches 항목이 숨겨집니다.

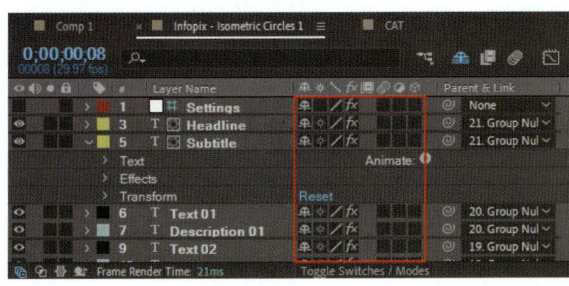 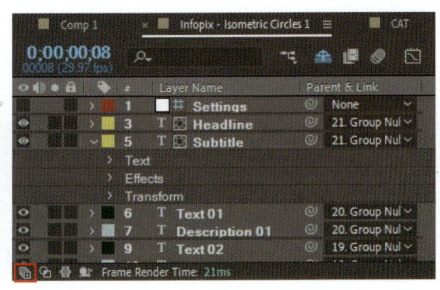

Switches 항목을 확장, 축소할 수 있는 부분만 확인한 다음 다시 표시합니다. 만약 Switches 항목을 비활성화하면 타임라인에서 레이어 속성을 설정할 수 있습니다. 레이어 속성을 표시하면 다음과 같은 설정 영역이 없어집니다.

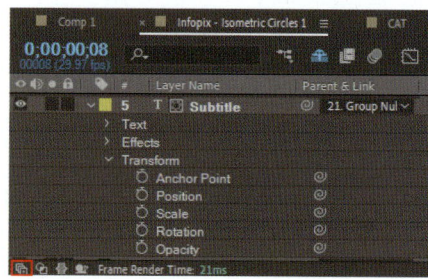 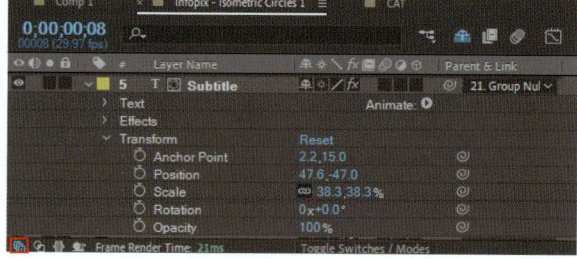

▲ Switches 항목이 비활성화된 모습   ▲ Switches 항목이 활성화된 모습

Mode 항목 확장, 축소하기

아래쪽 'Transfer Controls pane' 아이콘(　)을 클릭하면 Mode 항목의 Blending Mode와 Matte를 지정할 수 있습니다.

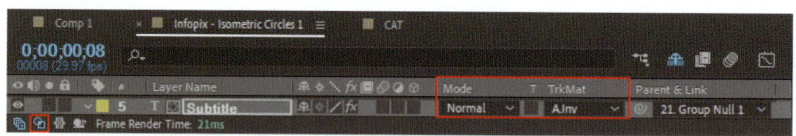

레이어 시간을 설정하는 항목 확장, 축소하기

'In/Out/Duration/Stretch panes' 아이콘(　)을 클릭하면 레이어 시간을 설정할 수 있는 In, Out, Duration, Stretch 항목을 한꺼번에 나타낼 수 있습니다. 필요할 때 확장하여 이용한 다음 다시 축소합니다.

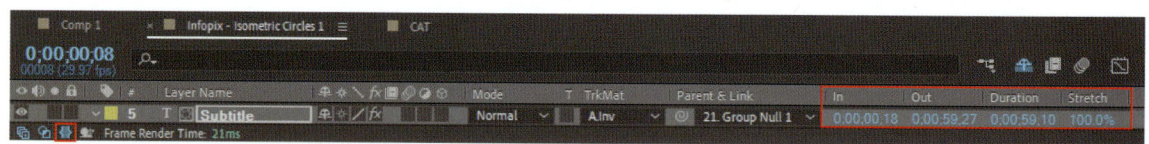

▲ 레이어 시간 관련 항목이 활성화된 모습

렌더링 시간 표시 항목 확장, 축소하기

'Render Time pane' 아이콘(　)을 클릭하면 레이어별로 렌더링 시간을 확인할 수 있습니다. 현재 시간 표시기가 있는 프레임의 렌더링 시간은 타임라인 아래에 표시되지만 해당 항목에는 레이어별로 소요되는 렌더링 시간을 확인할 수 있습니다.

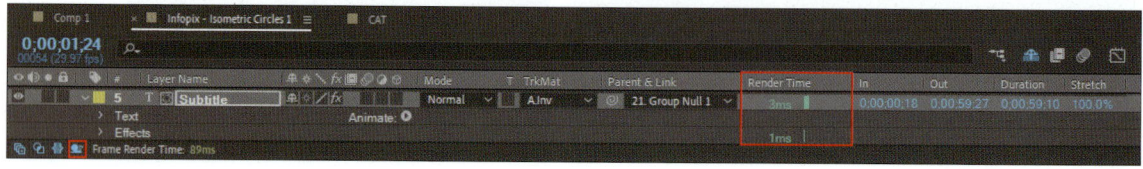

▲ 레이어별 렌더링 시간 항목이 활성화된 모습

필수기능 03 각 항목의 추가, 이동, 숨기기

항목은 작업 환경에 따라 자유자재로 조정할 수 있습니다. 각각의 항목은 개별적으로 추가, 삭제할 수 있으며 위치를 이동할 수도 있습니다.

항목 추가하기

❶ 항목 이름에서 마우스 오른쪽 버튼을 클릭하고 ❷ 원하는 항목 이름을 실행하여 추가할 수 있습니다. Timeline 패널에 항목을 모두 추가하면 오른쪽 타임라인 영역이 줄어들어 실제 작업에서는 모두 추가해 작업하지 않습니다.

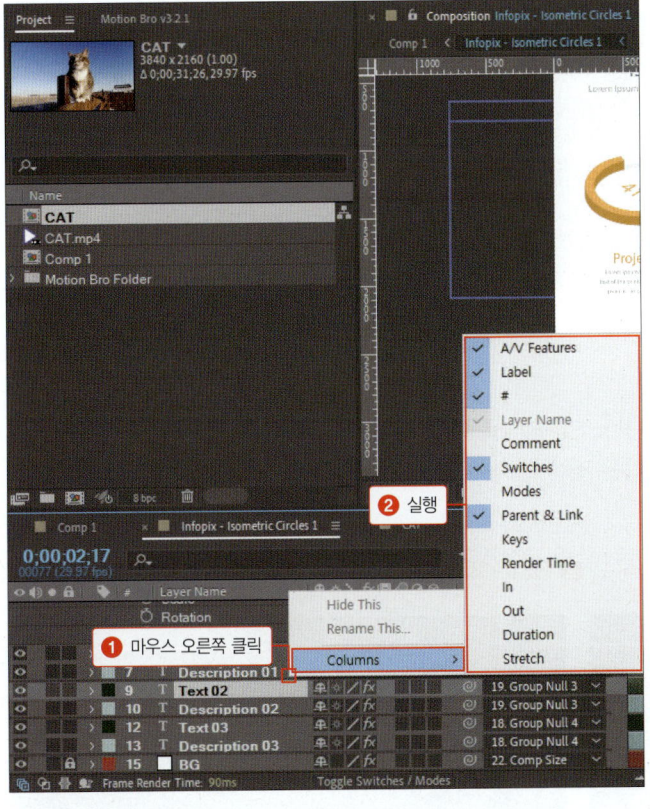

▲ 항목을 모두 추가한 모습

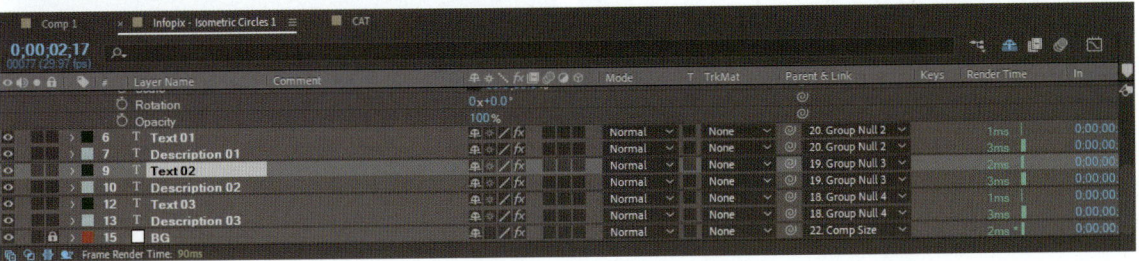

▲ 항목을 모두 추가한 Timeline 패널

항목 이동하기

항목은 양쪽으로 드래그하여 원하는 위치로 이동할 수 있습니다. 각 항목들은 작업 환경에 맞춰 위치를 바꿀 수 있습니다.

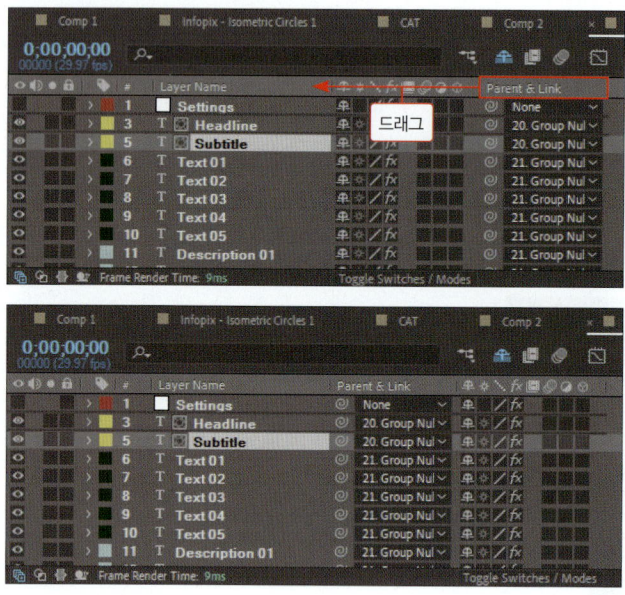

항목 숨기기

추가된 항목 중 작업에 필요 없는 기능들이 있습니다. 이때 Timeline 패널 왼쪽 아래 해당 아이콘을 클릭하지 않아도 개별적으로 숨길 수 있습니다. 여기서 숨기는 것은 안 보이게 하는 기능으로, 레이어 설정 값에 영향을 주지 않습니다.

❶ 숨기려는 항목에서 마우스 오른쪽 버튼을 클릭하고 ❷ Hide This를 실행하면 항목을 숨길 수 있습니다.

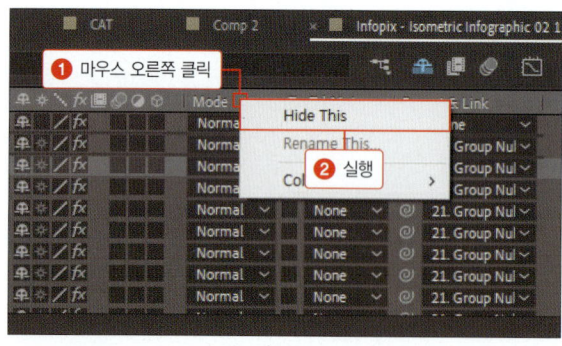 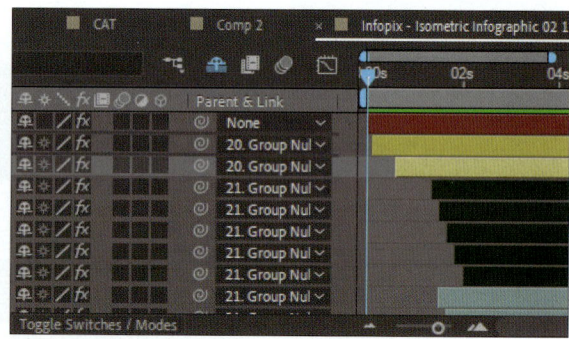

▲ Mode 항목을 숨긴 모습

필수기능 04 | 타임라인 확대, 축소하기 (중요)

애프터 이펙트는 타임라인 패널을 확대 및 축소하면서 현재 시간 표시기를 움직이는 작업이 많습니다. 타임라인을 확대, 축소하는 방법에는 다음과 같은 세 가지가 있으므로 작업 스타일에 따라 손에 맞는 방법을 이용합니다.

➕, ➖를 눌러 확대, 축소하기

가장 많이 이용하는 방법으로 먼저 Timeline 패널에서 ❶ 시간을 늘릴 부분에 현재 시간 표시기를 위치시킨 다음 ❷ ➕를 누르면 해당 시간이 늘어나 1프레임(30분의 1초 또는 60분의 1초) 단위로 확인할 수 있습니다.

숫자 뒤에 s가 있으면 초(Second)를 나타내며, 확대하면 초가 늘어나면서 숫자 뒤에 f가 표시되는 프레임 단위로 확대됩니다. 다시 ❸ ➖를 눌러 축소할 수도 있습니다.

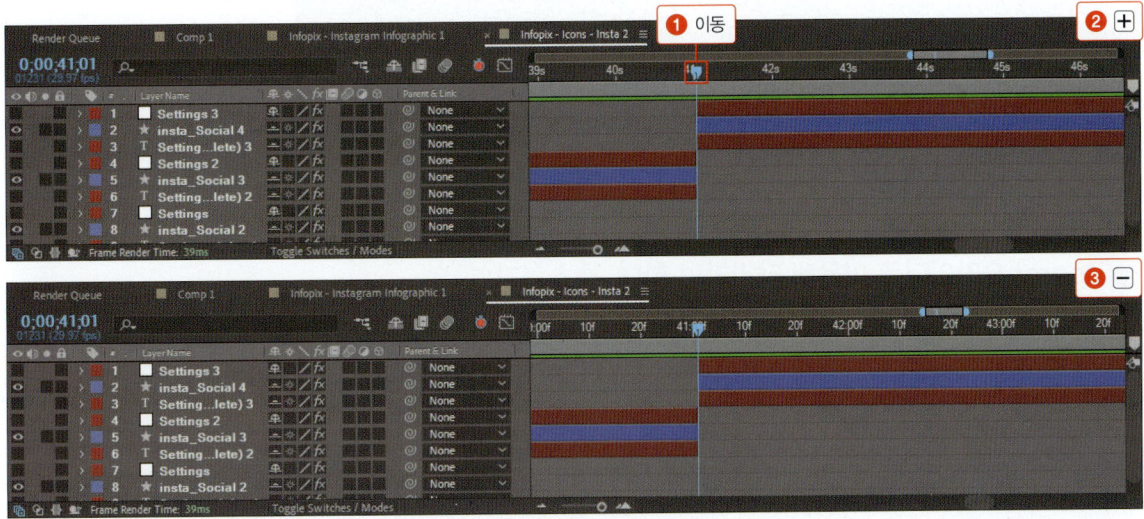

시간 조절기(Time Navigator)를 이용하여 확대, 축소하기

타임라인의 시간 영역 위에 얇은 회색 바가 있고, 양쪽에는 파란색 부분이 있습니다. 양쪽의 파란색 부분(Time Navigator Start/End)을 드래그하여 이동하면 원하는 시간 영역을 확대, 축소할 수 있습니다.

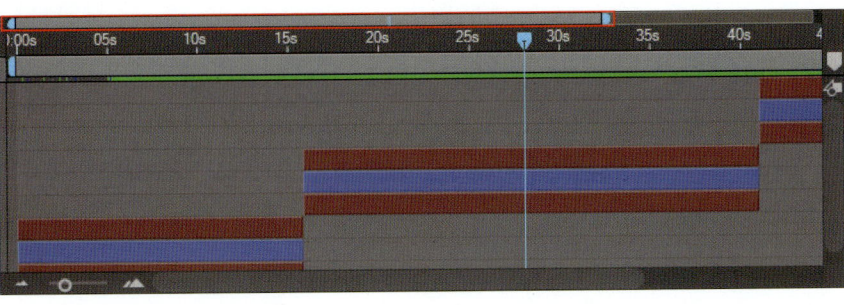

Chapter 05 · 실질적인 작업 공간 이해하기

그림과 같은 상황에서 시간 조절기 오른쪽의 파란색 부분을 오른쪽으로 드래그하여 이동하면 전체 타임라인이 표시되므로 타임라인이 축소됩니다.

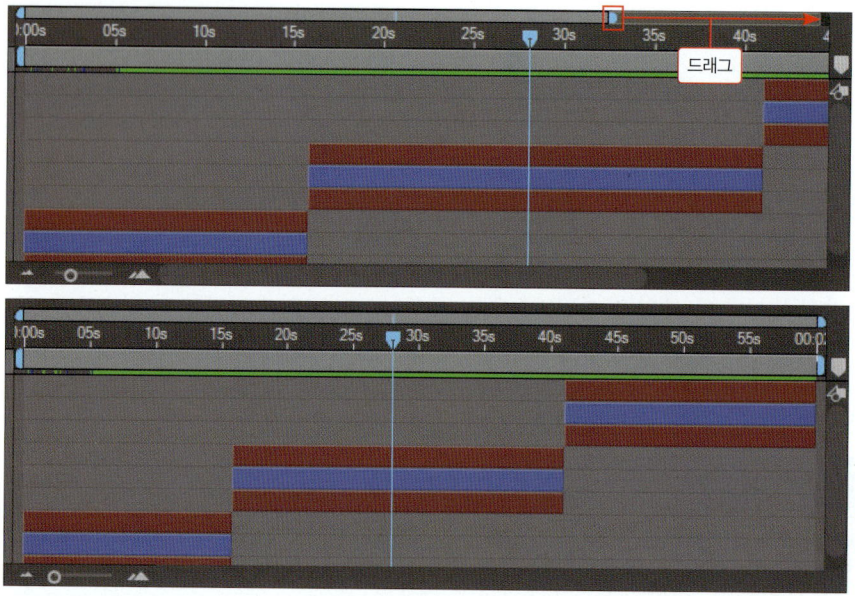

▲ 타임라인이 축소된 모습

줌(Zoom) 슬라이더를 이용해 타임라인 확대, 축소하기

Timeline 패널 아래의 줌(Zoom) 슬라이더를 드래그하여 확대 또는 축소할 수 있습니다. 슬라이더를 오른쪽으로 드래그하면 마치 카메라가 줌 인하는 것처럼 타임라인의 시간을 축소하며, 슬라이더를 왼쪽으로 드래그하면 줌 아웃하는 것처럼 확대합니다. 이때 Zoom In/Out의 기준은 현재 시간 표시기의 위치입니다.

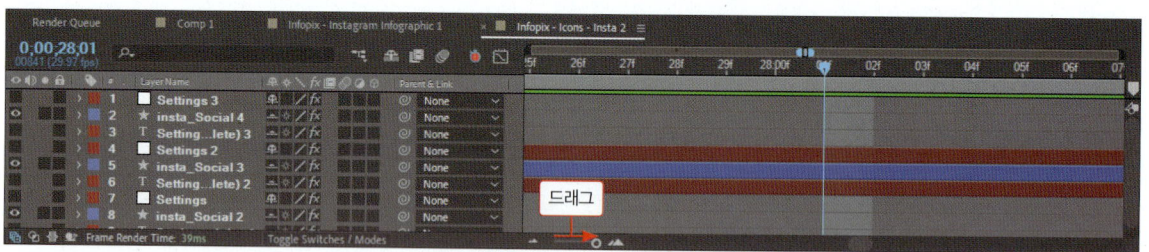

▲ Zoom In

▲ Zoom Out

실습예제 05 레이어 이동하기 ★★ 중요

Timeline 패널은 다른 영상 편집 프로그램처럼 단순하게 시간에 따라 영상, 이미지 클립을 보여 주는 것이 아니라 포토샵과 같은 레이어 기능도 가집니다. 레이어의 상하 이동을 통해 Composition 패널 디자인을 바꿀 수 있습니다. 레이어를 자유롭게 이동하여 순서를 바꾸는 방법을 알아봅니다.

◉ 예제파일 : 01\LayerWork.psd

01 새 프로젝트를 만들고 ❶ Project 패널에서 마우스 오른쪽 버튼을 클릭한 다음 ❷ **Import → File**을 실행합니다. Import File 대화상자가 표시되면 01 폴더에서 'LayerWork.psd' 파일을 선택한 다음 〈Import〉 버튼을 클릭합니다. LayerWork.psd 대화상자가 표시되면 ❸ Import Kind를 'Composition-Retain Layer Sizes'로 지정한 다음 ❹ 〈OK〉 버튼을 클릭합니다.

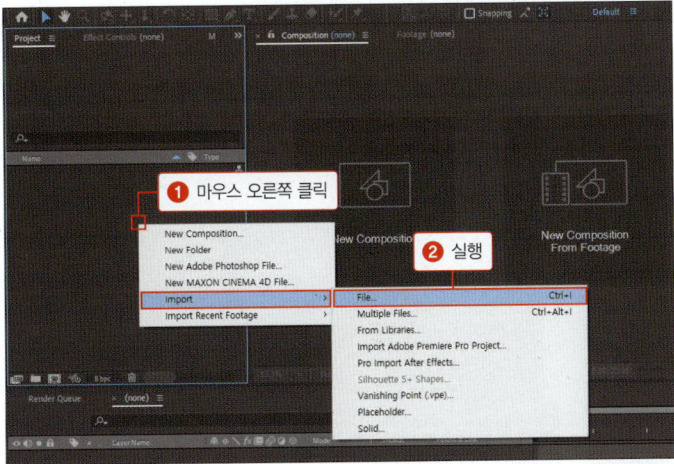
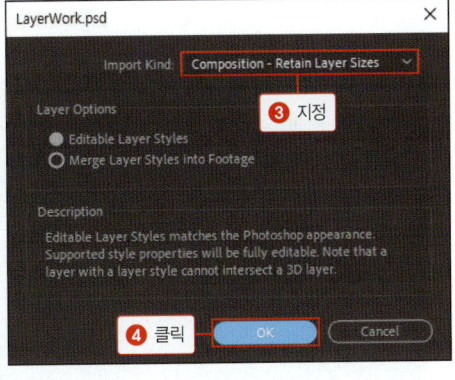

02 Project 패널의 'LayerWork' 컴포지션을 더블클릭하여 엽니다.

'LayerWork.PSD' 파일에는 화면 프레임을 벗어나는 레이어가 없지만, 습관을 들이기 위해 'Composition - Retain Layer Sizes'로 지정해 불러옵니다.

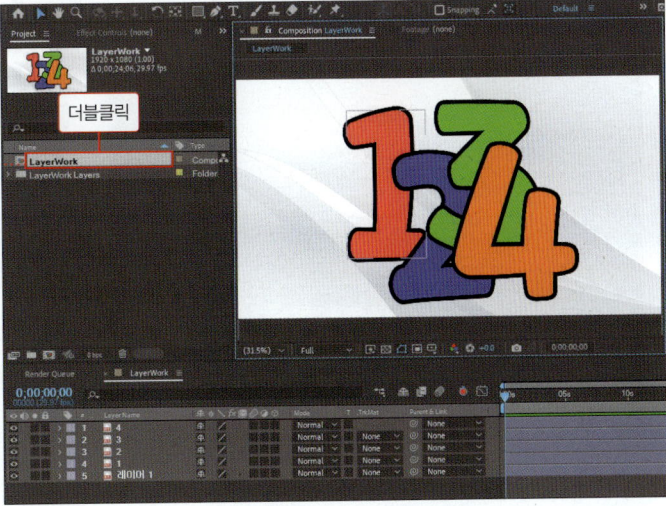

03 불러온 컴포지션에 관해 Timeline 패널에서 각각의 레이어를 확인할 수 있습니다. A/V Feature 항목에서 왼쪽의 세 번째 'Solo' 아이콘(◉)을 클릭하여 맨 아래 '레이어 1' 레이어부터 맨 위 '4' 레이어까지 순서대로 활성화합니다.

> **TIP**
> 'Solo' 아이콘을 클릭해 활성화하면 Timeline 패널과 Composition 패널의 레이어를 확인할 수 있습니다. Timeline 패널의 레이어 순서에 따라 Composition 패널의 화면에 표시되는 순서가 달라집니다.

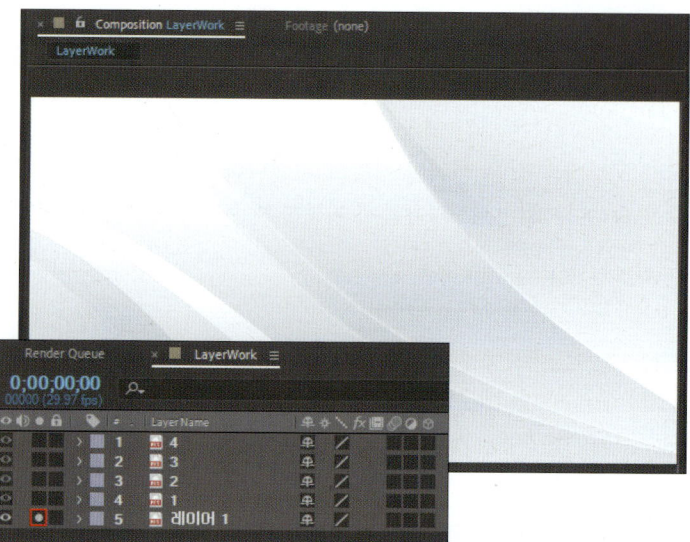

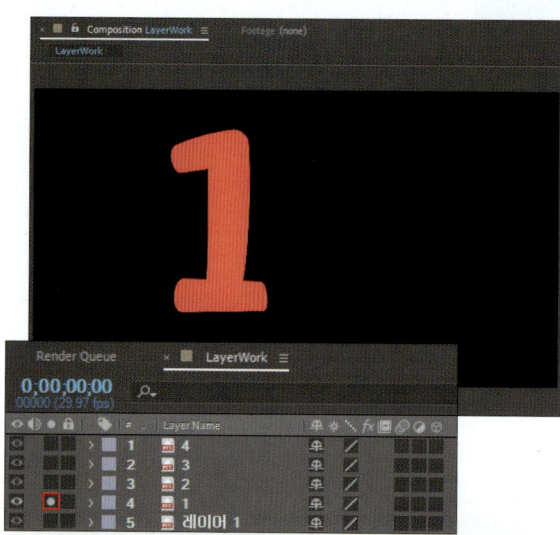

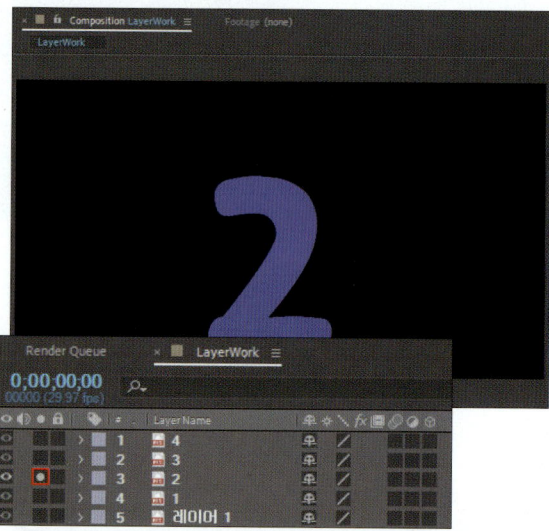

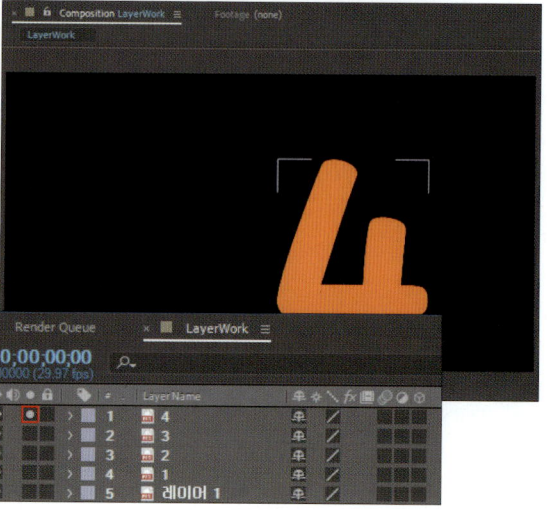

04 현재 '4' 레이어가 맨 위에 있습니다. Timeline 패널의 '1' 레이어를 선택한 다음 위로 드래그하면 맨 위에 배치할 수 있습니다.

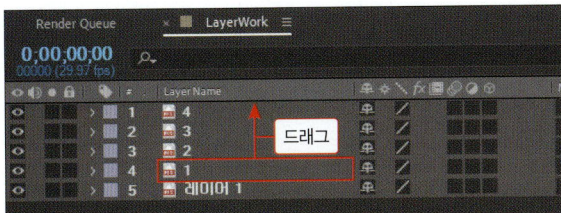

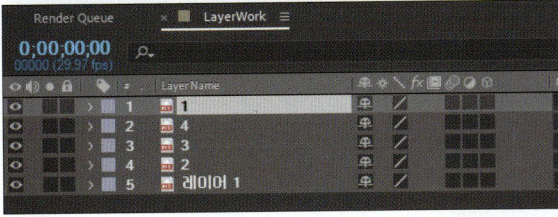

05 Composition 패널에서 다음과 같이 드래그해 '1'을 '2'~'4' 위에 배치하면 맨 앞에 위치해 있는 것을 확인할 수 있습니다.

> **TIP**
> Timeline 패널의 레이어 순서에 따라 Composition 패널의 화면에 보이는 결과물이 달라집니다.

06 레이어를 한 번 더 이동하겠습니다. Timeline 패널에서 두 번째 '4' 레이어를 '2' 레이어 아래로 드래그하여 배치하면 Composition 패널에서도 맨 뒤(아래)에 있는 '4'를 확인할 수 있습니다.

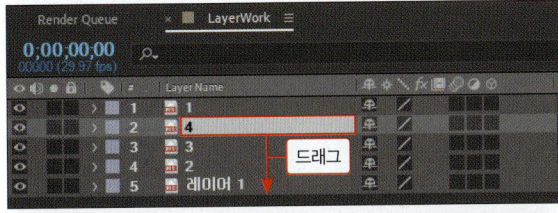

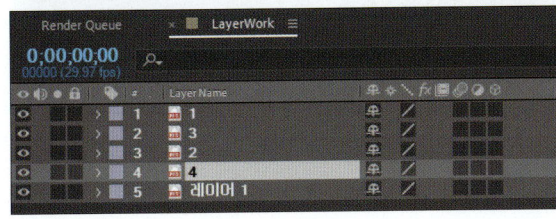

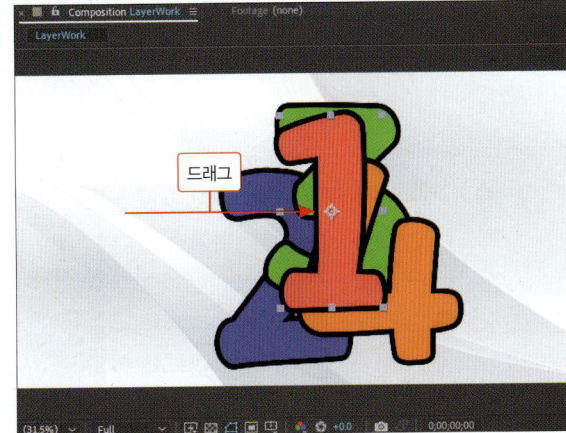

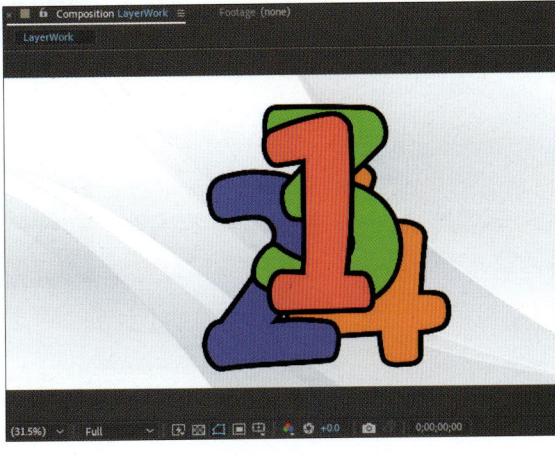

실습예제 06 레이어 나누기 및 삭제하기

Timeline 패널에서 레이어를 구분하여 시간의 흐름에 따라 나타냅니다.

◉ 예제파일 : 01\LayerTimeLine.psd   ◉ 완성파일 : 01\LayerTimeLine_완성.psd

01 　새 프로젝트를 실행하고 01 폴더에서 'LayerTimeline.psd' 파일을 'Composition – Retain Layer Sizes'로 지정하여 불러옵니다. Project 패널에서 'LayerTimeline.psd'를 더블클릭하여 컴포지션을 엽니다.

Timeline 패널에는 아래에서부터 '레이어 1'과 'A~D' 레이어가 순서대로 위치하며 Composition 패널에서도 'A' 레이어 위에 'B~D' 레이어가 순서대로 배치된 것을 확인할 수 있습니다.

02 　❶ Timeline 패널에서 현재 시간 표시기를 '1초'로 이동합니다. 레이어 위치를 조정해 '0초'부터 '1초'까지 'A' 레이어만 나타내겠습니다. ❷ '0초'부터 '1초' 사이를 살펴보면 '레이어 1'의 배경부터 'A~D' 레이어가 모두 보입니다.

TIP Timeline 패널은 ➕와 ➖을 이용하여 확대 및 축소할 수 있습니다.

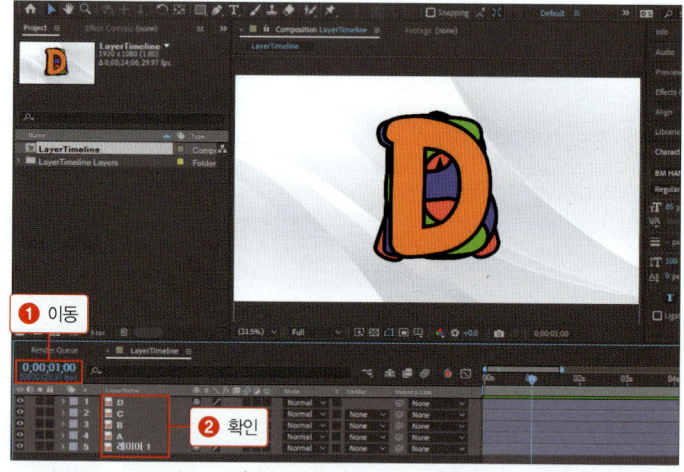

03 　먼저 Timeline 패널의 'B' 레이어 맨 왼쪽에 마우스 포인터를 위치시키고 현재 시간 표시기가 있는 '1초' 부분으로 드래그하여 이동합니다.

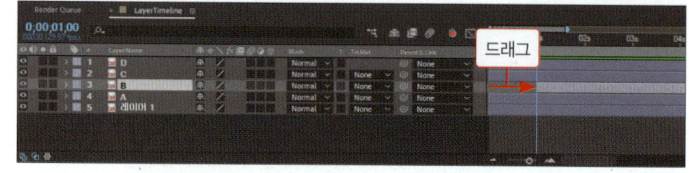

TIP Shift를 누른 상태로 드래그하면 현재 시간 표시기에 딱 달라붙습니다. 이를 'Snap(스냅)' 기능이라고 합니다.

04 Timeline 패널의 현재 시간 표시기를 '0초'에서 '1초' 사이에 위치시키면 Composition 패널에서 'B' 레이어가 안 보입니다.

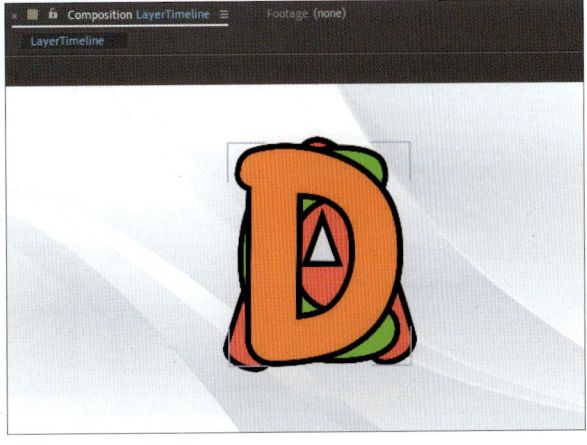

05 Split Layer 기능을 이용해서 'C' 레이어를 2초부터 나타내겠습니다.
❶ Timeline 패널에서 'C' 레이어를 선택하고
❷ 현재 시간 표시기를 '2초'로 이동합니다.

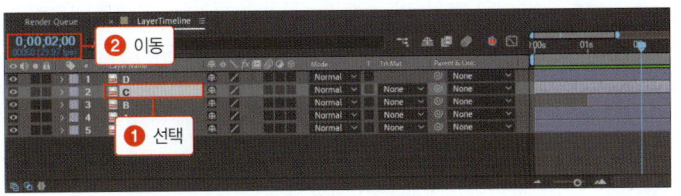

06 ❶ 메뉴에서 (Edit) → Split Layer(Ctrl+Shift+D)를 실행하면 현재 시간 표시기가 위치한 '2초'를 기준으로 ❷ 'C' 레이어가 둘로 나뉜 것을 확인할 수 있습니다.

07 Split Layer 기능을 이용하여 레이어를 나누면 자동으로 뒤쪽 레이어가 선택됩니다. 예제에서는 뒤쪽 레이어만 필요하기 때문에 ❶ 앞쪽 레이어를 선택한 다음 ❷ Delete를 눌러 삭제합니다.

> **왜 그럴까?** 레이어를 삭제하는 것은 파일을 완전히 삭제하는 것이 아니라 불필요한 부분을 숨기는 것입니다. 이 부분은 시작 부분을 드래그해 다시 표시할 수 있습니다.

08 레이어 이름을 'C'로 수정하면 좀 더 편리합니다. 'C 2' 레이어를 선택한 다음 Enter를 눌러 'C'를 입력한 다음 다시 Enter를 눌러 레이어 이름을 바꿉니다.

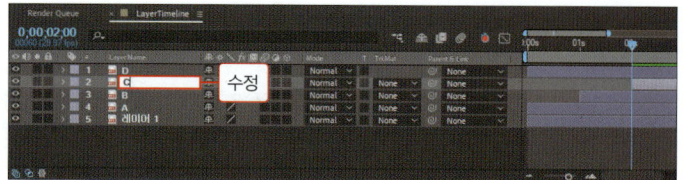

> **TIP**
> 레이어를 둘로 나누면 자동으로 앞쪽은 'C' 레이어, 뒤쪽은 'C 2' 레이어로 설정됩니다. 레이어 이름은 포토샵에서 작업한 레이어 이름을 그대로 이용하므로 'A'~'D' 레이어 이름과 연계해 레이어를 둘로 나누면서 자동으로 하나의 레이어가 추가되어 'C 2'로 설정되었습니다. 레이어 이름이 번호가 아닌 소스 파일 이름으로 설정되어 있다면 레이어 이름을 클릭해 자동으로 변경합니다.

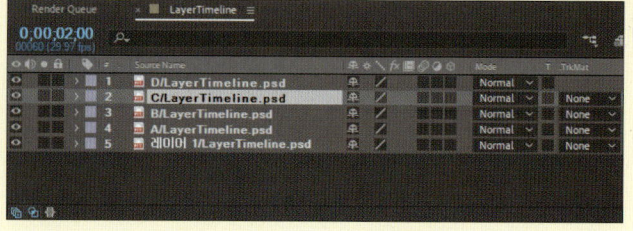

09 ❶ 현재 시간 표시기를 '1~2초' 사이에 위치시키면 ❷ Composition 패널의 화면에서 다시 'C' 레이어가 보이지 않습니다.

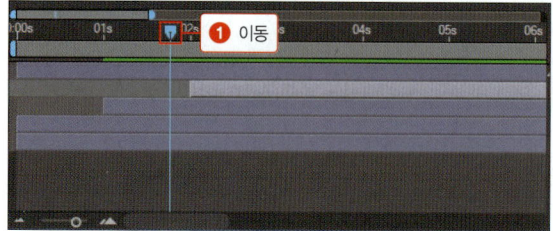

10 이번에는 'D' 레이어의 시작 부분을 3초로 바꾸기 위해 Split Layer 단축키를 이용해 레이어의 시작과 끝 부분을 조절하겠습니다. 먼저 ❶ 'D' 레이어를 선택한 다음 ❷ 현재 시간 표시기를 '3초'로 이동하고 ❸ Ctrl + Shift + D를 눌러 레이어를 나눕니다.

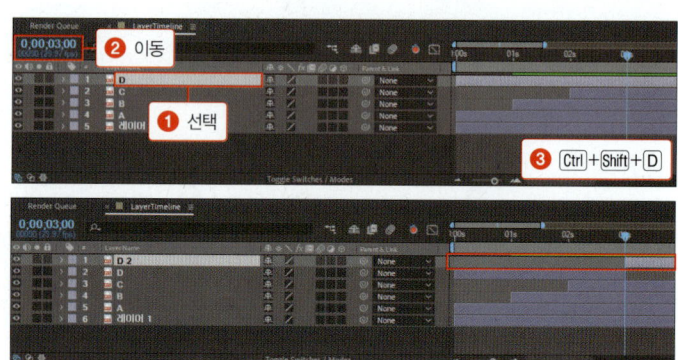

11 ❶ 'D' 레이어의 나눠진 앞부분을 선택하고 Delete를 눌러 삭제한 다음 ❷ 'D 2' 레이어 이름을 'D'로 수정합니다.

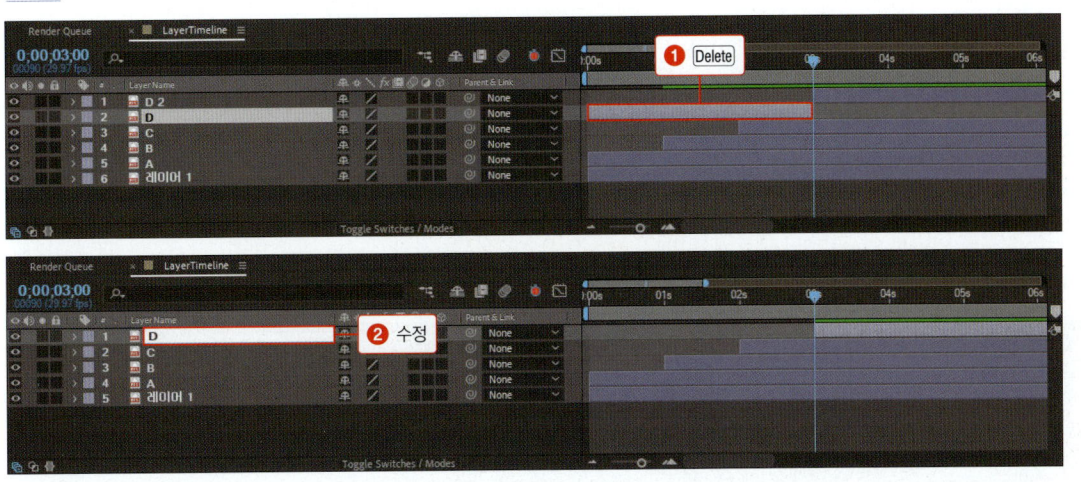

12 이처럼 레이어를 조정하여 Timeline 패널의 시간별 작업을 진행하면 간단하게 영상을 만들 수 있습니다. Timeline 패널에서 현재 시간 표시기를 이동하면 A 위에 B, C, D가 순서대로 등장합니다.

 **작업 영역 지정하고 램 프리뷰 진행하기**

시간별로 숫자가 나타나는 영상을 만들었다면 이제 재생할 차례입니다. 기본적으로 영상은 작업 영역(Work Area)에 맞춰 재생되기 때문에 영상으로 살펴보기 전에 작업 영역을 조정해봅니다.

◎ 예제파일 : 01\LayerTimeline.aep

01 이전 작업을 이어서 진행하거나 메뉴에서 (File) → Open Project를 실행한 다음 01 폴더에서 'LayerTimeline.aep' 파일을 불러옵니다. 현재 전체 선택된 작업 영역의 끝 점을 '4초'까지 드래그해서 이동합니다.

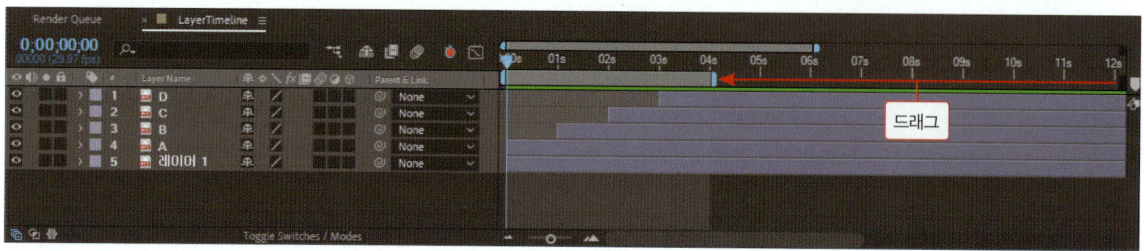

02 램 프리뷰를 진행하려면 Spacebar 또는 오른쪽 숫자 키에서 0을 누릅니다.

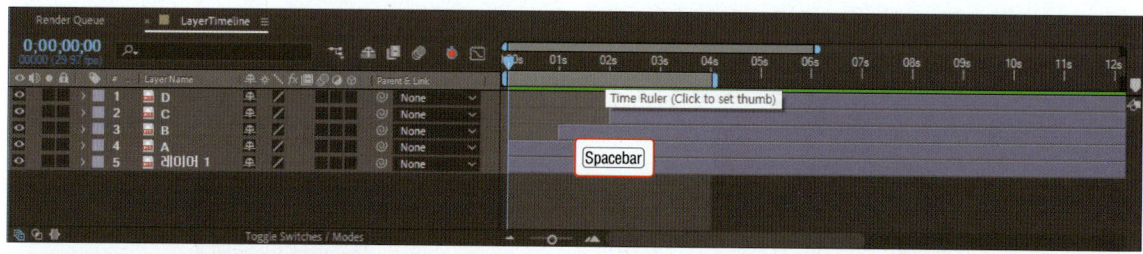

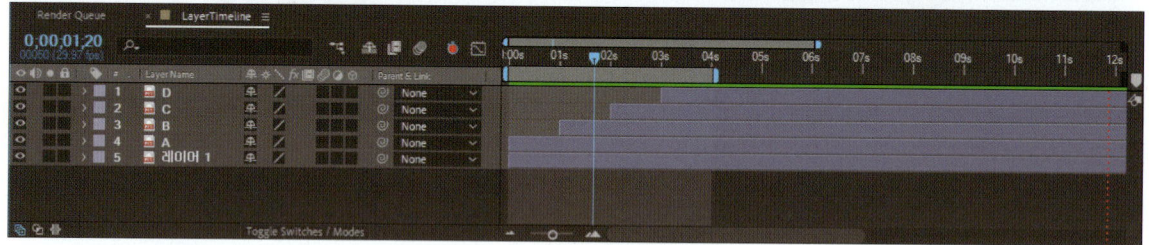

램 프리뷰를 마치면 Timeline 패널에서 재생할 수 있는 영역이 녹색으로 표시됩니다. 녹색이 아닌 부분은 램 프리뷰가 진행되지 않았다는 뜻입니다.

> **TIP**
> 프리미어 프로와 같은 영상 편집 프로그램에서는 실시간으로 영상이 재생되지만, 애프터 이펙트는 램 프리뷰를 거친 다음 재생되므로 램 프리뷰 영역을 작업 영역으로 지정합니다. 비교적 간단한 작업의 경우 램 프리뷰와 동시에 재생되며, 레이어와 이펙트가 많이 적용된 복잡한 작업의 경우 몇 초에서 몇 분(4K의 경우 더 길어짐) 이상의 램 프리뷰 시간을 거쳐 재생됩니다.

필수기능 08 타임코드를 활용하여 시간 이동하기

Timeline 패널에서 타임코드를 표시하는 두 가지 방법과 타임코드에 직접 입력하여 이동하는 방법을 알아봅니다.

타임코드 모드 바꾸기

타임코드(Timecode)는 기본적으로 시, 분, 초, 프레임과 같이 시간을 기준으로 하는 방식과 누적 프레임을 기준으로 하는 방식이 있습니다. '시:분:초:프레임'으로 설정되며 아래에 누적 프레임 수가 표시됩니다.

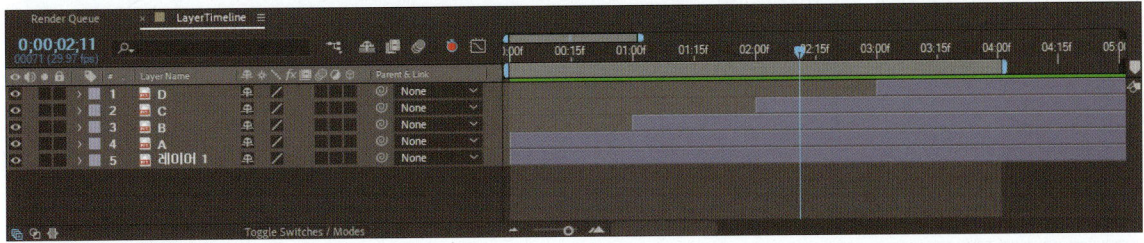

Ctrl 을 누른 상태로 시간을 클릭하면 누적 프레임 수가 나타나고 아래에 '시:분:초:프레임' 방식이 나타납니다. 이때 Timeline 패널의 숫자도 모두 시간 기준에서 숫자로 바뀝니다.

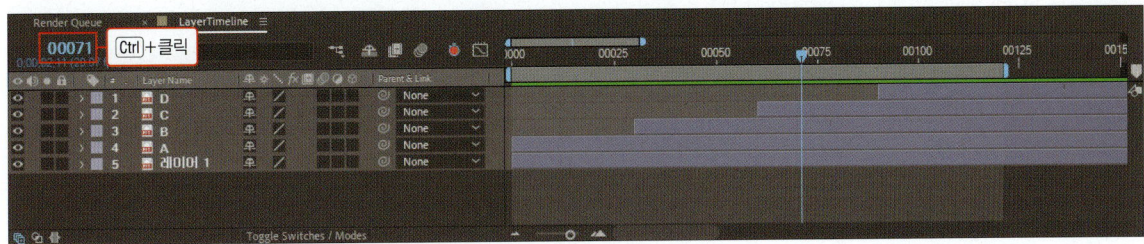

타임코드에 수치를 입력해 시간 이동하기 - 프레임 기준일 때

Ctrl 을 누르지 않은 상태에서 타임코드를 입력하면 시간을 입력할 수 있는 상태로 바뀝니다. 이때 프레임 수에 숫자를 입력하면 Timeline 패널의 현재 시간 표시기가 입력한 프레임으로 이동합니다.

타임코드에 '100'을 입력하고 Enter 를 누르면 타임코드가 '00100'으로 바뀌면서 타임라인의 현재 시간 표시기가 100프레임으로 이동합니다.

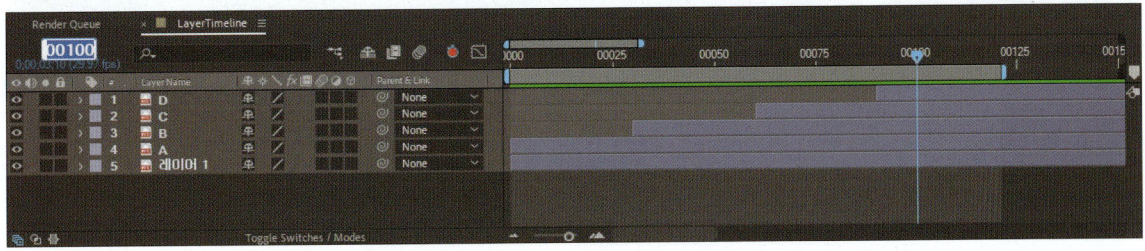

타임코드에 수치를 입력해 시간 이동하기 – 시간 기준일 때

타임코드가 시간 기준일 때는 두 자릿수를 우선으로 하며 '시:분:초:프레임' 단위에 맞게 숫자가 계산되어 시간으로 나타납니다. 예를 들어, Framerate가 '30'일 때 30 이상의 숫자를 입력하면 '1초'로 이동합니다.

'100'을 입력하면 뒤에서부터 두 자릿수를 기준으로 하여 '1초'로 이동합니다.

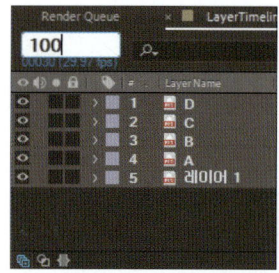 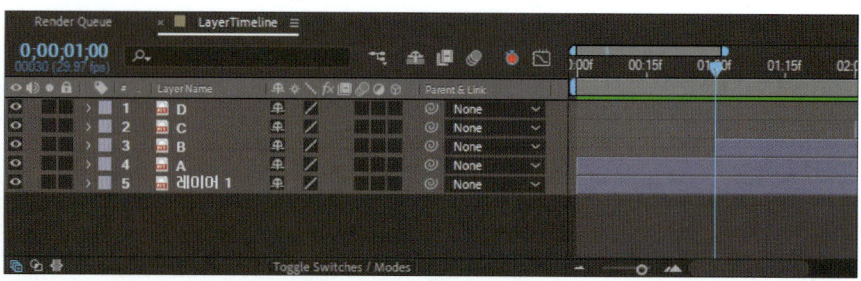

'250'을 입력하면 '2초 50프레임'을 입력하는 것과 같습니다. 이때 '50프레임'은 자동으로 '1초 20프레임'으로 바뀝니다. 결국 '2초+1초 20프레임'으로 계산하여 '3초 20프레임'으로 이동합니다.

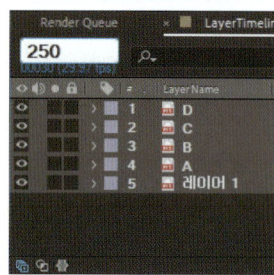 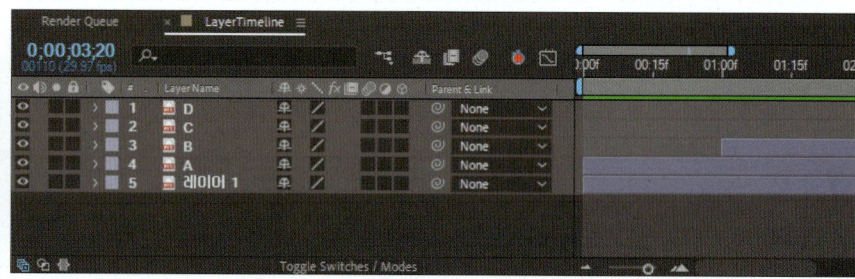

⊞, ⊟를 이용해서 시간 이동하기

타임코드에 숫자를 입력하기 전에 ⊞, ⊟를 입력하면 현재 기준 시간에서 입력한 시간, 프레임으로 추가됩니다. '0:00:01:10'일 때 타임코드에 '+14'를 입력하면 '0:00:01:24'로 이동합니다.

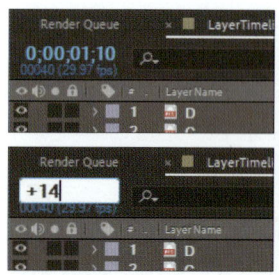 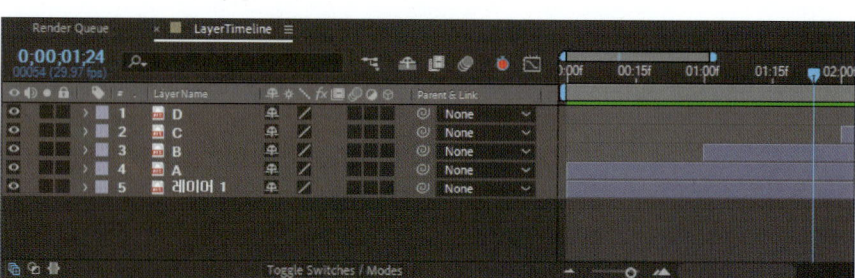

프로젝트 설정하고 스톱모션 만들기

1
57쪽 참고

UHD 4K 화면 크기의 29.97 Frame Rate에 재생 시간이 1분 45초인 작업 환경을 만들어 보세요.

완성파일 01\CompositionSettings_완성.aep
해설 동영상 01\1-1.mp4

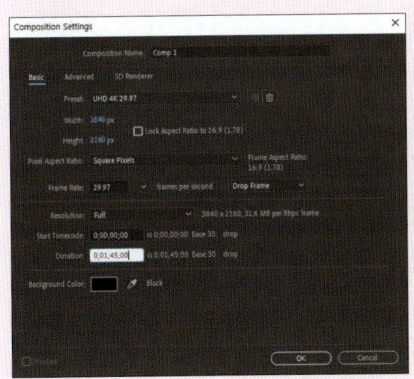
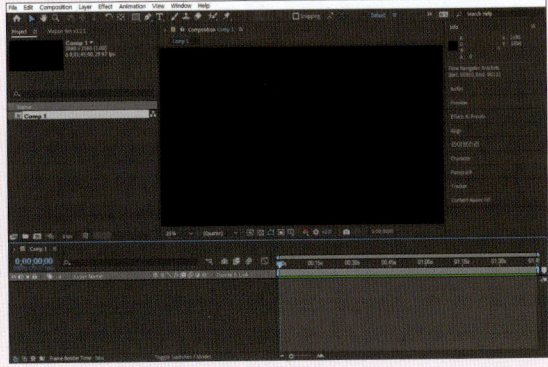

Hint Composition Settings 대화상자 표시하기 → Preset 설정하기(UHD 4K 29.97) → Duration 설정하기

2
94쪽 참고

세 프레임 간격의 스톱모션(Gif와 같은) 영상을 만들어 보세요.

예제파일 01\Stopmotion.psd   완성파일 01\Stopmotion_완성.aep
해설 동영상 01\1-2.mp4

Hint PSD 파일 불러오기 → 현재 시간 표시기를 이용하여 '3프레임' 이동하기 → Ctrl + Shift + D 를 눌러 레이어 나누기 → 필요 없는 부분 삭제하기

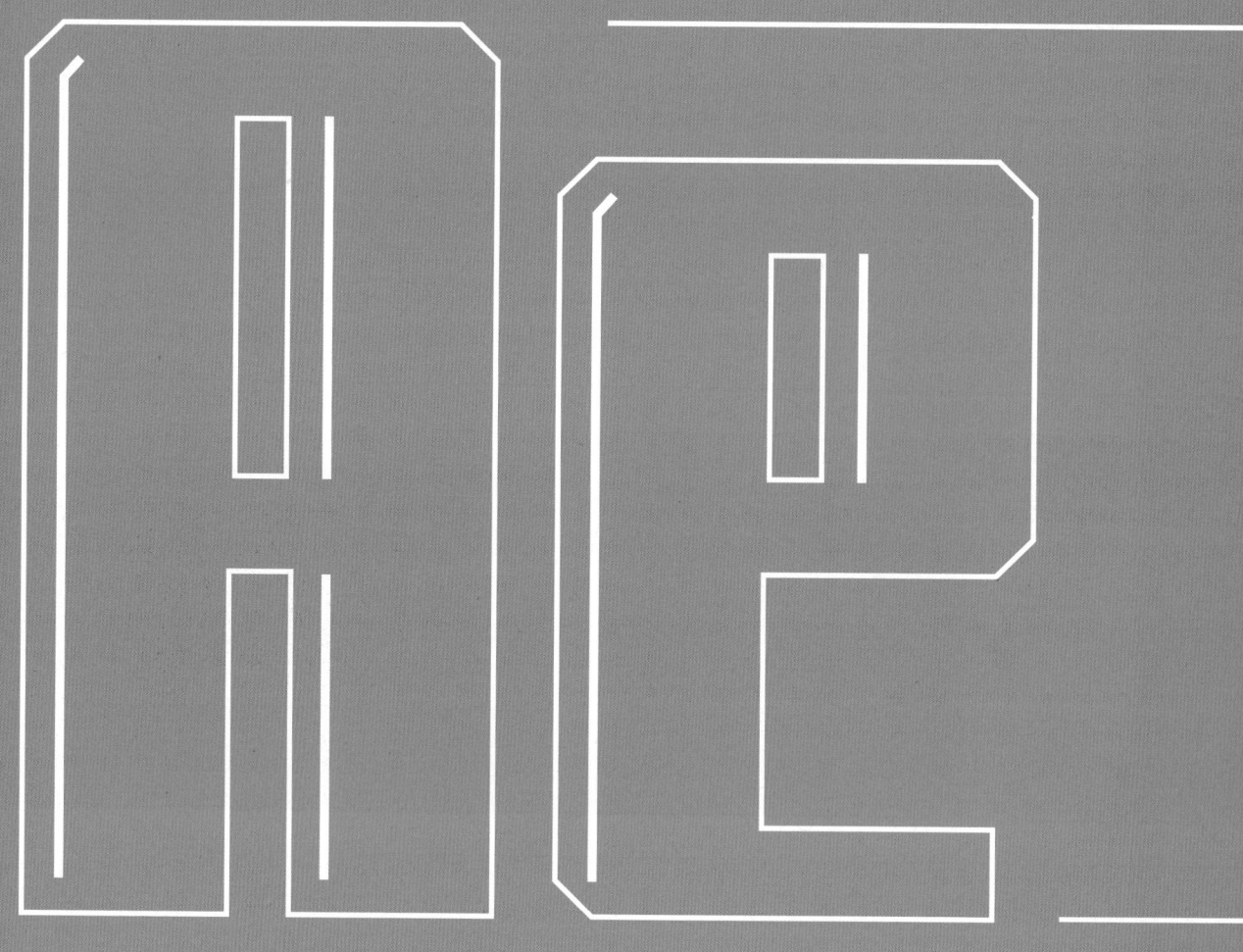

본격적으로 애프터 이펙트를 이용해 만들어진 디자인에 움직임을 더하는 과정을 알아봅니다. 간단한 레이어 움직임에 관한 애니메이션부터 랜덤 모션, 모션 블러, 속도 조절을 통해 세밀한 움직임, 음악 싱크에 맞는 모션까지 움직임에 관한 다양한 기능들을 알아보겠습니다.

PART 2.

모션 디자인하기

01 | 움직임을 위한 기본 도구 익히기
02 | 키프레임 애니메이션 알아보기
03 | 기본 애니메이션 만들기
04 | 속도 변화에 따른 움직임 제어하기

확대/축소 · 손 도구

움직임을 위한 기본 도구 익히기

애프터 이펙트의 기본 도구를 이용하여 움직임을 만드는 기초 과정을 알아봅니다.

필수기능 01 레이어, 화면 선택 및 이동과 확대/축소하기 ★★중요

움직임을 만들기 위해 먼저 레이어나 화면 등을 선택하고 이동하며 확대하는 방법을 알아봅니다.

Timeline 패널에서 레이어 선택하기

레이어를 선택하기 위한 가장 쉬운 방법은 Timeline 패널에서 직접 원하는 레이어를 선택하는 것입니다. 레이어를 정확하게 찾아서 선택할 수 있는 장점이 있지만, 레이어 이름이 확실하게 구분되지 않는 상태이거나 레이어가 많은 상태에서는 원하는 레이어를 찾기 힘들 수도 있습니다.

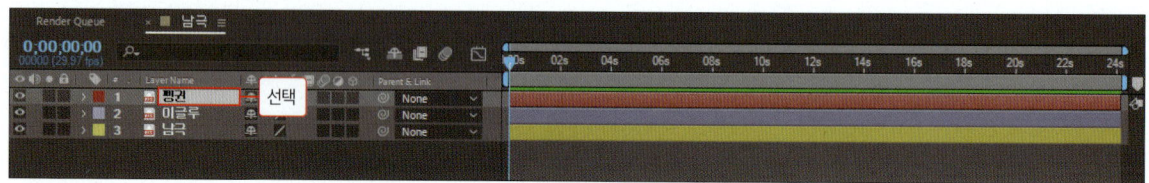

TIP
Timeline 패널에서 직접 원하는 레이어를 선택할 때는 Tools 패널의 선택 도구(▶)를 선택하지 않아도 됩니다. Tools 패널에서 다른 도구를 선택한 상태에서도 Timeline 패널에 있는 레이어를 선택할 수 있습니다.

Composition 패널에서 레이어 선택하기

Composition 패널에서도 레이어를 선택할 수 있습니다. 먼저 Tools 패널에서 선택 도구(▶)를 선택한 다음 Composition 패널에서 원하는 레이어를 선택합니다.

손 도구로 뷰 이동하기

Tools 패널에서 손 도구(🖐)를 선택한 다음 Composition 패널의 화면을 드래그하면 화면에 숨겨진 다른 부분을 확인할 수 있습니다. 주로 화면을 확대했을 때 원하는 부분을 확인하기 위해서 뷰를 이동합니다.

손 도구는 Composition 패널 뿐만 아니라 Timeline 패널에 레이어가 많을 때 또는 Effects & Presets 패널에서 작업 내역이 보이지 않을 때 드래그하여 원하는 부분으로 이동할 수 있습니다. 손 도구는 작업 중에 자주 이용하는 기능으로, 단축키인 Spacebar를 누르는 동안 활성화되어 원하는 부분으로 이동한 다음 작업을 이어갈 때 시간을 단축할 수 있습니다.

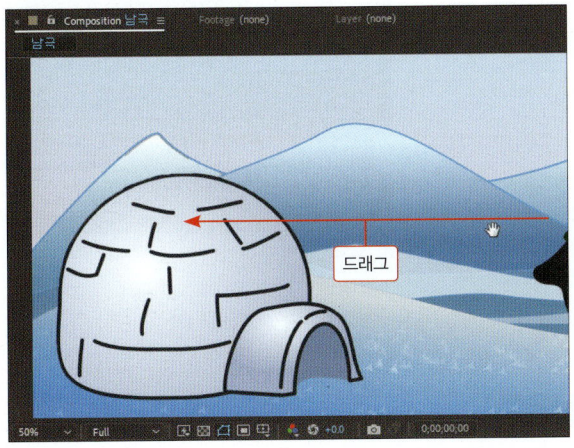

확대/축소 도구를 이용해 화면 확대 및 축소하기

Tools 패널에서 확대/축소 도구(🔍)를 이용하면 Composition 패널의 화면을 확대 또는 축소할 수 있습니다. 확대/축소 도구를 선택하고 클릭 또는 드래그하면 기본으로 화면 확대 기능을 적용할 수 있으며, Alt를 누른 상태로 클릭 또는 드래그하면 화면을 축소할 수 있습니다.

실습예제 02 | 레이어 선택하기 (중요)

선택 도구를 이용해서 원하는 레이어를 쉽고 빠르게 선택해 봅니다. 쉽지만 작업 과정에서 원하는 대로 선택되지 않을 상황을 미리 방지하기 위해 올바른 레이어 선택 방법에 대해 알아봅니다.

- 예제파일 : 02\남극.psd
- 완성파일 : 02\남극_완성.aep

01 새 프로젝트를 만든 다음 02 폴더에서 '남극.psd' 파일을 'Composition – Retain Layer Sizes' 형식으로 불러옵니다. Project 패널에서 '남극' 컴포지션을 더블클릭하여 컴포지션을 엽니다.

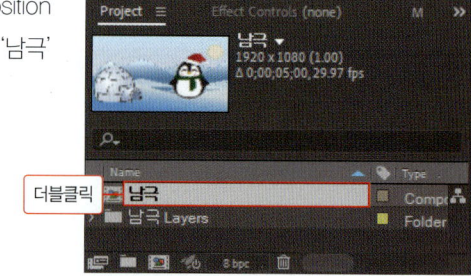

02 ❶ Tools 패널에서 선택 도구(▶)를 선택합니다. Composition 패널에서 개체에 마우스 포인터를 이동하면 레이어별로 외곽선이 표시됩니다. ❷ 마우스 포인터를 이동하고 레이어를 클릭하면 해당 레이어를 선택할 수 있습니다.

03 이번에는 레이어 선택을 해제하는 방법에 대해 알아봅니다. Composition 패널과 Timeline 패널에서 레이어가 없는 여백을 클릭하면 선택을 해제할 수 있습니다.

04 레이어를 선택하지 않고 메뉴에서 (Layer) → New → Adjustment Layer(Ctrl+Alt+Y)를 실행하면 Adjustment(조정) 레이어가 만들어지고 Composition 패널의 화면에는 아무런 변화가 나타나지 않습니다. 보통 Adjustment Layer처럼 안 보이는 레이어가 맨 위에 위치하면 Composition 패널에서 레이어를 선택하기 어렵습니다.

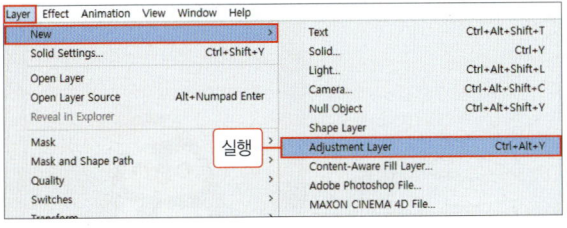 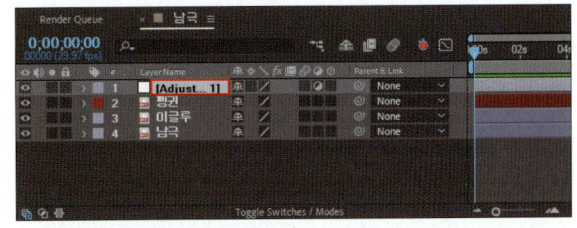

▲ Adjustment Layer가 만들어진 모습

05 Composition 패널에서 마우스 포인터를 이동하면 이전과 다르게 레이어별 외곽선이 표시되지 않고 'Adjustment' 레이어에만 표시됩니다. 작업 중에는 이러한 경우가 많으며, 이때 원하는 레이어를 Composition 패널에서 바로 선택하기 어렵습니다.

 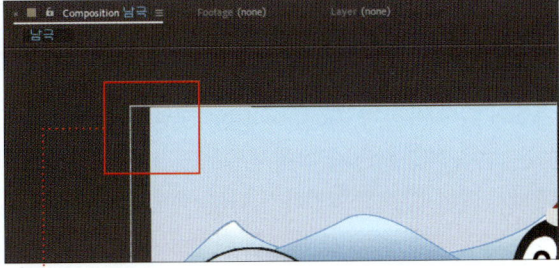

▲ 펭귄 일러스트를 클릭한 경우, 'Adjustment' 레이어가 활성화된 모습

 선택 도구로 레이어를 선택할 때 Timeline 패널의 맨 위 레이어를 기준으로 먼저 표시됩니다. 'Adjustment' 레이어가 맨 위에 있으면 'Adjustment' 레이어가 먼저 표시되기 때문에 다른 방법으로 레이어를 선택해야 합니다. 색종이(기본 레이어) 위에 투명한 시트지(Adjustment Layer) 한 장이 위에 깔려있다고 생각하면 됩니다.

06 Timeline 패널에서 원하는 레이어를 선택할 수 있고 Composition 패널에서도 레이어를 선택할 수 있습니다. ❶ Composition 패널의 선택할 레이어에서 마우스 오른쪽 버튼을 클릭한 다음 ❷ Select → 레이어 이름을 실행하여 원하는 레이어를 선택할 수 있습니다.

TIP
메뉴에 표시되는 레이어들은 Composition 패널 화면의 마우스 포인터 위치를 기준으로 합니다.

Chapter 01 • 움직임을 위한 기본 도구 익히기 107

07
① 맨 위 레이어의 A/V Features 항목에서 'Lock' 아이콘(🔒)을 클릭해 활성화하여 레이어 잠금 기능을 설정할 수 있습니다. 맨 위 'Adjustment' 레이어를 잠금 설정하면 ② 다시 아래 레이어의 개체들을 선택할 수 있습니다.

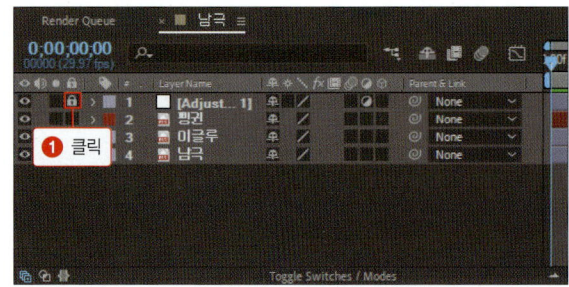

실습예제 03 : 손 도구를 이용해서 작업 화면 이동하기

손 도구를 이용하면 Composition 패널의 화면 또는 Timeline 패널의 작업 영역을 이동할 수 있습니다. 이 기능은 주로 화면을 크게 확대해서 작업할 때 숨겨진 다른 부분을 확인하기 위해 이용하며, Timeline 패널에 레이어가 많아 한번에 확인하기 힘들 때에도 작업 영역을 이동할 수 있습니다. 손 도구는 Tools 패널에서 선택하거나 작업 중 Spacebar를 누르면 활성화됩니다.

◉ 예제파일 : 02\남극.aep

01
메뉴에서 [File] → Open Project(Ctrl+O)를 실행한 다음 02 폴더에서 '남극.aep' 파일을 불러옵니다. Tools 패널에서 손 도구(✋)를 선택합니다.

02
Composition 패널의 화면으로 마우스 포인터를 이동하면 손 형태 아이콘으로 변경됩니다. 이때 드래그하면 Composition 패널 화면을 이동할 수 있습니다.

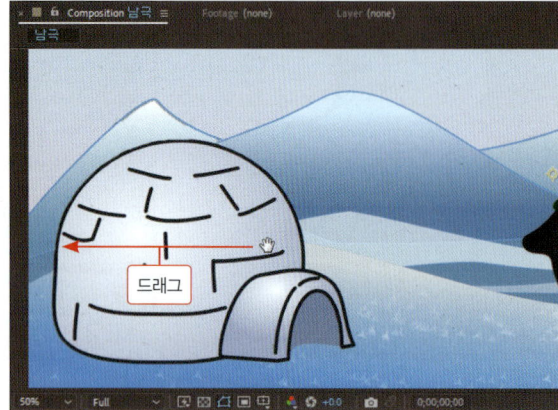

실습예제 04 확대/축소 도구를 이용해서 화면 조정하기

확대/축소 도구는 주로 화면의 확대/축소를 통해 디자인 및 영상의 세밀한 작업을 할 때 이용합니다.

◉ 예제파일 : 02\남극.aep

01 메뉴에서 [File] → Open Project(Ctrl+O)를 실행한 다음 02 폴더에서 '남극.aep' 파일을 불러옵니다. ❶ Tools 패널에서 확대/축소 도구(🔍)를 선택하면 마우스 포인터가 돋보기 형태로 바뀝니다. ❷ 이때 Composition 패널의 화면을 클릭하면 확대됩니다.

02 반대로 Alt를 누르면 마우스 포인터의 +가 −로 바뀝니다. 이때 클릭하면 화면을 축소할 수 있습니다.

> **TIP**
> Composition 패널에 마우스를 위치하고 마우스 휠을 위/아래로 돌려 화면을 확대/축소할 수도 있습니다.

키프레임 • Transform 속성

키프레임 애니메이션 알아보기

키프레임(Keyframe)을 이용해 본격적인 애니메이션을 만들기 전에 키프레임 및 Transform 속성을 알아봅니다.

필수기능 01 키프레임 애니메이션 이해하기

키프레임 알아보기

키프레임은 시간에 특정 데이터를 기록하는 역할을 합니다. 0초에 하나의 데이터를 기록하고, 3초에 다른 데이터를 기록하면 '0초'에서 '3초'로 시간이 흐르는 동안 데이터에 변화가 나타나고 그 변화를 통해서 애니메이션을 구현할 수 있습니다. Timeline 패널의 레이어에는 Position에 X축과 Y축이 있습니다. 이 축은 왼쪽 아래를 기준으로 픽셀의 위치를 나타냅니다. 다음의 왼쪽 그림에서 택시 소스의 X축의 위치는 '345', Y축의 위치는 '832'를 나타냅니다. 이처럼 시간에 X축과 Y축 위치를 기록하는 것이 키프레임(Keyframe)의 역할입니다.

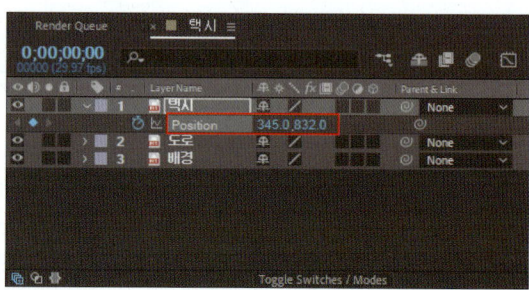

키프레임 만들기

애프터 이펙트에서 각종 속성 및 효과 변화 데이터 왼쪽에는 'Stop Watch' 아이콘(◉)이 있습니다. 대표적으로 Timeline 패널에는 Position 왼쪽에 '키프레임' 아이콘(▶)이 있어 이 아이콘을 클릭하면 키프레임을 만들 수 있습니다. 키프레임이 만들어지면 마름모 형태의 아이콘(◆)이 표시되며, 키프레임이 위치한 시간에 데이터가 기록됩니다.

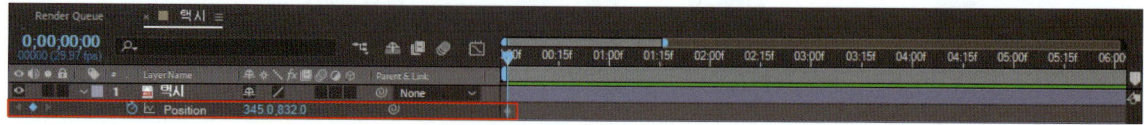

현재 시간 표시기를 이동한 다음 Position을 설정하면 자동으로 키프레임이 만들어집니다. 다음은 5초에 키프레임을 만들어 X축을 '1500', Y축을 '832'로 변화 데이터를 기록했습니다.

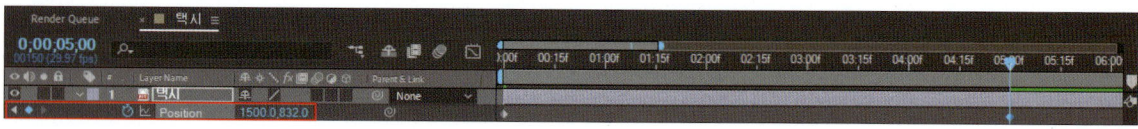

필수기능 02 | Transform 속성의 구성 요소 알아보기 〈중요〉

애프터 이펙트의 움직임을 만드는 Transform 속성은 크게 다섯 가지로 구성되며, 이 구성 요소들을 통해서 레이어에 기본적인 움직임을 만듭니다. 각 레이어에는 기본으로 하나의 속성(Transform)이 있습니다. 레이어 레이블(Label) 왼쪽의 >를 클릭하면 Transform 속성이 표시됩니다. 다시 Transform 왼쪽의 >를 클릭하면 숨겨진 하위 속성을 표시할 수 있습니다.

 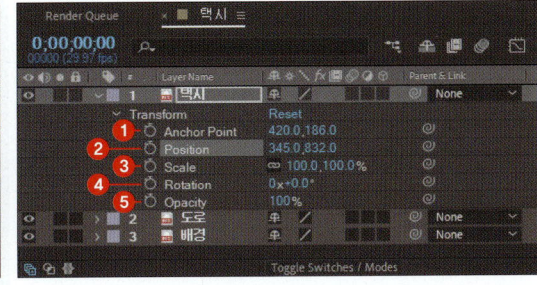

① **Anchor Point(기준점)** : 레이어 기준점을 뜻합니다. 레이어에는 각각의 기준점이 있고 이 기준점을 통해 위치, 회전, 크기에 변화를 만들 수 있습니다. 기본적으로 X, Y 값이 표시되며 3D 레이어 기능을 활성화하면 Z 값도 표시됩니다.

② **Position(위치)** : 레이어의 위치 변화 애니메이션을 만들 수 있습니다. 기본적으로 X, Y 값이 표시되며 3D 레이어 기능을 활성화하면 Z 값도 표시됩니다.

③ **Scale(크기)** : 레이어의 크기 변화 애니메이션을 만들 수 있습니다. 기본적으로 X, Y 값이 표시되며 3D 레이어 기능을 활성화하면 Z 값도 표시됩니다.

④ **Rotation(회전)** : 레이어의 회전 변화 애니메이션을 만들 수 있습니다. 기본적으로 X, Y 값이 표시되며 3D 레이어 기능을 활성화하면 Z 값도 표시됩니다.

⑤ **Opacity(불투명도)** : 레이어의 불투명도를 설정할 수 있습니다. 100%일 때는 모두 보이고, 0%일 때는 투명해집니다.

실습예제 03 | 위치(Position) 이동하기

Position을 설정해 애니메이션에서 위치를 이동해 봅니다.

◉ 예제파일 : 02\택시.aep   ◉ 완성파일 : 02\택시_완성.aep

01 메뉴에서 [File] → Open Project(Ctrl+O)를 실행하고 02 폴더에서 '택시.aep' 파일을 불러옵니다. Project 패널에서 '택시' 컴포지션을 더블클릭하여 엽니다.

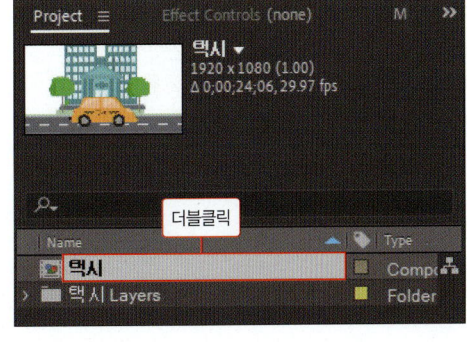

Chapter 02 · 키프레임 애니메이션 알아보기   111

02 컴포지션의 시간을 설정하기 위해 메뉴에서 (Composition) → Composition Settings (Ctrl+K)를 실행합니다.

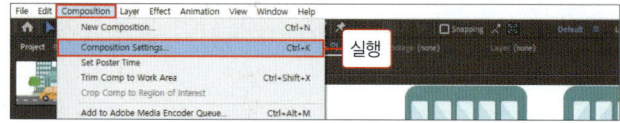

03 Composition Settings 대화상자가 표시되면 ❶ Duration에 '0:00:05:00'을 입력하고 ❷ 〈OK〉 버튼을 클릭합니다.

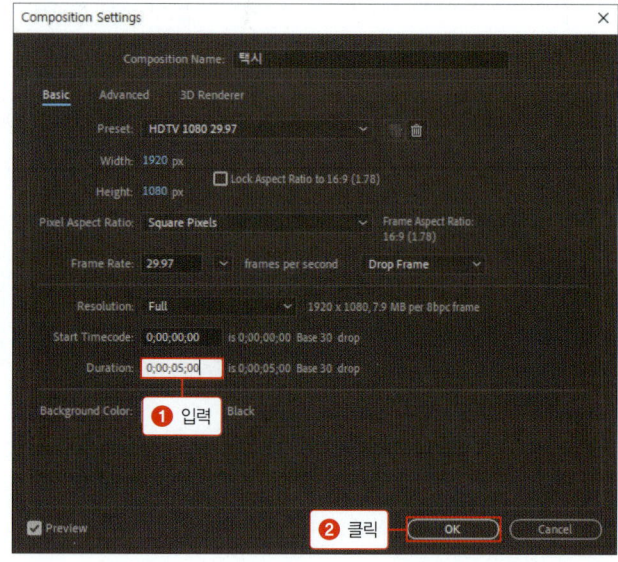

04 전체 작업 환경의 시간이 '5초'로 설정됩니다. 기본 애니메이션을 적용하기 위해 ❶ Timeline 패널에서 '택시' 레이어를 선택한 다음 ❷ >를 클릭하여 Transform 속성을 표시합니다.

 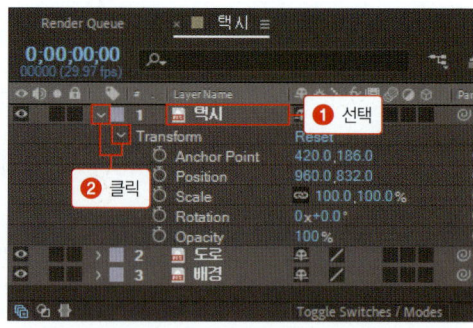

05 왼쪽에서 오른쪽으로 지나가는 애니메이션을 만들기 위해 먼저 Timeline 패널에서 현재 시간 표시기를 '2초'로 이동합니다.

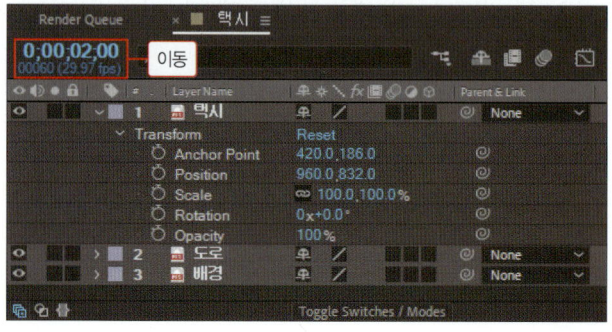

06
❶ Position 왼쪽의 'Stop Watch' 아이콘(⏱)을 클릭하여 키프레임을 만들고 ❷ X를 '2200'으로 설정합니다.

> **TIP**
> 'Stop Watch' 아이콘(⏱)을 클릭하여 키프레임을 만들면 해당 아이콘이 파란색으로 표시되고 Timeline 패널의 빈 부분을 클릭하여 선택을 해제하면 회색으로 표시됩니다.

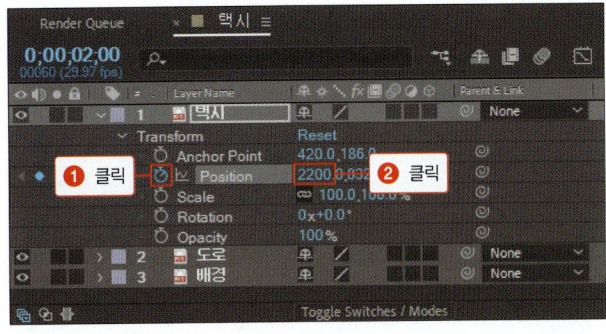

07
현재 시간 표시기를 '0초'로 이동합니다.

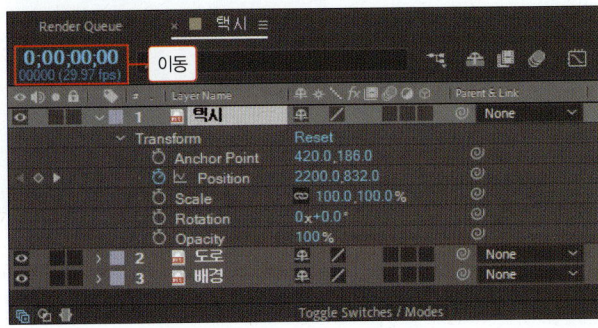

08
'택시' 레이어가 도로 왼쪽에 위치하도록 Position X를 '-400'으로 설정합니다. 그림과 같이 도로 왼쪽으로 택시가 이동합니다. 자동으로 키프레임이 만들어져 애니메이션이 적용된 것을 확인할 수 있습니다.

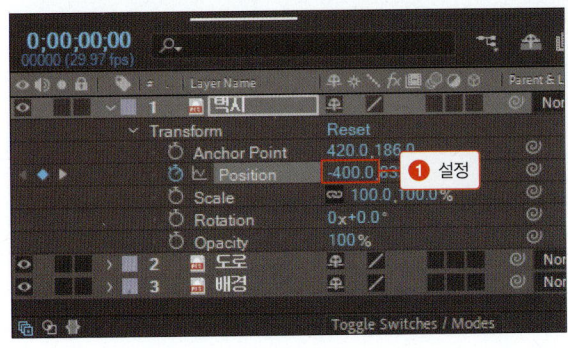

10
Timeline 패널에서 현재 시간 표시기를 이동하거나, [Spacebar] 또는 [0]을 눌러 애니메이션을 확인합니다.

실습예제 04 크기(Scale) 조절하기

Scale을 설정해 애니메이션에서 크기를 조절해 봅니다.

- 예제파일 : 02\생일축하.aep
- 완성파일 : 02\생일축하_완성.aep

01 메뉴에서 (File) → Open Project(Ctrl+O)를 실행한 다음 02 폴더에서 '생일축하.aep' 파일을 불러옵니다.
❶ Timeline 패널에서 '케잌' 레이어의 ❷ Transform 속성을 표시합니다.

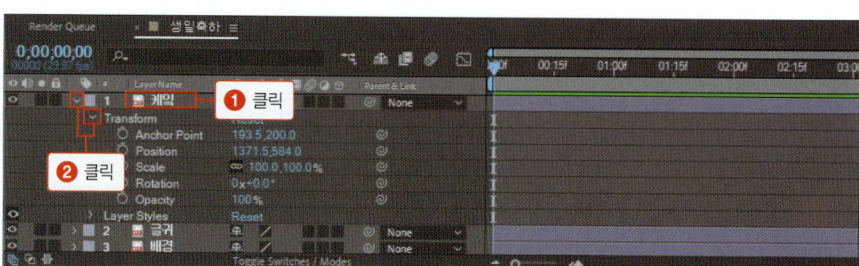

02 ❶ Timeline 패널에서 현재 시간 표시기를 '0초'로 이동합니다. ❷ Scale을 '0%'로 설정하고 ❸ 왼쪽의 'Stop Watch' 아이콘( )을 클릭하여 키프레임을 만듭니다.

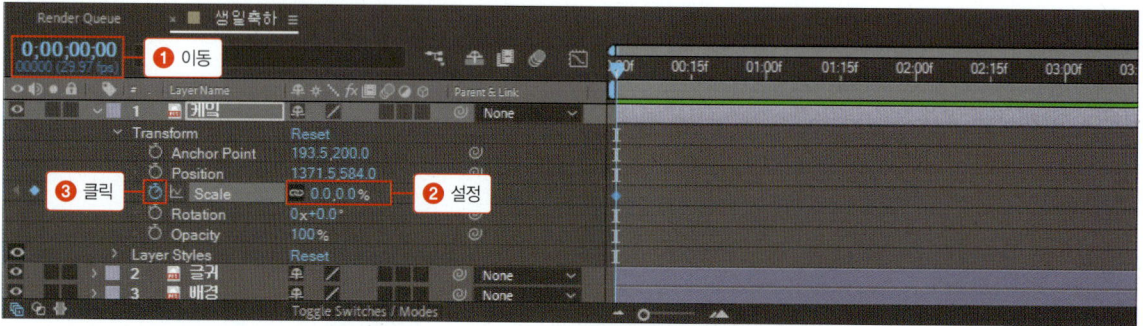

03 ❶ 현재 시간 표시기를 '3초'로 이동한 다음 ❷ Scale을 '210%'로 설정하면 크기가 조절되면서 자동으로 키프레임이 만들어집니다.

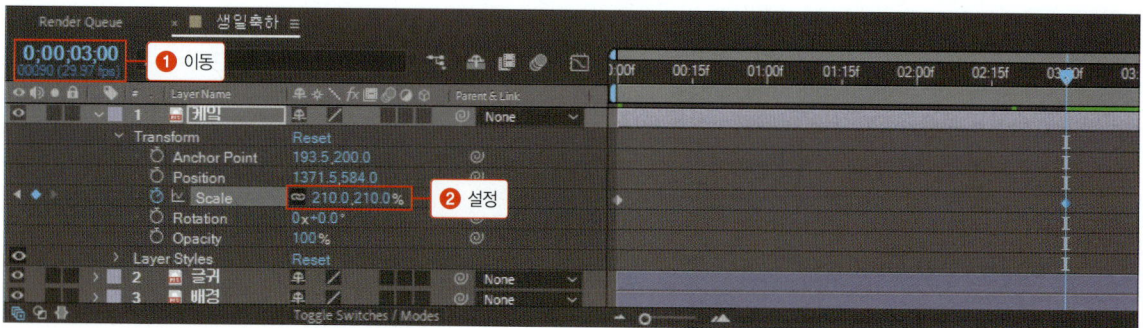

04 Timeline 패널에서 현재 시간 표시기를 이동하거나, Spacebar 또는 O을 눌러 애니메이션을 확인합니다. 케이크가 점차 확대되는 애니메이션이 표시됩니다.

실습예제 05 회전(Rotation)하기

Rotation을 설정해 회전 애니메이션을 만들어 봅니다.

● 예제파일 : 02\나침반.aep   ● 완성파일 : 02\나침반_완성.aep

01 메뉴에서 (File) → Open Project(Ctrl+O)를 실행한 다음 02 폴더에서 '나침반.aep' 파일을 불러옵니다. ❶ Timeline 패널에서 '자침' 레이어의 ❷ Transform 속성을 표시합니다.

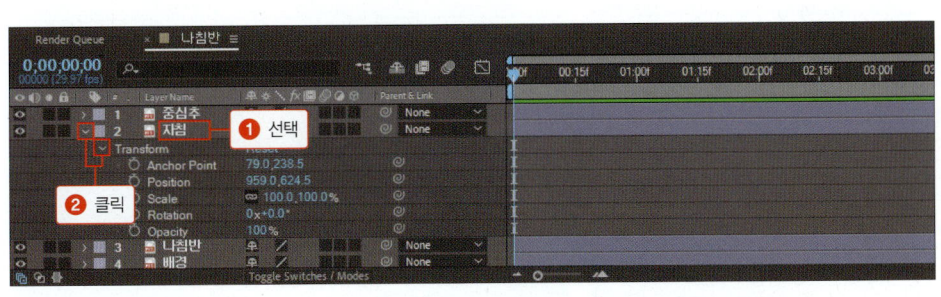

02

❶ Timeline 패널에서 현재 시간 표시기를 '0초'로 이동합니다. ❷ Rotation 왼쪽의 'Stop Watch' 아이콘(◯)을 클릭하여 키프레임을 만듭니다.

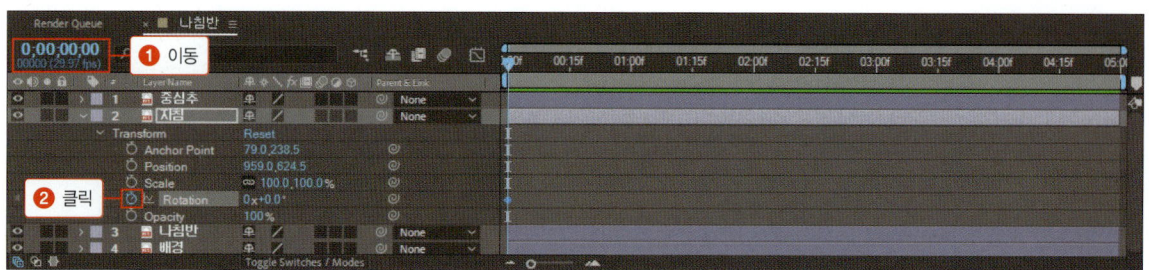

03

❶ 현재 시간 표시기를 '3초'로 이동한 다음 ❷ Rotation을 '3x+0°'로 설정하여 회전 애니메이션을 만듭니다.

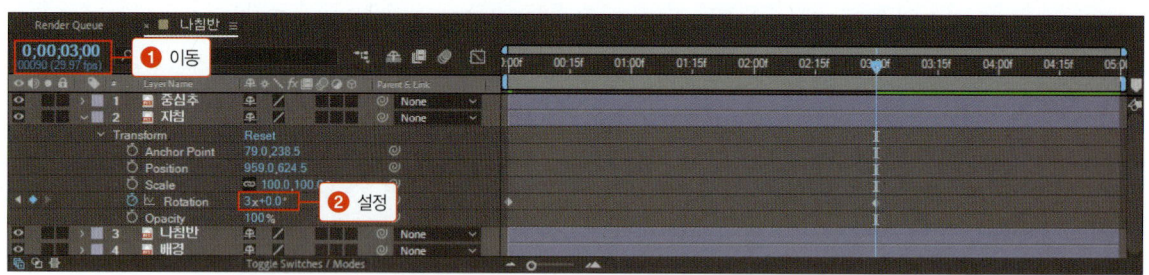

04

Timeline 패널에서 현재 시간 표시기를 이동하거나, Spacebar 또는 O 를 눌러 애니메이션을 확인합니다. 나침반 자침이 돌아가는 애니메이션이 표시됩니다.

실습예제 06 불투명도(Opacity) 적용하기

Opacity를 설정하여 보이던 상태에서 점차 사라지는 애니메이션을 만들어 봅니다.

● 예제파일 : 02\할로윈.aep   ● 완성파일 : 02\할로윈_완성.aep

01 메뉴에서 (File) → Open Project(Ctrl+O)를 실행한 다음 02 폴더에서 '할로윈.aep' 파일을 불러옵니다.
❶ Timeline 패널에서 '유령' 레이어의 ❷ Transform 속성을 표시합니다.

 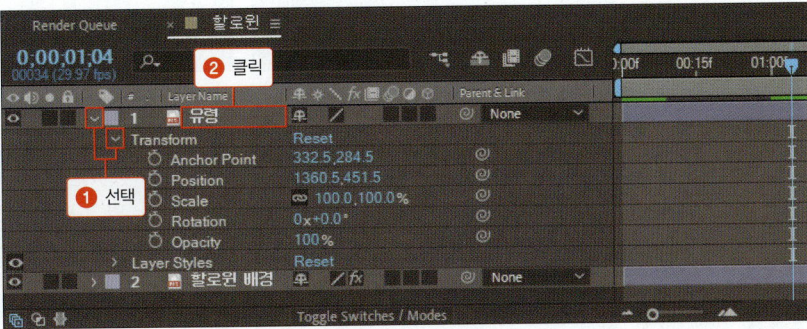

02 ❶ Timeline 패널에서 현재 시간 표시기를 '0초'로 이동합니다. ❷ Opacity 왼쪽의 'Stop Watch' 아이콘(◯)을 클릭하여 키프레임을 만듭니다.

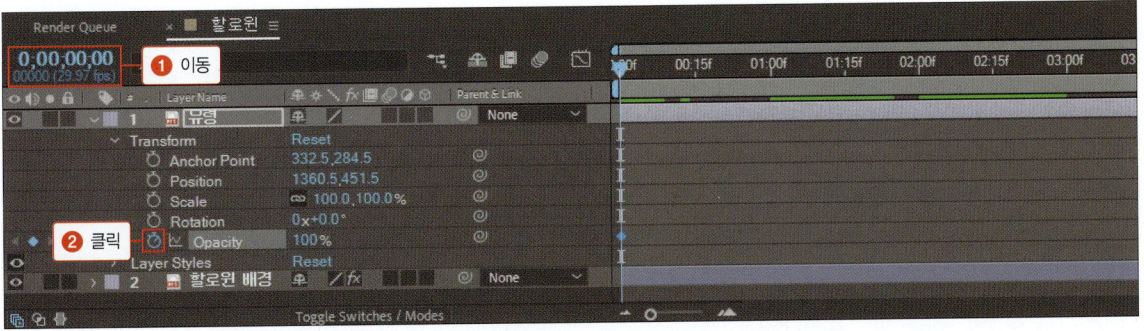

03 ❶ 현재 시간 표시기를 '3초'로 이동한 다음 ❷ Opacity를 '0%'로 설정하여 투명해지는 애니메이션을 만듭니다.

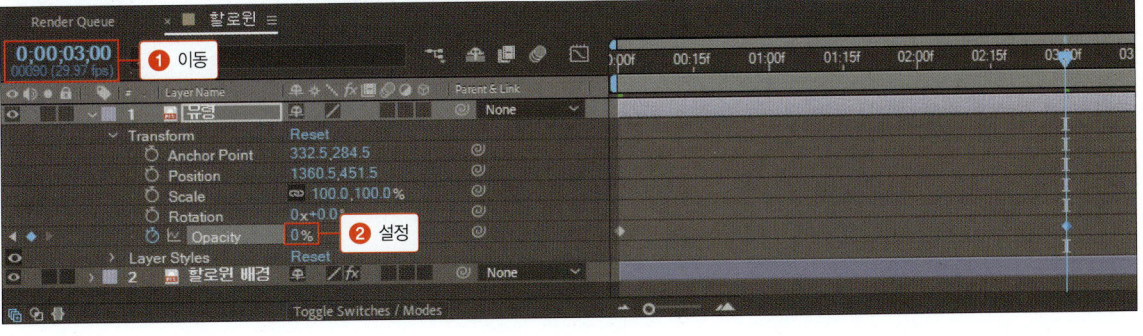

04 Timeline 패널에서 현재 시간 표시기를 이동하거나, Spacebar 또는 O을 눌러 애니메이션을 확인합니다. 유령이 점차 사라지는 애니메이션이 표시됩니다.

실습예제 07 레이어에서 불필요한 속성 숨기기

편리한 작업을 위해 레이어에 표시되는 불필요한 속성을 숨겨 작업 화면을 넓게 사용해 봅니다.

◉ 예제파일 : 02\서울.aep

01 메뉴에서 (File) → Open Project(Ctrl+O)를 실행한 다음 02 폴더에서 '서울.aep' 파일을 불러옵니다. 각 레이어의 Transform 속성을 모두 표시합니다.

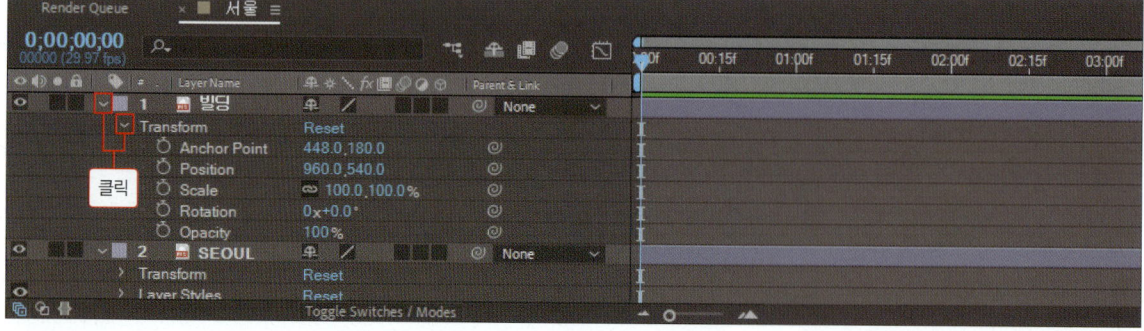

02 Timeline 패널을 선택한 상태에서 ~를 누르면 선택한 패널이 전체 화면으로 표시됩니다. 여기서 다양한 Transform 속성을 확인할 수 있습니다.

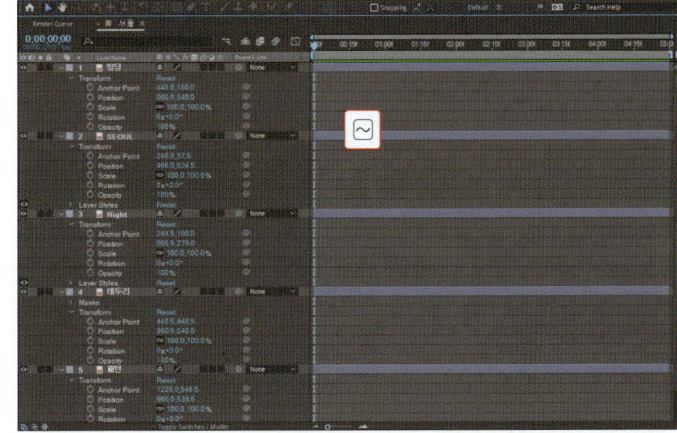

TIP
작업 중 특정 패널이 전체 화면으로 확대될 때 다시 ~를 누르면 원래대로 되돌릴 수 있습니다.

03 Timeline 패널을 선택한 상태로 Ctrl + A 를 누르면 전체 레이어가 선택됩니다.

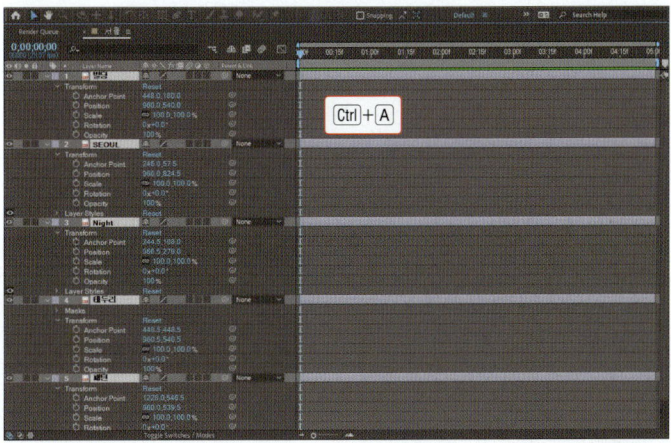

04 R 을 누르면 'Rotation'에 대한 속성만 표시됩니다. Transform의 속성에 해당하는 단축키들을 사용하면 편리하게 해당 속성만 볼 수 있습니다.

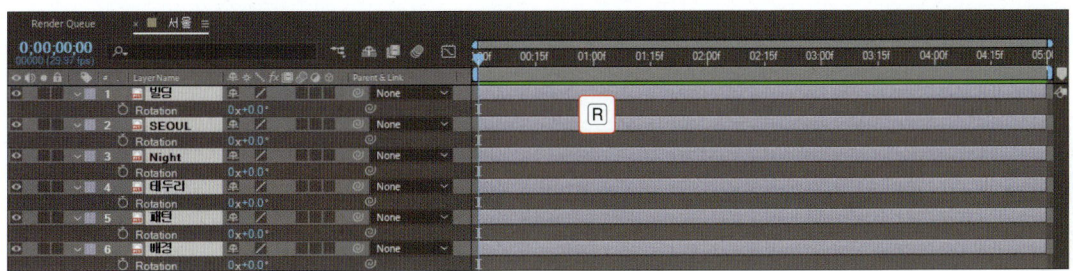

TIP
Shift 를 누른 상태에서 추가로 키를 입력하면 해당 속성과 함께 다른 속성도 함께 볼 수 있습니다. 다음의 단축키들을 활용하면 시간을 줄일 수 있습니다.

P : Position(위치)를 표시합니다.　　R : Rotation(회전)을 표시합니다.
A : Anchor Point(기준점)를 표시합니다.　T : Opacity(불투명도)를 표시합니다.
S : Scale(크기)을 표시합니다.　　U : 키프레임이 적용된 Transform 속성이 표시됩니다.

실습예제 08 다양한 속성을 적용한 애니메이션 만들기 | 우선순위 TOP 06 | 중요 ★★

단축키를 이용해서 Transform 속성의 여러 요소를 한 레이어에 적용해 봅니다.

● 예제파일 : 02\서울.aep ● 완성파일 : 02\서울_완성.aep

 Before

 After

01 메뉴에서 (File) → Open Project(Ctrl+O)를 실행한 다음 02 폴더에서 '서울.aep' 파일을 불러옵니다. ❶ 키프레임 애니메이션을 적용할 'Night' 레이어를 선택한 다음 ❷ P를 눌러 Position 속성을 표시하고 ❸ Shift를 누른 상태로 T를 눌러 Opacity 속성을 표시합니다.

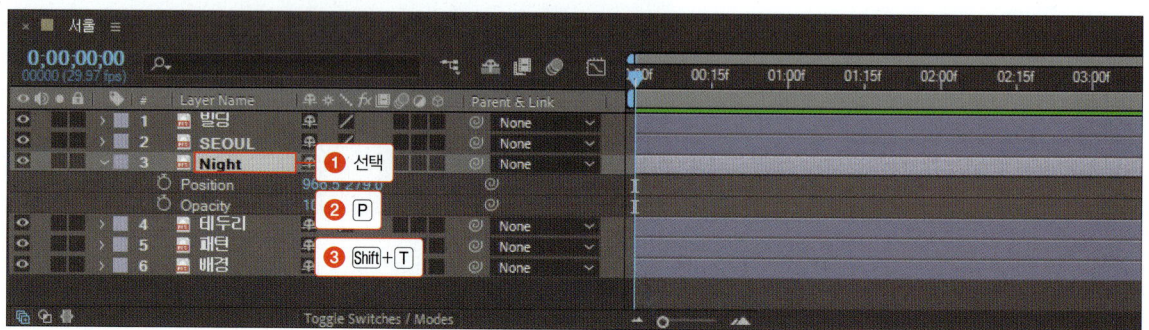

02 ❶ 현재 시간 표시기를 '0초'로 이동한 다음 ❷ Position과 Opacity의 'Stop Watch' 아이콘(◯)을 클릭하여 키프레임을 만듭니다.

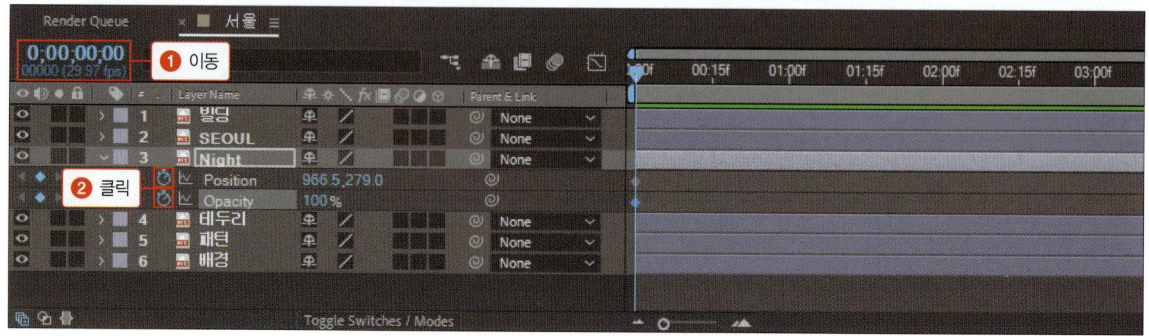

03

❶ 현재 시간 표시기를 '2초'로 이동한 다음 ❷ Position의 Y축을 '580'으로 설정하고 ❸ Opacity를 '0%'로 설정하면 자동으로 키프레임이 만들어집니다. 글씨가 빌딩 뒤로 내려가면서 점점 투명해지는 효과가 적용됩니다.

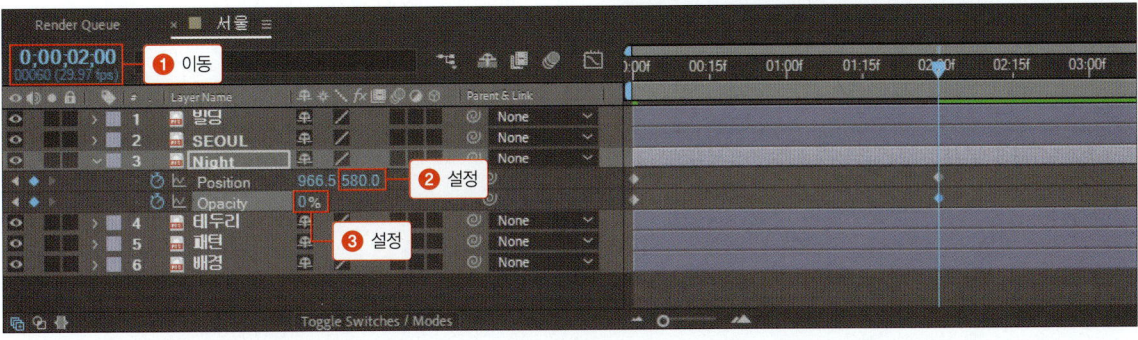

04

Timeline 패널에서 현재 시간 표시기를 이동하거나, Spacebar 또는 0을 눌러 애니메이션을 확인합니다.

> **TIP**
> 용도에 맞게 Position, Rotation, Scale, Opacity, Anchor Point를 적절하게 섞어서 기본 애니메이션을 만들 수 있습니다. 또한, 키프레임을 드래그하여 키프레임 애니메이션의 속도도 자유롭게 조절할 수 있습니다.
>
>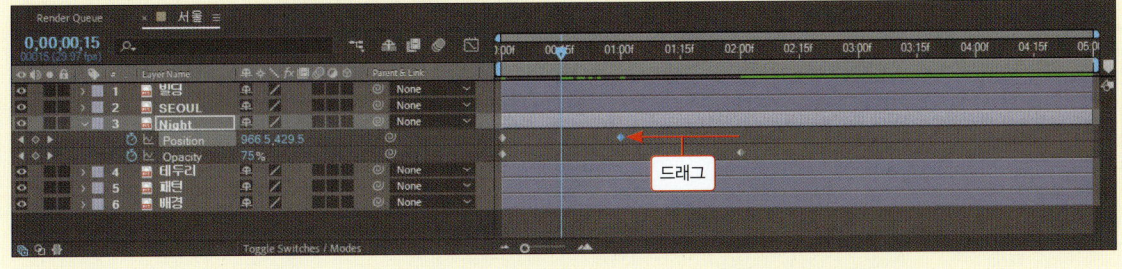
>
> ▲ Timeline 패널 Position 속성에 만들어진 키프레임 애니메이션을 '2초' 부분에서 '1초' 부분으로 드래그하여 이동한 모습

Chapter 02 • 키프레임 애니메이션 알아보기 121

실습예제 09 : 단축키로 부드러운 키프레임 적용하기

기본적으로 키프레임 애니메이션은 등속 운동(일정한 속도로 움직이는 운동)의 형태입니다. 원래는 그래프를 조절하여 속도를 변화해야 하지만 단축키 하나로 모션감 넘치는 부드러운 움직임과 속도를 만들 수 있습니다.

◉ 예제파일 : 02\다양한 애니메이션 조절.aep ◉ 완성파일 : 02\다양한 애니메이션 조절_완성.aep

01 이전 작업을 이어서 진행하거나 메뉴에서 (File) → Open Project(Ctrl+O)를 실행한 다음 02 폴더에서 '다양한 애니메이션 조절.aep' 파일을 불러옵니다. ❶ 키프레임을 적용한 'Night' 레이어를 선택하고 ❷ U를 누르면 키프레임이 적용된 Transform 속성이 표시됩니다. ❸ 드래그하여 키프레임들을 모두 선택합니다.

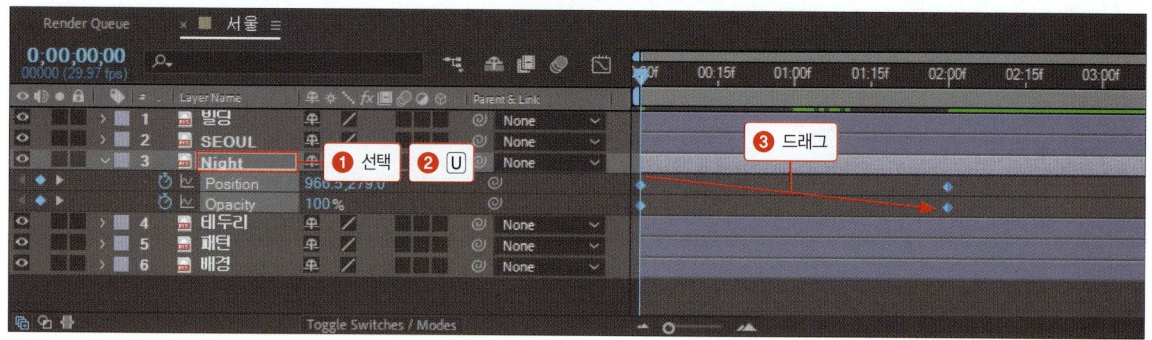

02 F9를 눌러 Easy Ease를 실행하면 키프레임의 형태가 변경됩니다. 일정한 속도로 진행된 애니메이션이 처음에는 빨리 내려왔다가 서서히 속도가 주는 형태의 부드러우면서도 현실적인 움직임으로 애니메이션이 변경됩니다.

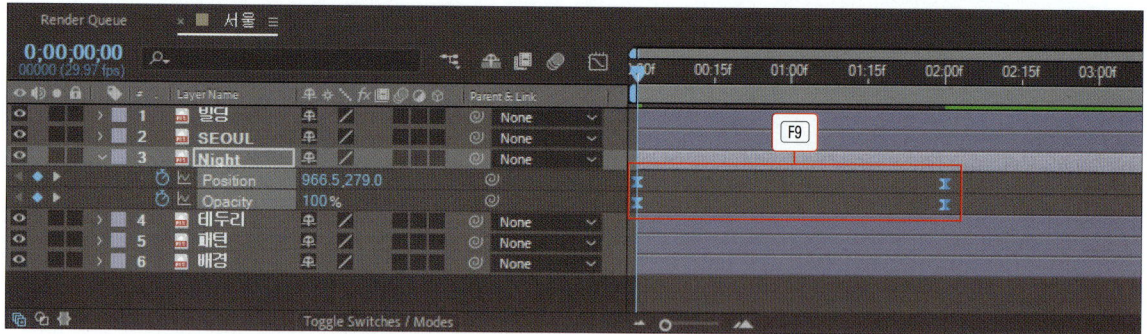

> **TIP**
> F9를 눌러 애니메이션의 형태를 적용하는 것을 'Easy Ease'라고 하며 이 기능만 적용해도 단순하고 딱딱한 애니메이션이 모션감 있게 변경됩니다. 메뉴에서 (Animation) → Keyframe Assistant → Easy Ease를 실행할 수도 있습니다.

기본 애니메이션 만들기

모션 스케치 • 패스 • 위글러 • 익스프레션 / 모션 블러

애프터 이펙트의 다양한 기능을 이용해서 기본 애니메이션을 만드는 방법을 알아보겠습니다.

필수기능 01 모션 스케치 이해하기

모션 스케치는 스케치(Sketch)하듯이 화면에 이동 경로를 그려서 움직임을 만드는 기능입니다. 이때 Timeline 패널 대신 Motion Sketch 패널에서 이동 경로를 지정할 수 있습니다. Motion Sketch 패널은 메뉴에서 (Window) → Motion Sketch를 실행하여 표시할 수 있으며, 작업 환경에 따라 표시되는 위치가 달라집니다. 모션 스케치에는 크게 네 가지 설정이 있습니다.

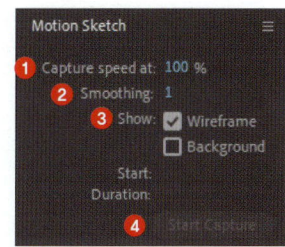

① **Capture speed at** : 드래그하는 동안 캡처 속도를 설정합니다. '100%'는 실제 속도와 드래그해 그리는 속도가 일치하는 것으로, 수치가 작으면 캡처하는 시간이 늘어나지만 섬세한 움직임을 만들 수 있습니다.

② **Smoothing** : 키프레임 사이를 자연스럽게 연결하며, 수치가 클수록 자연스럽고 부드러운 애니메이션을 만들 수 있습니다.

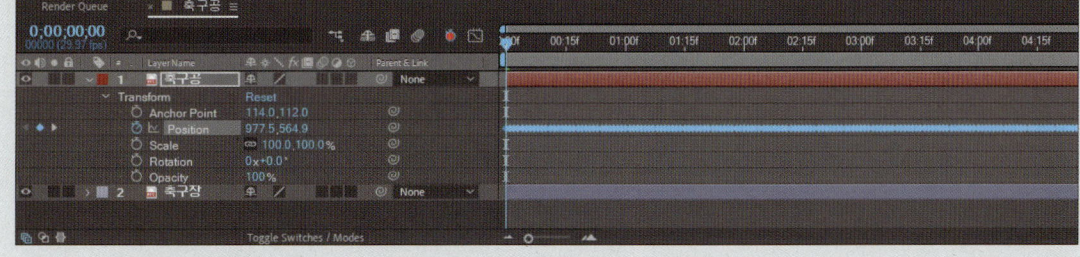

▲ Smoothing을 '0'으로 설정하여 캡처한 키프레임이 프레임마다 빼곡하게 만들어진 모습

Chapter 03 • 기본 애니메이션 만들기   **123**

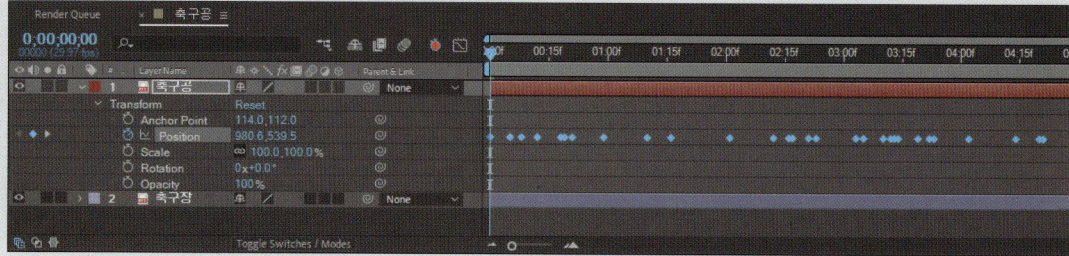

▲ Smoothing을 '3'으로 설정하여 캡처한 키프레임이 움직임의 방향, 속도를 계산하여 필요한 키프레임만 만들어진 모습

❸ **Show** : Wireframe(와이어프레임)은 현재 레이어 외곽을 박스 형태의 와이어프레임으로 보여 주는 기능입니다. 드래그해서 애니메이션을 만들 때 화면 밖으로 벗어나지 않으려면 'Wireframe'을 체크 표시하는 것이 좋습니다. Background(배경)는 배경에 작업 중인 화면을 보여 주는 기능으로, 기본적으로 체크 표시가 되어있지 않고 검은색 배경이 표시됩니다.

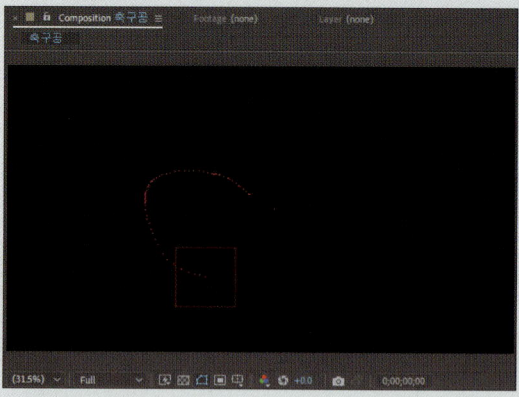 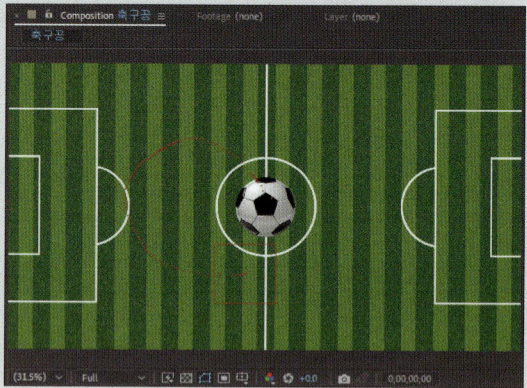

▲ 'Wireframe'을 체크 표시하여 레이어 외곽에 박스 형태 와이어프레임이 만들어진 모습

▲ 'Background'를 체크 표시하여 배경이 표시된 모습

❹ **Start Capture** : 보통 비활성화된 상태이지만, 모션 스케치를 적용하기 위해 레이어를 선택하면 활성화됩니다.

> **TIP**
> 애프터 이펙트의 작업 환경은 레이어와 화면 크기 등 넓은 영역이 필요하므로 작업을 마친 패널은 닫아서 작업 영역을 넓힙니다. Motion Sketch 패널 오른쪽 상단의 '패널 메뉴' 아이콘(≡)을 클릭하고 **Close Panel**을 실행하면 해당 패널을 닫을 수 있습니다.

실습예제 02 모션 스케치를 이용해 드래그하는 대로 움직임 만들기

모션 스케치(Motion Sketch) 기능을 이용해서 드래그하는 대로 펼쳐지는 자유로운 움직임을 만들어 봅니다.

◉ 예제파일 : 02\축구공.psd   ◉ 완성파일 02\축구공_완성.aep

01 ❶ 02 폴더에서 '축구공.psd' 파일을 컴포지션으로 불러옵니다. ❷ 메뉴에서 (Window) → Motion Sketch를 실행하여 ❸ Motion Sketch 패널을 표시합니다.

02 ❶ '축구공' 레이어를 선택하면 Motion Sketch 패널의 〈Start Capture〉 버튼이 활성화됩니다. ❷ 〈Start Capture〉 버튼을 클릭하면 ❸ 마우스 포인터가 화살표에서 십자 형태로 바뀌는 것을 확인할 수 있습니다.

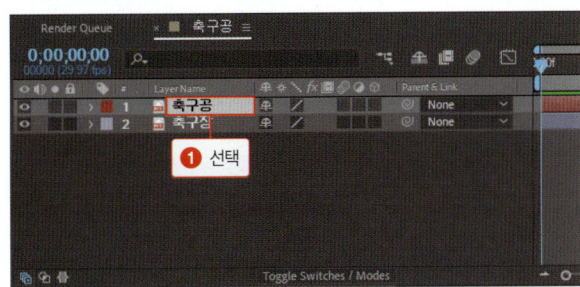  

> **TIP**
> Timeline 패널에서 'Layer Name' 옆에 있는 Label의 색상 상자를 클릭하면 레이어 색상을 바꿀 수 있습니다. 쉽게 구별하기 위해 여기서는 '축구공' 레이어를 빨간색으로 변경했습니다.

03 Composition 패널 화면에 드래그하여 자유로운 형태의 모션을 스케치합니다.

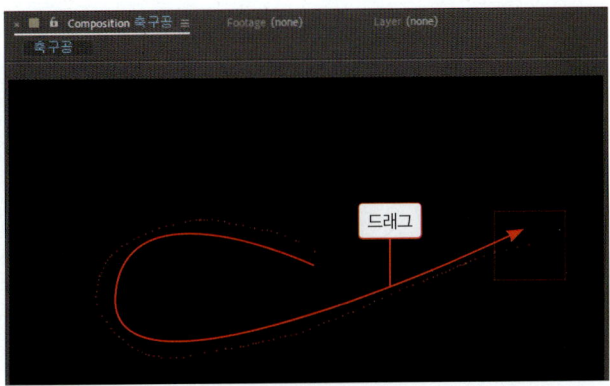

04 ① '축구공' 레이어를 선택하고 ② U를 누르면 ③ 만들어진 키프레임 형태를 확인할 수 있습니다.

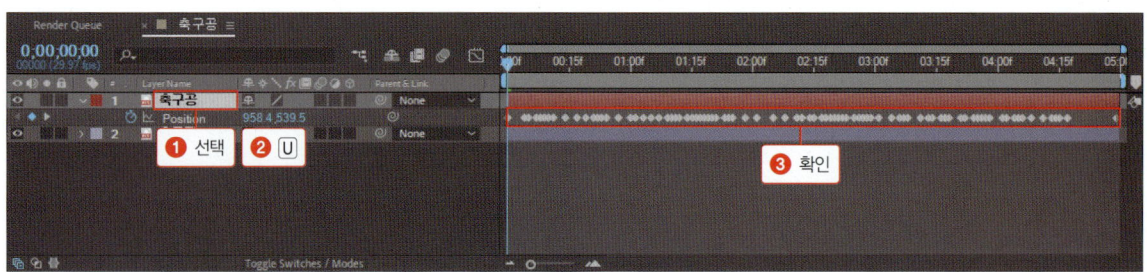

05 축구공에 회전을 적용하기 위해 ① Shift+R을 눌러 Rotation 속성을 표시합니다. ② 현재 시간 표시기를 '0초'로 이동하고 ③ 'Stop Watch' 아이콘(⏱)을 클릭하여 키프레임을 만듭니다.

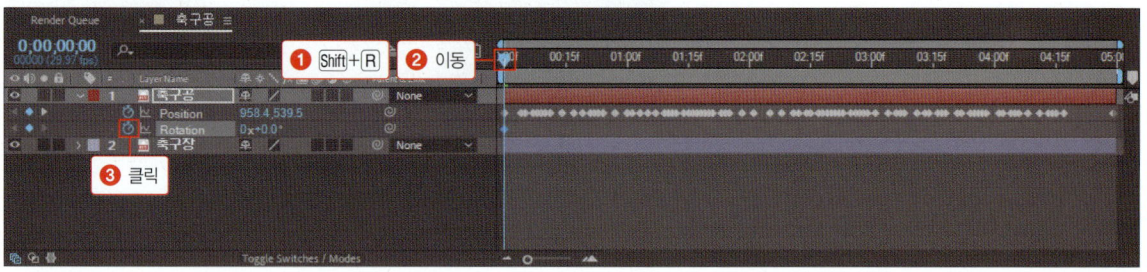

06 ① 현재 시간 표시기를 '5초'로 이동하고 ② Rotation을 '6×+0°'로 설정합니다.

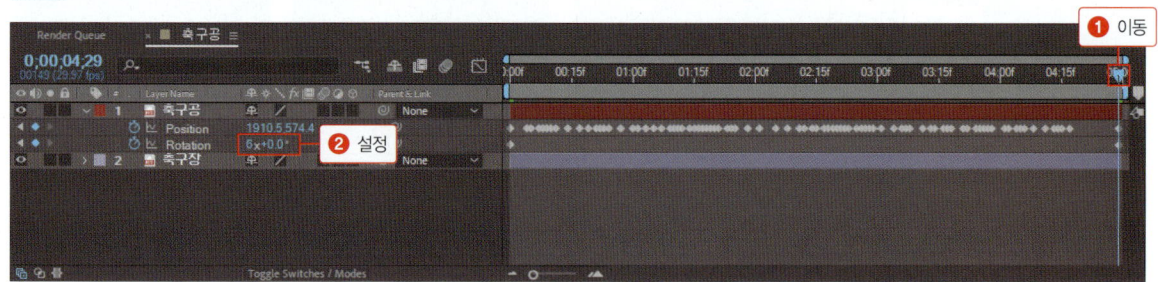

07 영상을 재생하면 드래그한 영역대로 움직이면서 공이 회전하는 모습을 확인할 수 있습니다.

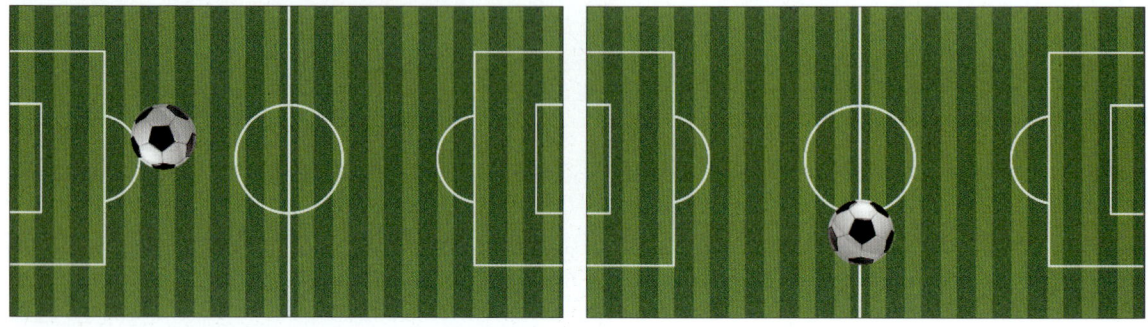

필수기능 03 패스를 이용해 마스크 적용하기

패스(Path)는 포토샵과 일러스트레이터 등에서도 이용하는 기본 기능으로, 베지어(Bezier) 기능을 이용해서 만드는 선을 말합니다. 패스의 시작과 끝을 연결해 형태를 만들면 셰이프(Shape) 레이어 또는 레이어 마스크 (Mask)를 만들 수 있습니다. 패스를 복사하고 붙여 넣어 레이어 움직임으로 가져올 수도 있습니다.

▲ 마스크 형태의 패스

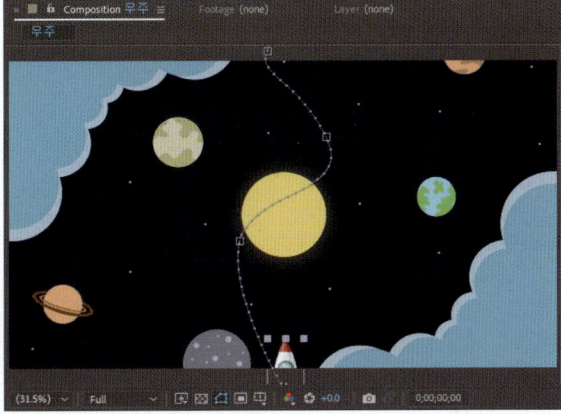
▲ 패스 형태로 만들어진 모션 패스

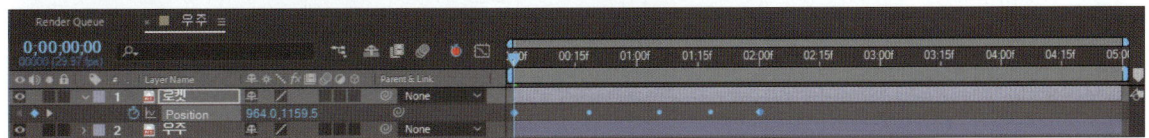
▲ 마스크가 적용된 키프레임

실습예제 04 패스 형태대로 움직임 구현하기 ★★중요

패스를 만들고 움직임에 적용하기 위한 과정을 알아봅니다.

◉ 예제파일 : 02\우주.psd　　◉ 완성파일 : 02\우주_완성.psd

01 새 프로젝트를 만든 다음 ❶ 02 폴더에서 '우주.psd' 파일을 컴포지션으로 불러옵니다. 먼저 패스를 만들기 위해 ❷ Tools 패널에서 펜 도구()를 선택하고 ❸ Timeline 패널에서 '로켓' 레이어를 선택합니다.

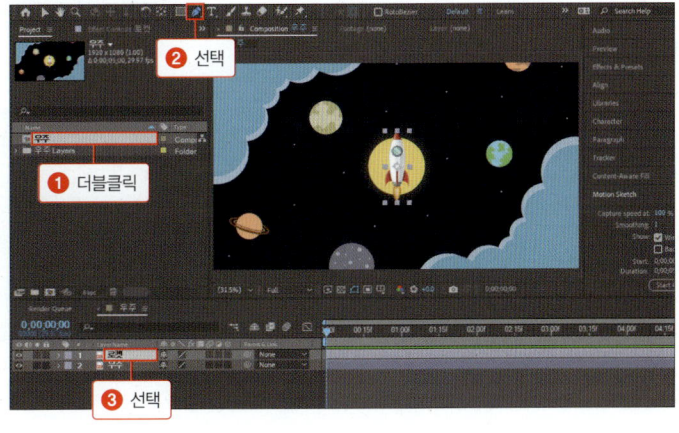

Chapter 03 • 기본 애니메이션 만들기　**127**

02
❶ Composition 패널의 화면을 클릭하고 ❷ 클릭 또는 드래그하여 패스를 그립니다. ❸ 아래에서 위로 올라가는 애니메이션을 만들기 위해 아래부터 곡선 형태의 패스를 그립니다.

 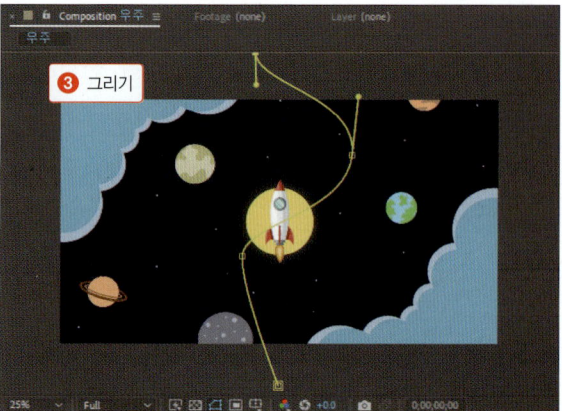

> **TIP**
> 레이어 외곽에 패스를 그려도 좋습니다. 패스를 그릴 때는 그리는 순서가 곧 움직이는 순서로 순서에 맞게 그리는 것이 중요합니다.

03
마스크로 패스를 그린 다음 Timeline 패널에서 '로켓' 레이어 왼쪽의 >를 클릭하여 Masks/Mask 1 속성을 표시합니다.

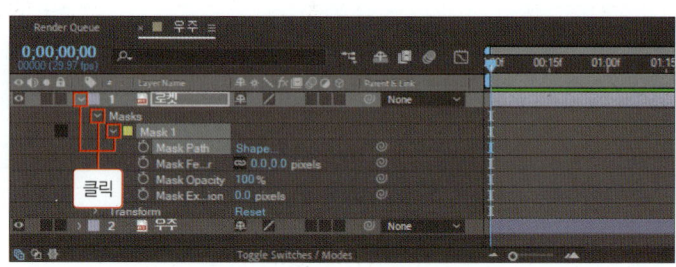

04
Mask 1 속성의 ❶ 'Mask Path'를 선택하고 ❷ Ctrl+C를 눌러 복사합니다.

05
복사한 속성을 Position에 붙여 넣기 위해 먼저 ❶ 현재 시간 표시기를 '0초'로 이동합니다. ❷ '로켓' 레이어의 Transform 속성을 표시합니다. ❸ 'Position'을 선택하고 ❹ Ctrl+V를 눌러 붙여 넣습니다.

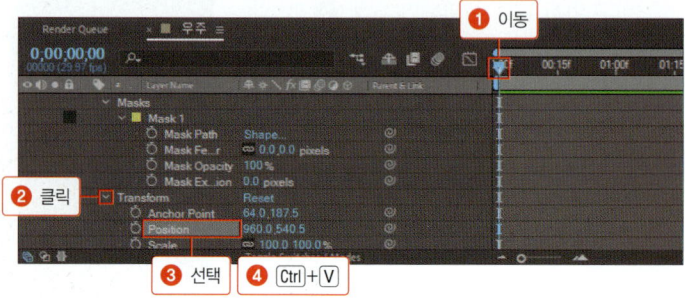

06 자동으로 키프레임이 만들어지고 움직이는 시간이 설정됩니다. 키프레임을 확인하면 양쪽 키프레임 사이에 작은 키프레임이 표시됩니다. 양쪽에 있는 큰 키프레임을 드래그하여 조절하면 자동으로 작은 키프레임들이 비율에 맞춰 조절됩니다.

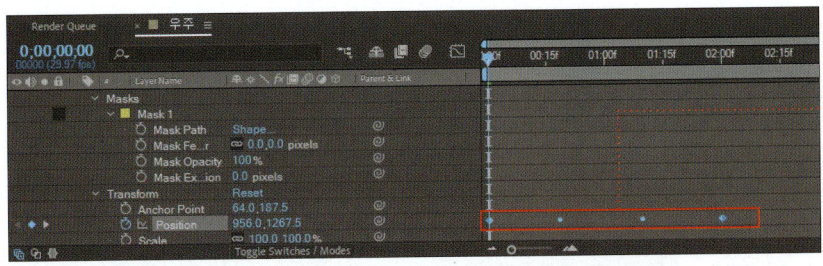

> **왜 그럴까?** 만약 현재 시간 표시기가 '2초'에 위치하면 '2초'부터 애니메이션이 시작됩니다. 키프레임을 이동해 애니메이션의 위치를 바꿀 수 있습니다.

07 애니메이션 속도를 빠르게 하려면 가장 오른쪽에 있는 큰 키프레임을 선택한 다음 왼쪽으로 드래그하고, 속도를 느리게 하려면 오른쪽으로 드래그합니다.

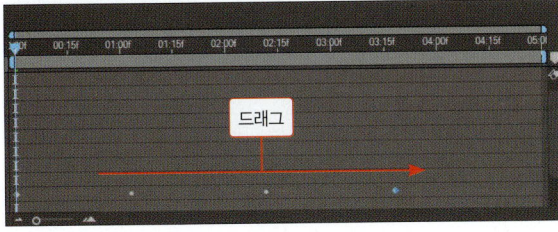
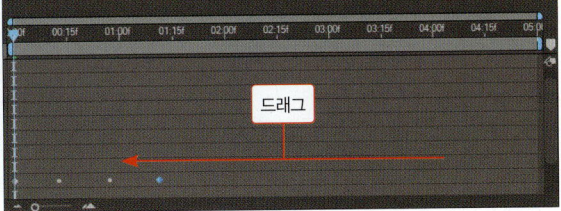

08 Spacebar를 눌러 재생하면 화면 아래에서 위로 지그재그로 올라가는 로켓을 확인할 수 있습니다.

실습예제 05 Auto-Orient로 경로에 따른 시선 조절하기 〈중요〉

애프터 이펙트에서 Orient는 한쪽 방향을 뜻합니다. Auto-Orient 기능은 움직임에 따라 방향을 자동 전환하는 것으로, 위치에 따라 방향을 바꿔 봅니다.

◎ 예제파일 : 02\패스 움직임.aep   ◎ 완성파일 : 02\패스 움직임_완성.aep

01 새 프로젝트를 만들고 02 폴더의 '패스 움직임.aep' 파일을 컴포지션으로 불러옵니다. 이전에 작업한 패스 형태대로 움직임을 구현한 프로젝트가 열립니다.

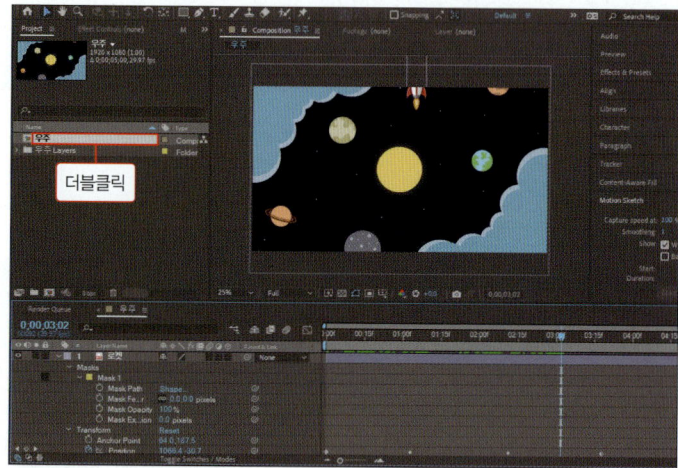

02 ❶ Timeline 패널에 있는 '로켓' 레이어에서 ❷ 마우스 오른쪽 버튼을 클릭한 다음 ❸ Transform → Auto-Orient(Ctrl+Alt+O)를 실행합니다.

TIP
메뉴에서 (Layer) → Transform → Auto-Orient (Ctrl+Alt+O)로 실행해도 됩니다.

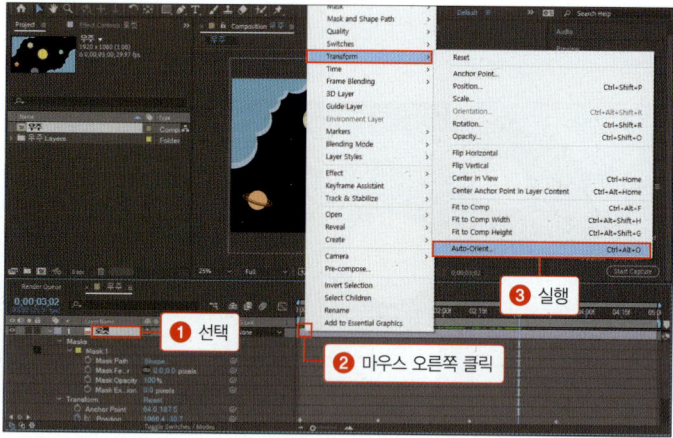

03 Auto-Orientation 대화상자가 표시되면 ❶ 'Orient Along Path'를 선택한 다음 ❷ 〈OK〉 버튼을 클릭합니다.

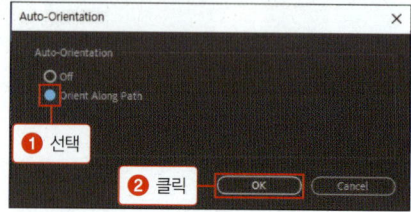

04 개체의 이동 방향이 달라집니다. 램 프리뷰를 통해 재생하면 Auto-Orient 기능으로 움직이는 방향에 따라 개체가 회전하는 것을 확인할 수 있습니다.

05 현재 상태에서는 기존에 의도하던 움직임이 아니므로 Rotation을 수정해야 합니다. Timeline 패널에서 Rotation을 '0x+77'로 설정하여 로켓을 기존과 다르게 회전합니다.

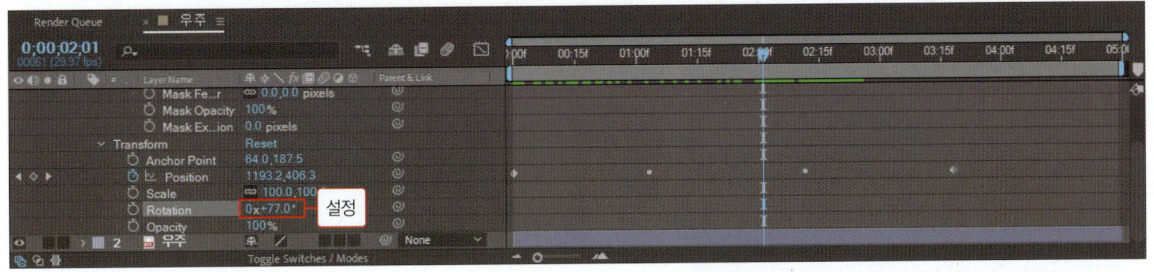

06 다시 램 프리뷰를 통해 재생하면 Auto-Orient 기능으로 움직이는 방향에 따라 개체가 한층 자연스러워진 것을 확인할 수 있습니다. Auto-Orient를 적용하기 전과 비교하면 진행 방향에 따라 자동으로 로켓이 회전하는 자연스러운 애니메이션을 확인할 수 있습니다.

Chapter 03 • 기본 애니메이션 만들기

필수기능 06 위글러(Wiggler) 이해하기

위글(Wiggle)은 흔든다는 뜻으로 키프레임 사이에 흔들리는 모션을 추가할 수 있는 기능입니다. Wiggler 패널을 표시하려면 메뉴에서 [Window] → Wiggler를 실행하며, 작업 환경에 따라 표시되는 위치가 달라지지만 보통 작업 화면 오른쪽 화면에 표시됩니다. Wiggler 패널은 Timeline 패널에서 두 개 이상의 레이어 키프레임을 선택했을 때 활성화됩니다

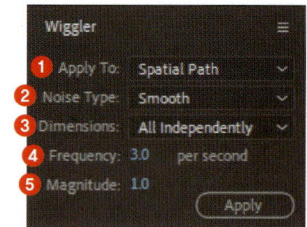

❶ **Apply To** : 'Spatial Path'는 공간에 흔들리는 모션을 추가해 레이어 이동 중에 위치를 바꿀 수 있습니다. 'Temporal Graph'는 시간상 변화를 만드는 기능으로 빠르게 이동하거나 늦게 이동하는 이동 속도 변화를 만들 수 있습니다.

▲ Spatial Path 이동 경로

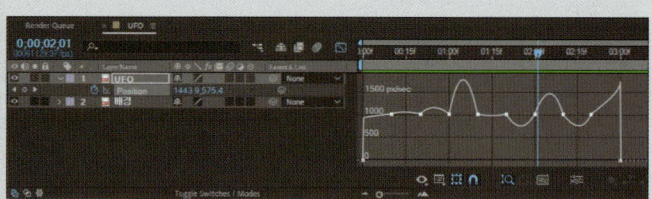

▲ Spatial Path로 그래프 에디터의 속도를 확인

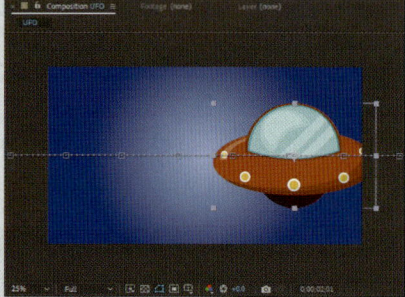

▲ Temporal Graph 이동 경로

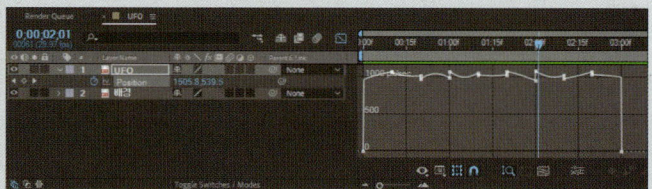

▲ Temporal Graph로 그래프 에디터의 속도를 확인

그래프 에디터(Graph Editor)로 속도를 확인하면 속도의 변화 폭에서 키프레임 사이에 약간의 변화가 나타나는 것을 확인할 수 있습니다. 키프레임 간격에서는 일정한 속도(키프레임 높이)를 확인할 수 있습니다.

'Temporal Graph'로 지정했을 때 이동 경로는 큰 변화가 없지만 그래프 에디터를 통해 속도 변화를 확인하면 각 키프레임 속도에 큰 변화가 나타나는 것을 확인할 수 있습니다. 이것은 일직선으로 이동하지만, 순간적으로 속도에 변화가 나타나는 것입니다.

> **TIP**
> 그래프 에디터는 160쪽의 [그래프 에디터 알아보기]에서 더욱 자세하게 살펴봅니다.

❷ **Noise Type** : 'Jagged'는 각각의 변화를 나눠 끊어진 곡선의 움직임으로 나타냅니다. 'Smooth'는 변화 과정을 부드럽게 연결하는 곡선 형태입니다.

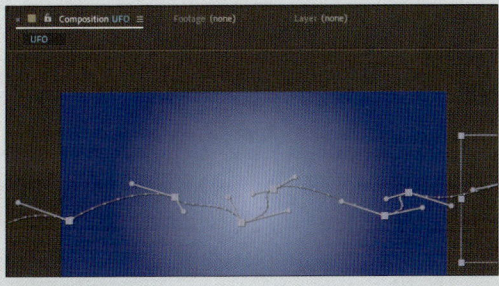 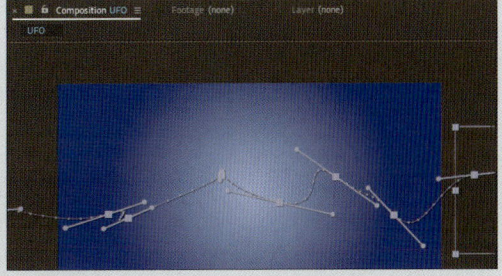

▲ 확대했을 때 직선 궤적의 Jagged 설정 　　　　▲ 확대했을 때 곡선 궤적의 Smooth 설정

❸ **Dimensions** : 움직임에서 각 축을 설정하는 기능입니다. 기본으로 'All Independently'로 지정되며 X/Y축의 변화가 각각 표시됩니다. X는 X축으로만 변화시키며, Y는 Y축으로만 변화시킵니다. 'All the Same'은 X축과 Y축의 증감 폭을 같게 만듭니다.

❹ **Frequency** : 키프레임이 만들어지는 폭을 설정하는 기능으로 수치가 작으면 키프레임 간격이 넓어지며, 수치가 크면 간격이 좁아집니다. 떨림과 같은 움직임을 만들 때는 수치를 크게 설정해야 합니다.

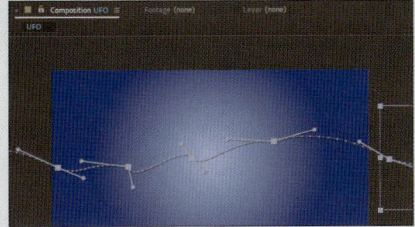 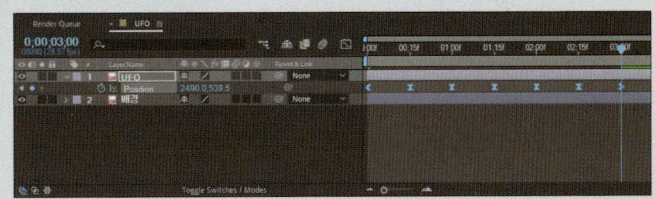

▲ Frequency를 '2'로 설정했을 때 이동 경로와 키프레임 간격　　　▲ Spatial Path로 그래프 에디터의 속도를 확인

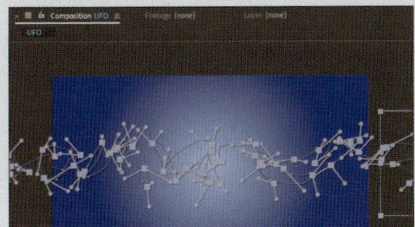 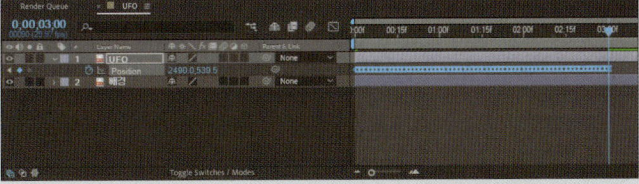

▲ Frequency를 '20'으로 설정했을 때 이동 경로와 키프레임 간격　　　▲ Temporal Graph로 그래프 에디터의 속도를 확인

❺ **Magnitude** : 자유롭게 흔들리는 움직임을 설정하는 기능입니다. 수치가 작으면 움직임이 매우 약하고, 수치가 크면 움직임이 매우 커집니다.

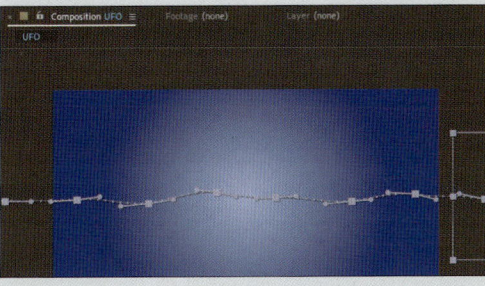 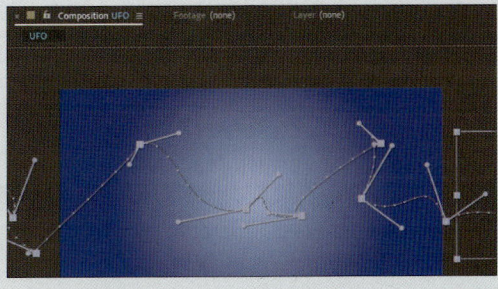

▲ Magnitude를 '30'으로 설정했을 때 작은 움직임　　　▲ Magnitude를 '300'으로 설정했을 때 큰 움직임

실습예제 07 위글러를 이용해 흔들리는 애니메이션 만들기

위글러를 적용해서 흔들리는 움직임을 만들어 봅니다.

◉ 예제파일 : 02\UFO.psd   ◉ 완성파일 : 02\UFO_완성.aep

01 새 프로젝트를 만들고 ❶ 02 폴더에서 'UFO.psd' 파일을 컴포지션으로 불러 옵니다. ❷ 메뉴에서 (Window) → Wiggler를 실행해 ❸ Wiggler 패널을 표시합니다.

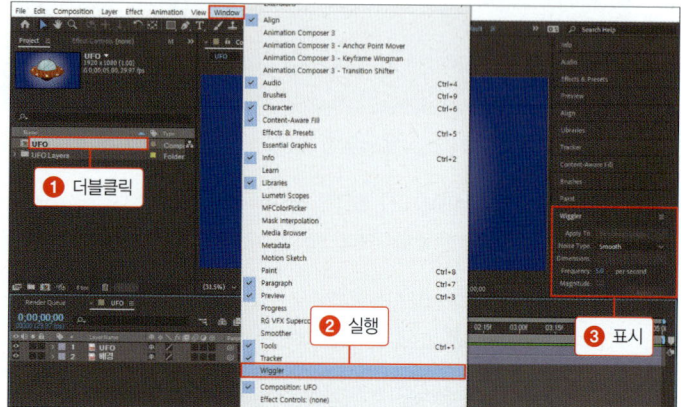

02 ❶ Composition 패널에서 'UFO' 레이어를 선택한 다음 왼쪽 화면 밖으로 드래그하여 이동합니다. ❷ Timeline 패널에서 P를 눌러 Position을 표시한 다음 ❸ 'Stop Watch' 아이콘(⏱)을 클릭하여 '0초'에 키프레임을 만듭니다.

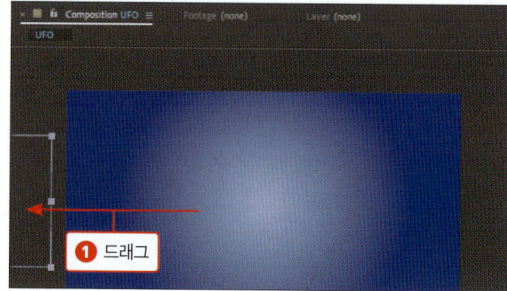
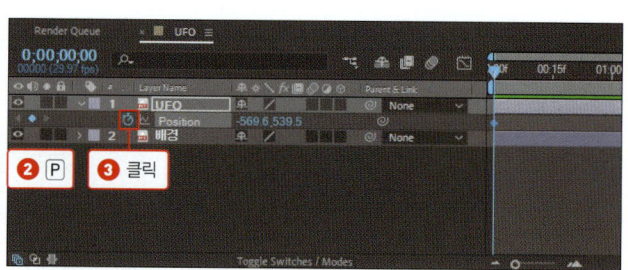

03 ❶ Timeline 패널의 현재 시간 표시기를 '3초'로 이동한 다음 ❷ 'UFO' 레이어를 드래그하여 오른쪽 화면 밖으로 이동합니다. ❸ '3초'에 자동으로 키프레임이 만들어 집니다.

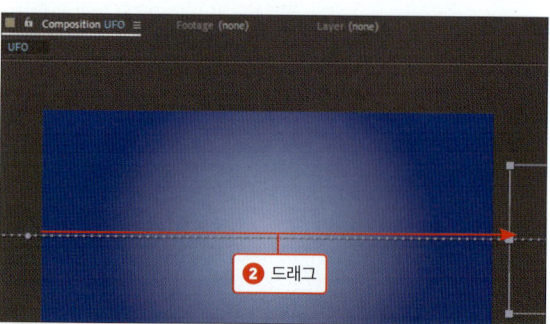

04 화면 왼쪽에서 오른쪽으로 이동하는 애니메이션을 만들었습니다. 흔들리는 애니메이션을 만들기 위해 먼저 Timeline 패널에서 두 개의 키프레임을 드래그하여 선택합니다.

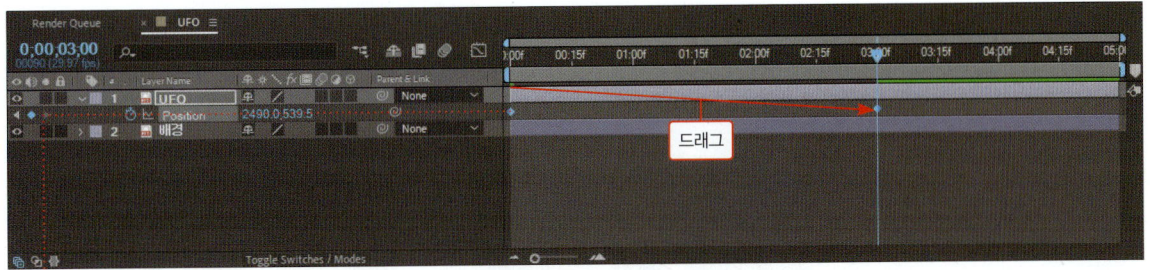

왜 그럴까? 반드시 두 개 이상의 키프레임이 선택되어야 Wiggler 패널의 옵션이 활성화됩니다. 이때 다른 레이어나 속성은 선택하지 않도록 유의합니다. 다른 요소들이 선택되면 Wiggler 패널이 비활성화됩니다.

05 ❶ Wiggler 패널의 Frequency를 '3', Magnitude를 '70'으로 설정하고 ❷ 〈Apply〉 버튼을 클릭합니다.

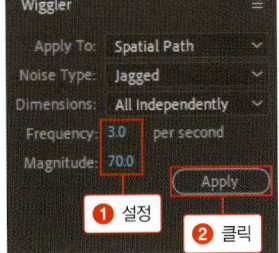

TIP
예제에서는 Apply To를 'Spatial Path', Noise Type을 'Jagged', Dimensions를 'All Independently'로 기본 지정했습니다.

06 Composition 패널 화면의 직선 패스가 울퉁불퉁해진 것을 확인할 수 있습니다. Timeline 패널에는 일정한 간격으로 키프레임이 추가되었습니다. 위글러(Wiggler) 작업을 마치면 Wiggler 패널을 닫습니다.

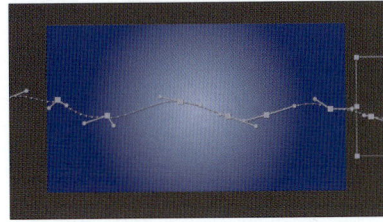 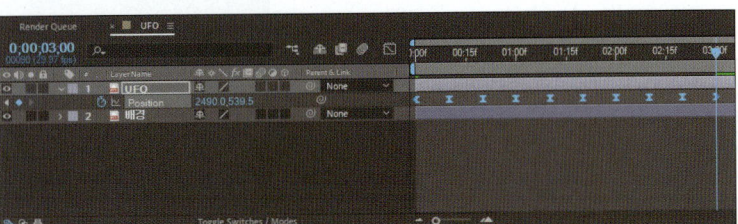

07 램 프리뷰를 통해 재생하면 왼쪽에서 오른쪽으로 이동하면서 위, 아래로 흔들리며 움직이는 모습을 확인할 수 있습니다.

Chapter 03 • 기본 애니메이션 만들기   **135**

실습예제 08 · 회전 기능이 추가된 퍼핏 핀 도구 이용하기

퍼핏 벤드 핀 도구의 벤드 기능은 캐릭터 애니메이션 작업에서 가장 유용한 기능 중 하나입니다. 사람의 관절 움직임을 보면 주로 어깨, 팔꿈치, 손목 등 모든 관절의 연결 부위에서 회전합니다. 벤드 기능은 퍼핏 회전 작업을 할 때 이와 같은 움직임을 효과적으로 만들 수 있습니다.

● 예제파일 : 02\고양이.psd
● 완성파일 : 02\고양이_완성.aep

01 새 프로젝트를 만든 다음 02 폴더에서 '고양이.psd' 파일을 컴포지션으로 불러 옵니다.

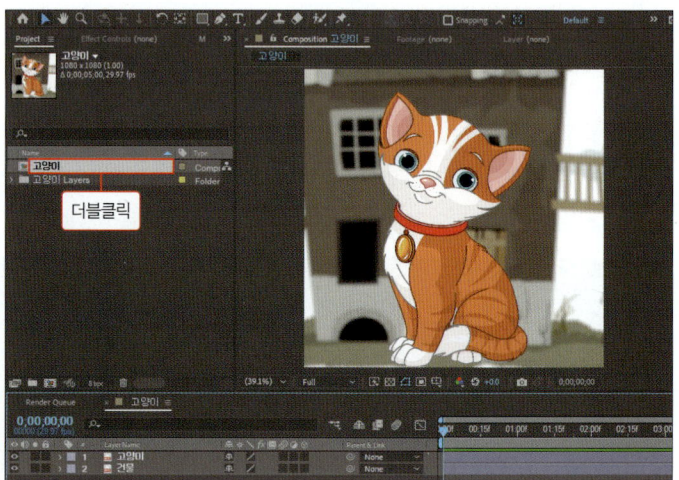

02 ❶ Tools 패널에서 퍼핏 포지션 핀 도구(★)를 선택하고 ❷ Timeline 패널에서 '고양이' 레이어를 선택합니다.

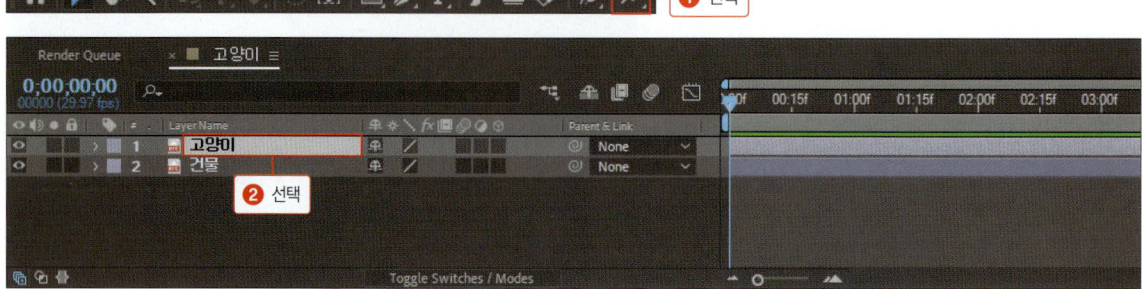

03 고양이의 머리를 제외한 몸과 꼬리 부분에 그림과 같이 일정 간격을 두고 클릭하여 핀을 추가합니다.

TIP 여러 가지 방법이 있지만 이 방법이 안 움직이는 부분을 고정할 때 가장 쉬운 방법입니다.

04 같이 움직이도록 ❶ Tools 패널에서 퍼핏 포지션 핀 도구( )를 길게 클릭하여 표시되는 도구 모음에서 ❷ 핏 스타치 핀 도구( )를 선택합니다. ❸ 그림과 같이 얼굴 주위에 핀을 추가합니다. 핀이 적용된 주변에 스타치 핀을 적용하면 자연스러운 결과물을 만들 수 있습니다.

05 ❶ Tools 패널에서 퍼핏 스타치 도구( )를 길게 클릭하여 표시되는 도구 모음에서 ❷ 퍼핏 벤드 핀 도구( )를 선택합니다. ❸ 그림과 같이 고양이 얼굴 부분을 클릭하여 핀을 추가합니다.

TIP 퍼핏 벤드 핀 도구를 이용하면 관절이 회전하는 움직임을 더 효율적으로 작업할 수 있습니다.

06 Timeline 패널에서 Puppet Pin을 확인하면 키프레임이 포함된 Bend 속성을 확인할 수 있습니다. 이 기능을 이용해서 고양이 얼굴의 움직임을 만들 수 있습니다. 현재 시간 표시기를 움직여 시간마다 수치를 조절하여 키프레임 애니메이션을 만들어 줍니다.

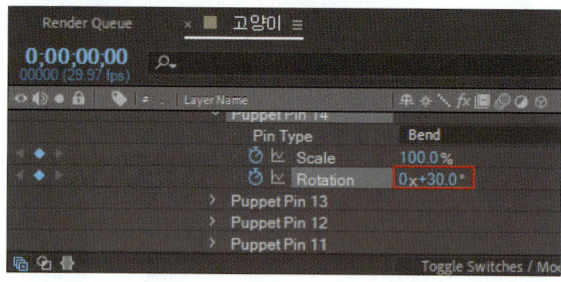
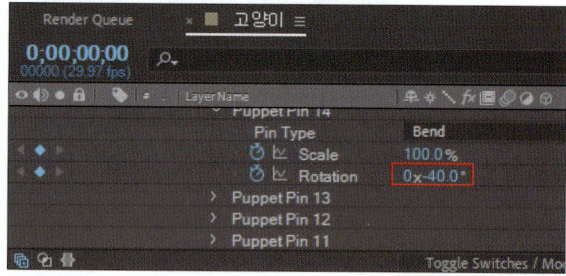

▲ 퍼핏 밴드 핀 도구의 Rotaion 속성을 '+30'으로 설정했을 때
▲ 퍼핏 밴드 핀 도구의 Rotaion 속성을 '-40'으로 설정했을 때

실습예제 09 익스프레션(Expression)으로 움직임 만들기

익스프레션(Expression)을 이용하면 무작위 움직임을 만들 수 있습니다. 익스프레션은 간단한 스크립트를 입력해 적용할 수 있으므로 사용 방법을 알아봅니다.

◎ 예제파일 : 02\별.psd   ◎ 완성파일 : 02\별_완성.aep

01 새 프로젝트를 만든 다음 02 폴더에서 '별.psd' 파일을 컴포지션으로 불러옵니다. ❶ '별' 레이어를 선택한 다음 ❷ P를 눌러 Position을 표시합니다.

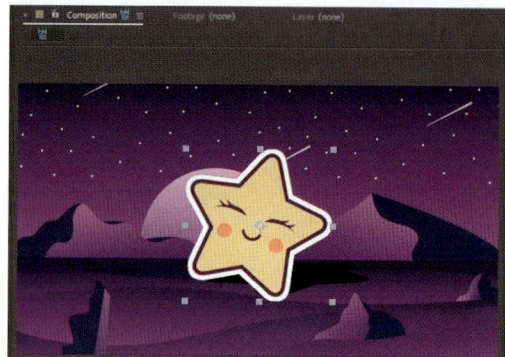
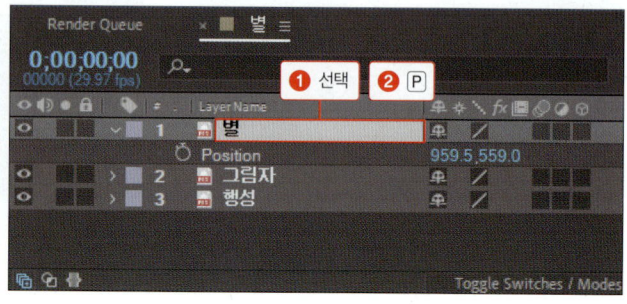

02 [Alt]를 누른 상태로 Position 왼쪽의 'Stop Watch' 아이콘(⏱)을 클릭하여 Expression: Position을 표시합니다. Timeline 패널 오른쪽 'transform. position'에 스크립트를 입력할 수 있습니다.

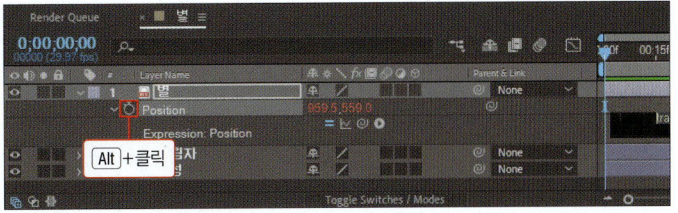

TIP
'transform. position'이 입력된 스크립트 영역은 애프터 이펙트의 다른 부분을 클릭하면 비활성화됩니다. 이때 스크립트가 입력된 부분을 클릭하면 다시 입력할 수 있습니다.

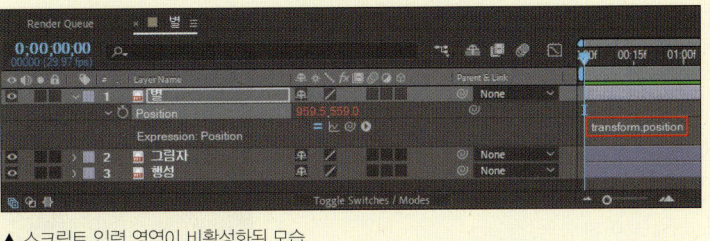

▲ 스크립트 입력 영역이 비활성화된 모습

03 스크립트 영역에 'wiggle(1,70)'을 입력합니다.

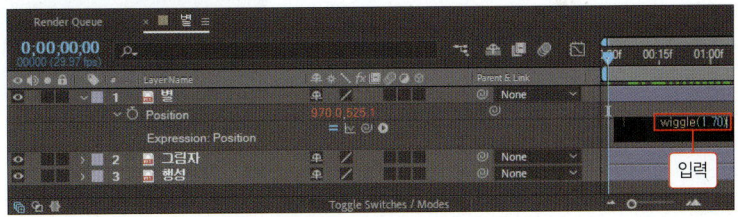

TIP
위글(wiggle)은 흔들리는 움직임처럼 무작위로 숫자 데이터에 변화를 주는 명령어이며, 첫 글자는 반드시 소문자로 입력해야 합니다. 괄호 안의 왼쪽 수치는 변화 속도, 오른쪽 수치는 변화의 범위를 나타냅니다. 이때 수치를 다르게 입력해서 다양한 움직임을 만들 수 있습니다.

04 램 프리뷰를 통해 재생하면 별이 무작위로 움직이는 모습을 확인할 수 있습니다.

Chapter 03 · 기본 애니메이션 만들기   139

실습예제 10 Parent 기능을 적용해 레이어에 움직임 만들기 ★★ 중요

Parent 기능은 하나의 레이어에 움직임을 만들고, 다른 레이어를 연결하여 그 움직임을 함께 적용하는 기능입니다. 반복 작업에 유용한 Parent 기능을 이용해 레이어끼리 움직임을 연결해 봅니다.

- 예제파일 : 02\바벨.aep
- 완성파일 : 02\바벨_완성.aep

01 새 프로젝트를 만든 다음 02 폴더에서 ① '바벨.aep' 파일을 컴포지션으로 불러옵니다. ② Timeline 패널에서 현재 시간 표시기를 좌우로 드래그하여 움직여 보면 '0초' 부분을 제외하면 '봉' 레이어만 독립적으로 움직이는 것을 확인할 수 있습니다.

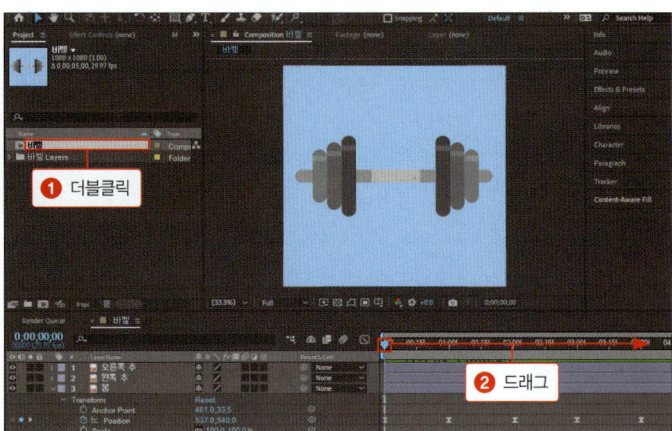

02 Parent&Link 항목이 없는 경우, ① Timeline 패널의 Layer Name 항목에서 마우스 오른쪽 버튼을 클릭한 다음 ② **Columns → Parent&Link**를 실행합니다.

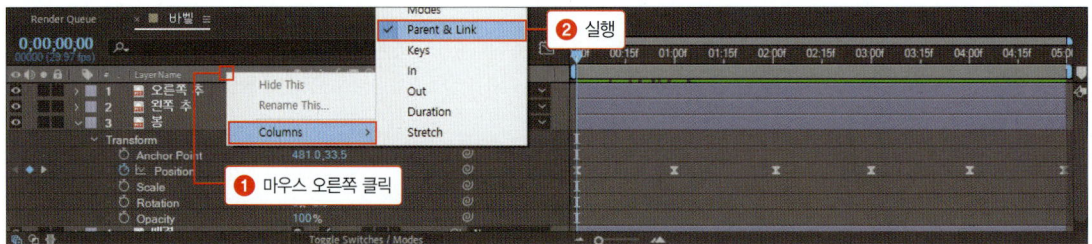

03 ① Timeline 패널에서 '오른쪽 추' 레이어의 Parent&Link 항목을 클릭하고 ② '봉'을 지정하여 '봉' 레이어를 따라가도록 설정합니다.

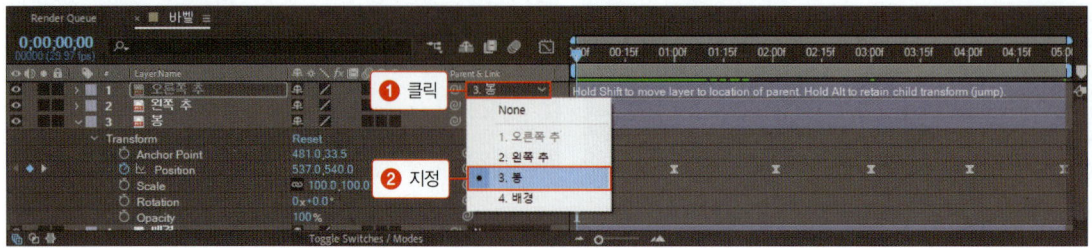

04 이번에는 다른 방법으로 Parent를 설정하는 방법을 알아봅니다. '왼쪽 추' 레이어의 Parent 항목에서 '로프' 아이콘 ()을 '봉' 레이어로 드래그하여 연결합니다.

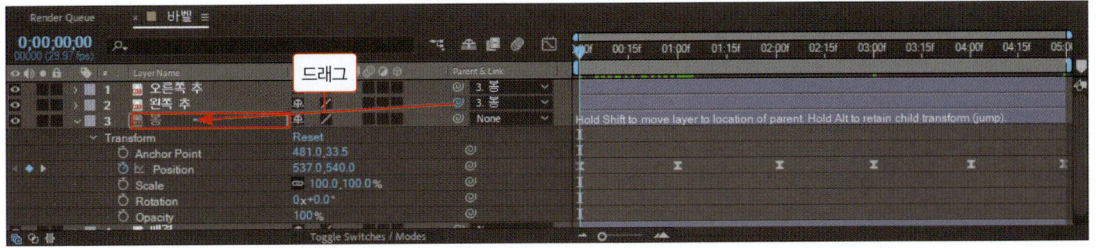

TIP
Parent&Link를 설정할 때 주의할 점은 현재 시간 표시기를 의도한 그림과 같은 부분으로 이동해 Parent&Link를 지정해야 한다는 것입니다. 다음 그림처럼 어긋난 상태에서 Parent&Link를 지정하는 경우, 움직임이 의도와 다르게 설정될 수 있습니다.

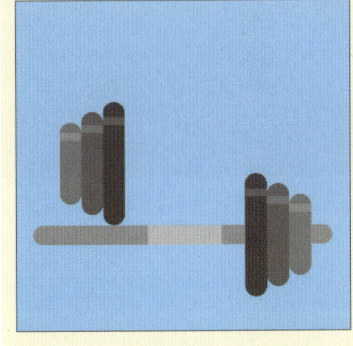 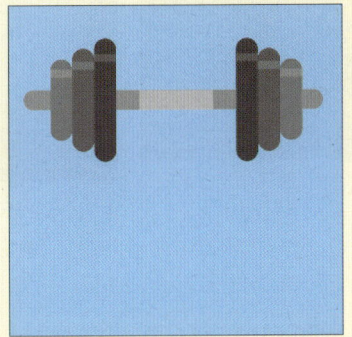

▲ 현재 시간 표시기를 0초가 아닌 부분에서　　▲ 현재 시간 표시기를 0초로 이동하고
　Parent&Link를 지정한 경우　　　　　　　　　　Parent&Link를 지정한 경우

05 램 프리뷰를 재생하면 '봉' 레이어에 연결된 '오른쪽 추', '왼쪽 추' 레이어를 확인할 수 있습니다.

 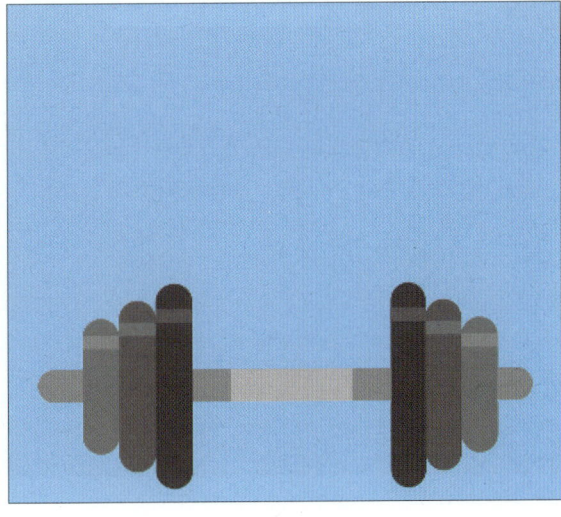

필수기능 11 모션 블러 설정하기 중요

모션 블러는 움직일 때 발생하는 잔상 효과입니다. 모션 블러의 강도를 설정해 빠르게 움직이는 효과를 극대화할 수 있습니다.

속도 변화를 통해 모션 블러 설정하기

모션 블러는 속도를 계산하여 자동으로 움직임을 나타냅니다. 가장 쉽게 설정할 수 있는 방법은 Timeline 패널에서 해당 레이어의 키프레임 간격을 조절하여 모션 블러의 강도를 설정하는 것입니다.

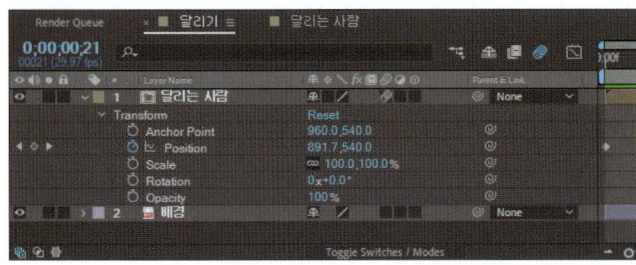

▲ 키프레임 간격을 좁혀서 속도를 빠르게 하여 모션 블러 효과가 더 큰 모습

Composition Settings 대화상자 설정하기

메뉴에서 (Composition) → Composition Settings(Ctrl+K)를 실행하여 표시되는 Composition Settings 대화상자의 (Advanced) 탭에서 모션 블러의 강도, 방향, 적용되는 레이어 샘플(Samples) 수를 설정할 수 있습니다. 모션 블러에는 Shutter Angle, Shutter Phase와 같은 설정이 있습니다.

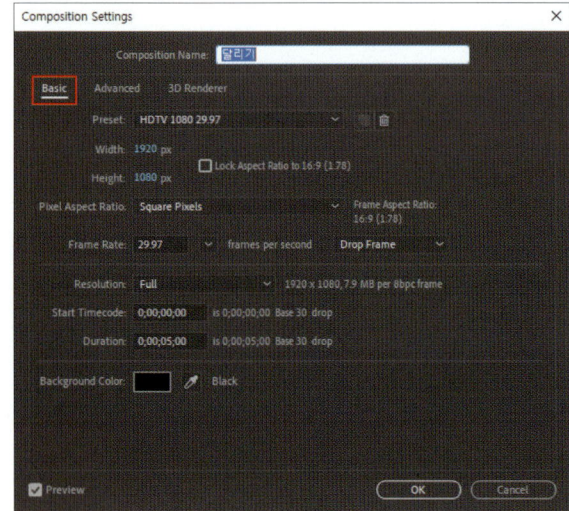
▲ Composition Settings 대화상자의 (Basic) 탭

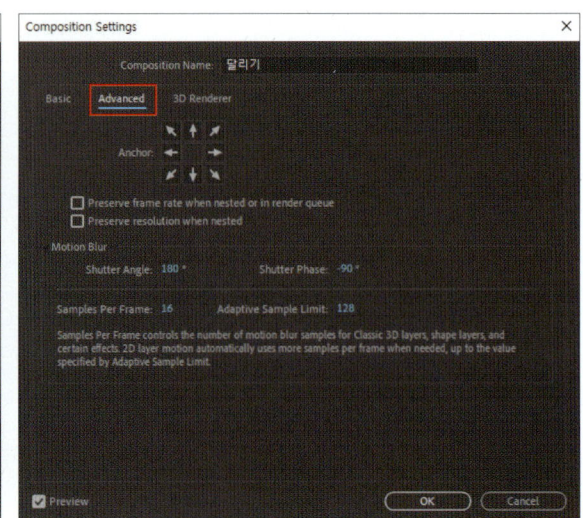
▲ Composition Settings 대화상자의 (Advanced) 탭

❶ **Shutter Angle** : Shutter Angle은 카메라 셔터의 요소들이 회전하면서 셔터를 닫고 여는 각도를 말합니다. Angle의 수치가 크면 셔터 스피드(Shutter Speed)가 느려지고, 작으면 셔터 스피드가 빨라집니다. 셔터 스피드가 빠르면 셔터가 열린 순간이 매우 짧기 때문에 모션 블러가 거의 생기지 않고, 셔터 스피드가 느리면 셔터가 열린 순간이 길기 때문에 모션 블러가 길게 생깁니다. 쉽게 설명하면 모션 블러의 강도를 설정할 수 있는 부분으로 작은 수치를 설정하면 모션 블러가 약해지고, 큰 수치를 설정하면 모션 블러가 강해집니다.

▲ Shutter Angle을 '180°'로 설정한 모습　　　　▲ Shutter Angle을 '500°'로 설정한 모습

❷ **Shutter Phase** : Shutter Phase는 카메라 셔터의 단계를 뜻합니다. 셔터가 열리면서 피사체를 담는 순간이라고 할 수 있으며, 애프터 이펙트에서는 모션 블러의 시작점과 같습니다. Shutter Phase의 기준은 Shutter Angle과 연결되어 상호 관계로 모션 블러의 시작점을 만들 수 있습니다.

Shutter Angle이 '180°'면 Shutter Phase는 Shutter Angle의 중간 값인 90°를 빼 셔터가 180°로 열리면서 90°부터 피사체를 담기 시작합니다. Shutter Angle을 '180°', Shutter Phase를 '−10°'로 설정하면 상대적으로 상을 담는 것이 180°에 가까워 피사체를 늦게 담아 모션 블러는 모션이 끝나는 방향(오른쪽)으로 생깁니다.

▲ Motion Blur가 적용되지 않았을 때 가운데 피사체의 모습　　▲ Shutter Angle을 '400°'로 설정하고 Shutter Phase를 '−200°'로 설정했을 때의 모습

Shutter Angle을 '400°'로 설정하여 셔터가 거의 열린 상태에서 피사체를 담도록 설정했기 때문에 움직임이 끝나는 방향인 오른쪽으로 치우쳐져 모션 블러가 나타납니다.

▲ Shutter Angle을 '400°'로 설정하고 Shutter Phase를 '0°'로 설정했을 때의 모습

Shutter Angle을 '400°'로 열리기 시작할 때부터 피사체를 담도록 설정했기 때문에 움직임이 시작 방향인 왼쪽으로 치우쳐 모션 블러가 나타납니다.

▲ Shutter Angle을 '400°'로 설정하고 Shutter Phase를 '−400°'로 설정했을 때의 모습

모션 블러 각도 설정하기

모션 블러를 세밀하게 설정하는 이유는 애프터 이펙트에서 영상을 합성할 때 아주 작은 오차도 줄이기 위해서이며, 모션 그래픽 작업에서는 크게 중요하지 않습니다. 하지만 직접 만든 움직임의 위치와 최대한 같은 위치에서 균형을 이루는 모션 블러를 만들기 위해서는 다음과 같이 설정합니다.

- Shutter Angle : X
- Shutter Phase : −X/2

모션 블러를 자연스럽게 나타낼 수 있는 부분은 Samples Per Frame입니다. 이것은 한 프레임이 나타날 때 계산할 수 있는 단계를 뜻하며, Adaptive Sample Limit는 Motion Blur의 단계를 한정하는 것으로 기본은 '128'입니다.

모션 블러의 부드러운 정도 설정하기

Adaptive Sample Limit을 이용하여 모션 블러를 부드럽게 만들 수 있습니다.

▲ Adaptive Sample Limit을 '3'으로 설정하여 모션 블러가 3단계로 나타난 모습

실습예제 12 움직임에 따른 모션 블러 적용하기 | 우선순위 TOP 18

움직임이 빠른 피사체를 사진, 영상으로 촬영하면 속도가 빨라 화면에 움직임이 나타나는 모션 블러(Motion Blur) 현상이 발생합니다. 디지털 모션 그래픽 작업에도 모션 블러를 적용하면 더 현실감 있게 연출할 수 있으므로 빠른 움직임을 만들어 봅니다.

● 예제파일 : 02\달리는 사람.aep   ● 완성파일 : 02\달리는 사람_완성.aep

Before

After

01 새 프로젝트를 만든 다음 02 폴더에서 '달리는 사람.aep' 파일을 컴포지션으로 더블클릭하여 불러옵니다.

02 '달리는 사람' 레이어에 빠른 움직임을 만들기 위해 먼저 ❶ Composition 패널에서 '달리는 사람' 레이어를 선택한 다음 화면 왼쪽으로 드래그하여 이동합니다. ❷ P를 눌러 Timeline 패널에서 Position 속성을 표시하고 ❸ 현재 시간 표시기를 '0초'로 드래그하여 이동한 다음 ❹ 'Stop Watch' 아이콘( )을 클릭하여 키프레임을 만듭니다.

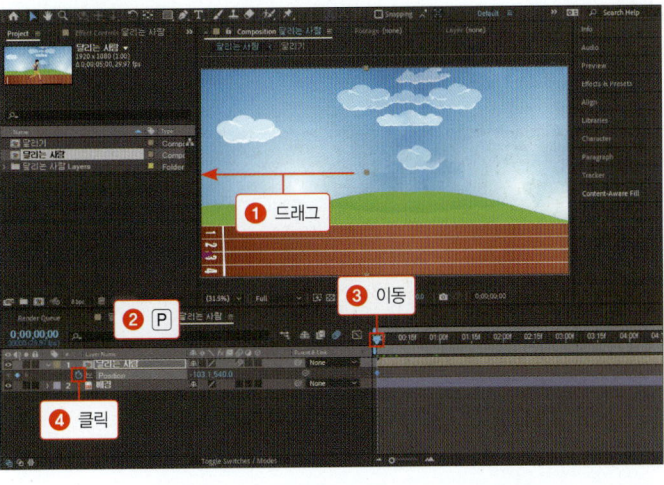

03 ❶ Timeline 패널에서 현재 시간 표시기를 '2초'로 이동하고 ❷ '달리는 사람' 레이어를 화면 오른쪽으로 드래그하여 키프레임을 만듭니다. 램 프리뷰를 통해 빠르게 화면 오른쪽으로 이동하는 '달리는 사람' 레이어를 확인할 수 있습니다.

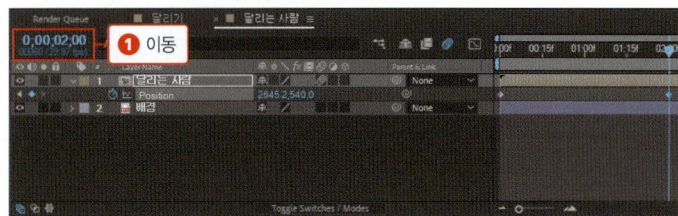 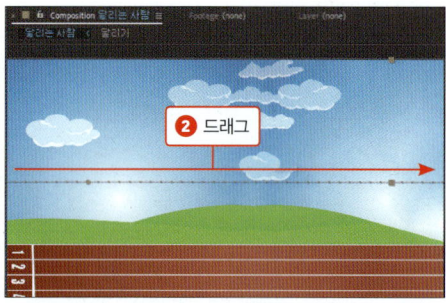

04 빠른 움직임에 이어 모션 블러를 적용해 봅니다. '달리는 사람' 레이어의 Switch 항목에서 잔상 형태의 'Motion Blur' 아이콘( )을 클릭합니다.

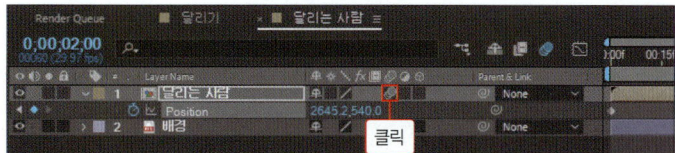

> **TIP**
> 아이콘이 표시된 경우 활성화된 것이고 아이콘이 표시되지 않은 경우 비활성화된 것입니다. 아이콘이 표시된 경우 클릭하지 않아도 됩니다.

05 램 프리뷰로 재생하면 빠른 속도로 달려가면서 모션 블러가 발생하는 것을 확인할 수 있습니다.

> **TIP**
> 모션 블러가 나오지 않는 경우 Timeline 패널의 'Enables Motion Blur' 아이콘( )을 클릭하여 활성화해야 Composition 패널에서 모션 블러를 확인할 수 있습니다.

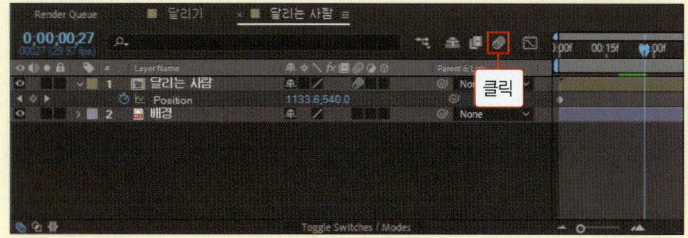 

▲ Timeline 패널 위의 'Enables Motion Blur' 아이콘( )을 비활성화하여 Composition 패널에 나타나지 않은 모습

Easy Ease in, Easy Ease Out • Graph Editor

속도 변화에 따른 움직임 제어하기

애프터 이펙트의 움직임에서 속도에 변화를 주면 좀 더 사실적으로 표현할 수 있습니다. 움직임 속도를 조절하는 방법을 알아보겠습니다.

필수기능 01 Easy Ease in, Easy Ease Out 기능으로 속도 조절하기

기본적인 키프레임 애니메이션은 일정한 픽셀의 거리를 일정 시간 동안 움직이는 등속도 움직임을 갖습니다. 하지만 현실의 움직임을 관찰하면 불규칙한 움직임을 보이므로 등속도 움직임은 어색해 보이는 경우가 많아 속도의 변화를 주어 더 사실적으로 나타내는 과정이 필요합니다.

애프터 이펙트에서 가장 쉽게 속도를 변화시킬 수 있는 기능은 Easy Ease로 '쉽게 감소하다'라는 뜻을 가집니다. 이 기능을 이용하면 속도가 서서히 증가하거나 서서히 감소하는 움직임을 만들 수 있습니다. Easy Ease의 In과 Out 개념에 대해 알아보겠습니다.

In과 Out 이해하기

In은 키프레임을 기준으로 현재 시간 표시기가 처음 들어오는 부분을 뜻하며 정해진 애니메이션이 끝나는 부분을 말합니다. Out은 키프레임을 기준으로 현재 시간 표시기가 마지막으로 나가는 부분을 뜻하며 앞으로 진행될 애니메이션의 시작을 뜻합니다.

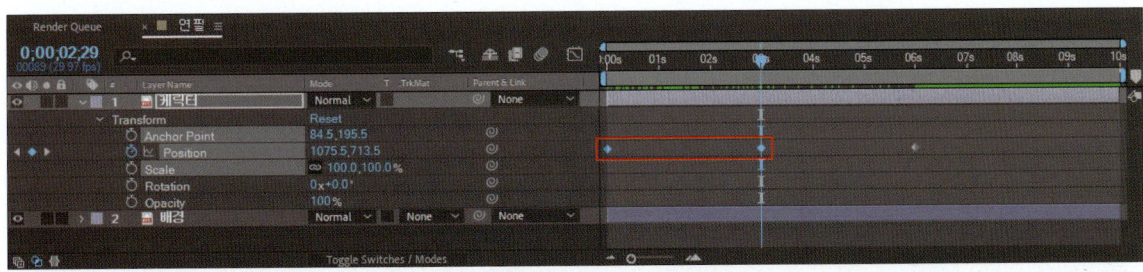

▲ 키프레임을 기준으로 In에 해당하는 부분. 앞에서 시작된 애니메이션이 끝나는 부분

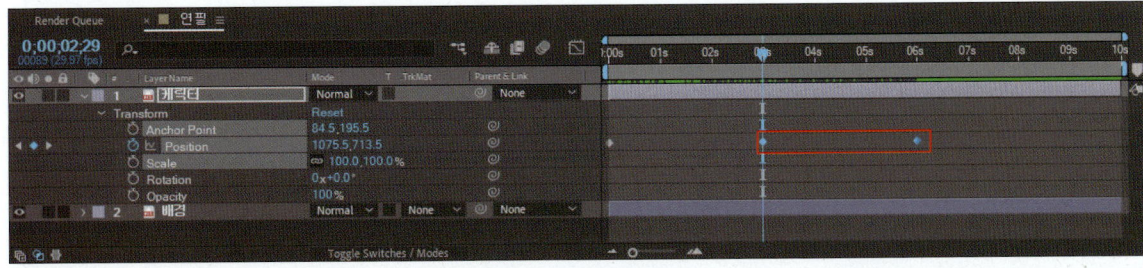

▲ 키프레임을 기준으로 Out에 해당하는 부분. 앞으로 진행될 애니메이션이 시작되는 부분

Easy Ease In 이해하기

속도가 점차 감소하여 키프레임으로 들어옵니다. 속도가 감소하면서 애니메이션이 끝납니다.

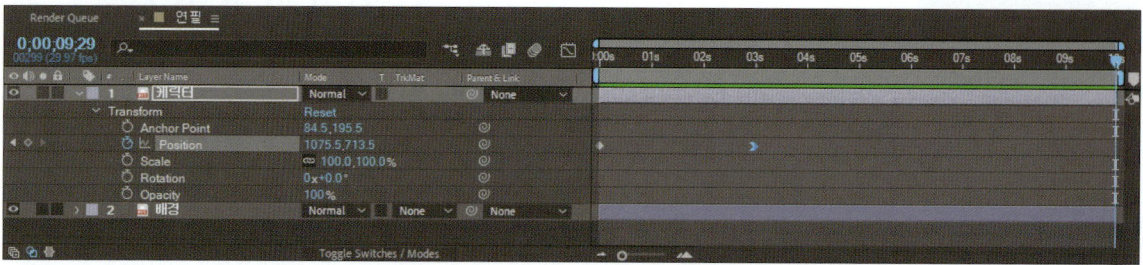

▲ Easy Ease In의 키프레임을 만든 모습

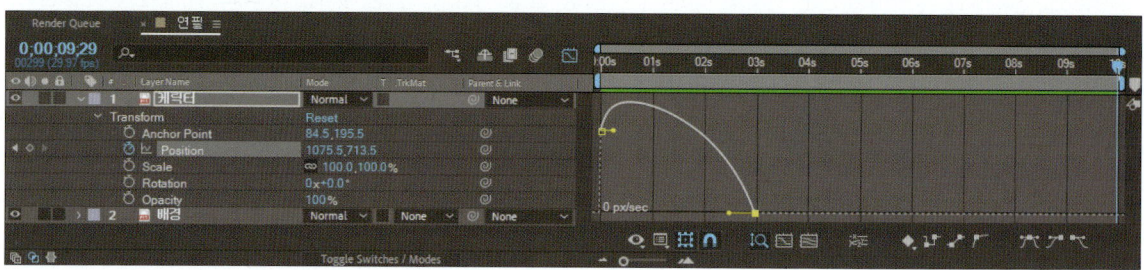

▲ 그래프 에디터를 통해 본 Easy Ease In의 모습

Easy Ease Out 이해하기

속도가 0인 상태의 키프레임에서 서서히 나갑니다. 속도가 0에서부터 점차 증가하며 애니메이션이 시작하는 것을 뜻합니다.

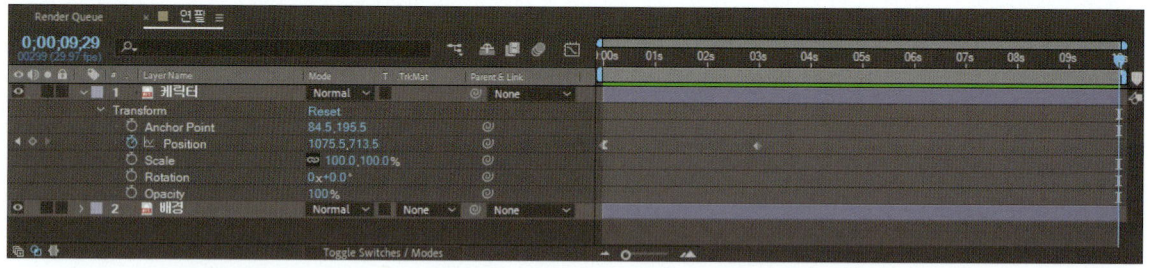

▲ Easy Ease Out의 키프레임 모습

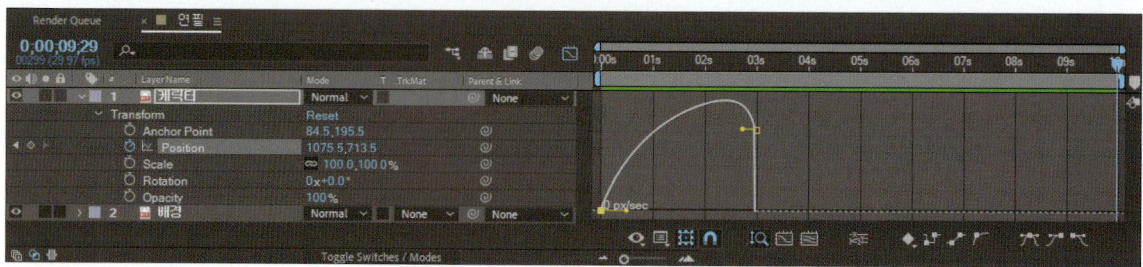

▲ 그래프 에디터를 통해 본 Easy Ease Out의 모습

Easy Ease In/Out 이해하기

키프레임이 두 개뿐인 애니메이션의 경우 애니메이션의 시작과 끝이 있습니다. 타임라인의 왼쪽에 해당하는 시작은 Ease Out이며 타임라인 오른쪽 키프레임은 Ease In입니다. 키프레임이 세 개인 애니메이션의 경우 가운데 있는 키프레임은 Ease In과 Ease Out을 동시에 가집니다.

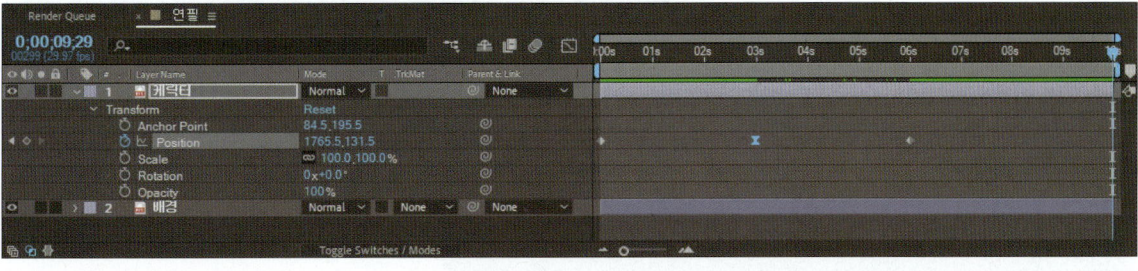

▲ Easy Ease In/Out의 키프레임

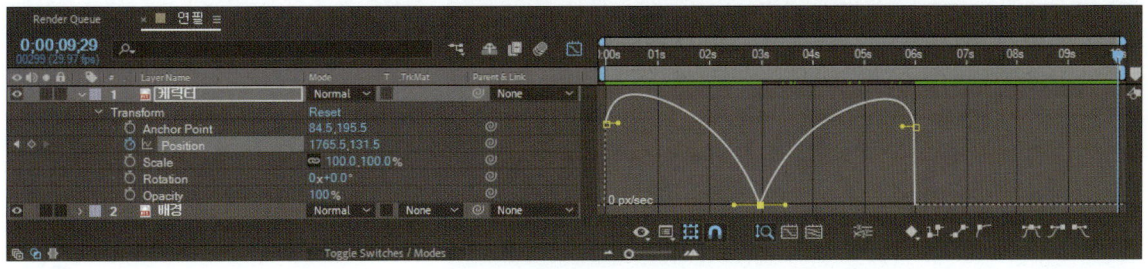

▲ 그래프 에디터를 통해서 본 Easy Ease In/Out

실습예제 02 Easy Ease와 In/Out으로 속도 변화 만들기 ★★★ 중요

레이어에 움직임을 만들고 Easy Ease In/Out을 직접 적용하여 속도 변화를 만들어 봅니다.

◎ 예제파일 : 02\연필.psd   ◎ 완성파일 : 02\연필_완성.aep

01 새 프로젝트를 만들고 02 폴더에서 '연필.psd' 파일을 컴포지션으로 불러옵니다.

02 ❶ '캐릭터' 레이어를 선택한 다음 ❷ Transform의 Position 속성을 표시합니다. ❸ 현재 시간 표시기를 '0초'로 이동한 다음 ❹ Position 왼쪽의 'Stop Watch' 아이콘(⏱)을 클릭하여 키프레임을 만듭니다.

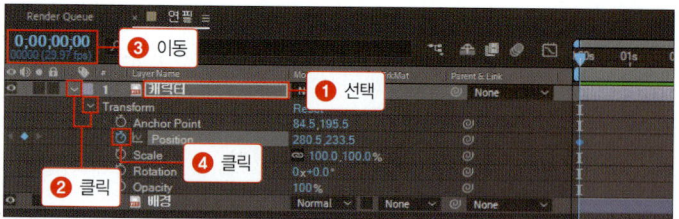

03 ❶ 현재 시간 표시기를 '3초'로 이동한 다음 ❷ Composition 패널의 화면에서 '캐릭터' 레이어를 오른쪽으로 하단으로 드래그해 이동합니다. 위치에 변화를 주면 자동으로 키프레임이 만들어집니다.

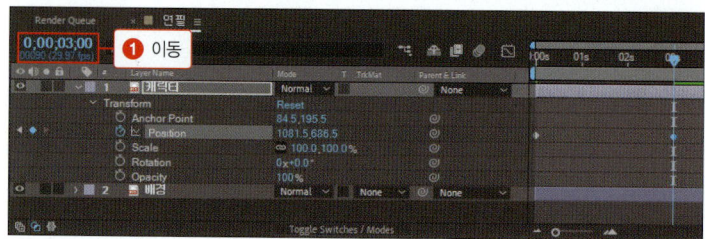 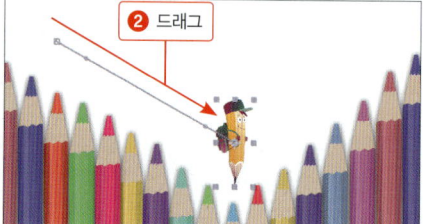

04 ❶ 현재 시간 표시기를 '6초'로 이동한 다음 ❷ 다시 캐릭터를 왼쪽 상단으로 이동하여 키프레임을 만듭니다.

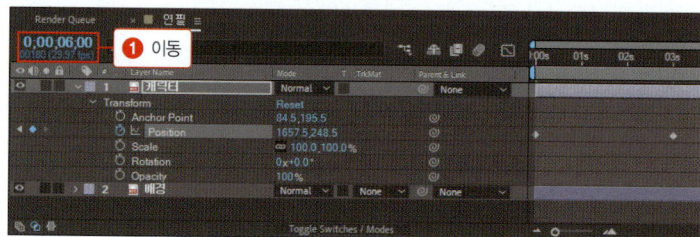 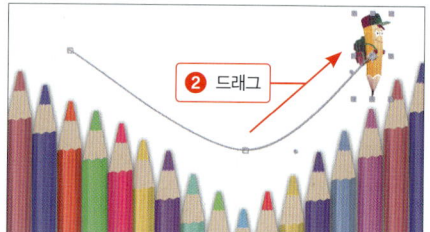

05 직접 만든 움직임은 모두 같은 속도로 움직여 어색하므로 Easy Ease 기능을 적용해 봅니다. '0초 키프레임'은 애니메이션이 시작하는 부분이므로 Easy Ease Out을 설정합니다. ❶ '0초 키프레임'에서 마우스 오른쪽 버튼을 클릭한 다음 ❷ Keyframe Assistant → Easy Ease Out(Ctrl+Shift+F9)을 실행합니다. Easy Ease Out이 적용된 키프레임을 확인할 수 있습니다.

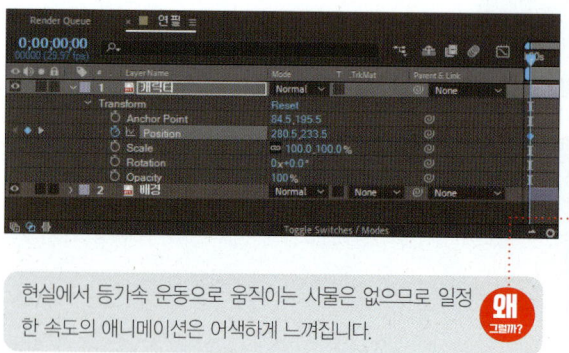 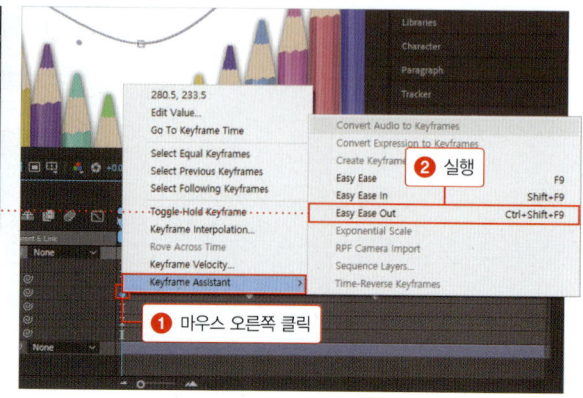

현실에서 등가속 운동으로 움직이는 사물은 없으므로 일정한 속도의 애니메이션은 어색하게 느껴집니다.

06 ❶ '6초 키프레임'에서 마우스 오른쪽 버튼을 클릭한 다음 ❷ Keyframe Assistant → Easy Ease In(Shift+F9)을 실행합니다. ❸ Easy Ease In 키프레임이 적용되어 달라진 형태를 확인할 수 있습니다.

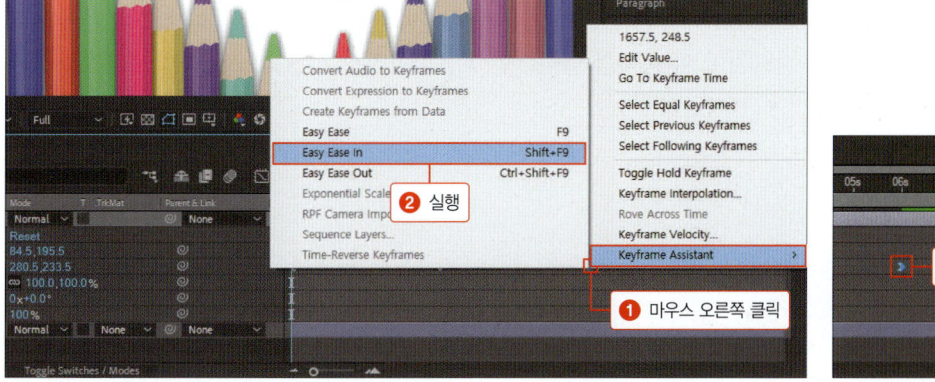

07 ❶ Timeline 패널에서 가운데 '3초 키프레임'을 선택한 다음 ❷ F9를 눌러 Easy Ease In/Out을 설정합니다.

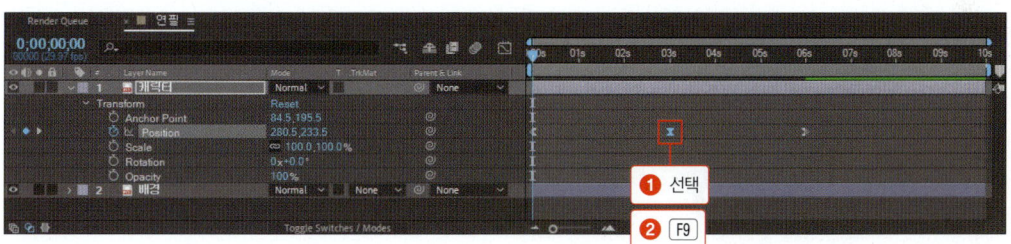

TIP

F9를 누르면 Easy Ease In/Out을 간편하게 설정할 수 있습니다. Shift+F9를 누르면 Easy Ease In을 설정할 수 있으며, Shift+Ctrl+F9를 누르면 Easy Ease Out을 설정할 수 있습니다.

08 애니메이션을 재생하면 크게 세 부분으로 나뉩니다. 애니메이션이 시작할 때는 서서히 출발하고 오른쪽 하단으로 이동하고 서서히 멈춘 다음 다시 오른쪽 상단으로 서서히 이동합니다. 오른쪽 키프레임에 도착하면서 서서히 멈추는 모습을 확인할 수 있습니다.

필수기능 03 Composition 패널에서 프레임, 키프레임의 변화 살펴보기

레이어에 움직임을 만들면 Composition 패널의 화면에 기본적으로 동선이 표시됩니다. 이때 프레임과 키프레임, 선택된 키프레임의 형태가 달라지며 이 형태를 알아두면 효율적이면서 직관적으로 모션 그래픽을 작업할 수 있습니다.

프레임 살펴보기

프레임은 1초를 나눈 시간입니다. 과거 TV에서는 1초에 29.97, 영화에서는 24프레임이 기준이었다면, 최근 모바일이나 디지털 환경에서는 60프레임 이상을 보여 주고 화면이 큰 영화관과 TV에서는 60프레임을 기준으로 작업을 하는 경우도 많습니다.

애프터 이펙트에서 움직임을 만들면 기본적으로 프레임에 이동 경로를 보여 줍니다. 기본 30프레임에서는 움직이는 패스의 작은 점들이 각각의 프레임을 나타냅니다. 다음의 애니메이션은 1초를 기준으로 만들어졌기 때문에 작은 점은 29개로 구성됩니다.(0프레임과 30프레임 제외)

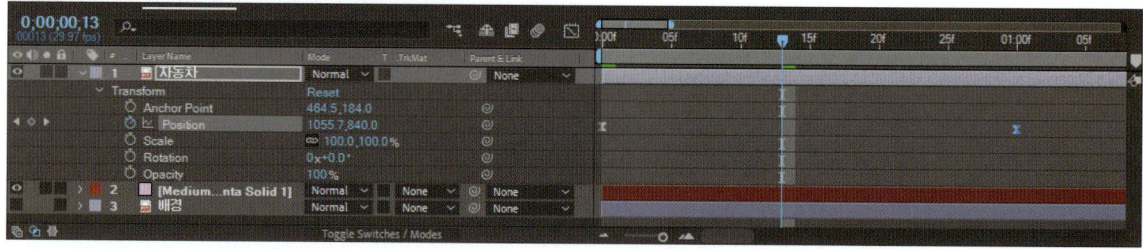

키프레임 살펴보기

키프레임을 설정한 부분은 0과 30프레임(1초)입니다. 위치와 시간을 기록한 키프레임은 조금 더 큰 사각형으로 표시됩니다.

선택된 키프레임 살펴보기

키프레임을 설정하거나 시간 또는 공간을 이동하려면 키프레임을 선택해야 합니다. 작업 중에는 키프레임의 선택 여부를 바로 확인해야 하며 키프레임을 선택하면 사각형의 키프레임 부분이 채워진 사각형 형태로 바뀝니다.

프레임 간격 살펴보기

프레임, 키프레임의 구분과 함께 중요한 것 중 하나는 프레임 간격을 확인하는 것입니다. 프레임 간격이 멀면 프레임당 이동된 픽셀의 거리가 먼 것이므로 빠른 속도를 나타냅니다.

▲ 프레임 간격이 넓어서 빠른 움직임을 나타내는 모습

▲ 프레임 간격이 조금 좁아진 모습

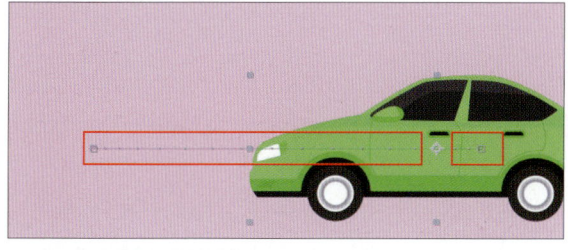
▲ 프레임 간격이 더 좁아진 모습

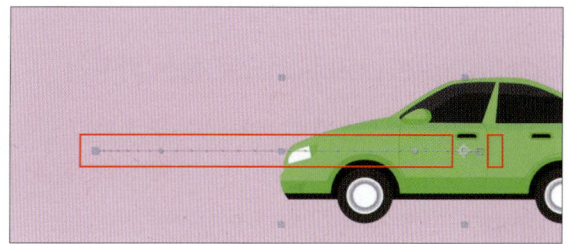
▲ 프레임 간격이 매우 좁아져서 느린 움직임을 나타내는 모습

프레임 간격의 변화 살펴보기

일반 키프레임과 Easy Ease를 적용한 상태의 키프레임은 속도의 차이로 인해 프레임 간격에 차이가 있습니다.

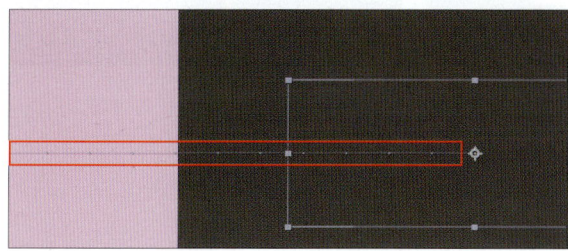
▲ 기본 키프레임 애니메이션

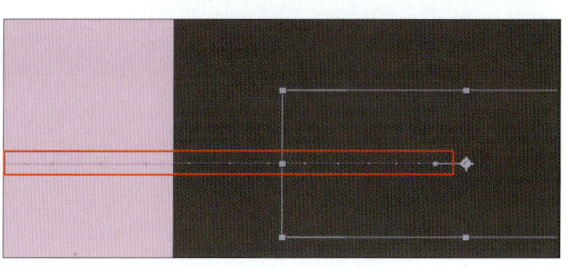
▲ Easy Ease Out을 적용한 키프레임 애니메이션

Chapter 04 • 속도 변화에 따른 움직임 제어하기   153

필수기능 04 Temporal/Spatial Interpolation 이해하기 (중요)

Composition 패널에서 볼 수 있는 레이어의 모션 패스는 크게 두 가지 형태입니다. 하나는 속도 변화의 모습이며, 다른 하나는 동선의 모습으로 변화에 따라 시간이나 공간을 설정할 수 있습니다.

Temporal Interpolation으로 시간 설정하기

Temporal Interpolation은 시간 설정을 나타내며, 주로 메뉴 대신 그래프 에디터(Graph Editor)를 이용합니다.

❶ 키프레임에서 마우스 오른쪽 버튼을 클릭한 다음 ❷ Keyframe Interpolation을 실행하여 Keyframe Interpolation 대화상자가 표시되면 ❸ Temporal Interpolation을 지정할 수 있습니다.

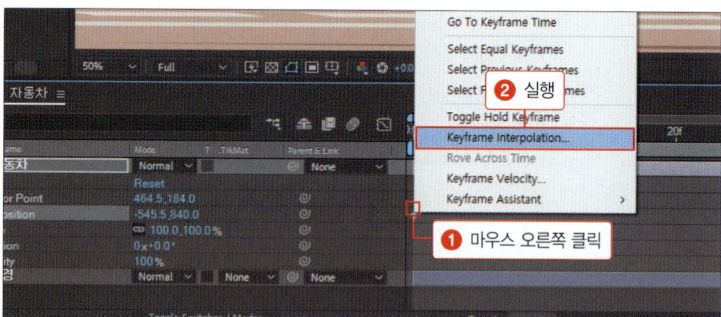 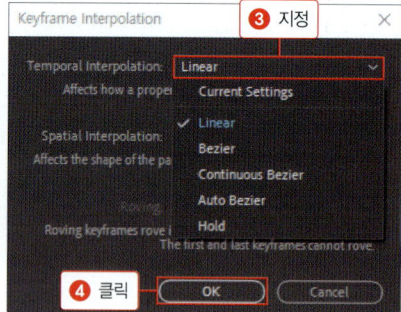

Spatial Interpolation으로 동선 바꾸기

❶ 키프레임에서 마우스 오른쪽 버튼을 클릭한 다음 ❷ Keyframe Interpolation을 실행하여 Keyframe Interpolation 대화상자가 표시되면 ❸ Spatial Interpolation을 지정할 수 있습니다.

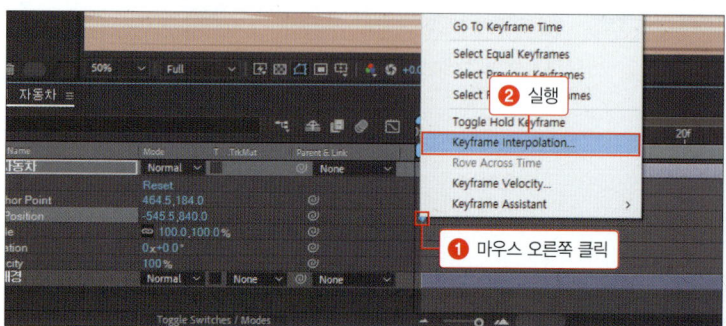 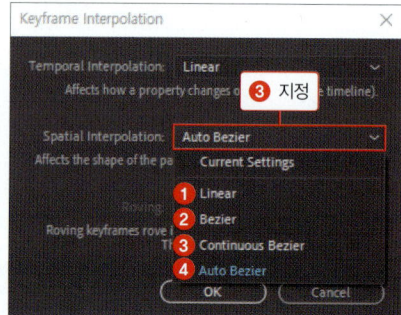

❶ **Linear** : 동선을 직선 형태로 나타냅니다. 주로 빠른 움직임 또는 원하는 위치에 정확하게 배치하거나 동선에서도 원하는 위치에 배치해야 할 때 이 기능을 이용하여 직선으로 이동하는 움직임을 만듭니다. 'Bezier'로 지정하면 원하는 동선 이외의 동선이 발생하기 때문에 'Linear'로 지정하여 우선 작업하고 부분적으로 Bezier 형태로 작업하는 경우가 많습니다.

❷ **Bezier** : 양쪽 방향선을 각각 조절할 수 있는 기능으로, 한쪽 방향선을 이동해도 다른 방향선에 영향을 주지 않습니다.

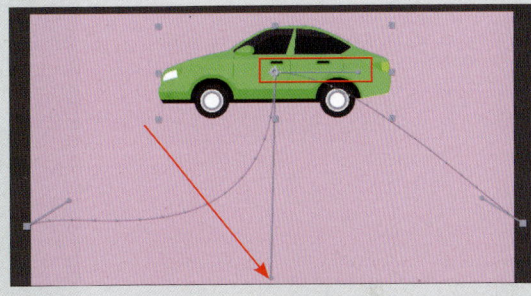

왼쪽 방향선을 이동하지만 오른쪽 방향선에는 영향이 없는 모습 ▶

❸ **Continuous Bezier** : 원하는 형태의 곡선으로 동선을 만들 수 있습니다. 이때 Bezier가 선으로 연결됩니다.

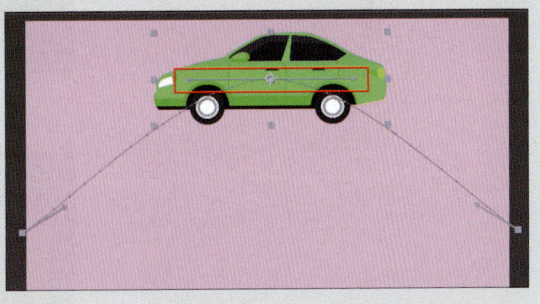

Bezier 방향선 양끝의 기준점을 드래그하면 원하는 형태의 동선을 만들 수 있습니다. Continuous Bezier의 방향선은 한쪽을 이동하면 다른 한쪽이 자동으로 이동하여 곡선을 이룹니다. Continuous Bezier는 양쪽의 Bezier 선을 한 번에 설정할 수 있습니다.

 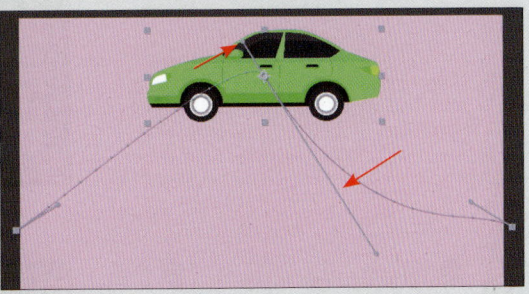

❹ **Auto Bezier** : 애프터 이펙트에서 기본 움직임을 만들면 자동으로 자연스러운 동선을 만들기 위해 곡선 패스가 나타납니다. 이때 나타나는 설정이 Auto Bezier로 자동으로 이동 경로를 계산하여 곡선으로 나타내며 Bezier 선이 안 보입니다.

실습예제 05 Spatial Interpolation으로 동선에 변화 만들기

움직임을 만들고 Linear 또는 Bezier로 동선을 제어하는 방법을 알아봅니다.

⊙ 예제파일 : 02\자동차.psd   ⊙ 완성파일 : 02\자동차.aep

01 새 프로젝트를 만들고 02 폴더에서 '자동차.psd' 파일을 컴포지션으로 불러옵니다.

02 Composition 패널에서 '자동차' 레이어를 선택한 다음 그림과 같이 드래그하여 이동합니다.

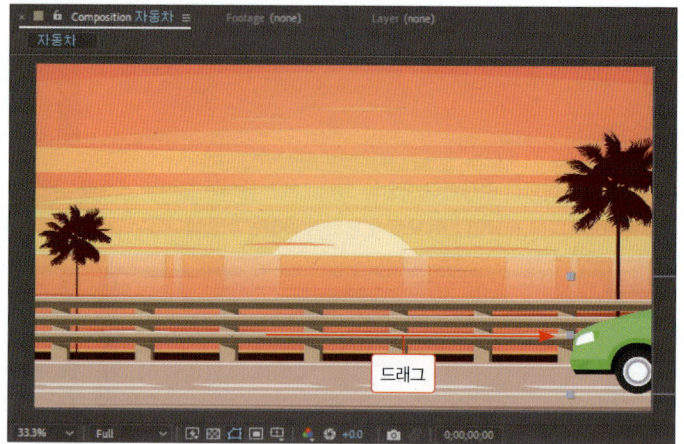

03 ❶ Timeline 패널의 '0초'에서 ❷ P를 눌러 Position 속성을 표시한 다음 ❸ 'Stop Watch' 아이콘(⏱)를 클릭하여 키프레임을 만듭니다.

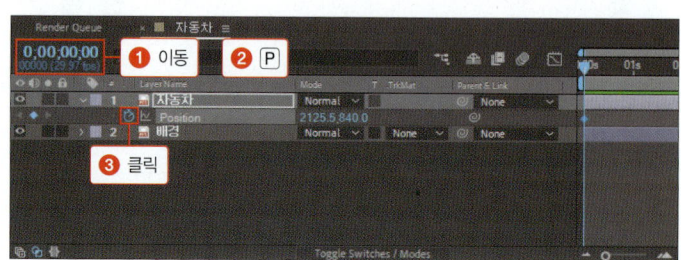

04 ❶ 현재 시간 표시기를 '2초'로 이동한 다음 ❷ Composition 패널에서 '자동차' 레이어를 왼쪽으로 드래그하여 키프레임을 만듭니다.

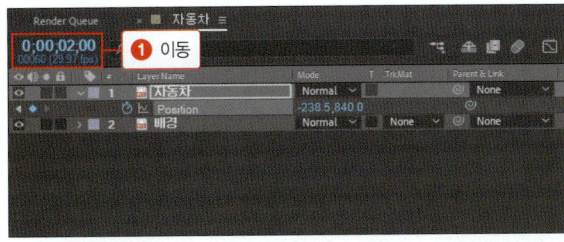 

05 ❶ 현재 시간 표시기를 '1초'로 이동한 다음 ❷ Composition 패널에서 '자동차' 레이어를 위로 드래그하여 키프레임을 만듭니다.

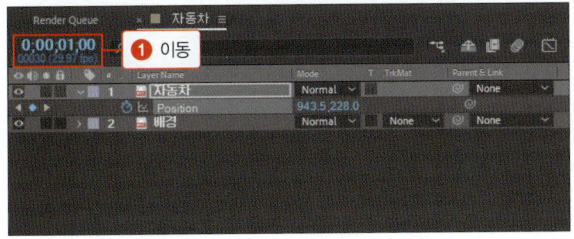 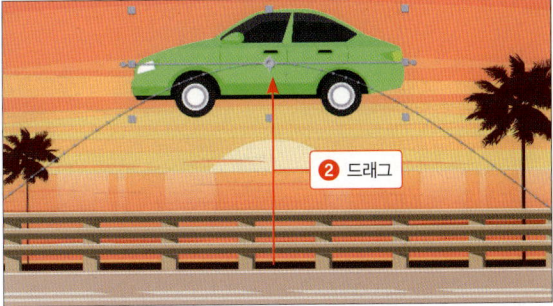

06 ❶ '0초~2초'의 키프레임을 모두 선택한 다음 ❷ Ctrl+C를 누릅니다. ❸ 현재 시간 표시기를 '3초'로 이동한 다음 ❹ Ctrl+V를 눌러 '0초~2초'의 키프레임을 '3초~5초'에 복사합니다.

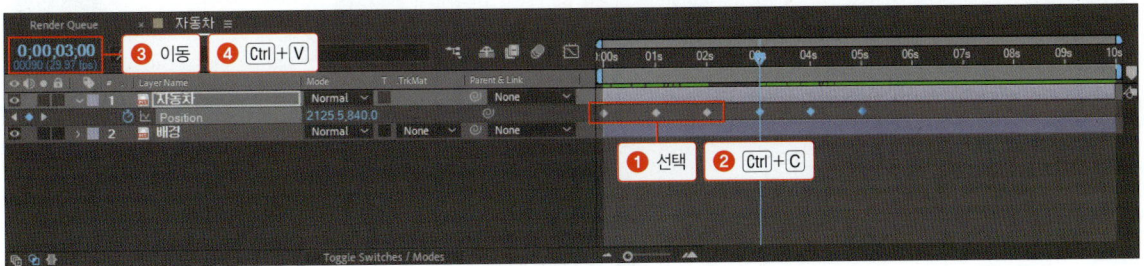

> **TIP**
> 키프레임을 복사하고 현재 시간 표시기를 이동하여 붙여 넣기하면 키프레임의 움직임을 그대로 현재 시간 표시기가 있는 시간부터 재연할 수 있습니다.

07 ① 현재 시간 표시기를 '1초'로 이동합니다. ② Timeline 패널에서 앞쪽 세 개의 키프레임을 선택하고 ③ 마우스 오른쪽 버튼을 클릭한 다음 ④ Keyframe Interpolation을 실행합니다.

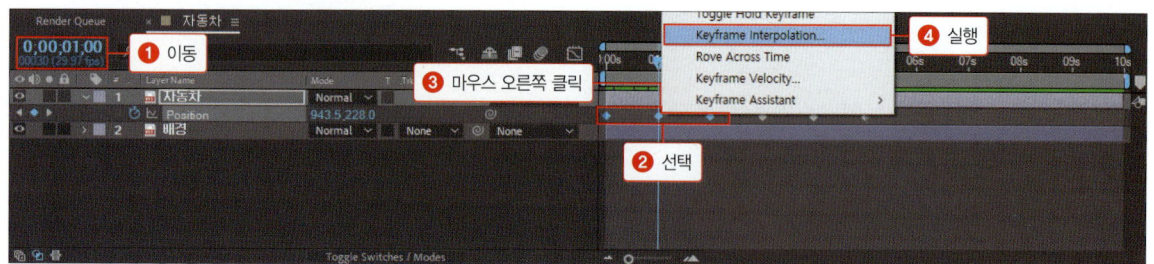

08 Keyframe Interpolation 대화상자가 표시되면 ① Spatial Interpolation을 클릭하고 ② 'Linear'로 지정한 다음 ③ 〈OK〉 버튼을 클릭합니다.

키프레임을 'Linear' 형태로 바꾸면 직선 동선으로 움직이는 애니메이션을 만들 수 있습니다.

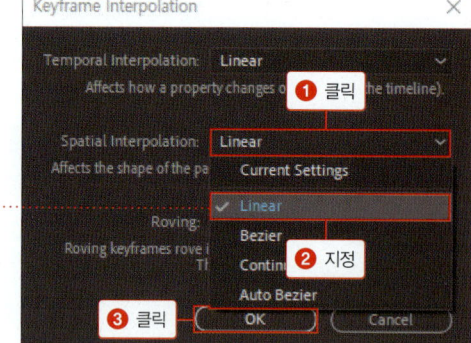

09 같은 방법으로 Timeline 패널에서 ① 현재 시간 표시기를 '4초'로 이동한 다음 ② 3초~5초 세 개의 키프레임을 선택하고 ③ 마우스 오른쪽 버튼을 클릭한 다음 ④ Keyframe Interpolation을 실행합니다.

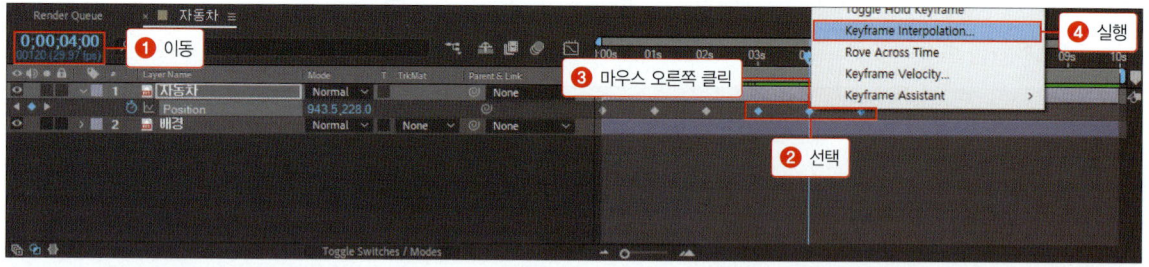

10 Keyframe Interpolation 대화상자가 표시되면 ① Spatial Interpolation을 클릭하고 ② 'Bezier'로 지정한 다음 ③ 〈OK〉 버튼을 클릭합니다.

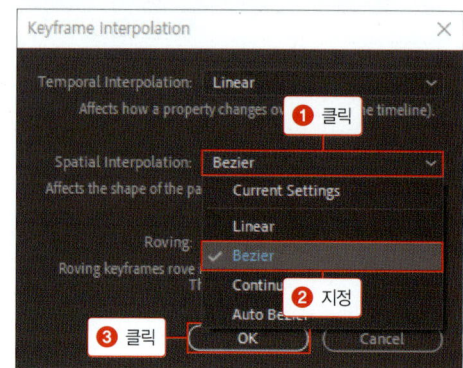

11 방향선의 오른쪽 부분을 드래그하여 그림과 같이 양쪽이 비대칭인 곡선을 만들 수 있습니다.

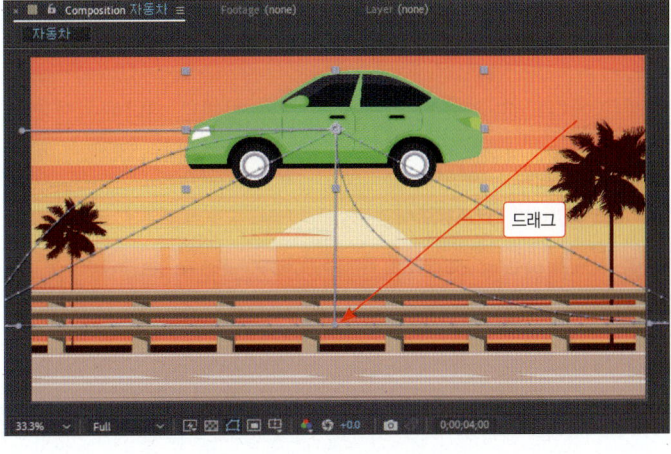

12 Spacebar 또는 ⓪을 눌러 램 프리뷰를 진행합니다. 영상을 확인하면 '0초~2초'와 '3초~5초'의 동선이 다른 것을 확인할 수 있습니다.

필수기능 06 그래프 에디터 알아보기 　우선순위 | TOP 01 　중요

그래프 에디터(Graph Editor)는 그래프 형태로 애니메이션 속도를 조절하는 기능입니다.

그래프 에디터 표시하기

기본 키프레임으로 만든 애니메이션을 살펴보면 애니메이션 속도 변화에 관한 정보가 없습니다. 단순히 시간에 위치 데이터만 기록되어 있기 때문입니다. Timeline 패널에서 'Graph Editor' 아이콘( )을 클릭하면 그래프 에디터에서 그래프의 그리드 형태를 살펴볼 수 있습니다.

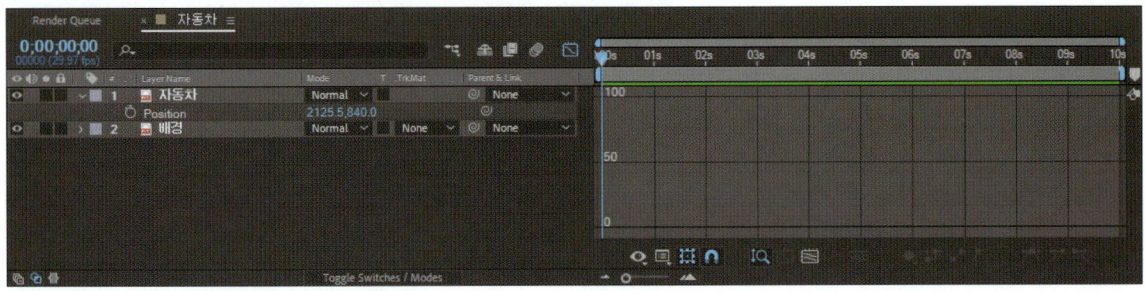

▲ 그래프 에디터로 바뀐 Timeline 패널

레이어 속성 선택과 그래프 나타내기

애니메이션을 만든 레이어 속성을 선택하지 않으면 다음과 같이 그래프 형태를 볼 수 없습니다. 레이어 속성을 선택해야만 그래프 에디터를 표시할 수 있습니다. Position의 움직임을 살펴보기 위해 Position을 선택하면 그래프 에디터에 그래프가 활성화됩니다.

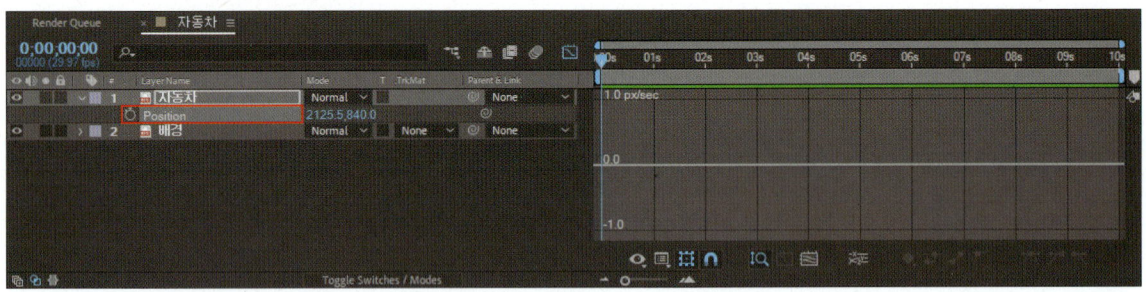

▲ 키프레임 애니메이션을 적용하지 않은 Position의 그래프

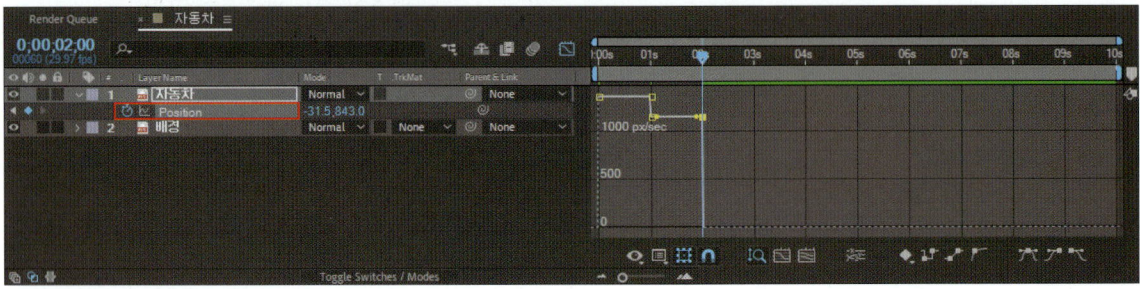

▲ 키프레임 애니메이션을 적용한 Position의 그래프

이때 레이어 속성 선택이 해제되면 그래프도 비활성화됩니다. 이러한 실수를 방지하기 위해서는 속성 이름 왼쪽의 'graph editor set' 아이콘( )을 클릭하면 항상 그래프 형태를 확인할 수 있습니다.

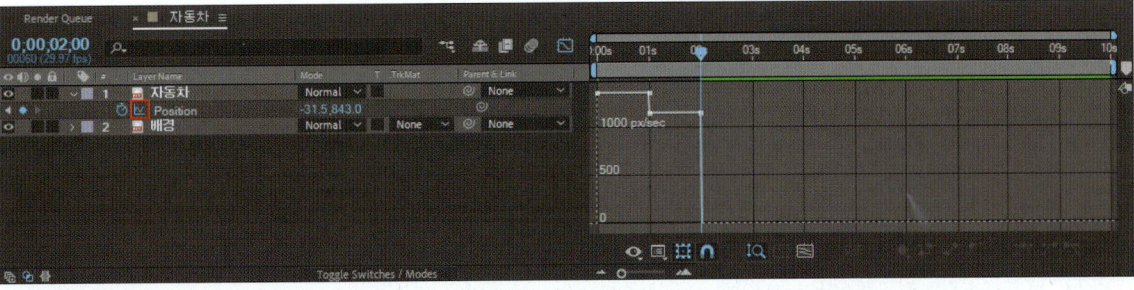

▲ 레이어 속성을 선택하지 않아도 활성화되는 그래프

그래프 에디터의 두 가지 속성 이해하기

그래프 에디터는 기본으로 두 가지 속성을 가집니다. 기본 그래프 형태는 스피드 그래프(Speed Graph)이며, Scale 변화로 그래프 에디터를 확인할 때는 벨류 그래프(Value Graph) 형태로 나눕니다.

물론, Position, Scale 등 모든 애니메이션 속성은 스피드(Speed)와 벨류(Value) 두 가지 그래프를 확인할 수 있습니다. 'Choose graph type and options' 아이콘( )을 클릭한 다음 Edit Value Graph나 Edit Speed Graph를 실행하여 그래프 형태를 바꿀 수 있습니다.

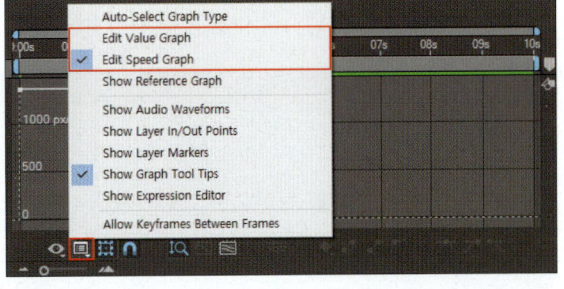

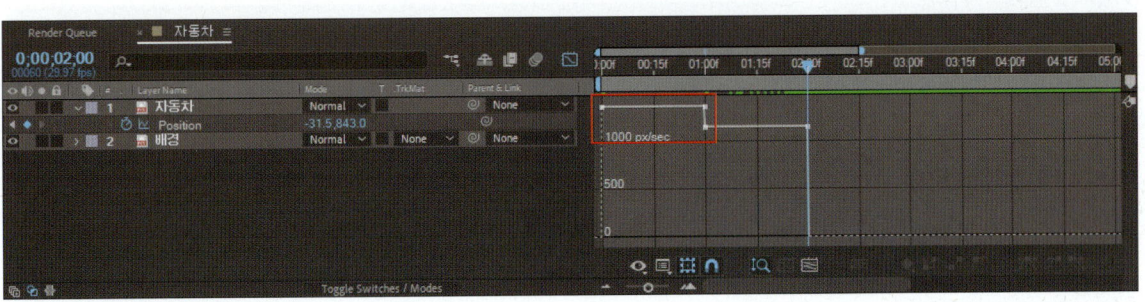

▲ 스피드 그래프(Speed Graph)

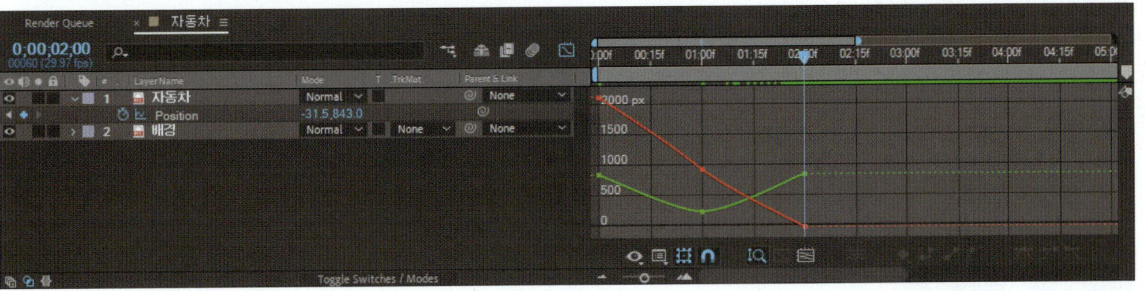

▲ 벨류 그래프(Value Graph)

스피드 그래프(Speed Graph) 살펴보기

스피드 그래프는 기본적으로 속도를 나타냅니다. 이 속도는 우리가 알고 있는 것과는 다릅니다. 일상생활에서 속도를 나타내는 시속(Km/Hour)은 1시간 동안 이동한 거리를 뜻하지만, 애프터 이펙트의 화면은 픽셀(Pixel) 단위로 초를 시간 단위로 계산하여 초당(px/sec) 이동한 픽셀을 나타냅니다.

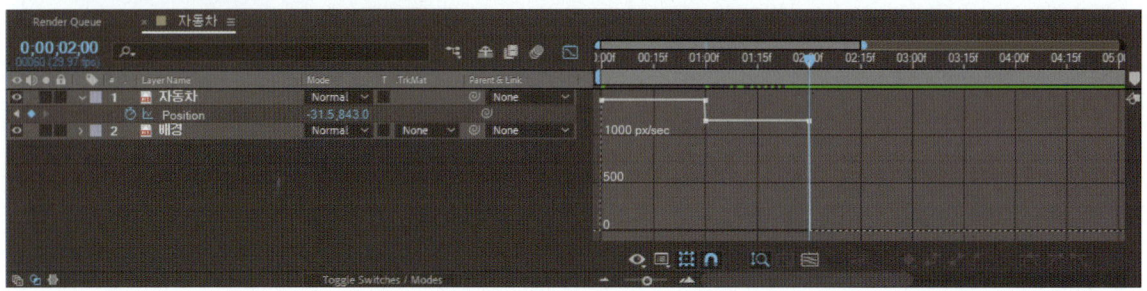

그래프 에디터에서 그래프 높이는 곧 속도를 나타냅니다. 다음 그래프에는 두 개의 구간이 존재합니다. 여기서 마우스 포인터를 선에 위치시키면 팝업 메시지를 통해 속도를 확인할 수 있습니다.

▲ 첫 번째 구간의 속도 : 1361.11 px/sec

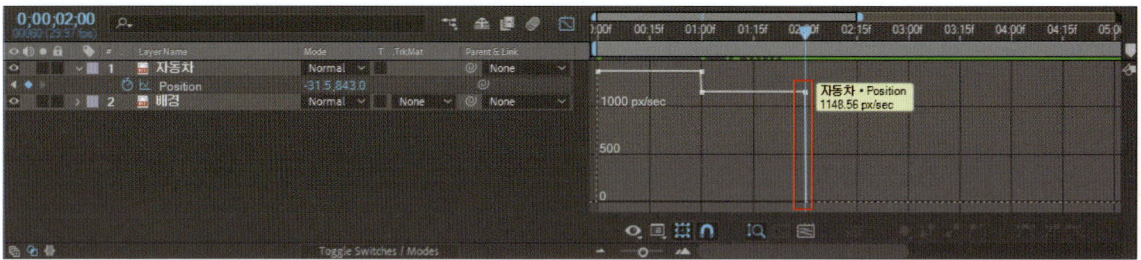

▲ 두 번째 구간의 속도 : 1148.56 px/sec

그래프 에디터에서 속도 조절하기

그래프 에디터에서 키프레임을 선택하면 노란색 사각형과 함께 옆에 방향선이 나타납니다.

키프레임을 선택하면 속도 변화와 함께 시간도 달라집니다. 키프레임 옆 방향선을 선택하면 속도 변화만 적용할 수 있어 속도와 함께 시간까지 변경하는 실수를 줄일 수 있습니다.

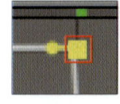 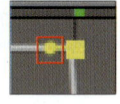

◀ 키프레임의 조절점과 방향선

조절점을 위로 드래그하면 속도가 빨라지고 조절점을 아래로 드래그하면 속도가 점차 느려집니다.

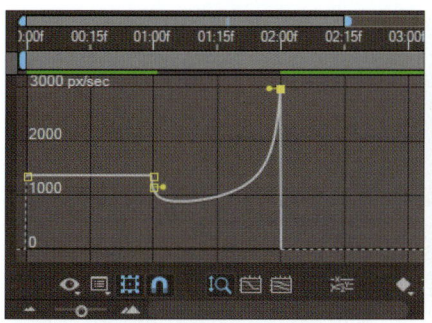
▲ 속도를 올린 모습

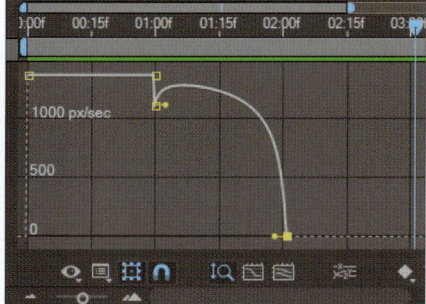
▲ 속도를 낮춘 모습

그래프 에디터 조절점으로 Influence 강도 조절하기

그래프 에디터의 두 번째 역할은 Influence를 설정해서 강도를 조절하는 것입니다. 다음 그림은 속도를 줄인 부분의 강도가 작아서 속도가 급격히 줄어들었습니다.

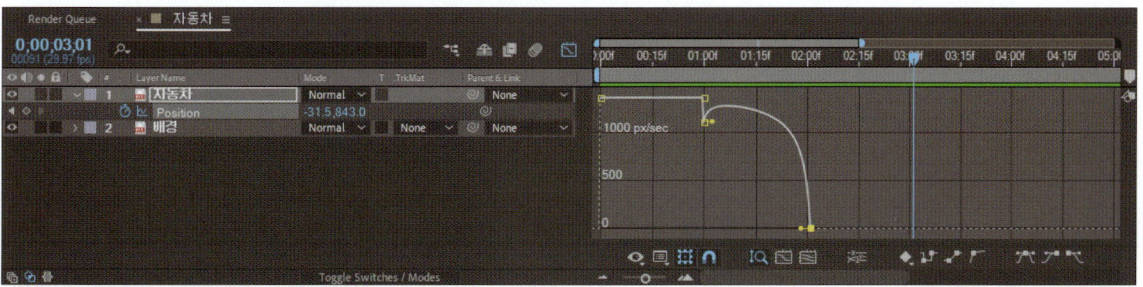
▲ 기본 Influence

▲ 조절점을 드래그하여 Influence를 '100%'로 수정한 모습

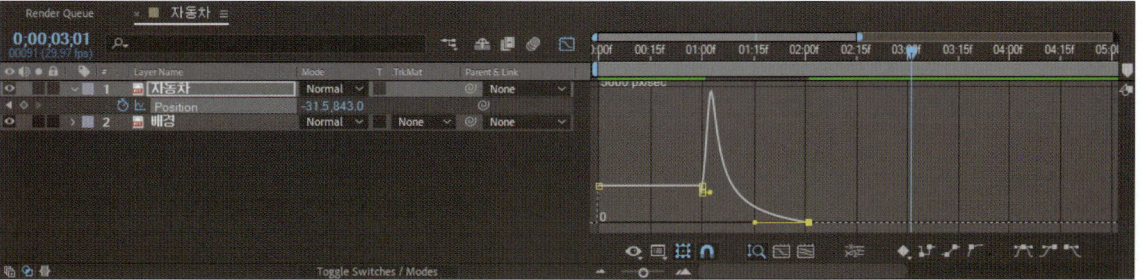
▲ Influence 변화를 통해 속도가 일찍부터 줄어들도록 설정한 모습

스피드 그래프의 원리 이해하기

스피드 그래프의 Influence를 이용해 속도 변화에 강도를 적용하면 한쪽 영역의 속도가 줄어들면서 다른 쪽 영역의 속도가 빨라지는 것을 확인할 수 있습니다. 이것은 이동 거리와 시간의 상관 관계에 의해 나타납니다.

❶ Type 1

빠르게 시작하여 서서히 멈추는 형태의 애니메이션입니다. 애니메이션이 끝나는 부분의 속도가 느리다는 것은 이동 거리가 줄어드는 것입니다. 하지만 처음에 설정한 이동 거리가 있으므로 한쪽이 줄어든 만큼 시작 부분은 빠른 속도로 남은 거리를 이동합니다.

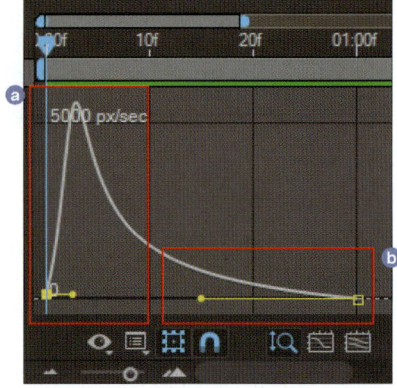

ⓐ 짧은 시간 동안 빠른 속도로 많은 거리를 이동합니다.
ⓑ 긴 시간 동안 느린 속도로 짧은 거리를 이동합니다.

❷ Type 2

느린 속도로 서서히 시작하여 빠른 속도로 멈추는 형태의 애니메이션입니다.

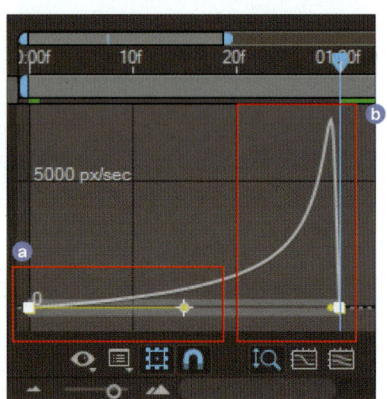

ⓐ 긴 시간 동안 느린 속도로 짧은 거리를 이동합니다.
ⓑ 짧은 시간 동안 빠른 속도로 많은 거리를 이동합니다.

❸ Type 3

느린 속도로 서서히 시작해 중간에 빠른 속도로 이동한 다음 다시 서서히 느려지면서 멈추는 형태의 애니메이션입니다.

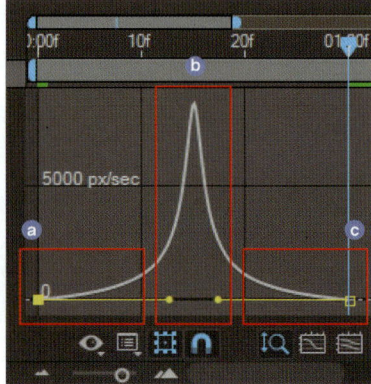

ⓐ 일정 시간 동안 느린 속도로 짧은 거리를 이동합니다.
ⓑ 일정 시간 동안 빠른 속도로 많은 거리를 이동합니다.
ⓒ 일정 시간 동안 느린 속도로 짧은 거리를 이동합니다.

그래프 에디터의 주요 아이콘 살펴보기

그래프 에디터의 다양한 아이콘 중 실제 작업을 도와주는 아이콘은 그래프 에디터 오른쪽 아래의 아이콘들로 키프레임을 선택하면 활성화됩니다.

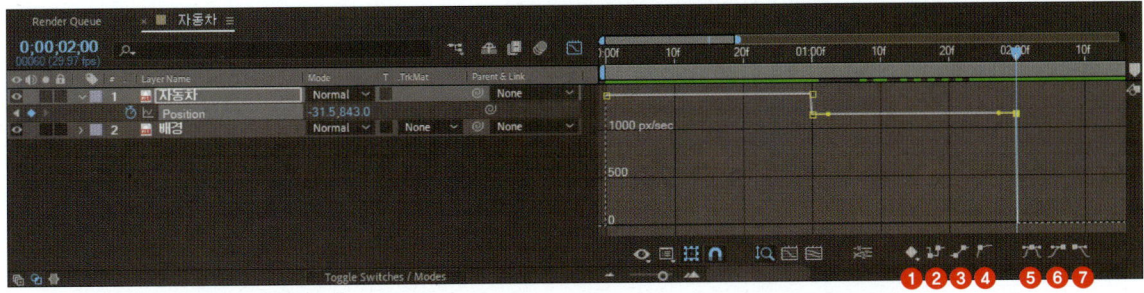

① Edit selected keyframes(　) : 조절점에 마우스 오른쪽 버튼을 클릭하면 표시되는 메뉴와 같은 기능입니다. 앞서 살펴본 Keyframe Interpolation을 설정할 수 있습니다.

② Hold(　) : 키프레임을 선택하고 'Hold' 아이콘(　)을 클릭하면 다음과 같이 그래프가 변화됩니다. 속도는 0px/sec로 설정하면서 공간만 이동하는 것입니다. 애니메이션 중간에 변화되는 것이 아니라 키프레임이 있는 시간에 순간적으로 위치가 바뀌는 기능입니다.

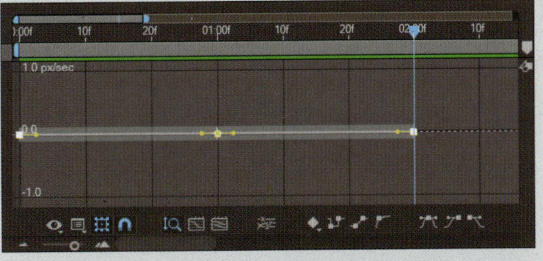

③ Linear(　) : 키프레임을 선택하고 'Linear' 아이콘(　)을 클릭하면 기본 형태의 키프레임으로 변환됩니다. 기본 형태의 키프레임으로 처음 상태에서는 클릭해도 아무 변화가 없습니다.

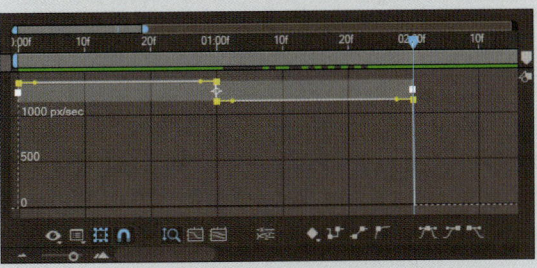

❹ Auto Bezier(▮) : 키프레임을 선택하고 'Auto Bezier' 아이콘(▮)을 클릭하면 키프레임의 양쪽 속도 변화를 계산하여 한쪽 영역은 서서히 속도를 감소시키고 다른 영역은 속도를 증가하는 형태의 애니메이션으로 변화됩니다.

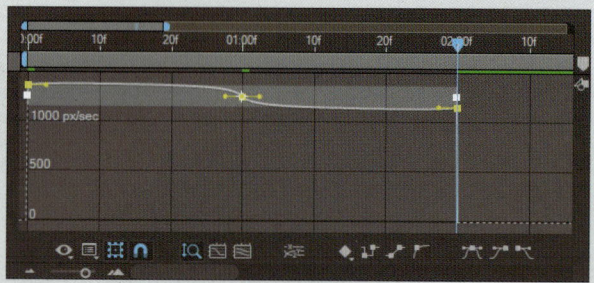

❺ Easy Ease(▮) : 그래프 에디터에서 키프레임에 Easy Ease를 쉽게 만들 수 있는 기능입니다.

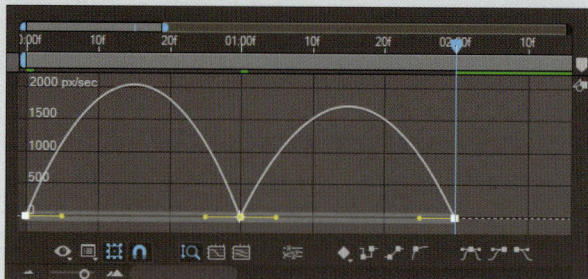

❻ Easy Ease In(▮) : 그래프 에디터에서 키프레임에 Easy Ease In을 쉽게 만들 수 있는 기능입니다.

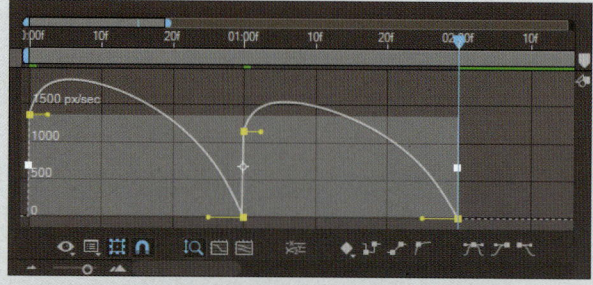

❼ Easy Ease Out(▮) : 그래프 에디터에서 키프레임에 Easy Ease Out을 쉽게 만들 수 있는 기능입니다.

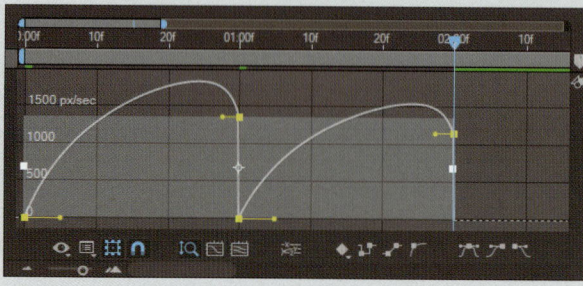

실습예제 07 그래프 에디터로 자연스럽게 움직임 연결하기 ★★★중요

그래프 에디터에서 움직임에 변화를 만들어 봅니다. 속도 변화가 큰 두 개의 키프레임 중간을 자연스럽게 연결하는 애니메이션을 만들어 봅니다.

- **예제파일** : 02\야영.psd
- **완성파일** : 02\야영_완성.aep

01 새 프로젝트를 만들고 02 폴더에서 '야영.psd' 파일을 컴포지션으로 불러옵니다.

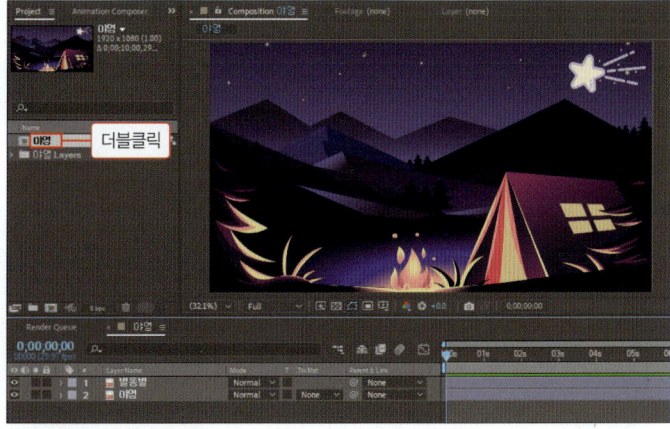

02 속도 변화가 큰 애니메이션을 만들어 봅니다. ❶ Timeline 패널에서 '별똥별' 레이어를 선택하고 ❷ P를 눌러 Position 속성을 표시한 다음 ❸ 현재 시간 표시기를 '0초'로 이동하고 ❹ Position 왼쪽의 'Stop Watch' 아이콘(◎)을 클릭하여 키프레임을 만듭니다.

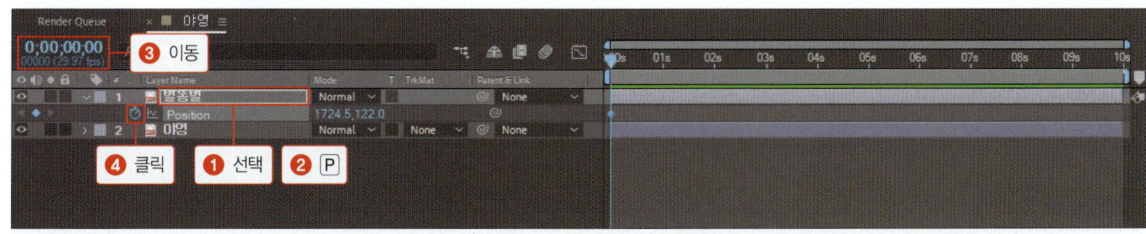

03 ❶ 현재 시간 표시기를 '1초'로 이동합니다. ❷ Composition 패널의 화면에서 '별똥별' 레이어를 그림과 같이 왼쪽으로 드래그하여 키프레임을 만듭니다.

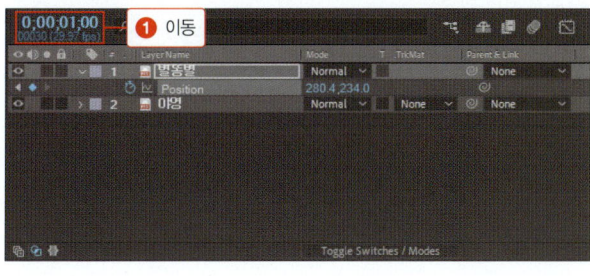
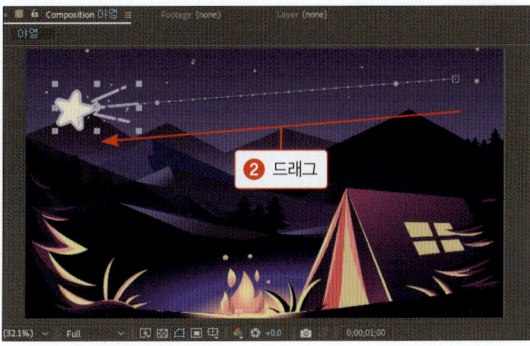

Chapter 04 · 속도 변화에 따른 움직임 제어하기　167

04

❶ 현재 시간 표시기를 '3초'로 이동합니다. ❷ Composition 패널에서 '별똥별' 레이어를 오른쪽으로 드래그해 첫 번째 구간보다 느린 애니메이션을 만듭니다.

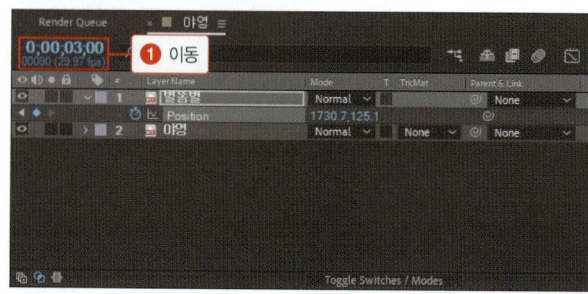 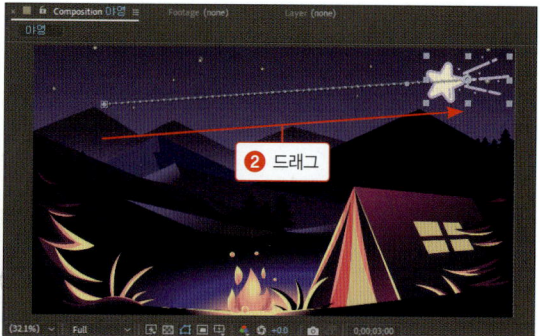

05

Timeline 패널에서 'Graph Editor' 아이콘(■)을 클릭하여 그래프 에디터를 표시합니다.

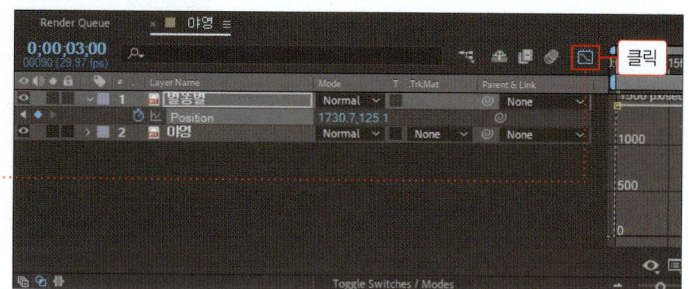

> **왜 그럴까?** 그래프 에디터가 표시되지 않으면 레이어의 키프레임 속성을 선택한 다음 'Graph Editor' 아이콘(■)을 클릭하여 활성화합니다. 이때 반드시 속성을 선택해야 해당 아이콘이 활성화됩니다.

06

스피드 그래프에서 In/Out 조절점의 속도를 살펴보면 앞쪽의 빠른 구간은 '1447.04px/sec', 느린 구간은 '726.5px/sec'인 것을 확인할 수 있습니다. 이때 두 개의 조절점 속도는 거의 2배 정도 차이가 납니다.

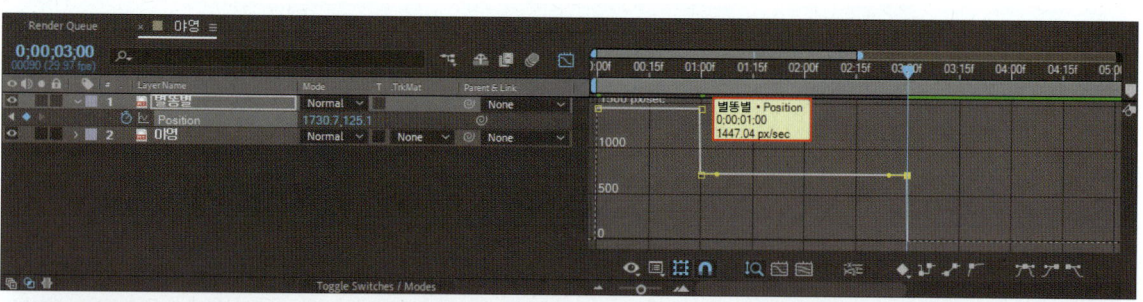

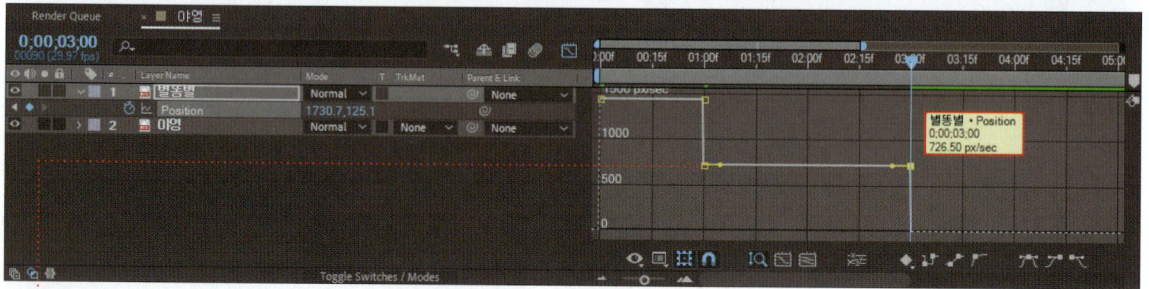

> **왜 그럴까?** 작업하다보면 예제와 똑같은 속도가 정확히는 아니더라도 두 키프레임은 꽤 큰 속도 차이가 생길 것입니다.

07 하나의 키프레임을 기준으로 In/Out에 속도 차이가 있으면 어색하기 때문에 이 사이를 자연스럽게 만들어야 합니다. ❶ 가운데에 있는 속도 차이가 나는 부분의 키프레임을 드래그하여 선택한 다음 ❷ 오른쪽 하단의 'Auto Bezier' 아이콘( )을 클릭합니다.

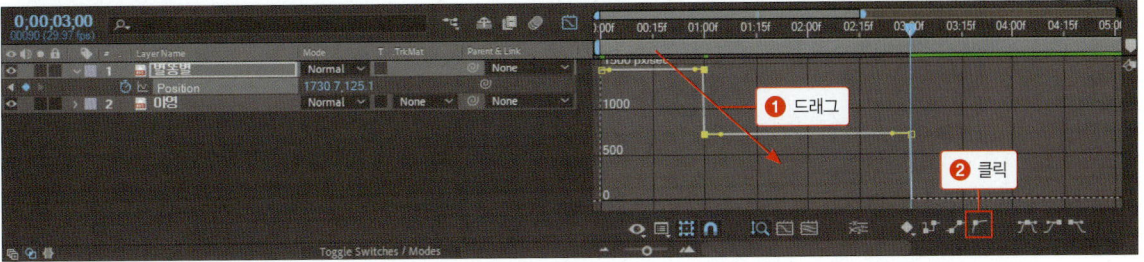

08 서로 떨어져 있는 In/Out 조절점이 하나로 합쳐지면서 빠른 속도는 느려지고, 느린 속도는 빨라져 자연스럽게 연결됩니다.

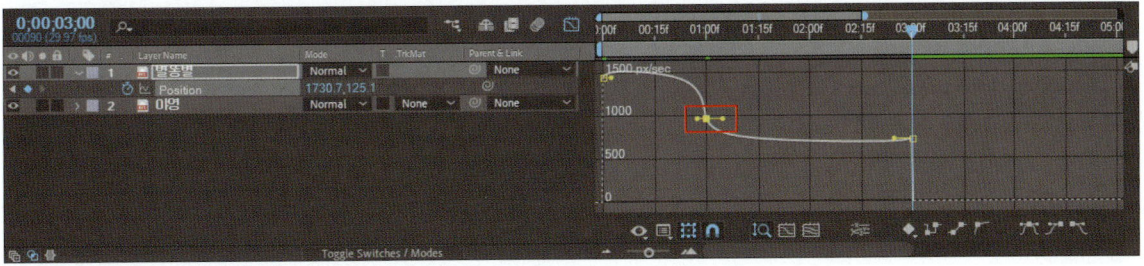

09 그래프 에디터의 Bezier 방향선을 조절하여 움직임을 좀 더 자연스럽게 만듭니다. 가운데 키프레임의 왼쪽 Bezier 조절점을 왼쪽으로 드래그하여 감속 지점을 좀 더 빠르게 지정합니다.

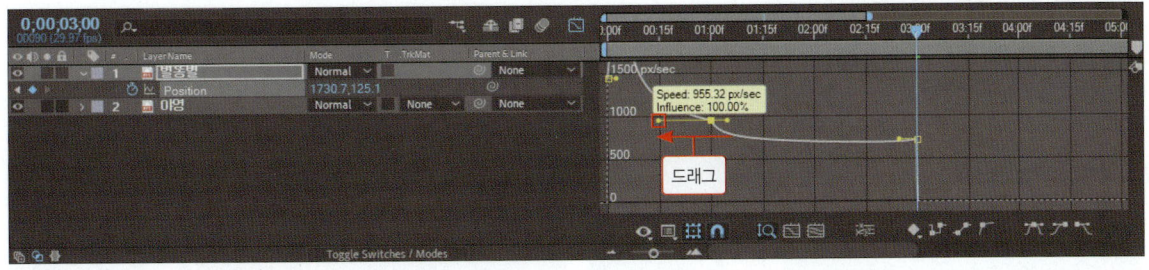

10 세로로 높아진 그래프를 모두 나타내는 기능인 'Auto-Zoom Graph Height' 아이콘( )이 활성화되면 자동으로 높이와 너비가 재배열되면서 그래프가 다음과 같은 형태로 바뀝니다.

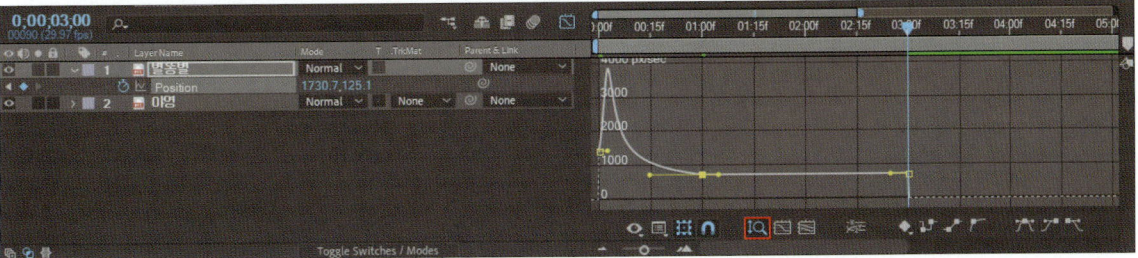

11 속도를 세밀하게 조절하기 위해 먼저 ❶ Timeline 패널의 현재 시간 표시기를 두 번째 키프레임이 있는 '29프레임'으로 이동한 다음 ❷ ⊞를 눌러 확대합니다.

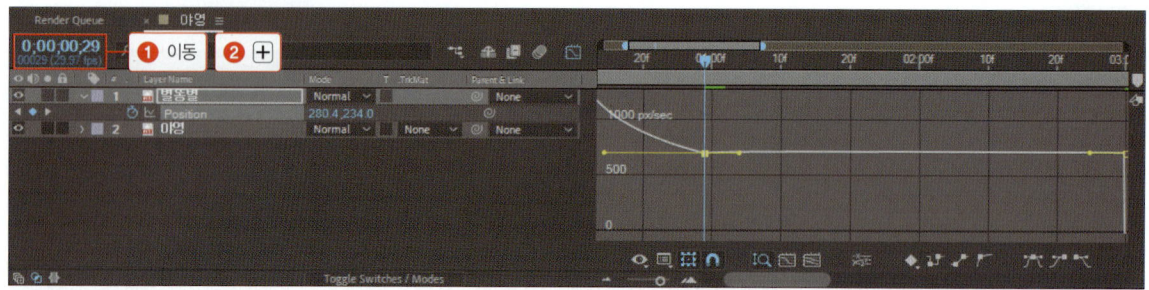

12 조절점을 드래그하여 속도를 기호에 맞게 조절합니다. 여기서는 최대한 스피드 곡선의 완전한 곡선을 만드는 것에 초점을 두었습니다.

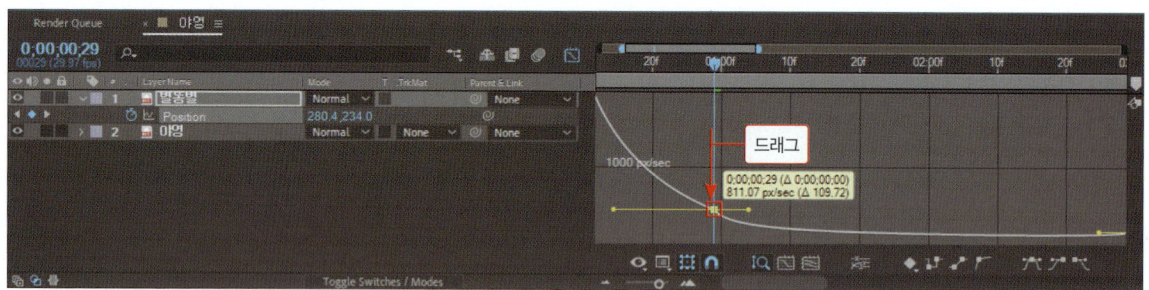

13 속도를 조절하고 나서 Spacebar를 눌러 램 프리뷰를 진행합니다. 자연스러운 속도의 변화를 확인할 수 있습니다.

> **TIP**
> Graph Editor를 이용한 속도의 변화는 Position뿐 아니라 Scale, Rotation, Opacity 등 다양한 속성에 키프레임 애니메이션을 모두 적용할 수 있습니다.

실습예제 08 공처럼 튕기는 애니메이션 만들기

공이 바닥에 떨어져 여러 번 튕기는 애니메이션을 만들어 봅니다. 그래프 에디터를 이용하여 자연스럽게 속도가 달라지는 것과 달리 급격하게 변화되는 두 가지 애니메이션 패턴을 만듭니다.

◉ 예제파일 : 02\농구공.psd   ◉ 완성파일 : 02\농구공_완성.aep

01 새 프로젝트를 만들고 애프터 이펙트 → 02 폴더에서 '농구공.psd' 파일을 컴포지션으로 불러옵니다.

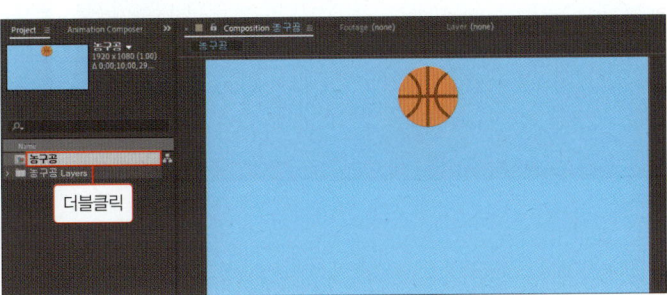

02 먼저 시간과 위치를 고려한 애니메이션을 만들기 위해 농구공이 떨어질 때 시간과 위치를 지정해 봅니다. 보통 공은 1초 이내에 떨어졌다가 다시 튕겨져 올라오므로 '0초'에서는 기본 위치에 있고 '8프레임'에서 아래에 위치한 다음 '16프레임'에서 다시 위로 올라오도록 애니메이션을 만들겠습니다. ❶ 현재 시간 표시기를 '0초'로 이동하고 ❷ '농구공' 레이어를 선택한 다음 ❸ P를 눌러 Position 속성을 표시하고 ❹ Position 왼쪽의 'Stop Watch' 아이콘(◎)을 클릭하여 키프레임을 만듭니다.

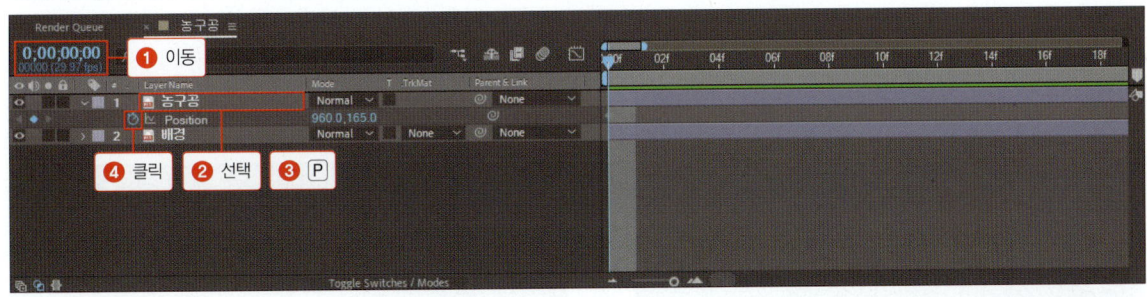

03 ❶ 현재 시간 표시기를 '8프레임'으로 이동한 다음 ❷ '농구공' 레이어를 아래로 드래그하여 키프레임을 만듭니다.

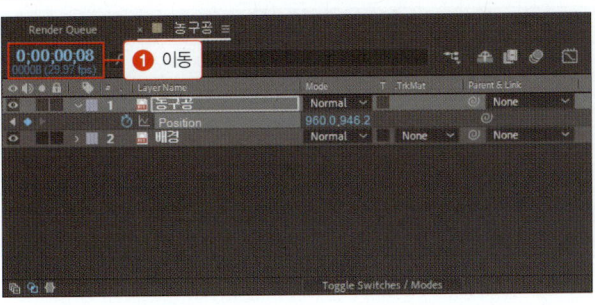
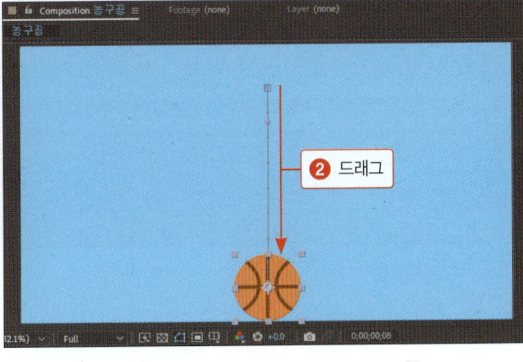

Chapter 04 • 속도 변화에 따른 움직임 제어하기 171

04
❶ 현재 시간 표시기를 '16프레임'으로 이동한 다음 ❷ '농구공' 레이어를 위로 드래그하여 키프레임을 만듭니다. 이때 처음 위치가 아닌 실제 공을 생각해서 약간 아래에 위치하도록 합니다. 지금까지 공이 한 번 아래로 내려갔다가 다시 위로 올라오는 애니메이션을 만들었습니다. Spacebar를 눌러 램 프리뷰를 진행하면 내려갔다 올라가는 등속도의 움직임을 확인할 수 있습니다.

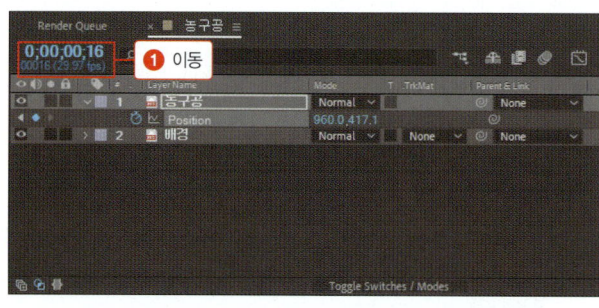
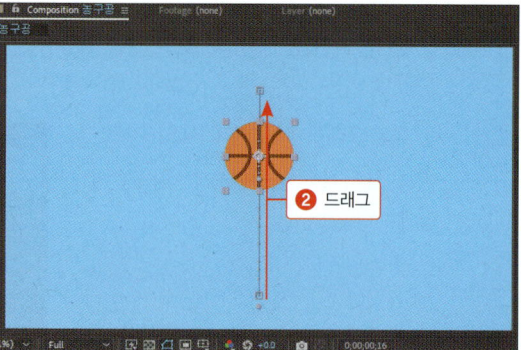

05
그래프 에디터를 이용해 좀 더 자연스러운 움직임으로 바꿔 봅니다. Timeline 패널에서 'Graph Editor' 아이콘(■)을 클릭하여 그래프 에디터를 표시합니다.

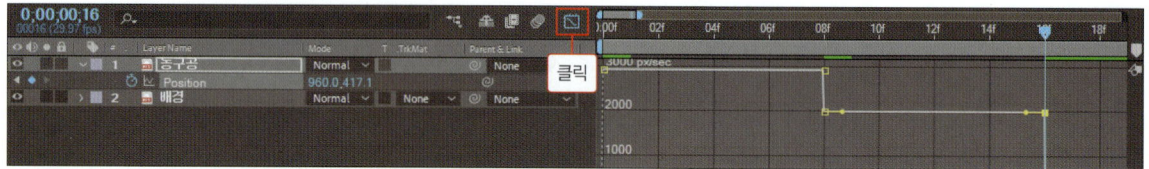

06
첫 번째 애니메이션이 시작되는 키프레임의 그래프를 수정해 봅니다. 왼쪽 키프레임을 선택한 다음 Out Bezier 조절점을 아래로 드래그하여 '0'에 위치시킵니다.

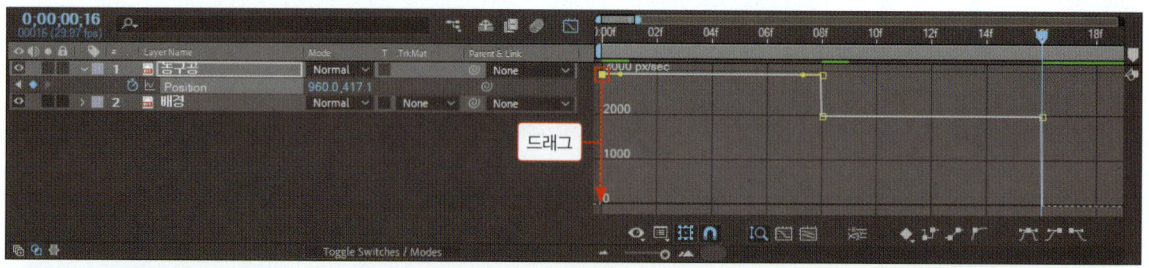

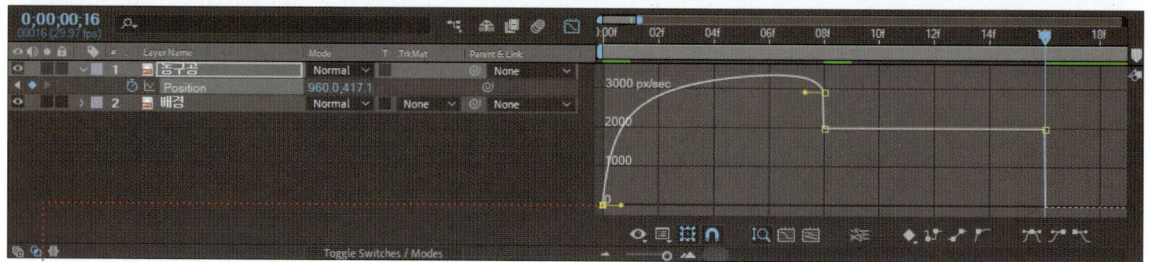

> **왜 그럴까?** 낙하하는 애니메이션은 위에서 떨어지면서 시작합니다. 처음 위에서 멈춰 있을 때는 속도가 0이며, 떨어지는 순간부터 중력이 작용해 속도가 서서히 빨라지기 때문에 속도는 0에서부터 시작해야 합니다.

07 '농구공' 레이어가 두 번째로 바닥에 도착할 때는 중력이 크게 작용하여 가장 빠른 속도로 떨어지기 때문에 속도는 빨라져야 합니다. 두 번째 키프레임의 In Bezier 조절점을 위로 드래그하여 이동합니다.

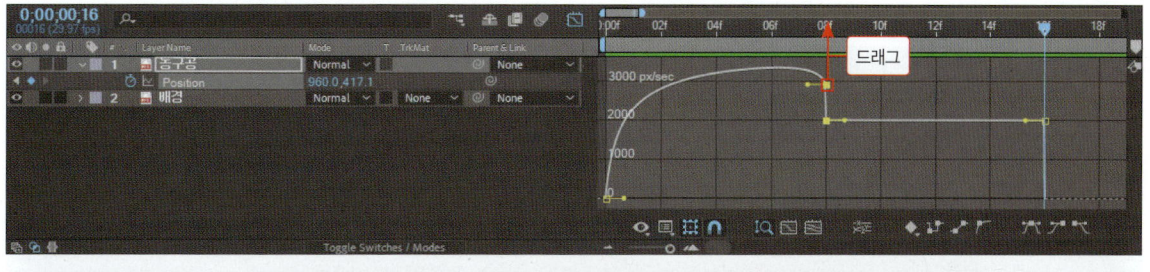

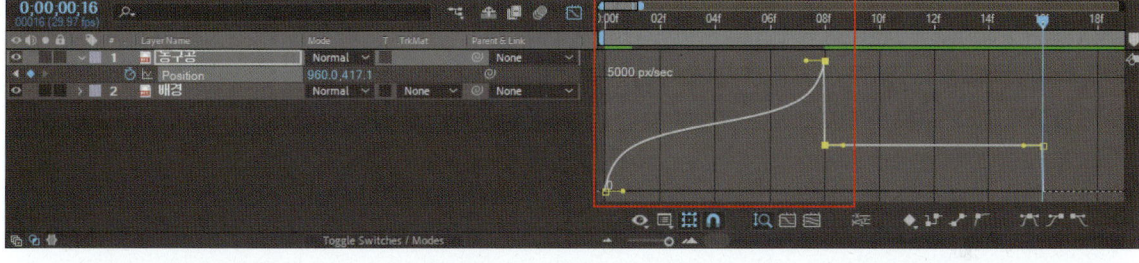

▲ 시작 부분은 속도가 느리고 끝 부분은 속도가 빠르게 설정된 모습

08 이제 In/Out에 해당하는 Bezier 방향선을 양쪽으로 드래그하여 곡선이 서서히 올라가는 그래프 형태로 만듭니다. 0초의 Out Bezier 조절점을 오른쪽으로 드래그하여 Influence를 '85%'에 가깝게 설정합니다.

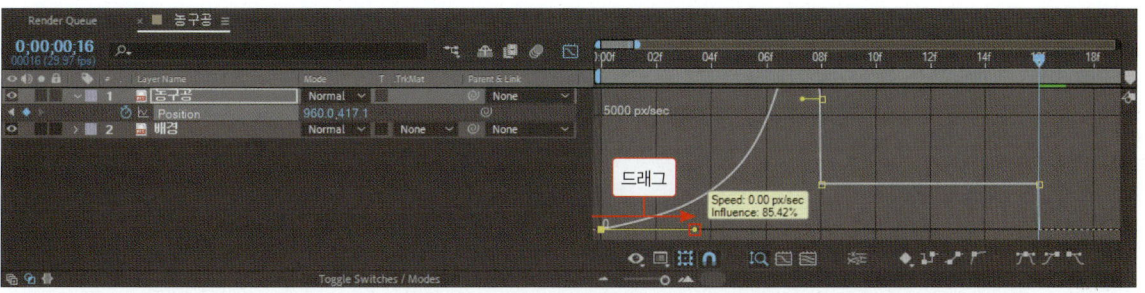

09 두 번째 키프레임의 In이 감소 곡선으로 되어 있습니다. In Bezier 조절점을 위로 드래그하여 증가하는 곡선 형태로 바꿉니다.

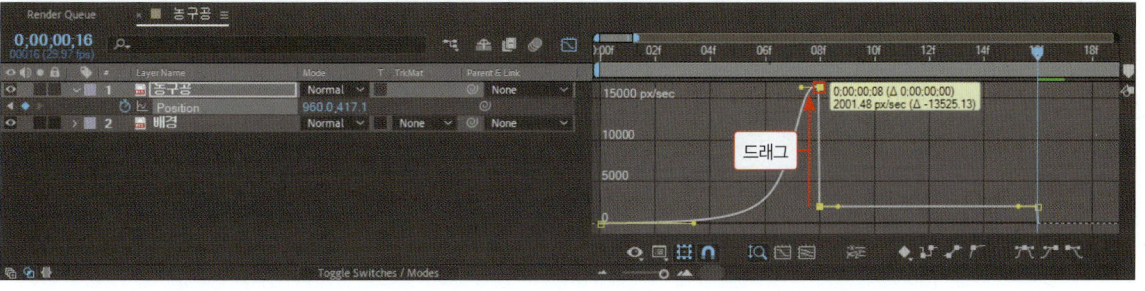

10 두 번째 키프레임의 Out을 작업합니다. '농구공' 레이어가 떨어질 때 중력에 의해 가장 빠른 속도로 떨어지면서 바닥에 닿습니다. 이후 다시 튕기듯 빠른 속도로 위로 올라갑니다. 위로 올라가기 시작하는 시점이 가장 빠른 속도로 Out Bezier 조절점을 위로 드래그하여 이동합니다.

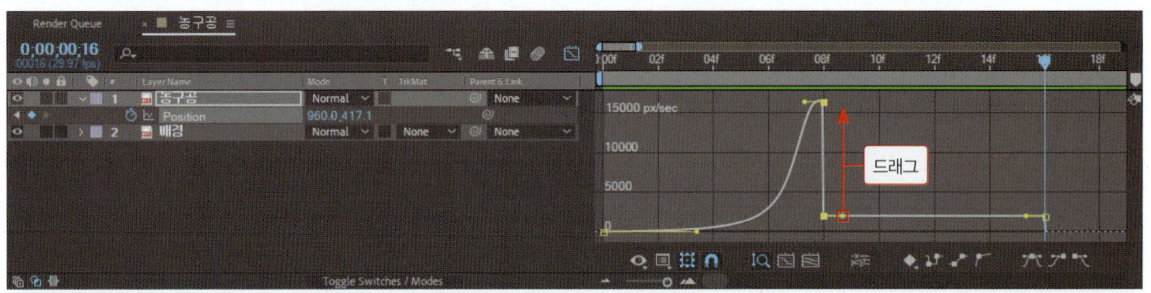

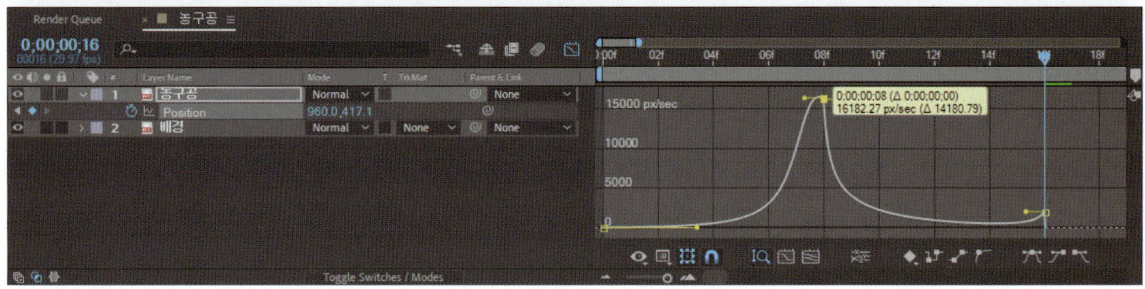

11 다시 공중으로 올라갔을 때 반발력은 중력에 의해 서서히 줄어들면서 순간 속도는 '0'이 됩니다. ❶ 세 번째 키프레임의 In Bezier 조절점을 아래로 드래그하여 속도를 '0'으로 만들고 ❷ 왼쪽으로 드래그하여 Influence를 '60~80%'로 설정합니다.

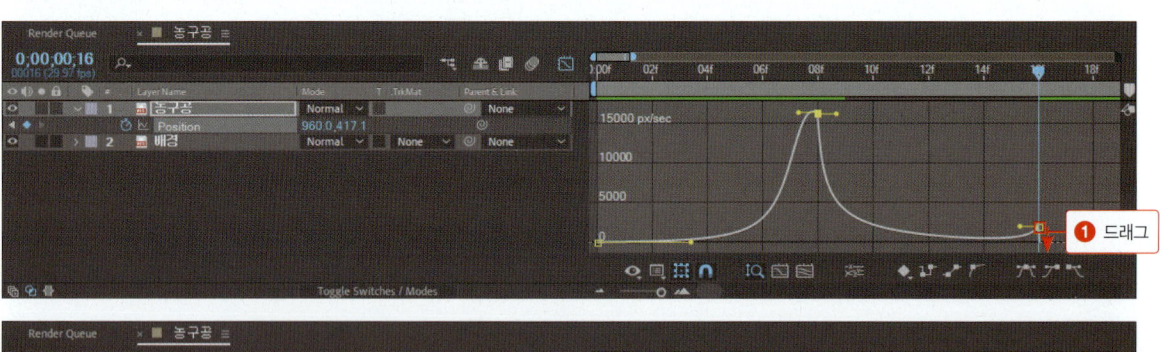

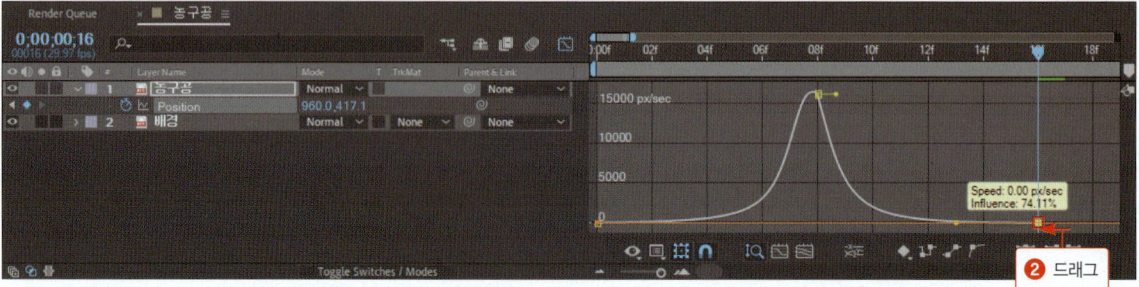

12 '농구공' 레이어가 한 번 떨어졌다가 다시 위로 올라가는 애니메이션을 만들었습니다. 속도를 변화시키면 빠른 부분과 느린 부분이 분명하게 나타나면서 지나치게 빠른 애니메이션이 만들어졌습니다. 전체적인 시간을 조절하기 위해 그래프 에디터에서 모든 키프레임을 드래그하여 선택합니다.

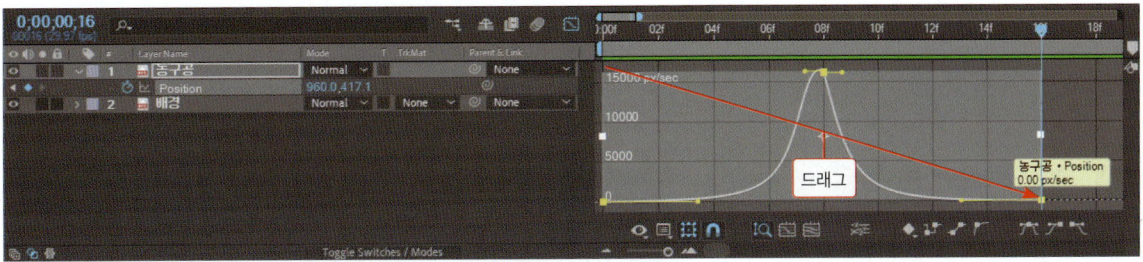

13 바운딩 박스가 나타나면 오른쪽 조절점을 드래그하여 전체 시간을 변경할 수 있습니다. ❶ ⊟를 눌러 화면을 축소한 다음 ❷ 드래그하여 이동합니다. 예제에서는 1초까지 드래그하여 시간을 늘렸습니다.

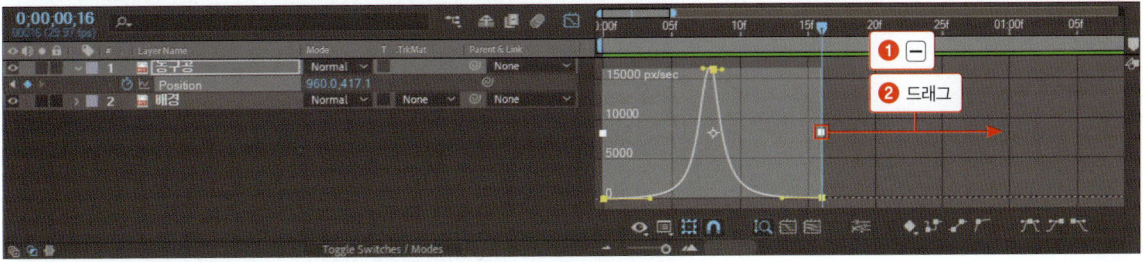

14 그래프 에디터 작업을 마치고 Spacebar를 눌러 램 프리뷰를 진행합니다. 영상을 확인하면 공이 한 번 바닥에 떨어졌다 튕기는 애니메이션을 확인할 수 있습니다. 예제에서는 한 번 튕기는 애니메이션을 만들었지만 여러 번 튕기면 더 사실적인 움직임을 만들 수 있습니다.

실습예제 09 그래프 에디터로 화면 전환하기

그래프 에디터를 이용하여 서로 다른 영상에 화면 전환 효과를 적용하여 하나의 영상처럼 보이게 만들 수 있습니다. 그래프를 활용해서 화면 전환 효과를 만들어 봅니다.

○ 예제파일 : 02\화면 전환.aep   ○ 완성파일 : 02\화면 전환_완성.aep

01 메뉴에서 (File) → Open Project를 실행하고 02 폴더에서 '화면 전환.aep' 파일을 컴포지션으로 불러옵니다.

02 ① Timeline 패널에 있는 '화면 전환 1.mp4' 레이어와 '화면 전환2.mp4' 레이어를 Shift를 누른 상태로 모두 선택합니다.
② R을 눌러 Rotation 속성을 표시하고 ③ Rotation 왼쪽의 'Stop Watch' 아이콘( )을 클릭하여 키프레임을 만듭니다.

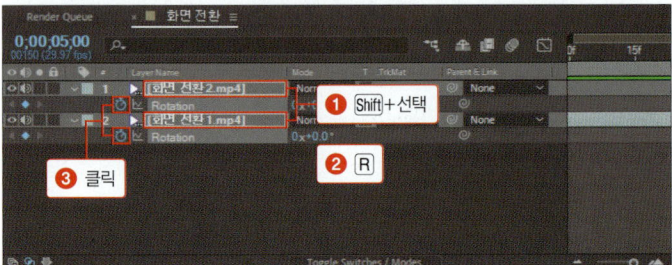

03 ① 현재 시간 표시기를 두 영상의 경계 부분인 '5초'로 이동하고 ② '화면 전환2.mp4' 레이어의 Rotation을 '180°', ③ '화면 전환1.mp4' 레이어의 Rotation을 '-180°'로 설정합니다.

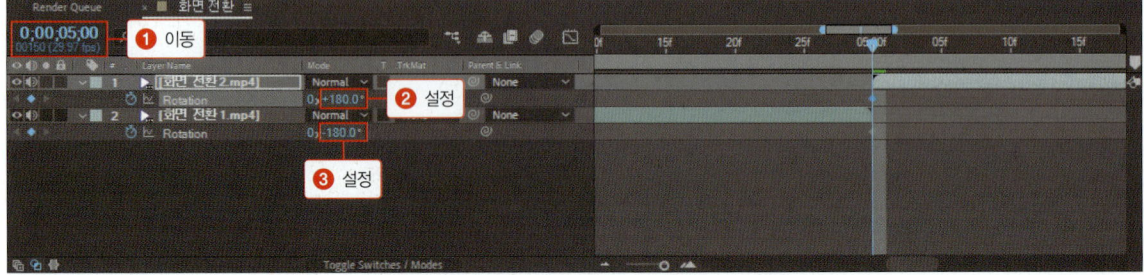

04 ① 현재 시간 표시기를 '5초 10프레임'으로 이동한 다음 ② '화면 전환2.mp4' 레이어의 Rotation을 '0°'로 설정합니다.

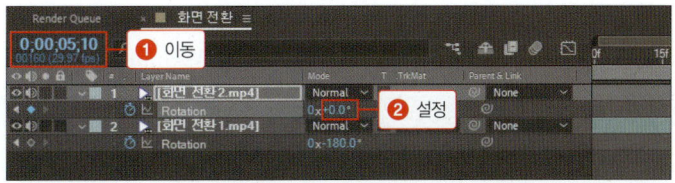

05 ① 현재 시간 표시기를 '4초 20프레임'으로 이동한 다음 ② '화면 전환1.mp4' 레이어의 Rotation을 '0°'로 설정합니다.

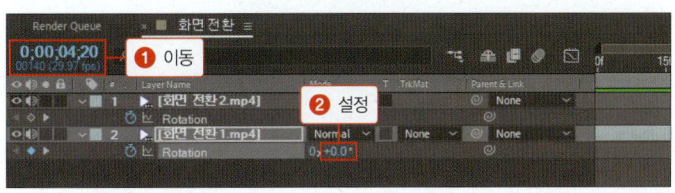

06 Spacebar 또는 ⓪을 눌러 램 프리뷰를 진행합니다. 영상을 확인하면 영상이 회전하는 형태의 키프레임 애니메이션을 확인할 수 있습니다.

07 레이어가 회전하면서 생기는 빈 공간을 채우기 위해 ① Effects & Presets 패널에서 'Motion Tile' 이펙트를 검색하고 ② Timeline 패널의 '화면 전환2.mp4' 레이어로 드래그하여 적용합니다.

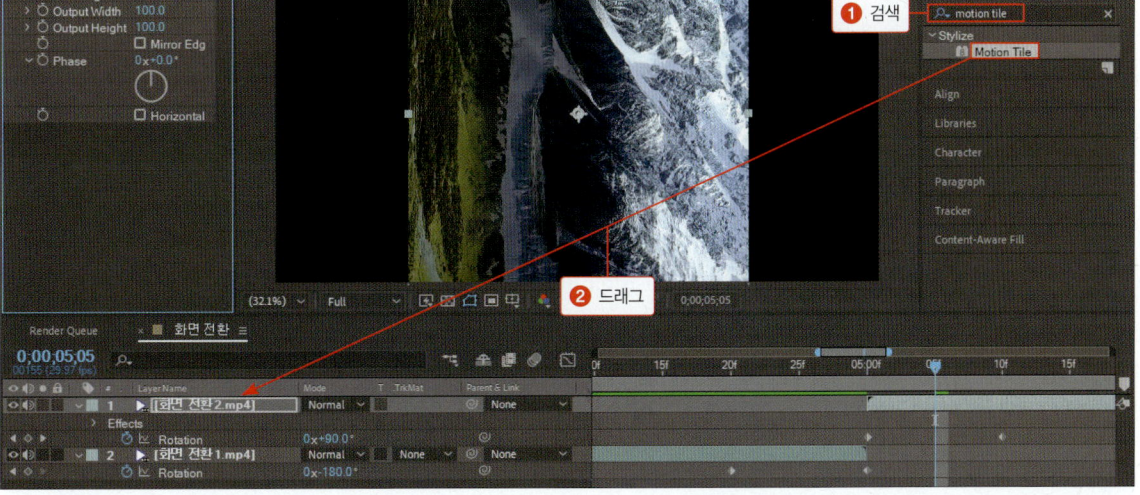

Chapter 04 • 속도 변화에 따른 움직임 제어하기 177

08
❶ Effect Controls 패널에서 Motion Tile 항목의 Output Width와 Output Height를 각각 '200'으로 설정하고 ❷ 'Mirror Edges'를 체크 표시합니다. 화면의 비어 있던 공간이 만화경처럼 자연스럽게 이어집니다.

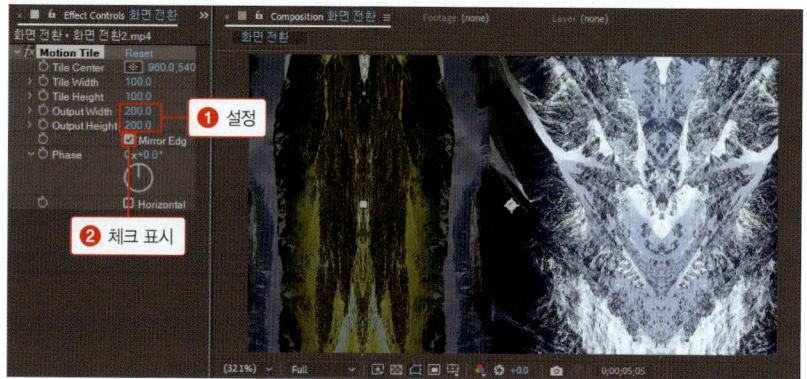

09
같은 효과를 '화면 전환1.mp4' 레이어에도 적용하기 위해 먼저 적용된 효과와 설정을 복제하면 효율적으로 작업을 할 수 있습니다. ❶ Effect Controls 패널의 Motion Tile 항목을 선택한 다음 ❷ Ctrl+C를 누릅니다.

10
❶ 현재 시간 표시기를 '화면 전환1.mp4' 레이어가 위치한 곳으로 이동한 다음 ❷ '화면 전환1.mp4' 레이어를 선택하고 ❸ Ctrl+V를 누르면 효과가 그대로 적용된 것을 확인할 수 있습니다.

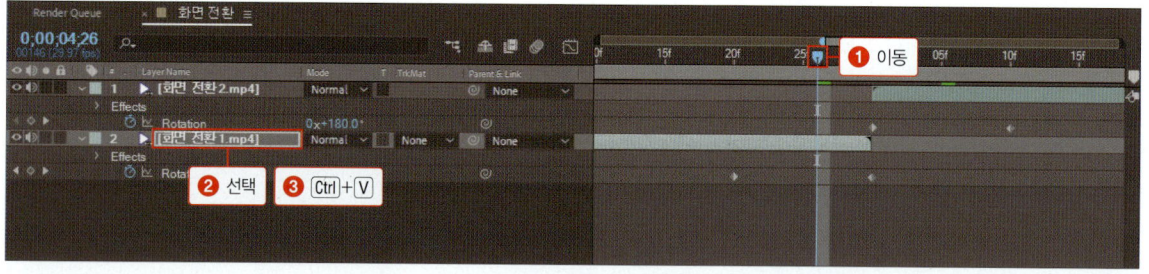

11
❶ Timeline 패널에서 '화면 전환2.mp4' 레이어의 키프레임 두 개를 드래그하여 선택합니다. ❷ Timeline 패널에서 'Graph Editor' 아이콘(■)을 클릭하여 그래프 에디터를 표시합니다.

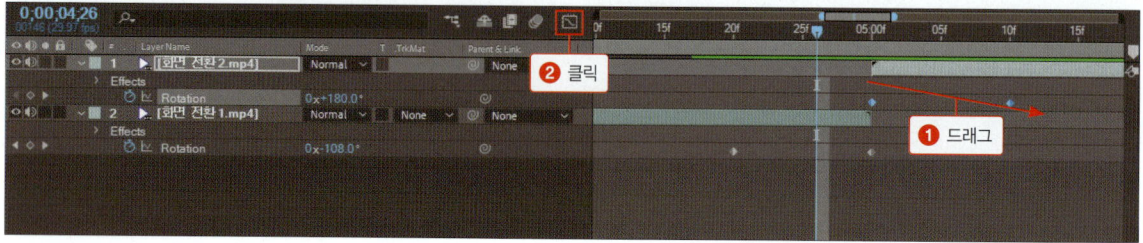

12 오른쪽 키프레임의 Out Bezier 조절점을 위로 드래그하여 '0'에 위치시킵니다. 그래프의 모양이 변형됩니다.

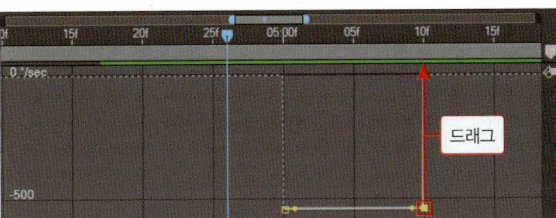 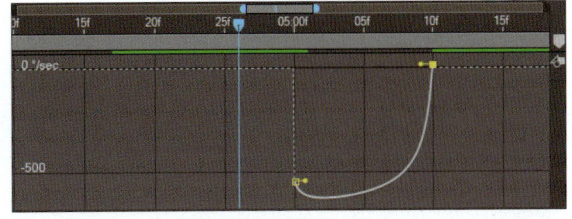

13 오른쪽 키프레임의 방향선을 왼쪽으로 드래그하여 Influence를 '100%'로 설정합니다. 그래프가 뾰족해지면서 모양이 다시 변형됩니다.

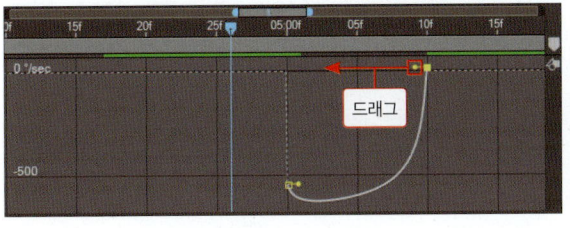 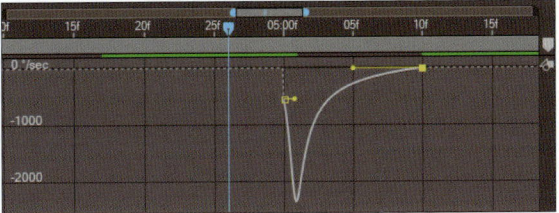

14 5초에 있는 조절점의 방향선도 왼쪽으로 드래그하여 그림과 같이 완벽한 곡선이 되도록 그래프를 변형합니다.

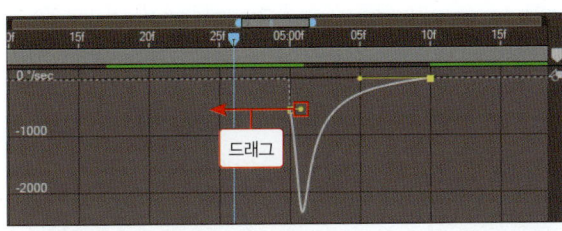 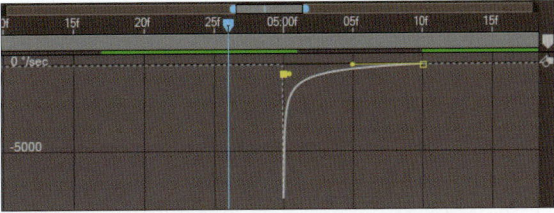

15 ❶ '화면 전환 1.mp4' 레이어의 Rotation을 선택하여 해당 옵션의 그래프를 표시합니다. ❷ 왼쪽 키프레임의 Out Bezier 조절점을 위로 드래그하여 '0'에 위치시킵니다. 그래프의 모양이 변형됩니다.

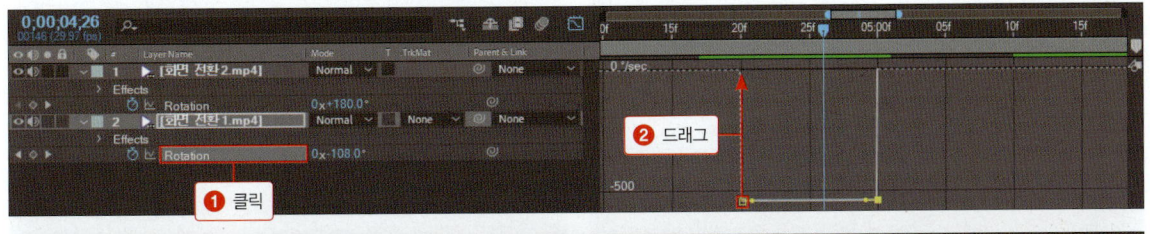

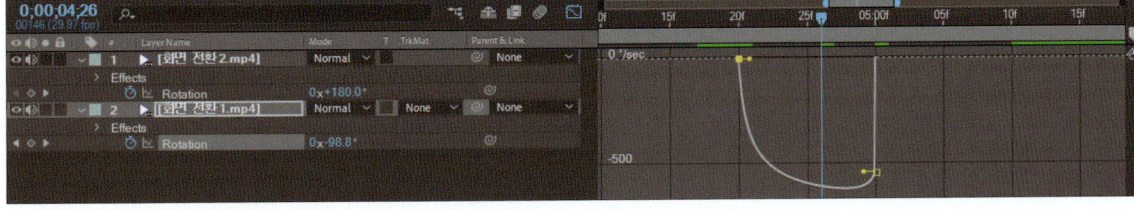

16 해당 조절점 옆에 있는 방향선을 오른쪽으로 드래그하여 Influence를 '100%'로 설정합니다. 그래프가 뾰족해지면서 모양이 다시 변형됩니다.

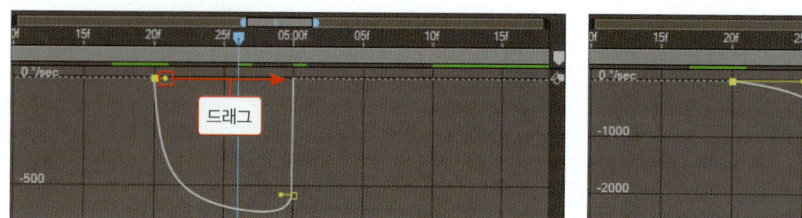
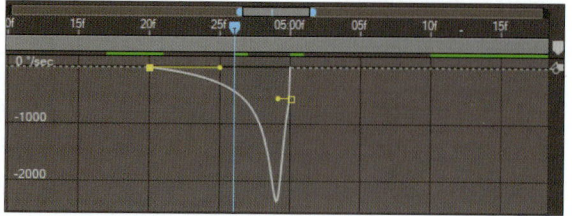

17 5초에 있는 조절점의 방향선도 오른쪽으로 드래그하여 그림과 같이 완벽한 곡선이 되도록 그래프를 변형합니다.

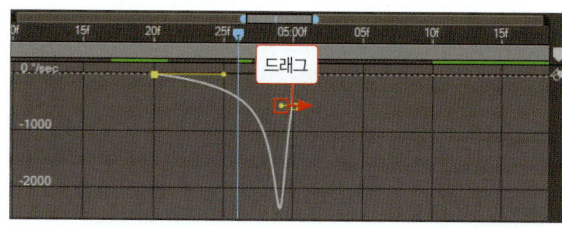
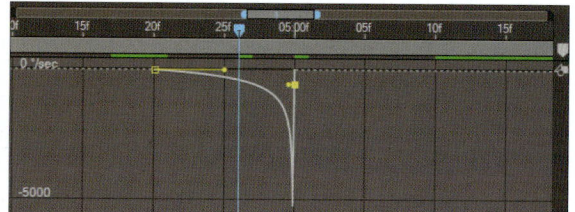

18 Spacebar를 눌러 램 프리뷰를 진행합니다. 영상이 회전하면서 자연스럽게 화면이 전환되는 효과를 확인할 수 있습니다.

> **TIP**
> 'Motion Blur' 아이콘(⬤)을 활성화하면 회전하면서 모션 블러가 생기는 효과를 연출할 수도 있습니다.

움직임의 속성과 속도 변화 만들기

111쪽 참고

Transform의 다섯 가지 속성을 모두 이용하여 움직임을 만들어 보세요.

`예제파일` 02\5ProPerty.psd   `완성파일` 02\5ProPerty_완성.aep
`해설 동영상` 02\2-1.mp4

> **Hint** Transform의 다섯 가지 속성(Position, Rotation, Scale, Opacity, Anchor Point)에서 Scale과 Rotation 속성의 키프레임 만들기 → 현재 시간 표시기를 '2초'로 이동하기 → 변화를 통해 애니메이션 만들기

142쪽 참고

속도 변화가 큰 움직임을 만들어 봅니다. '0~1초'는 느리고, '1~1.5초'는 빠른 애니메이션을 만들어 보세요.

`예제파일` 02\Speed.psd   `완성파일` 02\Speed_완성.aep
`해설 동영상` 02\2-2.mp4

> **Hint** Position 키프레임을 설정해서 왼쪽에서 오른쪽으로 움직이는 애니메이션 만들기 → 그래프 에디터의 이용해서 Speed Graph에서 그래프를 조절하여 시간 별로 차이나는 속도 변화 만들기

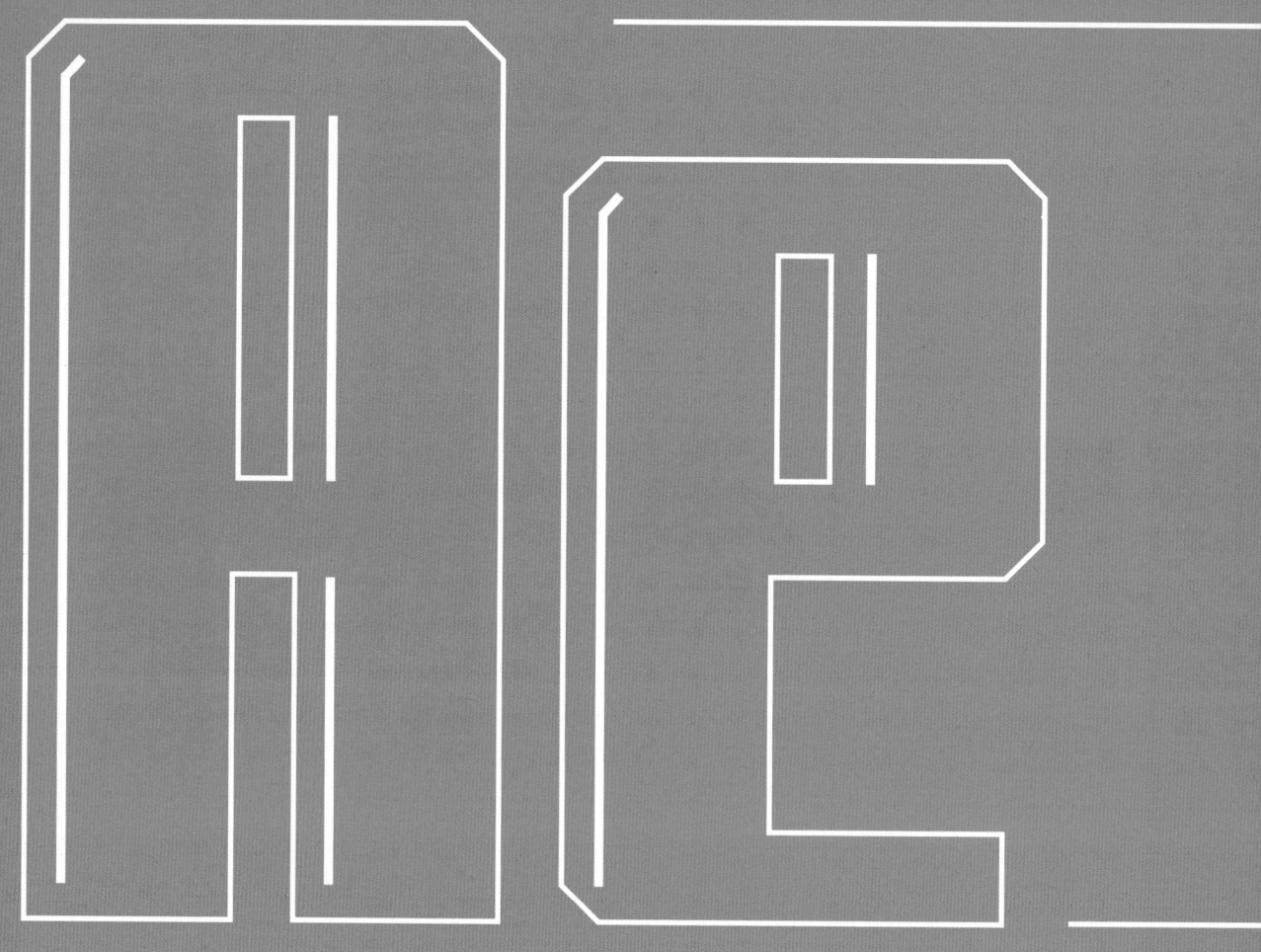

레이어의 일부분만 나타내어 배경 혹은 배경 레이어가 보이도록 하는 마스크, 다른 레이어와 연동해 레이어의 일부를 나타내는 매트, 레이어 색을 중첩시켜서 자연스러운 합성을 할 수 있는 블렌드 모드는 모션 그래픽 및 영상 제작 분야에서 자주 사용하는 중요한 기능입니다. 해당 기능에 대해 알아보겠습니다.

PART 3.

마스크와 매트, 블렌딩 모드 활용하기

01 | 마스크 알아보기
02 | 매트 알아보기
03 | 블렌딩 모드 알아보기

Path • Mask

마스크 알아보기

특정 부분을 선택하여 다채로운 효과를 만들 수 있는 마스크 기능과 모션 그래픽에서 많이 사용하는 패스 기능에 대해 알아보겠습니다.

필수기능 01 패스 이해하기 중요

애프터 이펙트에는 마스크라는 핵심적인 기능이 있습니다. 마스크를 이해하기 위해 패스에 관한 개념을 먼저 이해해야 합니다. 패스에 대해서 살펴보겠습니다.

패스 개념 이해하기

마스크를 만들기 위해 패스를 만드는 과정을 이해합니다. 패스와 마스크 모두 레이어에 추가하는 기능이므로 반드시 적용할 레이어를 선택해야 합니다. 만약 레이어를 선택하지 않고 작업하면 마스크가 아닌 셰이프 레이어(Shape Layer)가 만들어집니다.

패스는 주로 펜 도구를 이용하여 만들 수 있습니다. 패스는 우리말로 '선'이라는 뜻으로 패스는 레이어를 선택하고 펜 도구를 활용하여 레이어에 클릭과 드래그 작업을 하면 생기는 모든 선을 의미합니다. 패스의 시작 점과 패스의 끝 점을 이어서 하나의 도형이 만들어지면 패스를 이용한 마스크가 만들어집니다.

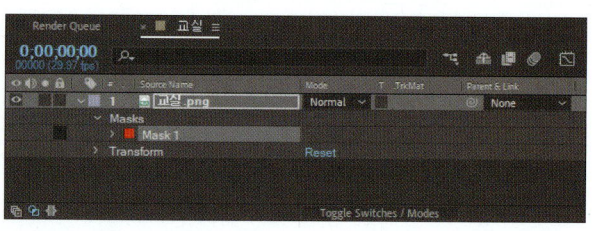

◀ Composition 패널의 화면에서 마스크를 적용할 레이어를 선택한 모습

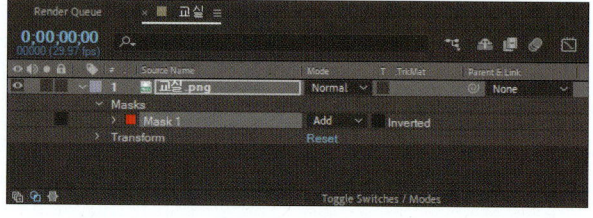

◀ 레이어에 패스 도구를 이용하여 마스크 기능이 추가된 모습

필수기능 02 마스크 이해하기 ★★중요

패스 기능을 하나의 도형으로 완성하면 마스크가 됩니다. 마스크에 대해 살펴보겠습니다.

마스크 기능 알아보기

패스를 하나의 도형으로 완성하면 패스 기능에 '마스크' 기능이 추가됩니다. 마스크는 선을 이어서 하나의 영역을 지정하는 것으로 생각하면 이해하기 좋습니다. 마스크가 되면 마스크로 지정된 영역 이외의 부분은 투명하게 만들어져 표시되지 않습니다. 즉, 레이어에 추가된 선은 모두 패스로 하나의 도형으로 시작 점과 끝 점을 이어서 완성하면 마스크 기능이 추가됩니다. 단, 마스크 기능이 활성화된 패스도 패스 기능을 가집니다. 이러한 기능을 '마스크'라는 용어로 통일합니다.

마스크는 펜 도구를 활용하는 방법도 있지만, 사각형 도구를 활용하여 한 번에 특정 모양의 마스크를 만들어 도형에 맞는 마스크를 쉽게 만들 수 있습니다.

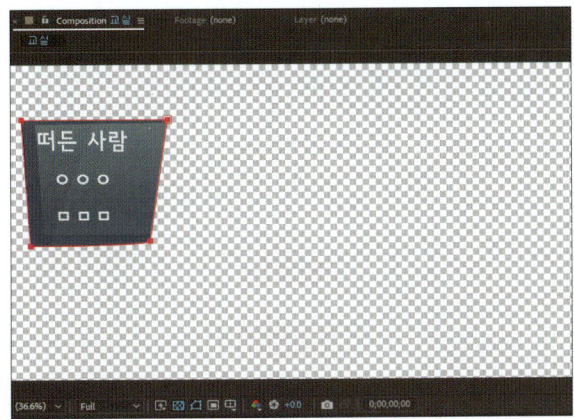
▲ 펜 도구를 이용한 마스크

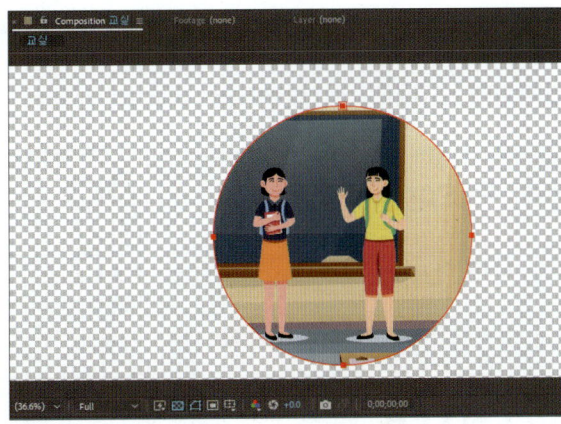
▲ 원형 도구를 이용한 마스크

마스크를 만드는 셰이프 도구와 패스 도구 알아보기

마스크를 만드는 도구로는 레이어에 기본 선택 영역을 만드는 셰이프 도구, 자유롭게 형태를 그려 선택 영역을 만들 수 있는 펜 도구로 나뉩니다. 이때 마스크 도구에는 사각형 외에도 둥근 사각형 도구, 원형 도구, 다각형 도구, 별 도구를 이용할 수 있어 다양한 형태의 마스크를 만들 수 있습니다. 기본적으로 활성화되어 있는 마스크 도구는 사각형 도구입니다. 레이어를 선택하지 않고 셰이프 도구를 이용하여 도형을 만들면 셰이프 레이어가 됩니다.

❶ **사각형 도구(Rectangle Tool)** : 사각형 마스크를 만듭니다.
❷ **둥근 사각형 도구(Rounded Rectangle Tool)** : 모서리가 둥근 사각형 마스크를 만듭니다.
❸ **원형 도구(Ellipse Tool)** : 원형 마스크를 만듭니다.
❹ **다각형 도구(Polygon Tool)** : 다각형 마스크를 만듭니다.
❺ **별형 도구(Star Tool)** : 별형 마스크를 만듭니다.

펜 도구에는 기준점 추가 도구, 기준섬 삭제 도구, 기준점 변환 도구, 마스크 페더 도구가 있습니다. 모두 셰이프 도구처럼 마스크 형태를 만들 수 있으며 레이어를 선택하지 않고 펜 도구를 이용하여 패스를 만들면 셰이프 레이어가 됩니다.

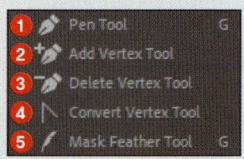

1 펜 도구(Pen Tool) : 펜으로 선을 그려 마스크를 만듭니다.
2 기준점 추가 도구(Add Vertex Tool) : 만들어진 마스크에 기준점을 추가합니다.
3 기준점 삭제 도구(Delete Vertex Tool) : 만들어진 마스크의 기준점을 삭제합니다.
4 기준점 변환 도구(Convert Vertex Tool) : 기준점 형태를 직선에서 곡선으로 변경할 수 있는 도구로, Bezier 조절점을 만들어 곡선으로 만들고 조절합니다.
5 마스크 페더 도구(Mask Feather Tool) : 마스크 영역의 일부분에 페더(Feather)를 적용할 수 있습니다. 경계 부분을 흐리게 하여 배경과 자연스럽게 만들 때 사용합니다.

실습예제 03 · 셰이프 도구를 이용해서 마스크 만들기 · 우선순위 | TOP 10 · 중요 ★★

셰이프 도구를 이용해서 마스크를 만들고 위치를 조정해 봅니다.

○ 예제파일 : 03\표지판.png   ○ 완성파일 : 03\표지판_완성.aep

Before

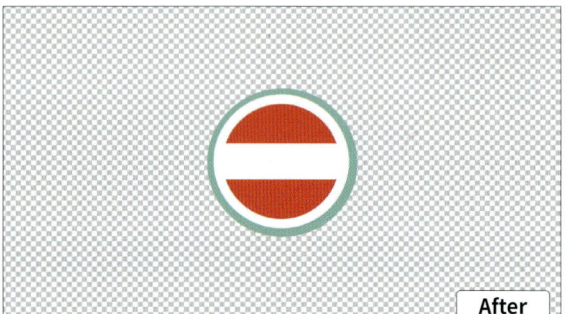
After

01 새 프로젝트를 만든 다음 ❶ 03 폴더에서 '표지판.png' 파일을 컴포지션으로 불러옵니다. ❷ Timeline 패널에서 '표지판.png' 레이어를 선택하고 ❸ Tools 패널에서 사각형 도구(■)를 길게 클릭한 다음 ❹ 원형 도구(●)를 선택합니다.

02 Composition 패널의 화면 하단에 있는 둥근 표지판에 맞춰 화면을 길게 드래그하여 다음과 같이 둥근 마스크를 만듭니다. 이때 Shift를 누른 상태로 드래그하면 원형 모양을 만들 수 있습니다.

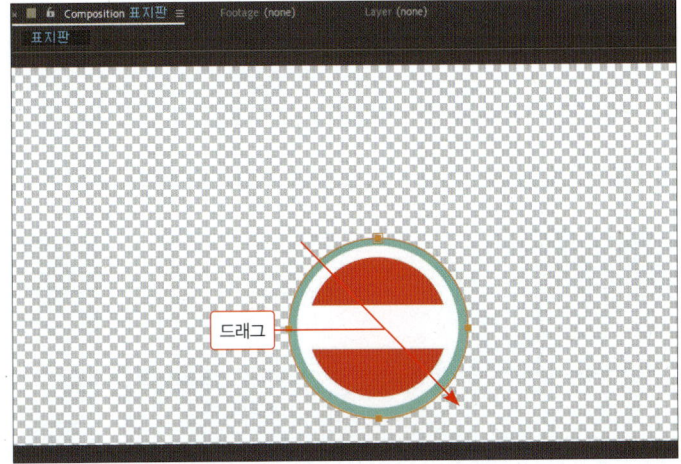

TIP
Composition 패널 하단에 있는 'Toggle Transparency Grid' 아이콘(⬚)을 클릭하여 활성화하면 배경을 투명하게 만듭니다.

03 ❶ Tools 패널에서 선택 도구(▶)를 선택하고 ❷ Composition 패널의 화면에 있는 마스크가 적용된 표지판을 드래그하여 위치를 화면의 가운데로 이동합니다.

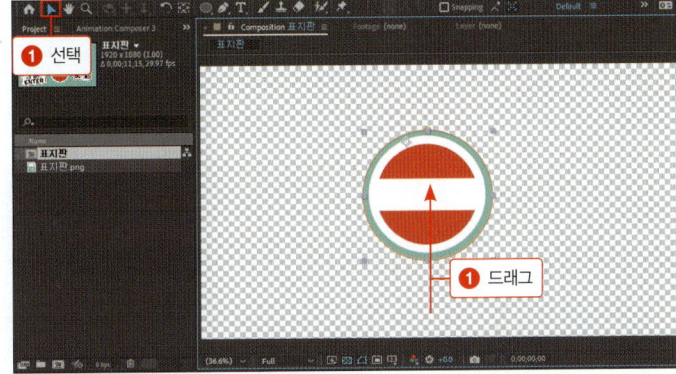

04 ❶ Align 패널을 클릭하여 활성화하고 ❷ 'Align Hotizontally' 아이콘(▤)과 ❸ 'Align Vertically' 아이콘(▤)을 클릭하면 화면의 정중앙으로 소스가 이동합니다.

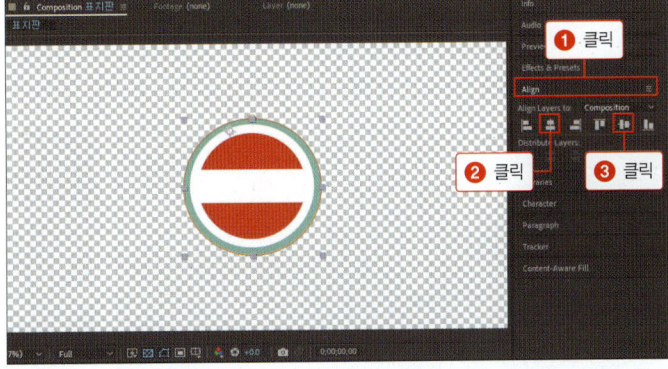

TIP
Align 패널을 이용하면 캔버스에 정확히 소스를 배치할 수 있습니다.

Chapter 01 • 마스크 알아보기 **187**

실습예제 04 패스 도구를 이용해서 마스크 만들기 우선순위 | TOP 10

패스 도구를 이용해서 마스크를 활용한 재밌는 영상 효과를 만들어 봅니다.

● 예제파일 : 03\가위바위보.aep   ● 완성파일 : 03\가위바위보_완성.aep

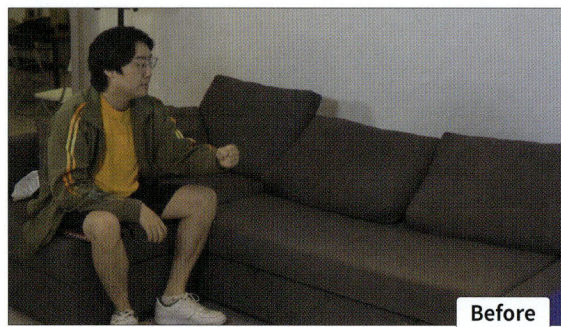

01 메뉴에서 (File) → Open Project를 실행하고 03 폴더에서 '가위바위보.aep' 파일을 컴포지션으로 불러옵니다.

02 본 예제에서 가운데를 기준으로 왼쪽과 오른쪽에 동일 인물이 가위바위보를 하는 장면을 촬영한 영상입니다. 마스크 기능을 이용하여 같은 사람이 가위바위보를 하는 효과를 만듭니다.

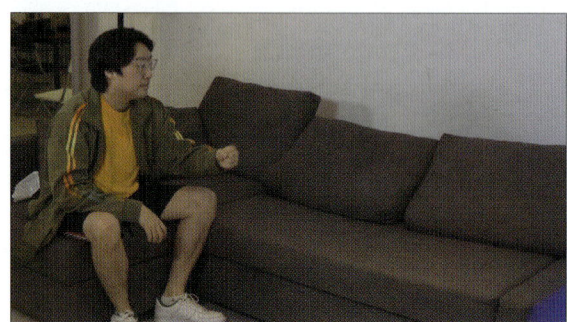

▲ '가위바위보 왼쪽.mp4' 레이어   ▲ '가위바위보 오른쪽.mp4' 레이어

03 ❶ Timeline 패널에서 '가위바위보 왼쪽.mp4' 레이어를 선택하고 ❷ Tools 패널에서 펜 도구( )를 선택합니다.

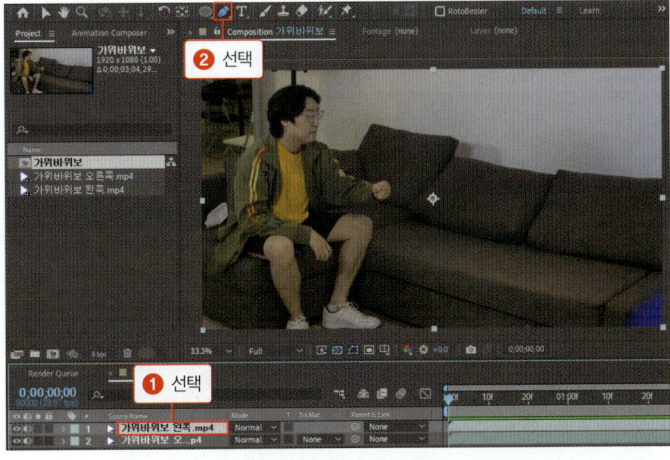

04 현재 시간 표시기를 '1초 15프레임'으로 드래그하여 이동합니다. 가위바위보로 손이 최대로 펼쳐진 상태를 기준으로 마스크 작업을 진행합니다.

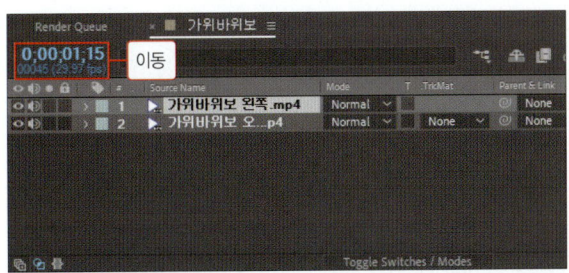

05 Composition 패널에 클릭 또는 드래그하여 마스크를 만듭니다. ❶, ❷, ❸, ❹, ❺ 예제에서는 다음과 같이 가운데를 기준으로 왼쪽 화면이 전부 포함되도록 사각형 마스크를 만들었습니다.

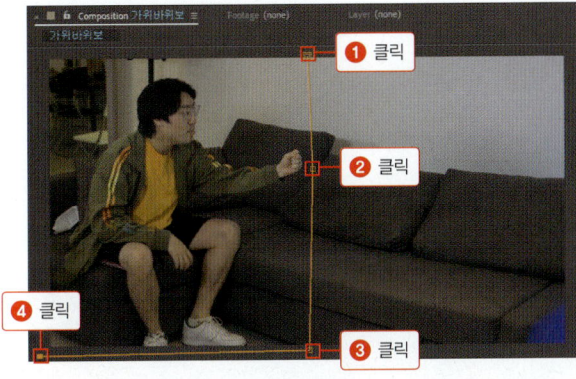
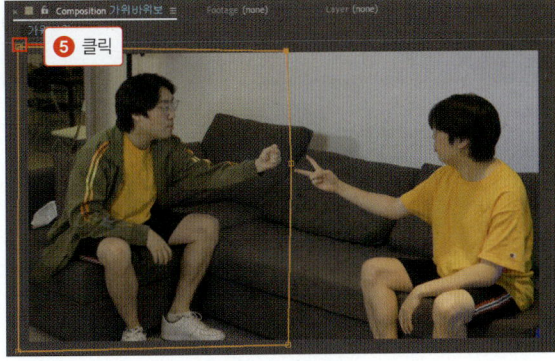

TIP
펜 도구( )를 선택한 다음 화면에 한 번 클릭하면 하나의 기준점이 만들어지고 다른 위치에 클릭하면 또 다른 기준점이 추가되면서 선이 연결됩니다. 이어서 세 번째로 클릭하면 기준점이 추가되면서 새로운 패스가 만들어지고 첫 번째 기준점(시작 점)을 클릭하면 마스크가 만들어지고, 마스크 영역 이외의 부분은 투명하게 만들어져 보이지 않습니다.

06

경계 부분이 그림자로 인해 단절된 느낌이 납니다. 이를 수정하기 위해 ❶ Timeline 패널의 '가위바위보 왼쪽.mp4' 레이어의 >를 클릭하여 Masks → Mask 1 속성을 표시하고 ❷ Mask Feather를 '70'으로 설정합니다.

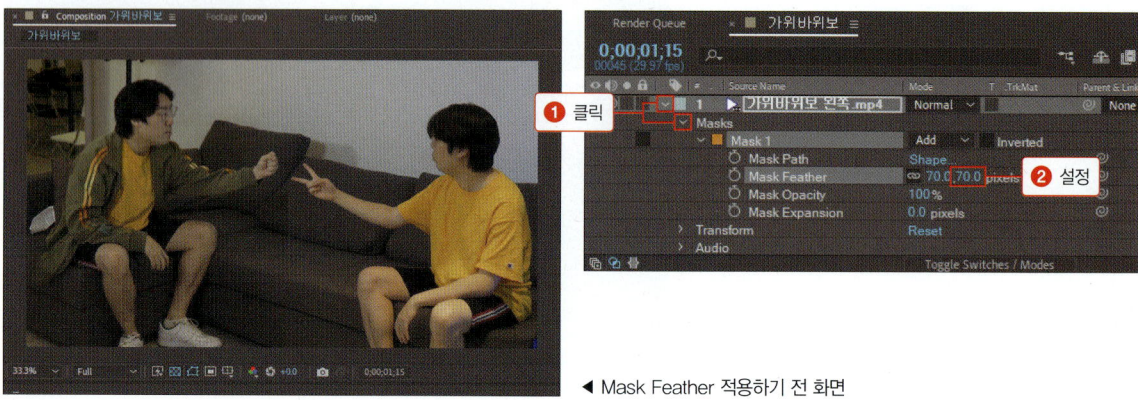

◀ Mask Feather 적용하기 전 화면

TIP
Mask Feather를 설정하면 경계 부분이 흐려져 뒤에 있는 레이어와 자연스럽게 합성되는 효과를 얻을 수 있습니다. 마스크 페더 도구(✒)를 이용하여 기준점을 드래그해도 같은 효과를 낼 수 있습니다.

07

❶ Composition 패널의 화면에 마우스 휠을 돌려 화면을 축소해 넓게 만듭니다. ❷ Timeline 패널의 Mask 1 속성을 선택하고 ❸ 기준점을 드래그하면 기준점의 위치를 이동할 수 있습니다. 그림과 같이 화면에 붙어 있는 기준점들을 드래그하여 화면 끝 부분에서 멀어지게 합니다.

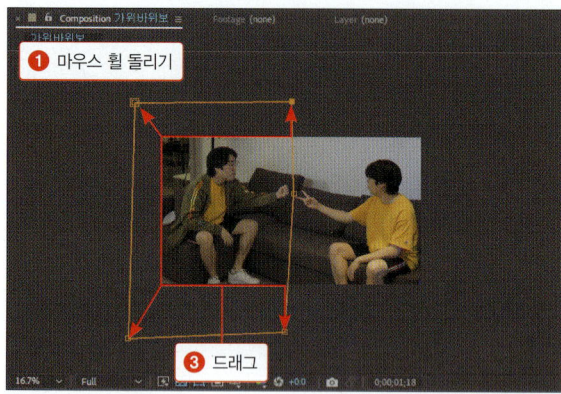

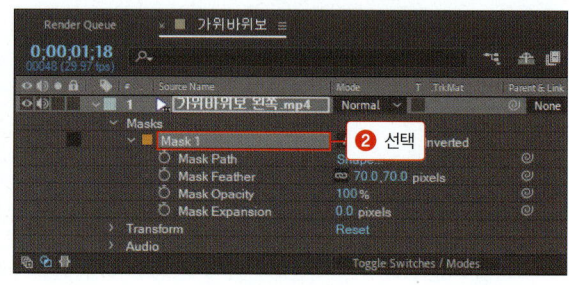

TIP
Mask Feather가 높을수록 기준점을 기준으로 흐려지기 때문에 기준점을 가깝게 설정하면 원치 않는 부분까지도 흐려질 수 있습니다.

08

완성된 마스크 애니메이션을 재생해서 확인합니다.

필수기능 05 마스크 모드 알아보기 *중요*

마스크를 적용하면 Timeline 패널에 자동으로 Masks 속성이 표시됩니다. Masks 속성의 Mode를 이용하여 마스크 모드를 지정할 수 있으며, 기본으로 일곱 가지 모드와 함께 반전 기능을 제공하여 작업에 효율적으로 도움이 됩니다.

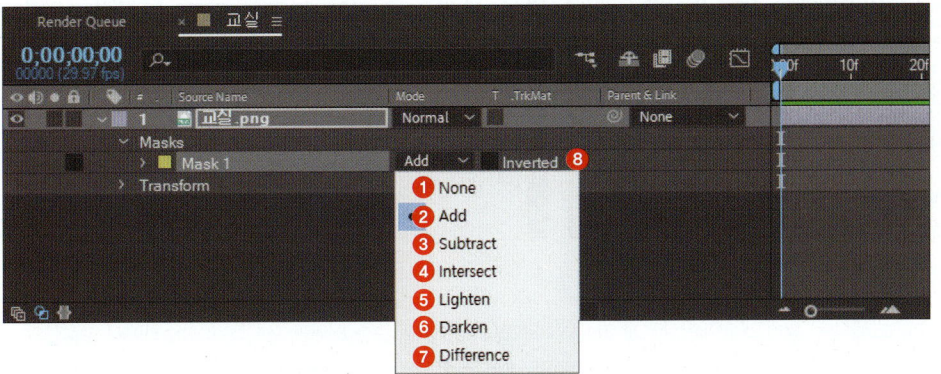

❶ **None** : 마스크가 적용되어 있지만 일부분을 마스크 기능 대신 패스 형태로만 이용하는 모드입니다.

❷ **Add** : 마스크에 기본 적용되는 모드로, 마스크 영역만 나타납니다. 하나의 레이어에 여러 개의 마스크를 적용할 수 있고, 컴퓨터 사양에 따라 무한대의 마스크를 추가할 수 있습니다. 셰이프나 패스 도구를 이용해서 계속 마스크를 추가할 수 있습니다.

▲ 하나의 마스크가 'Add'로 지정된 모습

▲ 여러 개의 마스크가 'Add'로 지정된 모습

❸ **Subtract** : 레이어 마스크 영역 외의 나머지 영역을 나타냅니다. 마스크가 두 개 이상일 때 하나의 마스크 Mode가 'Add'이고, 다른 마스크 Mode가 'Subtract'면 현재 선택 영역에서 Mode가 'Subtract'인 마스크 영역을 제외합니다. 수학에서 차집합 개념과도 같습니다.

▲ 하나의 마스크 Mode가 'Subtract'인 모습

▲ 'Add' 마스크에 'Subtract' 마스크가 추가된 모습

❹ **Intersect** : 하나의 마스크에서는 'Add'와 같지만, 두 개 이상의 마스크에서는 서로 겹친 영역만 표시됩니다. 수학에서 교집합의 개념과도 같습니다. 'Add' 모드의 마스크 아래에 'Intersect' 모드 마스크를 추가하면 겹치는 영역만 나타납니다.

▲ 사각형 형태의 'Add' 마스크에 원 형태의 'Intersect' 마스크가 추가된 모습

❺ **Lighten** : 레이어에 적용한 마스크가 두 개 이상일 때 사용하는 모드로 하나의 마스크에 적용하면 'Add'와 같으며, Mask Opacity와 관련이 있습니다. 다음 그림처럼 세 개의 마스크가 있는 레이어에서 Mask Opacity를 각각 '50%', '30%', '50%'로 설정하면 모두 반투명한 마스크를 확인할 수 있습니다.

세 개의 마스크가 겹치는 영역에서 가운데 보라색 마스크의 속성을 'Lighten'으로 지정하면 보라색 마스크 도형대로 표시되는 것이 아니라, 빨간색과 초록색이 겹쳐져 밝게 표시된 부분만 마스크가 적용됩니다. 즉, 더 밝은 영역을 선택합니다.

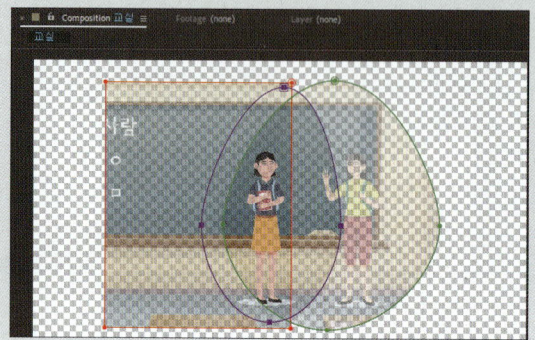
▲ 위에서부터 Add, Add, Lighten을 적용한 마스크

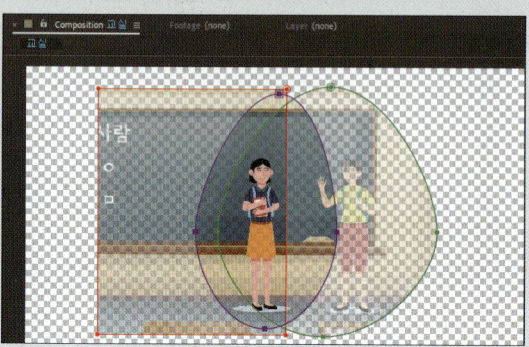
▲ 위에서부터 Lighten, Add, Add를 적용한 마스크

❻ **Darken** : 레이어에 적용한 마스크가 두 개 이상일 때 사용하는 모드로 하나의 마스크에 적용하면 'Add'와 같으며, Mask Opacity와 관련이 있습니다. 다음 그림처럼 세 개의 마스크가 있는 레이어에서 Mask Opacity를 각각 '100%', '30%', '70%'로 설정하면 모두 반투명한 마스크를 확인할 수 있습니다.

세 개의 마스크가 겹치는 영역에서 가운데 보라색 마스크의 속성을 'Darken'으로 지정하면 'Intersect'와 같은 효과를 내면서 보라색 마스크의 Mask Opacity 수치에 비례하여 빨간색과 초록색이 겹쳐진 부분을 어둡게 만듭니다.

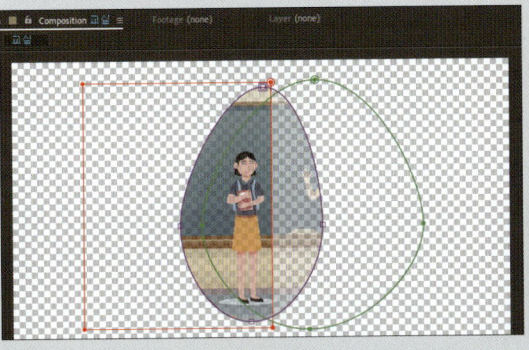 

▲ 위에서부터 Add, Add, Darken을 적용한 마스크   ▲ 위에서부터 Darken, Add, Add를 적용한 마스크

❼ **Difference** : 두 개의 마스크 영역에서 교차된 영역을 제외한 나머지 부분을 선택하는 기능입니다. 'Difference' 역시 마스크가 두 개 이상 있을 때 지정할 수 있는 기능입니다.

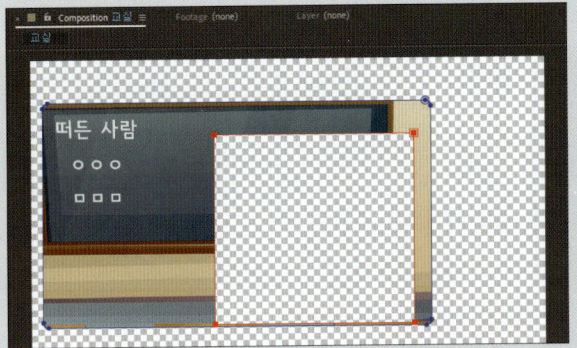

❽ **Inverted** : 하나의 레이어에 독립적으로 작용하는 기능으로, 현재 마스크 영역을 반전합니다.

필수기능 06 마스크 속성 살펴보기 중요

도형이나 패스 도구를 이용해서 레이어에 마스크를 만들면 Masks 속성의 네 가지 기능이 표시됩니다. 마스크를 중복해서 적용하면 여러 개의 Masks 속성이 표시됩니다.

Masks 속성 표시하기

Masks 속성은 Mask Path, Mask Feather, Mask Opacity, Mask Expansion 네 가지 기능을 가지며 애프터 이펙트에서 마스크 작업과 마스크 모션 작업을 진행할 수 있습니다.

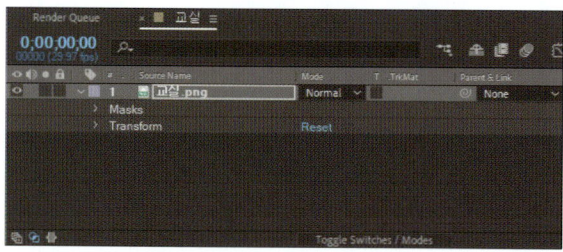
▲ 레이어의 기본 속성 : 기본적으로 Transform 속성과 마스크를 추가하여 Masks 속성이 표시됩니다.

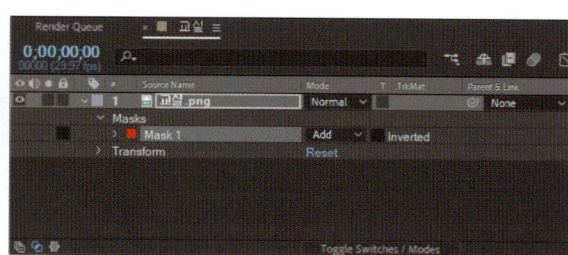
▲ Masks/Mask 1 속성 : 마스크를 여러 개 만들면 Masks 속성에 Mask 1, Mask 2, Mask 3 등 순차적으로 속성이 표시됩니다.

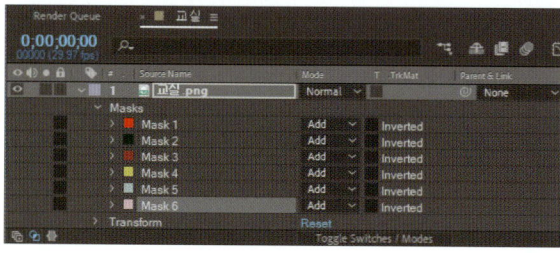
▲ 여러 개의 Masks 속성이 표시된 모습

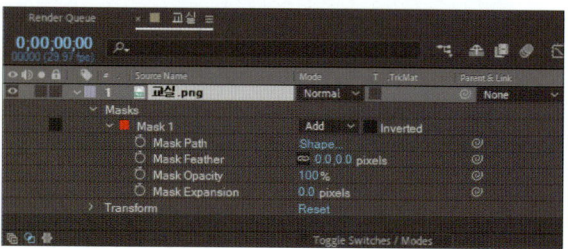
▲ Masks의 네 가지 속성을 모두 표시한 모습

Mask Path로 마스크 지정하기

움직임으로 마스크 영역에 변화를 만듭니다. Transform 속성에 해당하는 Position, Rotation, Scale 등은 물리적인 변화로 각각 나뉘지만, Mask Path는 패스(선과 기준점)의 변화로 인식해서 움직임도 패스의 변화이고 Rotation, Scale도 패스의 변화입니다. 또한, 패스 변화를 통해서 형태가 달라지는 움직임도 만들 수 있습니다.

Mask Path에서 키프레임을 만들고 Composition 패널에서 기준점을 이동하면 자동으로 마스크가 이동하는 애니메이션이 만들어집니다. Mask Path 애니메이션은 오직 기준점의 변화로 레이어처럼 Transform, Scale, Rotation의 모든 변화를 Mask Path로 만듭니다.

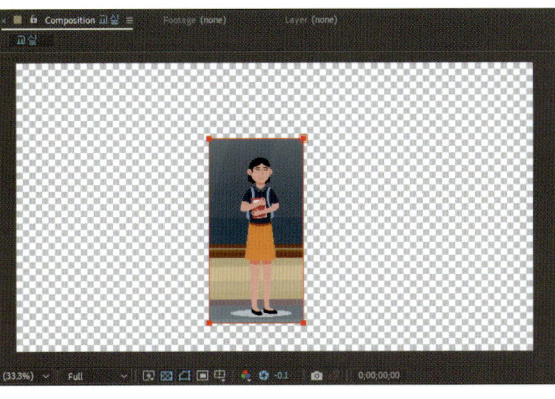

▲ '0초'의 Mask Path

▲ '1초'의 Mask Path

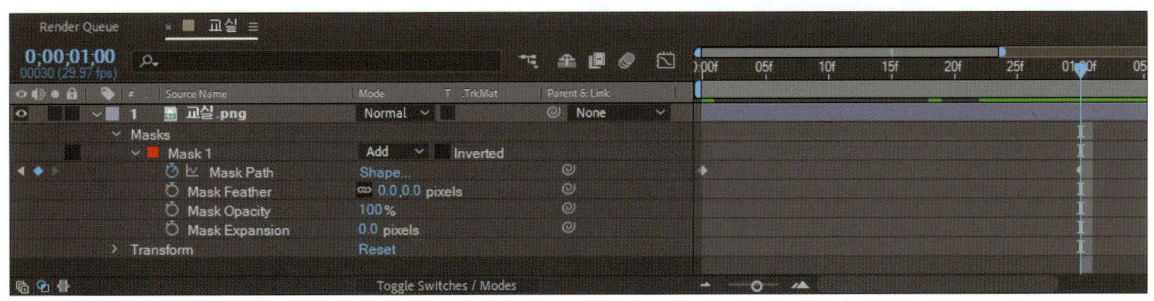

▲ 자동으로 키프레임이 만들어진 모습

Mask Feather로 부드러운 마스크 만들기

Mask Feather는 마스크 경계 영역을 부드럽게 만드는 기능으로, 마스크의 또렷한 경계 영역을 알아보기 힘들 정도로 부드럽게 만들 수 있습니다. Mask Feather는 주로 뒤에 있는 레이어와 자연스럽게 합성할 때 사용합니다.

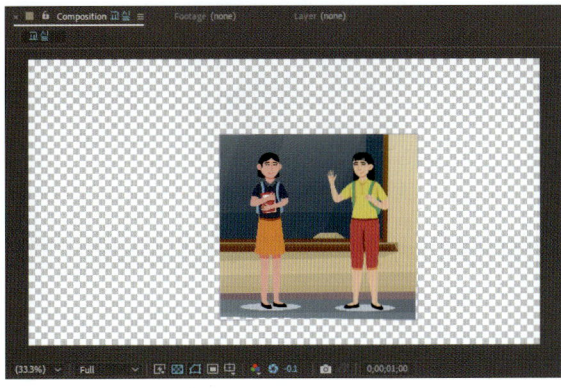

▲ Mask Feather를 '0'으로 설정한 모습

▲ Mask Feather를 '300'으로 설정한 모습

Mask Opacity로 불투명 마스크 만들기

Transform 속성의 Opacity와 비슷한 기능으로 그 대상은 레이어가 아닌 마스크입니다. 레이어에 여러 개의 마스크가 있을 때는 여러 개의 레이어처럼 Mask Opacity를 중복해서 적용할 수 있어 마스크를 이용해 하나의 레이어에 다양한 불투명도를 적용해서 이미지를 만들 수 있습니다.

▲ 하나의 레이어에 세 개의 마스크를 적용하여 Mask Opacity를 각각 다르게 설정한 모습

Mask Expansion으로 마스크 영역 조정하기

레이어에 적용한 마스크 영역을 확장 또는 축소할 수 있는 기능으로 + 변화를 적용하면 영역이 확장되고, − 변화를 적용하면 영역이 축소됩니다. 이때 영역의 축소는 Mask Path에서 기준점을 이동해 크기를 작게 변경하는 것과 비슷하지만, Mask Expansion을 이용해서 더욱 손쉽게 변화를 만들 수 있습니다. + 변화를 적용할 때 각진 부분의 경우 둥글게 변한다는 특징이 있습니다.

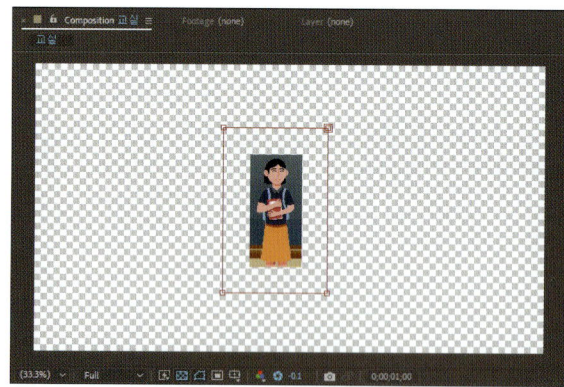 

▲ Mask Expansion을 '−100'으로 설정한 모습   ▲ Mask Expansion을 '200'으로 설정한 모습

실습예제 07 마스크 애니메이션 만들기

마스크를 적용한 레이어에 마스크 패스 키프레임을 활용하여 인트로 느낌의 애니메이션을 만들어 봅니다.

◉ 예제파일 : 03\인트로.aep   ◉ 완성파일 : 03\인트로_완성.aep

01 새 프로젝트 만들고 03 폴더에서 '인트로.aep' 파일을 불러옵니다. Project 패널에서 '인트로 왼쪽' 컴포지션을 더블클릭하여 불러오면 마스크가 적용된 3분할 영상이 표시됩니다.

02 마스크의 Mask Path를 이용하여 마스크 애니메이션을 만들어 봅니다. 먼저 각 레이어의 Masks 속성을 표시합니다.

> **TIP**
> Timeline 패널을 선택하고 ~를 누르면 전체 화면으로 Timeline 패널을 표시할 수 있습니다.

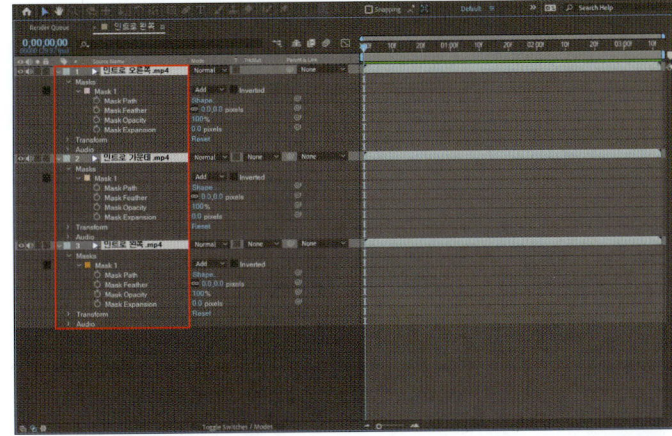

03 ❶ Timeline 패널에 있는 현재 시간 표시기를 '6프레임'으로 이동한 다음 ❷ 세 개의 Mask Path 왼쪽의 'Stop Watch' 아이콘(⏱)을 클릭하여 키프레임을 만듭니다.

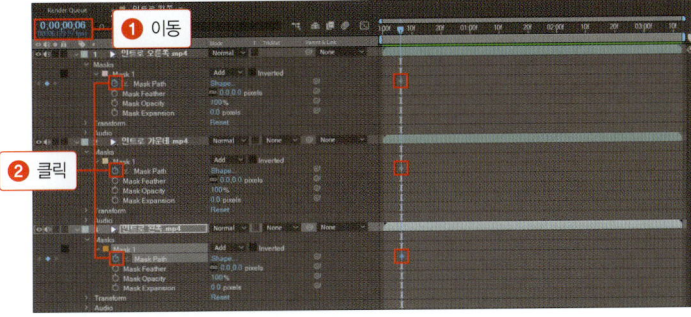

04 편리한 작업을 위해 ❶ Timeline 패널에서 3개 레이어를 Shift를 누른 상태로 모두 선택한 다음 ❷ U를 눌러 키프레임이 만들어진 속성만 표시합니다.

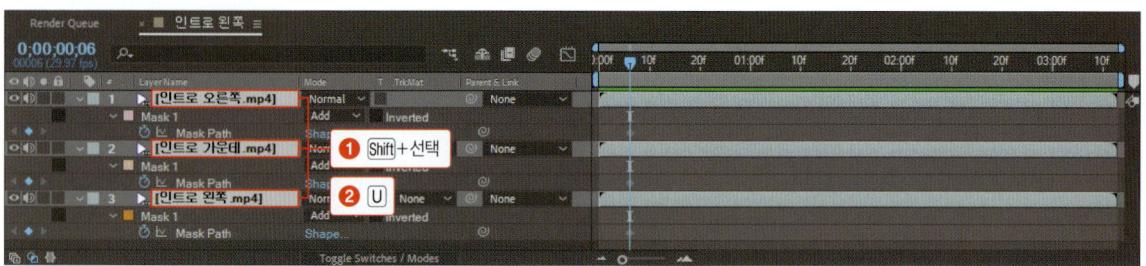

05 각각의 Mask Path에 변화를 적용해 애니메이션을 만들어 봅니다. ❶ Timeline 패널에서 현재 시간 표시기를 '0초'로 이동한 다음 ❷ '인트로 왼쪽.mp4' 레이어의 'Mask 1'을 선택합니다. ❸ Composition 패널의 화면에 표시된 해당 레이어의 마스크 영역이 활성화되면 아래쪽 두 개의 기준점을 드래그하여 선택합니다.

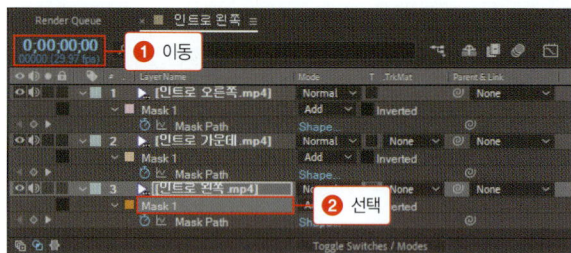

TIP
Mash Path의 기준점을 선택하면 기준점의 사각형이 ■처럼 채색되고, 선택되지 않은 기준점은 □처럼 선 형태로 나타납니다.

06 Mask Path의 기준점이 선택되면 위로 드래그하여 다음과 같이 이미지의 높이를 줄입니다. 타임라인에서 Mask Path에 자동으로 키프레임이 만들어집니다. 재생하면 위에서 아래로 나타나는 애니메이션을 확인할 수 있습니다.

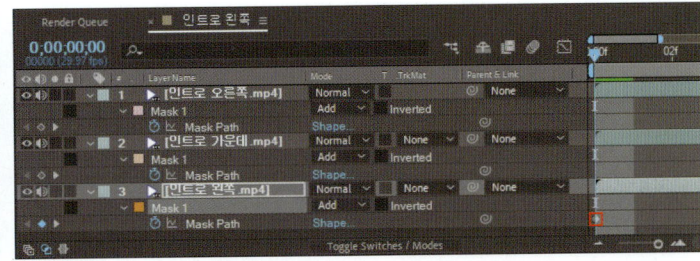

07 ❶ 다시 Timeline 패널의 현재 시간 표시기를 '0초'로 이동합니다. ❷ 같은 방법으로 '인트로 가운데.mp4' 레이어의 'Mask 1'을 선택합니다. ❸ Composition 패널의 화면에서 이미지 위쪽 기준점을 선택한 다음 ❹ 아래로 드래그하여 아래에서 위로 올라오는 애니메이션을 만듭니다.

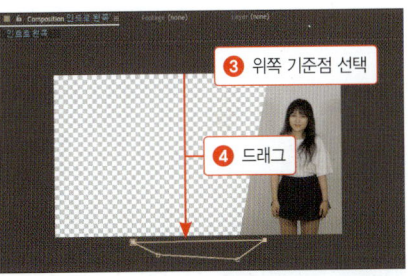

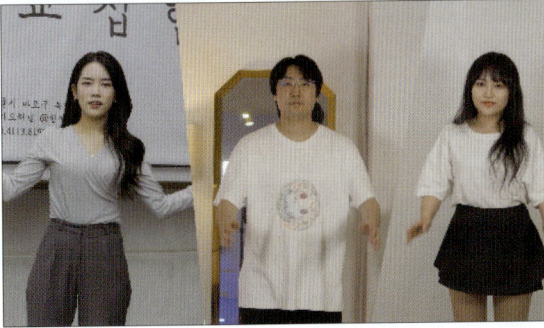

Chapter 01 · 마스크 알아보기   199

08 '인트로 오른쪽.mp4' 레이어도 같은 방법으로 마스크 애니메이션을 적용합니다. 여기서는 '인트로 왼쪽.mp4' 레이어와 같은 방향으로 위에서 아래로 진행하는 애니메이션을 적용합니다.

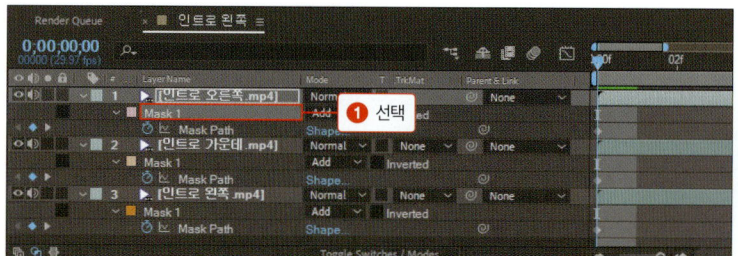 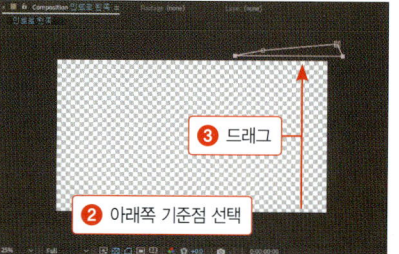

09 마스크 애니메이션 시간을 레이어별로 다르게 조절해 봅니다. ❶ Timeline 패널에서 '인트로 가운데.mp4' 레이어의 시작 점을 오른쪽으로 드래그하여 '6프레임'으로 이동합니다. ❷ '인트로 오른쪽.mp4' 레이어는 시작 점을 '12프레임'으로 이동합니다. 키프레임도 다음과 같이 자동으로 이동됩니다.

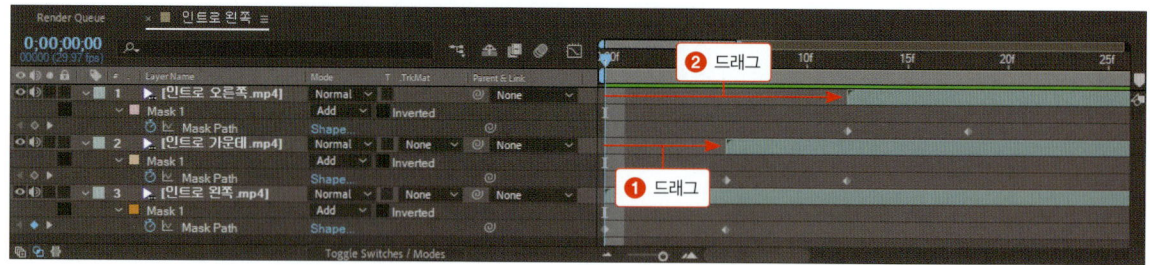

10 완성된 마스크 애니메이션을 재생해서 확인합니다. 기호에 따라 Timeline 레이어 패널의 맨 하단에 단색 레이어나 다른 배경 요소를 추가해도 좋습니다.

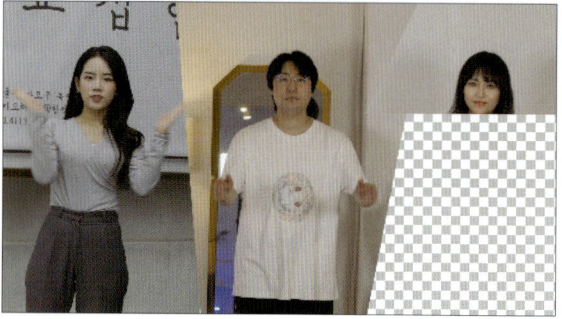 

실습예제 08 마스크 페더로 부드러운 부분 마스크 적용하기

Masks 기본 속성 외에 마스크 페더 도구를 이용하면 부분 마스크를 적용할 수 있으며, 마스크 페더도 강하게 적용할 수 있습니다. 마스크 페더 도구를 이용하여 부드러운 마스크를 만들어 봅니다.

● 예제파일 : 03\자연.psd   ● 완성파일 : 03\자연_완성.aep

Before

After

01 새 프로젝트를 만들고 03 폴더에서 '자연.psd' 파일을 컴포지션으로 불러옵니다.

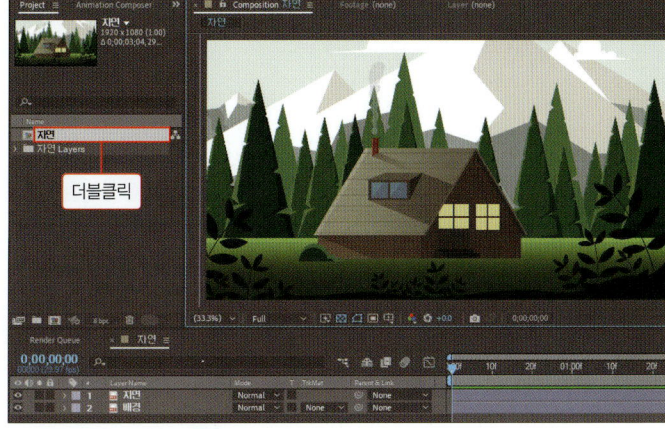

02 ❶ Tools 패널에서 사각형 도구(■)를 길게 클릭한 다음 원형 도구(●)를 선택합니다. ❷ Timeline 패널에서 '자연' 레이어를 선택하고 ❸ Composition 패널의 화면에서 Shift를 누른 상태로 드래그하여 다음과 같이 원형 마스크를 만듭니다.

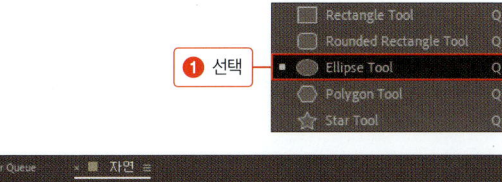
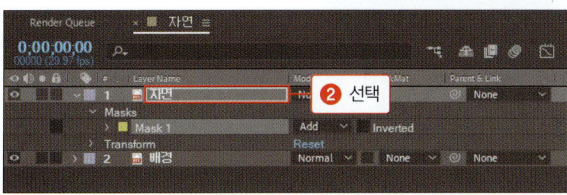
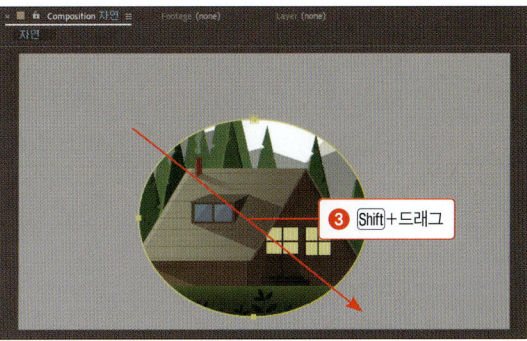

Chapter 01 · 마스크 알아보기   201

03 ① Tools 패널에서 펜 도구( )를 길게 클릭한 다음 마스크 페더 도구( )를 선택합니다. ② Timeline 패널의 'Mask 1' 속성을 선택합니다.

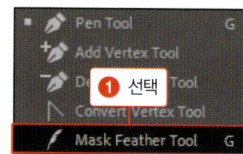
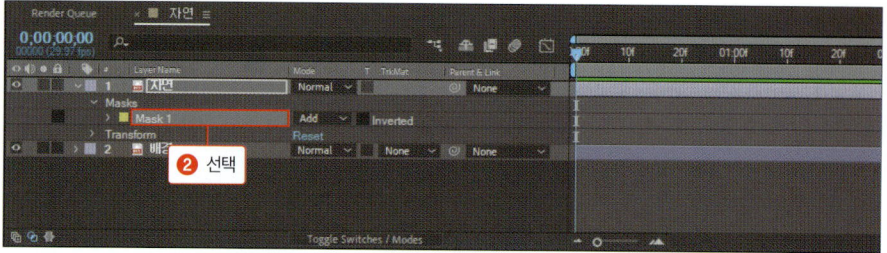

04 마스크 속성을 활성화하고 마스크 페더 도구를 이용하여 마스크 경계 영역에서 안쪽 또는 바깥쪽으로 드래그하면 마스크 페더가 적용됩니다. 예제에서는 안쪽으로 드래그하여 마스크 페더를 적용했습니다.

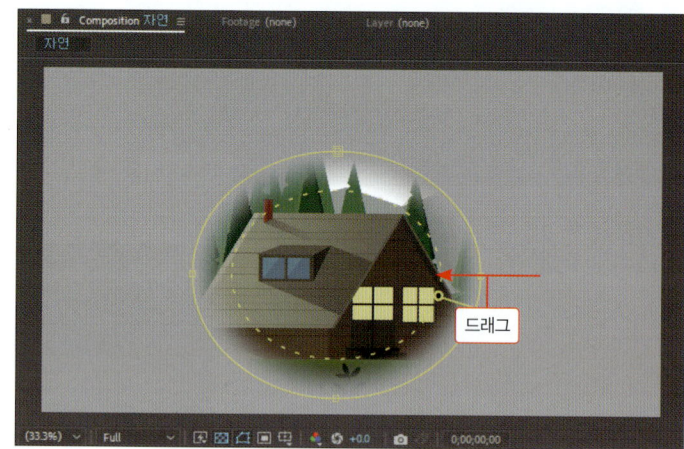

TIP

바깥쪽으로 드래그하여 마스크 페더를 적용하면 다음과 같이 변경됩니다.

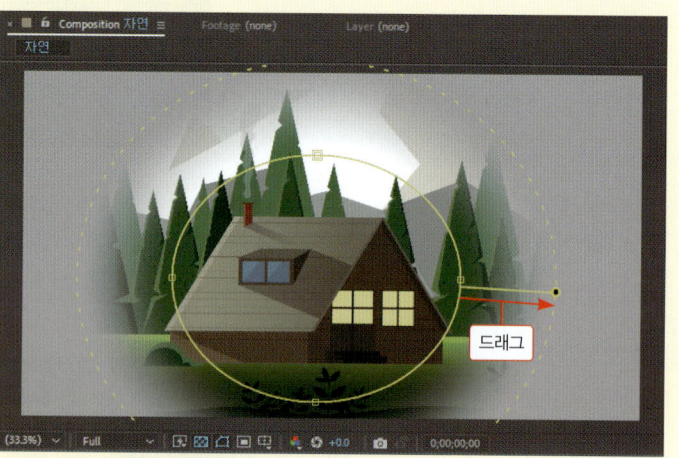

05 마스크 페더 영역 외곽에 점선이 나타났을 때 점선의 위쪽을 드래그하여 마스크 영역으로 이동하면 조절점에 따라 마스크 페더 효과가 줄어듭니다.

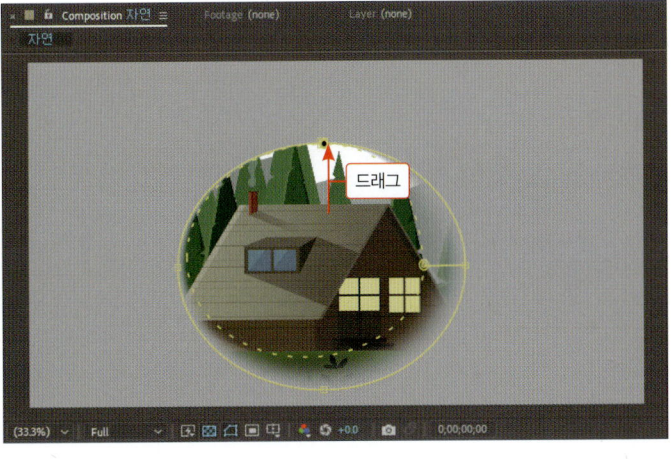

> **TIP**
> 마스크 페더 도구를 이용하면 처음 만들었던 마스크 영역의 선과 마스크 페더가 끝나는 지점에 점선이 나타납니다. 마스크 페더 영역을 더 넓히거나 좁힐 때는 마스크 페더가 끝나는 점선 부분을 드래그하면 조절할 수 있습니다.

06 같은 방법으로 ❶ 아래쪽을 제외하고 모든 영역을 그림과 같이 점선을 마스크 영역으로 이동하고 ❷ 아래쪽은 마스크의 중심 쪽으로 드래그하여 페더를 강하게 적용합니다.

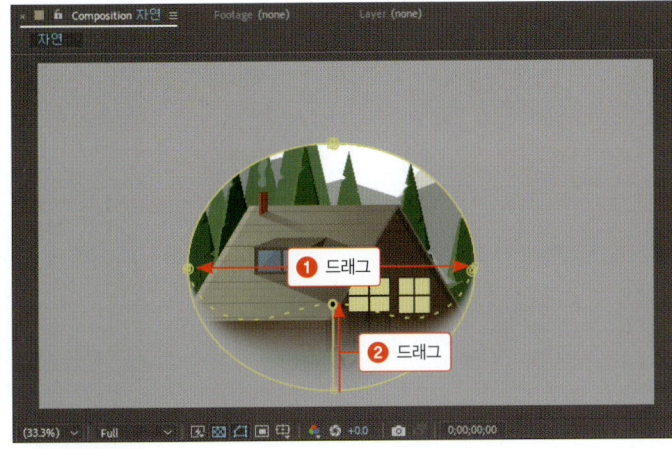

07 Composition 패널의 빈 공간을 클릭하여 선택을 해제하면 다음과 같이 오브젝트 일부분에만 적용된 마스크 페더 효과를 확인할 수 있습니다.

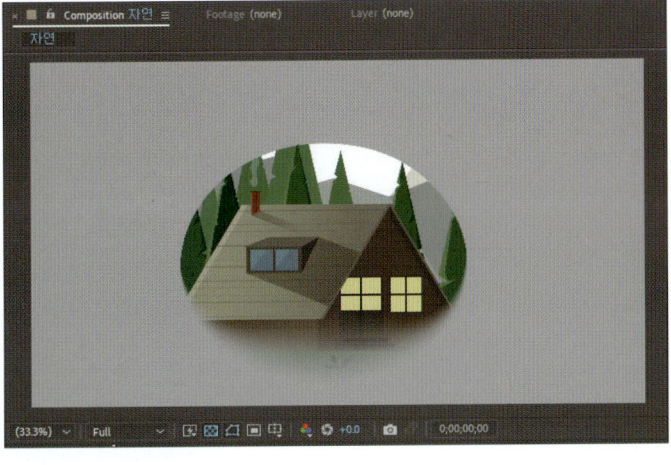

실습예제 09 Create Nulls From Paths로 선 애니메이션 만들기

Null 기능을 마스크 패스로 제어하고 선 애니메이션을 만들어 봅니다.

◉ 완성파일 : 03\Null_완성.aep

Before

After

01 새 프로젝트에서 컴포지션을 만듭니다. Composition Settings 대화상자가 표시되면 ❶ Width를 '1920px', Height를 '1080px'로 설정하고 ❷ Duration을 '0:00:10:00'으로 설정한 다음 ❸ 〈OK〉 버튼을 클릭합니다.

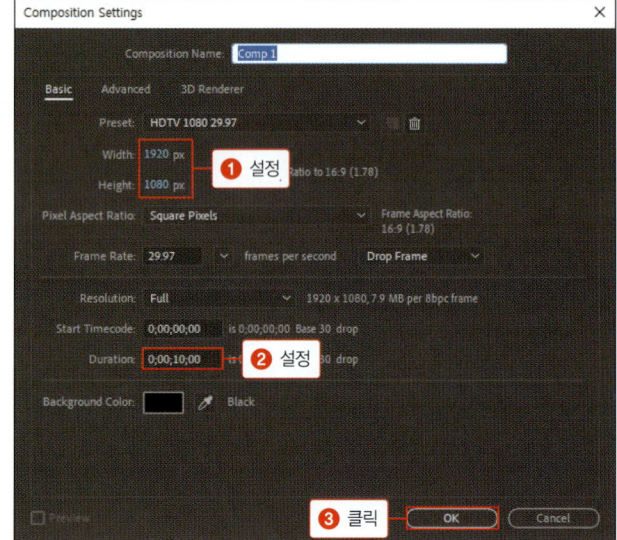

02 Ctrl+Y를 눌러 원하는 색으로 단색의 Solid 레이어를 만듭니다.

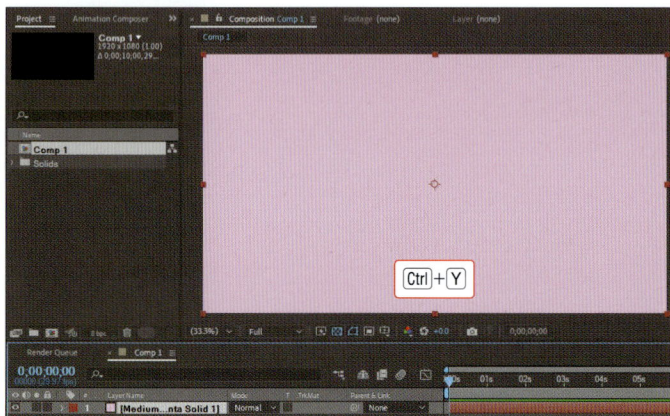

TIP
예제에서는 Color를 '#FFBAF8'로 지정했습니다.

03 ❶ 빈 부분을 클릭하여 Solid 레이어를 선택 해제하고 ❷ Tools 패널에서 펜 도구( )를 선택합니다. ❸ Composition 패널의 화면에 클릭하여 선 모양의 셰이프 레이어를 만듭니다. ❹ 두 번째 점에서는 클릭한 상태로 드래그하여 그림과 같이 곡선으로 만들어 줍니다.

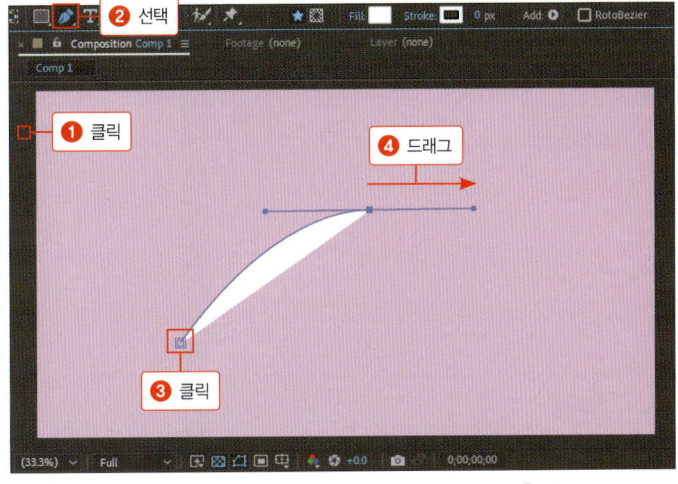

04 마지막 점을 클릭하여 그림과 같이 3개의 조절점이 표시되도록 셰이프 레이어를 만듭니다.

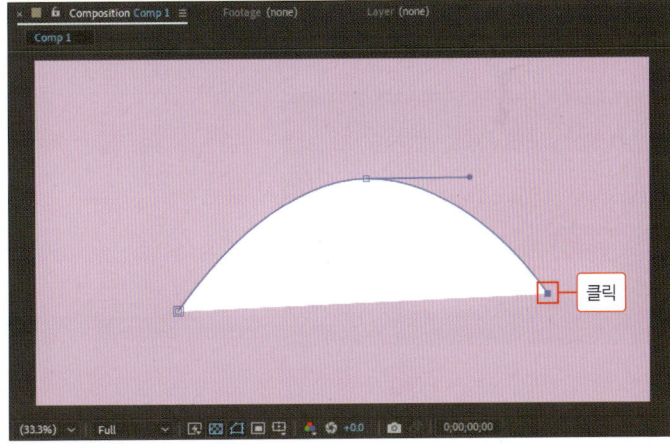

05 선 모양의 셰이프 레이어를 만들기 위해 ❶ Tools 패널에 있는 'Fill'의 파란색 글씨를 클릭합니다. ❷ 'None'을 선택하고 ❸ 〈OK〉 버튼을 클릭하면 셰이프 레이어에 적용된 칠이 사라집니다.

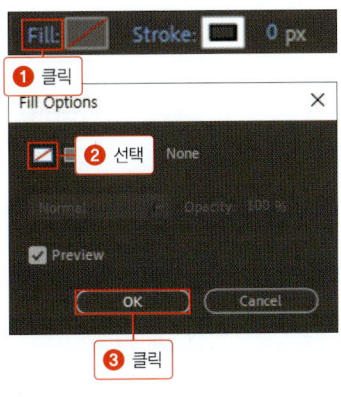 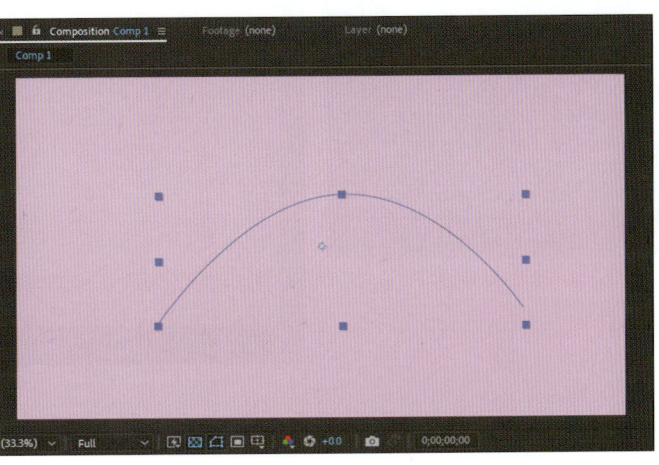

06 ❶ Tools 패널에 있는 Stroke의 색상을 '흰색'으로 지정하고 ❷ 두께를 '40px'로 설정합니다. 흰색의 선 모양의 셰이프 레이어가 표시됩니다.

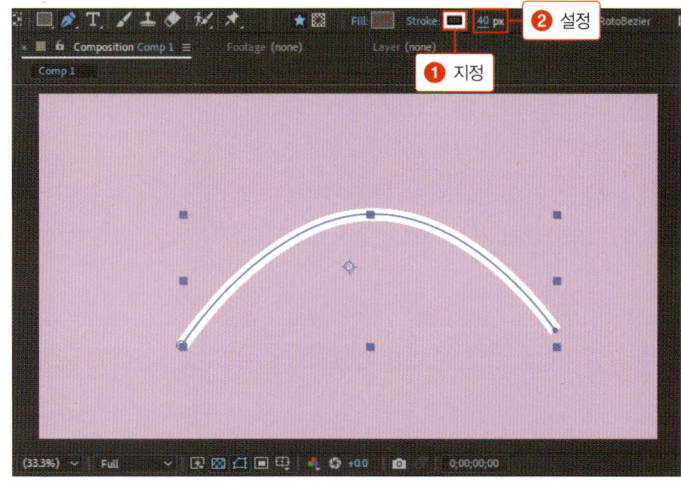

07 ❶ Timeline 패널에서 'Shape Layer 1' 레이어의 >를 클릭하여 Contents → Shape 1 → Path 1 속성을 모두 표시한 다음 ❷ 'Path'를 선택하고 ❸ 메뉴에서 (Window) → Create Nulls From Paths.jsx를 실행합니다.

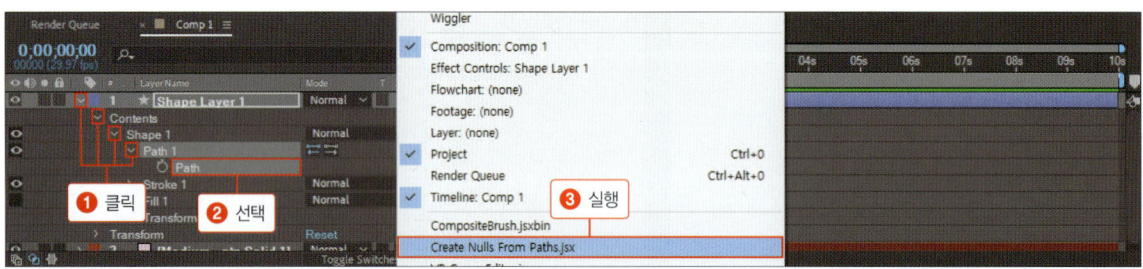

08 Create Nulls From Paths 대화상자가 표시되면 〈Points Follow Nulls〉 버튼을 클릭합니다. Masks에 있는 조절점 개수에 맞춰 3개의 'Null' 레이어가 만들어집니다.

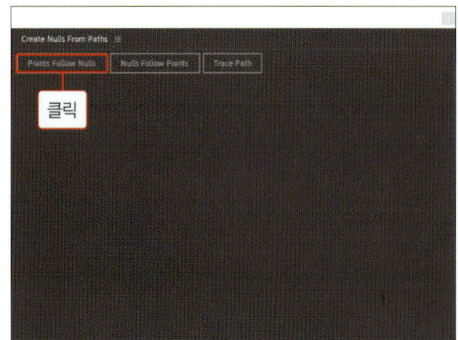 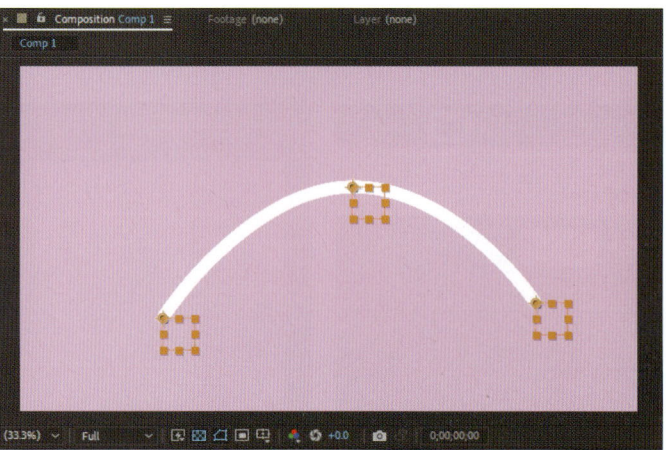

TIP

Create Nulls From Paths는 마스크와 셰이프 레이어 모두 적용이 가능하며, 패널에는 크게 세 가지 버튼이 있습니다.

❶ **Points Follow Nulls** : Mask Path 혹은 Shape 레이어의 Path Point가 'Null' 레이어를 따라가게 설정하는 기능으로 가장 많이 이용합니다.

❷ **Nulls Follow Points** : Null 레이어가 Mask Path 혹은 Shape 레이어의 Path Point를 따라가게 합니다.

❸ **Trace Path** : Null 레이어가 Mask Path 혹은 Shape 레이어의 Path를 따라서 이동합니다.

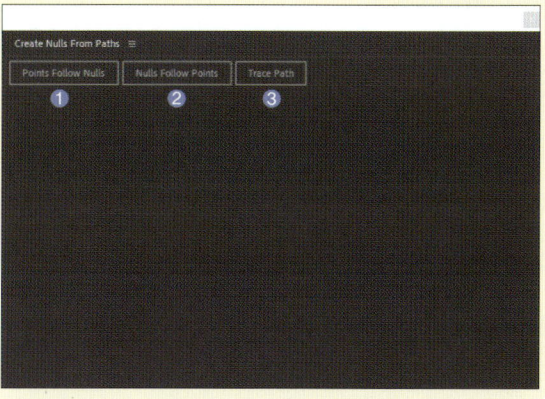

09 ❶ 'Null' 레이어를 선택한 다음 ❷ Composition 패널의 화면에서 드래그해 이동하면 셰이프 레이어의 형태가 달라집니다. 이를 응용하여 키프레임 애니메이션을 적용하여 선 애니메이션을 만들 수 있습니다.

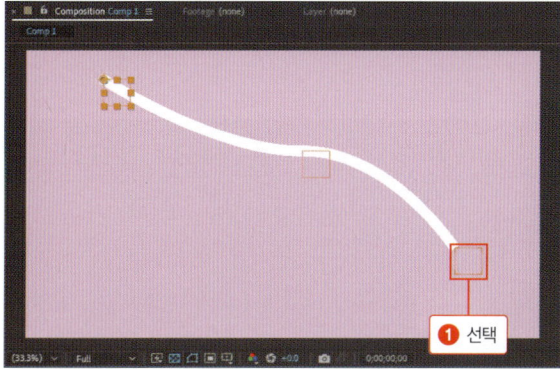 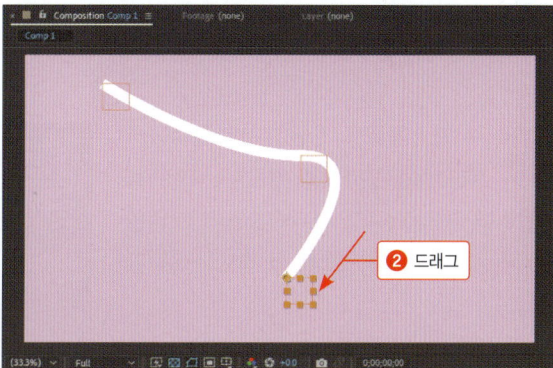

10 ❶ Tools 패널에서 사각형 도구(■)를 길게 클릭한 다음 별형 도구(★)를 선택합니다. 그림과 같이 한쪽 셰이프 레이어에 겹쳐지게 배치한 다음 ❷ Timeline 패널의 Parent & Link에서 그림과 같이 셰이프 레이어 근처에 있는 레이어를 지정하여 연결합니다. ❸ Tools 패널에서 선택 도구(▶)를 선택하고 ❹ 연결한 'Null' 레이어를 선택한 다음 ❺ Composition 패널의 화면에서 드래그해 이동하면 연결된 '셰이프' 레이어와 같이 이동하면서 선 모양의 셰이프 레이어의 형태가 달라집니다.

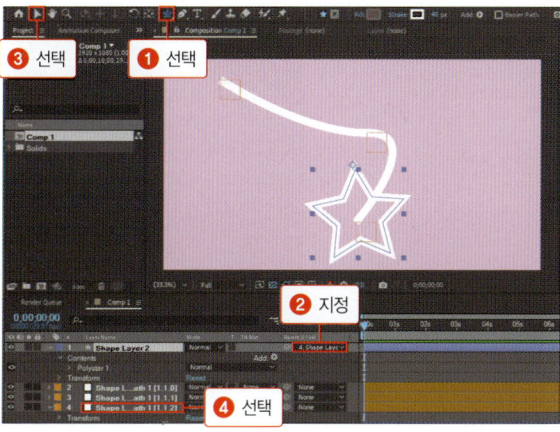 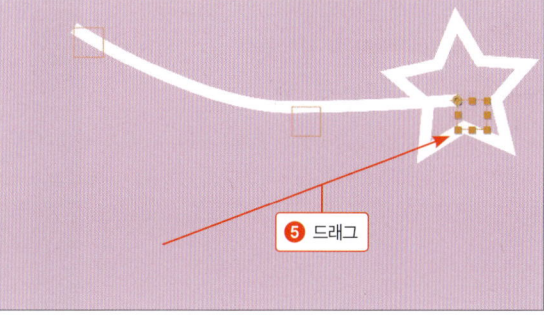

실습예제 10 Content-Aware Fill로 특정 물체 지우기

영상을 촬영할 때 의도하지 않은 부분이 촬영될 때가 있습니다. Content-Aware Fill(내용 인식 채우기) 기능을 이용하면 의도하지 않은 부분을 지워서 안 보이게 할 수 있습니다. 포토샵에 있는 기능 중 하나로 애프터 이펙트 CC 2019부터 사용할 수 있게 되었고, 애프터 이펙트 CC 2020부터는 더 빠르게 적용할 수 있도록 속도를 향상하였습니다. 영상에서 원하지 않는 부분을 삭제해 보겠습니다.

◉ 예제파일 : 03\삭제.mp4   ◉ 완성파일 : 03\삭제_완성.aep

Before

After

01 새 프로젝트를 만들고 03 폴더에서 '삭제.mp4' 파일을 컴포지션으로 불러옵니다. Project 패널의 '삭제.mp4' 파일을 Composition 패널에 드래그해 컴포지션을 만듭니다.

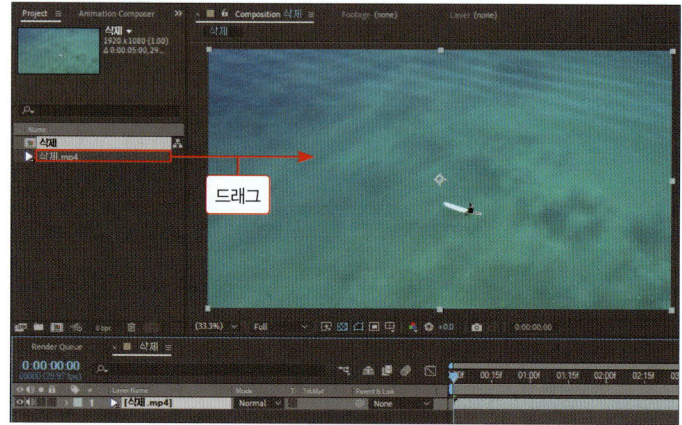

02 메뉴에서 (Window) → Content-Aware Fill을 실행하여 Content-Aware Fill 패널을 표시합니다.

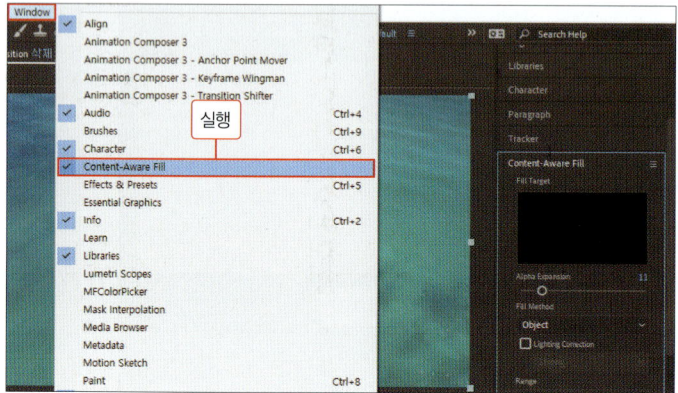

> **TIP**
> Content-Aware Fill 패널은 패널 안 또는 개별 표시됩니다. 사용자 작업 환경에 따라 다르게 나타납니다.

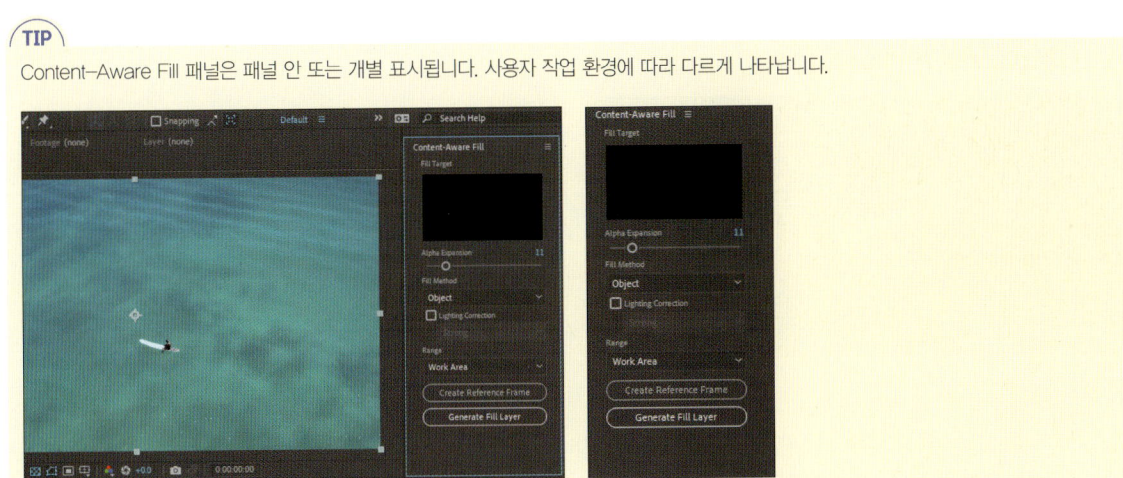

▲ 작업 화면 오른쪽에 Content-Aware Fill 패널로 표시된 모습　　▲ 분리된 Content-Aware Fill 패널

03 영상에서 지울 부분을 확대하겠습니다. 마우스 휠을 돌려 화면을 확대할 수 있습니다. 예제에서는 가운데 있는 사람을 지우려고 합니다.

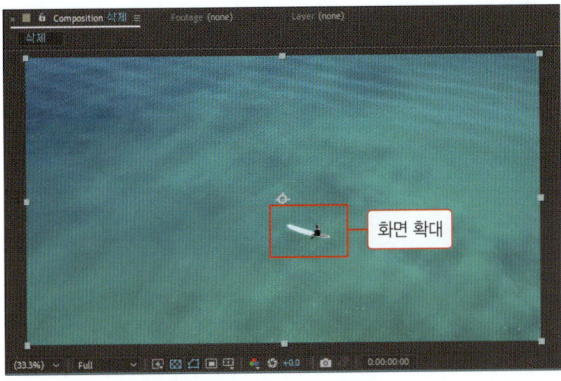
▲ 영상의 지울 부분

▲ 영상에서 지울 부분을 확대한 모습

04 ❶ Tools 패널에서 펜 도구(　)를 선택한 다음 ❷ Timeline 패널에서 '삭제.mp4' 레이어를 선택합니다.

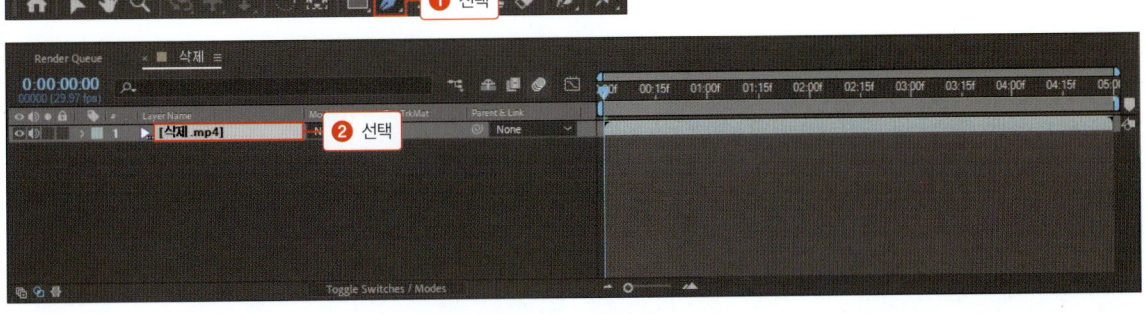

Chapter 01 • 마스크 알아보기　209

05 Composition 패널에서 화면의 사람 부분을 여러 번 클릭해서 마스크를 만듭니다. 한 번 클릭하면 직선, 클릭한 상태로 드래그하면 곡선 패스가 됩니다.

마스크 만들기

06 이제 마스크 영역을 사람의 움직임에 따라 이동해야 합니다. 예제에서는 움직임이 많지 않아 ❶ '삭제.mp4' 레이어의 >를 클릭해 속성을 모두 표시하고 ❷ 마스크 영역을 벗어나는 경우 Mask Path 왼쪽의 'Stop Watch' 아이콘(◎)을 클릭하여 키프레임을 만듭니다.

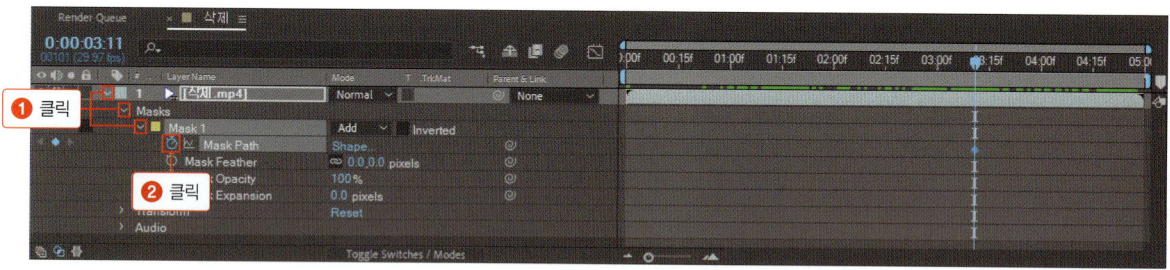

07 조절점을 드래그하여 그림과 같이 마스크 영역 안에 지우고자 하는 것이 위치하도록 Mask Path의 키프레임 애니메이션을 만들어 줍니다. 현재 예제에는 해당하지 않지만 움직임이 벗어나는 경우 이 과정을 통해 움직임을 적용해야 합니다.

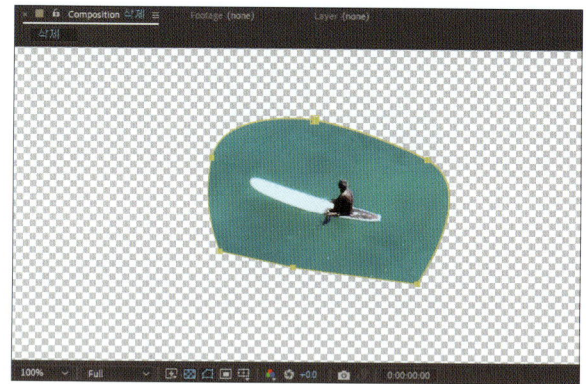

08 ❶ Timeline 패널에서 Mask 1의 Mode를 클릭하고 ❷ 'Subtract'로 지정합니다. ❸ 끝 부분을 배경과 자연스럽게 혼합될 수 있도록 Mask Feather를 '20'으로 설정합니다.

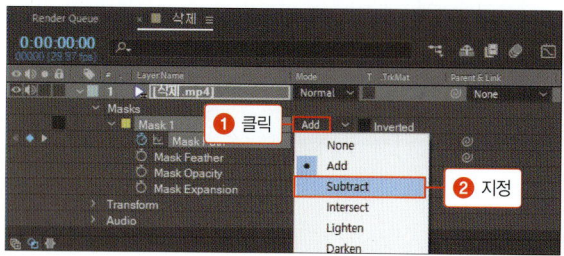
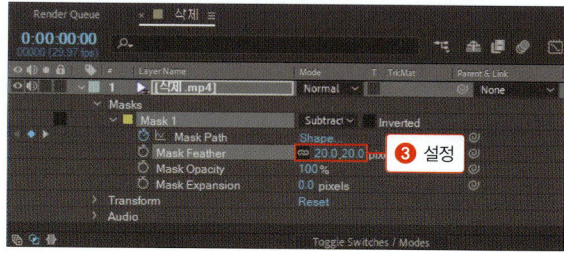

09 ❶ Content-Aware Fill 패널에서 마스크 영역이 흰색 영역으로 바뀌는 모습을 볼 수 있습니다. ❷ 해당 영역을 확인한 다음 〈Generate Fill Layer〉 버튼을 클릭합니다.

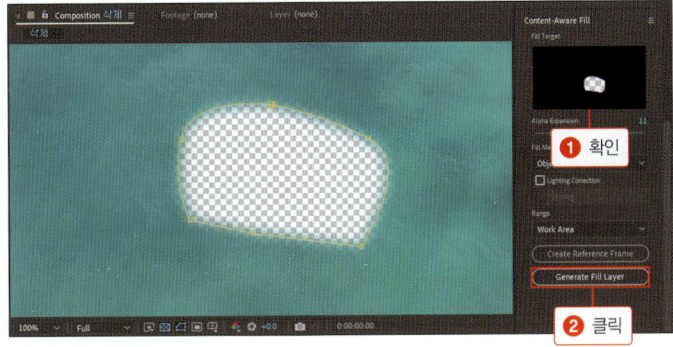

10 Save As 대화상자가 표시되면 프로젝트를 저장하기 위해 〈저장〉 버튼을 클릭합니다.

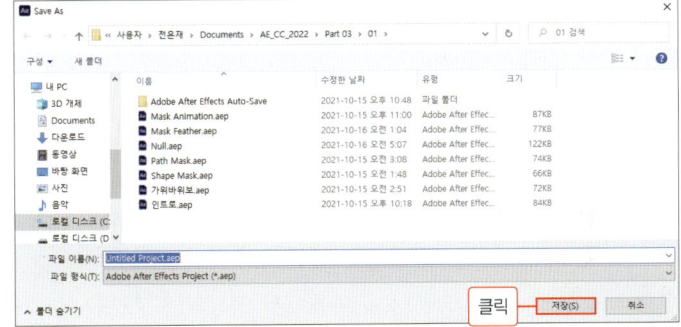

11 자동으로 Content-Aware Fill 기능이 적용됩니다. 프레임 단위로 분석하는 과정을 통해 프레임의 빈 공간을 채웁니다. Generate Aware Fill 기능을 통해 만들어진 레이어는 Project, Composition, Timeline 패널에서 확인하고 사람이 깔끔하게 지워진 것을 확인합니다.

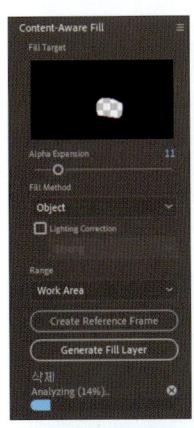  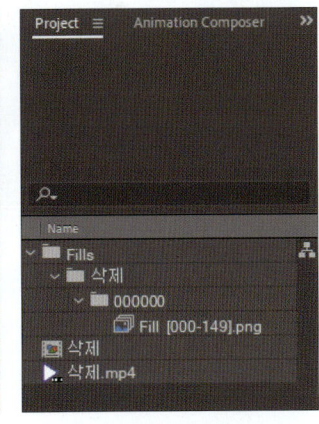

▲ 프레임을 분석하는 과정   ▲ Composition 패널의 'Content Aware Fill' 레이어   ▲ Project 패널의 'Fill' 레이어

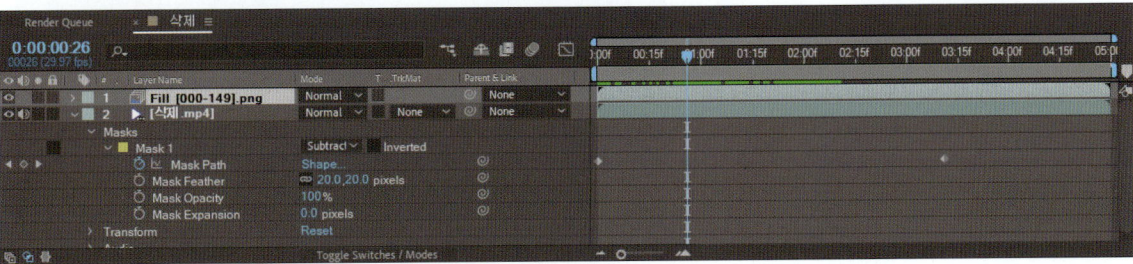

▲ Timeline 패널의 'Fill' 레이어

12 Spacebar를 눌러 램 프리뷰를 진행합니다. 영상을 확인하면 마스크로 지정한 영역이 채워진 것을 확인할 수 있습니다.

실습예제 11 | 로토 브러시로 영상 분리하기 우선순위 | TOP 10 중요

영상 작업을 하다 보면 재미있는 연출 혹은 합성을 위해서 영상의 배경과 피사체를 분리할 때가 있습니다. 로토 브러시 2는 Adobe AI 기능이 많이 개선되어 보다 정확하고 빠르게 영상을 분리할 수 있습니다. 애프터 이펙트의 향상된 로토 브러시 2를 이용해서 영상의 일부분을 분리하고 배경에 자막을 넣어 보겠습니다.

● 예제파일 : 03\강아지들.mp4   ● 완성파일 : 03\강아지들_완성.aep

Before

After

01 새 프로젝트를 만들고 03 폴더에서 '강아지들.mp4' 파일을 컴포지션으로 불러옵니다.

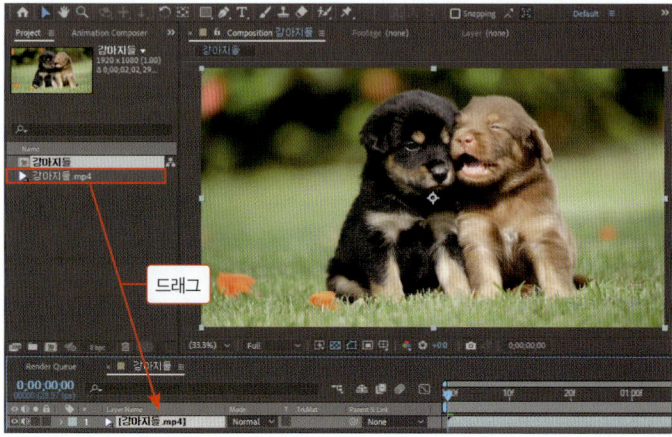

02 ① Tools 패널에서 로토 브러시 도구(🖌)를 선택합니다. ② Timeline 패널에서 '강아지들.mp4' 레이어를 더블클릭하면 Layer 패널이 표시됩니다.

03 영상에서 분리할 부분을 드래그하여 선택합니다. 선택하면 밝은 핑크색으로 표시되며 빈 부분은 겹쳐서 드래그해 채웁니다.

04 ① 선택되지 않은 부분은 마우스 휠을 돌려 확대한 다음 ② 추가로 드래그하여 선택합니다.

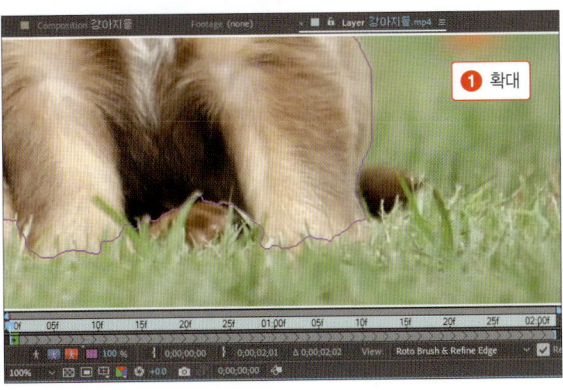 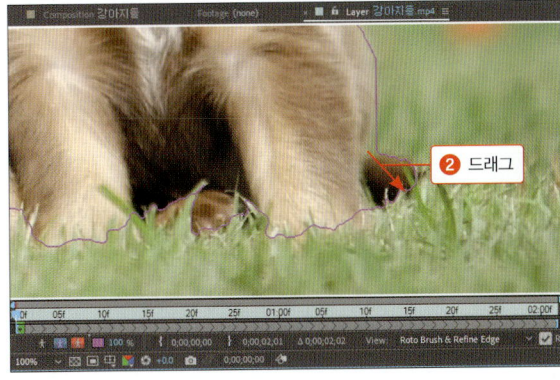

> **TIP**
>
> **불필요한 영역 지우기**
>
> 만약 필요 없는 영역이 선택되면 Alt를 눌러 마우스 포인터가 빨간색으로 변경되면 드래그하여 필요 없는 영역을 지웁니다.

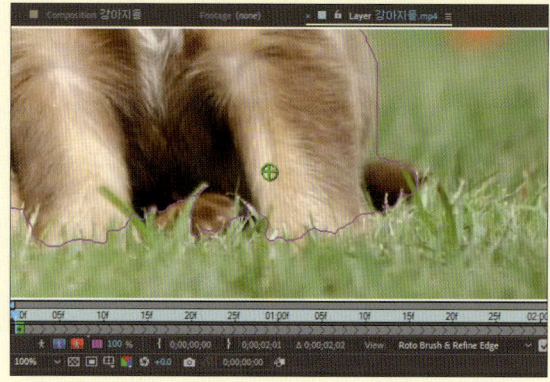

▲ 선택할 때 기본 마우스 포인터의 색상　　　　　▲ Alt를 누른 후 마우스 포인터의 색상

> **TIP**
>
> **브러시 영역 키우고 줄이기**
>
> Ctrl을 누른 상태로 위로 드래그하면 마우스 포인터의 영역이 커지는 것을 확인할 수 있습니다. 반대로 아래로 드래그하면 마우스 포인터의 영역이 작아집니다.

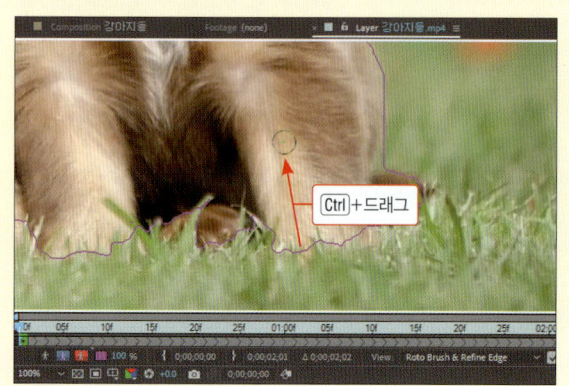

05 Effect Controls 패널에서 Version을 '2.0', Quality를 'Best'로 지정합니다.

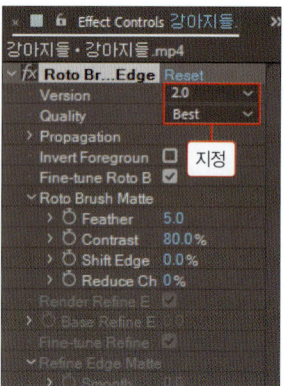

> **TIP**
>
> Standard는 정확성은 상대적으로 떨어지지만 빠르고, Best는 정확성은 상대적으로 높지만, 효과를 적용하는 속도가 느립니다.

06 선택이 완료되면 Spacebar를 눌러 Roto Brush를 모든 영상 프레임에 적용합니다. 하단의 녹색 바가 끝까지 차면 연산이 완료된 것입니다.

07 Composition 패널을 클릭하여 적용된 모습을 확인할 수 있습니다.

> **TIP**
> 만약 분석된 결과물에 분리가 되어야 하는 부분이 분리되지 않은 경우, 다시 Roto Brush 설정 창에서 Alt 를 눌러 해당 영역을 삭제하고 다시 Spacebar 를 눌러 Roto Brush를 모든 프레임에 적용합니다. 반대의 상황에서 결과물이 누락된 경우에는 드래그하여 해당 영역을 다시 채우고 Spacebar 를 눌러 Roto Brush를 모든 프레임에 적용합니다.

08 ❶ Tools 패널에서 문자 도구(T)를 선택하고 ❷ Composition 패널의 화면을 클릭하여 '우린 사이/좋은 멍뭉이'를 입력합니다. ❸ Character 패널에서 텍스트를 설정할 수 있습니다.

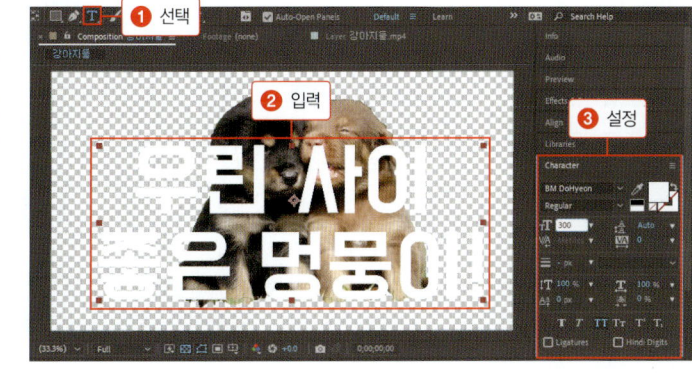

> **TIP**
> 예제에서는 글꼴을 '배달의민족 도현체'로 지정하고 글꼴 크기를 '300px'로 설정한 다음 글꼴 색상을 '흰색'으로 지정했습니다.

09 Timeline 패널에서 텍스트 레이어를 '강아지들.mp4' 레이어 아래로 드래그하여 위치합니다.

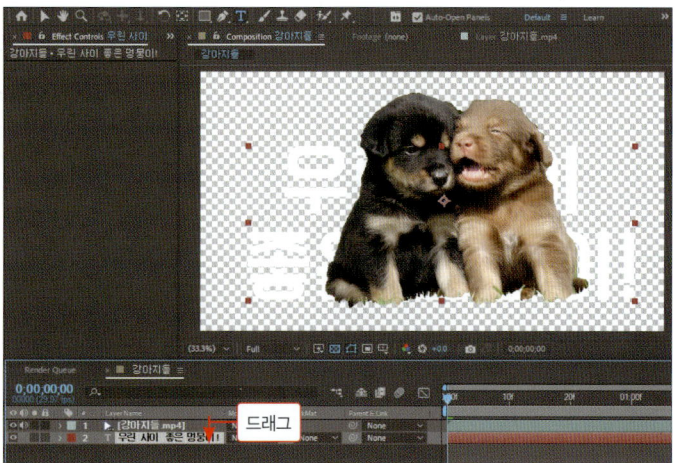

10 Project 패널에서 '강아지들.mp4' 레이어를 Timeline 패널의 세 번째 레이어로 드래그하여 가장 하단에 위치하도록 합니다.

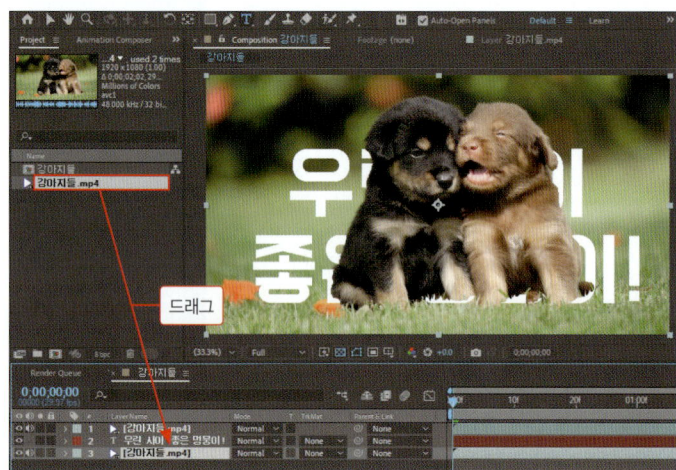

11 텍스트를 Composition 패널 화면의 정중앙으로 이동하기 위해 ❶ Timeline 패널에서 '우린 사이 좋은 멍뭉이!' 레이어를 선택합니다. ❷ Align 패널을 클릭하여 활성화하고 ❸ 'Align Hotizontally' 아이콘(■)과 ❹ 'Align Vertically' 아이콘(■)을 클릭합니다.

12 Roto Brush를 이용해서 피사체와 배경을 분리한 다음 그 사이에 자막이 있는 영상을 완성하였습니다.

실습예제 12 · 로토 브러시를 이용하여 불분명한 경계 영역 분리하기

로토 브러시를 이용하여 피사체와 배경을 분리하는 과정에서 머리카락, 털과 같은 불분명한 경계 영역을 잡아야 하는 경우가 생깁니다. 로토 브러시의 리파인 에지 도구를 이용해서 불분명한 부분을 배경과 분리해 봅니다.

◉ 예제파일 : 03\고양이.mp4   ◉ 완성파일 : 03\고양이_완성.aep

01 새 프로젝트를 만들고 03 폴더에서 '고양이.mp4' 파일을 컴포지션으로 불러옵니다.

02 ❶ Tools 패널에서 로토 브러시 도구 (🖌)를 선택합니다. ❷ Timeline 패널에서 '고양이.mp4' 레이어를 더블클릭하면 Layer 패널이 표시됩니다.

03 영상에서 분리할 부분을 드래그하여 선택하면 밝은 핑크색으로 표시됩니다. 빈 부분은 겹쳐서 드래그해 채웁니다.

 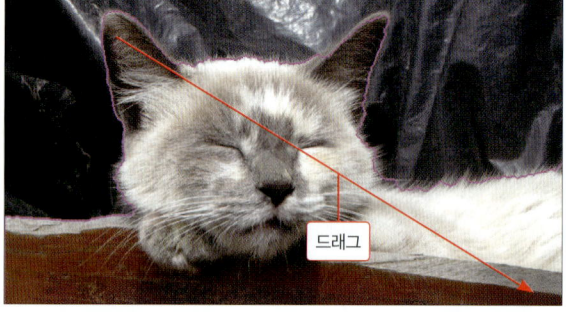

04 Effect Controls 패널에서 Version을 '2.0', Quality를 'Best'로 지정합니다.

05 선택이 완료되면 Spacebar 를 눌러 Roto Brush를 모든 영상 프레임에 적용합니다. 하단의 녹색 바가 끝까지 차면 연산이 완료된 것입니다.

06 ① Timeline 패널에 있는 현재 시간 표시기를 '0초'로 이동합니다. ② Tools 패널에서 로토 브러시 도구( )를 길게 클릭한 다음 ③ 리파인 에지 도구( )를 선택합니다.

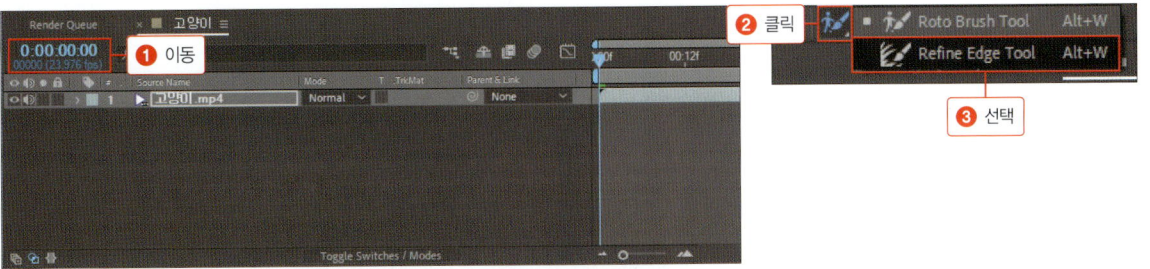

07 ① Ctrl을 누른 상태로 위로 드래그하여 브러시 영역을 넓힌 다음 ② 경계가 불분명한 털 부분에 드래그합니다.

 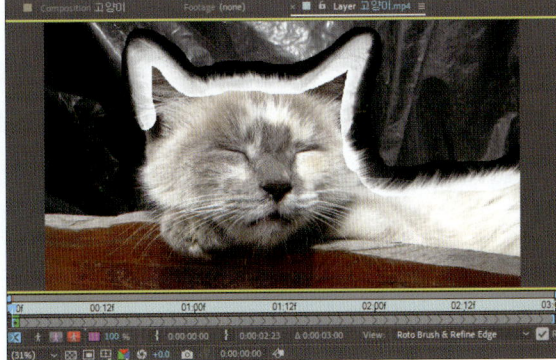

▲ 불분명한 경계 영역에 리파인 에지 도구를 적용한 모습   ▲ 리파인 에지 도구 적용을 완료한 모습

08 작업을 완료하였으면 Spacebar를 눌러 Roto Brush를 모든 프레임에 적용합니다.

Chapter 01 • 마스크 알아보기   219

09 Composition 패널을 클릭하여 적용된 모습을 확인할 수 있습니다.

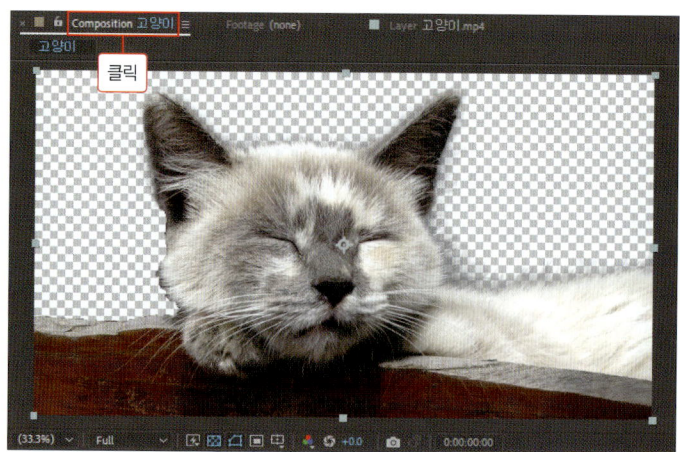

10 ❶ Ctrl+Y를 눌러 원하는 색으로 단색 Solid 레이어를 만듭니다. ❷ Timeline 패널에서 '고양이.mp4' 레이어 밑에 단색의 Solid 레이어를 드래그하여 그림과 같이 '고양이.mp4' 레이어가 위에 표시되도록 합니다.

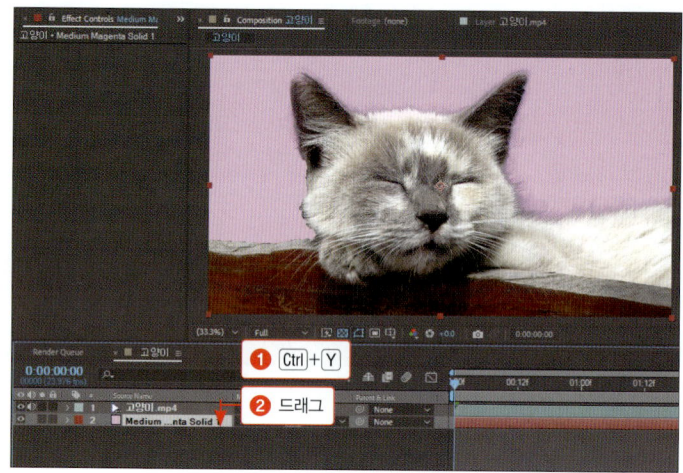

11 리파인 에지 도구를 활용한 부분을 배경과 분리한 다음 영상을 완성했습니다.

CHAPTER 02 AFTER EFFECTS CC

알파(반전) 매트 • 루마(반전) 매트

매트 알아보기

★중요

마스크가 직접 경계를 만들고 조정하여 원하는 부분을 나타냈다면, 매트는 배경이 없는 알파 채널을 이용하거나 레이어의 밝기 차이로 합성 작업을 할 수 있습니다. 이러한 과정에서 알아야 하는 개념인 매트(Matte)에 대해서 알아보겠습니다.

필수기능 01 알파 매트와 알파 반전 매트 알아보기

알파 매트는 이미지 파일에 알파 채널과 매트(Matte : 일부분만 나타내는 것)가 결합된 저장 영역이라 볼 수 있습니다.

알파 채널 이해하기

카메라처럼 현실을 디지털로 기록할 때는 RGB 채널을 기반으로 이미지 파일을 만듭니다. 3D 소프트웨어 또는 포토샵 등의 이미지 소프트웨어를 통해서 기록하는 디지털 파일은 알파 채널을 기록할 수 있습니다. 이때 알파 채널은 영상 또는 이미지 일부분을 선택합니다.

알파 채널을 가지고 있는 이미지 파일(Targa, Tiff, RLA, RPF)이 있고, 알파 채널이 없더라도 영상이나 이미지 일부분을 선택하는 PSD(포토샵) 파일과 PNG 파일이 있습니다. 이러한 알파 데이터를 이용해 원하는 영역만 나타낼 수 있습니다. 즉, 영상 또는 이미지의 보이는 부분을 이용하여 매트를 적용해서 알파 데이터가 없는 레이어 일부분만 나타내는 것입니다. 애프터 이펙트의 알파 매트 기능은 알파 데이터가 적용된 부분을 나타내는 알파 매트가 있고, 알파 데이터의 반대 영역을 나타내는 알파 반전 매트가 있습니다.

알파 매트와 알파 반전 매트 이해하기

알파 채널과 이미지가 만나면 이미지에 알파 채널의 영역이 적용되어 일부분만 나타납니다. 이때 레이어 뒤쪽은 투명한 상태로 다른 이미지나 소스들을 추가할 수 있습니다.

알파 반전 매트는 그 반대에 해당합니다. 다음 페이지의 이미지는 알파 채널을 가지는 이미지를 반전시키기 때문에 물감이 튄 이미지의 반대 부분이 나타납니다. 결과 이미지에서는 물감이 튄 영역의 이미지만 비어 있으며, 알파 매트를 적용한 모습과 알파 반전 매트를 적용한 모습이 서로 반대되는 것을 확인할 수 있습니다.

Chapter 02 • 매트 알아보기

▲ 알파 채널을 가지는 이미지

▲ 반투명 배경을 통해서 보았을 때의 알파 채널

▲ 알파 매트를 적용할 배경 이미지

▲ 알파 매트를 적용한 배경 이미지

▲ 반투명 배경을 통해 보았을 때 알파 매트를 적용한 배경 이미지

▲ 알파 매트를 적용한 이미지 뒤에 배치한 단색 레이어

▲ 알파 반전 매트를 적용한 배경 이미지

▲ 알파 반전 매트를 적용한 배경 이미지 뒤에 배치한 단색 레이어

실습예제 02 알파 매트와 알파 반전 매트 적용하기

매트를 적용하기 위한 Modes 항목을 표시하고 알파 매트와 알파 반전 매트를 적용해 봅니다.

◎ 예제파일 : 03\알파매트.psd   ◎ 완성파일 : 03\알파매트_완성.aep

Before

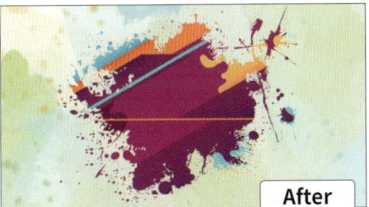
After

After

01 새 프로젝트를 만들고 03 폴더에서 '알파매트.psd' 파일을 컴포지션으로 불러옵니다.

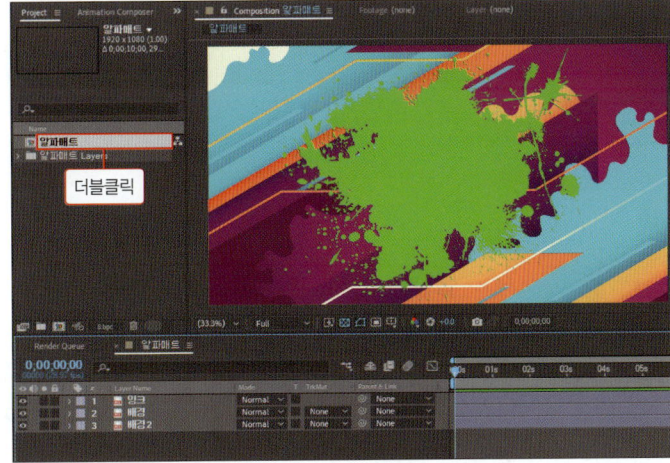

02 현재 Timeline 패널에는 Track Matte 항목이 표시되어 있습니다. Track Matte가 표시되지 않은 경우에는 ❶ Layer Name 항목에서 마우스 오른쪽 버튼을 클릭한 다음 ❷ Columns → Modes를 실행합니다.

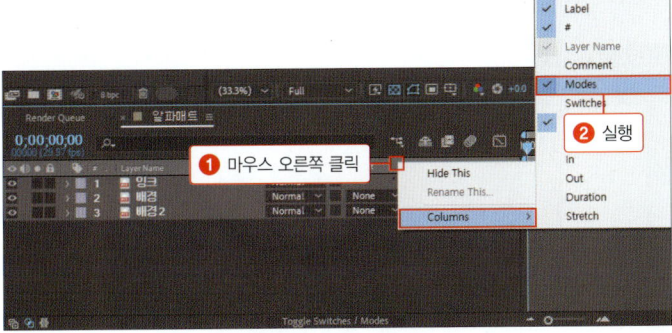

> **TIP**
> 해당 방법 이외에도 Timeline 패널 왼쪽 하단의 'Transfer Controls' 아이콘(　)을 클릭하여 표시하는 방법이 있습니다. 항목이 비활성화되면 다시 해당 아이콘을 클릭합니다.

03 알파 매트를 적용하려면 먼저 레이어 위치를 조절해야 하며, 적용할 레이어 위에 반드시 알파 채널 이미지가 필요합니다. 현재 파일에서는 '배경' 레이어에 적용해 봅니다. '잉크' 레이어가 '배경' 레이어 위에 있는 것을 확인합니다.

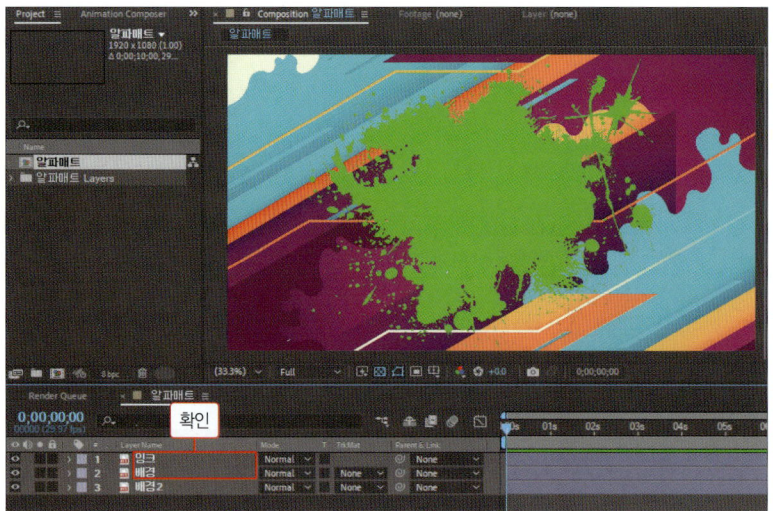

TIP
보통 매트 작업을 하는 경우, 잉크 소스를 활용하는 경우가 많으므로 잉크 소스를 맨 위에 항상 둔다고 생각하면 편합니다.

04 ❶ '배경' 레이어에서 Track Matte 항목을 클릭하고 ❷ 'Alpha Matte "잉크"'로 지정합니다.

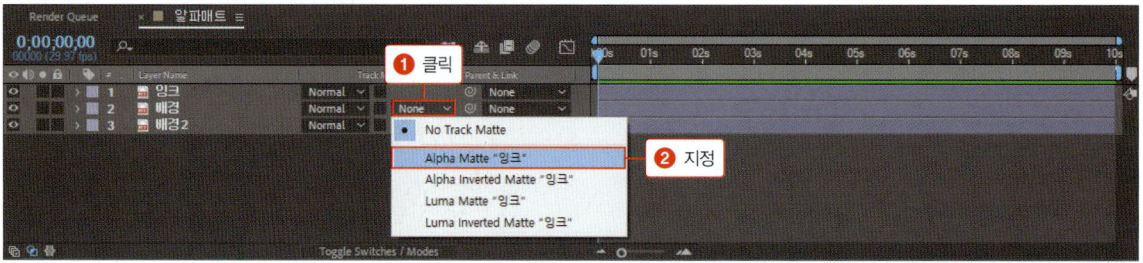

05 알파 매트를 적용하면 '잉크' 레이어의 알파 채널 영역이 '배경' 레이어와 만나서 해당 영역만큼 레이어가 나타나고 그 뒤로 '배경2' 레이어가 나타납니다.

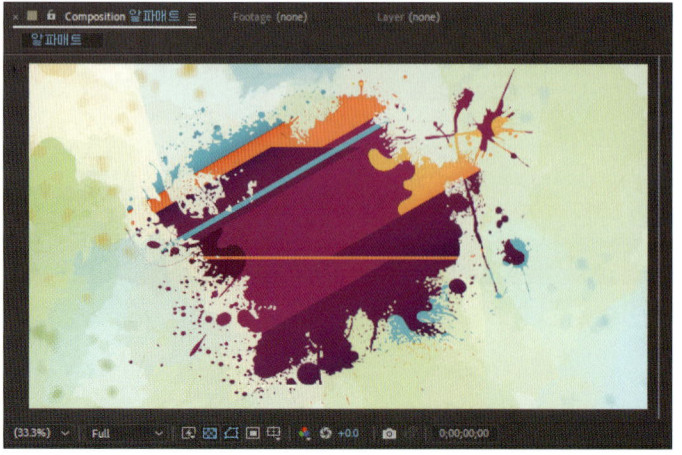

06 알파 매트를 적용하면 Timeline 패널에 다음과 같은 변화가 나타나며, 매트 역할의 '잉크' 레이어는 안 보이도록 비활성화됩니다.

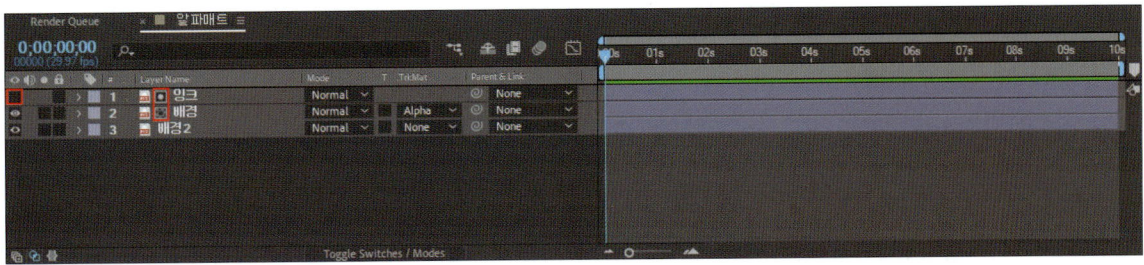

TIP
두 레이어 사이에 다른 레이어가 있거나 레이어 순서가 바뀌면 다른 형태로 나타납니다. 매트를 적용했을 때 Timeline 패널의 변화는 알파 매트와 알파 반전 매트가 같습니다. 비활성화된 레이어를 다시 활성화하면 원본 레이어가 표시되므로 다시 활성화하지 않도록 합니다.

07 이번에는 알파 매트가 적용된 상태에서 알파 반전 매트를 적용하는 방법을 알아봅니다. ❶ '배경' 레이어에서 Track Matte 항목을 클릭하고 ❷ 'Alpha Inverted Matte "잉크"'로 지정합니다.

TIP
알파 반전 매트는 알파 매트를 적용하는 방법과 거의 같지만, 마지막 과정에서 선택이 달라지므로 유의합니다.

08 알파 반전 매트가 적용된 모습을 확인할 수 있습니다.

TIP
레이어가 겹치면 알파 매트와 알파 반전 매트가 헷갈리기도 합니다. 이때 알파 채널을 가지는 레이어가 있고, 적용할 레이어와 알파 채널을 가지는 레이어 순서만 맞으면 알파 매트를 적용합니다.

Chapter 02 · 매트 알아보기   225

필수기능 03 루마 매트와 루마 반전 매트 알아보기

루마 매트도 알파 매트와 마찬가지로 영상 데이터를 이용해 처리합니다. 알파 데이터는 3D 소프트웨어 또는 포토샵 등을 이용하여 만들지만, 루마 매트는 촬영한 이미지나 영상 파일을 이용한다는 점이 다릅니다.

루마(Luma)는 밝기, 휘도(광원의 단위 면적당 밝기 정도)를 나타내는 Luminance를 뜻합니다. 루마 매트는 이미지 또는 영상이 기본으로 가지는 명도(색의 밝고 어두운 정도)를 이용해서 일부분만 나타내는 영역을 만듭니다. 모든 이미지 또는 영상은 밝거나 어두운 속성을 가지고 있어 알파 매트처럼 특정 소프트웨어를 이용해 이미지나 영상을 작업해야 하는 번거로움이 없어서 보통 작업할 때 알파 매트보다 루마 매트를 더 많이 이용합니다.

루마를 가지고 있는 레이어는 대부분 이미지에 해당합니다. 루마는 모든 영상과 이미지, 디자인 결과물에 밝기가 있어 가능하지만, 루마에 더 적합한 레이어는 다음과 같이 명도가 더 차이나는 이미지가 좋습니다.

▲ 밝음과 어둠의 차이가 분명한 레이어

▲ 루마 매트를 적용할 레이어

▲ 루마 매트를 적용하여 밝은 부분을 매트로 이용한 모습

▲ 반투명 배경을 통해 보았을 때 루마 매트를 적용한 이미지

▲ 루마 반전 매트를 적용하여 어두운 부분을 매트로 이용한 모습

▲ 반투명 배경을 통해 보았을 때 루마 반전 매트를 적용한 이미지

실습예제 04 루마 매트와 루마 반전 매트 적용하기

흑백의 잉크 영상을 활용하여 루마 매트를 적용한 다음 반전시켜서 어두운 영역에 레이어를 나타내 봅니다.

◉ 예제파일 : 03\루마매트.psd, 잉크 오버레이.mp4   ◉ 완성파일 : 03\루마매트_완성.aep

01 새 프로젝트를 만들고 03 폴더에서 '루마매트.psd' 파일을 컴포지션으로 불러오고 '잉크 오버레이.mp4' 파일을 불러옵니다.

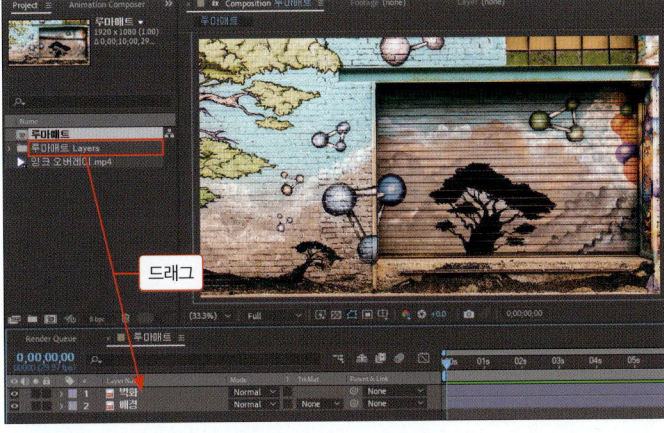

TIP
psd 파일과 mp4 파일을 동시에 애프터 이펙트에 불러오면 컴포지션 형태로 불러올 수 없으므로, psd 파일을 우선 불러오고 그 후에 mp4 파일을 불러오도록 합니다.

02 Project 패널에 있는 '잉크 오버레이.mp4' 파일을 Timeline 패널에 있는 '벽화' 레이어 위에 드래그하여 위치합니다. 알파 매트와 마찬가지로 루마 채널 이미지를 위에 올려 놓는다고 생각하면 이해가 쉽습니다.

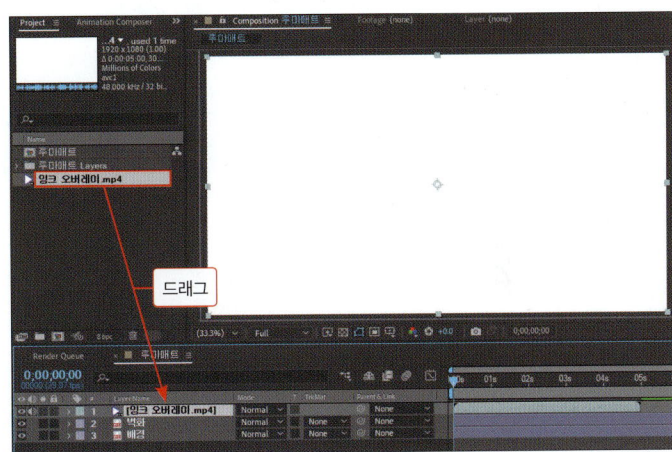

03 Timeline 패널에서 Modes 항목을 나타냅니다. ❶ '벽화' 레이어의 Track Matte 항목을 클릭하고 ❷ 'Luma Matte "잉크 오버레이.mp4"'로 지정합니다.

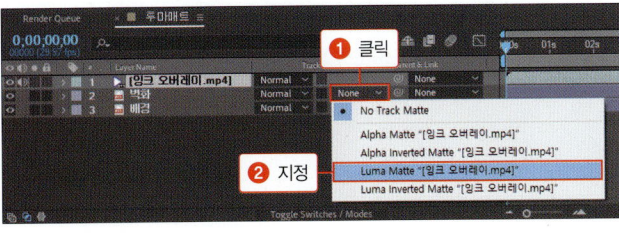

Chapter 02 • 매트 알아보기   227

04 Timeline 패널에서 현재 시간 표시기를 '2초'로 이동합니다. 루마 매트를 적용했을 때 밝은 부분만 나타납니다. 배경의 투명한 부분에 '배경' 레이어가 나타납니다.

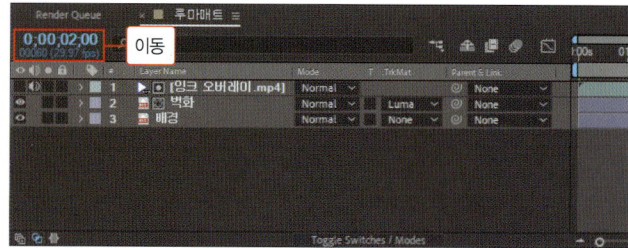
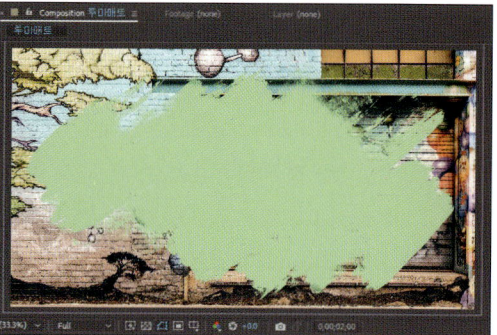

TIP

알파 매트에서 살펴본 것처럼 루마 매트도 적용하면 Timeline 패널에 다음과 같은 변화가 나타나며 매트 역할을 한 '잉크 오버레이.mp4' 레이어는 보이지 않도록 Video가 비활성화됩니다.

두 레이어의 위치 역시 알파 매트처럼 항상 위, 아래에 있어야 합니다. 두 레이어 사이에 다른 레이어가 있거나 상하 위치가 바뀌면 형태가 달라집니다. 또한, 비활성화된 레이어를 다시 활성화하면 원본 레이어가 표시되므로 다시 활성화하지 않도록 합니다.

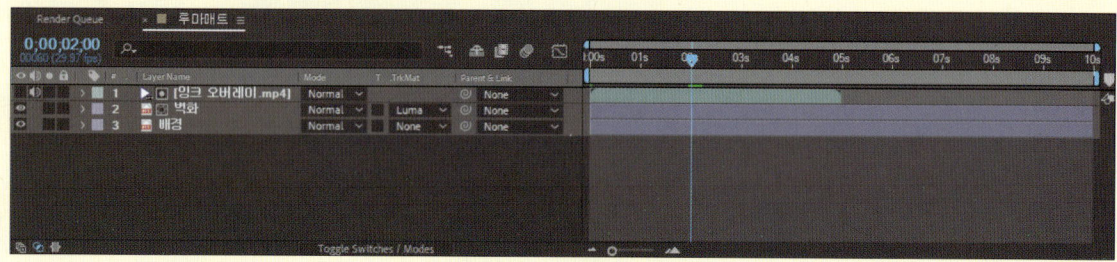

05 루마 매트가 적용된 상태에서 루마 반전 매트를 적용해 봅니다. ❶ '벽화' 레이어의 Track Matte 항목을 클릭하고 ❷ 'Luma Inverted Matte "잉크 오버레이.mp4"'로 지정하여 어두운 영역을 매트로 적용합니다.

TIP

루마 매트와 루마 반전 매트를 활용할 때는 반드시 무채색의 소스를 활용해야 합니다. 소스를 활용하기 전에 소스가 흑백 소스인지 확인하고, 흑백 소스가 아니라면 색 보정을 통해 흑백으로 변형하여 사용합니다.

우선순위 | TOP 16 • Blending Mode

블렌딩 모드 알아보기

블렌딩 모드(Blending Mode)는 Modes 항목의 왼쪽 메뉴를 이용해서 레이어를 겹쳐 색 변화를 만드는 기능으로 주로 자연스러운 합성을 할 때 많이 사용합니다. 다양한 효과 연출을 위해 애프터 이펙트의 블렌딩 모드에 대해서 알아보겠습니다.

필수기능 01 블렌딩 모드 이해하기

기본으로 Transform 속성의 Opacity를 이용해 이미지를 겹칠 수 있지만, 전체적으로 비슷한 톤으로 겹치는 것이라 결과물이 단조롭습니다. 이때 블렌딩 모드를 활용하면 색 차이에 따라 다채로운 효과를 만들 수 있습니다.

블렌딩 모드는 특징에 따라 다양한 항목으로 나뉩니다. 레이어가 겹쳤을 때 어두워지는 영역, 밝아지는 영역, 대비가 커지는 영역, 색이 반전되는 영역으로 구분하며 종류가 매우 다양합니다. 사용하면서 자연스럽게 배우는 것이 중요합니다.

▲ 위에 있는 'Layer_A' 레이어

▲ 위에 있는 'Layer_B' 레이어

▲ 블렌딩 모드를 이용한 중첩 1

▲ 블렌딩 모드를 이용한 중첩 2

▲ Opacity를 이용한 중첩

▲ 블렌딩 모드의 메뉴

필수기능 02 자주 사용하는 블렌딩 모드 알아보기

블렌딩 모드를 전부 적용해보며 차이점을 느끼는 것이 가장 좋은 방법이지만, 이 중에서도 자주 사용하는 블렌딩 모드를 알아보겠습니다. Normal, Darken, MulTIPly, Lighten, Screen, Overlay, Soft Light, Hard Light를 일반적으로 많이 사용합니다.

▲ Normal

▲ Darken

▲ Multiply

▲ Lighten

▲ Screen

▲ Overlay

▲ Soft Light

▲ Hard Light

필수기능 03 어둡게 나타내기

레이어가 겹치면서 어두워지는 블렌딩 모드에 대해 좀 더 구체적으로 살펴봅니다. Darken이 있는 영역은 어두운 블렌딩 모드입니다.

```
Darken
Multiply
Color Burn
Classic Color Burn
Linear Burn
Darker Color
```

▲ Darken

▲ Multiply

▲ Color Burn

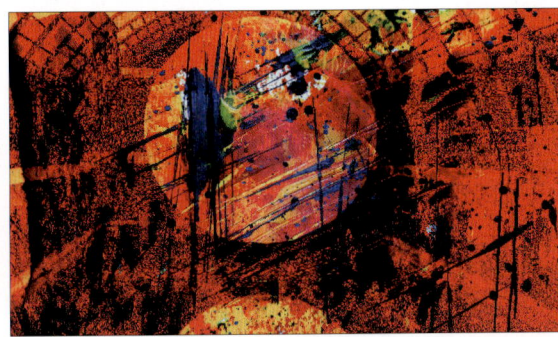
▲ Classic Color Burn

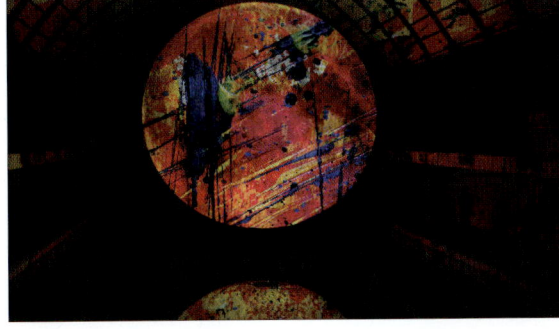
▲ Linear Burn

▲ Darker Color

필수기능 04 밝게 나타나기

레이저가 겹쳐 밝아지는 블렌딩 모드에 대해서 알아봅니다. Add가 있는 영역은 밝은 블렌딩 모드입니다.

```
Add
Lighten
Screen
Color Dodge
Classic Color Dodge
Linear Dodge
Lighter Color
```

▲ Add

▲ Lighten

▲ Screen

▲ Color Dodge

▲ Classic Color Dodge

▲ Linear Dodge

▲ Lighter Color

필수기능 05 색 대비를 크게 만들기

레이어가 겹치면서 색 대비가 커지는 블렌딩 모드에 대해 알아봅니다. Overlay가 있는 영역은 색 대비가 큰 블렌딩 모드입니다.

```
Overlay
Soft Light
Hard Light
Linear Light
Vivid Light
Pin Light
Hard Mix
```

▲ Overlay

▲ Soft Light

▲ Hard Light

▲ Linear Light

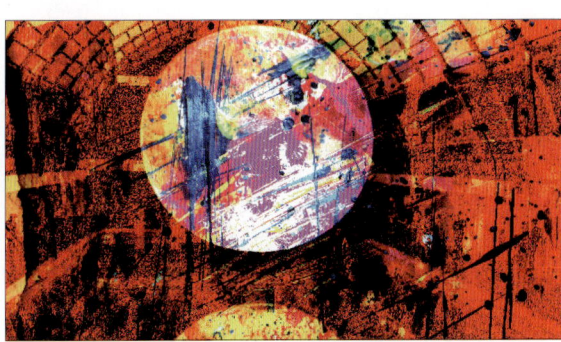
▲ Vivid Light

▲ Pin Light

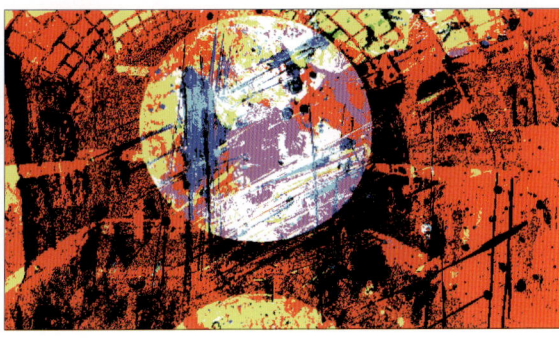
▲ Hard Mix

필수기능 06 색 반전하기

레이어가 겹치면서 색이 반전되는 블렌딩 모드에 대해 알아봅니다. Difference가 있는 영역이 색이 반전되는 블렌딩 모드입니다.

▲ Difference

▲ Classic Difference

▲ Exclusion

▲ Subtract

▲ Divide

필수기능 07 색상, 명도, 채도 이용하기

색 데이터를 통해서 블렌딩 모드를 적용하며 색상, 명도, 채도가 높은 부분을 겹치는 기능입니다.

```
Hue
Saturation
Color
Luminosity
```

▲ Hue

▲ Saturation

▲ Color

▲ Luminosity

필수기능 08 매트 기능으로 중첩하기

레이어의 매트(Matte)를 이용하여 겹치는 기능으로 앞서 살펴본 Track Matte와 중첩됩니다. 블렌딩 모드의 Matte는 아래쪽 모든 레이어에 적용되는 점이 다릅니다.

```
Stencil Alpha
Stencil Luma
Silhouette Alpha
Silhouette Luma
```

▲ Stencil Alpha

▲ Stencil Luma

Chapter 03 • 블렌딩 모드 알아보기   235

▲ Silhoutte Alpha

▲ Silhoutte Luma

필수기능 09 중첩 효과 적용하기

색 변화 없이 작은 입자 구멍을 통해 겹치는 디졸브(Dissolve)로, 위쪽 레이어의 불투명도(Opacity)를 작게 설정하면 중첩됩니다.

▲ Normal – Opacity를 '50%'로 설정한 모습

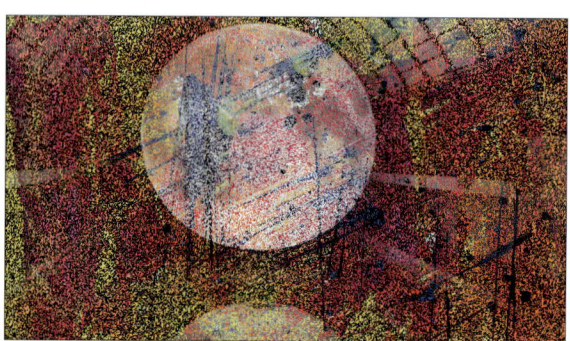
▲ Dissolve – Opacity를 '50%'로 설정한 모습

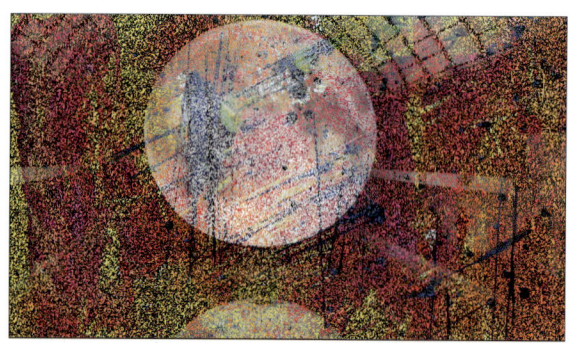
▲ Dancing Dissolve – Opacity를 '50%'로 설정한 모습

실습예제 10 블렌딩 모드 푸티지에 적용하기

실제로 푸티지에 블렌딩 모드를 적용해 봅니다. 블렌딩 모드는 자연스러운 합성을 하는 과정에서 필요한 기능입니다.

● 예제파일 : 03\블렌딩 모드.aep   ● 완성파일 : 03\블렌딩 모드_완성.aep

Before

After

After

01 새프로젝트를 만들고 03 폴더에서 '블렌딩 모드.aep' 파일을 불러옵니다. Project 패널에서 '소개영상' 컴포지션을 더블클릭하여 불러옵니다.

02 현재 '소개영상.mp4' 레이어 위에 '로고.png' 레이어가 블렌딩 모드가 적용되지 않은 상태로 올려져 있습니다. 자연스러운 합성을 위해 ❶ '로고.png' 레이어의 Mode 항목을 클릭하고 ❷ 'Overlay'로 지정합니다.

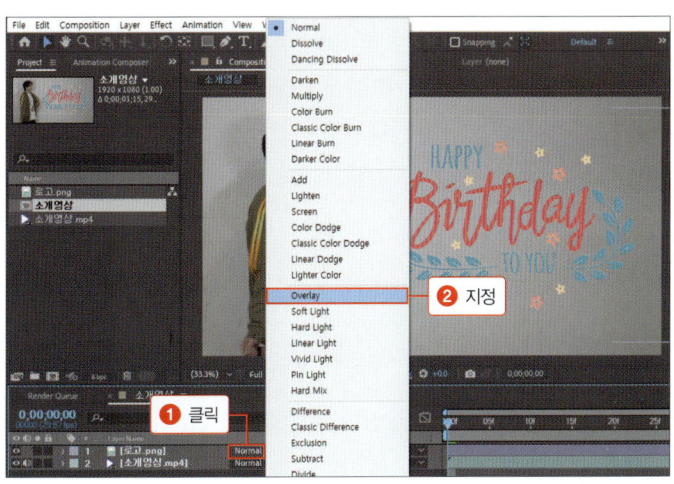

03 로고에 Overlay가 적용됩니다. 색 대비를 활용하여 '로고.png' 레이어와 '소개영상.mp4' 레이어가 자연스럽게 합성됩니다.

04 이번에는 어두운 색감으로 합성하기 위해 ❶ '로고.png' 레이어의 Mode 항목을 클릭하고 ❷ 'Darken'으로 지정합니다.

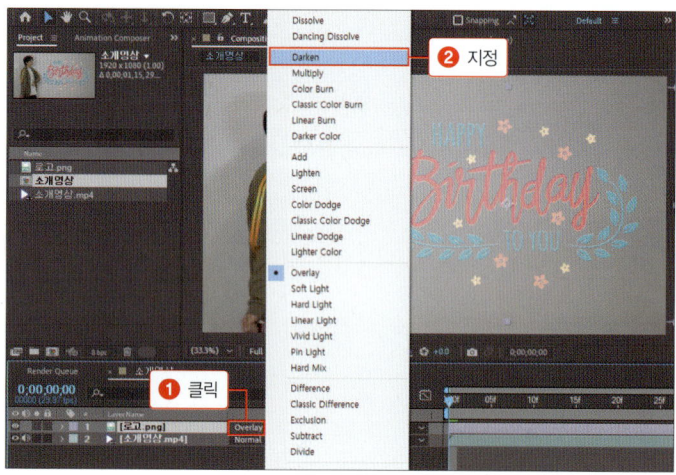

05 로고에 Darken이 적용됩니다. '로고.png' 레이어가 '소개영상.mp4' 레이어에 겹치는 부분이 어둡게 합성됩니다.

마스크와 블렌딩 모드 적용하기

1
186쪽 참고

원형에서 사각형으로 변하는 마스크를 만들어 보세요.

완성파일 03\Mask_완성.aep
해설 동영상 03\3-1.mp4

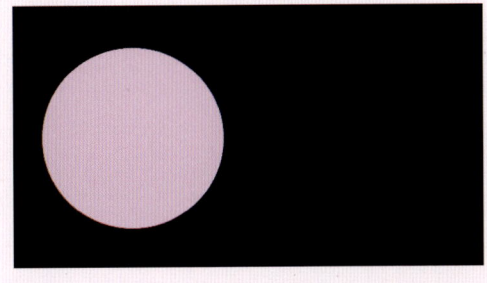

Hint Solid 레이어 만들기 → 원형 도구를 이용해 마스크 만들기 → 현재 시간 표시기를 '3초'로 이동하기 → 마스크 패스를 이용해 꼭짓점을 마름모 모양으로 만들기

2
237쪽 참고

블렌딩 모드를 'Overlay'로 지정해서 로고를 자연스럽게 배경에 합성해 보세요.

예제파일 03\BlendingMode.psd 완성파일 03\BlendingMode_완성.aep
해설 동영상 03\3-2.mp4

Hint PSD 파일 불러오기 → '로고' 레이어의 Blending Mode를 'Overlay'로 지정하기 → 다른 종류의 Blending Mode도 적용하기

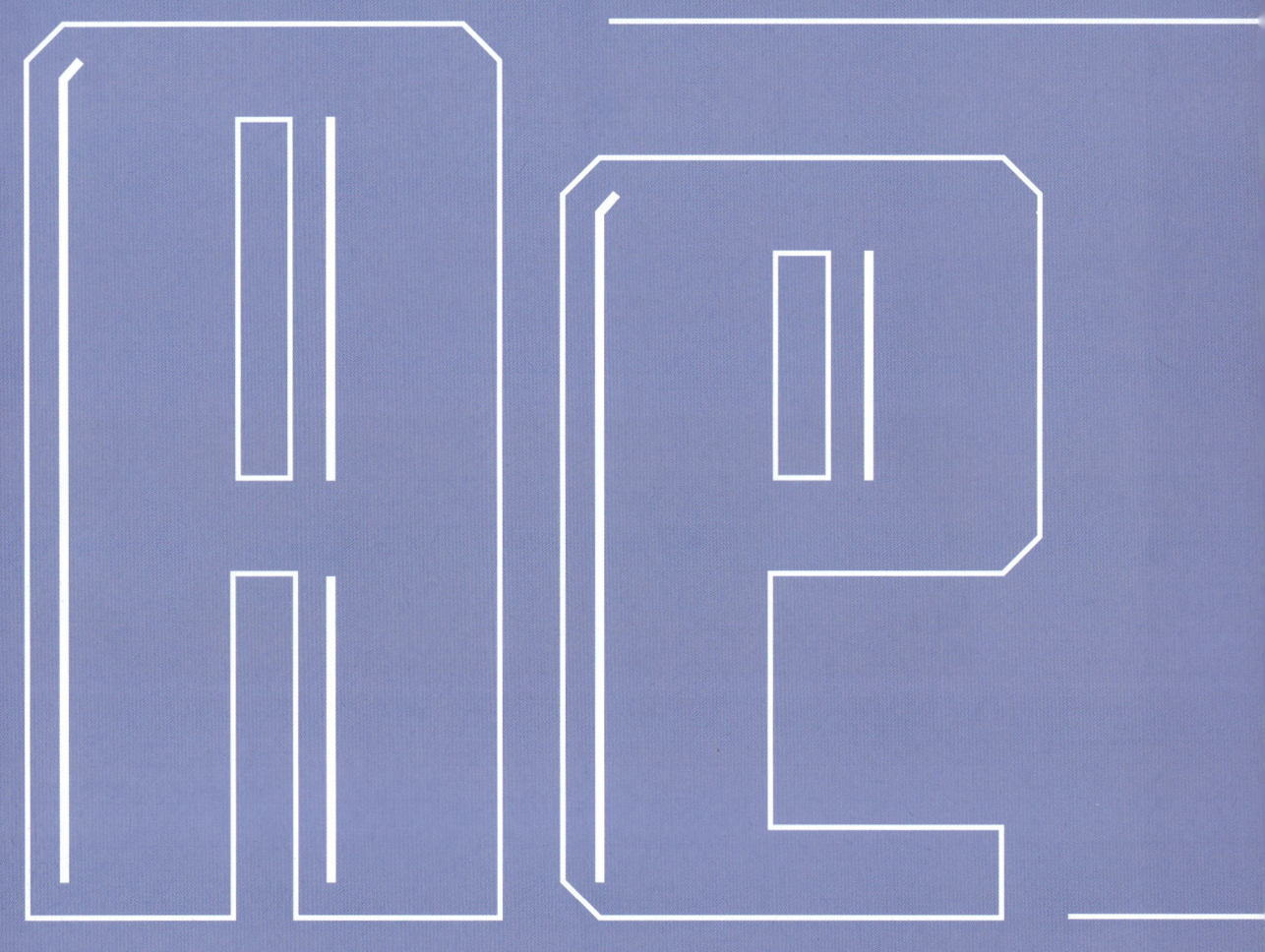

애프터 이펙트에서 영상을 움직이는 것 이상의 효과를 만드는 것을 이펙트라고 합니다. 이펙트를 이용하여 다양한 효과를 적용할 수 있으며, 이를 통해 자신만의 특별한 영상을 만들 수 있습니다. 같은 효과의 이펙트를 어떻게 사용하느냐에 따라 다른 장면을 연출할 수 있습니다. 이펙트 기능들에 대해 알아보겠습니다.

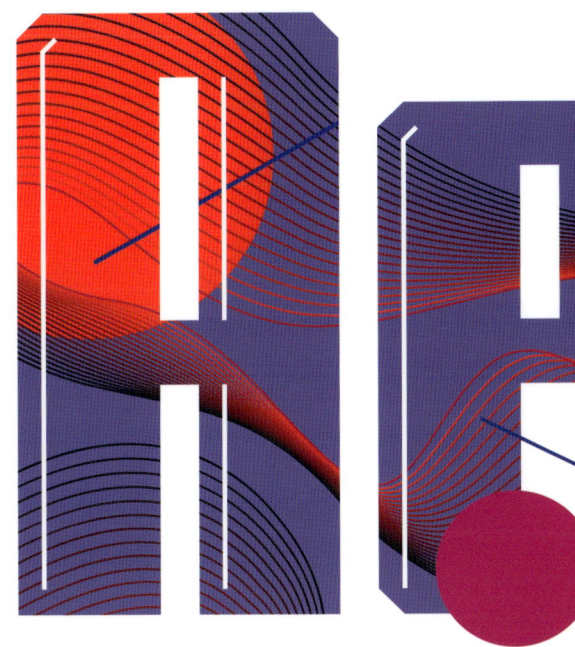

애프터 이펙트
CC 무작정 따라하기

애프터 이펙트 CC 새로운 기능

2022 최신 기능을 수록한 실무 그래픽 입문서

전은재
앤미디어 지음

애프터 이펙트 CC 새로운 기능

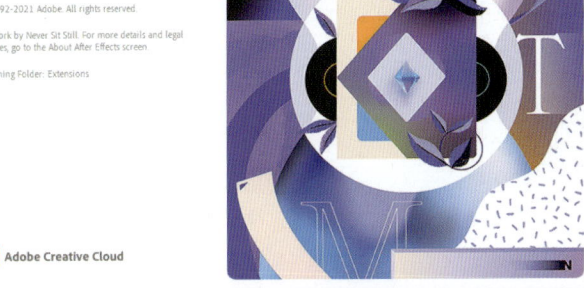

AFTER EFFECTS | CC 2022

애프터 이펙트 버전이 CC 2022로 업그레이드되면서 고품질 작업물을 위한 새로운 기능을 제공하고 있습니다.
더욱 쉽고 유용하게 이용할 수 있는 새로운 기능을 알아보겠습니다.

New 01 멀티 프레임 렌더링으로 미리 보기 및 렌더링 속도 향상

| CC 2022 |

멀티 프레임 렌더링을 사용하면 애프터 이펙트의 실행 속도가 더 빨라집니다. 이 기능은 CPU 코어 수, RAM 사용량 및 그래픽 카드의 컴퓨팅 능력을 기반으로 컴퓨터에서 프로젝트를 렌더링하는 속도에 영향을 줍니다. 미리 보기 및 렌더링 시 시스템의 CPU 코어의 모든 성능을 활용하여 빠르게 크리에이티브 작업을 할 수 있습니다. 애프터 이펙트는 컴퓨터에서 컴포지션을 최대한 빠르게 렌더링하도록 리소스 사용을 자동으로 조정합니다.

Adobe Media Encoder로 영상을 출력할 경우에도 여기에 포함되어 더 빠른 작업이 가능합니다.

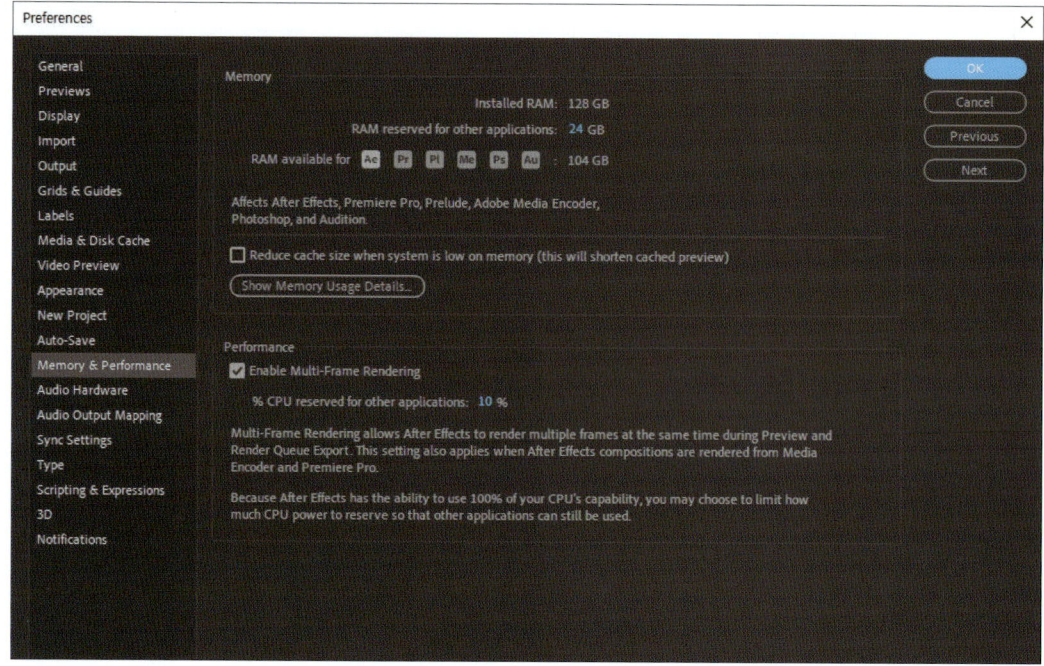

▲ 메뉴에서 (Edit) → Preferences → Memory & Performance를 실행해 멀티 프레임 렌더링을 설정하는 모습

New 02 10비트 HEVC 재생 개선

| CC 2022 |

애프터 이펙트 2022에서는 최신 카메라에 내장된 고효율 비디오 코덱인 10비트 HEVC(High Efficiency Video Coding) 422를 위한 새로운 하드웨어 가속 디코딩은 Intel 기반 Windows 시스템에서 향상된 재생 및 편집 기능을 제공합니다. 현재 H.264 코덱이 활발히 사용되고 있지만 가까운 미래에는 H.265와 같은 향상된 차세대 코덱이 자리 잡을 수 있는 환경이 점차 조성되고 있습니다.

▲ 최신 카메라들에 점차 고효율 비디오 코덱인 10비트 HEVC (High Efficiency Video Coding) 422를 지원하고 있습니다.

New 03 데이터 시각화를 위한 컴포지션 프로파일러

| CC 2022 |

▶ 본책 84, 86쪽 참고

컴포지션 프로파일러는 애프터 이펙트에서 프레임을 렌더링하는 동안 만든 데이터를 시각화한 것입니다. 렌더링 프로세스가 매우 최적화되어 있으므로 다양한 색상 코드를 읽는 방법과 타임라인의 다른 요소를 이해하는 것이 중요합니다.

애프터 이펙트에서 복잡한 프로젝트를 다룰 때 렌더링이나 프리뷰를 하는 경우, 병목 현상이 발생할 수 있습니다. 이 기능을 사용하면 다양한 결정을 내리고 시스템 리소스를 확보할 수 있으며 미리 보기를 하는 동안 어느 레이어의 성능이 떨어지는지 파악하여 복잡한 프로젝트를 합리화하고 렌더링 병목 현상을 줄입니다. 각 레이어가 렌더링하는 데 걸리는 시간을 확인하는 것과 더불어 레이어를 회전해 마스크, 레이어 스타일, 개별 효과가 총 렌더링 시간에 작용한 영향도 분석할 수 있습니다.

▲ Timeline 패널 왼쪽 하단에서 '달팽이' 아이콘(■)을 클릭하여 렌더링 시간 열을 표시한 모습

| Real Time | Half Real Time | Less than 100ms | Less than 250ms | Less than 500ms | Less than 1 Second | Less than 2.5 Seconds | Less than 5 Seconds | More than 5 Seconds |

▲ 다양한 렌더링 시간에 대한 색상 코드

'Render Time pane' 아이콘(■)을 클릭하면 레이어별로 렌더링 시간을 확인할 수 있습니다. 현재 시간 표시기가 있는 프레임의 렌더링 시간은 타임라인 아래에 표시되지만 해당 항목에는 레이어별로 소요되는 렌더링 시간을 확인할 수 있습니다.

▲ 레이어별 렌더링 시간 항목이 활성화된 모습

New 04 배경을 분리시키는 로토 브러시 2 ▶ 본책 212쪽 참고

| CC 2020 |

로토 브러시는 영상에서 배경과 사람, 사물을 분리하기 위해서 많이 사용되는 기능으로, 이번 업그레이드를 통해서 로토 브러시 2 기능이 제공됩니다. 애프터 이펙트에서 사용되었던 로토 브러시 기능은 2010년 애프터 이펙트 CS5에서 처음 소개된 이후로 기능 개선이 이루어지지 않아 작업자들에게 많은 외면을 받아 왔습니다. 배경과 분리된 레이어의 경계 영역이 또렷하지 않은 문제들이 있었습니다. 2020년 10월에 업그레이드된 로토 브러시 2는 AI 기능인 어도비 센세이를 이용하여 보다 정확하게 사물을 추적할 수 있게 되었습니다.

▲ 로토 브러시를 적용하는 모습

New 05 새로운 3D 공간 이동 도구 ▶ 본책 50쪽 참고

| CC 2020 |

애프터 이펙트를 이용해서 모션 그래픽 작업을 진행할 때 가장 많이 사용되는 기능이 3D Layer를 통한 3D 공간 연출입니다. 하지만 애프터 이펙트는 기본적으로 2D 영상 도구에서 시작하였기 때문에 다른 3D 소프트웨어에 비해서 3D 작업 유저 인터페이스가 직관적이지 못했습니다.

애프터 이펙트는 2020년 10월 업그레이드를 통해서 다른 3D 소프트웨어와 같이 향상된 유저 인터페이스를 제공합니다.

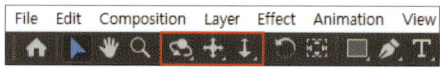

 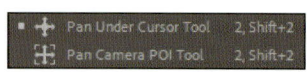 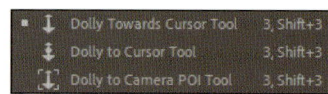

▲ 3D 공간 이동 도구

New 06 | 3D 변형 기즈모 기능

| CC 2020 |

3D 변형 기즈모 기능은 지난 2001년 3D Layer 기능이 처음 생긴 이후 가장 큰 업그레이드입니다. 3D 레이어의 이동 기능 역시 지난 20여 년 동안 거의 발전이 이루어지지 않았습니다. 그래서 모든 사용자들이 불편을 감수하고 애프터 이펙트를 사용해 왔습니다. 하지만 이 버전의 업그레이드는 3D 소프트웨어와 같이 3D 변형 기즈모를 제공하기 때문에 매우 향상된 유저 인터페이스를 제공합니다.

레이어를 3D 레이어로 만들게 되면 화면에서 X, Y, Z축 이동 및 회전을 할 수 있는 방향키가 나타납니다. 기존 애프터 이펙트에서는 X, Y, Z축 이동만 나타내는 화살표만 있었지만 이번 업그레이드를 통해서 회전과 이동, 크기까지 더 직관적으로 볼 수 있도록 개선되었습니다.

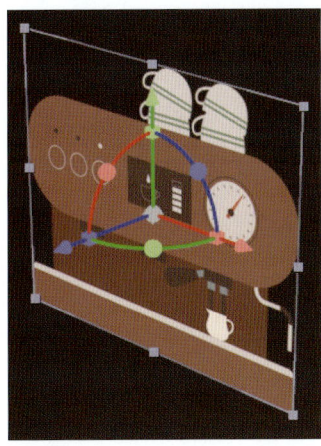
▲ 기즈모

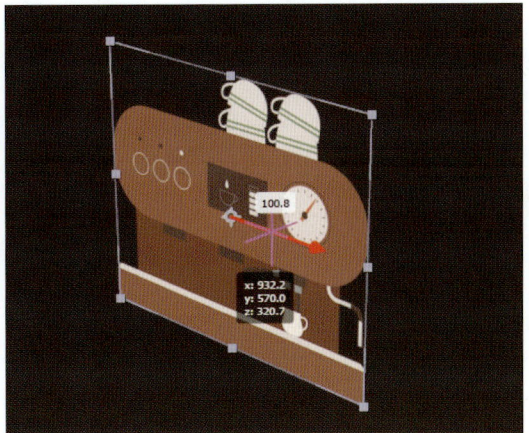
▲ X축으로 이동하는 모습

New 07 | 기존 내용 인식 채우기 기능에서 속도 향상 ▶ 본책 208쪽 참고

| CC 2020 |

Contents-Aware Fill 기능은 간단하게 원하는 부분을 지우거나 복원할 수 있는 내용 인식 채우기 기능으로, 포토샵에서 제공하던 자동 채우기 기능 중 하나입니다.

영상의 일부분을 지울 수 있는 Content-Aware Fill 기능은 일부분 로토 브러시의 연산 과정과 비슷하기 때문에 AI를 사용하는 로토 브러시 2와 같이 향상되었습니다. 단, 기능 개선보다는 느렸던 속도 개선을 통해 보다 빠른 작업이 가능합니다.

▲ Contents - Aware Fill을 적용하기 전

▲ Contents - Aware Fill을 적용한 후

New 08 향상된 미리 보기(Preview) 속도

| CC 2020 |

애프터 이펙트 CC 2020부터는 그래픽카드의 GPU 가속 디스플레이 시스템 코어를 사용하여 미리 보기 재생 속도가 크게 향상되었습니다. 단, 애프터 이펙트 CC 2020 설치 후 이전 드라이버에서는 충돌이 발생할 수 있어 그래픽카드 드라이버를 최신으로 업데이트(GPU VRAM 2GB, NVIDIA 드라이버 430.86 이상)해야 합니다.

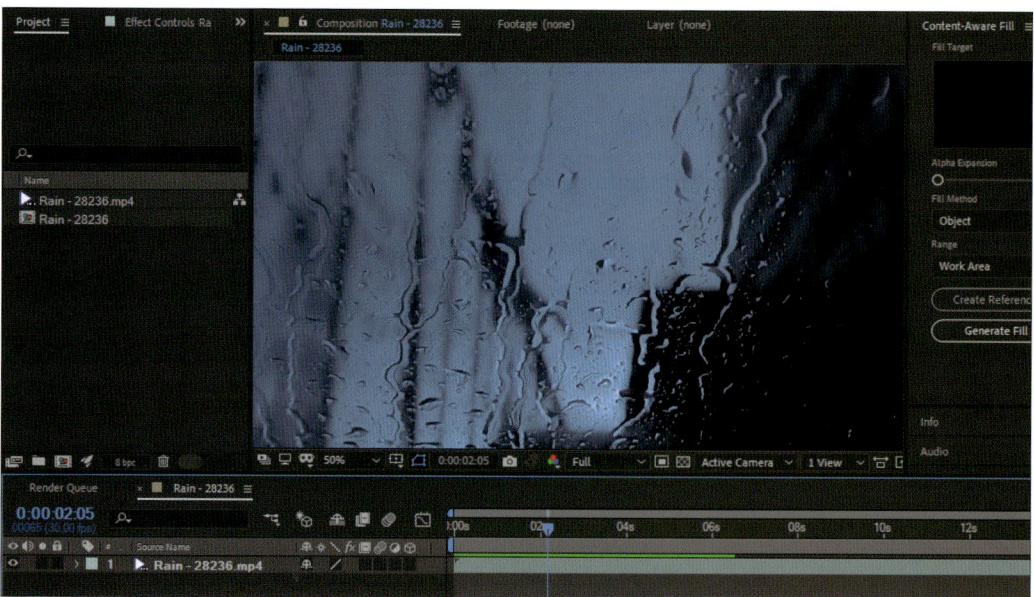

▲ 램 프리뷰 이미지

New 09 새로운 Cineware 렌더러 및 Cinema 4D Lite R21

| CC 2020 |

시네마 4D와 연동 가능한 Cineware 기능이 R21에 맞추어 업데이트되었습니다. 애프터 이펙트 CC 2020을 설치하면 자동으로 설치되며 메뉴에서 [Effect] → Cinema4D → Cineware를 실행해 적용할 수 있습니다. 설치 과정에서 Maxon Cinema 4D R21이 자동으로 설치되며 계정을 가지고 있다면 로그인해서 사용할 수 있습니다. 정식 버전이 아닌 경우는 Cinema 4D Lite로 로그인하면 됩니다.

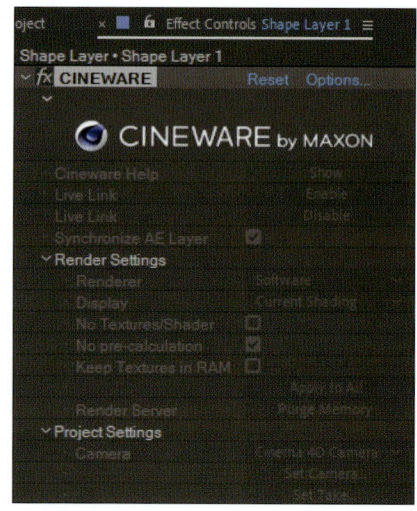

▲ Cineware 플러그인

New 10 | EXR 워크플로우 향상

| CC 2020 |

OpenEXR은 ILM에서 개발한 HDR 이미지 포맷으로 채널당 16비트 이상의 컬러를 가지는 비손실 압축 포맷입니다. 주로 영화 합성 쪽에서 사용하였으며 많은 컬러 정보 때문에 느린 포맷이었습니다. 애프터 이펙트 CC 2020부터는 EXR 파일을 빠르게 접근할 수 있어 최대 12배 빠른 속도로 작업을 진행할 수 있습니다. 또한 ProEXR의 멀티 – 레이어를 바로 불러올 수 있습니다. ProEXR 사이트인 'fnordware.com'에서 무료 플러그인을 다운로드하여 이용할 수 있습니다.

이제 애프터 이펙트에 레이어가 있는 EXR(OpenEXR 비트맵) 파일을 컴포지션으로 가져와 더 빨리 합성할 수 있습니다. EXR 파일을 가져오면 복잡한 설정 작업 없이도 컴포지션 레이어에 여러 효과를 적용할 수 있습니다. 레이어에 개별 작업하고 효과를 적용하여 렌더링을 환경에서 자연스럽게 보여줄 수 있습니다. 향상된 성능 덕분에 용량이 큰 파일에서도 반응성이 좋습니다.

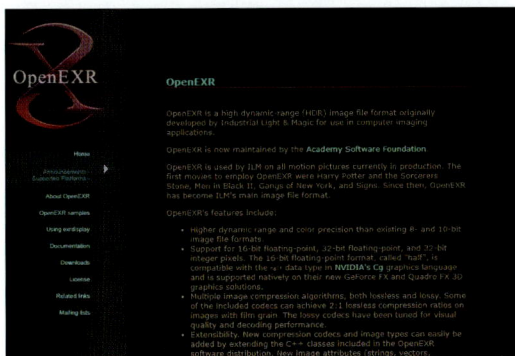
▲ OpenEXR 사이트

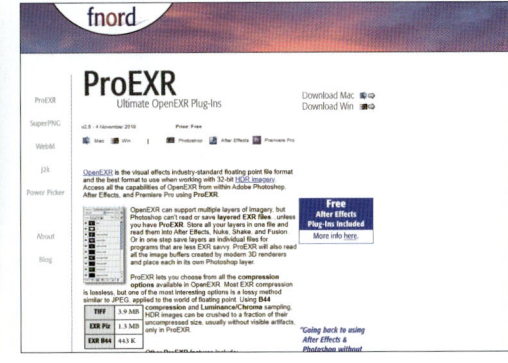
▲ ProEXR 지원 사이트

New 11 | 맥 사용자를 위한 Metal 소프트웨어 렌더러

| CC 2020 |

Metal은 적은 연산량으로 하드웨어 가속 그래픽을 사용할 수 있는 연산 API로, 애플의 운영체제인 iOS, macOS, tvOS에서 사용하는 API입니다. 애프터 이펙트 CC 2020 맥 버전부터는 기존 OpenGL과 OpenCL 대신 Metal을 지원해 맥에서도 더 빠른 작업을 할 수 있습니다.

◀ Metal 소개 이미지

New 12 확장된 포맷(Canon XF – HEVC) 및 향상된 재생 기능

| CC 2020 |

HEVC는 고효율 비디오 코딩(High Efficiency Video Coding)의 줄임말로, 다른 말로는 H265를 뜻합니다. 영상 미리 보기 작업에서 가장 많이 사용하는 H264/AVC의 다음 세대를 나타냅니다. 영상 압축 기술이 점점 저용량, 고화질을 위해 계속 나타나고 있기 때문에 애프터 이펙트도 역시 이에 대응하기 위해서 다양한 비디오 포맷 지원을 늘려가고 있습니다. CC 2019 버전에서는 Apple ProRes를 지원하였고 CC 2020 버전부터는 Canon XF – HEVC를 지원합니다.

H265/HEVC는 H264/AVC 대비 같은 화질에서 절반 용량을 자랑합니다. 미디어 인코더를 통해서 H265/HEVC로 압축할 수 있습니다.

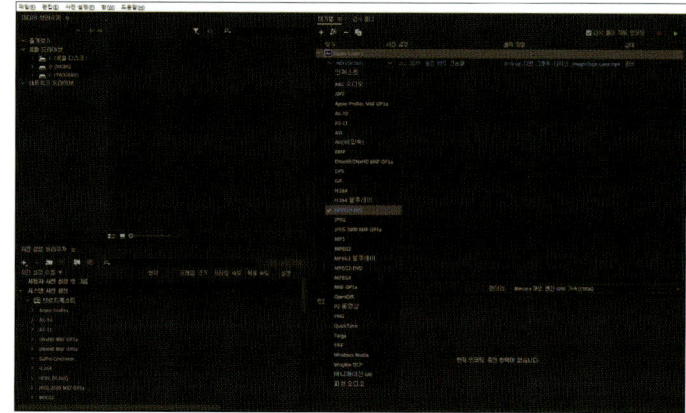

▶ H265/HEVC를 지원하는 미디어 인코더

New 13 드롭다운 메뉴 컨트롤 효과

| CC 2020 |

이제 모션 그래픽 템플릿을 만들 때 드롭다운 메뉴 컨트롤 효과를 사용하여 프로젝트에 있는 레이어 속성을 드롭다운 목록에 연결할 수 있습니다. 이전 버전에서는 프로젝트에서 애니메이션을 구동하려면 레이어 속성을 슬라이더 및 체크박스와 연결해야 했습니다. 그러나 애프터 이펙트 CC 2020부터는 슬라이더와 체크박스를 수정 가능한 상태로 공유하면 다른 편집자가 프리미어 프로에서 해당 속성을 변경할 수 있습니다.

하지만 좀 더 복잡하고 긴 애니메이션의 경우, 슬라이더와 체크박스가 항상 직관적이지 않을 수 있습니다. 이 메뉴는 여러 설정을 한 번에 조정하고, 프리미어 프로에서 편집기가 템플릿을 손쉽게 디자인할 수 있도록 합니다.

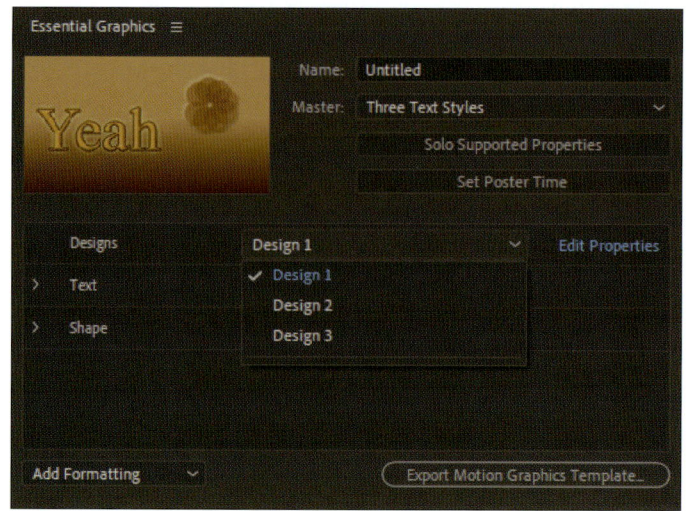

▶ Essential Graphics 메뉴

New 14 셰이프 레이어의 빠른 속도와 기능 개선 ▶본책 356쪽 참고 | CC 2020 |

일러스트레이터처럼 도형을 그릴 수 있는 셰이프 레이어(Shape Layer)를 많이 만들면 다른 레이어들에 비해서 많이 느려졌으나 셰이프 레이어 구현 기능이 전반적으로 개선되어 속도가 크게 향상되었습니다.

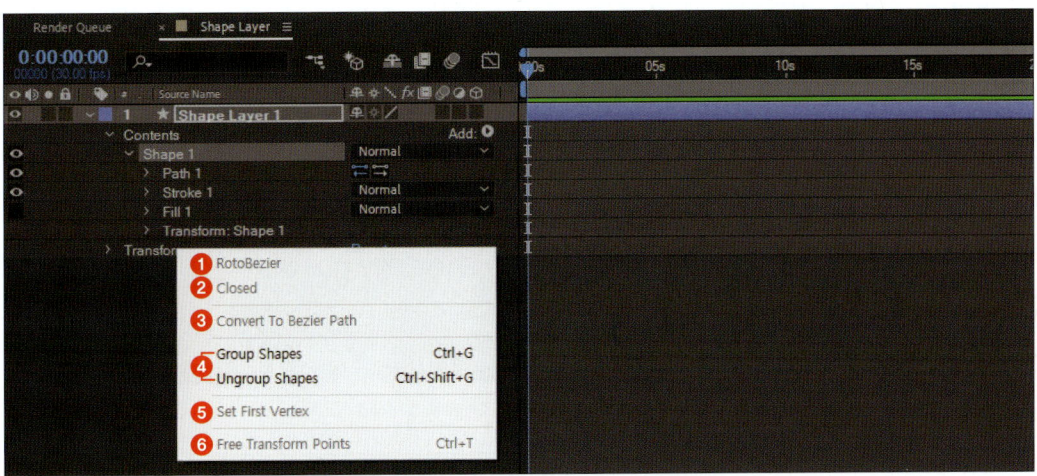

❶ **RotoBezier** : Path Shape의 연결 부분을 자동으로 자연스럽게 만든 기능입니다. 직각으로 된 부분을 곡선으로 만들 수 있습니다.

❷ **Closed** : 펜 도구를 이용하여 패스를 만들 때 처음 시작 부분과 끝부분을 연결하지 않는 경우 선 형태로 만들어집니다. Close는 선 형태를 닫아 면 형태로 만들 수 있습니다.

❸ **Convert To Bezier Path** : 사각형, 원형, 다각형 도구 등을 이용해 셰이프 레이어를 만들면 베지어(Bezier, 방향선)를 직접 수정할 수 없습니다. 베지어 패스 변환 도구를 이용하면 점과 선을 직접 수정할 수 있습니다.

❹ **Group Shapes & Ungroup Shapes** : 하나의 셰이프 레이어에 여러 개의 Path Shape을 만들 수 있습니다. 이때 각 Path Shape을 성격에 맞추어 그룹을 지정할 수 있습니다.

❺ **Set First Vertex** : 셰이프를 통해 도형을 만들면 시작점과 끝점이 만들어집니다. 펜 도구를 이용할 때는 바로 알 수 있지만 사각형, 원형처럼 도형을 만들면 애프터 이펙트가 임의로 기준을 만들어 적용하므로 Vertex를 선택하고 Set First Vertex를 선택하면 시작점으로 만들 수 있습니다.

❻ **Free Transform Points** : 셰이프 전체를 선택하여 쉽게 이동하는 기능이며 작업 화면에서 Vertex를 모두 선택한 후 더블클릭하였을 때 나타나는 기능과 같습니다.

New 15 향상된 Home 기능 - Home 화면

| CC 2019 |

애프터 이펙트 CC 2019부터는 애프터 이펙트를 실행하면 처음 등장하는 Home 화면에서 최근 프로젝트 파일을 볼 수 있는 Home과 애프터 이펙트의 기능을 익힐 수 있는 Learn, 로그인 계정 정보 등을 볼 수 있는 Sync settings를 확인할 수 있습니다. Home 화면에서 가장 큰 버튼인 〈New Project〉와 〈Open Project〉 버튼을 클릭하여 빠르게 작업 환경으로 이동할 수 있습니다.

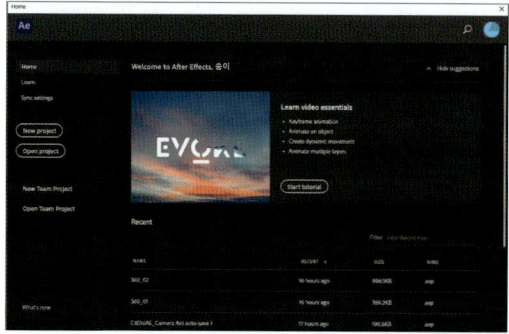

▲ 기본 Home 화면

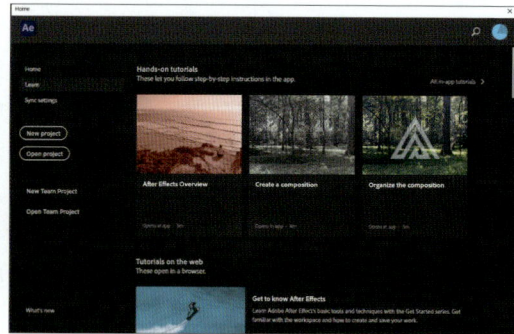

▲ Learn을 클릭하면 표시되는 어도비 튜토리얼
Learn의 튜토리얼 목록은 이전 버전보다 더 자세한 정보와 많은 목록을 볼 수 있도록 변화되었습니다.

New 16 달라진 인터페이스

| CC 2019 |

기존에 접근성이 낮았던 몇몇 기능들의 버튼을 추가로 만들어 더욱 쉽게 접근할 수 있도록 업그레이드되었습니다.

새로운 Home 아이콘

Home 화면은 애프터 이펙트를 다시 실행하거나 메뉴에서 Window를 실행하여 다시 표시할 수 있습니다. 하지만 새롭게 추가된 'Home' 아이콘을 클릭하면 쉽고 빠르게 Home 화면을 표시할 수 있습니다.

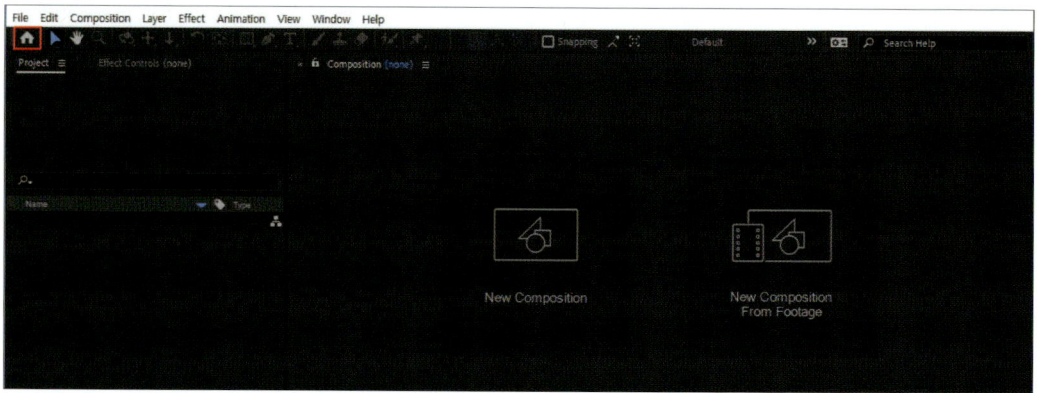

Project Settings 아이콘

프로젝트를 빠르게 세팅하기 위해 Project 패널 아래에 로켓 모양의 아이콘이 추가되었습니다. 메뉴에서 [File] → Project Settings를 실행하면 Project Settings 대화상자를 표시할 수 있습니다. 'Project Setting' 아이콘을 클릭하면 그래픽 가속 관련 GPU 속성이 먼저 표시됩니다.

▲ 로켓 모양의 'Project Settings' 아이콘

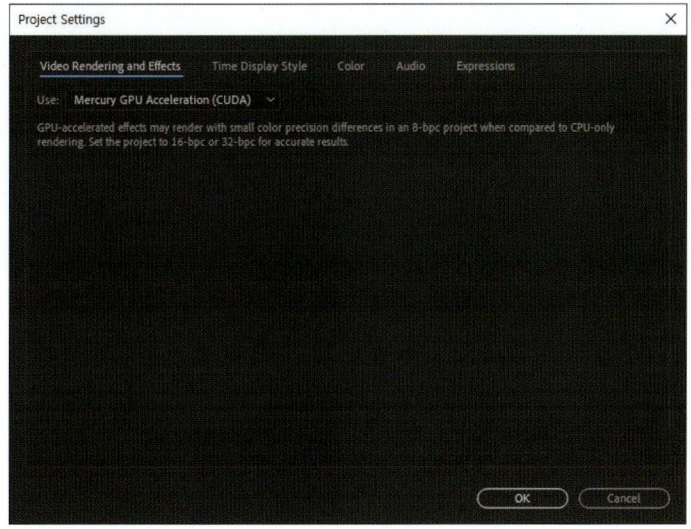

▲ Project Settings 대화상자의 (Video Rendering and Effects) 탭

New 17 애프터 이펙트 학습 기능 – Learn

| CC 2019 |

Home 화면의 Learn 기능을 애프터 이펙트에 창으로 추가하여 애프터 이펙트를 처음 공부하는 사람들에게 도움 줄 수 있는 기능에 쉽게 접근할 수 있습니다.

메뉴에서 [Window] → Learn을 실행하여 Learn 창을 표시할 수 있습니다. 이때 Learn 기능은 유튜브와 같은 동영상 강좌가 아니라 간단한 애니메이션과 설명 글 그리고 샘플 프로젝트를 바로 열어 배우면서 따라할 수 있는 매우 능동적인 형태입니다.

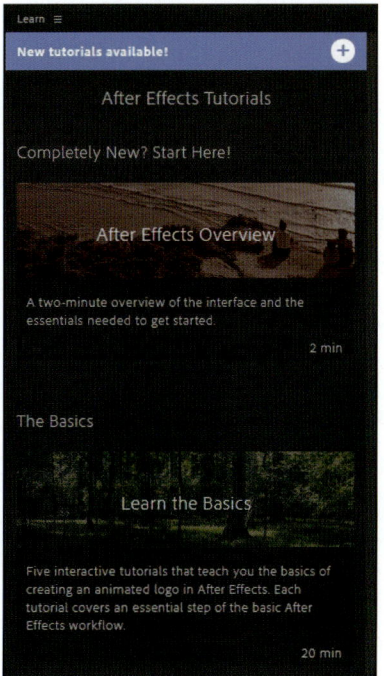

Learn 창 ▶

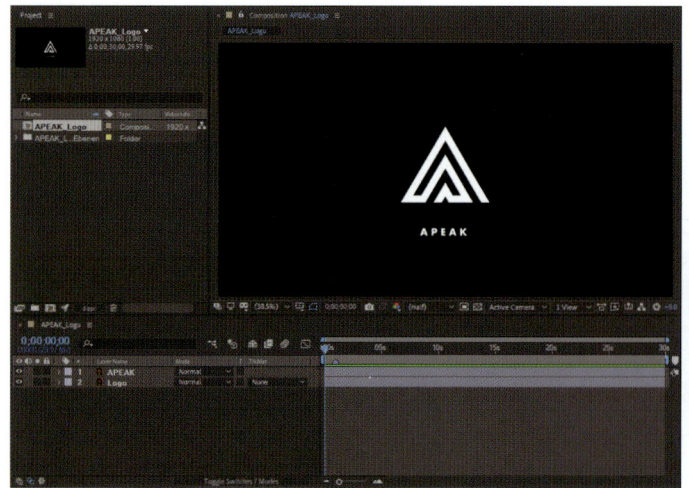
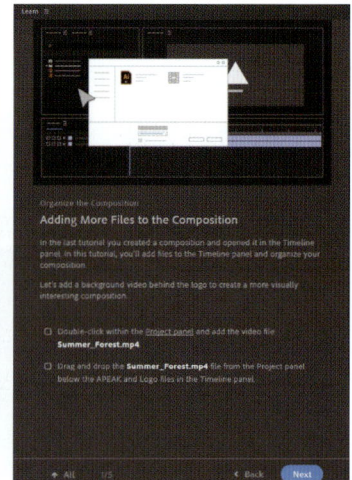

▲ Learn과 애프터 이펙트의 프로젝트가 연동되는 모습

New 18 향상된 컬러 보정 기능 – Lumetri Color | CC 2019 |

Lumetri Color 이펙트는 애프터 이펙트에서 현재 가장 발전시키고 있는 색 보정 전문 이펙트로 기능이 더욱 향상되었습니다. 대표적인 Hue Saturation Curves 기능으로 기존의 커브와 다르게 색 정보를 커브에 적용하는 UI를 추가하여 직관적인 색 보정을 진행할 수 있습니다.

▲ 기본 색 단계를 볼 수 있는 직선 형태의 Saturation Curve의 모습

▲ Saturation Curve의 노란색을 위로 올려서 노란색 영역의 Saturation이 강조된 모습

▲ Saturation Curve의 노란색을 아래로 내려서 노란색 영역의 Saturation이 약화된 모습

New 19 | 더욱 강력해진 트래킹(추적) 기능 – Mocha AE

| CC 2019 |

새로운 Boris FX Mocha 이펙트가 추가되어 매우 강력한 2D 트래킹을 할 수 있습니다. 메뉴에서 [Effect] → Boris FX Mocha를 실행하여 적용할 수 있으며 〈MOCHA〉 버튼을 클릭하여 MOCHA AE Plugin 창에서 트래킹 작업을 진행할 수 있습니다.

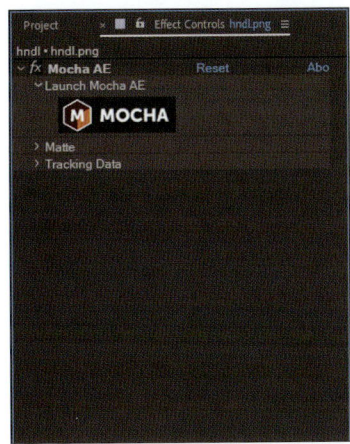
▲ Boris FX Mocha 이펙트를 적용한 모습

▲ MOCHA AE Plugin 창에서 2D 트래킹을 작업하는 모습

Boris FX Mocha의 기능을 더 자세히 알아보기 위해서는 Boris FX 웹 사이트(borisfx.com)에서 다양한 기능들을 영상으로 설명합니다.

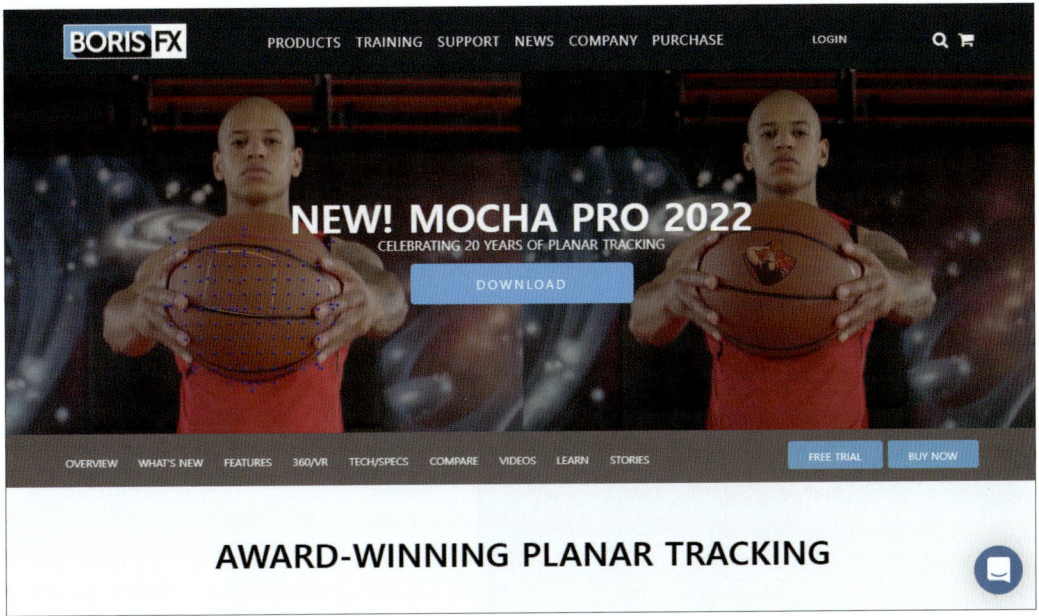
▲ Boris FX 사이트

New 20 3D Channel을 이용한 Depth Matte 기능

| CC 2019 |

메뉴에서 [Effect] → 3D Channel을 실행하여 나타나는 이펙트는 Z-Depth를 포함하는 이미지 포맷인 RLA, RPF 등의 파일에 적용할 수 있습니다. 새로운 이펙트는 Depth Matte로 깊이 데이터를 이용해서 보이는 영역을 조절할 수 있습니다.

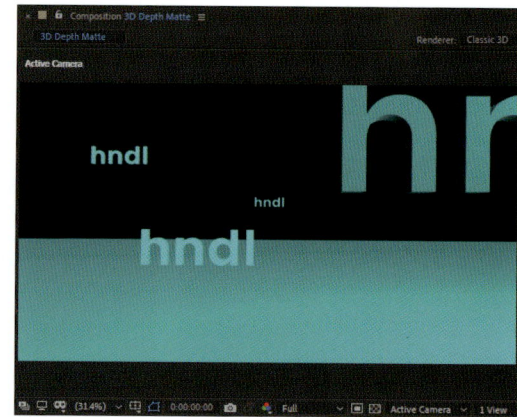

기본 이미지 ▶

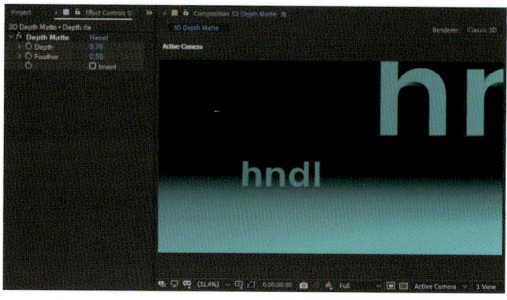

▲ Depth Matte를 적용하여 화면에서 멀리 있는 글자를 숨긴 모습

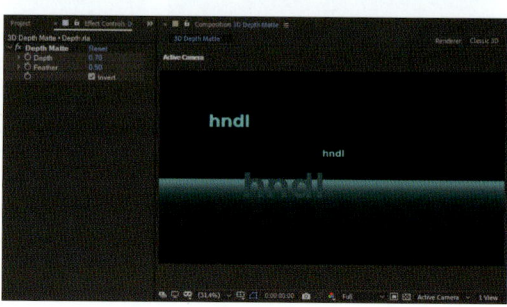

▲ Depth Matte Invert를 이용해서 가까이에 있는 글자를 숨긴 모습

New 21 회전 기능이 추가된 퍼핏 핀 도구 - Puppet Pin Tool ▶ 본책 136쪽 참고

| CC 2019 |

새로운 퍼핏 핀 도구에는 회전 작업을 할 수 있는 밴드 도구가 추가되었습니다. 밴드 기능은 캐릭터 애니메이션 작업에서 가장 유용한 기능 중에 하나입니다. 보통 사람의 관절 움직임을 보면 주로 어깨, 팔꿈치, 손목 등 모든 관절의 연결 부위는 회전 움직임을 하는데 밴드 기능은 퍼핏 회전 작업에서 사람, 동물과 같은 움직임을 효과적으로 만들 수 있습니다.

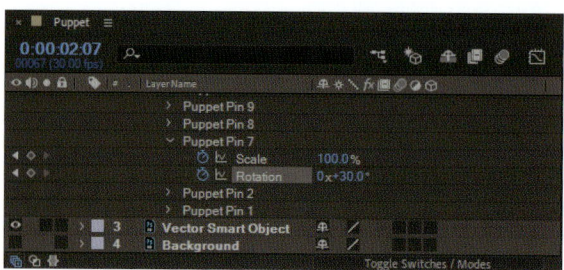

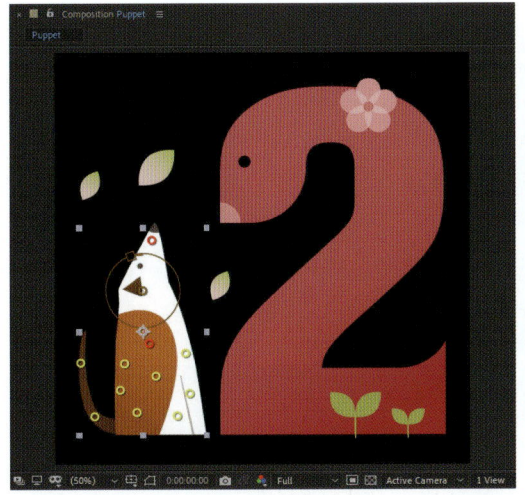 

▲ 퍼핏 핀 도구의 밴드 기능을 이용해서 강아지 레이어의 목을 회전한 모습

New 22 더욱 세밀한 설정 – 스크린 가이드라인

| CC 2019 |

수치를 입력하여 세밀하게 스크린 가이드라인의 위치를 설정할 수 있습니다. Guides와 Rulers를 표시한 상태에서 Rulers를 화면으로 드래그하면 파란색 가이드라인이 나타납니다. 만들어진 가이드에서 마우스 오른쪽 버튼을 클릭해 나타나는 메뉴를 실행하여 수치를 지정하면 위치를 지정할 수 있습니다.

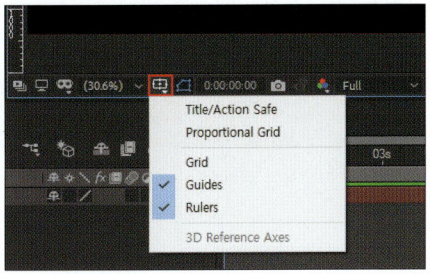

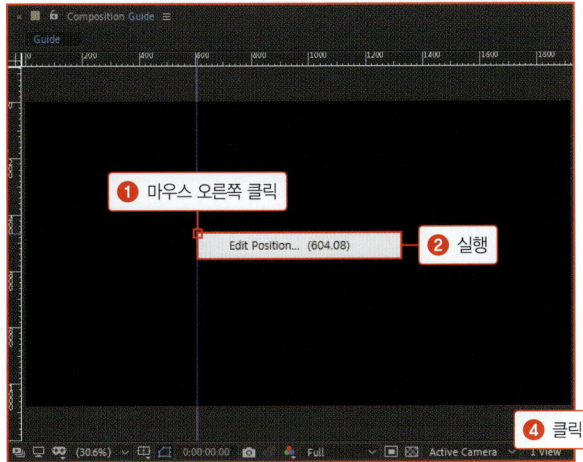

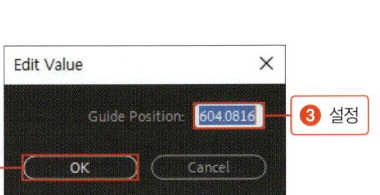

▲ 가이드라인에서 마우스 오른쪽 버튼을 클릭한 다음 Edit Value를 실행하고 설정하는 모습

New 23 반응형 작업에서 시작 영역 보호하기

| CC 2019 |

Responsive Design-Time 기능은 컴포지션 레이어에 타임 스트래치와 같은 기능으로 시간을 빠르게 혹은 느리게 만들 때 영역 보호를 설정한 구간은 영향을 받지 않고 원래의 작업 속도를 유지하는 기능입니다.

메뉴에서 [Composition] → Responsive Design-Time을 실행하면 Create Intro, Create Outro, Create Protected Region from Work Area로 세 가지 설정 영역이 있습니다.

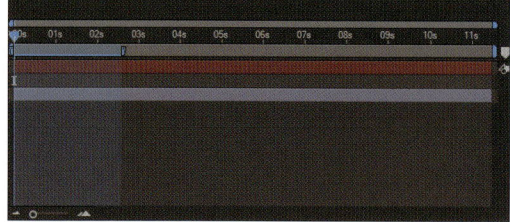 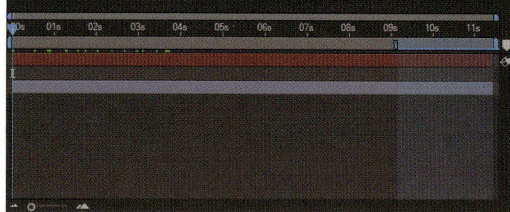

▲ 각각 시작과 끝 영역에 Responsive Design-Time이 적용된 모습

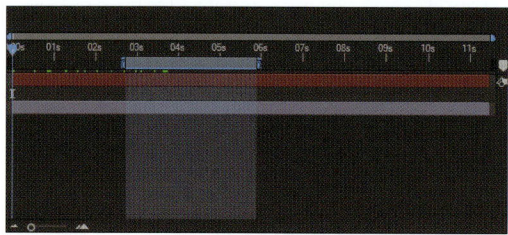

▲ 작업 영역에서 설정 영역에 Responsive Design-Time이 적용된 모습

Responsive Design-Time 기능을 적용한 컴포지션을 다른 컴포지션에 레이어로 불러오면 해당 영역만 파란색으로 보호되는 것을 볼 수 있습니다.

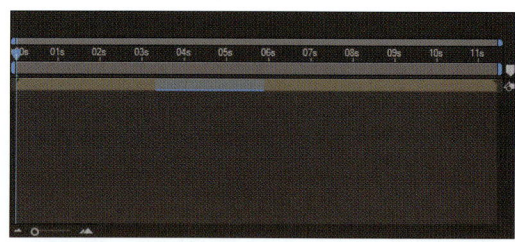

▲ Responsive Design-Time 기능을 적용한 영역만 파란색으로 보이는 모습

Time Stretch 기능을 이용해서 레이어 속도를 조절해도 Responsive Design-Time이 적용된 영역만 같은 시간이 적용된 모습을 볼 수 있습니다.

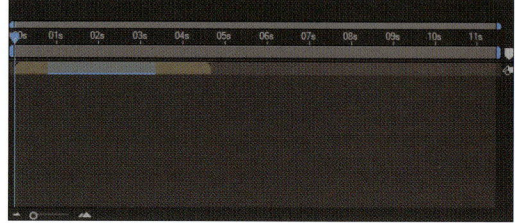

▲ 전체 작업 컴포지션의 시간은 줄어들었지만 해당 영역은 같은 시간을 확인할 수 있는 모습

New 24 맥과 윈도우 10의 완벽한 호환 – ProRes 코덱

| CC 2019 |

Prores 코덱은 맥에서 주로 사용하는 퀵타임 코덱 중 하나로 매우 우수합니다. 하지만 애플에서 개발하였기 때문에 주로 맥에서만 이용 가능하였지만 애프터 이펙트 CC 2019(16.1)부터는 ProRes422와 ProRes4444를 지원하여 이제 맥과 윈도우 10에서 더욱 완벽하게 작업을 호환할 수 있습니다.

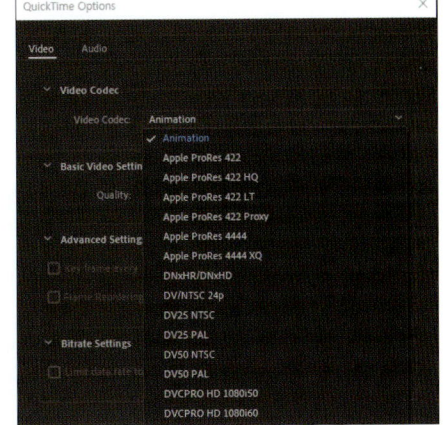

◀ Apple ProRes를 지원하는 모습 ▶

New 25 현대적인 자바 스크립트의 지원 – Java Script

| CC 2019 |

애프터 이펙트의 Expression은 Java Script를 기반으로 애프터 이펙트에 맞춰 가공된 스크립트 언어였기 때문에 기존의 Java Script 프로그래머들은 접근하기 힘들고 속도도 느려 과거에 개발된 방식을 최근까지 사용하고 있었습니다.

애프터 이펙트 CC 2019부터는 현대적인 Java Script를 지원하여 더 쉬운 접근성과 5배 빠른 속도의 Expression 기능을 이용할 수 있습니다. 레이어들을 선택한 후 메뉴에서 (Layer) → Switches → Enable Expressions를 실행하면 현대적인 Java Script를 사용할 수 있습니다.

New 26 VR 디바이스 미리 보기

| CC 2019 |

360 VR이 크게 발전하면서 VR 디바이스에서 바로 현재 모습을 미리 볼 수 있는 기능이 추가되었습니다. 만약 VR 디바이스가 연결되었을 경우 Video Preview Preferences에서 VR 기기를 미리 보기 기기로 설정한 다음 Composition 패널에서 'Adobe Immersive Environment' 아이콘을 클릭하여 표시되는 메뉴를 실행해서 VR 기기의 형식을 설정할 수 있습니다. 이렇게 설정하면 VR 기기를 통해 바로 미리 보기를 진행할 수 있습니다.

◀ Adobe Immersive Environment 메뉴

New 27 손쉬운 시작 – New Composition From Footage

| CC 2018 |

애프터 이펙트를 처음 시작할 때 손쉽게 사용하기 위해 Composition 패널의 화면에 〈New Composition〉과 〈New Composition From Footage〉 버튼이 추가되었습니다. 이전 버전에서는 메뉴를 실행해서 새로운 컴포지션을 만들거나 파일을 불러온 다음 컴포지션을 만드는 과정이 버튼 하나로 편리해졌습니다.

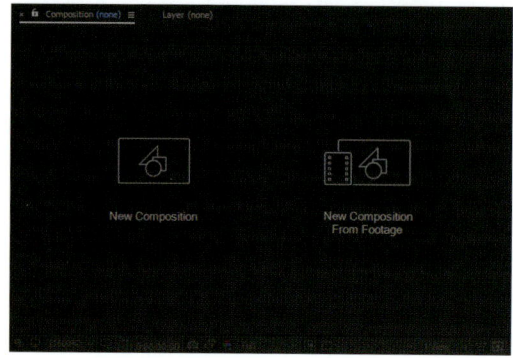
▲ 애프터 이펙트를 처음 시작하였을 때 기본 화면

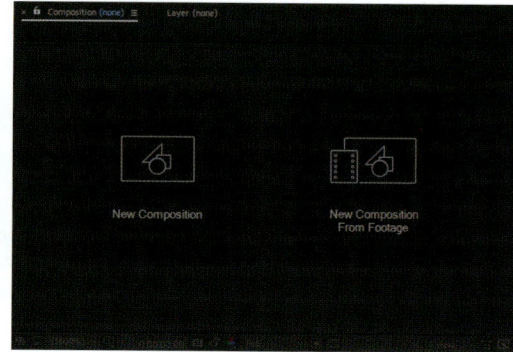
▲ 새 컴포지션을 만들기 위한 두 가지 버튼

New 28 새로운 글꼴의 사용 – Adobe Clean

| CC 2018 |

기존 HD 해상도가 QHD, UHD로 점차 커지면서 같은 모니터 크기에서 더 많은 화면을 볼 수 있습니다. 프로그램들의 메뉴, 화면이 점차 작게 보이는 현상이 나타나는 것입니다. 어도비도 이러한 부분을 개선하기 위해 메뉴를 조금 더 명확하게 볼 수 있도록 Adobe Clean 글꼴을 인터페이스에 적용하였습니다.

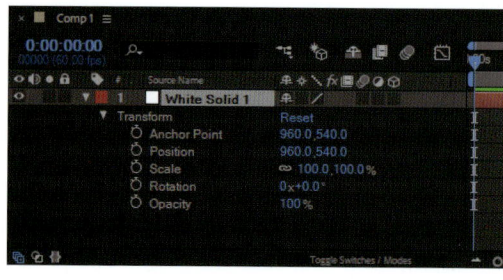
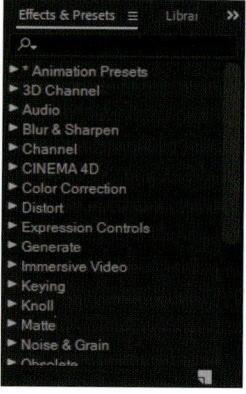
▲ 가시성을 높인 명확한 글꼴

New 29 직관적인 단축키 설정 - Keyboard Shortcuts

| CC 2018 |

사용자가 직접 단축키를 지정하는 기능이 크게 개선되었습니다. 더욱 쉽게 직관적으로 키보드 형태를 확인하면서 단축키를 지정하여 최적화된 애프터 이펙트 작업 환경을 만들 수 있습니다. 메뉴에서 (Edit) → Keyboard Shortcuts를 실행해 Keyboard Shortcuts 대화상자를 표시할 수 있습니다.

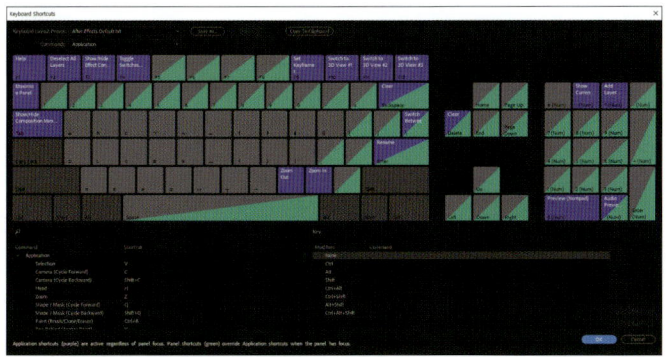

▲ Keyboard Shortcuts 대화상자

New 30 팀 프로젝트 1.0 지원 - Open Team Project

| CC 2018 |

어도비 클라우드에서 네트워크에 존재하는 팀원들이 쉽게 작업할 수 있는 기능인 팀 프로젝트가 베타에서 1.0 지원을 시작했습니다. Creative Cloud Business(Creative Cloud for enterprise, Creative Cloud for teams)를 구매한 다음 로그인해서 쉽게 팀 프로젝트 작업을 진행할 수 있습니다. 1.0으로 업그레이드되면서 자동 저장 기능도 지원하고 있습니다.

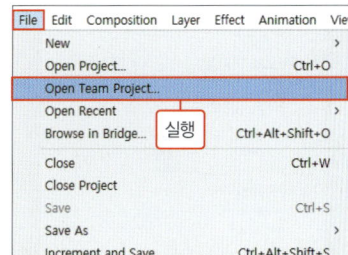

New 31 렌더 엔진 업그레이드 - MAXON Cinema4D Lite R19

| CC 2018 |

Cinema 4D와 연동되는 Cineware 작업과 3D 레이어의 기능 일부에 적용되는 Cinema 4D 렌더 엔진을 최근 버전인 R19까지 지원합니다. 이 기능을 100% 사용하려면 Maxon Cinema 4D R19 버전을 설치해야 최적의 업그레이드를 사용할 수 있습니다.

New 32 | VR 기능 탑재 - 360 VR

| CC 2018 |

기존 서드파티 플러그인 형태로 제공되는 360 VR 영상 제작 기술이 애프터 이펙트에 기본으로 탑재되었습니다. 기본 서드파티 플러그인은 Mettle 사의 Skybox Studio2이므로 만약 Mettle 사의 Skybox Studio2 이펙트가 설치되어 있으면 애프터 이펙트 CC 2018에서는 중복된다는 경고 메시지가 표시됩니다.

VR Blur, VR Chromatic Aberrations, VR Color Gradients, VR Converter, VR De-Noise, VR Digital Glitch, VR Fractal Noise, VR Glow, VR Plan to Sphere, VR Rotate Sphere, VR Sharphen, VR Sphere to Plane으로 총 12개의 VR 이펙트가 추가되었습니다.

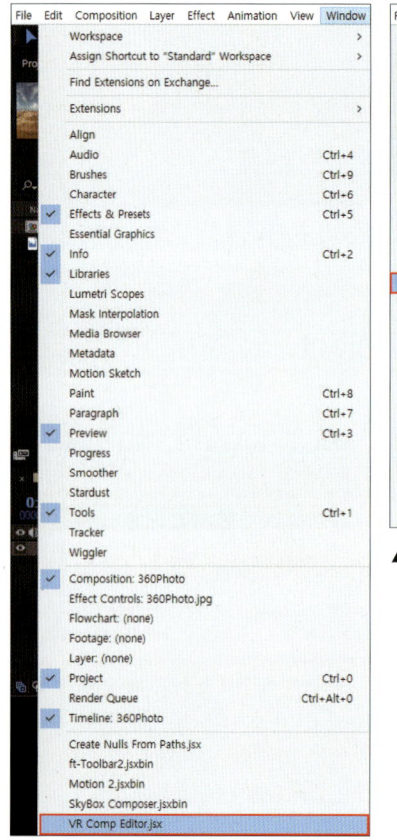

▲ VR 작업을 도와주는 VR Comp Editor.jsx

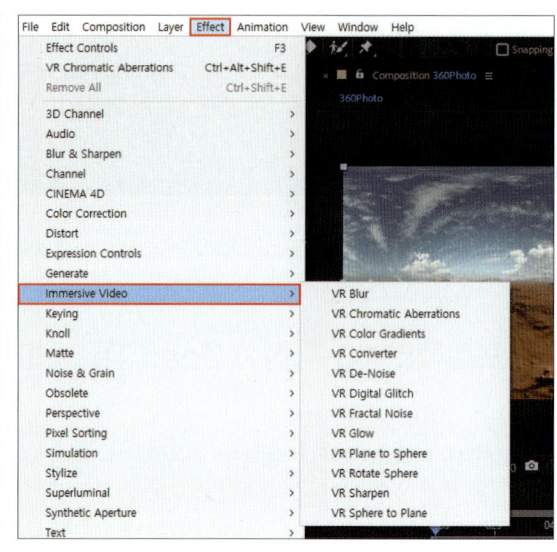

▲ (Effect) → Immersive Video를 실행하여 표시되는 VR 관련 이펙트

New 33 | 데이터를 이용한 애니메이션 - Json

| CC 2018 |

최근 인포그래픽 영상이 각광받으면서 엑셀(Excel)과 같은 데이터를 애프터 이펙트에 바로 반영하는 기능이 추가되었습니다. 단 엑셀 파일을 바로 가져오는 것은 안 되며, Json 파일 형태로 변환하여 애프터 이펙트로 가져올 수 있습니다. 데이터를 가져와서 적용하고 애니메이션을 만드는 과정에서는 코드를 적용해야 합니다.

New 34 | 3D Layer의 Geometry Options
▶ 본책 411, 415쪽 참고

| CC 2018 |

3D 레이어 기능에 추가된 Geometry Options는 레이어를 곡면으로 만들고 텍스트 레이어는 입체로 만드는 기능입니다. 3D 레이어 상태로 만들면 비활성 상태의 Geometry Options를 확인할 수 있습니다.

'Change Renderer'를 클릭하여 Composition Settings 대화상자가 표시되면 Renderer를 'Cinema4D'로 지정합니다. Geometry Options가 활성화됩니다.

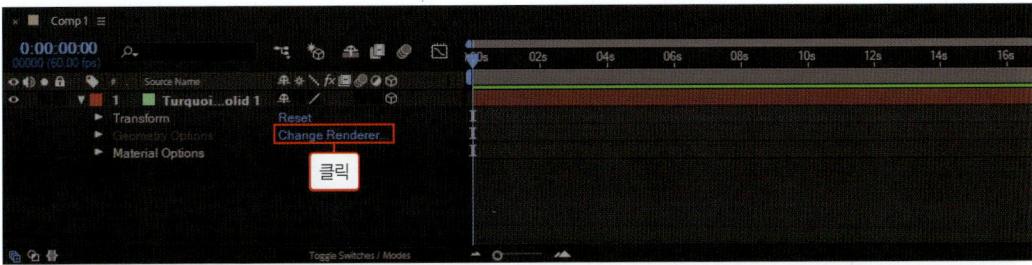

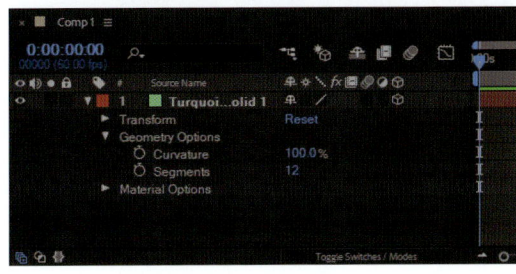

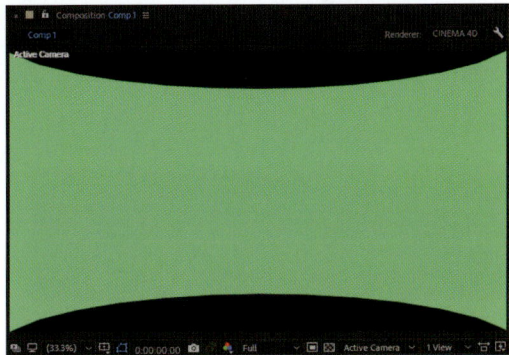

▲ Geometry Options를 이용해 만든 곡면의 레이어

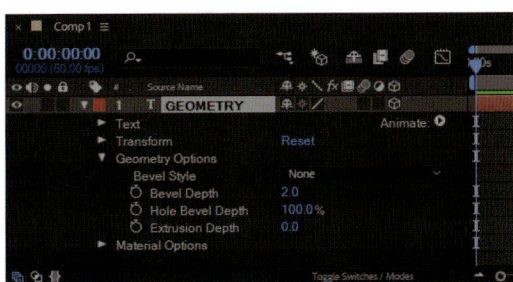

▲ 텍스트 레이어일 때 입체 설정을 만들 수 있는 모습

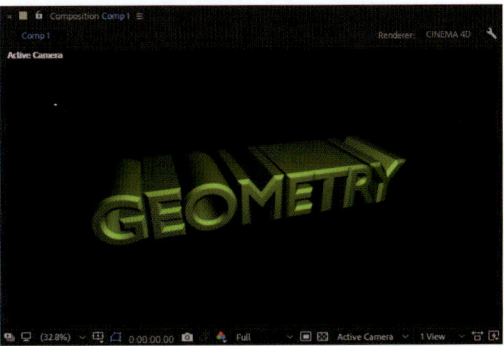

▲ Geometry Options를 통해 입체로 만든 텍스트 레이어

New 35 패스 기준점을 Null에 링크 – Create Nulls from Paths

| CC 2018 | ▶ 본책 204쪽 참고

애프터 이펙트에서 만들 수 있는 패스인 마스크의 패스와 셰이프 레이어의 패스를 Null로 링크시켜서 쉽게 변화를 줄 수 있는 기능입니다. 새로 추가된 Create Nulls From Paths 스크립트를 이용해서 패스를 만들 때 기준점을 Null에 링크합니다.

Path 속성을 모두 표시하고 메뉴에서 [Window] → Create Nulls From Paths.jsx를 실행하여 Create Nulls From Paths 패널을 표시합니다.

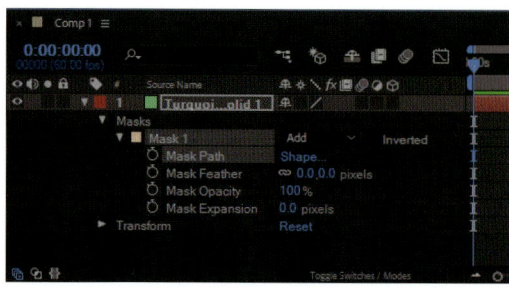
▲ Masks 속성에서 'Mask Path' 선택

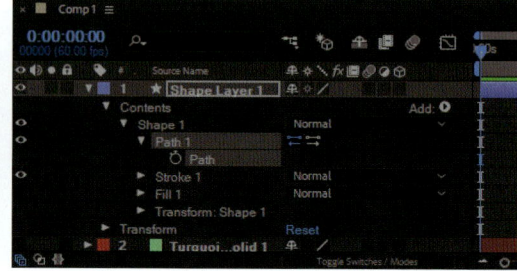
▲ Shape 레이어에서 'Path' 선택

Create Nulls From Paths.jsx를 통해서 Create Nulls From Paths 패널을 표시하면 나타나는 Create Nulls From Paths 패널의 메뉴를 통해서 다음과 같은 세 가지를 설정할 수 있습니다.

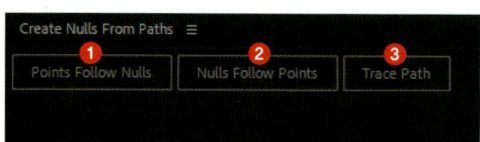
◀ Create Nulls From Paths 패널

❶ **Points Follow Nulls** : Null 레이어를 따라 움직이는 Points로 가장 유용한 기능입니다.
❷ **Nulls Follow Points** : Points를 따라 움직이는 Nulls입니다.
❸ **Trace Path** : Path를 따라서 움직이는 Null입니다.

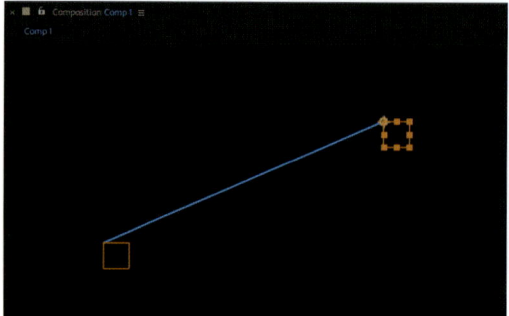
▲ Nulls 레이어를 따라 움직이는 Shape 레이어의 Path

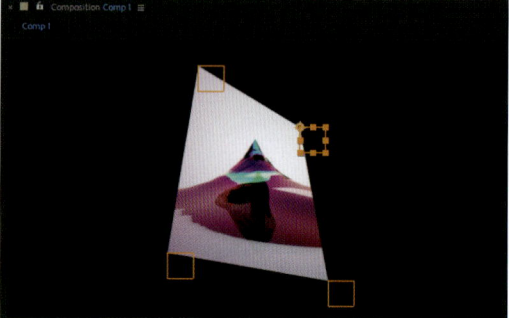
▲ Nulls 레이어를 따라 움직이는 Mask의 Path

New 36 | 120fps 프레임레이트 지원 – Framerate

| CC 2017 |

최근 디지털 미디어 디바이스의 발달로 높은 프레임레이트(Framerate)를 지원하는 환경으로 바뀌고 있습니다. 영화에서는 60fps로 촬영 및 상영할 수 있는 환경이 생기고, 모바일에서도 60fps를 기본으로 지원하고 있습니다. PC 게임 역시 기본 60fps 이상을 지향하고 있습니다. 애프터 이펙트도 앞으로의 디지털 디바이스, VR 환경을 준비하기 위해 120fps 작업을 지원합니다.

컴포지션 설정을 위해 Composition Settings 대화상자에서 Framerate를 '120'으로 지정할 수 있습니다.

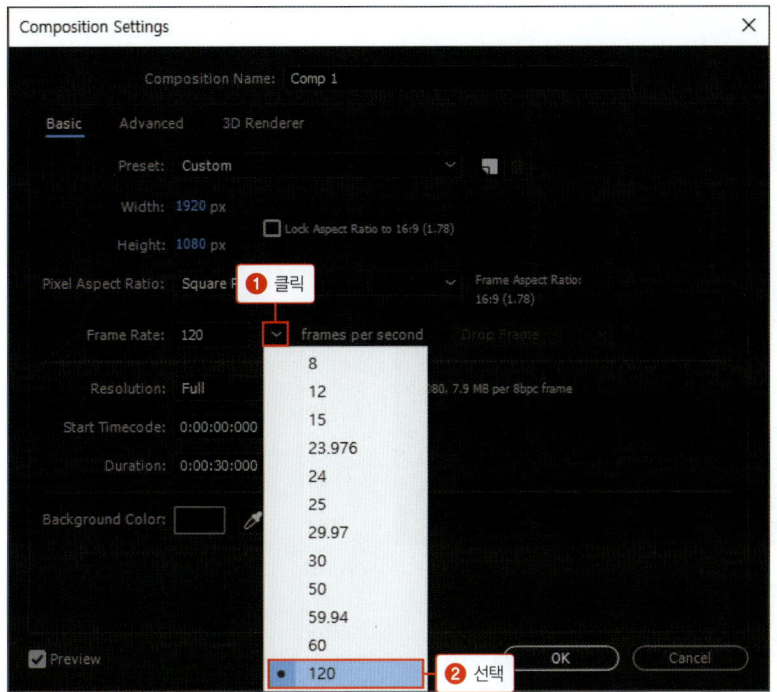

New 37 Cinema 4D 3D 렌더러 추가 - Cinema 4D

| CC 2017 |

애프터 이펙트의 3D 렌더러에는 Classic 3D와 Ray-traced 3D가 있었습니다. 애프터 이펙트 CC 2017부터는 Cinema 4D 렌더러가 추가되었습니다. Cinema 4D는 기존 Ray-traced 3D보다 빠르게 작업할 수 있습니다.

Composition Settings 대화상자의 3D Renderer 항목에서 Renderer를 'Cinema 4D'로 지정합니다. Renderer를 지정하면 3D Layer의 Material Options 설정이 달라집니다.

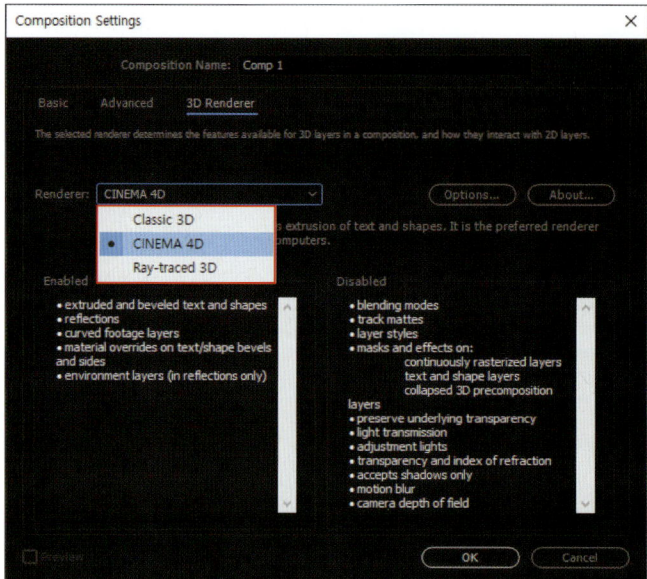

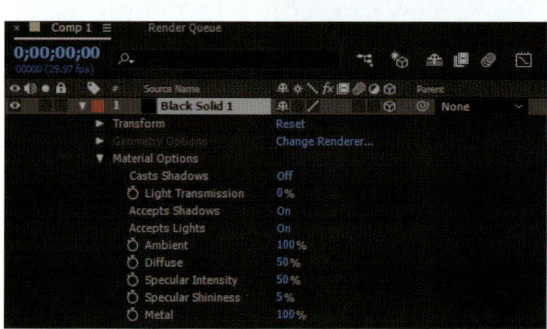

◀ Classic 3D의 Material Options

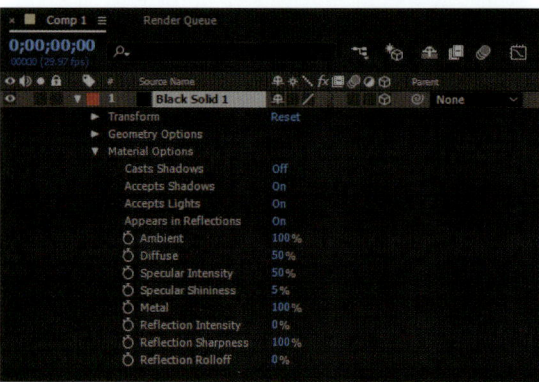

◀ Cinema 4D의 Material Options

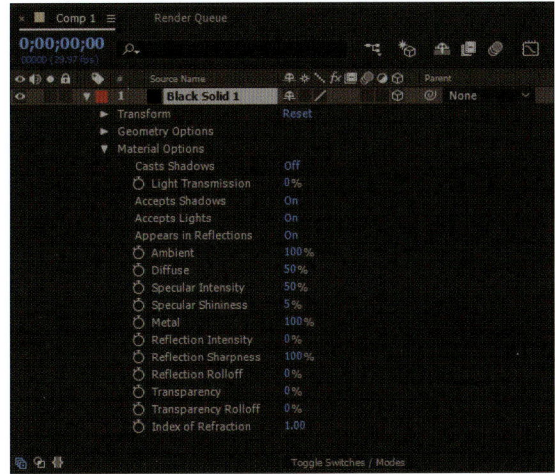

◀ Ray-traced 3D의 Material Options

New 38 마지막 프레임 고정 - Freeze On Last Frame

| CC 2017 |

영상 파일은 러닝타임을 가지고 있기 때문에 소스 역시 해당 시간 이후에는 없는 상태가 됩니다. Freeze On Last Frame 기능은 마지막 프레임을 정지 화면으로 확장하는 기능으로, 영상이 없는 상태에서도 영상을 정지 상태로 유지할 수 있습니다.

메뉴에서 [Layer] → Time → Freeze On Last Frame을 실행하여 프레임을 유지할 수 있습니다.

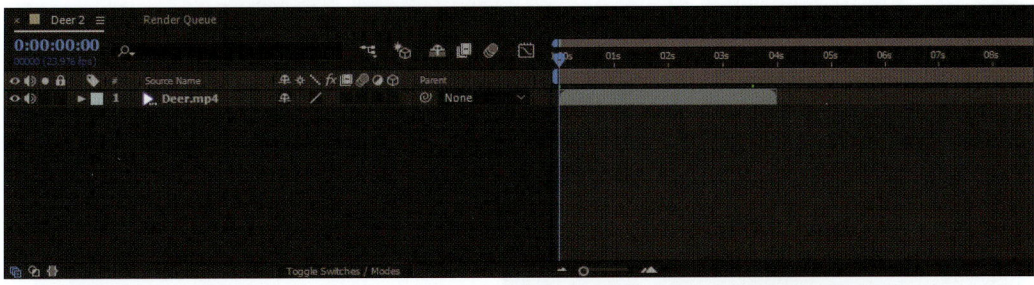

▲ 작업 환경보다 영상 파일의 시간이 짧은 모습

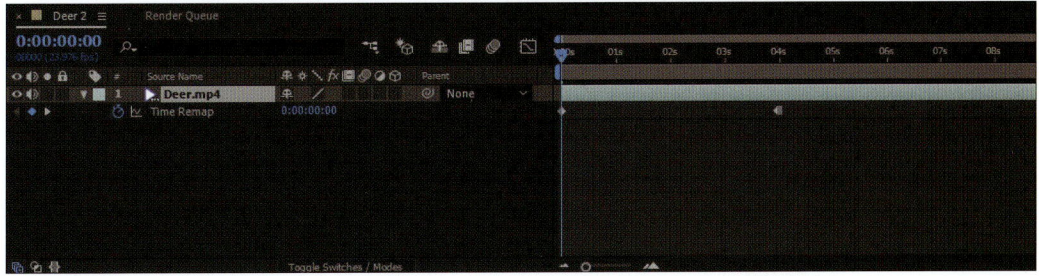

▲ Freeze On Last Frame 명령을 실행하여 확장한 모습

New 39 색 그래프를 이용한 색 보정과 합성 – Lumetri Scope

| CC 2017 |

Lumetri Scope는 색 보정과 합성 작업을 진행할 때 더욱 정밀한 작업을 위해 색 그래프를 나타냅니다. 대표적으로 Waveform, Parade, Histogram, Vectorscope가 있습니다.
메뉴에서 [Window] → Lumetri Scopes를 실행하면 Waveform RGB를 확인할 수 있습니다. 세부 설정을 통해 다양한 Scope 형태를 볼 수 있습니다.

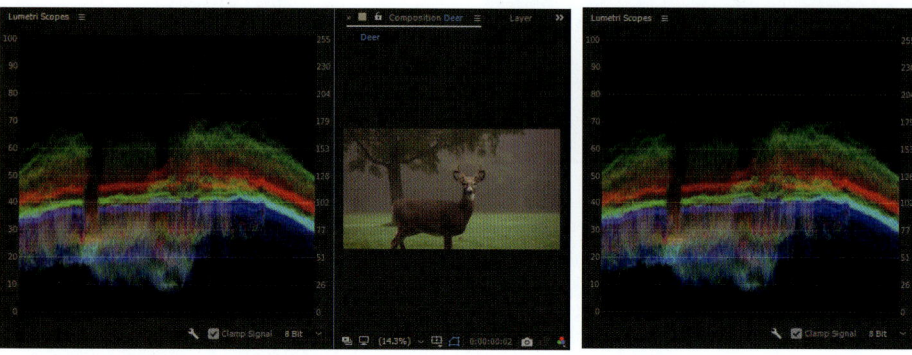

▲ Lumetri Scopes를 통해서 Waveform RGB를 보는 모습   ▲ Waveform RGB

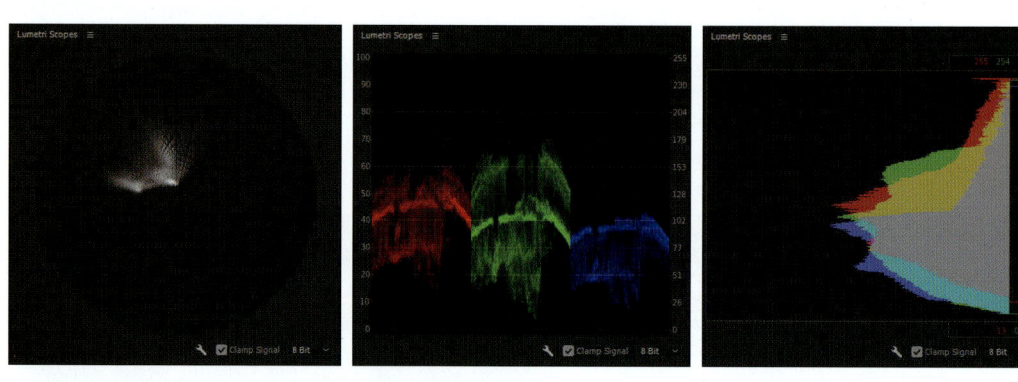

▲ Vectorscope HLS   ▲ Parade RGB   ▲ Histogram

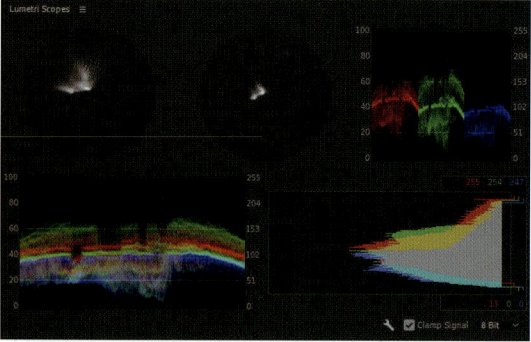

▲ RGB 기반의 모든 Scope를 한번에 보는 모습

영문 / 한글 명령 비교표

AFTER EFFECTS | CC 2022

애프터 이펙트 영문판과 한글판의 주요 명령을 비교하여 수록하였습니다.
한글 버전을 설치했거나, 영문 명령의 의미를 알고 싶을 때 확인하면 좋습니다.

▶ 표시는 알아 두면 좋은 하위 메뉴입니다.
※ 애프터 이펙트 버전에 따라 차이가 있을 수 있습니다.

File(파일) 메뉴	
New	새로 만들기
▶ New Project	▶ 새 프로젝트
▶ New Team Project	▶ 새 팀 프로젝트
▶ New Folder	▶ 새 폴더
▶ Adobe Photoshop File	▶ Adobe Photoshop 파일
▶ MAXON CINEMA 4D File	▶ MAXON CINEMA 4D 파일
Open Project	프로젝트 열기
Open Team Project	팀 프로젝트 열기
Open Recent	최근 사용한 파일 열기
Browse in Bridge	Bridge에서 찾아보기
Close	닫기
Close Project	프로젝트 닫기
Save	저장
Save As	다른 이름으로 저장
▶ Save As	▶ 다른 이름으로 저장
▶ Save a Copy	▶ 복사본 저장
▶ Save a Copy As XML	▶ XML로 사본 저장
▶ Save a Copy As CC (18.X)	▶ CC (18.X)로 저장
▶ Save a Copy As CC (17.X)	▶ CC (17.X)로 저장
Increment and Save	증분 및 저장
Revert	되돌리기
Import	가져오기
▶ File	▶ 파일
▶ Mutiple Files	▶ 여러 파일
▶ From Libraries	▶ Libraries에서
▶ Import Adobe Premiere Pro Project	▶ Adobe Premiere Pro 프로젝트 가져오기
▶ Pro Import After Effects	▶ Pro Import After Effects
▶ Vanishing Point (.vpe)	▶ 소실점(.vpe)
▶ Placeholder	▶ 자리 표시자
▶ Solid	▶ 단색
Increment Recent Footage	최근 푸티지 가져오기
Export	내보내기
▶ Add to Adobe Media Encoder Queue	▶ Adobe Media Encoder 대기열에 추가
▶ Add to Render Queue	▶ 렌더링 대기열에 추가
▶ Export Adobe Premiere Pro Project	▶ Adobe Premiere Pro 프로젝트 내보내기
▶ Maxon Cinema 4D Exporter	▶ Maxon Cinema 4D Exporter
Add Fonts from Adobe	Adobe에서 글꼴 추가
Adobe Dynamic Link	Adobe Dynamic Link
Find	찾기
Add Footage to Comp	컴포지션에 푸티지 추가
New Comp from Selection	선택 영역으로 새 컴포지션 만들기
Dependencies	종속성
Watch Folder	감시 폴더
Scripts	스크립트
Create Proxy	프록시 만들기
Set Proxy	프록시 설정
Interpret Footage	푸티지 해석
Replace Footage	푸티지 바꾸기
Reload Footage	푸티지 다시 불러오기
License	라이센스
Reveal in Explorer	탐색기에 표시
Reveal in Bridge	Bridge에 표시
Project Settings	프로젝트 설정
Exit	종료

Edit(편집) 메뉴	
Undo	취소
Redo	다시 실행
History	기록
Cut	잘라내기
Copy	복사
Copy with Property Links	속성 링크와 함께 복사
Copy with Relative Property Links	상대 속성 링크와 함께 복사
Copy Expression Only	표현식만 복사
Paste	붙여넣기
Clear	지우기
Duplicate	복제
Split Layer	레이어 분할
Lift Work Area	작업 영역 들어올리기
Extract Work Area	작업 영역 추출
Select All	모두 선택
Deselect All	모두 선택 해제
Label	레이블
Purge	제거

Edit Original	원본 편집	Save Frame As	다른 이름으로 프레임 저장
Edit in Adobe Audition	Adobe Audition에서 편집	Pre-render	미리 렌더링
Team Project	팀 프로젝트	Save Current Preview	현재 미리 보기 저장
Templates	템플릿	Open in Essential Graphics	기본 그래픽에서 열기
Preferences	환경 설정	Responsive Design-Time	반응형 디자인-시간
▶ General	▶ 일반	Composition Flowchart	컴포지션 흐름도
▶ Previews	▶ 미리 보기	Composition Mini-Flowchart	컴포지션 미니 흐름도
▶ Display	▶ 디스플레이	VR	VR
▶ Import	▶ 가져오기	▶ Create VR Environment	▶ VR 환경 만들기
▶ Output	▶ 출력	▶ Extract Cubemap	▶ 큐브맵 추출
▶ Grids & Guides	▶ 격자 및 안내선		
▶ Labels	▶ 레이블	**Layer(레이어) 메뉴**	
▶ Media & Disk Cache	▶ 미디어 및 디스크 캐시	New	새로 만들기
▶ Video Preview	▶ 비디오 미리 보기	▶ Text	▶ 텍스트
▶ Appearance	▶ 모양	▶ Solid	▶ 단색
▶ New Project	▶ 새 프로젝트	▶ Light	▶ 조명
▶ Auto-Save	▶ 자동 저장	▶ Camera	▶ 카메라
▶ Memory & Performance	▶ 메모리 및 성능	▶ Null Object	▶ Null 개체
▶ Audio Hardware	▶ 오디오 하드웨어	▶ Shape Layer	▶ 모양 레이어
▶ Audio Output Mapping	▶ 오디오 출력 매핑	▶ Adjustment Layer	▶ 조정 레이어
▶ Sync Settings	▶ 설정 동기화	▶ Cotent-Aware Fill Layer	▶ 내용 인식 채우기 레이어
▶ Type	▶ 유형	▶ Adobe Photoshop File	▶ Adobe Photoshop 파일
▶ Scripting & Expressions	▶ 스크립팅 및 표현식	▶ MAXON CINEMA 4D File	▶ MAXON CINEMA 4D 파일
▶ 3D	▶ 3D	Layer Settings	레이어 설정
▶ Notifications	▶ 알림	Open Layer	레이어 열기
Keyboard Shortcuts	키보드 단축키	Open Layer Source	레이어 소스 열기
Paste Mocha mask	Paste Mocha mask	Reveal in Explorer	탐색기에 표시
		Mask	마스크
Composition(컴포지션) 메뉴		▶ New Mask	▶ 새 마스크
New Composition	새 컴포지션	▶ Mask Shape	▶ 마스크 모양
Composition Settings	컴포지션 설정	▶ Mask Feather	▶ 마스크 페더
Set Poster Time	포스터 시간 설정	▶ Mask Opacity	▶ 마스크 불투명도
Trim Comp to Work Area	컴포지션을 작업 영역으로 다듬어 자르기	▶ Mask Expansion	▶ 마스크 확장
Crop Comp to Region of Interest	컴포지션을 관심 영역으로 자르기	▶ Reset Mask	▶ 마스크 다시 설정
Add to Adobe Media Encoder Queue	Adobe Media Encoder 대기열에 추가	▶ Remove Mask	▶ 마스크 제거
Add to Render Queue	렌더링 대기열에 추가	▶ Remove All Masks	▶ 모든 마스크 제거
Add Output Module	출력 모듈 추가	▶ Mode	▶ 모드
Preview	미리 보기	▶ Inverted	▶ 반전됨

▶ Locked	▶ 잠김	▶ Show All	▶ 모두 표시
▶ Motion Blur	▶ 동작 흐림 효과	▶ Remove All	▶ 모두 제거
▶ Feather Falloff	▶ 페더 밝기 감소	▶ Drop Shadow	▶ 그림자 효과
▶ Unlock All Masks	▶ 모든 마스크 잠금 해제	▶ Inner Shadow	▶ 내부 그림자
▶ Lock Other Masks	▶ 다른 마스크 잠금	▶ Outer Glow	▶ 외부 광선
▶ Hide Locked Masks	▶ 잠긴 마스크 숨기기	▶ Inner Glow	▶ 내부 광선
Mask and Shape Path	마스크 및 모양 패스	▶ Bevel and Emboss	▶ 경사와 엠보스
Quality	품질	▶ Satin	▶ 새틴
Switches	스위치	▶ Color Overlay	▶ 색상 오버레이
Transform	변형	▶ Gradient Overlay	▶ 그라디언트 오버레이
▶ Reset	▶ 다시 설정	▶ Stroke	▶ 선
▶ Anchor Point	▶ 기준점	Arrange	정렬
▶ Position	▶ 위치	▶ Bring Layer to Front	▶ 레이어를 맨 앞으로 가져오기
▶ Scale	▶ 비율	▶ Bring Layer to Forward	▶ 레이어를 앞으로 가져오기
▶ Orientation	▶ 방향	▶ Send Layer Backward	▶ 레이어를 뒤로 보내기
▶ Rotation	▶ 회전	▶ Send Layer to Back	▶ 레이어를 맨 뒤로 보내기
▶ Opacity	▶ 불투명도	Reveal	표시
▶ Flip Horizontal	▶ 가로로 뒤집기	Create	만들기
▶ Flip Vertical	▶ 세로로 뒤집기	▶ Convert to Editable Text	▶ 편집 가능한 텍스트로 변환
▶ Center in View	▶ 보기에서 가운데 표시	▶ Create Shapes from Text	▶ 텍스트로 모양 만들기
▶ Center Anchor Point in Layer Content	▶ 레이어 내용의 가운데 기준점	▶ Create Masks from Text	▶ 텍스트로 마스크 만들기
▶ Fit to Comp	▶ 컴포지션에 맞추기	▶ Create Shapes from Vector Layer	▶ 벡터 레이어에서 모양 만들기
▶ Fit to Comp Width	▶ 컴포지션 폭에 맞추기	▶ Create Keyframes from Data	▶ 데이터에서 키프레임 만들기
▶ Fit to Comp Height	▶ 컴포지션 높이에 맞추기	Camera	카메라
▶ Auto-Orient	▶ 방향 자동 설정	Auto-trace	자동 추적
Time	시간	Pre-compose	사전 구성
Frame Blending	프레임 혼합		
3D Layer	3D 레이어		
Guide Layer	안내선 레이어		
Environment Layer	환경 레이어		
Markers	마커		
Preserve Transparency	투명도 유지		
Blending Mode	혼합 모드		
Next Blending Mode	다음 혼합 모드		
Previous Blending Mode	이전 혼합 모드		
Track Matte	트랙 매트		
Layer Styles	레이어 스타일		
▶ Convert to Editable Styles	▶ 편집 가능한 스타일로 변환		

Effect(효과) 메뉴

Effect Controls	효과 컨트롤
Last Effect	마지막 효과
Remove All	모두 제거
3D Channel	3D 채널
Audio	오디오
Blur & Sharpen	흐림/선명
Boris FX Mocha	Boris FX Mocha
Channel	채널
CINEMA 4D	CINAMA 4D

Color Correction	색상 교정	Add Property to Essential Graphics	기본 그래픽에 속성 추가
Distort	왜곡	Animate Text	텍스트 애니메이션
Expression Controls	표현식 컨트롤	▶ Enable Per-character 3D	▶ 문자별로 3D 사용
Generate	생성	▶ Anchor Point	▶ 기준점
Immersive Video	몰입형 비디오	▶ Position	▶ 위치
Keying	Keying	▶ Scale	▶ 비율
Matte	매트	▶ Skew	▶ 기울이기
Noise & Grain	노이즈/그레인	▶ Rotation	▶ 회전
Obsolete	Obsolete	▶ Opacity	▶ 불투명도
Perspective	원근	▶ All Transform Properties	▶ 모든 변형 속성
Simulation	시뮬레이션	▶ Fill Color	▶ 칠 색상
Stylize	스타일화	▶ Stroke Color	▶ 선 색상
Text	텍스트	▶ Stroke Width	▶ 선 폭
Time	시간	▶ Tracking	▶ 자간
Transition	전환	▶ Line Anchor	▶ 선 기준
Utility	유틸리티	▶ Line Spacing	▶ 줄 간격
		▶ Character Offset	▶ 문자 오프셋
Animation(애니메이션) 메뉴		▶ Character Value	▶ 문자 값
Save Animation Preset	애니메이션 사전 설정 저장	▶ Blur	▶ 흐림
Apply Animation Preset	애니메이션 사전 설정 적용	Add Text Selector	텍스트 선택기 추가
Recent Animation Presets	최근 애니메이션 사전 설정	Remove All Text Animators	모든 텍스트 애니메이터 제거
Browse Presets	사전 설정 찾아보기	Add Expression	표현식 추가
Add Keyframe	키프레임 추가	Separate Dimensions	차원 분리
Toggle Hold Keyframe	키프레임 고정 전환	Track Camera	카메라 추적
Keyframe Interpolation	키프레임 보간	Track in Boris FX Mocha	Track in Boris FX Mocha
Keyframe Velocity	키프레임 속도	Warp Stabilizer VFX	Warp Stabilizer VFX
Keyframe Assistant	키프레임 도우미	Track Motion	동작 추적
▶ Convert Audio to Keyframes	▶ 오디오를 키프레임으로 변환	Track Mask	마스크 추적
▶ Convert Expression to Keyframes	▶ 표현식을 키프레임으로 변환	Track this Property	이 속성 추적
▶ Create Keyframes from Data	▶ 데이터에서 키프레임 만들기	Reveal Properties with Keyframes	키프레임이 있는 속성 표시
▶ Easy Ease	▶ 천천히 들어오기 및 나가기	Reveal with Properties Animation	애니메이션이 있는 속성 표시
▶ Easy Ease In	▶ 천천히 들어오기	Reveal All Modified Properties	수정된 속성 모두 표시
▶ Easy Ease Out	▶ 천천히 나가기		
▶ Exponential Scale	▶ 지수 비율	**View(보기) 메뉴**	
▶ RPF Camera Import	▶ RPF 카메라 가져오기	New Viewer	새 뷰어
▶ Sequence Layers	▶ 시퀀스 레이어	Zoom In	확대
▶ Time-Reverse Keyframes	▶ 역시간 키프레임		

Zoom Out	축소
Resolution	해상도
Use Display Color Management	디스플레이 색상 관리 사용
Simulate Output	출력 시뮬레이션
Show Rulers	눈금자 표시
Show Guides	안내선 표시
Snap to Guides	안내선에 스냅
Lock Guides	안내선 잠금
Clear Guides	안내선 지우기
Import Guides	안내선 가져오기
Export Guides	안내선 내보내기
Show Grid	격자 표시
Snap to Grid	격자에 스냅
View Options	보기 옵션
Show Layer Controls	레이어 컨트롤 표시
Reset Default Camera	기본 카메라 다시 설정
Create Camera from 3D view	3D 보기에서 카메라 만들기
Switch 3D View	3D 보기 전환
Assign Shortcut to "Active Camera"	"활성 카메라"에 단축키 할당
Swich to Last 3D View	마지막 3D 보기로 전환
Look at Selected Layers	선택한 레이어 보기
Look at All Layers	모든 레이어 보기
Go to Time	특정 시간으로 이동

Window(창) 메뉴

Workspace	작업 영역
Assign Shortcut to "Standard" Workspaces	"기본값" 작업 영역에 단축키 할당
Find Extensions on Exchange	Exchange에서 확장 프로그램 찾기
Extensions	확장명
Align	맞춤
Audio	오디오
Brushes	브러시
Character	문자
Content-Aware Fill	내용 인식 채우기
Effects & Presets	효과 및 사전 설정
Essential Graphics	기본 그래픽
Info	정보

Learn	학습
Libraries	라이브러리
Lumetri Scopes	Lumetri 범위
Mask Interpolation	마스크 보간
Media Browser	미디어 브라우저
Metadata	메타데이터
Motion Sketch	동작 스케치
Paint	페인트
Paragraph	단락
Preview	미리 보기
Progress	진행률
Smoother	매끄럽게
Tools	도구
Tracker	추적기
Wiggler	흔들기
Composition:	컴포지션:
Effect Controls:	효과 컨트롤:
Flowchart:	흐름도:
Footage:	푸티지:
Layer:	레이어:
Project	프로젝트
Render Queue	렌더링 대기열
Timeline:	타임라인:
Create Nulls From Paths.jsx	Create Nulls From Paths.jsx
VR Comp Editor.jsx	VR Comp Editor.jsx

Help(도움말) 메뉴

About After Effects	After Effects 정보
After Effects Help	After Effects 도움말
Scripting Help	스크립팅 도움말
Expression Reference	표현식 참조
Effect Reference	효과 참조
Animation Presets	애니메이션 사전 설정
Keyboard Shortcuts	키보드 단축키

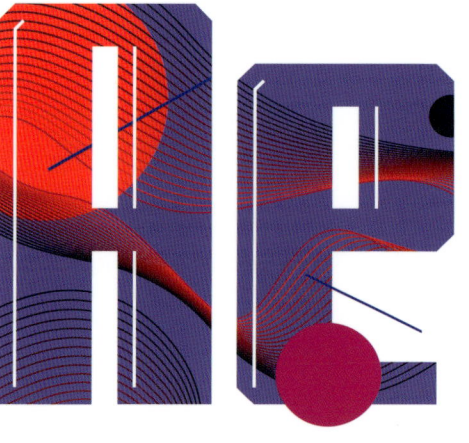

PART 4.

이펙트 적용하기

01 | 기본 이펙트 알아보기

우선순위 | TOP 05   Effect · Effects & Presets

기본 이펙트 알아보기

애프터 이펙트에서 이펙트를 적용하는 두 가지 원리를 알아보고 다양한 예제를 통해 여러 가지 기본 이펙트를 만들어 보겠습니다.

필수기능 01 이펙트를 적용하는 기본 프로세스 알아보기

(Effect) 메뉴 이용하기

(Effect) 메뉴를 이용해서 레이어에 이펙트를 적용하는 방식입니다. 모든 이펙트는 큰 주제 → 세부 항목으로 구성되어 있습니다. 밝기와 대비를 조절할 수 있는 Curves는 메뉴에서 (Effect) → Color Correction → Curves를 실행하여 적용할 수 있습니다. 이 방법은 메뉴에 직관적으로 있어 상대적으로 이펙트를 적용하는 시간은 단축되나 이펙트가 속하는 큰 주제와 세부 효과 모두 알아야 적용할 수 있다는 단점이 있습니다.

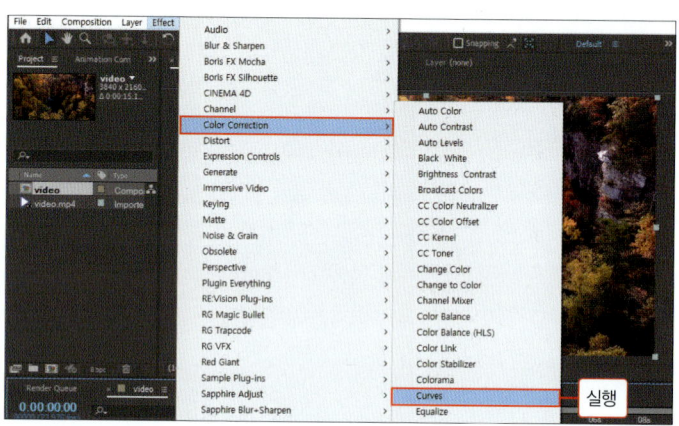

▲ 메뉴를 통해 이펙트 적용하기

Effects & Presets 패널 이용하기

Effects & Presets 패널에 이펙트를 검색하여 적용하는 방식으로 (Effect) 메뉴처럼 폴더를 찾아가며 직접 적용할 수도 있습니다. 탐색 창에 'Curves' 이펙트를 검색하고 Timeline 패널에 있는 레이어에 드래그하거나 레이어를 선택한 상태에서 더블클릭하여 적용할 수 있습니다. 이펙트의 위치나 세부 항목을 알지 못해도 효과의 이름을 검색하여 적용할 수 있다는 장점이 있습니다.

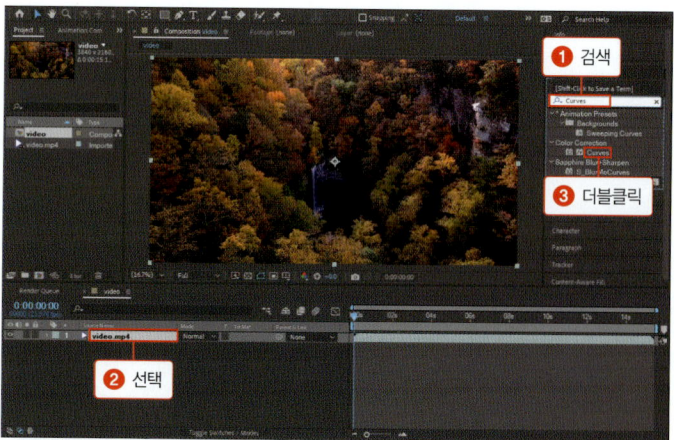

▲ Effects & Presets 패널에서 이펙트 적용하기

242 Part 4 · 이펙트 적용하기

실습예제 02 CC Rainfall/CC Snowfall 이펙트로 비/눈 효과 만들기

Effects&Presets 패널에는 다양한 이펙트가 있습니다. CC Rainfall과 CC Snowfall은 각각 푸티지에 비와 눈을 내리게 만들 수 있는 효과입니다. CC Rainfall을 이용해 예능에서 자주 쓰이는 좌절 장면을 만들어 봅니다.

◉ 예제파일 : 04\좌절.aep   ◉ 완성파일 : 04\좌절_완성.aep

Before

After

01 새 프로젝트를 만들고 04 폴더에서 '좌절.aep' 파일을 불러옵니다. ❶ Project 패널에서 '좌절' 컴포지션을 더블클릭하여 연 다음 ❷ Effects & Presets 패널을 클릭합니다.

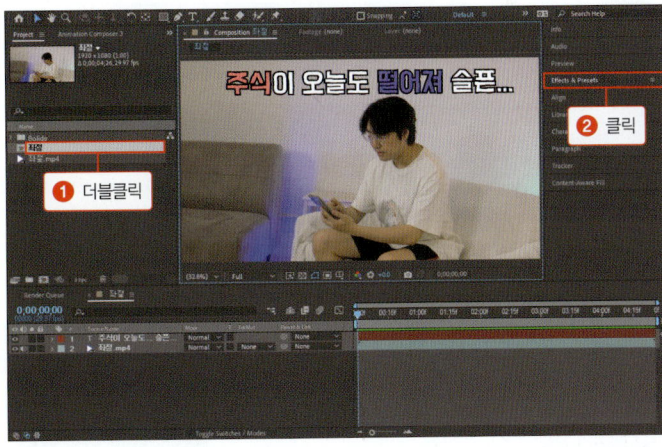

TIP
해당 예제에서는 무료 폰트인 '배달의민족 도현체'를 이용했습니다.

02 ❶ Effects&Presets 패널에서 'CC Rainfall' 이펙트를 검색합니다.
❷ Simulation → CC Rainfall을 Timeline 패널의 '좌절.mp4' 레이어에 드래그하여 이펙트를 적용합니다.

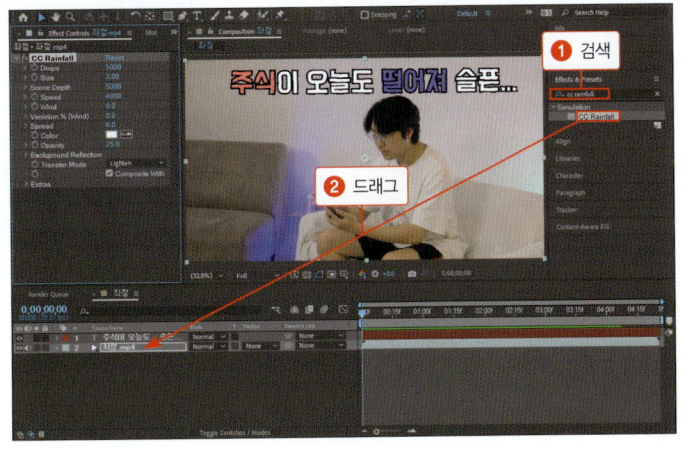

TIP
Composition 패널의 소스에 효과를 드래그하여 적용해도 똑같이 적용됩니다.

Chapter 01 • 기본 이펙트 알아보기   243

03 Effect Controls 패널에서 CC Rainfall 항목의 Size를 '10'으로 설정합니다. 비의 크기가 커져 비 내리는 효과가 극대화됩니다.

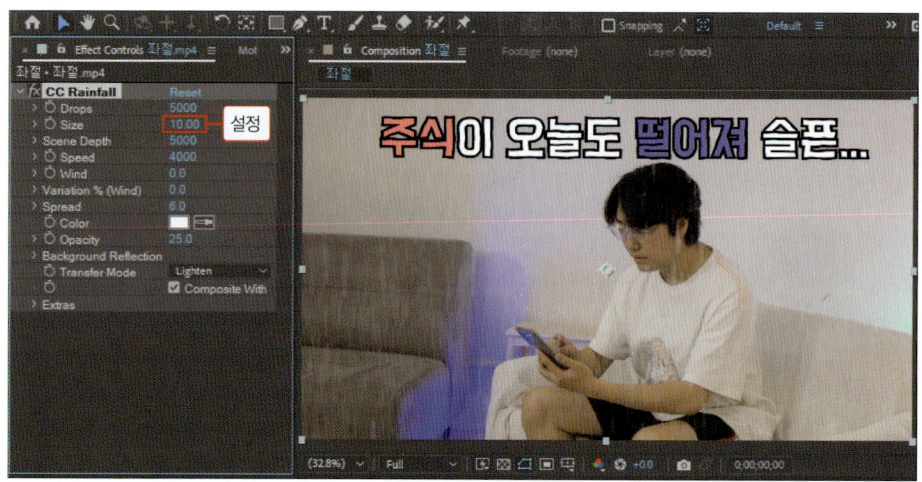

TIP
주요 CC Rainfall 설정 항목

❶ Drops : 비가 내리는 양
❷ Size : 비의 크기
❸ Scene Depth : 비가 내리는 공간감
❹ Speed : 비가 내리는 속도
❺ Wind : 풍량
❻ Variation % (Wind) : 바람의 움직임
❼ Spread : 비가 퍼지는 정도

04 좌절하는 모습을 극대화하기 위해 ❶ Effects&Presets 패널에서 'Black & White' 이펙트를 검색합니다. ❷ Color Correction-Black&White를 Timeline 패널의 '좌절.mp4' 레이어에 드래그하여 이펙트를 적용합니다. 흑백 효과가 적용되는 것을 확인할 수 있습니다.

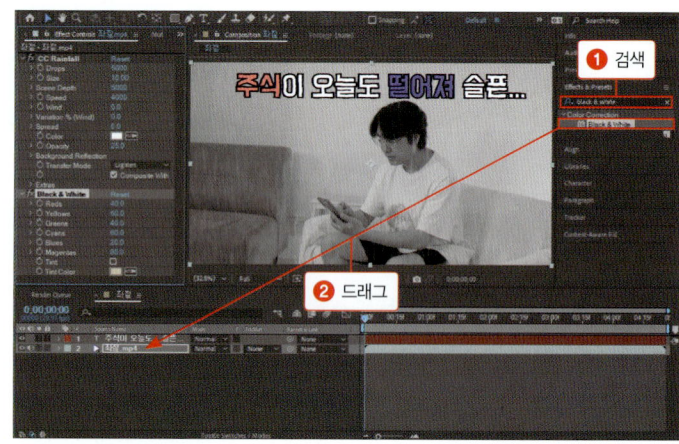

TIP
단순하게 비나 눈 내리는 효과를 정말로 장면에 비와 눈을 내리기 위한 수단이 아닌 기획과 합쳐져서 예능에서 나올법한 효과로 이용할 수 있습니다.

필수기능 03 Blur & Sharpen 이펙트 이해하기

Blur & Sharpen 이펙트 이해하기

Blur & Sharpen은 소스 파일을 뿌옇게 만드는 보편적인 블러 효과들이 있어 하나의 사각형, 방사형, 다각형, 직선 형태 등으로 효과를 적용할 수 있습니다. 반대로, 뿌연 이미지는 Sharpen을 적용해 좀 더 선명하게 만들 수 있습니다.

▲ 가운데를 중심으로 회전하는 CC Radial Blur

▲ 각도를 조절하여 방향성 있는 블러를 적용하는 Directional Blur

Gaussian Blur 이펙트 속성 살펴보기

Blur & Sharpen 이펙트에서 가장 많이 이용하는 Gaussian Blur는 포토샵에서도 자주 이용하여 많은 영상 작업자들에게 익숙한 블러 이펙트입니다.

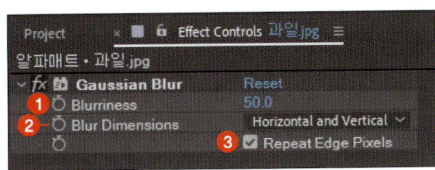

▲ Gaussian Blur 적용 모습

❶ **Blurriness** : 블러의 크기를 설정합니다.
❷ **Blur Dimensions** : 블러의 방향을 수평과 수직으로 설정할 수 있으며 기본으로 수평, 수직을 함께 적용합니다.
❸ **Repeat Edge Pixels** : 화면 프레임 안으로 들어오는 외곽을 조절할 수 있습니다.

실습예제 04 : Gaussian Blur 이펙트로 흐림 효과 만들기

Gaussian Blur는 여러 가지 경우에 사용되며 세로 영상이나 정방형 영상을 가로로 만들어 줄 때 사용하면 더욱 효과적입니다. 사이즈가 맞지 않은 영상을 가로 영상으로 꽉 차게 디자인해 봅니다.

- 예제파일 : 04\세로 영상.aep
- 완성파일 : 04\세로 영상_완성.aep

01 새 프로젝트를 만들고 04 폴더에서 '세로 영상.aep' 파일을 불러옵니다. ❶ Project 패널에서 '세로' 컴포지션을 더블클릭하여 불러온 다음 현재 컴포지션을 확인하면 가운데에 메인이 되는 세로 영상 한 개와 배경에 세로 영상의 크기를 키워 배치한 것을 알 수 있습니다. ❷ 배경에 있는 '세로 영상.mp4' 레이어를 선택한 다음 ❸ 메뉴에서 (Effect) → Blur & Sharpen → Gaussian Blur를 실행합니다.

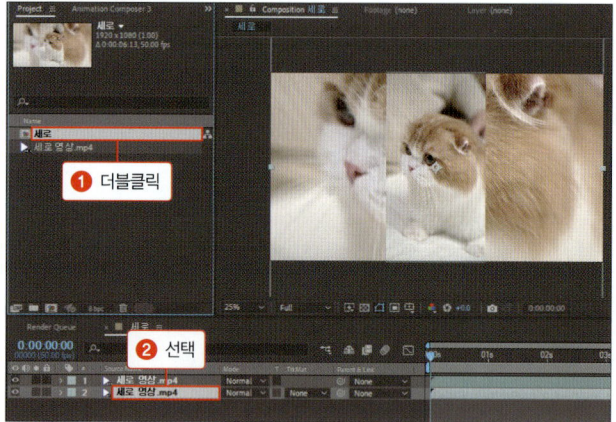

TIP
Effects & Presets 패널에서 'Gaussian Blur' 이펙트를 검색하고 드래그하여 적용해도 됩니다.

02 Effect Controls 패널에서 Gaussian Blur의 Blurriness를 '100'으로 설정합니다.

03 블러 효과를 크게 설정하면 외곽 부분이 안쪽으로 적용되어 배경에 검은색이 나타납니다.

TIP
다음의 오른쪽 이미지는 좀 더 명확히 확인하기 위해서 배경색을 연두색으로 지정했습니다.

 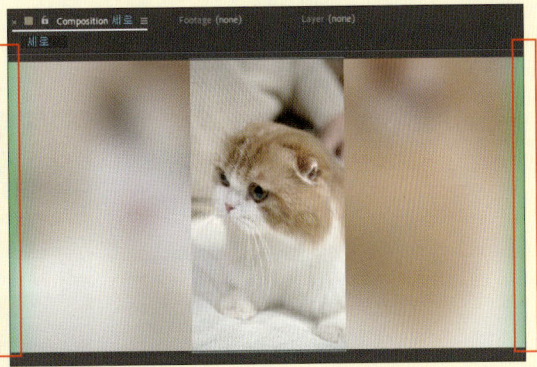

▲ 배경에 있는 연두색이 나타난 모습

04 이러한 부분을 없애는 기능인 'Repeat Edge Pixels'를 체크 표시하면 주변이 매끄럽게 연결됩니다.

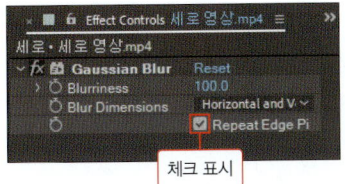

체크 표시

TIP
블러와 같은 이펙트를 적용하면 레이어 외곽이 Composition 패널의 화면 안으로 적용되면서 배경색이 나타나기도 합니다. 'Repeat Edge Pixels'를 체크 표시하면 해당 부분을 자체적으로 확장하여 배경색이 보이지 않습니다.

실습 예제 05 Camera Lens Blur 이펙트로 원근감 만들기

앞서 살펴본 Gaussian Blur와 비슷하지만 활용하는 방향이 다른 Camera Lens Blur를 통해 요소의 원근감과 밀도감을 표현해 봅니다.

◉ 예제파일 : 04\셀카.aep   ◉ 완성파일 : 04\셀카_완성.aep

Before

After

01 새 프로젝트를 만들고 04 폴더에서 '셀카.aep' 파일을 불러옵니다. ❶ Project 패널에서 '셀카' 컴포지션을 더블클릭하여 연 다음 ❷ Effects & Presets 패널을 클릭합니다.

02 ❶ Effects & Presets 패널에서 'Camera Lens Blur' 이펙트를 검색하고 ❷ Blur & Sharpen → Camera Lens Blur를 Timeline 패널의 '라 2' 레이어에 드래그하여 적용합니다.

> **TIP**
> Timeline 패널이 아니더라도 Composition 패널의 화면에 있는 소스에 드래그하여 적용해도 똑같이 적용됩니다.

03 ❶ Effect Controls 패널에서 Camera Lens Blur 항목의 Blur Radius를 '22'로 설정한 다음 다른 레이어에도 같은 효과를 적용하기 위해 ❷ Camera Lens Blur를 선택하고 ❸ Ctrl+C를 누릅니다.

04 ❶ Timeline 패널에서 '셀 2', '프 2', '카 2', '메 2' 레이어를 Shift를 누른 상태로 클릭하여 모두 선택합니다. ❷ Ctrl+V를 누르면 복제한 Camera Lens Blur가 동일한 설정으로 적용됩니다.

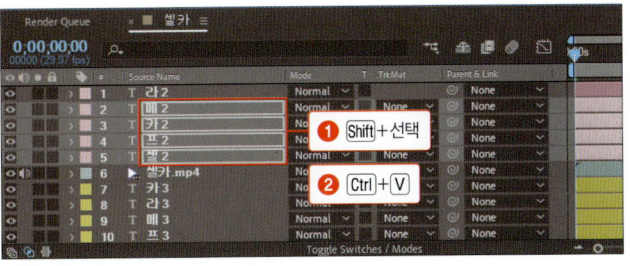

> **TIP**
> 효과를 일일이 적용하는 것보다 효과를 복사하고 붙여 넣는 방법을 통해 시간을 절약하고 작업의 효율성을 높일 수 있습니다.

05 01~05의 과정과 같은 방법으로 노란색 텍스트 레이어에도 'Camera Lens Blur' 이펙트를 적용한 다음 Blur Radius를 '12'로 설정합니다. Camera Lens Blur를 통해 색상별 텍스트의 공간감이 만들어집니다.

> **TIP**
> 3D Layer를 통해 심도를 구현할 수도 있지만, Blur 이펙트를 통해 원근감과 밀도를 완성할 수 있습니다.

필수기능 06 Channel 이펙트 이해하기

Channel 이펙트 알아보기

Channel은 불러온 영상, 이미지 소스 색에 관한 이펙트입니다. 하지만 색을 직접 설정하는 것이 아니라 기본 색 정보, 색 채널 정보를 통해서 작업하는 기능입니다. 보통 우리가 보는 이미지는 Red, Green, Blue 색 채널의 조합으로 이루어지며 알파 채널(Alpha Channel)을 가지는 이미지들의 채널을 설정해 색 작업을 합니다.

채널을 이용해 색을 변화시키며, 변화 과정이 Key 설정으로 이루어져 애니메이션을 만들지 못하는 이펙트도 있습니다.

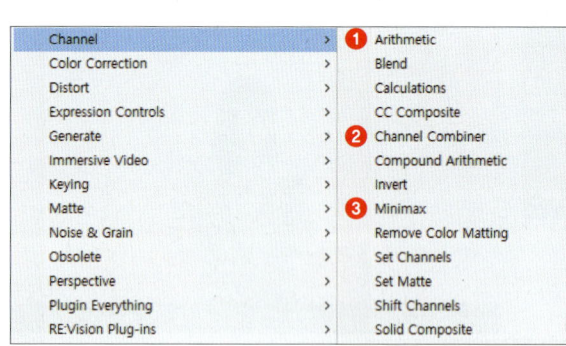
▲ Channel 메뉴

▲ 원본 이미지

❶ **Arithmetic** : RGB 채널에서 수학적으로 합치고 빼는 설정을 통해 임의로 RGB 채널을 더합니다.

❷ **Channel Combiner** : 레이어 채널의 데이터 값을 서로 바꾸는 기능으로 Red 채널 값을 Green, Luminance 등으로 바꿀 수 있습니다.

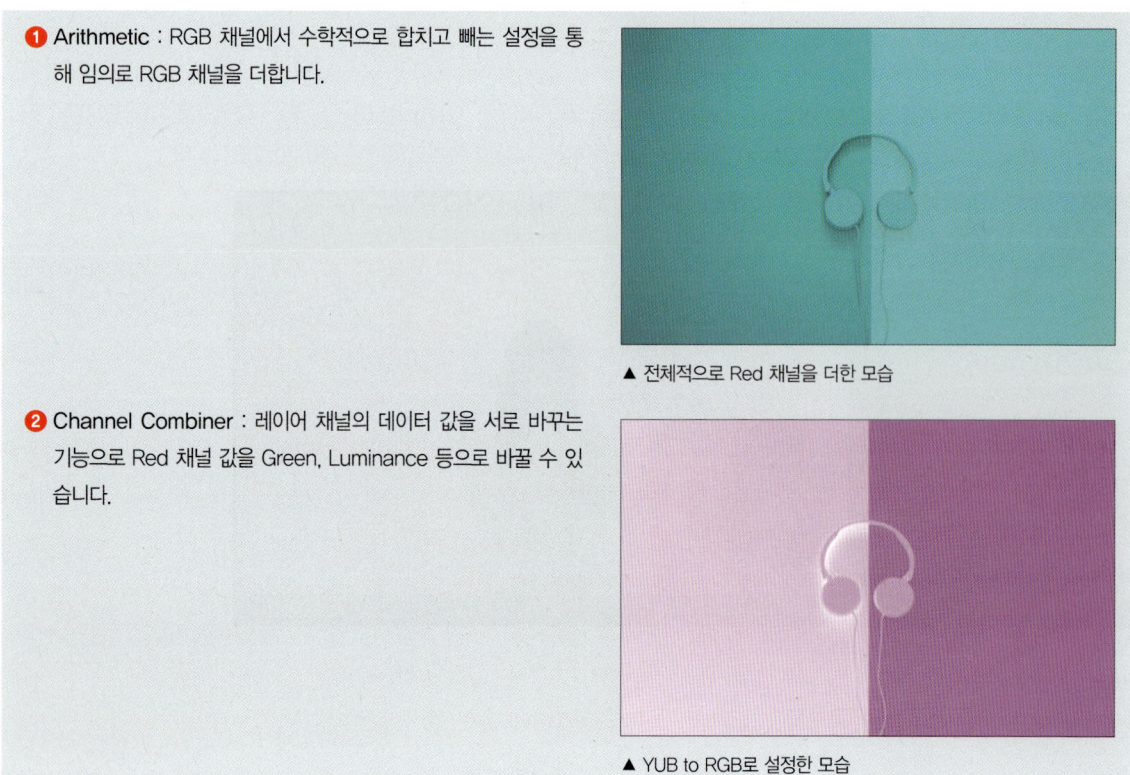
▲ 전체적으로 Red 채널을 더한 모습

▲ YUB to RGB로 설정한 모습

❸ **Minimax** : 각 채널의 픽셀 데이터를 최소 값(어두운색) 또는 최대 값(밝은색)으로 선택해 픽셀 주변 값을 제어합니다. 주로 매트 (Matte) 영역을 확대하거나 축소할 때 유용합니다.

▲ 'Maximum Then Minimum'으로 지정한 모습

▲ 'Minimum Then Maximum'으로 지정한 모습

Invert 이펙트 속성 살펴보기

Invert는 Channel에 관한 기본 개념을 익히기에 좋은 이펙트로, 색 채널을 선택하면 자동으로 해당 색 채널이 반전됩니다.

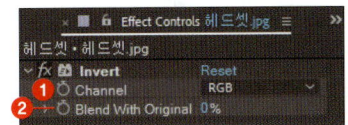

❶ **Channel** : 기본으로 'RGB'로 지정되어 있으며 Red, Green, Blue 채널을 별도로 선택할 수 있고 HLS, YIQ 채널 등을 지정할 수 있습니다.
❷ **Blend with Original** : 채널이 반전되었을 때 원본 색과 반전 색을 혼합하여 설정할 수 있습니다. Invert 항목에서 Blend with Original의 중간 값은 반전된 색이 섞이면서 무채색의 회색이 나타납니다.

실습예제 07 | Invert 이펙트로 색상 변경하기

Invert를 적용하여 이미지 색을 반전해 기존과 다른 느낌으로 연출해 봅니다.

◉ **예제파일** : 04\헤드셋.jpg   ◉ **완성파일** : 04\헤드셋_완성.aep

01 새 프로젝트를 만들고 ❶ 04 폴더에서 '헤드셋.jpg' 파일을 컴포지션으로 불러옵니다. ❷ Timeline 패널에서 '헤드셋' 레이어를 선택합니다.

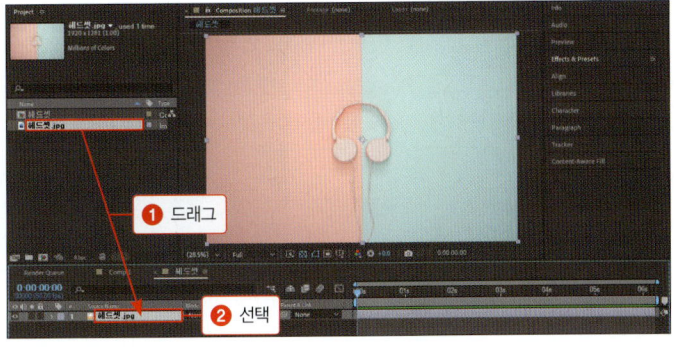

02 메뉴에서 (Effect) → Channel → Invert를 실행하여 이펙트를 적용합니다. Invert 이펙트를 적용하면 기본적으로 RGB 채널이 반전되어 나타납니다.

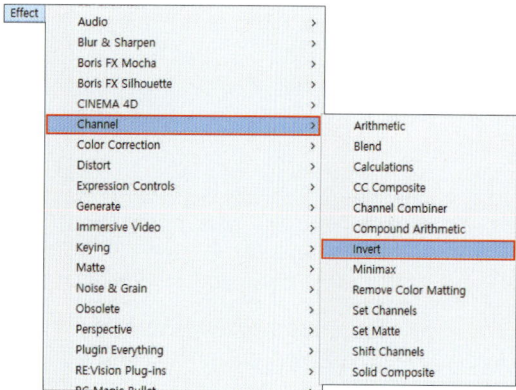
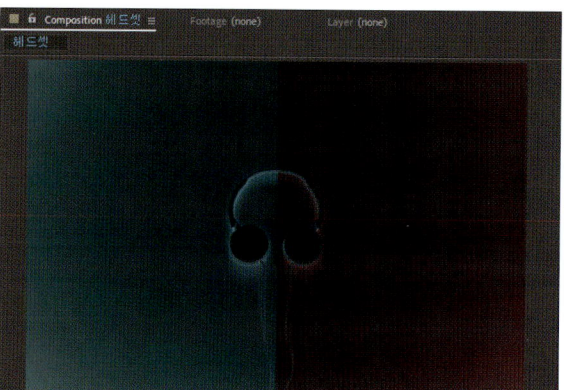

03 Effect Controls 패널에서 ❶ Channel을 클릭한 다음 ❷ 이펙트를 지정하여 색 변화를 만듭니다.

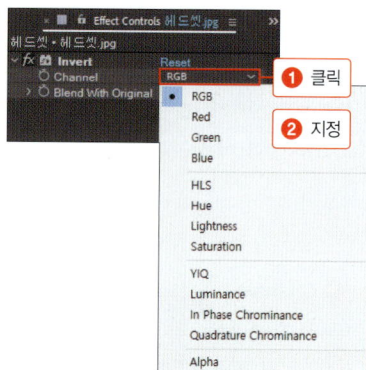

▲ Channel 메뉴

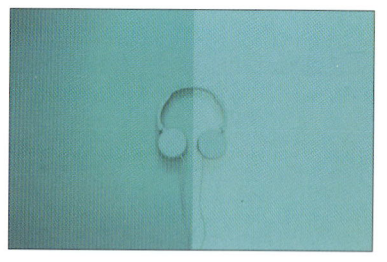

▲ Red 채널이 반전된 모습

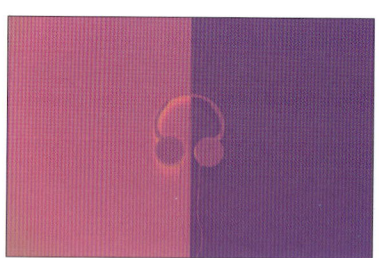

▲ Green 채널이 반전된 모습

▲ Blue 채널이 반전된 모습

▲ Hue 채널이 반전된 모습

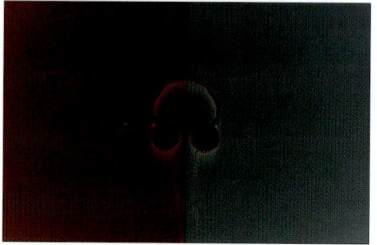

▲ Lightness 채널이 반전된 모습

▲ Saturation 채널이 반전된 모습

필수기능 08 Color Correction 이펙트 이해하기

Color Correction 이펙트 알아보기

Color Correction은 색을 보정하는 이펙트입니다. Channel과 다르게 직접 수치를 설정하여 색 변화를 만들 수 있고, 키프레임을 설정해서 애니메이션을 만들 수 있습니다. 영상과 모션 디자인 분야 불문하고 가장 많이 사용하는 이펙트입니다.

▲ Color Correction 메뉴

▲ 원본 이미지

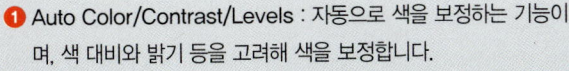

① **Auto Color/Contrast/Levels** : 자동으로 색을 보정하는 기능이며, 색 대비와 밝기 등을 고려해 색을 보정합니다.

▲ 레고 부분에 Auto Contrast를 적용한 모습

❷ **CC Toner** : Highlights, Midtone, Shadow 세 단계 색을 조합하여 듀오톤, 트리톤을 만드는 기능으로 Midtone을 '빨간색'으로 지정하면 다음과 같은 색을 나타낼 수 있습니다.

▲ 레고 부분에 CC Toner를 적용한 모습

❸ **Colorama** : 색의 명도 단계를 여러 가지 색으로 바꾸는 기능으로, 무지개 색의 RGB 조합으로 바꾸면 전혀 다른 색감으로 바꿀 수 있습니다.

▲ 레고 부분에 Colorama의 Input Phase를 'Intensity'로 지정한 모습   ▲ 레고 부분에 Colorama의 Output Cycle을 'Solarize Grey'로 지정한 모습

Brightness & Contrast 이펙트 알아보기

Brightness & Contrast는 간단하게 명도와 대비를 조절할 수 있는 이펙트입니다. 사용이 편리하여 색상 보정에서 많이 쓰이는 효과 중 하나입니다.

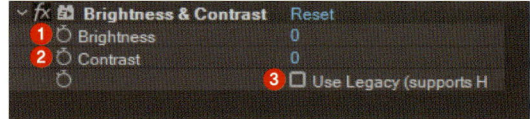

❶ **Brightness** : 명도를 조절할 수 있습니다. 값이 커질수록 밝아집니다.
❷ **Contrast** : 대비를 조절할 수 있으며 색상 사이의 차이라고 생각하면 됩니다. 값이 커질수록 색상 사이의 차이가 벌어져 선명한 느낌을 주며 값이 낮아질수록 색상 사이의 차이가 없어져 건조한 느낌을 줍니다.
❸ **Use Legacy** : 'Use Legacy'를 체크 표시하면 Adobe CS 버전의 Brightness & Contrast 이펙트를 사용합니다. Adobe CS 버전의 Brightness & Contrast 이펙트는 Adobe CC 버전에 비하여 색상의 디테일을 조절하는 것이 세밀하지 않아 같은 값이라도 다른 느낌을 줍니다.

▲ 'Use Legacy'를 체크 표시하지 않은 경우   ▲ 'Use Legacy'를 체크 표시한 경우

Change to Color 이펙트 속성 살펴보기

Change to Color는 특정 색상을 원하는 색상으로 바꿀 수 있는 유용한 이펙트입니다. 영상 제작 및 모션 그래픽 작업에서 빠르게 원하는 색상을 바꿀 수 있습니다.

❶ **From** : 변화하고 싶은 색상을 지정할 수 있습니다. '스포이트' 아이콘( )를 이용해 Composition 패널의 푸티지의 색상을 추출 및 지정할 수 있습니다.

❷ **To** : 변화할 색상을 지정할 수 있습니다. '스포이트' 아이콘( )를 이용해 Composition 패널의 푸티지의 색상을 추출 및 지정할 수 있습니다.

❸ **Change** : 변화할 색상의 형태를 지정할 수 있습니다. Hue로 기본 지정 되어 있으며 대부분은 Hue로 진행합니다.

❹ **Change By** : 색상 변경의 범위를 지정할 수 있습니다. Setting To Color는 물체의 반사되는 부분과 잔상 등 전반적인 색상을 변경하고 Transforming To Color는 색상을 변경하는 대상 근처 픽셀까지만 색상을 변경합니다.

❺ **Tolerance** : Hue/Lightness/Saturation의 영역을 세부 설정할 수 있습니다. 색상의 변화가 만족스럽지 않을 때 조절하여 제어할 수 있습니다.

❻ **Softness** : 색상의 선명도를 설정할 수 있습니다. 낮을수록 색상이 선명해지고 높을수록 색상이 기존 색상과 혼합되어 흐려집니다.

Curves 이펙트 알아보기

Curves는 곡선 모양의 그래프를 조절하여 색상을 보정하는 이펙트입니다. 주로 영상의 밝은 부분과 어두운 부분을 조절할 때 사용하며, Channel 설정을 통해 색상 채널별로 밝은 부분과 어두운 부분을 조절할 수 있습니다.

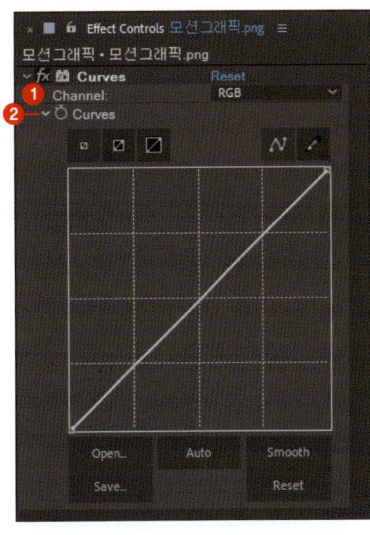

❶ **Channel** : 색상별 Curves 이펙트를 적용할 부분을 선택할 수 있습니다. 기본적으로 'RGB'로 지정되어 있습니다. Channel 이펙트와 같은 실질적인 Channel 속성이 아닌 색 영역을 쉽게 구분한 것입니다.
채널을 바꾸면 아래의 색상 스펙트럼에서 해당 색이 표시됩니다. 'Reds'로 지정하면 빨간색 영역이 표시됩니다.

❷ **Curves** : 곡선을 조절하여 밝기 및 대비를 조절할 수 있습니다. 곡선을 위로 조절하면 밝게 조절할 수 있고 곡선을 아래로 조절하면 어둡게 조절할 수 있습니다.

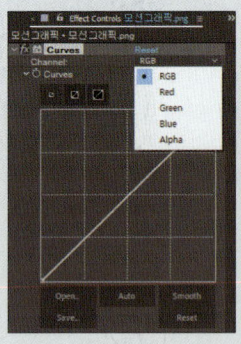
▲ Channel

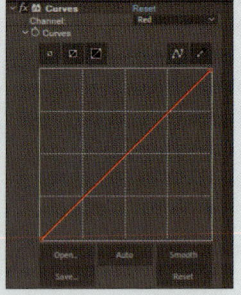
▲ 'Red'로 지정했을 때

Hue/Saturation 이펙트 알아보기

Hue/Saturation는 Color Correction에서 많이 이용하는 이펙트로, 모션 및 영상 작업에서 빠르게 채도를 조절하고 색을 바꾸어 디자인과 분위기를 변경할 수 있습니다.

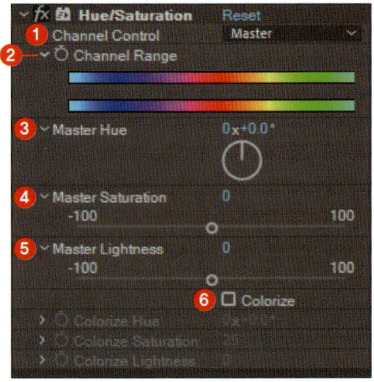

▲ Channel

▲ 'Reds'로 지정했을 때

❶ **Channel Control** : 색을 변화할 수 있는 영역을 뜻하며 기본적으로 'Master'로 지정되어 RGB 색을 모두 조절할 수 있습니다. Master, Reds, Yellows, Greens, Cyans, Blues, Magentas 색을 지정할 수 있으며, Channel 이펙트와 같은 실질적인 Channel 데이터가 아닌 색 영역을 쉽게 구분한 것입니다. 채널을 바꾸면 아래의 색상 스펙트럼에서 해당 색이 선택됩니다. 'Reds'로 지정하면 빨간색 영역이 선택됩니다.

❷ **Channel Range** : 색의 변화 값을 키프레임으로 지정합니다. 색 변화 애니메이션을 만들기 위해 이곳에서 키프레임을 만들 수 있습니다.

❸ **Hue** : 색을 바꿀 수 있습니다. 기본적으로 'Master Hue'로 지정되어 있습니다. Reds 채널을 지정하면 Reds Hue로 바뀝니다.

❹ **Saturation** : 색의 채도를 바꿀 수 있습니다.

❺ **Lightness** : 색의 명도를 바꿀 수 있습니다.

❻ **Colorize** : 강제로 하나의 색으로 만듭니다. 주로 무채색이나 단색 계열로 색 변화를 만들 때 사용합니다. 'Colorize'를 체크 표시하면 Colorize Hue, Colorize Saturation, Colorize Lightness가 활성화됩니다.

실습예제 09 Change to Color 이펙트로 색상 변경하기

Change to Color를 활용하여 특정 부분의 색상을 선택하여 변경하는 효과를 만들어 봅니다. 해당 예제에서는 조명 색상을 변경했지만, 이 효과를 응용하면 모션 그래픽에 나오는 요소 및 텍스트의 색상, 실사 촬영의 옷, 건축물, 나뭇잎 등 다양하게 활용할 수 있습니다.

● 예제파일 : 04\색상 변경.mp4   ● 완성파일 : 04\색상 변경.aep

Before

After

01 새 프로젝트를 만들고 04 폴더에서 '색상 변경.mp4' 파일을 컴포지션으로 불러옵니다.

02 ❶ Timeline 패널에서 '색상 변경.mp4' 레이어를 선택하고 ❷ 메뉴에서 (Effect) → Color Correction → Change to Color를 실행하여 이펙트를 적용합니다.

TIP
Effects & Presets 패널에서도 이펙트를 검색하고 드래그하여 적용할 수 있습니다.

Chapter 01 • 기본 이펙트 알아보기　257

03 ❶ Effect Controls 패널의 Change to Color 항목에서 From의 '스포이트' 아이콘(▧)을 클릭하고 ❷ Composition 패널에서 파란 조명이 가장 또렷한 부분을 클릭합니다. 파란색 영역이 변경되는 것을 확인할 수 있습니다.

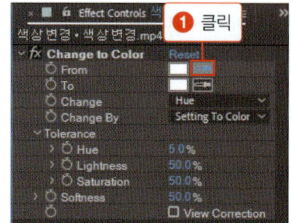

▲ 변경된 모습

04 특정 색상으로 변경하기 위해 ❶ Effect Controls 패널에서 To의 색상 상자를 클릭합니다. To 대화상자가 표시되면 색상을 ❷ '#FF7800'으로 지정하고 ❸ 〈OK〉 버튼을 클릭합니다.

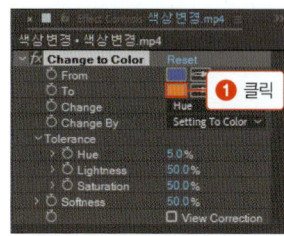
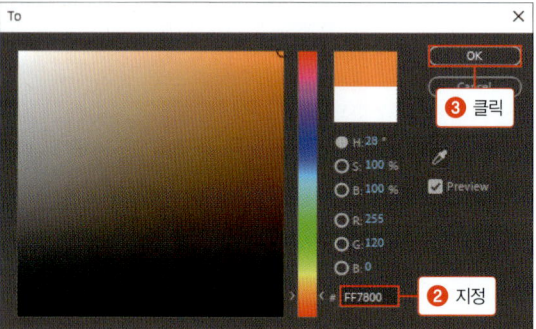

05 Effect Controls 패널에서 Tolerance의 Hue를 '30%'로 설정합니다.
Composition 패널에서 전반적인 파란색 조명이 주황색 조명으로 변경된 것을 확인할 수 있습니다.

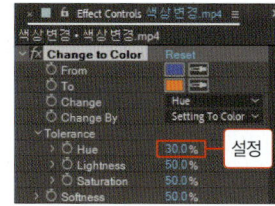

TIP
Tolerance의 요소를 너무 과하게 조절하면 원치 않는 부분의 색상까지 같이 변경될 수 있습니다.

실습예제 10 Curves 이펙트로 흑백 영역 조정하기

Curves를 적용하여 영상의 명도와 대비를 조절해 봅니다.

● 예제파일 : 04\자연.mp4   ● 완성파일 : 04\자연_완성.aep

01 새 프로젝트를 만들고 ❶ 04 폴더에서 '자연.mp4' 파일을 컴포지션으로 불러옵니다. ❷ Timeline 패널에서 '자연.mp4' 레이어를 선택합니다.

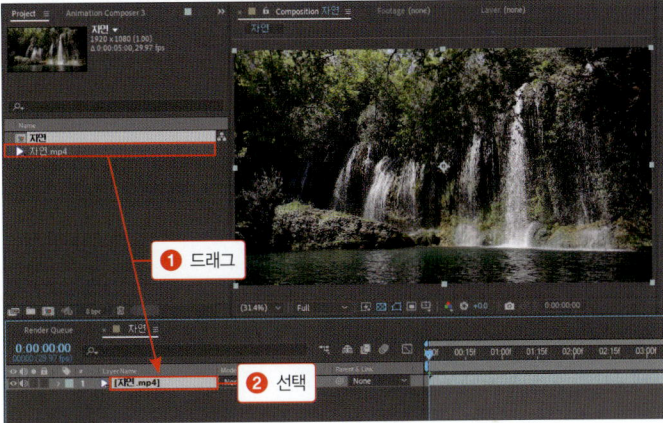

02 메뉴에서 (Effect) → Color Correction → Curves를 실행하여 이펙트를 적용합니다. Effect Controls 패널에서 Curves 그래프의 가운데 조절점을 위로 드래그하면 영상이 전반적으로 밝아진 것을 알 수 있습니다.

03 이번엔 어두운 부분을 좀 더 강조해 봅니다. Effect Controls 패널에서 Curves의 왼쪽 하단의 조절점을 오른쪽으로 드래그합니다. 그림과 같이 어두운 부분이 더 어두워져 대비가 심해진 것을 알 수 있습니다.

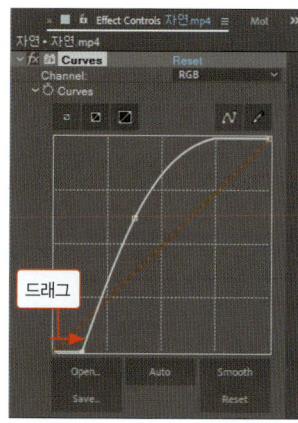 

> **TIP**
> 가운데는 전체적인 부분, 왼쪽 하단의 조절점은 어두운 부분, 오른쪽 상단의 조절점은 밝은 부분을 각각 설정할 수 있으므로, 이를 적절히 조합하여 원하는 느낌의 색 보정을 만들 수 있습니다.

04 특정 영역의 색상을 적용해 봅니다. ❶ Effect Controls 패널에서 Channel을 클릭한 다음 ❷ 'Green'으로 지정하면 녹색 곡선이 표시됩니다.

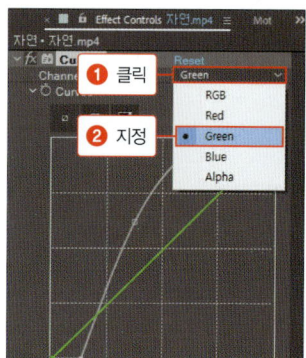

05 녹색 곡선의 가운데 조절점을 위로 드래그하면 녹색 영역이 두드러지면서 밝아진 것을 확인할 수 있습니다.

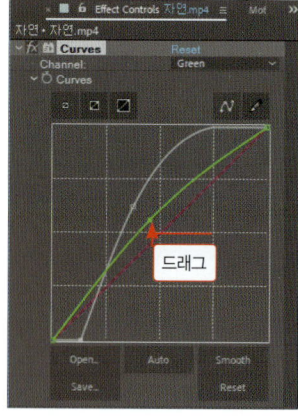 

실습예제 11 Hue & Saturation 이펙트로 색상과 채도 조정하기

Hue/Saturation을 적용하여 색상과 채도 변화를 만들어 봅니다.

◉ 예제파일 : 04\모션그래픽.png   ◉ 완성파일 : 04\모션그래픽_완성.aep

Before

After

01 새 프로젝트를 만들고 ❶ 04 폴더에서 '모션그래픽.png' 파일을 컴포지션으로 불러옵니다. ❷ Timeline 패널에서 '모션그래픽.png' 레이어를 선택합니다.

02 메뉴에서 (Effect) → Color Correction → Hue/Saturation을 실행하여 이펙트를 적용합니다. Effect Controls 패널에서 Hue/Saturation의 Master Hue를 '180°', Master Saturation을 '80'으로 설정하여 색 변화를 만듭니다.

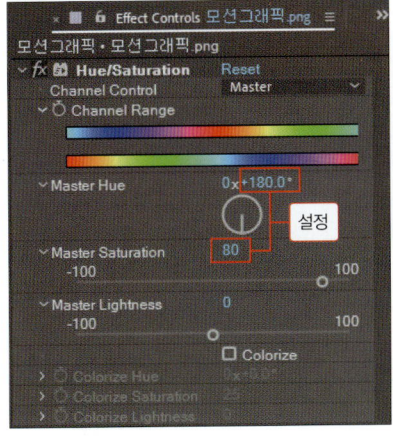
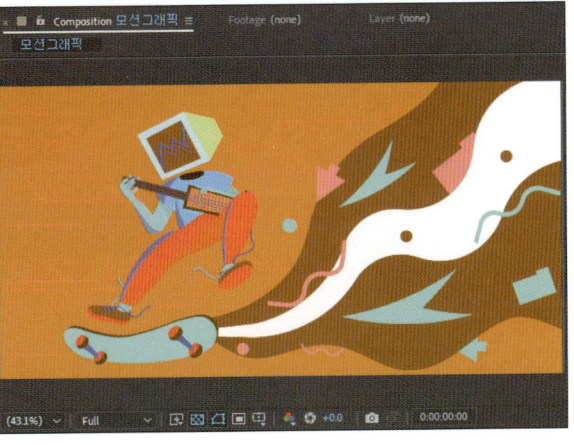

03 특정 영역의 색상만 변경해 봅니다. Effect Controls 패널에서 Channel Control을 'Reds'로 지정합니다.

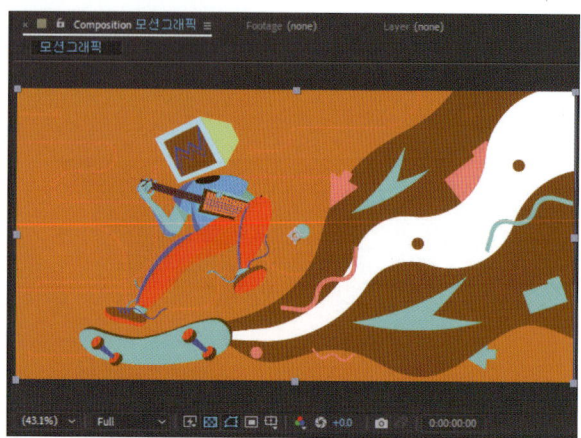

04 Effect Controls 패널에서 Hue/Saturation 항목의 Red Hue를 '270°'로 설정합니다.

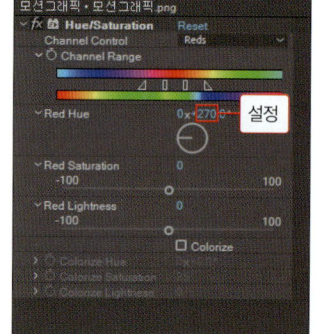

TIP

원본 소스를 기준으로 하는 것이므로 해당 예제에서는 원본의 빨간 부분의 색상이 변경되는 것입니다. Master Hue, Master Saturation이 적용된 후의 빨간색은 영향이 없습니다. 따라서, Hue/Saturation을 설정할 때는 색상별 채널을 먼저 보정한 다음 RGB로 전체 색감을 보정하는 것이 좋습니다.

05 그림과 같이 색상 영역이 변경되는 것을 확인할 수 있습니다.

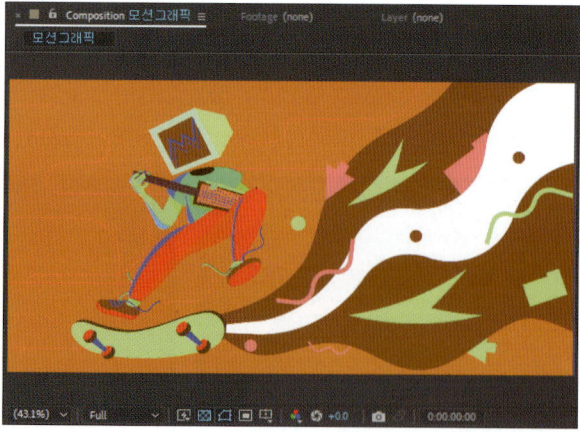

필수기능 12 Distort 이펙트 이해하기 ★★중요

Distort 이펙트 이해하기

Distort에는 영상을 왜곡하여 변형하는 이펙트들이 모여 있습니다. 영상을 변형하여 새로운 느낌을 연출할 때 이용하며, 그래픽 및 영상에 적용하여 새로운 스타일을 만들 수 있습니다.

▲ Distort 메뉴

▲ 원본 이미지

❶ **CC Lens** : 왜곡 이펙트로 카메라의 어안 렌즈 및 광각 렌즈를 통해 바라보는 효과를 만들 수 있습니다.

❷ **Spherize** : 특정 부분을 원형 돋보기로 보는 것처럼 이미지를 왜곡하는 기능입니다. 특정 부분을 크게 왜곡하여 강조하거나 귀여운 느낌을 만들 수 있습니다.

❸ **Turbulent Displace** : 물결이 흐르는 것처럼 적용한 대상을 왜곡하는 효과입니다. 예능 자막이나 그래픽에 키프레임 애니메이션으로 적용하여 보는 사람의 시선을 잡을 수 있습니다.

Chapter 01 • 기본 이펙트 알아보기 263

Magnify 이펙트 속성 살펴보기

Magnify는 특정 부분을 크게 만들 수 있는 기능입니다. 특정 부분을 강조하거나 크게 만들어서 웃긴 장면을 집중적으로 표현할 때 사용하면 좋은 효과입니다.

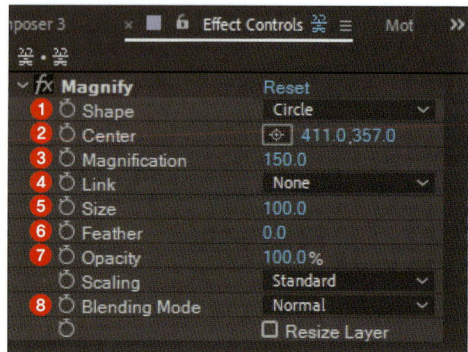

❶ Shape : 크게 만드는 부분의 모양을 지정합니다. Circle과 Square가 있습니다.
❷ Center : 확대되는 부분의 중심점을 설정합니다.
❸ Magnification : 확대되는 정도를 설정합니다.
❹ Link : Magnification과 Size 이펙트를 연동할 수 있습니다. 해당 부분을 지정하지 않으면 각각 지정해야 합니다.
❺ Size : 확대되는 영역을 설정할 수 있습니다.
❻ Feather : 경계 부분에 페더 값을 설정할 수 있습니다. 클수록 경계 부분이 흐려지면서 자연스럽게 원본 소스와 혼합됩니다.
❼ Opacity : 효과가 적용되는 부분의 불투명도를 설정합니다.
❽ Blending Mode : 효과가 적용되는 부분에 블렌딩 모드를 적용합니다.

Mirror 이펙트 속성 살펴보기

Mirror는 좌우를 반전시켜 거울이나 유리 등에 반사되는 효과를 만들 수 있는 기능입니다. 두 개의 속성만 가지는 단순한 효과지만 잘 활용하면 재밌는 영상 효과를 연출할 수 있습니다.

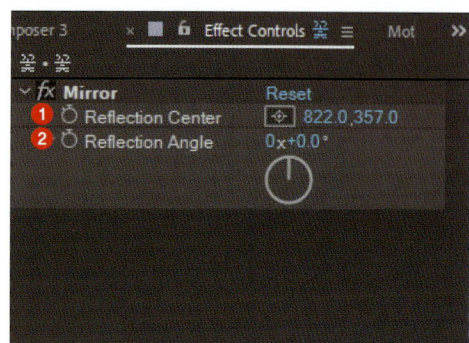

❶ Reflection Center : 반사되는 기준 위치를 설정합니다.
❷ Reflection Angle : 반사되는 방향을 설정합니다.

Warp Stabilizer 이펙트 속성 살펴보기

영상 촬영 중 손떨림 현상을 보정할 수 있는 기능입니다. Warp Stabilizer는 흔들리는 정도에 따라서 영상을 크게 확대한 후 영상 촬영에서 움직이는 방향과 반대로 레이어를 움직이는 기능이므로 본래 앵글보다 확대된 느낌을 보여 줍니다.

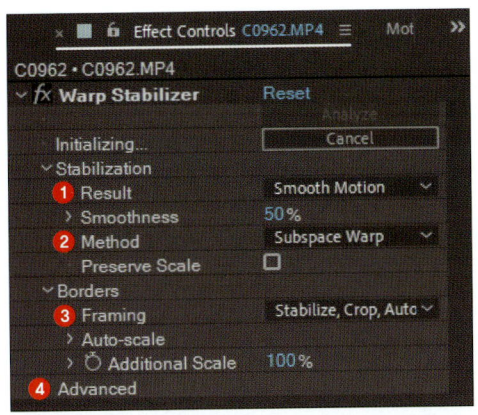

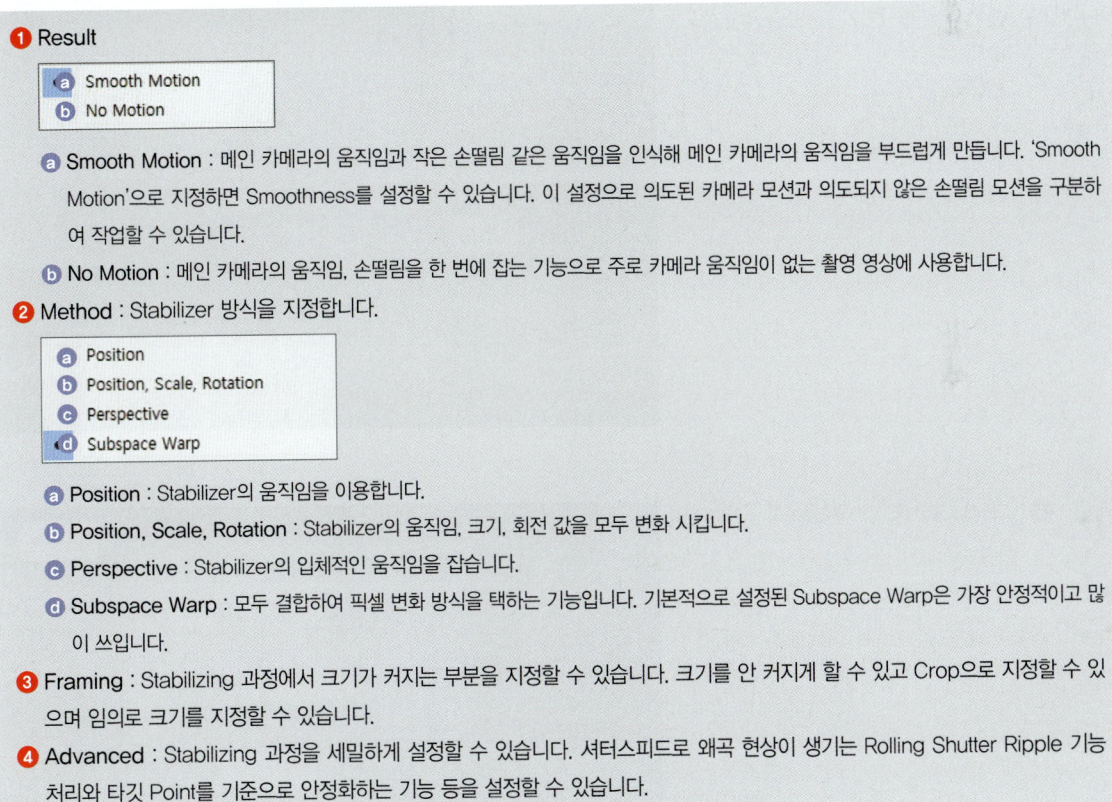

ⓐ **Smooth Motion** : 메인 카메라의 움직임과 작은 손떨림 같은 움직임을 인식해 메인 카메라의 움직임을 부드럽게 만듭니다. 'Smooth Motion'으로 지정하면 Smoothness를 설정할 수 있습니다. 이 설정으로 의도된 카메라 모션과 의도되지 않은 손떨림 모션을 구분하여 작업할 수 있습니다.

ⓑ **No Motion** : 메인 카메라의 움직임, 손떨림을 한 번에 잡는 기능으로 주로 카메라 움직임이 없는 촬영 영상에 사용합니다.

❷ **Method** : Stabilizer 방식을 지정합니다.

ⓐ **Position** : Stabilizer의 움직임을 이용합니다.

ⓑ **Position, Scale, Rotation** : Stabilizer의 움직임, 크기, 회전 값을 모두 변화 시킵니다.

ⓒ **Perspective** : Stabilizer의 입체적인 움직임을 잡습니다.

ⓓ **Subspace Warp** : 모두 결합하여 픽셀 변화 방식을 택하는 기능입니다. 기본적으로 설정된 Subspace Warp은 가장 안정적이고 많이 쓰입니다.

❸ **Framing** : Stabilizing 과정에서 크기가 커지는 부분을 지정할 수 있습니다. 크기를 안 커지게 할 수 있고 Crop으로 지정할 수 있으며 임의로 크기를 지정할 수 있습니다.

❹ **Advanced** : Stabilizing 과정을 세밀하게 설정할 수 있습니다. 셔터스피드로 왜곡 현상이 생기는 Rolling Shutter Ripple 기능 처리와 타깃 Point를 기준으로 안정화하는 기능 등을 설정할 수 있습니다.

실습예제 13 Magnify 이펙트로 강조하는 효과 만들기

Magnify를 적용하여 예능에서 많이 사용하는 얼굴이 커지는 효과를 만들어 봅니다.

◎ 예제파일 : 04\벌칙.mp4   ◎ 완성파일 : 04\벌칙_완성.aep

Before

After

01 새 프로젝트를 만들고 04 폴더에서 '벌칙.mp4' 파일을 컴포지션으로 불러옵니다.

02 ❶ Effects&Presets 패널에서 'Magnify' 이펙트를 검색합니다.
❷ Distort → Magnify를 Timeline 패널의 '벌칙.mp4' 레이어에 드래그하여 이펙트를 적용합니다.

03 ❶ Timeline 패널의 현재 시간 표시기를 '2초 12프레임'으로 이동합니다. 뽕망치가 맞는 부분에 Magnify를 적용하기 위해 ❷ Effect Controls 패널에서 Magnify 항목의 Center에 '목표 지점 설정' 아이콘( )을 클릭한 다음 ❸ Composition 패널의 화면에서 뽕망치가 맞는 얼굴 부분을 클릭합니다.

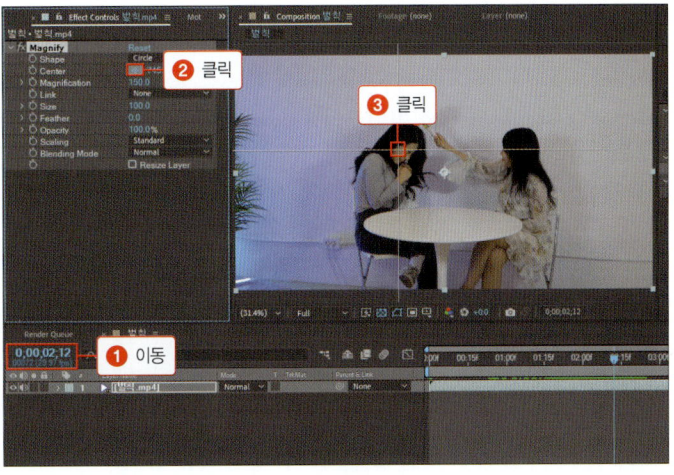

04 ❶ Effect Controls 패널에서 Link를 'Size To Magnification'으로 지정하고 ❷ Magnification을 '180', ❸ Size를 '225'로 설정합니다. 뽕망치가 맞는 장면 이전에는 Magnify를 적용하지 않기 위해 ❹ Opacity 왼쪽의 'Stop Watch' 아이콘( )을 클릭하여 키프레임을 만듭니다.

05 ❶ Timeline 패널의 현재 시간 표시기를 '2초 11프레임'으로 이동한 다음 ❷ Effect Controls 패널에서 Opacity를 '0%'로 설정합니다. 영상의 '2초 11프레임'까지는 Magnify가 적용되지 않고 '2초 12프레임'부터 효과가 적용됩니다.

> **TIP**
> Center에 키프레임 애니메이션을 적용하여 확대 영역을 이동할 수 있습니다.

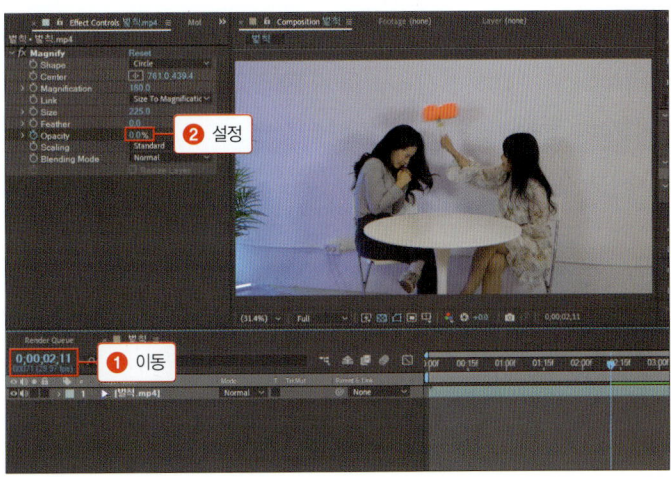

Chapter 01 • 기본 이펙트 알아보기   267

실습예제 14 Mirror 이펙트로 만화경 효과 만들기

Mirror를 적용하여 뮤직비디오, 타이틀 인트로, 모션 그래픽 등에서 많이 쓰이는 몽환적인 만화경 효과를 만들어 봅니다.

● 예제파일 : 04\꽃.psd   ● 완성파일 : 04\꽃_완성.aep

Before

After

01 새 프로젝트를 만들고 04 폴더에서 '꽃.psd' 파일을 컴포지션으로 불러옵니다.

02 Adjustment Layer를 만들어 Mirror 이펙트를 적용하기 위해 먼저 메뉴에서 **(Layer) → New → Adjustment Layer**(Ctrl + Alt + Y)를 실행합니다.

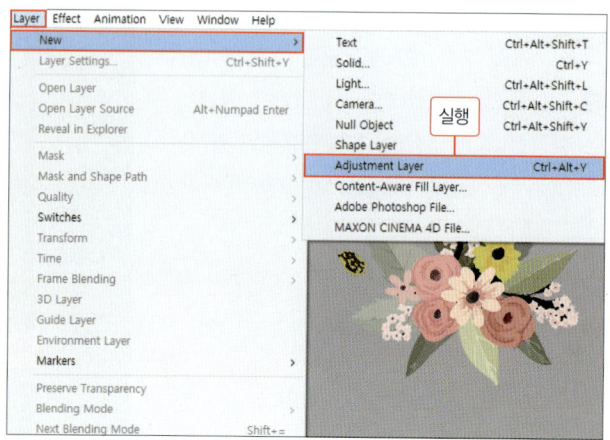

> **TIP**
> 만약 'ABC' 레이어가 있고 그 위에 있는 Adjustment Layer에 색 보정 효과를 적용하면 Adjustment Layer 아래의 'ABC' 레이어가 색 보정 효과를 받습니다. 이러한 특징을 바탕으로 Mirror 이펙트를 이해합니다.

03 Timeline 패널의 맨 위에 Adjustment Layer가 만들어집니다.

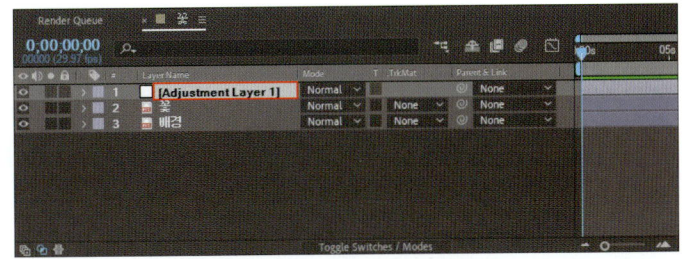

04 메뉴에서 (Effect) → Distort → Mirror 를 실행하여 이펙트를 적용합니다. Effect Controls 패널에서 Reflection Center를 '960, 540'으로 설정해 회전축을 화면 가운데로 이동합니다. '꽃' 레이어의 왼쪽 부분이 양쪽으로 대칭된 결과물을 확인할 수 있습니다.

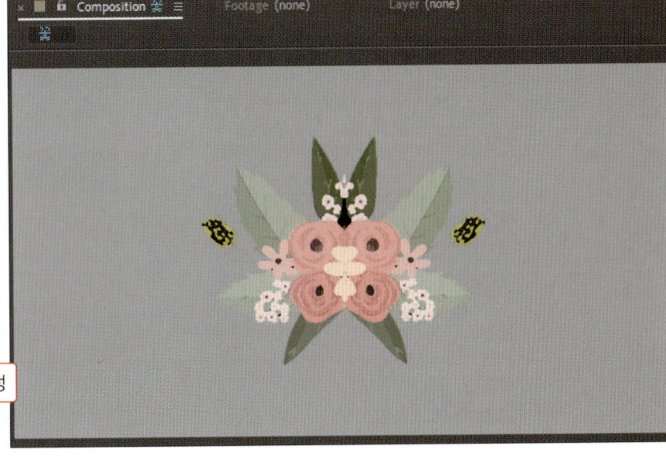

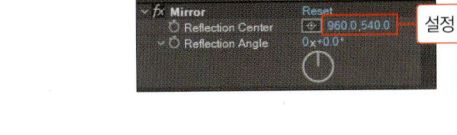

05 ❶ Effect Controls 패널의 Mirror 항목을 선택하고 ❷ Ctrl+D를 눌러 효과를 복제합니다.

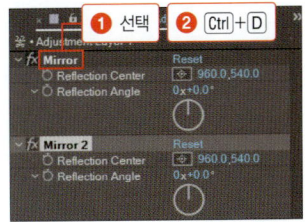

06 복제된 레이어의 Reflection Angle을 '90°'로 설정하면 상하로 반전된 형태를 만들 수 있습니다.

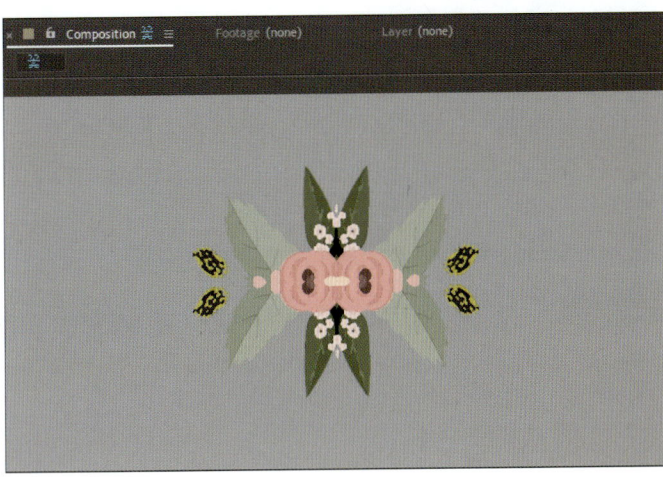

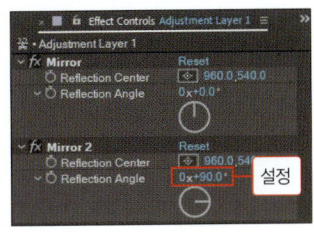

07 ❶ Timeline 패널에서 '꽃' 레이어의 Transform 속성을 표시한 다음 ❷ Position을 '650, 220'으로 설정하고 ❸ Rotation을 '25°'로 설정하면 그림과 같이 추상적인 느낌의 만화경이 만들어집니다.

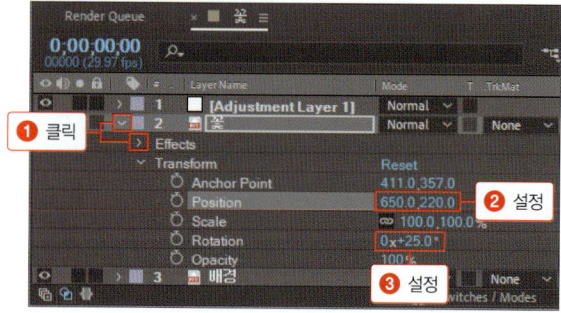 

08 Position, Rotation, Scale 등 Transform 속성에 키프레임 애니메이션을 적용하면 움직이는 형태의 만화경 효과를 만들 수 있습니다. 키프레임 애니메이션을 통해 다양한 결과물을 만들어 봅니다.

▲ Rotation을 '130°'로 설정한 모습   ▲ Rotation을 '230°'로 설정한 모습

▲ Rotation을 '300°'로 설정한 모습   ▲ '꽃' 레이어를 왼쪽으로 이동한 모습

실습예제 15 | Warp Stabilizer 이펙트로 화면 흔들림 보정하기

스마트폰 카메라 기능이 점차 좋아지면서 일상에서도 스마트폰 카메라로 많이 촬영하는 시대가 왔습니다. 유튜브에서 활동하는 크리에이터들도 좋은 품질의 영상을 촬영하면서 카메라 손떨림 방지 기능이 중요해지자 애프터 이펙트 CC 2020부터는 더욱 빨라지고 강력한 Warp Stabilizer 기능을 선보였습니다. 여기서는 흔들리게 촬영된 영상을 최대한 안정적으로 수정해 봅니다.

◉ 예제파일 : 04\손떨림.mp4   ◉ 완성파일 : 04\손떨림_완성.aep

01 새 프로젝트를 만들고 04 폴더에서 '손떨림.mp4' 파일을 불러옵니다. Project 패널의 '손떨림.mp4' 파일을 Composition 패널에 드래그하여 컴포지션을 만듭니다.

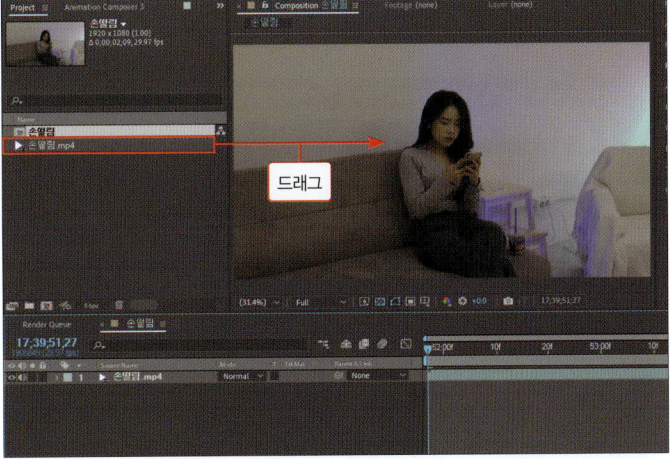

02 Warp Stabilizer를 적용하기 전에 영상의 움직임을 확인합니다. Spacebar를 눌러 램 프리뷰를 진행합니다. 영상을 확인하면 카메라가 지속해서 흔들리는 것을 확인할 수 있습니다.

03 ❶ Timeline 패널의 '손떨림.mp4' 레이어를 선택하고
❷ 메뉴에서 (Effect) → Distort → Warp Stabilizer를
실행하여 이펙트를 적용합니다.

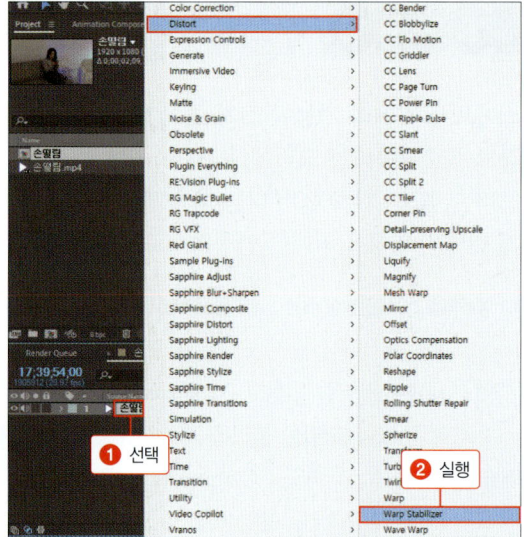

04 Warp Stabilizer를 적용하면 자동으로 Analyzing in background와 Stabilizing 과정을 거쳐 카메라 손떨림을 줄여
줍니다. 램 프리뷰 과정을 통해 확인하면 카메라 손떨림 현상이 줄어든 것을 확인할 수 있습니다.

TIP
Stabilizing 과정 중 흔들림을 잡아야 하므로 화면이 약간 커집니다. 이는 손떨림이 큰 영상은 더 커지고 작은 영상은 상대적으로 조금 커집니다.
현재 작업에서는 Auto-Scale이 '105.1%'입니다.

05 결과물이 만족스럽지 않다면 Effect Controls 패널 Warp Stabilizer 항목의
Advanced에서 'Detailed Analysis'를 체크 표시합니다. 한 번 더 분석하여 더욱
세밀하게 떨림을 잡아 주는 기능입니다.

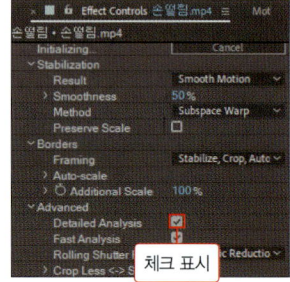

 TIP
Warp Stabilizer는 AI가 프레임 단위로 분석하는 것이므로 결과물이 만족스러울 때도 있지만 반대로 만
족스럽지 못하거나 왜곡이 심하게 발생하는 경우도 종종 있습니다.

필수기능 16 Generate 이펙트 이해하기 ★★중요

Generate 이펙트 알아보기

Generate는 '생성'이라는 뜻으로 레이어 형태와 상관없이 독자적인 비주얼을 만드는 기능입니다. 어떤 레이어에 적용하든지 똑같은 결과물을 만드는 이펙트로, 이펙트가 가지고 있는 고유의 결과물에 대해서 상호 작용이 없는 이펙트입니다.

다음의 원본 이미지에는 세 개의 레이어가 존재하며 각각 '배경', '포도', 'Text' 레이어입니다. 이 이미지에 다양한 이펙트를 적용해서 차이를 살펴봅니다.

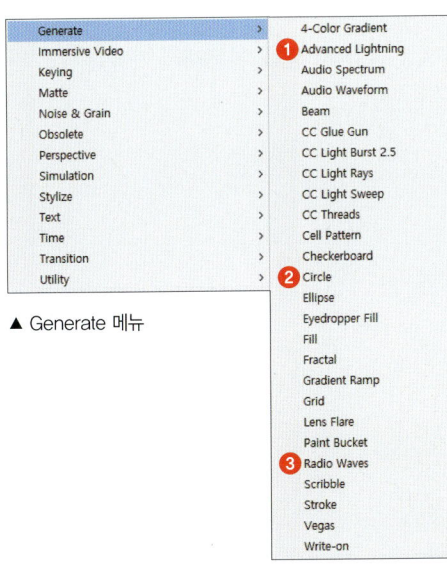

▲ Generate 메뉴

▲ 원본 이미지

❶ **Advanced Lightening** : 번개 그래픽을 만드는 이펙트입니다. 배경 레이어에 적용하면 다음과 같이 배경이 사라지고 번개가 나타납니다.

❷ **Circle** : 원을 만드는 이펙트입니다. 어떤 레이어에 적용해도 똑같은 원을 만듭니다.

❸ **Radio Waves** : 원형의 파장을 만드는 이펙트로, 자동으로 파장이 퍼져 나가는 애니메이션이 적용됩니다.

4-Color Gradient 이펙트 속성 살펴보기

4-Color Gradient는 그러데이션을 만드는 이펙트로 네 개의 색상 기준점 위치 등을 이동해서 자유롭게 그러데이션을 만들 수 있습니다.

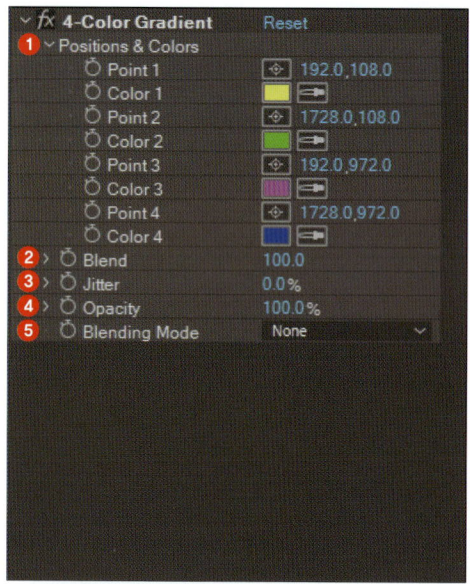

❶ **Positions & Colors** : 위치와 색을 설정할 수 있는 기능으로 네 개의 기준점과 네 가지 색을 설정합니다.
❷ **Blend** : 색을 섞어서 자연스럽게 만드는 기능으로, 수치가 작으면 경계 영역이 뚜렷하게 나타나고 수치가 크면 경계가 자연스럽게 혼합됩니다.
❸ **Jitter** : 애프터 이펙트에서는 그러데이션을 적용했을 때 색 표현에 한계가 생겨 계단 현상이 나타납니다. 이때 미세하게 노이즈를 만들어 계단 현상을 줄일 수 있습니다. Jitter는 미세한 노이즈를 만들어 계단 현상을 없애는 기능입니다.
❹ **Opacity** : 불투명도를 설정합니다.
❺ **Blending Mode** : 색이 섞일 때 블렌딩 모드를 지정할 수 있는 기능으로 레이어의 블렌딩 모드와 같은 기능입니다.

Audio Spectrum 이펙트 속성 살펴보기

Audio Spectrum은 음악이나 소리를 시각적으로 표현하는 이펙트로 음악의 세기에 따라 주파수가 변하는 형태의 그래픽을 만들어 줍니다.

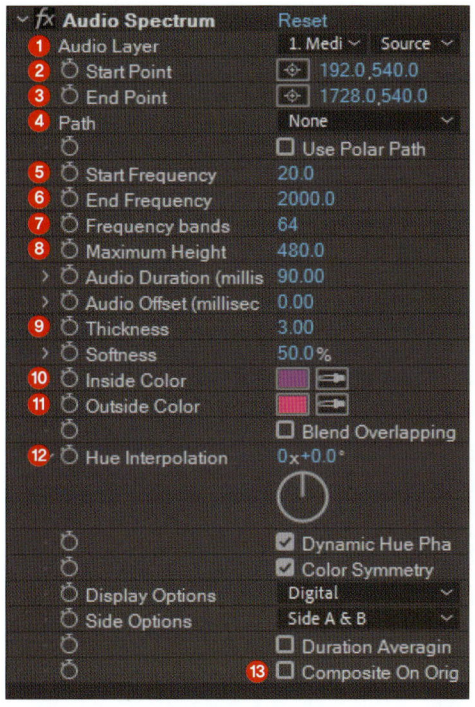

❶ **Audio Layer** : 연동할 음악이나 소리 레이어를 지정합니다.
❷ **Start Point** : 기본 형태 기준으로 왼쪽 시작 점의 위치를 설정합니다.
❸ **End Point** : 기본 형태 기준으로 오른쪽 끝 점의 위치를 설정합니다.
❹ **Path** : 해당 이펙트가 적용된 레이어에 펜 도구나 셰이프 도구를 활용한 마스크를 적용하면 해당 마스크 형태대로 Audio Spectrum의 모양을 변형합니다.
❺ **Start Frequency** : 시작 점을 기준으로 주파수의 범위를 설정합니다. 수치를 변화하면 스펙트럼의 형태가 달라집니다.
❻ **End Frequency** : 끝 점을 기준으로 주파수의 범위를 설정합니다. 수치를 변화하면 스펙트럼의 형태가 달라집니다.
❼ **Frequency bands** : 스펙트럼 사이의 밀도를 설정합니다.
❽ **Maximum Height** : 가장 최고점에서의 스펙트럼 높이를 설정합니다.
❾ **Thickness** : 스펙트럼의 두께를 설정합니다.
❿ **Inside Color** : 스펙트럼 안쪽 부분의 색상을 지정합니다.
⓫ **Outside Color** : 스펙트럼 바깥쪽 부분의 색상을 지정합니다.
⓬ **Hue Interpolation** : 스펙트럼의 색상을 변경합니다. 회전률이 높을수록 더 많은 색상이 자연스럽게 혼합됩니다.
⓭ **Composite On Original** : 'Composite On Original'을 체크 표시하면 원본 소스 위에 스펙트럼이 같이 표시됩니다. 기본적으로는 체크 표시가 해제되어 있습니다.

실습예제 17   4-Color Gradient 이펙트로 그러데이션 배경 만들기

4-Color Gradient를 이용하여 네 가지 색을 지정해 자연스러운 그러데이션을 만들어 봅니다.

◎ 예제파일 : 04\포도.aep   ◎ 완성파일 : 04\포도_완성.aep

01 새 프로젝트를 만들고 04 폴더에서 '포도.aep' 파일을 컴포지션으로 불러옵니다.

02 ❶ '배경' 레이어를 선택하고 ❷ 메뉴에서 (Effect) → Generate → 4-Color Gradient를 실행하여 이펙트를 적용합니다. 화면에 4-Color Gradient 이펙트의 기본 그러데이션이 나타납니다.

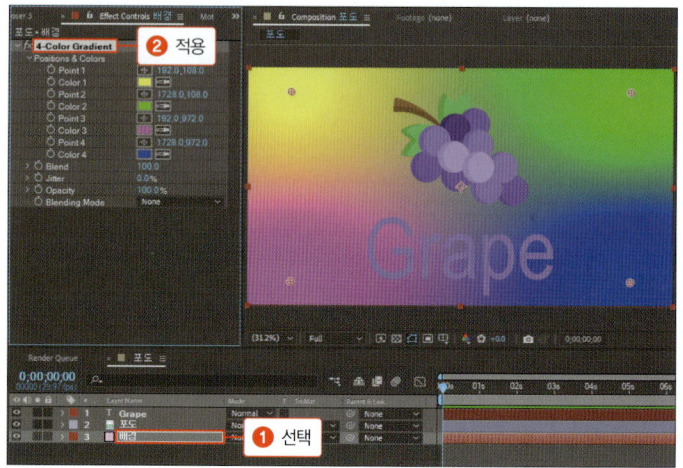

03

❶ Effect Controls 패널에서 Color 1~4의 색상 상자를 각각 클릭한 다음 ❷ 각각의 대화상자가 표시되면 다음과 같이 색을 지정한 다음 ❸ 〈OK〉 버튼을 클릭합니다.

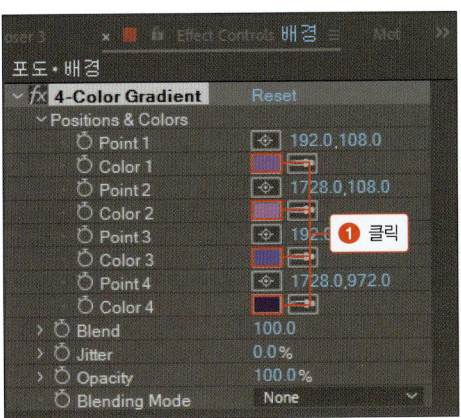
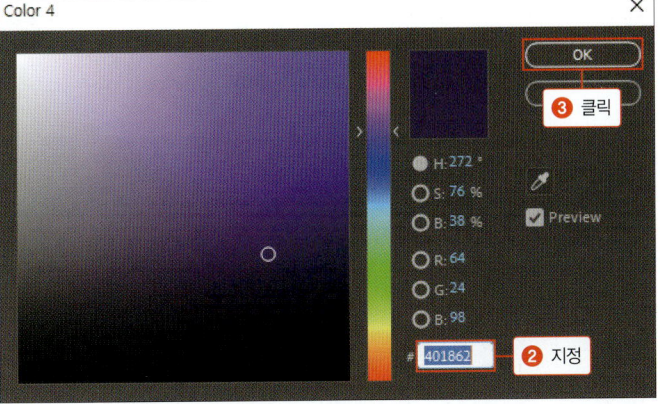

> **TIP**
> Color 1 : #C71EFF   Color 2 : #EF3FFF   Color 3 : #8400FF   Color 4 : #401862

04

Blend를 '500'으로 설정하면 보라색 그러데이션을 만들 수 있습니다.

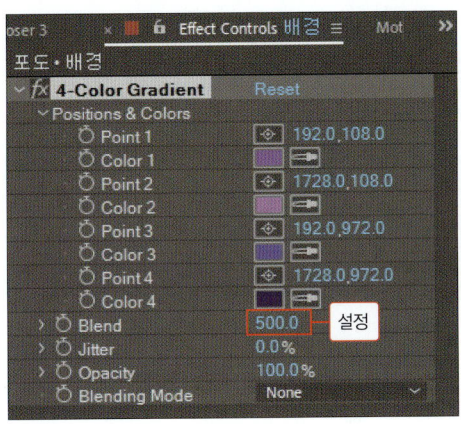
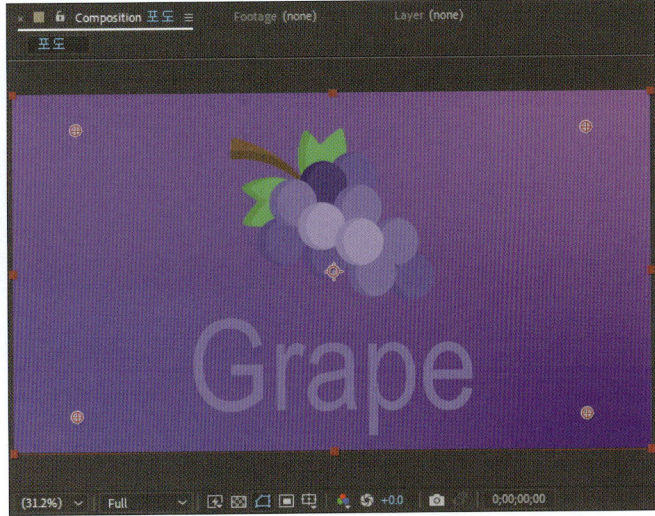

> **TIP**
> 배경뿐만 아니라 'Text' 레이어에도 '4-Color Gradient' 이펙트를 적용할 수 있습니다.

실습예제 18 Audio Spectrum 이펙트로 음악에 반응하는 그래픽 만들기

Audio Spectrum을 이용하여 음악의 세기에 따라 주파수가 변화하는 형태의 그래픽을 만들어 봅니다.

● 예제파일 : 04\BGM.wav   ● 완성파일 : 04\BGM_완성.aep

Before

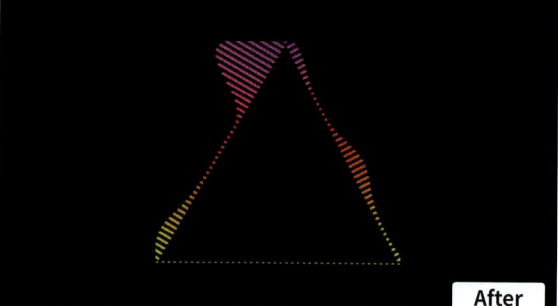
After

01 새 프로젝트를 만들고 04 폴더에서 'BGM.wav' 파일을 컴포지션으로 불러옵니다.

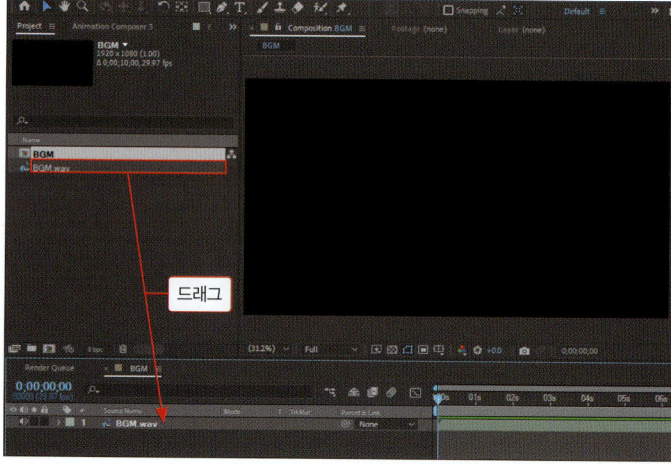

TIP
mp3, wav와 같은 음성 파일도 영상 파일과 마찬가지로 Composition 패널에 드래그하여 컴포지션을 만들 수 있습니다.

02 메뉴에서 (Layer) → New → Solid (Ctrl+Y)를 실행합니다.

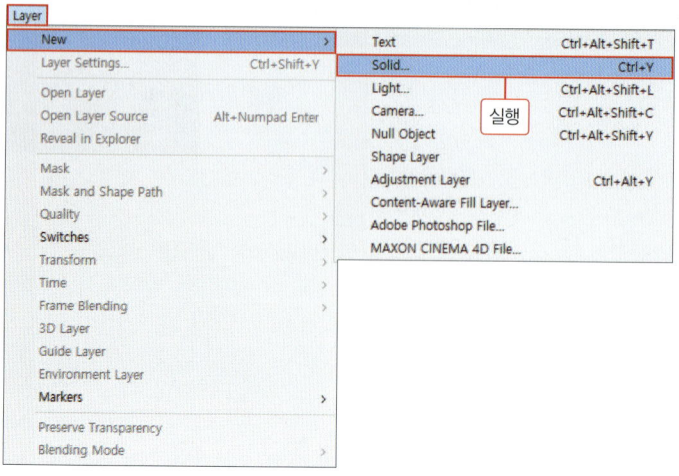

278 Part 4 · 이펙트 적용하기

03 ❶ Solid Settings 대화상자가 표시되면 Width를 '1920px', Hight를 '1080px'로 설정하고 ❷ Color를 원하는 색으로 지정한 다음 ❸ 〈OK〉 버튼을 클릭합니다.

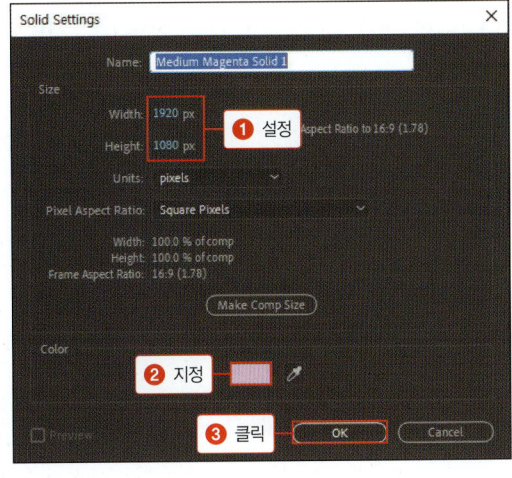

04 메뉴에서 (Effect) → Generate → Audio Spectrum을 실행합니다.

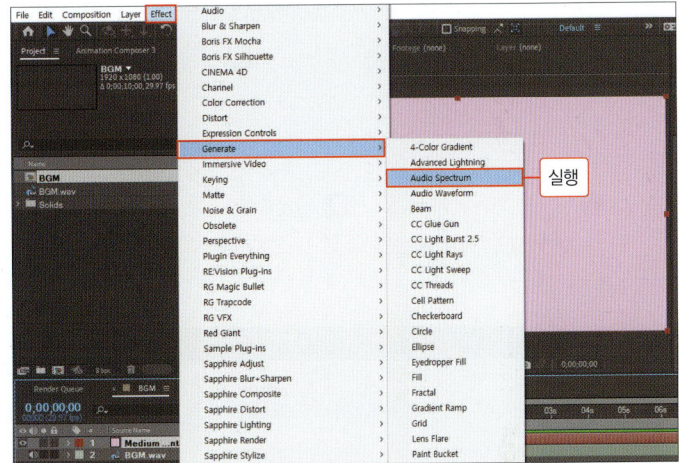

05 Composition 패널에 오디오 스펙트럼이 만들어집니다. ❶ Effect Controls 패널에서 Audio Spectrum 항목의 Audio Layer를 클릭한 다음 ❷ '2. BGM.wav'로 지정합니다.

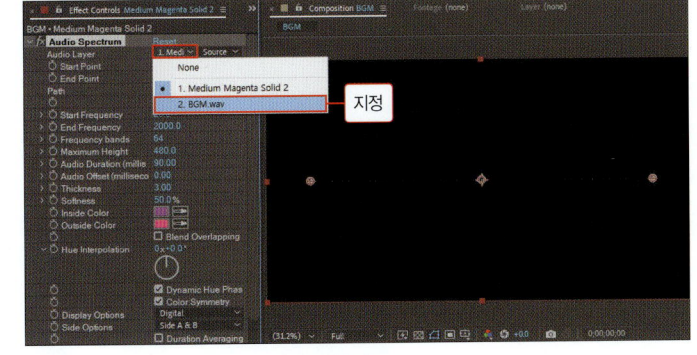

TIP
배경이 투명 레이어 형태로 표시되어 잘 보이지 않으면 Composition 패널 화면 하단의 'Toggle Transparency Grid' 아이콘(▧)을 비활성화합니다.

06 오디오 스펙트럼의 모양을 변형합니다. Effect Controls 패널에서 ❶ End Frequency를 '300', ❷ Frequency bands를 '128', ❸ Maximum Height를 '1210', ❹ Thickness를 '7', ❺ Hue Interpolation을 '200°'로 설정합니다.

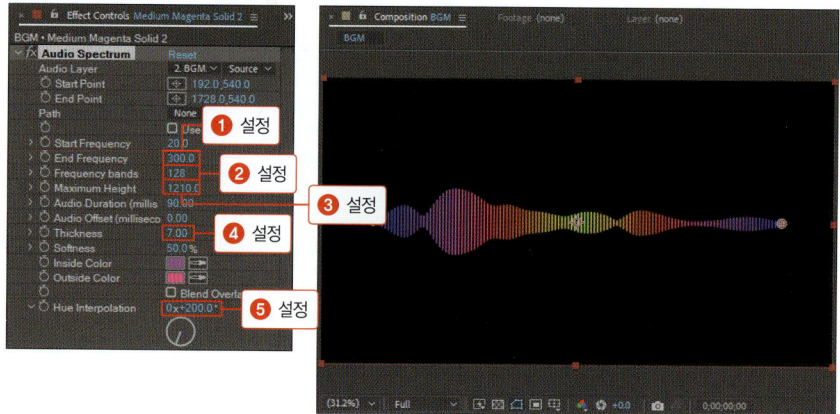

TIP 조합에 따라 다양한 모양이 나올 수 있는 이펙트로 기호에 따라 다양하게 설정할 수 있습니다.

07 ❶ Tools 패널에서 펜 도구()를 선택합니다. ❷ Composition 패널의 화면을 클릭해 그림과 같이 삼각형으로 마스크를 만듭니다.

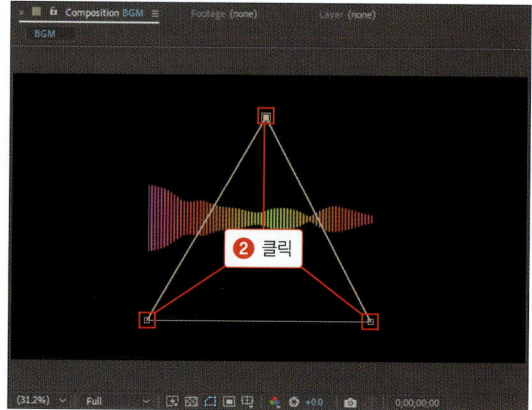

TIP 마스크를 만들 때는 오디오 스펙트럼이 적용된 단색 레이어를 선택하고 진행해야 합니다.

08 Effect Controls 패널에서 Audio Spectrum 항목의 Path를 'Mask 1'로 지정합니다. 마스크에 맞게 스펙트럼의 모양이 변경됩니다.

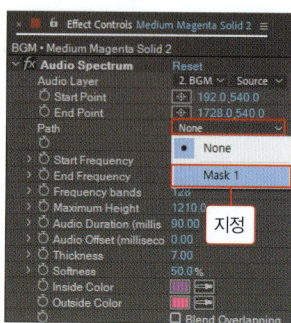
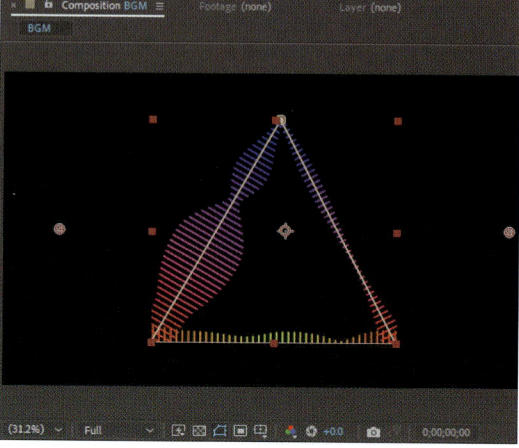

09 Side Options를 'Side B'로 지정합니다. 삼각형의 바깥 부분으로만 스펙트럼이 나오도록 설정됩니다.

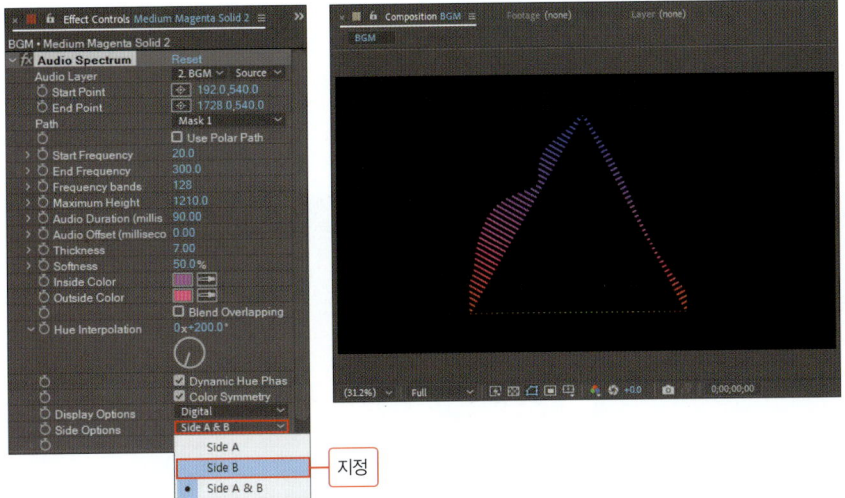

10 오디오 스펙트럼을 Composition 패널의 화면 정중앙으로 이동하겠습니다. ❶ Time line 패널에서 오디오 스펙트럼이 적용된 단색 Solid 레이어를 선택합니다. ❷ Align 패널을 클릭하여 활성화하고 ❸ 'Align Hotizontally' 아이콘(▯)과 ❹ 'Align Vertically' 아이콘(▯)을 클릭합니다.

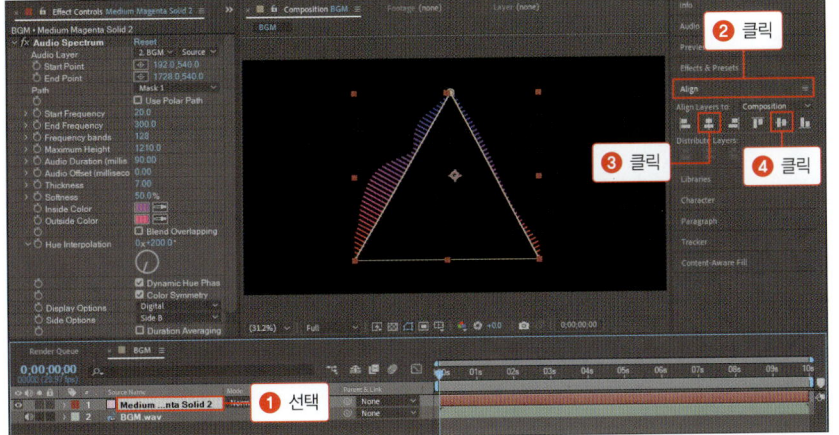

11 Spacebar를 눌러 램 프리뷰를 진행합니다. 영상을 확인하면 음악의 세기나 음향의 밀도에 따라 스펙트럼이 변동하는 애니메이션이 만들어진 것을 확인할 수 있습니다. 현재 배경은 투명색으로 배경에 이미지 소스나 단색 Solid 레이어를 추가하면 스펙트럼을 디자인할 수 있습니다.

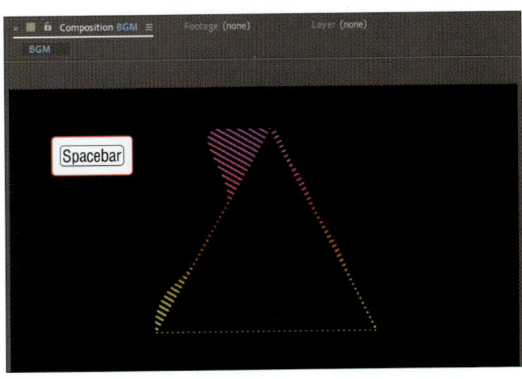

Chapter 01 · 기본 이펙트 알아보기   281

실습예제 19 Keylight(1.2) 이펙트로 그린스크린 작업하기 우선순위 | TOP 11

그린스크린에서 초록색을 빼서 배경과 합성하는 것을 '키잉'이라고 합니다. 실무에서 가장 많이 사용하는 Keylight(1.2) 이펙트를 활용하여 Keying에 대해서 알아보고 배경과 합성해 봅니다.

● **예제파일** : 04\그린스크린.mp4, 배경영상.mp4　● **완성파일** : 04\그린스크린_완성.mp4

Before

After

01 새 프로젝트를 만들고 04 폴더에서 '그린스크린.mp4'와 '배경영상.mp4' 파일을 불러옵니다. ❶ Project 패널에서 '그린스크린.mp4' 파일을 컴포지션으로 불러온 다음 ❷ Timeline 패널에서 '그린스크린.mp4' 레이어를 선택합니다.

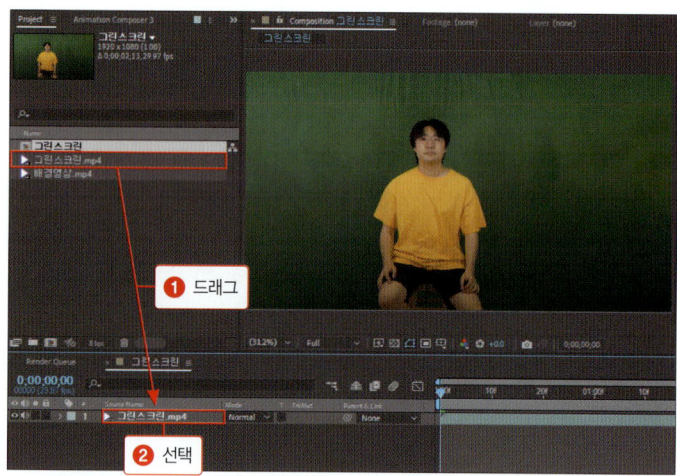

TIP
블루스크린, 그린스크린에서 촬영하는 이유

영상에서 합성 작업을 할 때 주로 배경을 분리해야 할 때 블루스크린 혹은 그린스크린을 사용합니다. 이는 사람 피부에 가장 없는 색을 찾는 것에서부터 시작되었고, 그 색이 파란색과 초록색이었습니다.

지금은 채도, 명도가 더 높은 그린스크린을 사용할 수 있습니다. 이 색 외의 빨간색, 노란색 등 모두 사람의 피부에 일부 보이는 색이 있어서 현재는 파란색, 초록색 이외에는 사용하지 않는 경우가 많습니다. 키잉 기술은 주로 블루스크린과 그린스크린을 제거하는 방향으로 발전해 왔기 때문에 다른 색을 배경으로 할 때 키잉 과정에서 미흡한 경우가 많습니다. 그래서 사람이 없는 사물 역시 블루스크린이나 그린스크린으로 촬영을 하게 됩니다. 단, 해당 사물에 파란색, 초록색이 있으면 그 외의 다른 색을 배경으로 촬영해야 합니다.

02 메뉴에서 (Effect) → Keying → Keylight(1.2)를 실행합니다.

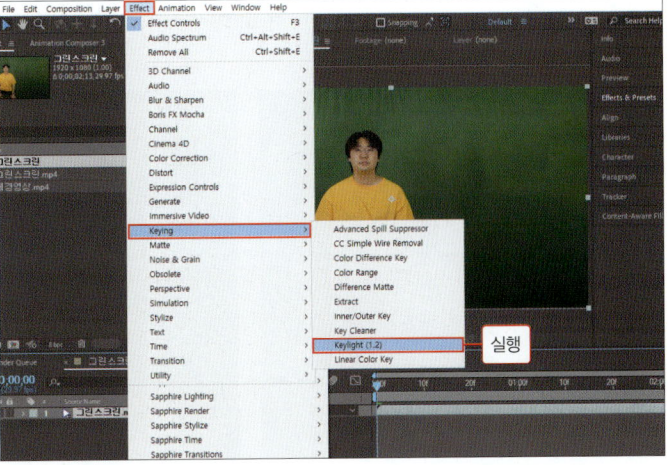

03 키잉 작업을 진행하기 위해 먼저 ❶ Effect Controls 패널에서 Screen Colour의 '스포이트' 아이콘(🔍)을 클릭한 다음 ❷ Composition 패널에서 그린스크린 오른쪽 상단의 밝은 부분을 클릭합니다.

 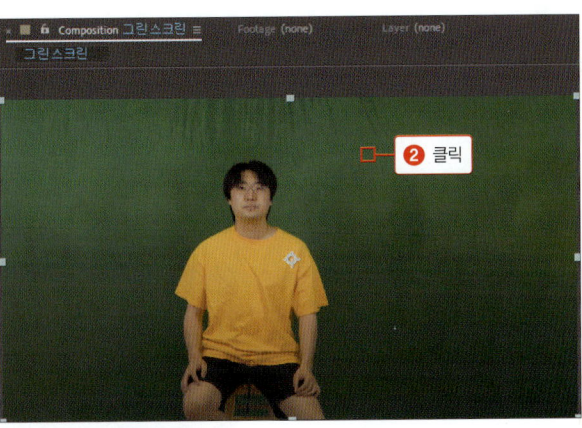

04 초록색 색상이 투명하게 만들어지는 과정에서 옷이나 피부의 색상도 불투명해집니다. 이를 보정하기 위해 Effect Controls 패널에서 Screen Balance를 '20'으로 설정합니다. 옷과 피부의 불투명해진 색이 복구됩니다.

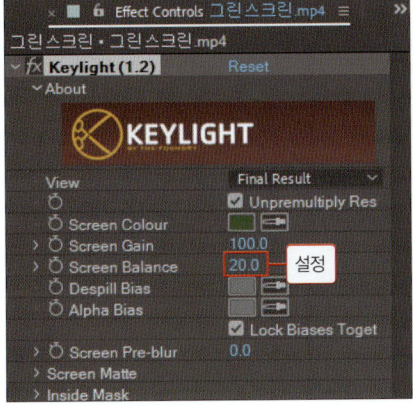 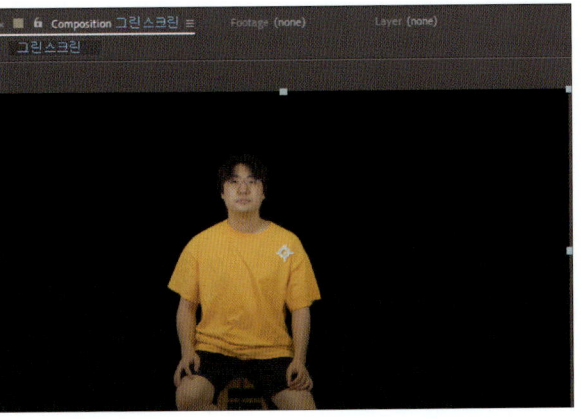

05 배경에 있는 키잉 과정에서 생긴 불필요한 요소를 제거하기 위해 Effect Controls 패널에서 Screen Matte의 Clip Black을 '59'로 설정합니다.

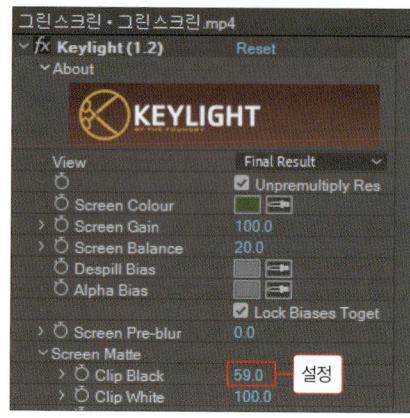 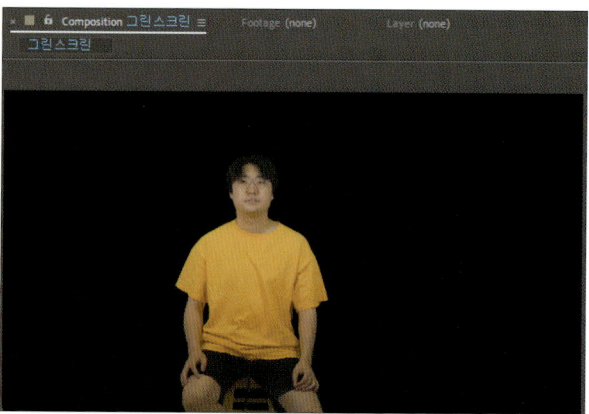

> **TIP**
> Screen Matte에서 세밀한 키잉 작업을 조절할 수 있습니다. 주로 사용하는 기능은 Clip Black, Clip White입니다.

06 Project 패널에서 '배경영상.mp4' 파일을 Timeline 패널의 '그린스크린.mp4' 레이어 아래로 드래그하여 위치합니다. 그린스크린 배경이 투명하게 만들어져 그림과 같이 두 레이어가 동시에 표시됩니다.

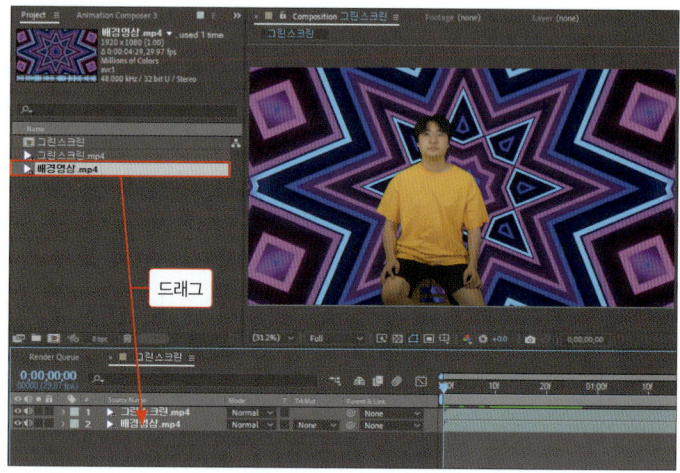

07 Spacebar를 눌러 램 프리뷰를 진행합니다. 영상을 확인하면 두 영상이 같이 재생되는 것을 확인합니다.

> **TIP**
> '그린스크린.mp4' 영상에 색상 보정 작업(Curves, Hue/Saturation 이펙트 등)을 하여 배경과 더욱 자연스럽게 설정할 수 있습니다. 합성 작업에서 중요한 점은 배경을 분리하는 것도 있지만, 자연스럽게 배경과 어우러지게 하는 것입니다.

필수기능 20 Noise & Grain 이펙트 이해하기 | 우선순위 TOP 17 | 중요

Noise & Grain 이펙트 알아보기

일반적으로 촬영된 영상 소스에는 미세한 노이즈가 만들어집니다. 이것은 현실 데이터를 디지털로 바꾸는 과정에서 색을 받아들일 때 빛이 부족하면 나타나는 현상입니다. Noise & Grain은 이러한 노이즈 현상을 재현하는 것과 같으며, 노이즈를 더하거나 줄이는 이펙트가 있습니다.

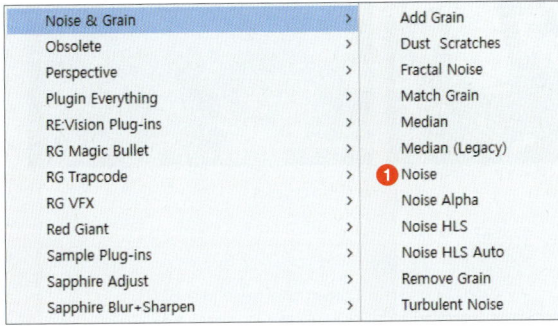
▲ Noise & Grain 메뉴

▲ 원본 이미지

❶ **Noise** : 노이즈를 만드는 기능입니다. 주로 더 오래되고, 거친 느낌을 만들 때 이용합니다. 포토샵이나 일러스트레이터 등을 이용한 합성 작업에서 많은 이미지나 영상 소스가 어색하게 느껴질 때도 이용할 수 있습니다.

▲ Noise를 이용해 노이즈를 더한 모습

Add Grain 이펙트 속성 살펴보기

Grain의 사전적인 의미는 '표면이 거칠거칠한 것'이며, Noise와 비슷한 결과물을 얻을 수 있는 기능입니다. 과거 영화 필름의 표면이 거칠어서 생기는 노이즈와 같은 효과라 볼 수 있습니다.

Add Grain은 Noise와 다르게 과거 영화 필름이 가지고 있는 거친 느낌을 프리셋으로 제공하여 더욱 현실적인 Grain 효과를 연출할 수 있습니다.

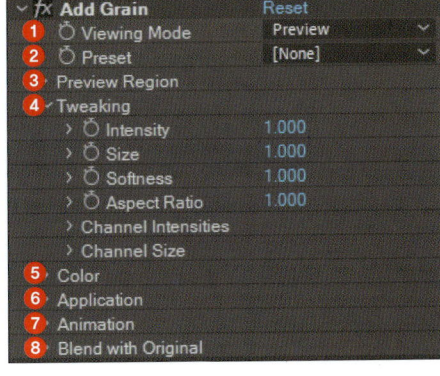

❶ **Viewing Mode** : 더욱 현실적인 Grain을 만들 때 Preview 과정이 오래 걸리므로 미리 보기 영역을 지정해서 볼 수 있습니다. Viewing Mode는 크게 세 가지가 있으며 작은 화면의 Preview, 매트화하여 다른 화면과 합성할 수 있는 Blending Matte, 큰 화면의 결과인 Final Output이 있습니다.

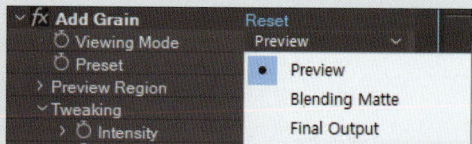

▲ Preview

▲ Blending Matte

▲ Final Output

❷ **Preset** : Grain 방식의 미리 보기를 지정할 수 있는 기능으로 실제 필름과 비슷한 Grain 값을 가져옵니다.

> TIP
> 미세한 Grain 차이를 확인하기 힘들지만 실제로 적용하면 전체적인 색, Grain 색, Grain 크기 등 다양한 차이를 확인할 수 있습니다.

❸ **Preview Region** : Grain의 미리 보기 영역을 조절하는 기능입니다. 위치, 크기와 미리 보기를 나타내는 선 색 등을 설정합니다. 미리 보기 영역은 1,024가 최대 값으로 크기가 제한됩니다.

❹ **Tweaking** : Grain의 양, 크기, 부드러운 정도, 가로 비율 크기 등을 설정하며 Channel Intensities에서는 RGB 색의 Grain을 설정합니다. Channel Size에서는 RGB 색의 Grain 크기를 설정합니다.

▲ Green Intensities와 Blue Intensities를 설정한 모습

▲ Green Intensities를 설정한 모습

❺ **Color** : Grain 색을 흑백으로 설정할 수 있는 기능으로, Saturation을 설정해서 채도를 조절합니다.

❻ **Application** : Grain의 Blending Mode와 색 영역을 Shadows, Midtone, Highlight로 나눠 조절하며 색 영역은 RGB로 개별 설정하여 더욱 미세하게 Grain 색을 설정합니다.

▲ Film

▲ Screen

❼ **Animation** : Grain을 적용하면 기본적으로 Grain 변화가 나타나는 애니메이션이 만들어집니다. 영상을 재생하면 계속 Grain 패턴이 달라지며 Animation의 빠르기, 부드러운 패턴의 변화 등을 설정할 수 있습니다.

❽ **Blend with Original** : Grain을 적용하기 전 기본 영상과 블렌딩하는 기능으로 원본 영상의 특정 색을 설정해 블렌딩할 수 있습니다. Masking Layer를 지정하여 다른 레이어의 영역을 마스크로 가져올 수 있습니다.

Remove Grain 이펙트 알아보기

저조도의 환경에서 촬영하면 영상에 노이즈가 발생합니다. 외부 플러그인으로 노이즈를 억제하는 방법도 있지만 애프터 이펙트에는 기본적으로 노이즈를 억제할 수 있는 Remove Grain 이펙트가 있습니다. Remove Grain을 통해 우글우글한 노이즈를 줄여줄 수 있습니다.

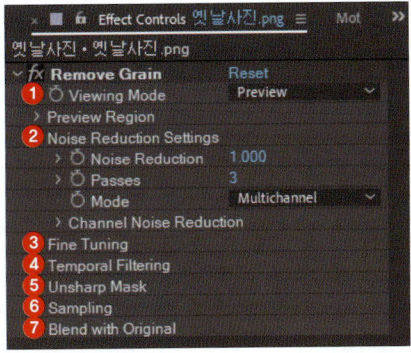

❶ **Viewing Mode** : 더욱 현실적인 Grain을 만들 때 Preview 과정이 오래 걸리므로 미리 보기 영역을 지정해서 볼 수 있습니다. Viewing Mode는 크게 네 가지가 있으며 작은 화면의 Preview, 노이즈의 일부분을 무작위로 선택하여 볼 수 있는 Noise Samples 매트화하여 다른 화면과 합성할 수 있는 Blending Matte, 큰 화면의 결과인 Final Output이 있습니다.

❷ **Noise Reduction Settings** : 실질적으로 노이즈를 제거하는 양을 설정할 수 있습니다. Noise Reduction이 높을수록 노이즈가 많이 제거되며 Passes는 높을수록 화면이 뿌옇게 됩니다.

❸ **Fine Tuning** : 노이즈 제거의 세밀한 설정을 할 수 있습니다. 색상 억제와 질감 등 각각의 영역에서 노이즈 제거를 설정합니다.

❹ **Temporal Filtering** : 이미지의 경우에는 상관없지만, 영상 소스의 경우 비디오를 재생하면 노이즈 제거 과정에서 깜빡임이 발생합니다. 노이즈 제거의 결과물이 다음 프레임으로 이동하는 과정에서 발생하는 현상을 억제할 수 있습니다.

❺ **Unsharp Mask** : 노이즈 제거 후 발생하는 뿌옇게 되는 현상의 반대 개념으로 선명함을 설정할 수 있는 기능입니다.

❻ **Sampling** : 기본적으로 Remove Grain은 자동으로 노이즈를 억제하지만, Sampling에서는 노이즈를 수동으로 조절합니다.

❼ **Blend with Original** : Remove Grain을 적용하기 전 기본 영상과 블렌딩하는 기능으로 원본 영상의 특정 색을 설정해 블렌딩합니다. Masking Layer를 이용하여 다른 레이어의 영역을 마스크로 가져올 수 있습니다.

실습예제 21 | Add Grain 이펙트로 빈티지 효과 만들기

Add Grain을 적용하여 소스에 오래된 필름의 거친 느낌을 추가하여 빈티지 효과를 연출해 봅니다.

◉ 예제파일 : 04\옛날사진.png   ◉ 완성파일 : 04\옛날사진_완성.aep

01 새 프로젝트를 만들고 04 폴더에서 '옛날사진.png' 파일을 불러옵니다. ❶ Project 패널의 '옛날사진.png' 파일에서 마우스 오른쪽 버튼을 클릭한 다음 ❷ **New Comp from Selection**을 실행하여 컴포지션을 만들고 ❸ Timeline 패널의 '옛날사진.png' 레이어를 선택합니다.

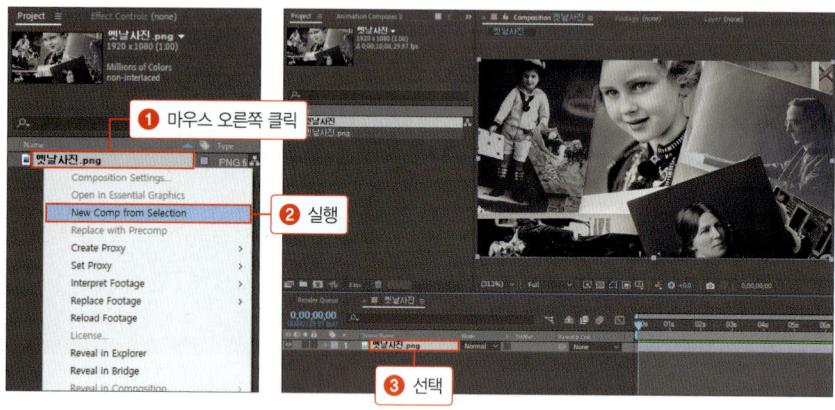

02 메뉴에서 (Effect) → Noise & Grain → Add Grain을 실행합니다.

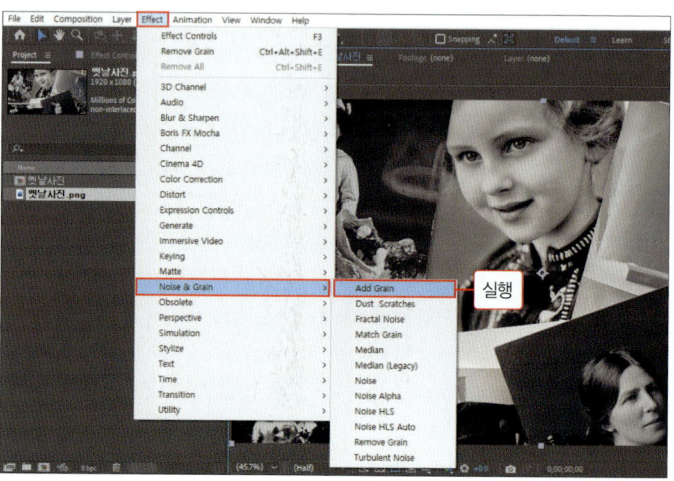

288 Part 4 · 이펙트 적용하기

03 ① Effect Controls 패널에서 Add Grain의 Viewing Mode를 클릭하고 ② 'Final Output'으로 지정하여 화면 전체에 Grain을 나타냅니다.

04 Tweaking의 Intensity를 '8'로 설정하여 Grain 입자를 크게 만듭니다.

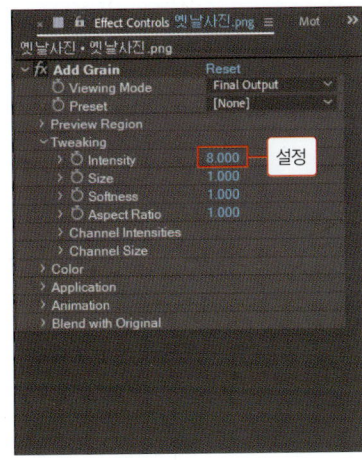
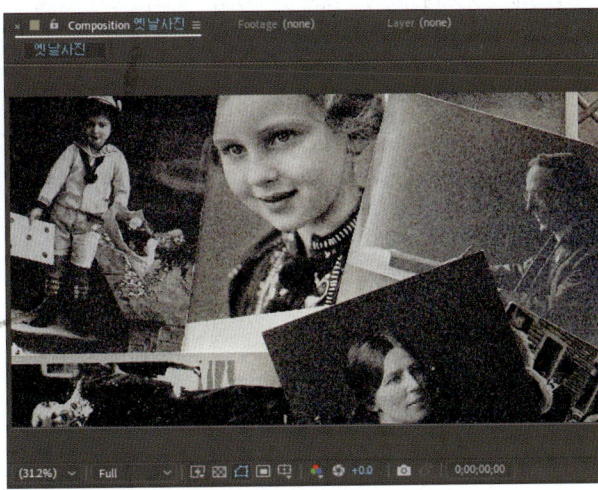

05 ① Application 속성을 표시하고 ② Blending Mode를 클릭한 다음 ③ 'Screen'으로 지정합니다. 전체적으로 밝은 느낌의 Grain이 적용됩니다.

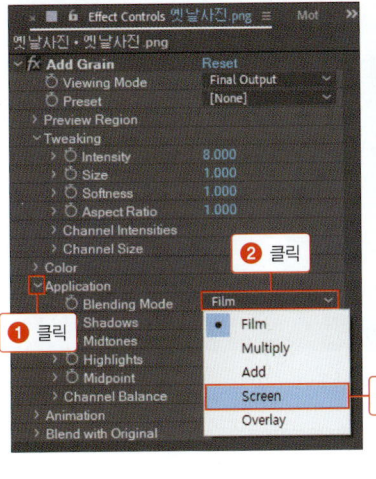

06 Channel Balance 속성의 Red/Blue Shadows를 각각 '2.5'로 설정해 어두운 부분에 Red와 Blue Tone을 추가합니다. Green Midtones도 '2.5'로 설정하여 전체적으로 중간 밝기 영역에 Green Tone을 추가합니다.

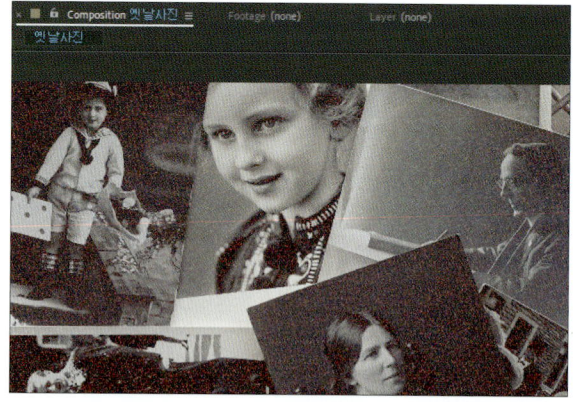

▲ Red Shadows를 '2.5'로 설정하여 어두운 영역에 Red 톤을 추가한 모습

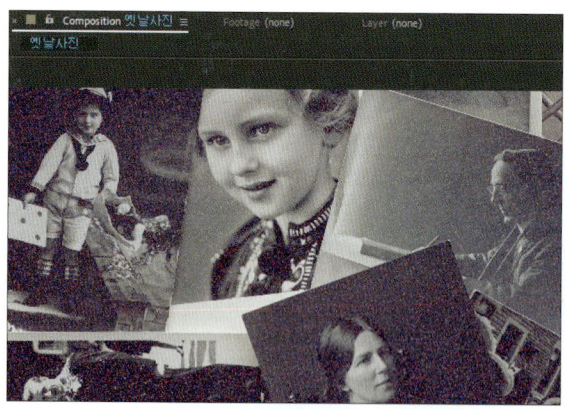

▲ Blue Shadows를 '2.5'로 설정하여 어두운 영역에 Blue 톤을 추가한 모습

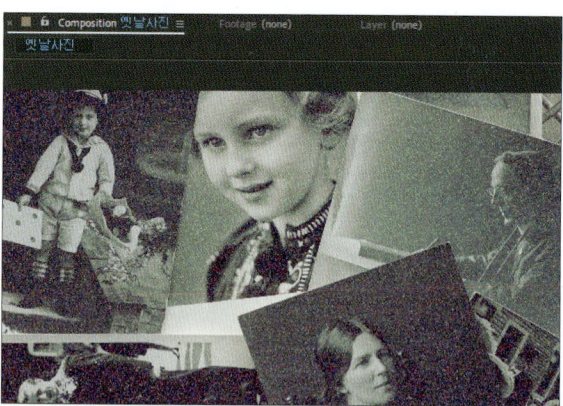

▲ Green Midtones를 '2.5'로 설정해 중간 밝기 영역에 Green 톤을 추가한 모습

07 램 프리뷰를 진행하면 노이즈가 적용된 것을 확인할 수 있습니다. 원본 소스와 비교하면 다음과 같습니다.

▲ 원본 이미지

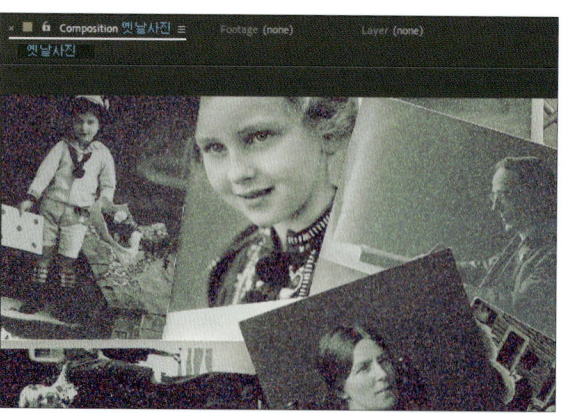

▲ Add Grain 이펙트를 적용한 모습

실습예제 22 Remove Grain 이펙트로 노이즈 제거하기

Remove Grain을 적용하여 소스에 뿌연 느낌을 추가하여 노이즈를 제거해 봅니다.

○ 예제파일 : 04\옛날비디오.mp4   ○ 완성파일 : 04\옛날비디오_완성.aep

Before

After

01 새 프로젝트를 만들고 04 폴더에서 '옛날비디오.mp4' 파일을 불러옵니다. ❶ Project 패널의 '옛날비디오.mp4' 파일에서 마우스 오른쪽 버튼을 클릭한 다음 ❷ New Comp from Selection을 실행하여 컴포지션을 만듭니다.

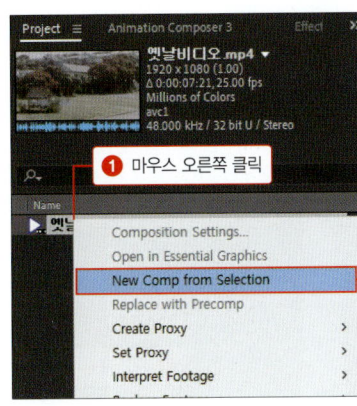
▲ 원본 이미지

▲ Add Grain 이펙트를 적용한 모습

02 ❶ Timeline 패널의 '옛날비디오.mp4' 레이어를 선택하고 ❷ 메뉴에서 (Effect) → Noise & Grain → Remove Grain을 실행합니다.

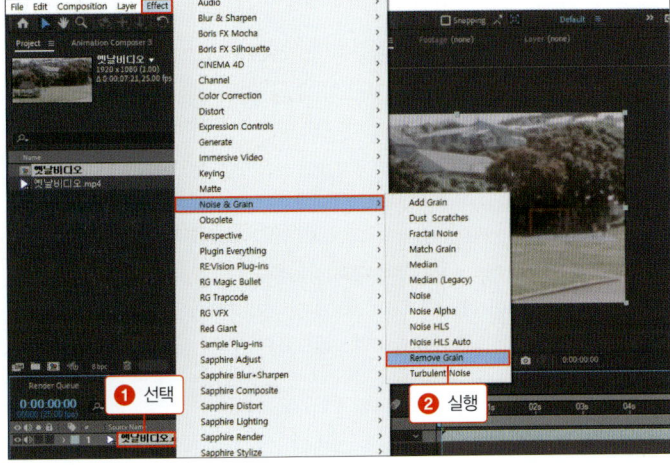

Chapter 01 • 기본 이펙트 알아보기   **291**

03 ① Effect Controls 패널에서 Remove Grain 항목의 Viewing Mode를 클릭한 다음 ② 'Final Output'으로 지정하여 화면 전체에 Grain을 나타냅니다.

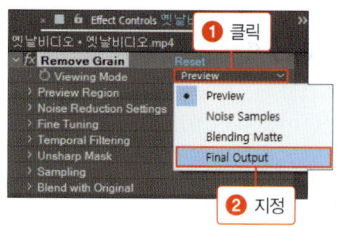

04 Noise Reduction Settings의 ① Noise Reduction을 '3'으로 설정하여 노이즈를 제거한 다음 ② Unsharp Mask 속성을 표시하고 ③ Amount를 '1'로 설정합니다.

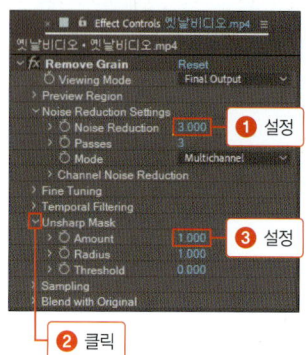

05 ① Temporal Filtering 속성을 표시하고 ② 'Enable'에 체크 표시합니다. 영상의 노이즈를 제거할 경우 Temporal Filtering을 활용하는 것이 좋습니다.

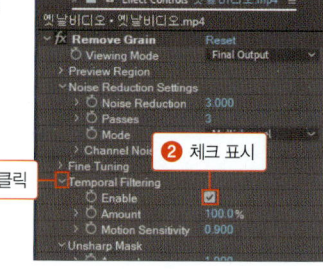

06 Spacebar를 눌러 램 프리뷰를 진행합니다. 영상을 확인하면 노이즈가 조금 억제된 것을 확인할 수 있습니다.

> **TIP**
> Remove Grain 이펙트는 영상을 뿌옇게 만들어서 노이즈를 제거하는 방식입니다. 너무 과하게 적용하면 영상의 화질이 저하되는 것처럼 뿌연 느낌으로 변할 수 있습니다.

필수기능 23 Perspective 이펙트 이해하기 ★★ 중요

Perspective 이펙트 알아보기

Perspective의 사전적인 의미는 '원근감, 투시'입니다. 원래 애프터 이펙트에는 3D와 같은 입체적인 이펙트들이 있었지만 CC(Cycore) 이펙트들이 합쳐지면서 3D 레이어와 연동할 수 있는 이펙트들도 추가되었습니다.

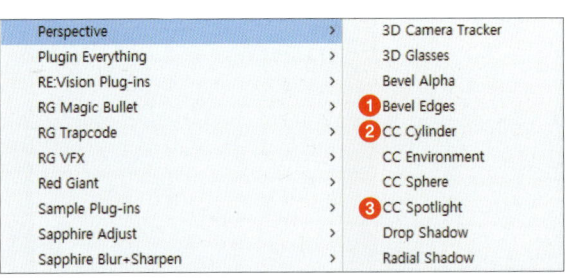
▲ Perspective 메뉴

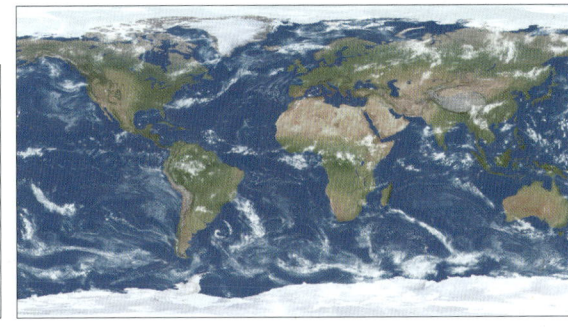
▲ 원본 이미지

❶ **Bevel Edges** : 경계 영역에 비스듬한 입체감을 나타내는 방식으로 버튼처럼 만들 수 있습니다.

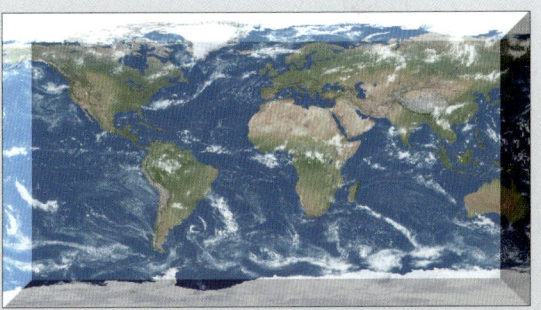

❷ **CC Cylinder** : 평면을 두루마리처럼 말은 형태로 만들 수 있습니다. 입체적으로 다양한 방향으로 회전할 수 있습니다.

❸ **CC Spotlight** : 조명 레이어의 'Spotlight'처럼 특정 부분을 강조하는 스팟 라이트를 만들 수 있습니다. 조명이 비추는 곳 이외에는 어두워집니다. 키프레임을 통해 조명 애니메이션도 만들 수 있습니다.

Drop Shadow 이펙트 속성 살펴보기

Drop Shadow는 그림자를 만드는 이펙트로 레이어에 그림자를 만들며 마치 위에 빛이 있는 느낌을 연출할 수 있습니다. 주로 텍스트나 사진 요소와 같은 화면에서의 비중이 작은 요소에 사용합니다.

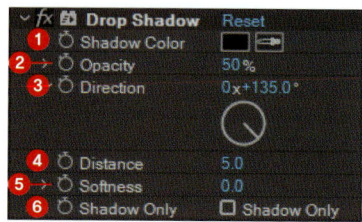

❶ Shadow Color : 그림자 색을 설정합니다.
❷ Opacity : 그림자의 불투명도를 설정합니다.
❸ Direction : 그림자의 방향을 설정합니다.
❹ Distance : 레이어로부터 그림자의 거리를 설정합니다.
❺ Softness : 그림자의 경계 영역을 설정합니다.
❻ Shadow Only : 레이어를 안 보이게 하고 그림자만 나타냅니다.

CC Sphere 이펙트 속성 살펴보기

CC Sphere는 평면의 소스를 구 형태로 만들어서 입체적인 소스로 구현할 수 있는 효과입니다. 지도를 이용하여 지구를 만들거나 행성 표면을 이용하여 행성을 만들거나 추상적인 이미지를 공 형태로 만드는 등 다양한 형태로 응용할 수 있습니다.

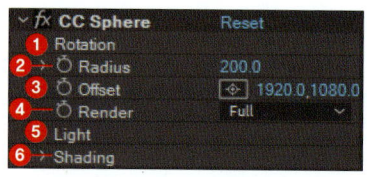

❶ Rotation : 구 형태로 만든 것을 회전합니다.
❷ Radius : 구의 크기를 설정합니다.
❸ Offset : 구의 위치를 설정합니다.
❹ Render : 화면에 표시되는 형태를 지정합니다. 기본적으로 Full을 사용합니다.
❺ Light : 구를 비추는 조명을 설정합니다.
❻ Shading : 구 표면을 설정합니다. 표면의 질감 혹은 외부 소스와 연결하여 입체적인 느낌을 극대화할 때 사용하는 기능입니다.

실습예제 24 | Drop Shadow 이펙트로 그림자 만들기 ★★★

Drop Shadow를 적용하여 영상 위에 그림자 효과가 적용된 텍스트를 만들어 봅니다.

● 예제파일 : 04\그림자.aep   ● 완성파일 : 04\그림자_완성.aep

Before

After

01 메뉴에서 (File) → Open Project(Ctrl+O)를 실행하고 04 폴더에서 '그림자.aep' 파일을 컴포지션으로 불러옵니다.

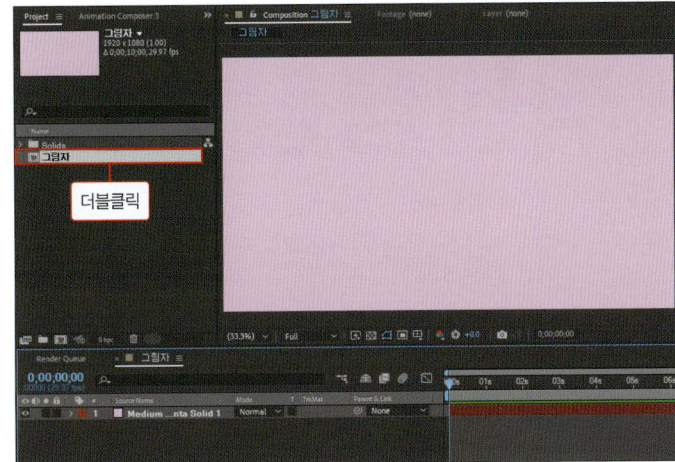

02 ❶ Tools 패널에서 문자 도구()를 선택하고 Composition 패널을 클릭해 '취미생활'을 입력합니다. ❷ Character 패널에서 텍스트를 설정합니다.

> **TIP**
> 예제에서는 글꼴을 '배달의민족 도현체', 글꼴 색상을 '#6E00FF'로 지정하고 글꼴 크기를 '382px'로 설정했습니다.

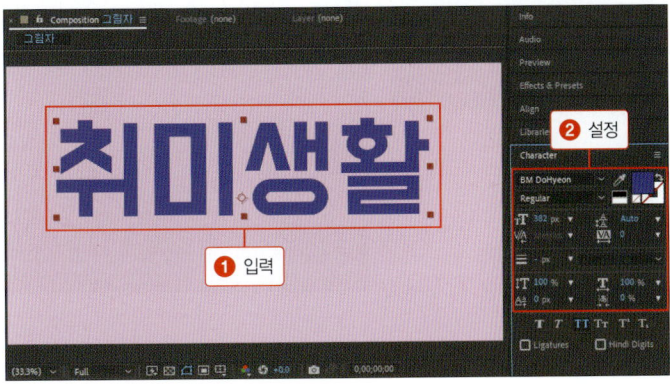

Chapter 01 · 기본 이펙트 알아보기   295

03 텍스트를 Composition 패널의 정중앙에 맞추기 위해 ❶ Timeline 패널에서 '취미생활' 레이어를 선택합니다. ❷ Align 패널을 클릭하여 활성화하고 ❸ 'Align Hotizontally' 아이콘(■)을 클릭하고 ❹ 'Align Vertically' 아이콘(■)을 클릭합니다.

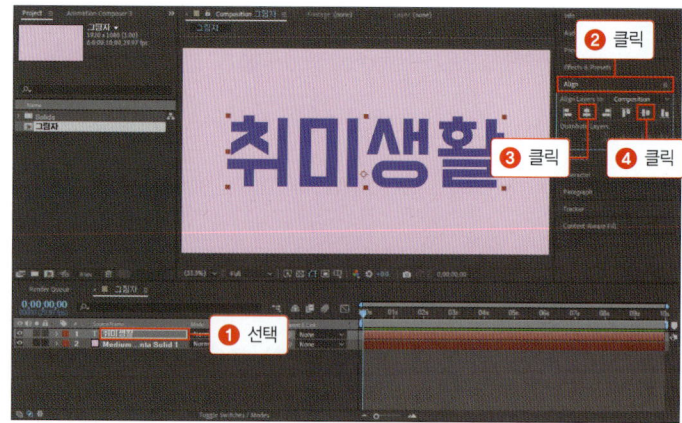

04 ❶ Composition 패널의 '취미생활' 텍스트를 선택하고 ❷ 메뉴에서 (Effect) → Perspective → Drop Shadow를 실행합니다.

 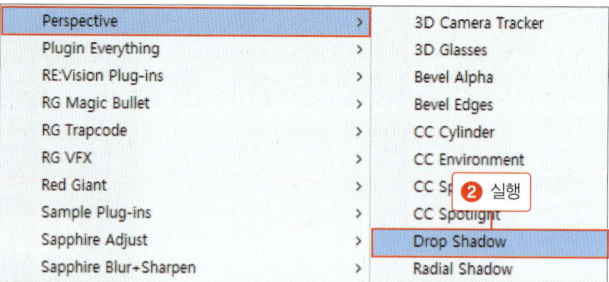

05 ❶ Effect Controls 패널에서 Shadow Color에 있는 색상 상자를 클릭합니다. ❷ Shadow Color 대화상자가 표시되면 '#3A3A3A'로 지정하고 ❸ 〈OK〉 버튼을 클릭합니다.

05 ❶ Effect Controls 패널에서 Drop Shadow 항목의 Opacity를 '100%', ❷ Distance를 '40'으로 설정합니다. 영상에 Drop Shadow가 적용된 것을 확인할 수 있습니다.

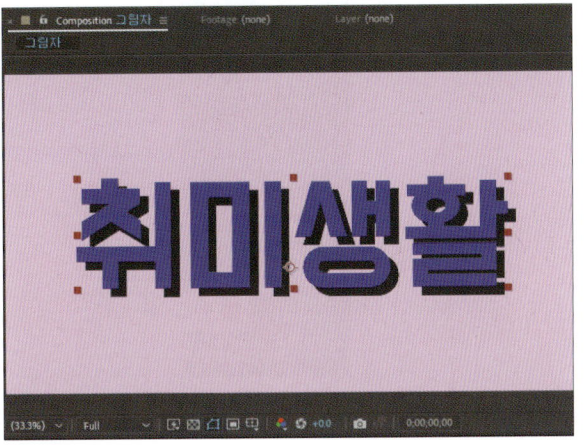

실습예제 25 CC Sphere 이펙트로 입체적인 형태 만들기

CC Sphere 적용하여 평면 모양의 소스를 입체적인 구 형태로 만들어 봅니다.

◉ 예제파일 : 04\지구.png   ◉ 완성파일 : 04\지구_완성.aep

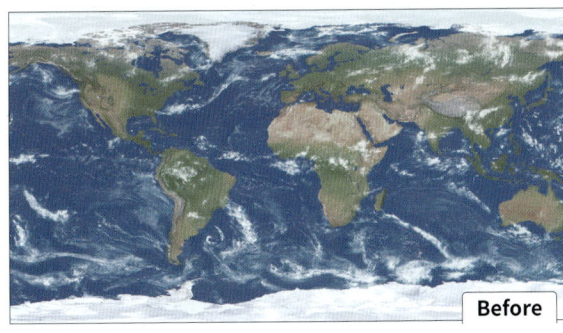

01 새 프로젝트를 만들고 04 폴더에서 '지구.png' 파일을 불러옵니다. ❶ Project 패널의 '지구.png' 파일에서 마우스 오른쪽 버튼을 클릭한 다음 ❷ New Comp from Selection을 실행하여 컴포지션을 만듭니다.

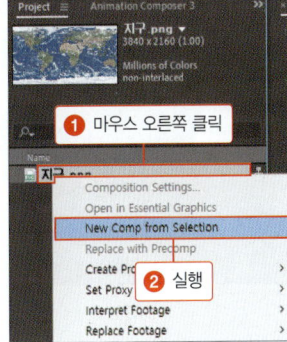

Chapter 01 • 기본 이펙트 알아보기   297

02 ❶ Timeline 패널의 '지구.png' 레이어를 선택하고 ❷ 메뉴에서 (Effect) → Perspective → CC Sphere를 실행하여 이펙트를 적용합니다.

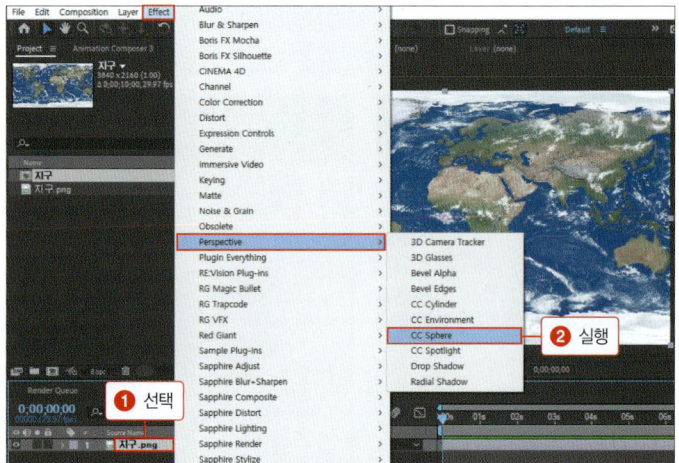

03 평면이 동그란 구 형태로 변경된 것을 확인할 수 있습니다. Effect Controls 패널에서 CC Sphere 항목의 Radius를 '900'으로 설정하면 구의 크기가 커집니다.

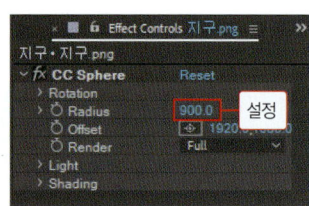

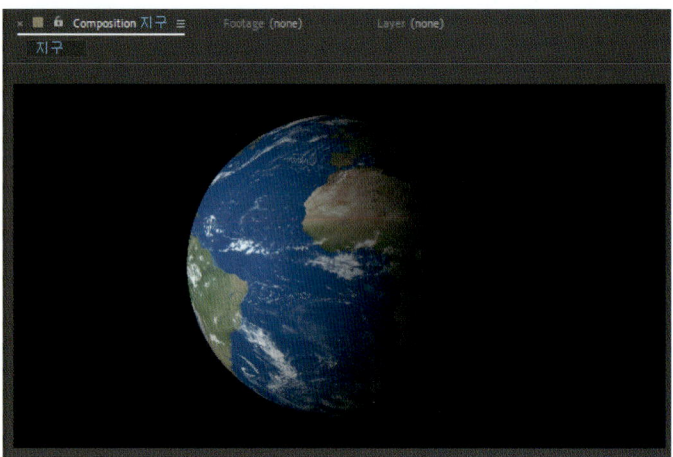

04 ❶ Rotation의 속성을 표시한 다음 ❷ Rotation Y의 'Stop Watch' 아이콘(⬤)을 클릭하여 키프레임을 만듭니다. ❸ Timeline 패널의 현재 시간 표시기를 '5초'로 이동한 다음 ❹ Effect Controls 패널의 Rotation Y를 '1x+270°'로 설정합니다.

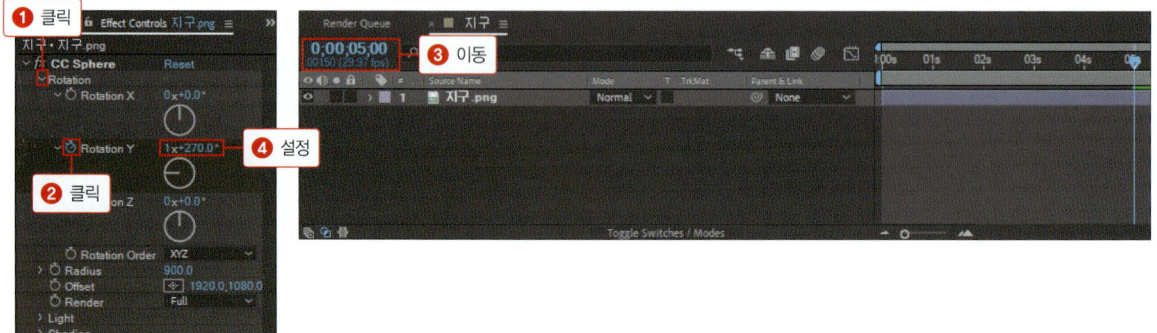

06 Spacebar 를 눌러 램 프리뷰를 진행합니다. 영상을 확인하면 회전하는 지구 애니메이션을 확인할 수 있습니다.

> **TIP**
> CC Sphere의 Light와 Shading의 설정을 통해 구에 비치는 조명과 구 표면의 질감을 조정할 수 있습니다. 필요한 경우 해당 기능을 설정하여 사용하도록 합니다.

필수기능 26 Stylize 이펙트 이해하기 중요

Stylize 이펙트 알아보기

Stylize 이펙트들은 하나의 특징으로 구분할 수 없으며, 다른 이펙트보다 시각적으로 화려한 이펙트로 영상에 새로운 느낌을 추가하여 일반적이지 않고 개성 넘치는 느낌으로 바꿀 때 사용합니다.

▲ Stylize 메뉴

❶ **CC HexTile** : 육각형(Hexagon) 형태를 반복하여 패턴을 만드는 이펙트로, 기준점인 Center 위치를 이동하고 육각형 지름인 Radius를 설정하여 다양한 형태를 만들 수 있습니다.

 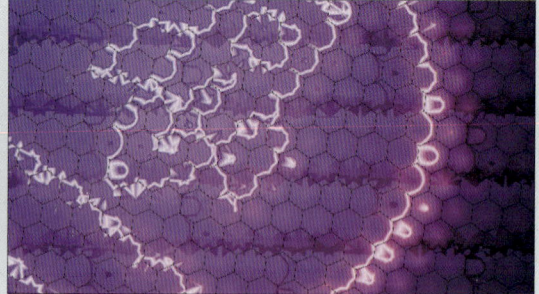

▲ CC HexTile을 이용하여 만든 다양한 시각 효과

❷ **CC Kaleida** : 만화경 같은 효과를 만드는 기능으로, 앞서 다뤄본 Mirror 이펙트와 유사한 느낌을 줍니다. 주로 클럽이나 EDM 느낌의 뮤직비디오 많이 나오는 VJing 소스 작업에서도 많이 이용합니다.

▲ 원본 이미지   ▲ CC Kaleida를 이용하여 만든 다양한 시각 효과

❸ **Glow** : 소스의 밝은 부분을 기준으로 빛을 추가하여 빛을 내뿜는 효과를 만들 수 있습니다. Glow 이펙트에서 어느 정도 거친 느낌과 같은 질감의 표현도 가능합니다.

▲ Glow를 이용한 다양한 시각 효과

Cartoon 이펙트 속성 알아보기

Cartoon은 영상이나 이미지를 만화처럼 변경해 주는 효과입니다. 실사 영상에 적용하면 일러스트 느낌을 줄 수 있고, 모션 그래픽 영상에 적용하면 선이나 칠이 좀 더 애니메이션틱하게 변하는 효과가 있습니다.

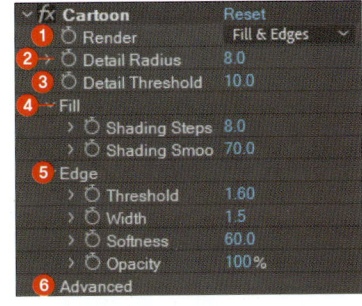

❶ **Render** : Fill, Edges, Fill & Edges로 구분되어 있으며 각각 보여 주는 결과물에 차이가 있습니다.

▲ Fill

▲ Edges

▲ Fill & Edges

❷ **Detail Radius** : Cartoon 효과의 강도를 나타냅니다. 클수록 더 일러스트처럼 변합니다.
❸ **Detail Threshold** : Edges과 Fill의 혼합 정도를 뜻합니다. 수치가 클수록 Edges가 또렷해지며 수치가 작을수록 Fill이 또렷해집니다.
❹ **Fill** : 칠 영역을 설정합니다.
❺ **Edge** : 선 영역을 설정합니다.
❻ **Advanced** : 선 영역의 세밀한 설정을 합니다. 주로 여기의 설정을 통해 선 영역의 완성도가 높아집니다.

실습예제 27 Cartoon 이펙트로 만화 효과 만들기

Cartoon을 이용하여 TV 예능이나 유튜브 콘텐츠에서도 많이 사용되는 실사 영상을 만화 효과로 만들어 봅니다.

● 예제파일 : 04\인터뷰.mp4   ● 완성파일 : 04\인터뷰_완성.aep

Before

After

01 새 프로젝트를 만들고 04 폴더에서 '인터뷰.mp4' 파일을 불러옵니다. ❶ Project 패널의 '인터뷰.mp4' 파일에서 마우스 오른쪽 버튼을 클릭한 다음 ❷ New Comp from Selection을 실행하여 컴포지션을 만듭니다.

02 ❶ Timeline 패널의 '인터뷰.mp4' 레이어를 선택하고 ❷ 메뉴에서 (Effect) → Stylize → Cartoon을 실행하여 이펙트를 적용합니다.

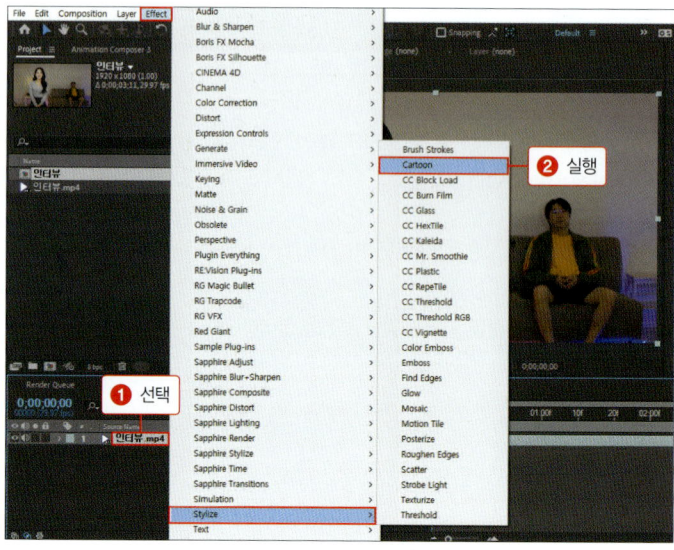

03 영상에 만화 효과가 적용됩니다. ❶ Effect Controls 패널에서 Cartoon 항목의 Detail Radius를 '20', ❷ Detail Threshold를 '15'로 설정합니다. ❸ Edge의 Threshold를 '2.35', ❹ Width를 '1'로 설정합니다.

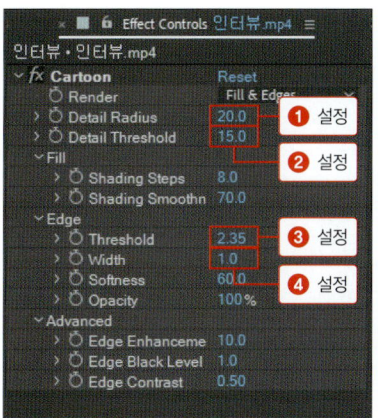

04 ❶ Advanced의 속성을 표시한 다음 ❷ Edge Enhanceme를 '10', ❸ Edge Black Level을 '1'로 설정합니다. Advanced는 세밀한 선화 설정이기에 수치가 확 커지지 않는 이상 큰 변화는 육안으로는 잘 보이지 않습니다.

05 선 영역의 설정을 확인하기 위해 Render를 'Edges'로 지정합니다. 사람과 소파 부분에 선이 적용된 것을 확인할 수 있습니다.

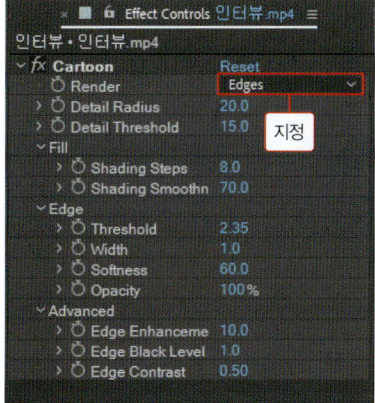

06

❶ 다시 Render 설정을 'Fill & Edges'로 지정합니다. ❷ Spacebar 를 눌러 램 프리뷰를 진행합니다. 영상을 확인하면 Cartoon 이펙트가 적용된 상태로 영상이 진행되는 것을 확인할 수 있습니다.

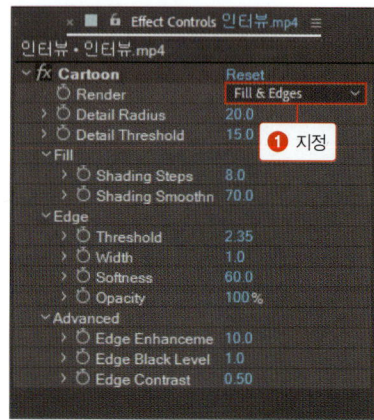
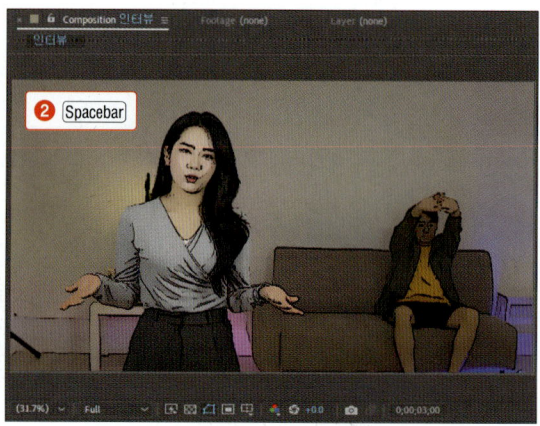

필수기능 28 Transition 이펙트 이해하기

Transition 이펙트들은 흔히 영상에서 장면끼리 자연스럽게 연결하기 위한 효과들입니다. 대부분(99%)의 영상에서 영상끼리 바로 이어붙이는 컷(Cut) 개념으로 편집이 이루어지지만, 나머지 1% 정도에 해당하는 영상에는 특별함을 더하기 위해 다양한 트랜지션 효과가 적용됩니다. 주로 새로운 이야기로의 전개가 되는 상황의 영상이나 뮤직비디오, 여행 영상, 비디오 아트 느낌의 영상 등에서 사용됩니다.

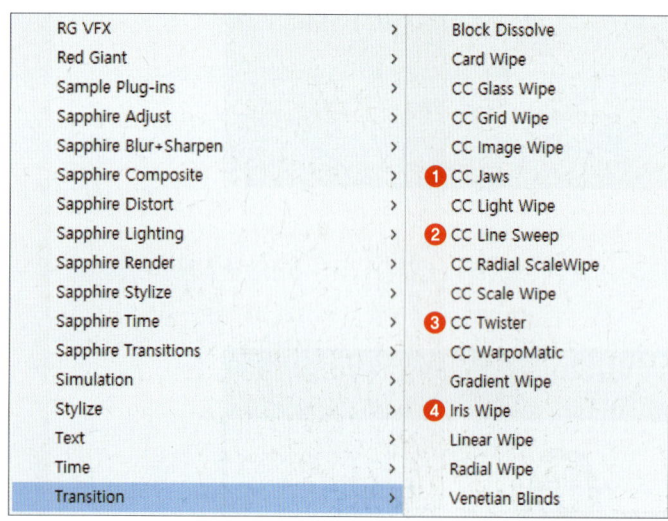

▲ Transition 메뉴

❶ **CC Jaws** : 상어 이빨처럼 지그재그 형태로 장면을 전환할 수 있습니다. 삼각형, 사각형, 원형 등 형태를 다양하게 변경할 수도 있습니다.

❷ **CC Line Sweep** : 하나의 선이 지나가는 것처럼 순서대로 장면이 나타나는 방식이며, 선 두께, 방향 등을 설정할 수 있습니다.

❸ **CC Twister** : 트위스트처럼 회전하면서 장면을 전환할 수 있습니다.

❹ **Iris Wipe** : 삼각형에서 다각형을 설정해 다각형 형태로 모양 크기의 변화에 따라 영상 화면을 전환할 수 있습니다.

실습예제 29 CC Grid Wipe 이펙트로 화면 전환하기

CC Grid Wipe는 그물망 형태로 장면을 전환하는 기능입니다. 이펙트를 이용해서 화면 전환 효과를 만들어 봅니다.

● **예제파일** : 04\바다.aep   ● **완성파일** : 04\Grid Wipe_완성.aep

Before

After

01 새 프로젝트를 만들고 04 폴더에서 '바다.aep' 파일을 컴포지션으로 불러옵니다. 현재 프로젝트를 확인하면 '바다2.mp4' 레이어가 2초 동안 나오고 컷 편집 형태로 바로 '바다1.mp4' 레이어가 나오는 것을 알 수 있습니다.

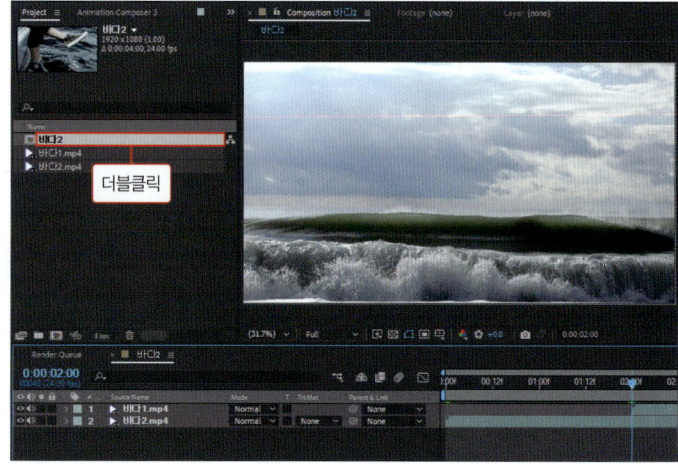

02 ❶ Timeline 패널에서 '바다1.mp4' 레이어를 선택하고 ❷ 메뉴에서 (Effect) → Transition → CC Grid Wipe를 실행하여 이펙트를 적용합니다.

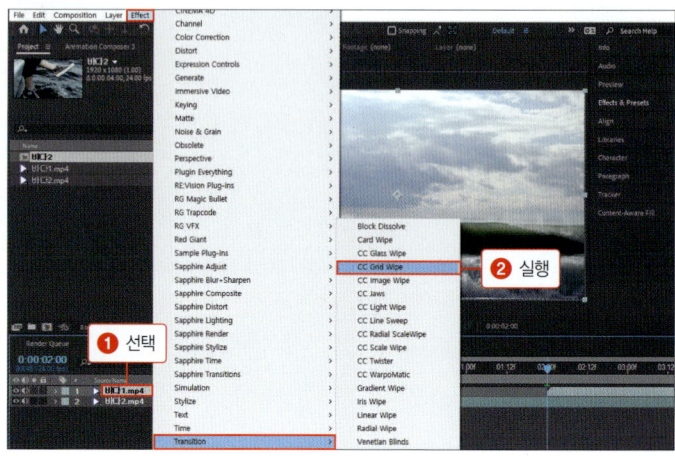

03 ① Effect Controls 패널에서 CC Grid Wipe 항목의 Completion을 '100%'로 설정하고 ② 'Stop Watch' 아이콘(🕒)을 클릭하여 키프레임을 만듭니다.

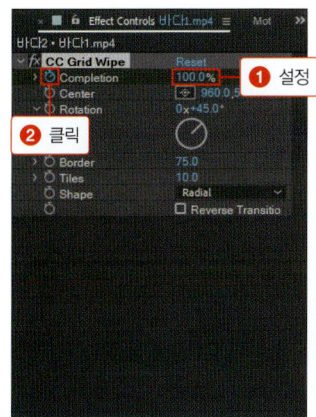 

04 ① Timeline 패널에서 현재 시간 표시기를 '2초 12프레임'으로 이동합니다. ② Effect Controls 패널에서 Completion을 '0%'로 설정합니다.

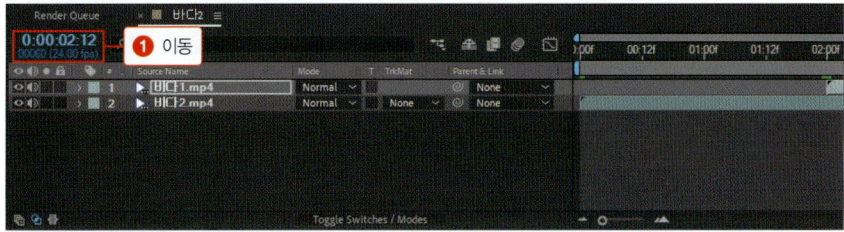 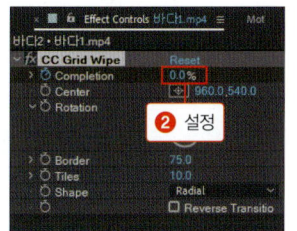

05 Spacebar 를 눌러 램 프리뷰를 진행합니다. 영상을 확인하면 '2초'에서 '2초 12프레임' 구간에 CC Grid Wipe 이펙트가 적용되어 화면이 전환되는 것을 확인할 수 있습니다.

> **TIP**
> CC Grid Wipe에서는 Border Tiles, Shape와 같은 기능을 활용하여 다채로운 느낌으로 효과를 변형할 수 있습니다.

실습예제 30 | CC Glass Wipe 이펙트로 장면 전환하기

CC Glass Wipe는 색 차이를 통해 장면을 전환하는 기능입니다. 경계 부분에 입체 효과를 연출하여 마치 유리와 같은 느낌으로 장면을 전환해 봅니다.

◉ 예제파일 : 04\바다.aep   ◉ 완성파일 : 04\Glass Wipe_완성.aep

01 새 프로젝트를 만들고 04 폴더에서 '바다.aep' 파일을 컴포지션으로 불러옵니다. 현재 프로젝트를 확인하면 '바다2.mp4' 레이어가 2초 동안 나오고 컷 편집 형태로 바로 '바다1.mp4' 레이어가 나오는 것을 알 수 있습니다.

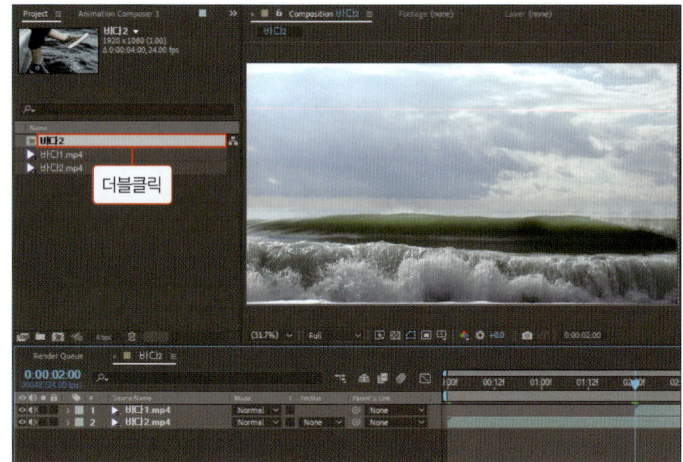

02 ❶ Timeline 패널에서 '바다1.mp4' 레이어를 선택하고 ❷ 메뉴에서 **(Effect)** → **Transition** → **CC Glass Wipe**를 실행하여 이펙트를 적용합니다.

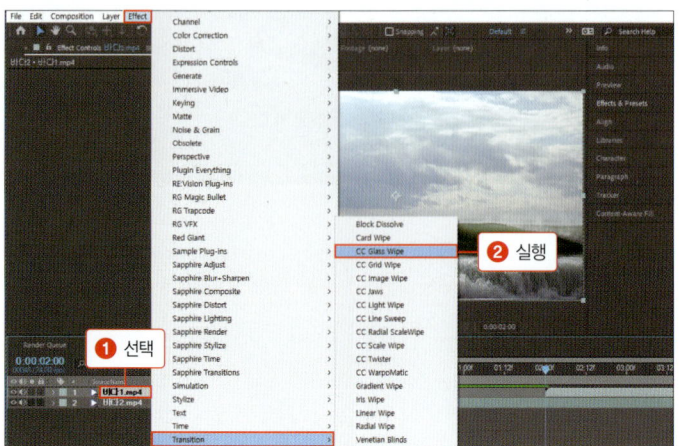

03 ❶ Effect Controls 패널에서 CC Glass Wipe 항목의 Layer to Reveal을 장면 전환 레이어인 '바다2.mp4'로 지정한 다음 ❷ Gradient Layer를 클릭하고 ❸ '바다2.mp4'로 지정합니다.

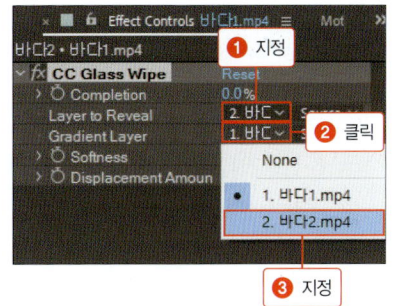

04 장면 전환 애니메이션을 만들기 위해 먼저 ❶ 현재 시간 표시기를 '2초'로 이동하고 ❷ Effect Controls 패널에서 CC Glass Wipe → Completion 왼쪽의 'Stop Watch' 아이콘(⏱)을 클릭하여 키프레임을 만든 다음 ❸ Completion을 '100%'로 설정합니다.

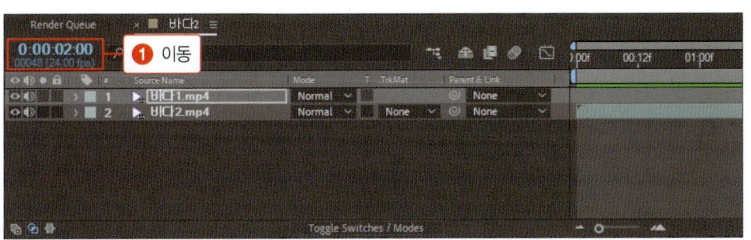 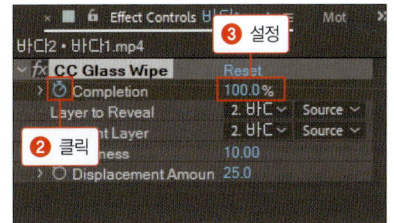

05 ❶ Timeline 패널에서 현재 시간 표시기를 '2초 13프레임'로 이동합니다. ❷ Effect Controls 패널에서 Completion을 '0%'로 설정합니다. ❸ 이때 U를 누르면 키프레임이 만들어진 이펙트 속성을 표시해 확인할 수 있습니다.

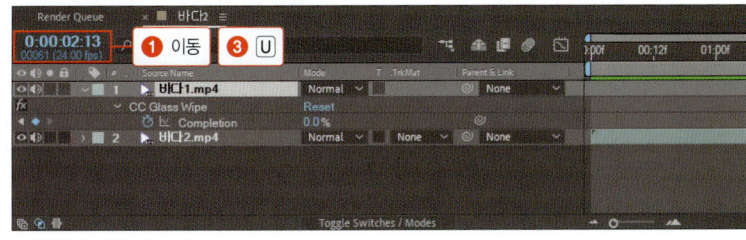 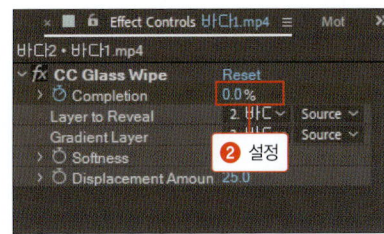

06 램 프리뷰를 진행합니다. 영상을 확인하면 '2초'에서 '2초 12프레임' 구간에 CC Glass Wipe 이펙트가 적용되어 화면이 전환되는 것을 확인할 수 있습니다.

실습예제 31 : Stroke 이펙트로 손글씨 효과 만들기

Stroke는 선을 그리고 지정된 선의 영역을 나타나게 하거나, 사라지게 만들 수 있는 효과입니다. Stroke의 마스크 옵션을 이용하면 마스크로 영역을 지정하여 손으로 쓰는 듯한 글자 입력 효과를 만들 수 있습니다. 손글씨 폰트와 잘 어울리는 효과로 알아 두면 다양한 연출이 가능합니다.

● 예제파일 : 04\원고지.png   ● 완성파일 : 04\원고지_완성.aep

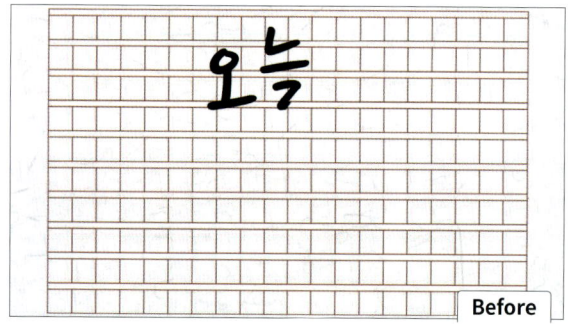
Before

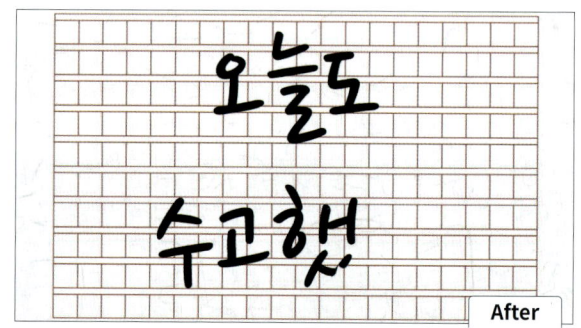
After

01 새 프로젝트를 만들고 04 폴더에서 '원고지.png' 파일을 불러옵니다. ❶ Project 패널의 '원고지.png' 파일에서 마우스 오른쪽 버튼을 클릭한 다음 ❷ New Comp from Selection을 실행하여 컴포지션을 엽니다.

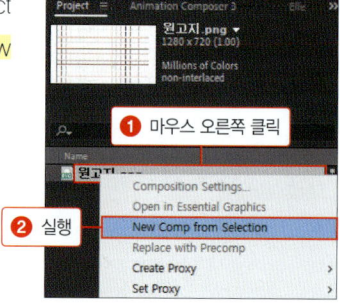

02 Tools 패널에서 문자 도구(T.)를 선택하고 ❶ Composition 패널 화면을 클릭하여 '오늘도/수고했어'를 입력합니다. ❷ Character 패널에서 텍스트를 원하는 스타일로 설정합니다.

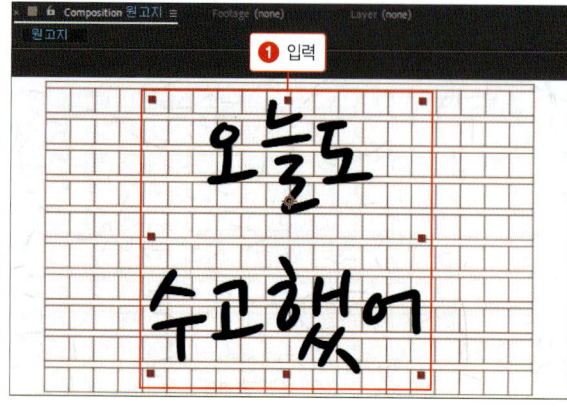
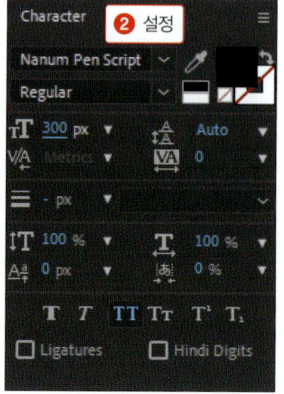

> **TIP**
> 예제에서는 글꼴을 '나눔손글씨펜'으로 지정하고 글꼴 크기를 '300px'로 설정한 다음 글꼴 색상을 '검은색'으로 지정했습니다.

03 ❶ Effects & Presets 패널에서 'Stroke' 이펙트를 검색합니다. ❷ Generate → Stroke를 Timeline 패널의 '오늘도 수고했어' 레이어에 드래그하여 적용합니다.

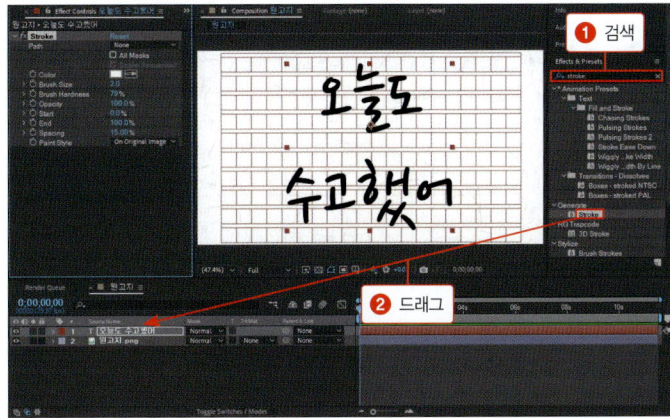

04 ❶ Tools 패널에서 펜 도구()를 선택하고 ❷ Composition 패널에서 마우스 휠을 돌려 그림과 같이 화면을 확대합니다.

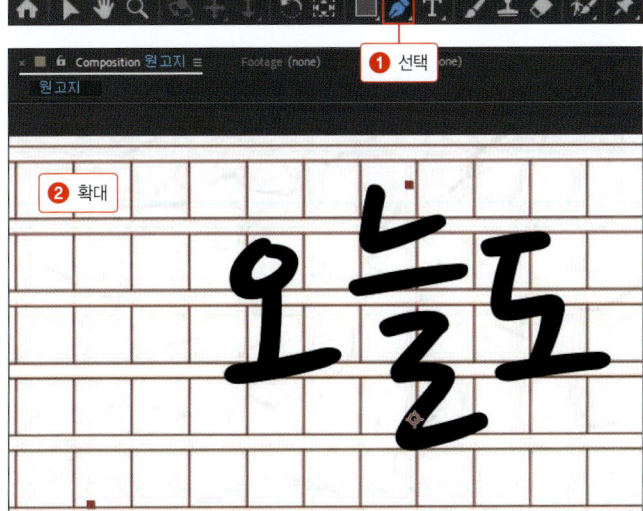

TIP
Spacebar 를 누른 상태로 Composition 패널을 드래그하면 작업 환경은 유지한 상태로 화면만 이동할 수 있습니다.

05 글씨 쓰는 순서대로 Composition 패널의 글씨 위를 클릭하여 패스로 마스크 영역을 만듭니다. 이때 주의할 점은 Timeline 패널에 있는 텍스트 레이어가 선택된 상태여야 합니다.

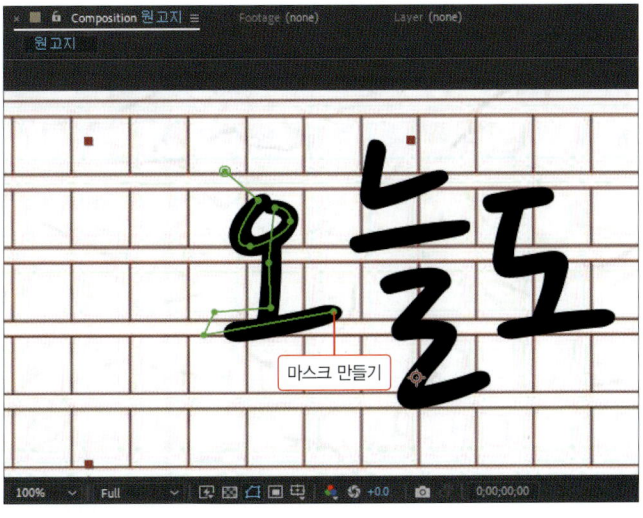

TIP
마스크를 적용할 때 곡선 모양은 길게 누른 상태로 마우스를 드래그하여 조절할 수 있습니다. 조절점을 옮길 때는 조절점을 클릭한 상태로 드래그하면 조절점을 이동하여 수정할 수 있습니다.

Chapter 01 · 기본 이펙트 알아보기   311

06 한 붓 그리기를 하듯이 이어서 계속해서 조절점을 찍고 조절하여 글씨를 덮어가는 듯한 느낌으로 작업을 진행합니다.

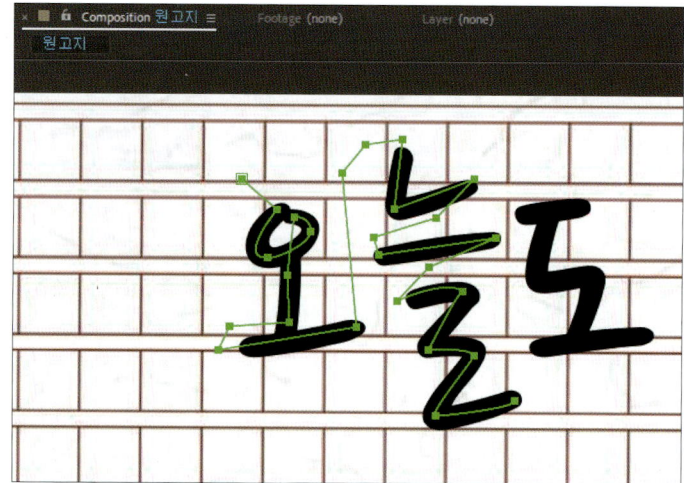

07 Spacebar를 누른 상태로 화면을 이동하여 줄 바꿈을 해도 마스크 영역이 끊기지 않게 선을 이어서 작업하는 것이 중요합니다.

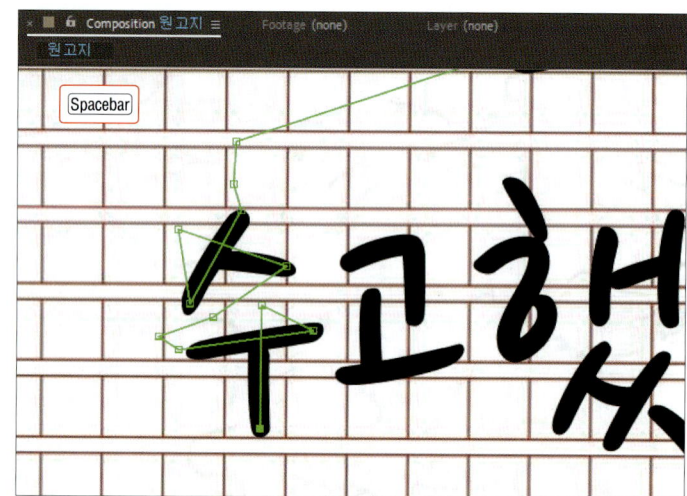

08 Composition 패널 아래의 Magnification radio popup을 'Fit'으로 지정하여 그림과 같이 전체 글씨를 볼 수 있게 바꿉니다.

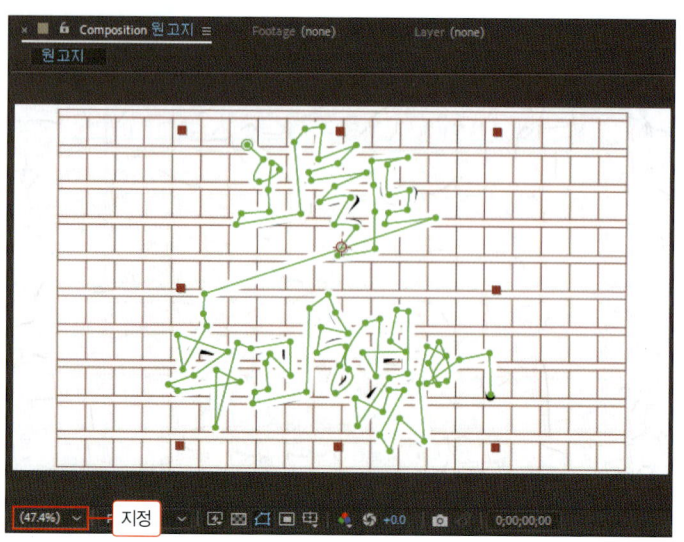

09 ① Effect Controls 패널에서 Stroke 항목의 'All Masks'를 체크 표시합니다. ② Brush Size를 '15'로 설정하여 그림과 같이 흰색 선이 글씨를 덮도록 합니다.

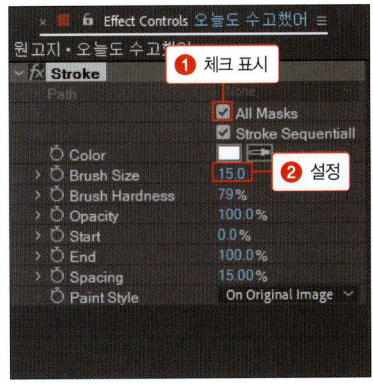

10 ① Composition 패널에서 마우스 휠을 돌려 확대합니다. ② 그림과 같이 선이 다 덮이지 않은 까만 글씨가 남아있는 부분은 근처에 있는 조절점을 클릭하고 드래그하여 수정합니다.

11 흰색 선이 글씨를 다 덮은 것을 확인하면 Effect Controls 패널에서 Stroke 항목의 Paint Style을 'Reveal Original Image'로 지정합니다.

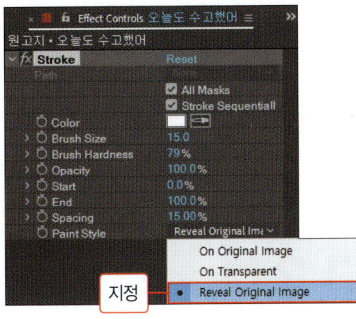

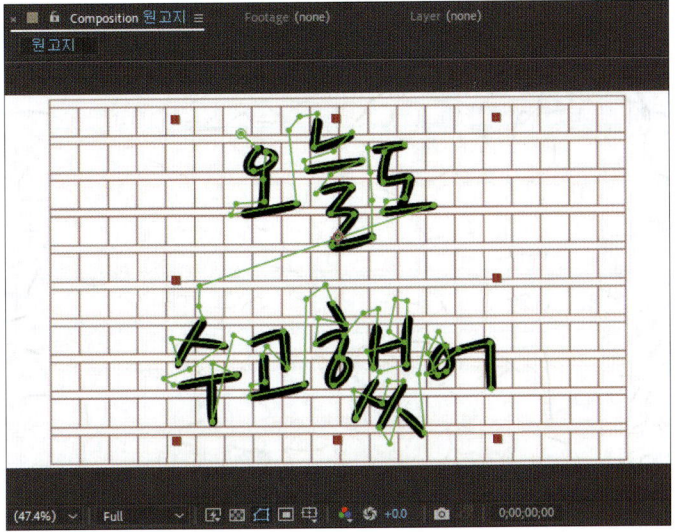

> **TIP**
> 마스크는 조절점을 드래그하고 위치를 이동해 언제든 수정할 수 있습니다.

12 ❶ End를 '0%'로 설정하고 ❷ End 왼쪽의 'Stop Watch' 아이콘(⏱)을 클릭하여 키프레임을 만듭니다.

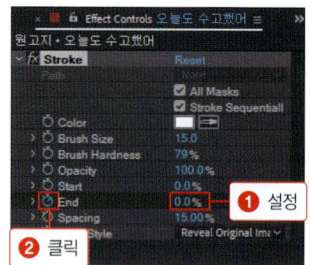

13 ❶ Timeline 패널에서 현재 시간 표시기를 '4초'로 이동합니다. ❷ Effect Controls 패널에서 End를 '100%'로 설정합니다. ❸ 이때 U를 누르면 키프레임이 만들어진 속성을 표시해 확인할 수 있습니다.

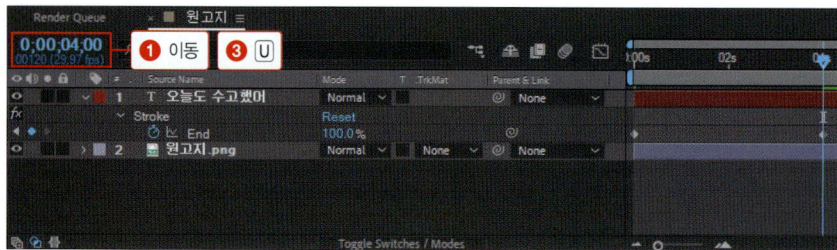 

14 Spacebar 또는 O을 눌러 램 프리뷰를 진행합니다. 영상을 확인하면 손으로 써지는 글씨 형태를 볼 수 있습니다.

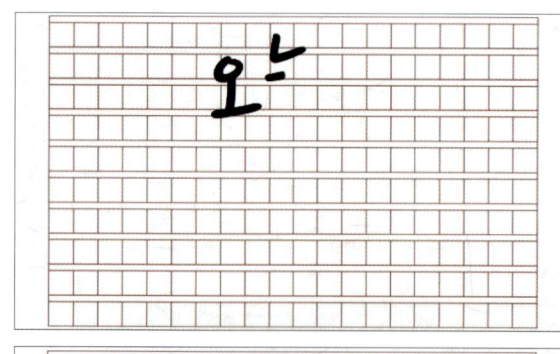 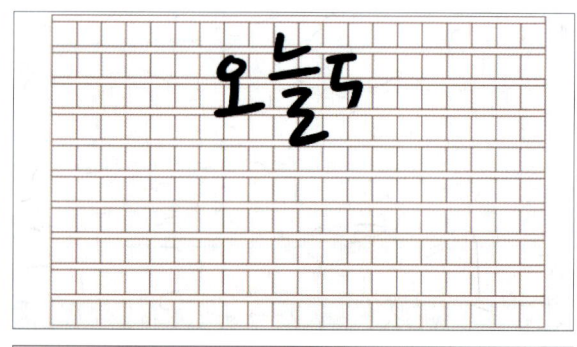

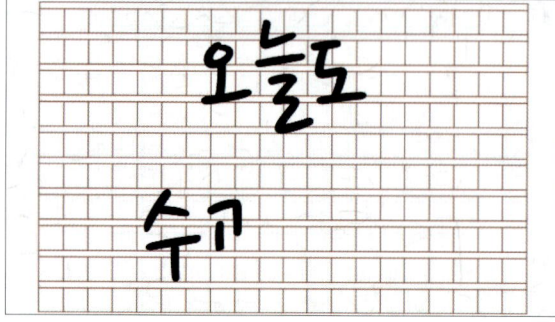 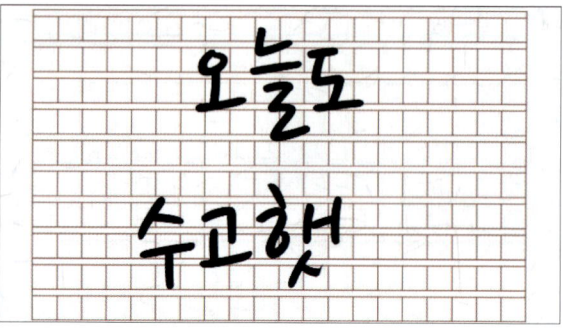

TIP
이 효과는 마스크를 적용하는 순서에 따라 적용되므로 반드시 글꼴과 비슷하게 마스크를 적용하는 것이 중요합니다.

Stylize 이펙트 적용하기

1 299쪽 참고

Glow 이펙트를 적용해서 원본 소스에 빛 발산 효과를 만들어 보세요.

예제파일 04\배경.mp4 완성파일 04\glow_완성.aep
해설 동영상 04\4-1.mp4

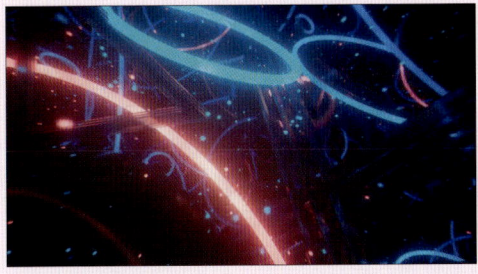 

> Hint 영상 소스 불러오기 → Glow 이펙트 적용하기 → Effect Controls 패널에서 Glow Threshold와 Glow Radius 조절하기

2 299쪽 참고

CC Kaleida 이펙트를 적용해서 Vjing 영상을 만들어 보세요.

예제파일 04\배경.mp4 완성파일 04\kaleida_완성.aep
해설 동영상 04\4-2.mp4

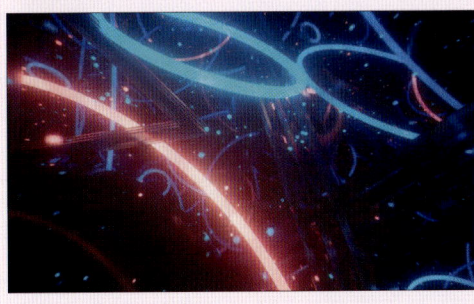 

> Hint 영상 소스 불러오기 → CC Kaleida 이펙트 적용하기 → Effect Controls 패널에서 Size 조절하기

모션 그래픽에서 빠질 수 없는 것이 바로 텍스트 레이어와 셰이프 레이어입니다. 모션 그래픽은 시각적인 그래픽의 집합체로 정보와 디자인 측면에서 텍스트 레이어와 셰이프 레이어는 핵심 요소입니다. 두 가지의 레이어에 숙달되면 모션 그래픽 실력 향상에 한 걸음 나아갈 수 있습니다.

PART 5.

텍스트 레이어와
셰이프 레이어 알아보기

01 | 텍스트 레이어 알아보기
02 | 셰이프 레이어 알아보기

Character • Paragraph • Source Text • Path

텍스트 레이어 알아보기

텍스트 레이어는 모션 그래픽에서 사용되는 레이어입니다.
다양한 텍스트 레이어의 옵션을 이용하여 텍스트 레이어에 효과를 적용해 봅니다.

실습예제 01 텍스트 레이어 만들기 ★★★중요

애프터 이펙트에서 텍스트 레이어를 만드는 과정은 간단합니다. 간단하게 텍스트 레이어를 만들어서 프로젝트에 텍스트를 추가해 봅니다.

◉ 예제파일 : 05\문의사항.aep   ◉ 완성파일 : 05\문의사항_완성.aep

Before

After

01 새 프로젝트를 만들고 05 폴더에서 '문의사항.aep' 파일을 불러옵니다.

TIP
예제에서는 무료 폰트인 'S-Core Dream'을 사용했습니다.

02 메뉴에서 (Layer) → New → Text를 실행합니다. Timeline 패널에 텍스트 레이어가 만들어집니다.

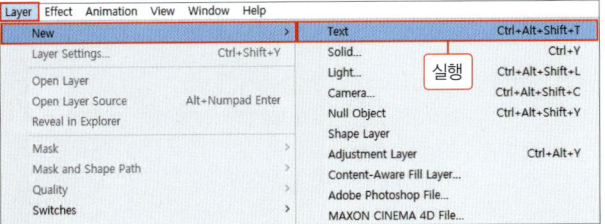 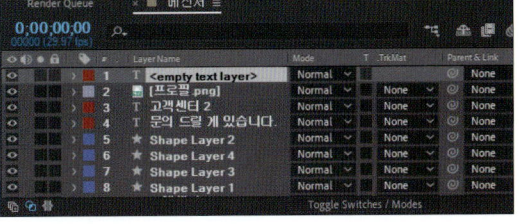

03 텍스트를 입력하면 Composition 패널의 화면에 입력한 텍스트가 표시됩니다. '무엇을 도와드릴까요?'를 입력합니다.

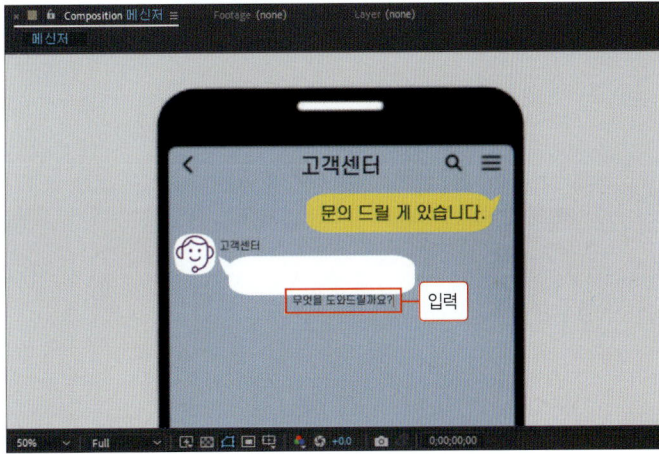

04 Character 패널에서 텍스트 레이어를 설정할 수 있습니다. ❶ 글꼴을 'S–Core Dream', 글꼴 스타일을 '3 Light'로 지정하고 ❷ 글꼴 크기를 '35px'로 설정합니다. ❸ Composition 패널의 화면에 있는 '무엇을 도와드릴까요?' 텍스트를 드래그하여 하얀색 말풍선 안에 위치하도록 이동합니다.

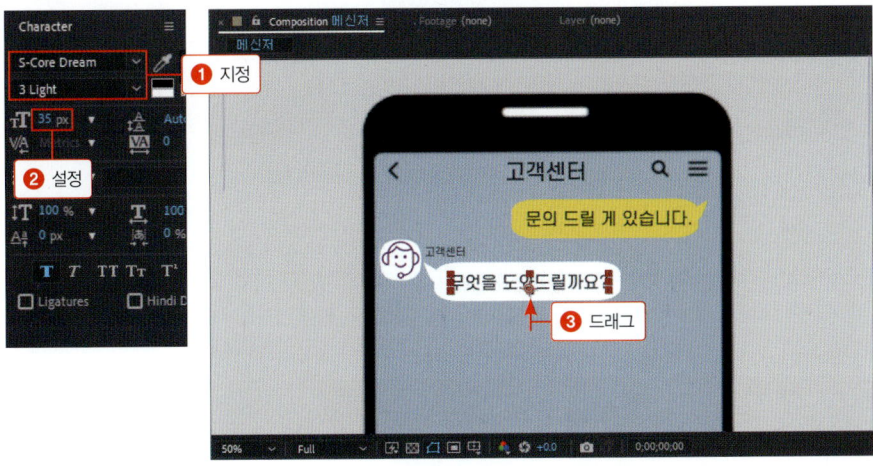

> **TIP**
> Character 패널이 보이지 않는 경우, 메뉴에서 (Window) → Character를 실행합니다.

필수기능 02 Character 패널에서 텍스트 설정하기

애프터 이펙트의 텍스트 레이어는 Character 패널에서 속성을 설정할 수 있습니다. 텍스트 레이어를 만드는 데 가장 중요한 기능 중 하나인 Character 패널에서 텍스트를 디자인해 봅니다.

❶ **글꼴(Font Family)** : 글꼴을 지정할 수 있는 기능입니다.

▲ Gulim(굴림)체 　　　　　　　　　　　　▲ 무료 폰트 '배달의민족 을지로체'

❷ **글꼴 스타일(Font Style)** : 글꼴이 지원하는 스타일을 선택할 수 있는 기능으로 Bold, Italic 등의 Font Family를 지정할 수 있습니다. 이 기능은 해당 글꼴이 지원할 때만 선택할 수 있습니다.

▲ 무료 폰트 'S-Core Dream' : 1 Thin 　　　　▲ 무료 폰트 'S-Core Dream' : 9 Black

❸ **스포이트(Eyedropper)** : 지정한 색을 텍스트 레이어에 적용할 수 있습니다.

❹ **Color** : 텍스트 레이어의 색을 지정할 수 있는 기능으로 텍스트 색을 지정하는 Fill Color와 외곽선 색을 지정하는 Stroke Color가 있습니다. 왼쪽 색상 상자는 텍스트 색상을 지정하는 곳이고, 오른쪽 색상 상자는 외곽선을 지정하는 곳입니다.

▲ 텍스트 색 지정 　　　　　　　　　　　　▲ 외곽선 색 지정

❺ **글꼴 크기(Font Size)** : 텍스트 크기를 설정하는 기능입니다.

▲ 글꼴 크기를 '100'으로 설정   ▲ 글꼴 크기를 '152'로 설정

❻ **행간(Leading)** : 텍스트의 행간을 설정하는 기능입니다.

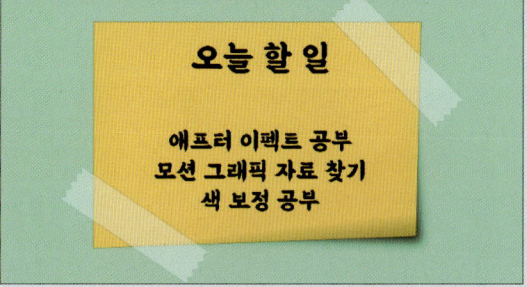 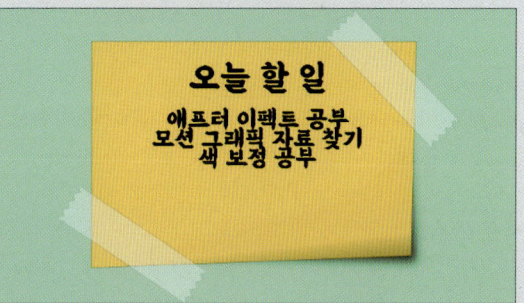

▲ 행간을 'Auto'로 지정   ▲ 행간을 '70px'로 지정

❼ **자간(Kerning Between Two Characters)** : 텍스트 사이 간격을 조절하는 기능으로 텍스트들을 개별 설정할 수 있습니다. 보통 자간(Kerning)은 조절할 텍스트 사이에 마우스 포인터를 위치시키고 Alt+←, Alt+→를 눌러 조절합니다.

▲ 'Straw'와 'berry' 사이 자간을 '340'으로 설정

❽ **전체 자간(Tracking for the Selected Characters)** : 여러 텍스트의 자간을 설정할 수 있습니다.

▲ 전체 자간을 '110px'로 설정

❾ **외곽선 두께(Stroke Width)** : 외곽선 두께를 조절할 수 있습니다.

▲ 외곽선을 '42px'로 설정

⑩ **Stroke** : 외곽선(Stroke)과 텍스트 색(Fill)의 관계를 지정할 수 있는 기능으로, Fill Over Stroke, Stroke Over Fill, All Fills Over All Strokes, All Strokes Over All Fills로 지정할 수 있습니다.

▲ All Fills Over All Strokes   ▲ All Strokes Over All Fills

⑪ **세로 비율(Vertically Scale)** : 텍스트의 세로 크기 비율을 설정할 수 있습니다.

▲ 세로 비율을 '200%'로 설정

⑫ **가로 비율(Horizontally Size)** : 텍스트의 가로 크기 비율을 설정할 수 있습니다.

▲ 가로 비율을 '150%'로 설정

⑬ **기준선(Baseline Shift)** : 텍스트의 아래 기준선을 설정할 수 있습니다.

▲ 'S', 'b'의 기준선을 '50px'로 설정

⑭ **Tsume** : 일본어로 Tsume(츠메)는 비례 간격을 뜻하며 주로 같은 자간을 이용하는 한, 중, 일 텍스트에서 이용할 수 있습니다.

⑮ **Faux Bold**(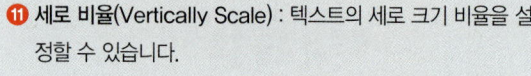) : 텍스트를 두껍게 만드는 기능으로 프로그램에서 알고리즘으로 구현하며 'Faux'는 가짜를 뜻합니다. Font Family에 Bold가 없어 꼭 필요할 때만 이용합니다.

▲ 'berry' 부분을 'Faux Bold'로 지정

⑯ Faux Italic(T) : 가상의 알고리즘을 이용해 이탤릭체를 만드는 기능으로, 가능하면 Italic 스타일이 있는 Font Family를 이용하는 것을 추천합니다.

▲ 'berry' 부분을 'Faux Italic'으로 지정

⑰ All Caps(TT) : 텍스트를 모두 대문자로 만드는 기능입니다.

▲ 전체 텍스트를 'All Caps'로 지정

⑱ Small Caps(Tt) : 텍스트를 X Height 모드에 맞춰 작은 대문자를 만드는 기능입니다.

▲ 소문자 부분만 'Small Caps'로 지정

⑲ Superscript(T¹) : 수학 또는 화학에서 이용하는 위 첨자를 만듭니다.

▲ 뒷부분의 숫자 '2'를 'Superscript'로 지정

⑳ Subscript(T₁) : 텍스트 아래에 쓰는 아래 첨자를 만듭니다.

▲ 뒷부분의 숫자 '2'를 'Subscript'로 지정

필수기능 03 Paragraph 패널에서 문장 설정하기

Paragraph 패널은 문장처럼 긴 글을 설정하는 패널로 좌우, 상하 마진, 여백 설정과 좌우 정렬을 설정할 수 있습니다.

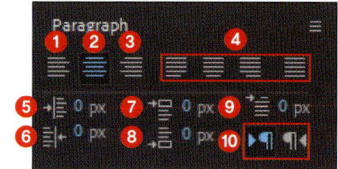

① **Left align text(▤)** : 문장 전체를 왼쪽 정렬하는 기능입니다. 기본적으로 왼쪽 정렬로 설정되어 있습니다.

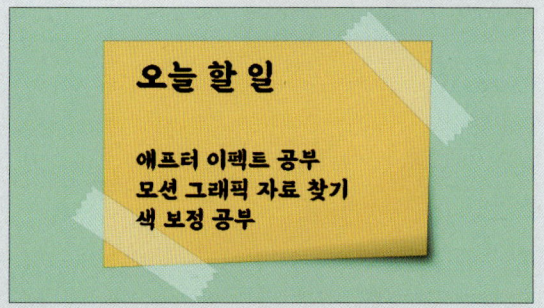

② **Center text(▤)** : 문장 전체를 가운데 정렬하는 기능입니다.

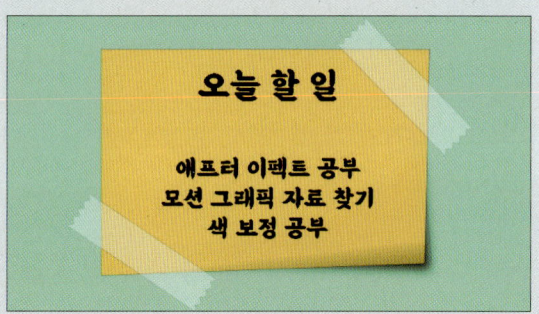

③ **Right align text(▤)** : 문장 전체를 오른쪽 정렬하는 기능입니다.

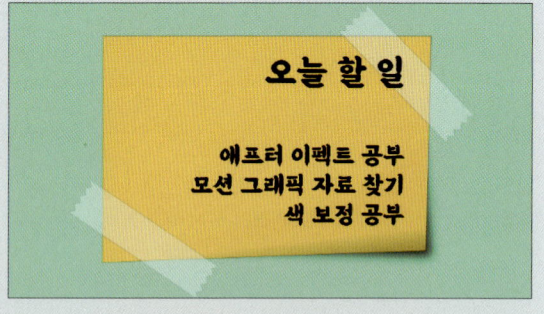

④ **Justify last(▤, ▤, ▤, ▤)** : 문장을 양쪽 정렬하며 마지막 줄을 각각 왼쪽, 가운데, 오른쪽, 양쪽으로 정렬하는 기능입니다.

⑤ **Indent left margin(▤)** : 문장의 왼쪽 정렬 기준선을 조절하는 기능입니다.

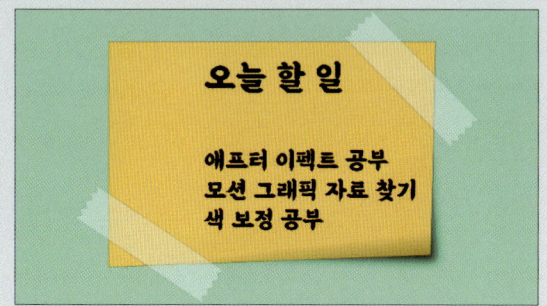

Indent left margin을 '150px'로 설정 ▶

❻ **Indent right margin()** : 문장의 오른쪽 정렬 기준선을 조절하는 기능입니다.

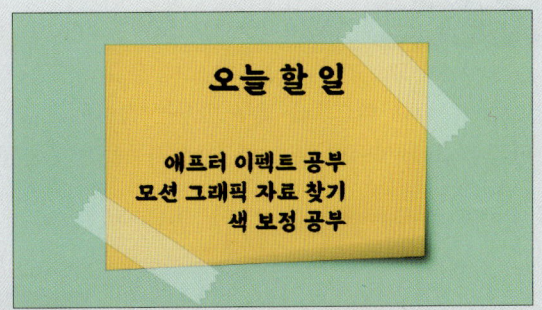

▶ Indent right margin을 '150px'로 설정

❼ **Add space before paragraph()** : 문장 시작 전 위쪽 여백을 조절하는 기능입니다.

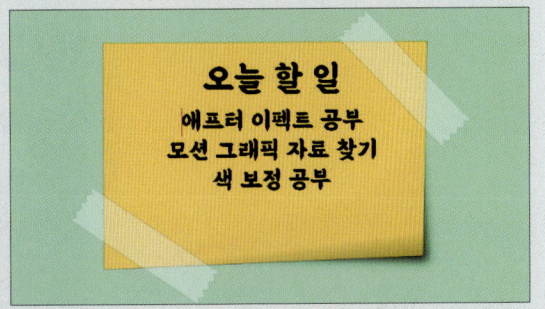

▶ '애프터 이펙트 공부' 문장 처음 부분에서 Add space before paragraph를 '−150px'로 설정

❽ **Add space after paragraph()** : 문장 끝의 아래쪽 여백을 조절하는 기능입니다.

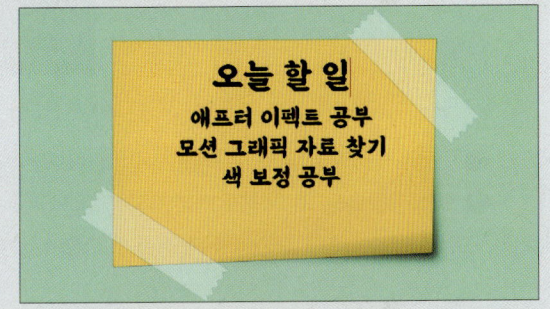

▶ '오늘 할 일' 문장 끝부분에서 Add space after paragraph를 '−150px'로 설정

❾ **Indent first line()** : 문장을 시작할 때 첫 번째 시작 부분을 설정하는 기능입니다.

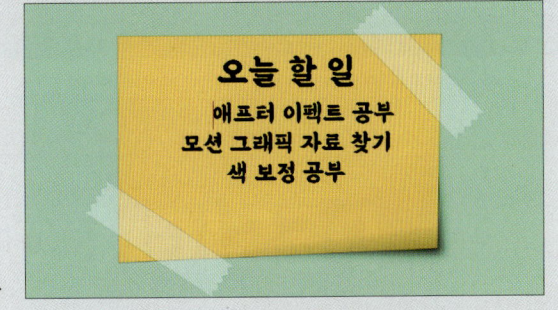

▶ '애프터 이펙트 공부' 문장 처음 부분에서 Indent first line을 '62px'로 설정

❿ **Left/Right to right/left text direction(,)** : Indent first line의 방향을 설정하는 기능으로 해당 설정에 따라 Indent first line의 값의 방향이 변경됩니다.

실습예제 04 : Source Text로 애니메이션 만들기 <중요>

Source Text는 텍스트를 모두 바꾸는 기능으로 중간이 자연스럽게 변화하는 것이 아니라 순간적으로 바뀝니다. 텍스트 레이어의 Source Text 기능을 이용해서 애니메이션을 만들어 봅니다.

◎ 예제파일 : 05\모니터.aep   ◎ 완성파일 : 05\모니터_완성.aep

01 새 프로젝트를 만든 다음 05 폴더에서 '모니터.aep' 파일을 불러옵니다.

02 ❶ Tools 패널에서 문자 도구(T)를 선택하고 Composition 패널의 화면을 클릭한 다음 'DESIGN'을 입력합니다. ❷ 텍스트를 드래그하여 블록으로 지정한 다음 Character 패널에서 글꼴을 '배달의민족 주아', 글꼴 색상을 '흰색'으로 지정하고 ❸ 글꼴 크기를 '250px'로 설정합니다. ❹ Paragraph 패널에서 'Center text' 아이콘(≡)을 클릭하여 화면 가운데에 정렬합니다.

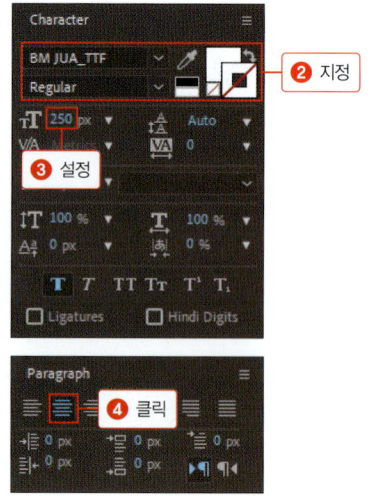

> **TIP**
> Paragraph 패널은 문장처럼 긴 글을 설정하는 패널로 좌우, 상하 마진, 여백 설정과 좌우 정렬을 설정할 수 있습니다.

03 Timeline 패널에서 'DESIGN' 레이어의 Text 속성을 표시합니다.

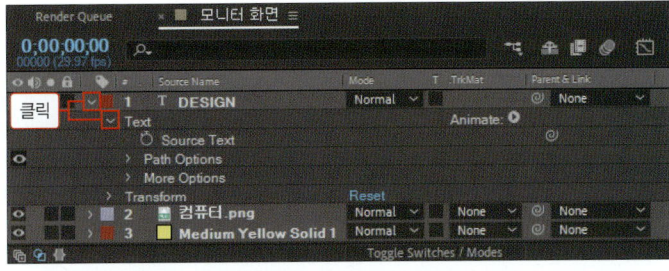

TIP
텍스트 레이어는 다른 레이어와 다르게 Text 속성이 있습니다.

04 Text 속성의 Source Text를 이용해서 애니메이션을 만들어 봅니다. Source Text 왼쪽의 'Stop Watch' 아이콘( )을 클릭하여 키프레임을 만듭니다.

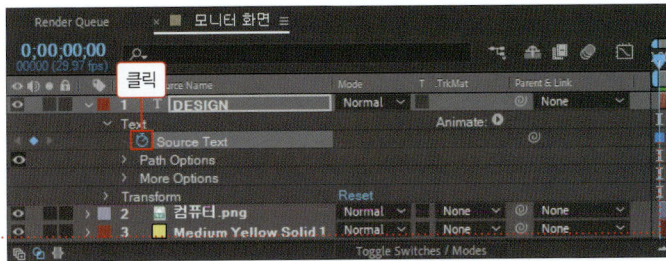

Source Text에 만들어진 키프레임은 마름모가 아닌 사각형입니다. 이것은 키프레임과 키프레임 중간을 만드는 애니메이션이 아니라 해당 키프레임에서 순간적으로 바뀌는 애니메이션을 뜻합니다.

05 이번에는 시간에 따라서 변화하는 텍스트 애니메이션을 만들어 봅니다. 먼저 현재 시간 표시기를 '15프레임'으로 이동합니다.

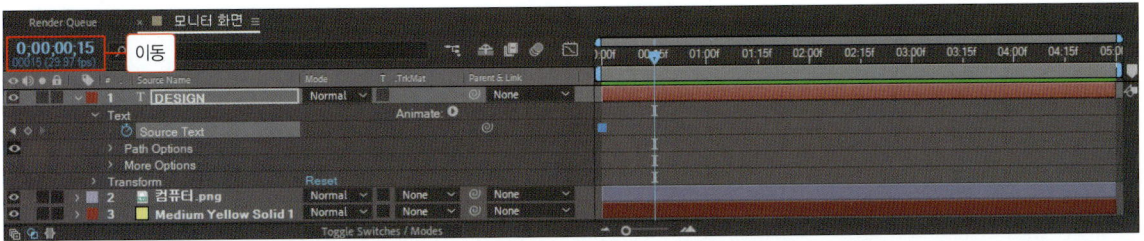

06 Composition 패널의 화면에서 ❶ 'DESIGN' 텍스트를 더블클릭해 ❷ 입력 모드로 바뀌면 'MOTION'을 입력합니다.

Chapter 01 • 텍스트 레이어 알아보기   327

07 같은 방법으로 ❶ 현재 시간 표시기를 '1초'로 이동한 다음 ❷ 'GRAPHIC'을 입력합니다.

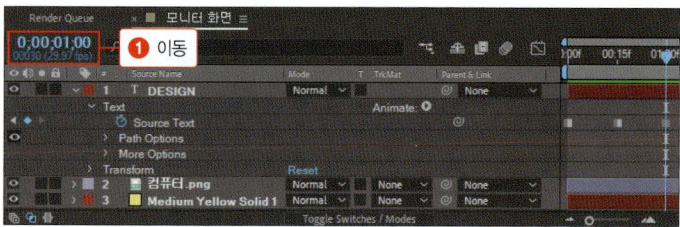 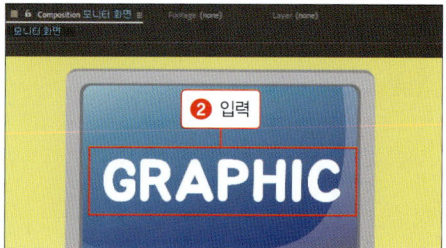

08 한 번 더 같은 방법으로 텍스트 레이어의 텍스트를 바꿉니다. ❶ 현재 시간 표시기를 '1초 15프레임'으로 이동한 다음 ❷ 텍스트를 'CONCEPT'로 수정합니다.

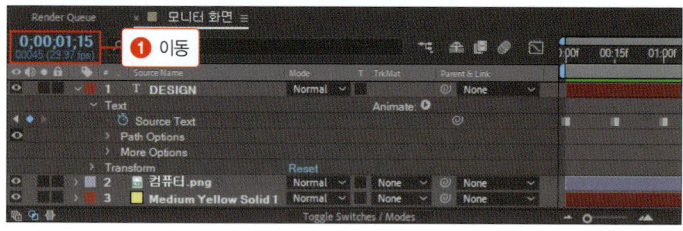 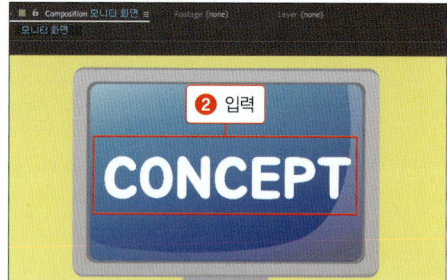

09 Source Text를 이용하여 시간에 따라 달라지는 텍스트 애니메이션을 만들었습니다. Timeline 패널에 텍스트가 바뀌는 시간마다 사각형 키프레임이 만들어진 것을 확인할 수 있습니다.

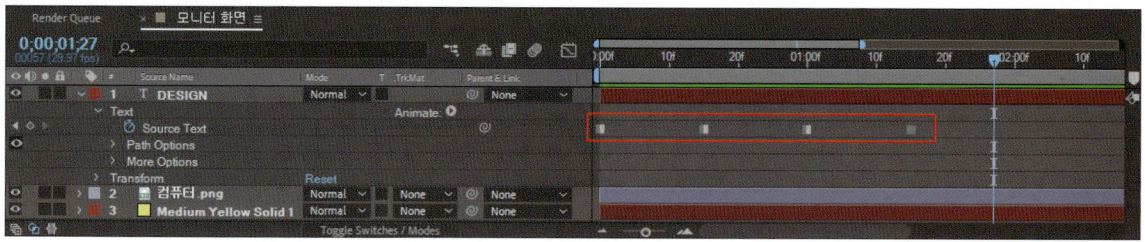

10 램 프리뷰를 통해 확인하면 'DESIGN – MOTION – GRAPHIC – CONCEPT' 순으로 텍스트가 바뀌는 영상을 확인할 수 있습니다.

> **TIP**
> 이 기능을 활용하면 프레임마다 간격을 두어 타자기 애니메이션을 만들 수 있습니다. 타자기 애니메이션 효과음과 같이 Source Text를 이용하여 타자기 애니메이션으로 응용해 보도록 합니다.

실습예제 05 패스를 따라 움직이는 텍스트 애니메이션 만들기 ★★중요

Path 기능을 이용해서 패스를 따라 흘러가는 재미있는 텍스트 애니메이션을 만들어 봅니다.

◎ 예제파일 : 05\곡선.aep   ◎ 완성파일 : 05\곡선_완성.aep

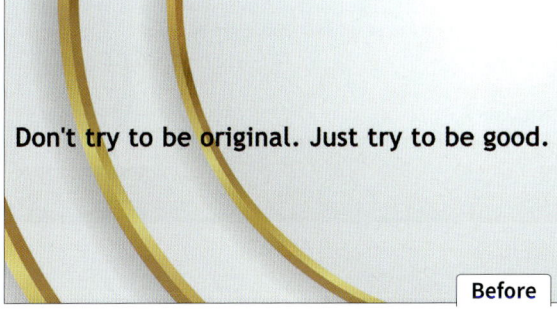
Before

After

01 새 프로젝트를 만들고 05 폴더에서 '곡선.aep' 파일을 불러옵니다.

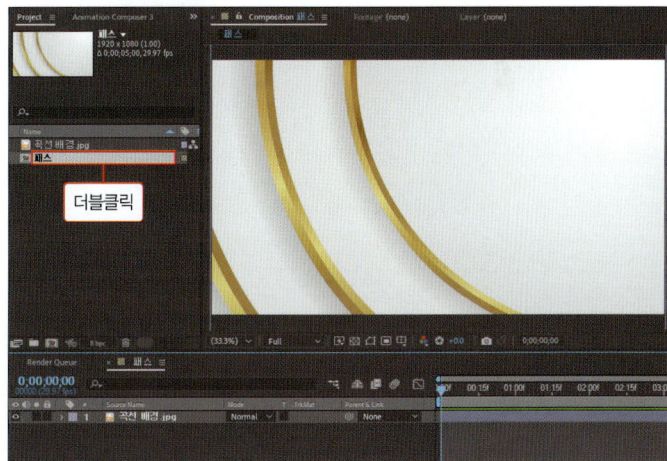

02 ❶ Tools 패널에서 문자 도구(T)를 선택하고 Composition 패널의 화면을 클릭하여 'Don't try to be original. Just try to be good.'을 입력합니다. ❷ 텍스트를 드래그하여 블록으로 지정하고 Character 패널에서 글꼴을 'Trebuchet MS Regular', 글꼴 색상을 '검은색'으로 지정한 다음 ❸ 글꼴 크기를 '88px'로 설정합니다.

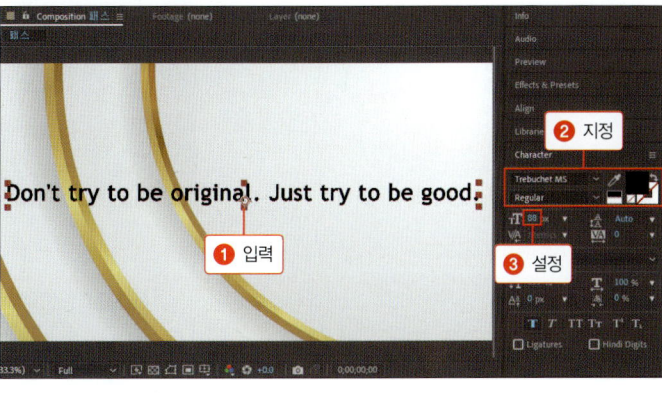

Chapter 01 · 텍스트 레이어 알아보기   329

03 패스 애니메이션을 만들기 위해 직접 패스를 만들어 봅니다.

Timeline 패널에서 텍스트 레이어를 선택하고 Tools 패널에서 펜 도구(펜)를 선택합니다. Composition 패널에서 그림과 같이 ① 시작점을 클릭한 다음 ② 끝 점을 클릭하고 드래그하여 곡선 패스를 만듭니다.

> **TIP**
> 곡선을 클릭한 상태에서 드래그하면 직선의 패스를 곡선으로 변형할 수 있습니다.

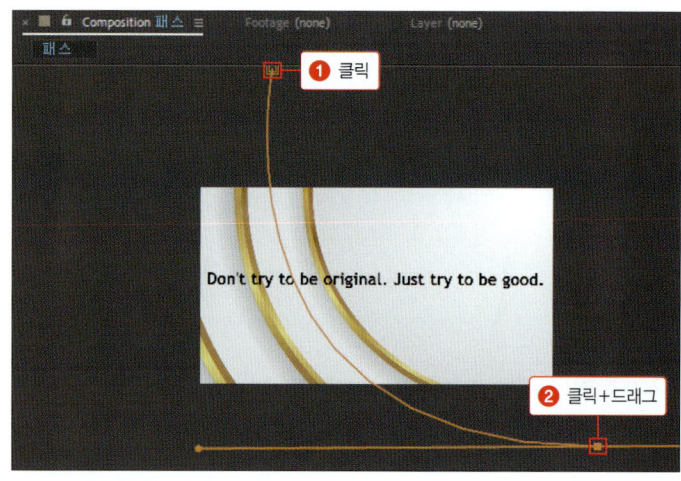

04 ① Timeline 패널에서 Text → Path Options 속성을 표시한 다음 ② Path를 클릭하고 ③ 'Mask 1'을 지정합니다.

> **TIP**
> Path는 패스를 선택하지 않은 상태라서 'None'으로 지정되어 있습니다.

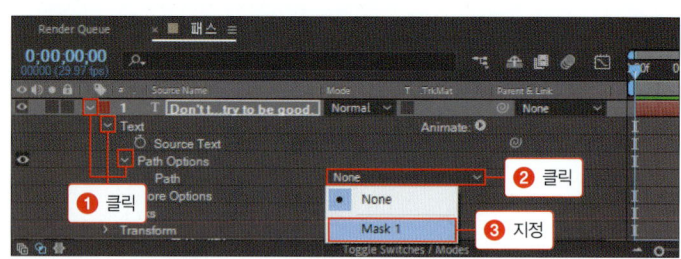

05 패스를 지정하면 Composition 패널에서 패스의 경로에 따라 텍스트가 변형되는 것을 확인할 수 있습니다.

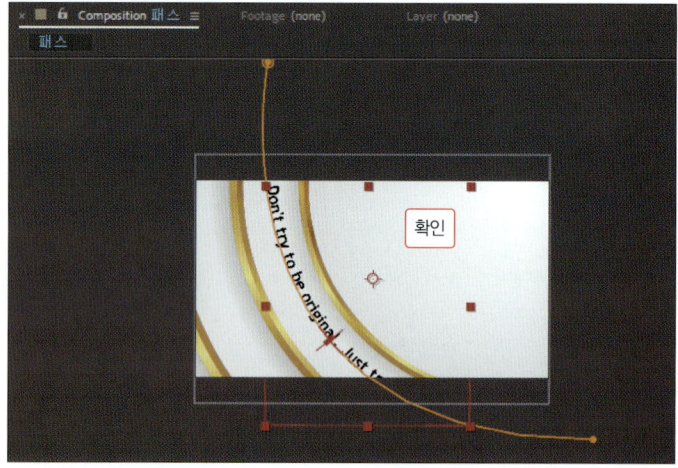

> **TIP**
> Timeline 패널에서 텍스트 레이어의 Path Options에 추가되는 여러 가지 요소를 설정해서 애니메이션을 만들 수 있습니다.

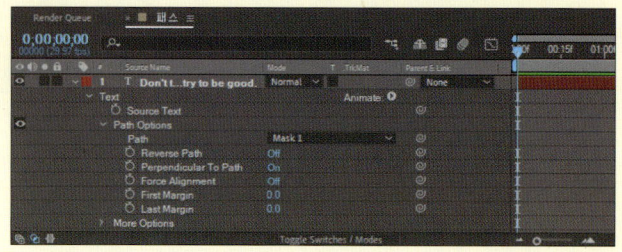

06 Path Options를 설정하여 패스를 따라 이동하는 텍스트 애니메이션을 만들어 봅니다. ❶ 현재 시간 표시기를 '0초'로 이동한 다음 ❷ First Margin 왼쪽의 'Stop Watch' 아이콘( )을 클릭하여 키프레임을 만듭니다.

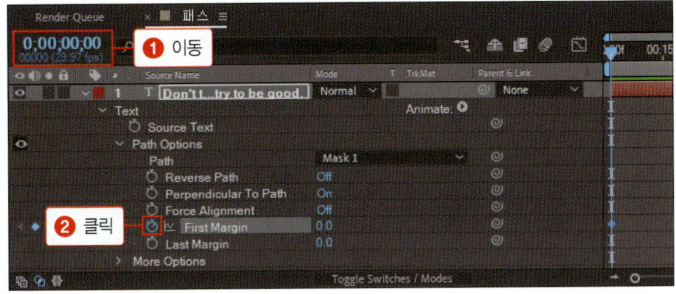

TIP
패스 애니메이션은 First Margin을 설정해서 만들 수 있습니다. 예제에서는 First Margin만 설정했습니다. Last Margin을 설정해도 First Margin처럼 패스 애니메이션을 만들 수 있습니다. First Margin은 시작 점으로부터의 공간, Last Margin은 끝 점으로부터의 공간을 말합니다.

07 ❶ '0초' 부분에서는 First Margin을 '-1926'으로 설정합니다. ❷ 현재 시간 표시기를 '4초'로 이동한 다음 ❸ First Margin을 '1325'로 다시 설정합니다. 직접 그린 패스에 맞게 애니메이션이 설정됩니다.

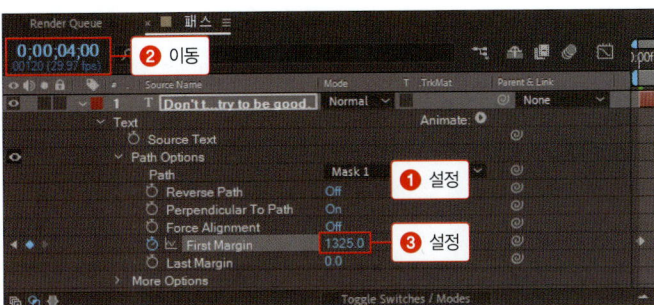 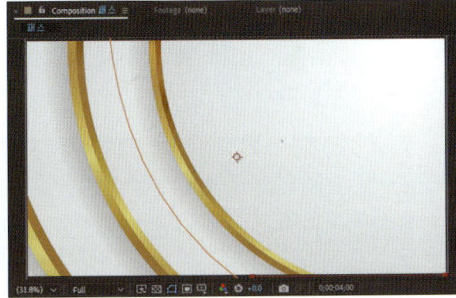

08 램 프리뷰를 통해 패스를 따라 흘러가듯이 이동하는 텍스트 애니메이션을 확인할 수 있습니다.

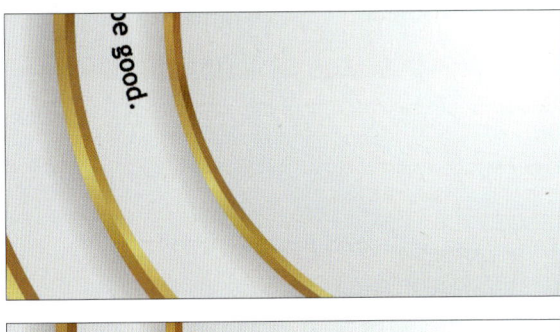 

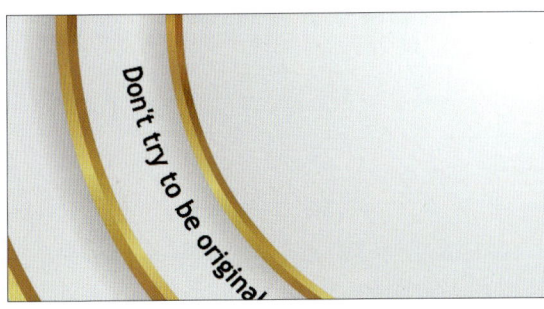 

필수기능 06 Animate 속성 살펴보기 ★★중요

텍스트 레이어에는 다른 레이어와 다르게 Animate 속성이 있습니다. 기본 레이어에 있는 Anchor Point, Position, Scale, Rotation, Opacity 외에 Skew가 있으며, 텍스트 레이어에만 있는 Fill Color, Stroke Color처럼 색에 관한 애니메이션을 만들 수 있는 기능도 있습니다. 텍스트 특성에 맞춘 자간, 행간을 이용하는 애니메이션을 만들기 위한 Tracking, Character Offset 등도 있습니다. 이 속성을 이용하면 텍스트 레이어 애니메이션을 효과적으로 만들 수 있습니다.

❶ **Enable Per-character 3D** : 텍스트 레이어를 각각 3D 레이어처럼 만드는 기능으로, 독립적인 속성이 아니라 3D 속성을 추가하는 기능입니다.

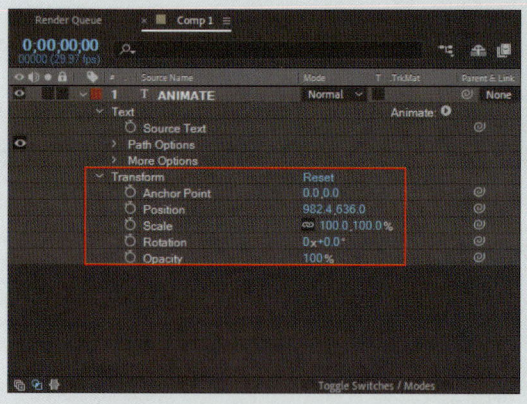

▲ 기본 텍스트 레이어의 Transform 속성 　　　▲ Enable Per-character 3D를 추가한 Transform 속성

Enable Per-character 3D는 텍스트 레이어에만 있는 기능으로, 텍스트를 개별적으로 3D 레이어화하는 기능입니다. 3D 레이어 아이콘은 작은 정육면체 형태로 나타납니다.

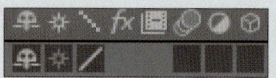  

▲ 일반 2D 레이어　　　　▲ 일반 3D 레이어　　　　▲ Enable Per-character 3D 레이어

❷ **Anchor Point** : 텍스트 레이어의 기준점을 조절합니다. 기존 레이어에서 Transform 속성의 Anchor Point와 같은 기능입니다.
❸ **Position** : 텍스트 레이어의 위치를 조절합니다. 기존 레이어에서 Transform 속성의 Position과 같은 기능입니다.
❹ **Scale** : 텍스트 레이어의 크기를 조절합니다. 기존 레이어에서 Transform 속성의 Scale과 같은 기능입니다.

❺ Skew : 텍스트 레이어를 비스듬하게 기울이는 기능입니다.

▲ Skew 기능을 적용하여 기울어진 텍스트

❻ Rotation : 텍스트 레이어의 회전 각도를 조절합니다. 기존 레이어에서 Transform 속성의 Rotation과 같은 기능입니다.
❼ Opacity : 텍스트 레이어의 불투명도를 조절합니다. 기존 레이어에서 Transform 속성의 Opacity와 같은 기능입니다.
❽ All Transform Properties : Anchor Point, Position, Scale, Skew, Rotation, Opacity의 모든 속성을 추가하는 기능입니다.
❾ Fill Color : 텍스트 색에 RGB, Hue Saturation, Brightness, Opacity를 적용합니다.
❿ Stroke Color : 텍스트 외곽선 색에 RGB, Hue Saturation, Brightness, Opacity를 적용합니다.
⓫ Stroke Width : 텍스트 외곽선의 두께를 설정할 수 있는 기능입니다.
⓬ Tracking : 텍스트의 자간을 설정할 수 있는 기능입니다.
⓭ Line Anchor : 여러 줄의 문장일 때 각각 선에서 기준을 설정하는 기능입니다.
⓮ Line Spacing : 여러 줄의 문장일 때 각각의 선과 선 간격을 설정할 수 있는 기능입니다.
⓯ Character Offset : 각각의 텍스트 값을 다른 텍스트로 바꾸는 기능으로 숫자는 입력된 텍스트를 기준으로 1씩 더하며, 알파벳 역시 알파벳순으로 1씩 더하면서 변형하는 기능입니다.
⓰ Character Value : 각각의 텍스트 값을 다른 텍스트로 바꾸는 기능으로 숫자, 영문, 특수 기호 등을 모두 바꾸는 기능입니다.
⓱ Blur : 각각의 텍스트에 블러 효과를 주는 기능입니다.

필수기능 07 Selector 속성 살펴보기

Selector는 Animate를 이용하여 추가한 속성들의 적용 범위를 설정하는 기능입니다. Add를 통해 Selector를 추가할 수 있습니다.

Advanced 속성 살펴보기

Animate 속성을 설정하면 기본으로 적용되는 속성이며, Text의 Start와 End를 설정하는 기능으로 계속 반복할 수 있는 Offset을 설정할 수 있습니다. Advanced 속성을 이용하면 더욱 세밀하게 설정할 수 있습니다.

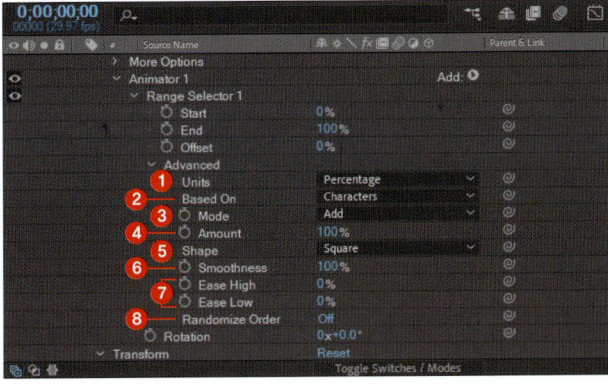

❶ **Units** : 선택 범위를 상대적인 비율로 설정하거나 텍스트 수의 인덱스(index)로 설정할 수 있습니다.
❷ **Based On** : 각각의 텍스트 기준, 단어 기준, 선 기준 등으로 나누어 설정할 수 있습니다.
❸ **Mode** : 선택 영역의 Range에서 선택, 반전 등을 지정할 수 있으며, 선택 영역이 여러 개일 때 영역을 합치고 뺄 수 있습니다.
❹ **Amount** : 전체적으로 Animate가 적용되는 정도를 설정할 수 있습니다.
❺ **Shape** : Range를 통해 선택하는 영역과 선택되지 않는 영역의 중간을 지정할 수 있는 기능입니다. 'Square'는 경계를 가장 뚜렷하게 나누며, 'Ramp Up'은 경계를 자연스럽게 설정하고, 'Ramp Down'은 영역을 반대로 설정할 수 있습니다. 'Triangle', 'Round', 'Smooth'는 시작과 끝의 선택 정도를 비슷하게 설정합니다.
❻ **Smoothness** : Shape를 'Square'로 지정했을 때 활성화되며 경계를 부드럽게 만드는 기능입니다.
❼ **Ease High/Low** : 경계 영역의 시작과 끝을 설정하여 부드럽게 만드는 기능입니다.
❽ **Randomize Order** : Range로 선택된 범위를 무작위로 설정할 수 있는 기능입니다.

Wiggly 속성 살펴보기

각각의 텍스트 영역을 무작위로 선택하는 기능입니다.

❶ **Mode** : 선택 영역의 Range를 선택 및 반전할 수 있으며, 여러 선택 영역이 있을 때 영역을 합치고 뺄 수 있습니다.
❷ **Max/Min Amount** : Animate 속성이 적용되는 최대 값과 최소 값을 설정합니다.
❸ **Based On** : 각각의 텍스트, 단어, 선 등을 기준으로 나누어 지정합니다.
❹ **Wiggles/Second** : 선택 영역이 바뀌는 타이밍을 무작위로 조절합니다.
❺ **Correction** : 텍스트가 무작위로 바뀔 때 옆 텍스트와의 연계성을 설정하는 기능으로, 작은 수치를 설정하면 각각의 텍스트들이 무작위로 바뀝니다.
❻ **Temporal Phase** : 무작위로 바뀌는 시간을 앞뒤로 이동하여 조절하는 기능입니다.
❼ **Spatial Phase** : 무작위로 바뀌는 공간을 조절하는 기능입니다.
❽ **Lock Dimensions** : X/Y축이 있는 Animate 속성일 때 X/Y축을 묶어 움직일지, 각각 움직일지 설정하는 기능입니다.
❾ **Random Seed** : 무작위로 달라지는 패턴을 다르게 바꾸는 기능입니다.

실습예제 08 Animate와 Range 속성으로 애니메이션 만들기

텍스트 레이어에는 원하는 대로 속성을 추가할 수 있습니다. 기본 애니메이션을 만드는 Animate와 범위를 설정할 수 있는 Range를 이용해서 텍스트 애니메이션을 만들어 봅니다.

◉ 예제파일 : 05\Smile.aep　　◉ 완성파일 : 05\Smile_완성.aep

Before

After

01 새 프로젝트를 만들고 05 폴더에서 'Smile.aep' 파일을 불러옵니다. Project 패널에서 '미소' 컴포지션을 더블클릭하여 엽니다.

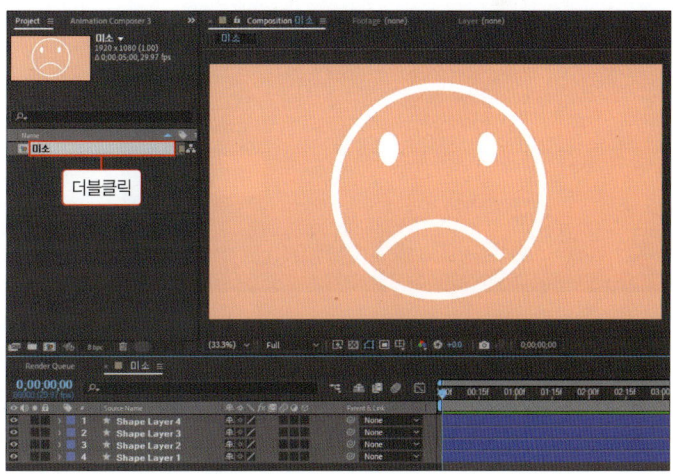

02 ❶ Tools 패널에서 문자 도구(T)를 선택하고 Composition 패널의 화면을 클릭한 다음 'SMILE'을 입력합니다. 텍스트를 드래그하여 블록으로 지정한 다음 Character 패널에서 ❷ 글꼴을 'I AM A PLAYER'로 지정하고 ❸ 글꼴 크기를 '500px'로 설정합니다. ❹ Paragraph 패널에서 'Center text' 아이콘(≡)을 클릭하여 화면 정중앙에 정렬합니다.

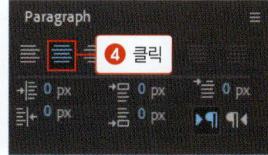

Chapter 01 • 텍스트 레이어 알아보기　**335**

03 ❶ Timeline 패널에서 'SMILE' 레이어의 Text 속성을 표시합니다.
❷ Animate를 추가하기 위해 오른쪽 ▶를 클릭하고 ❸ Scale을 실행합니다.

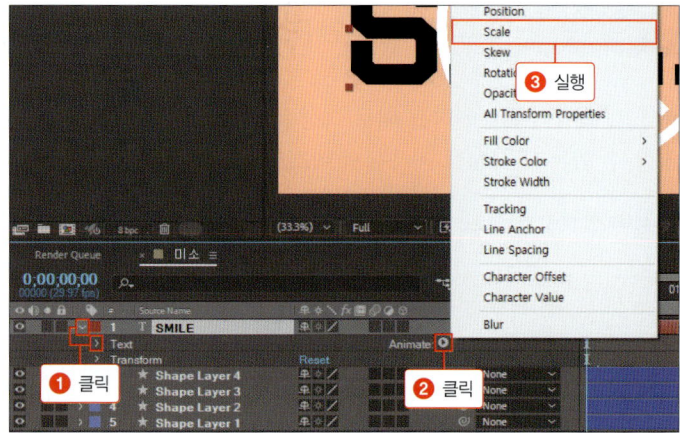

04 Animator 1의 Range Selector 1 속성에 Scale이 표시되면 '0%'로 설정합니다. 크기가 최저로 설정되어 Composition 패널에선 텍스트가 보이지 않습니다.

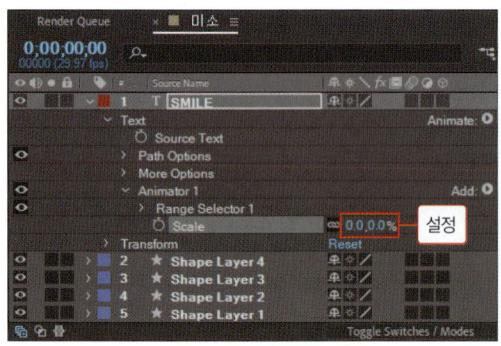
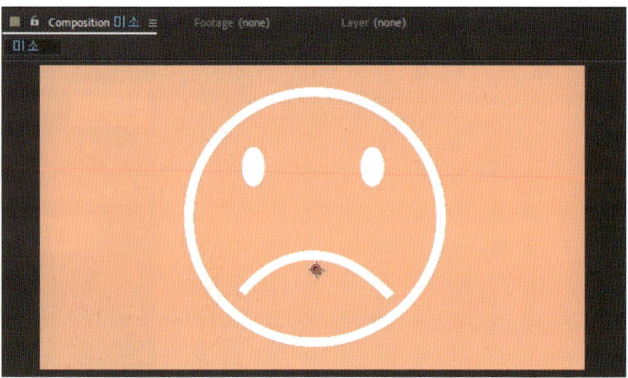

05 Range 속성 변화를 통해 Animate 속성과의 관계를 알아봅니다. ❶ Range Selector 1 속성을 표시하고 ❷ Start 수치를 설정하면 비율만큼 텍스트가 나타납니다. 예제에서는 '50%'로 설정했습니다.

▲ 텍스트가 절반만 보이는 모습

Scale을 '0%', Start를 '50~100%'로 설정하면 Scale이 '0%'로 설정된 텍스트 부분이 'SMILE' 텍스트의 뒷부분이므로 텍스트 뒷부분만 Scale이 '0%'로 설정됩니다.

06 Range를 이용해 애니메이션을 만들어 봅니다. ❶ 현재 시간 표시기를 '0'초로 이동한 다음 ❷ Range Selector 1 속성의 Start를 '0%'로 설정하고 ❸ 왼쪽의 'Stop Watch' 아이콘(⏱)을 클릭하여 키프레임을 만듭니다.

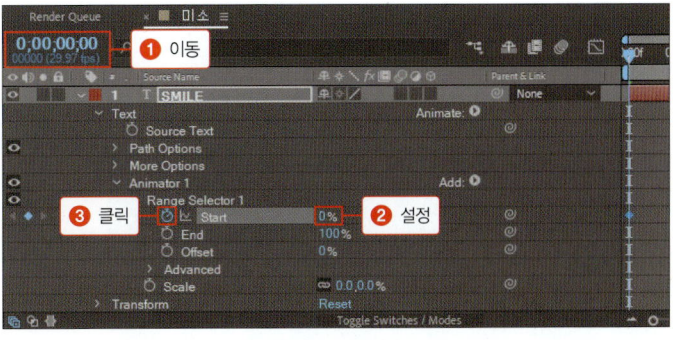

07 ❶ 현재 시간 표시기를 '2초'로 이동한 다음 ❷ Range Selector 1 속성의 Start를 '100%'로 설정해 키프레임을 만듭니다.

08 좀 더 부드러운 모션감을 설정하기 위해 ❶ Advanced 속성을 표시하고 ❷ Ease Low를 '100%'로 설정합니다.

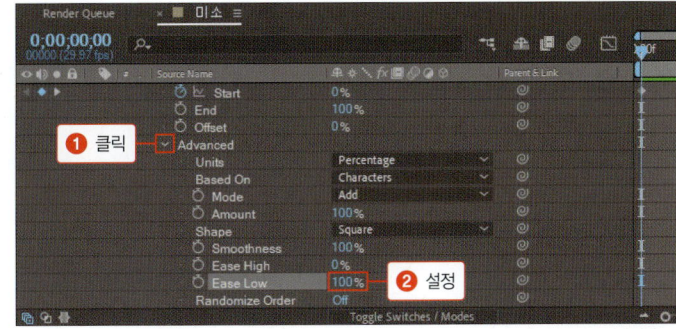

09 이번에는 다른 속성을 추가하기 위해 ❶ 현재 시간 표시기를 '0초'로 이동한 다음 ❷ Animator 1 속성의 오른쪽 ▶를 클릭하여 ❸ Property → Fill Color → RGB를 실행합니다.

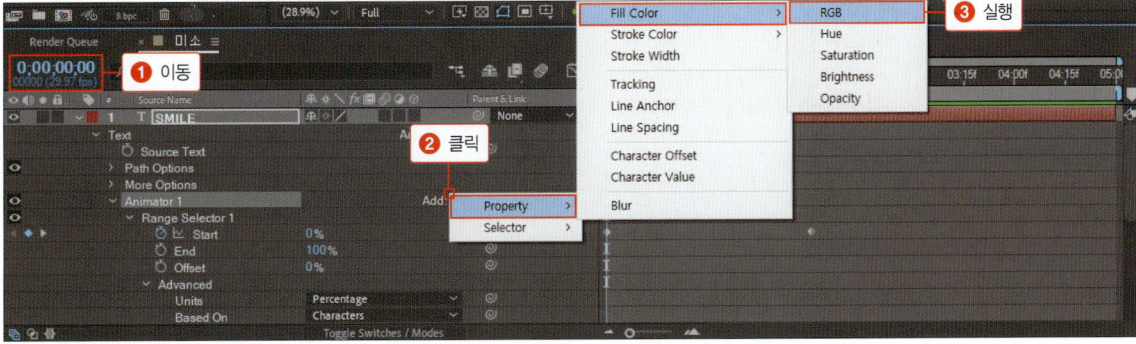

10 Scale을 '20%'로 설정하면 빨간색의 작은 글꼴이 나타나며 빨간색 글꼴이 커지면서 검은색으로 변하는 애니메이션이 만들어집니다.

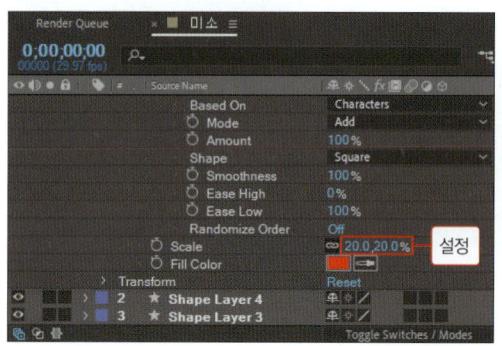
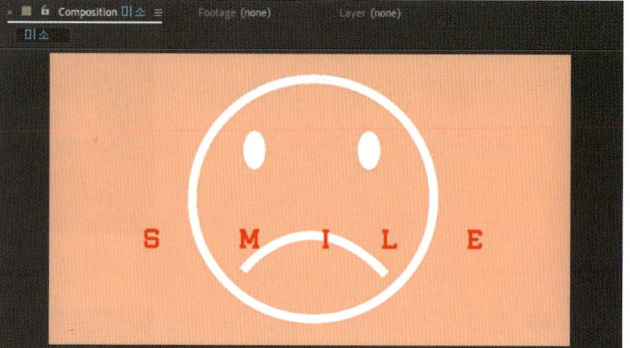

> **TIP**
> Property → Fill Color → RGB를 실행하면 Fill Color 속성이 표시되며 자동으로 빨간색으로 지정됩니다. Fill Color의 색상 상자를 클릭하여 글꼴을 원하는 색상으로 변경할 수 있습니다

11 램 프리뷰를 통해 애니메이션을 확인하면 속성 2개의 텍스트 애니메이션을 확인할 수 있습니다.

실습예제 09 Mesh Warp 이펙트로 키네틱타이포 장면 만들기

애프터 이펙트 기본 기능인 Mesh Warp와 그래프 조절을 활용하여 추상적이고 입체적인 키네틱타이포 모션 그래픽 장면 하나를 만들어 봅니다.

● **완성파일** : 05\kinetic Typo_완성.aep

Before

After

01 새 프로젝트를 만들고 컴포지션을 만들기 위해 메뉴에서 (Composition) → New Composition을 실행합니다. Composition Settings 대화상자가 표시되면 ❶ Composition Name에 'Text'를 입력하고 ❷ Width를 '1080px', Height를 '300px'로 설정한 다음 ❸ 〈OK〉 버튼을 클릭합니다.

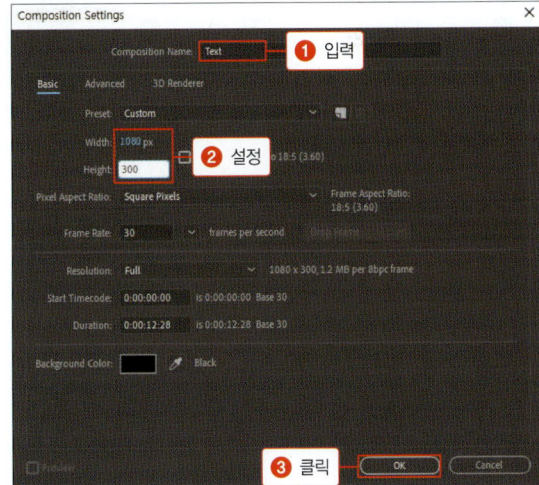

02 ❶ Tools 패널에서 문자 도구(T)를 선택한 다음 Composition 패널의 화면을 클릭하고 '안녕하세요'를 입력합니다.
❷ Character 패널에서 글꼴을 'BM DoHyeon', 글꼴 색상을 '흰색'으로 지정하고 ❸ 글꼴 크기를 '160px'로 설정합니다. ❹ 그림과 같이 텍스트를 드래그하여 화면에 배치합니다.

Chapter 01 • 텍스트 레이어 알아보기   **339**

> **TIP**
> 텍스트 소스를 배치할 때, 'Proportional Grid'를 활성화하면 정교하게 텍스트 소스를 배치할 수 있습니다. 배치를 완료한 후에는 비활성화합니다.

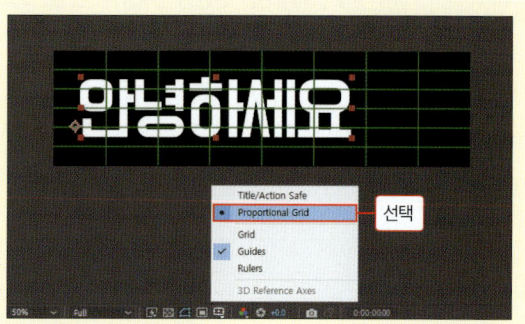

03 ❶ 한 번 더 Tools 패널에서 가로 문자 도구(T)를 선택한 다음 Composition 패널의 화면을 클릭하고 'Nice to Meet You'를 입력합니다. ❷ Character 패널에서 글꼴을 'BM DoHyeon', 글꼴 색상을 '흰색'으로 지정하고 ❸ 글꼴 크기를 '63px'로 설정합니다. ❹ 그림과 같이 텍스트를 드래그하여 화면에 배치합니다.

04 배경을 삽입하기 위해 메뉴에서 (Layer) → New → Solid를 실행합니다.

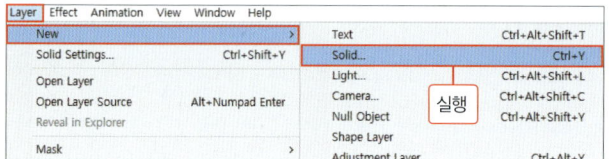

05 Solid Settings 대화상자가 표시되면 ❶ Name에 'BG'를 입력하고 ❷ Color의 색상 상자를 클릭합니다. Solid Color 대화상자가 표시되면 ❸ 색상을 '#FF8484'로 지정하고 ❹ 〈OK〉 버튼을 클릭합니다.

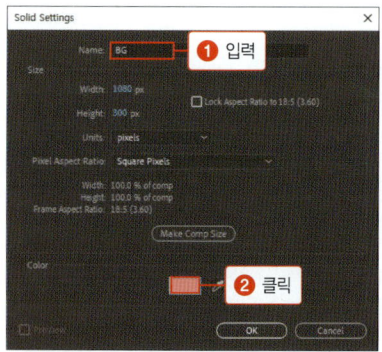 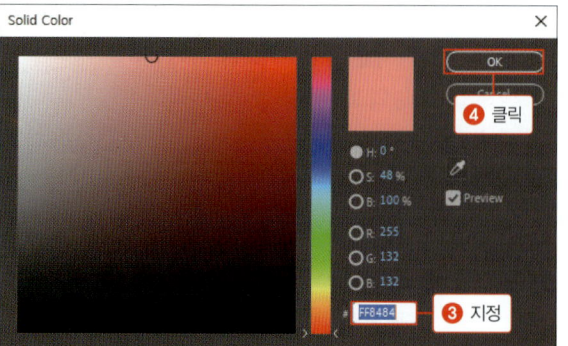

> **TIP**
> 배경이 꼭 단색 레이어가 아니더라도 외부 사진, 패턴 배경 등 자유롭게 응용할 수 있습니다.

06 'BG' 레이어가 텍스트 아래에 위치하도록 Timeline 패널 'BG' 레이어를 가장 하단으로 드래그하여 레이어의 순서를 변경합니다.

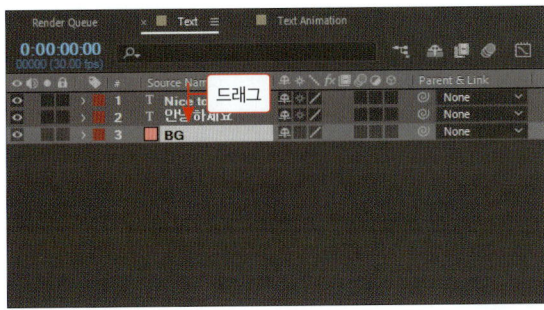
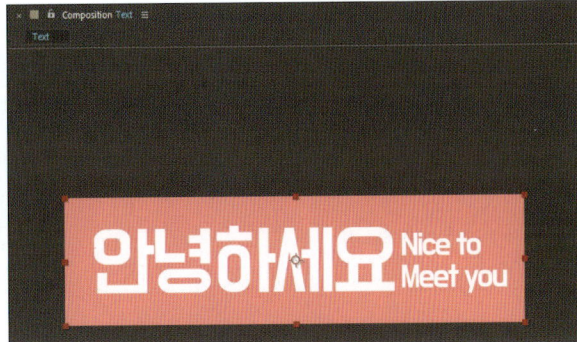

> **TIP**
> 애프터 이펙트는 레이어(층) 시스템이기 때문에 레이어(층)의 순서에 따라 소스가 다르게 표시됩니다.

07 'Motion Tile' 이펙트를 적용하여 반복되는 모션 그래픽을 만들어 봅니다. 메뉴에서 (Composition) → New Composition을 실행합니다. Composition Settings 대화상자가 표시되면 ❶ Composition Name에 'Text Animation'를 입력하고 ❷ Width를 '300px', Height를 '1080px'로 설정한 다음 ❸ 〈OK〉 버튼을 클릭합니다.

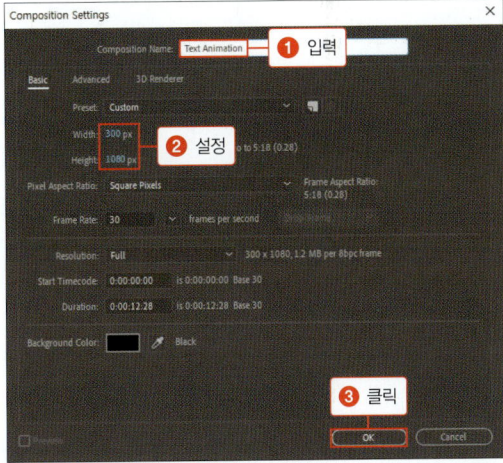

08 'Text Animation' 컴포지션이 만들어 집니다. ❶ Timeline 패널에 Project 패널의 'Text' 컴포지션을 드래그하여 불러옵니다. ❷ Timeline 패널에서 Text 컴포지션의 Transform 속성을 표시한 다음 ❸ Rotation을 '–90'으로 설정합니다.

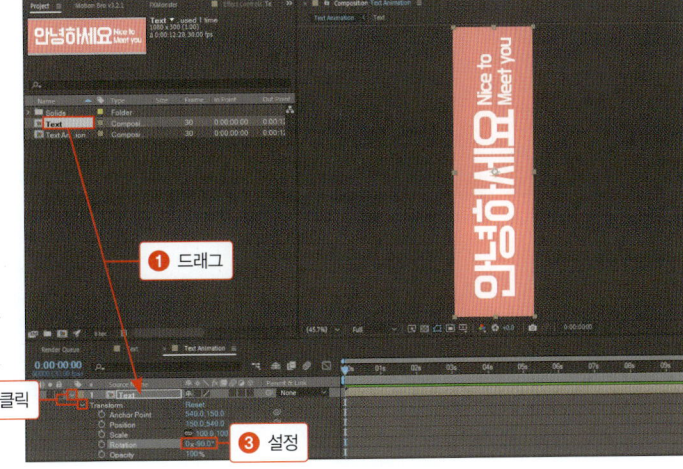

09 Effects&Presets 패널을 클릭하여 활성화합니다. ❶ 'Motion Tile' 이펙트를 검색한 다음 ❷ Stylize → Motion Tile 을 'Text' 레이어에 드래그하여 효과를 적용합니다.

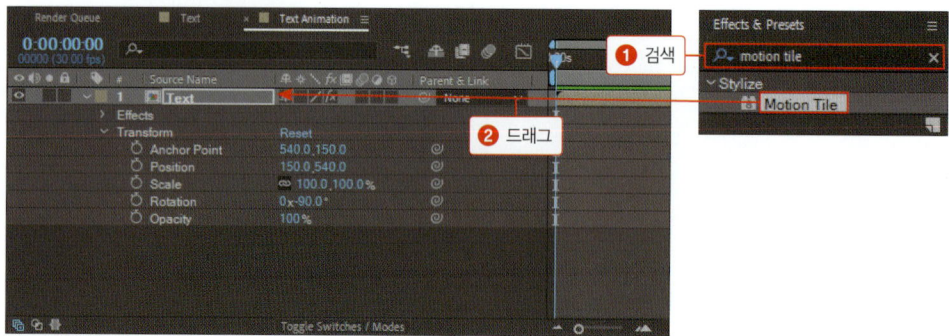

10 ❶ Timeline 패널에서 'Text' 레이어의 Motion Tile 속성을 표시하고 ❷ Tile Center 왼쪽의 'Stop Watch' 아이콘 (⌀)을 클릭하여 키프레임을 만듭니다. ❸ Tile Center의 키프레임을 확인합니다.

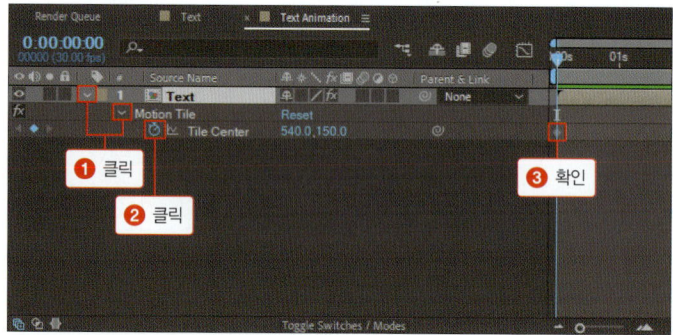

11 ❶ 현재 시간 표시기를 '5초'로 이동한 다음 ❷ Tile Center의 X축을 '3000'으로 설정하여 키프레임을 만듭니다.

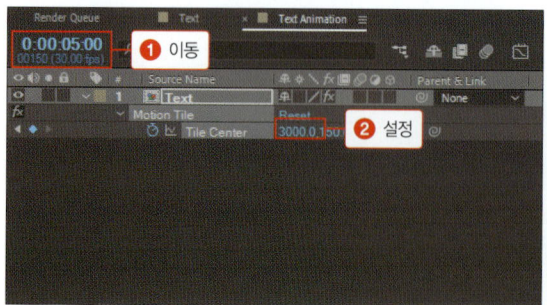

12 ① Timeline 패널에서 Tile Center 키프레임을 드래그하여 선택한 다음 ② F9를 눌러 키프레임 설정을 변경합니다.

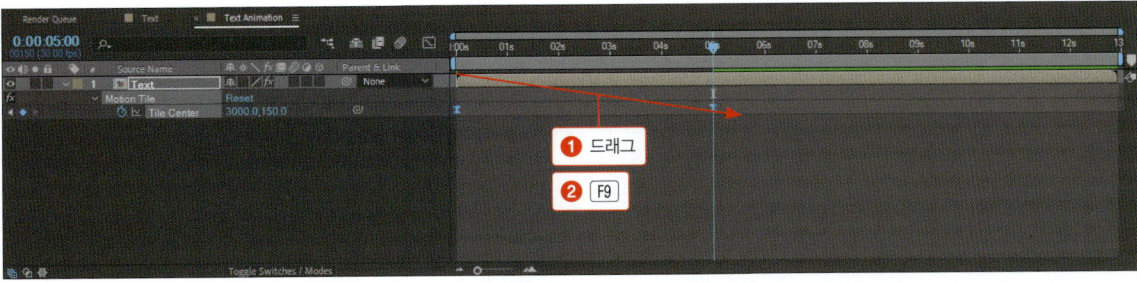

> **TIP**
> F9를 눌러 키프레임의 움직임을 현실 물리적인 움직임에 가깝게 부드럽게 변경할 수 있습니다.

13 고리 모양의 돌아가는 모션 그래픽을 만들기 위해 메뉴에서 (Composition) → New Composition을 실행합니다. Composition Settings 대화상자가 표시되면 ① Composition Name에 'Main BG'를 입력하고 ② Width를 '1080px', Height를 '1080px'로 설정한 다음 ③ Duration을 '0:00:05:00'로 설정하고 ④ 〈OK〉 버튼을 클릭합니다.

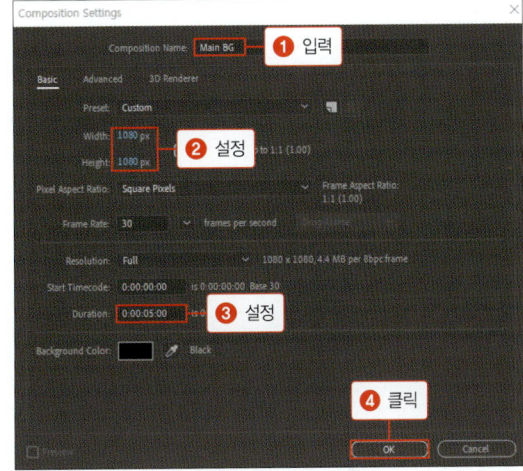

14 Project 패널에 'Main BG' 컴포지션이 만들어집니다. ① Project 패널에서 'Text Animation' 컴포지션을 드래그하여 불러옵니다. ② Timeline 패널에서 Text Animation 레이어의 Transform 항목을 표시한 다음 ③ Scale을 '75%'로 설정합니다.

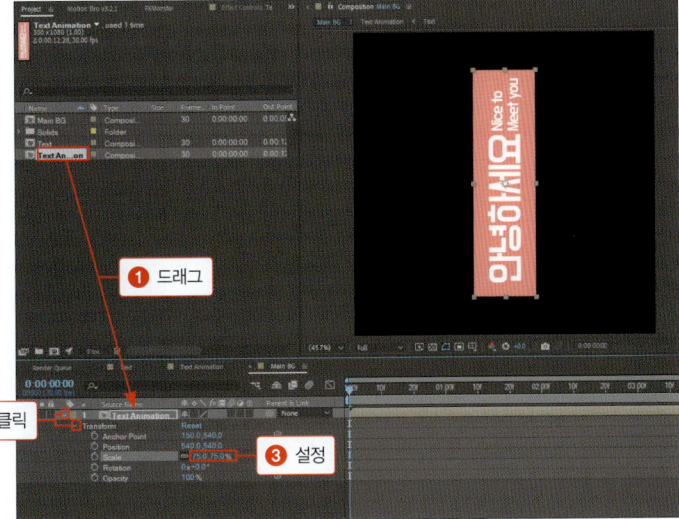

15 Effects&Presets 패널을 클릭하여 활성화합니다. ❶ 'Mesh Warp' 이펙트를 검색한 다음 ❷ Distort → Mesh Warp을 'Text Animation' 레이어에 드래그하여 효과를 적용합니다.

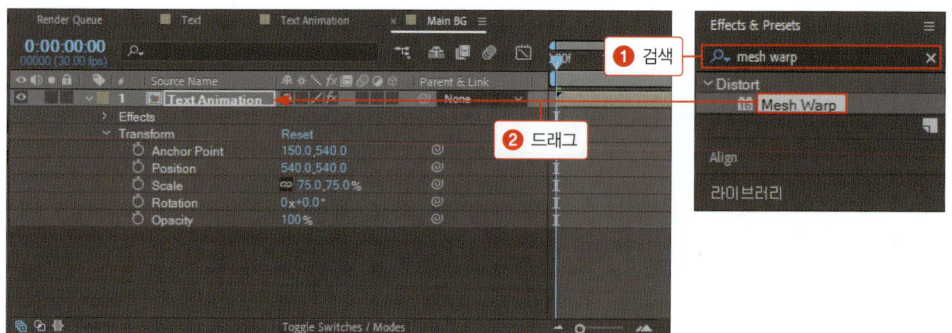

16 ❶ Effect Controls 패널에서 Rows를 '5', Columns를 '2', Quality를 '10'으로 설정합니다. ❷ Composition 패널의 빈 공간을 클릭한 다음 ❸ Ctrl+R을 눌러 그림과 같이 눈금자를 활성화합니다.

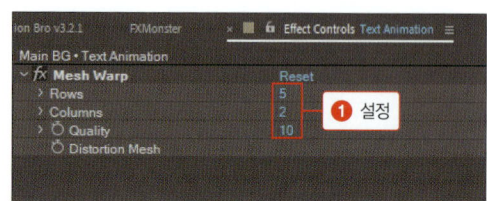

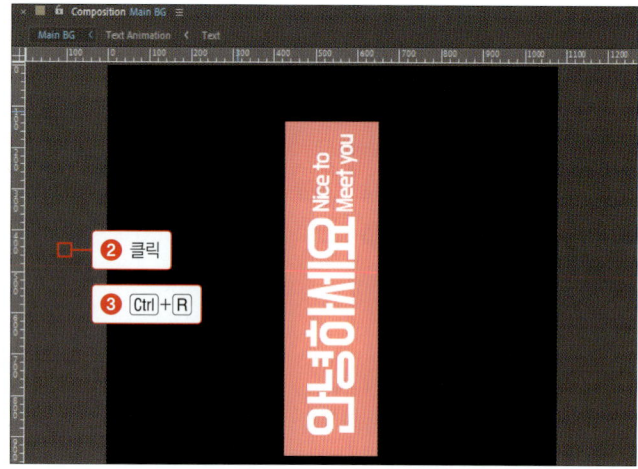

17 눈금자를 통해 기준선을 세워 줍니다. 위쪽과 왼쪽에 있는 눈금자를 드래그하면 기준선을 불러올 수 있습니다. ❶ 왼쪽 눈금자를 드래그하여 '350' 부분에 위치하고 ❷ 위쪽 눈금자를 드래그하여 분홍색 테두리에 맞게 드래그합니다.

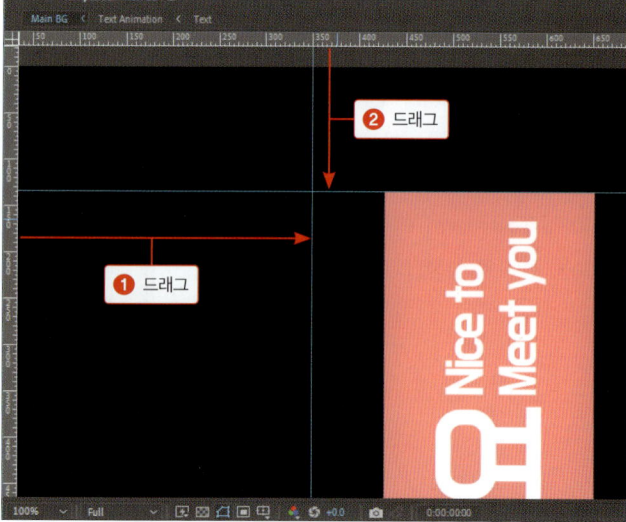

> **TIP**
> 마우스 휠과 Spacebar를 이용하면 자유자재로 화면을 이동하고 확대 및 축소할 수 있습니다.

18 ❶ Effect Controls 패널에서 Mesh Warp을 클릭합니다. ❷ Shift를 누른 상태로 Composition 패널에 있는 위쪽 조절점 3개를 클릭합니다. 그림과 같이 하얀 조절점들이 표시됩니다.

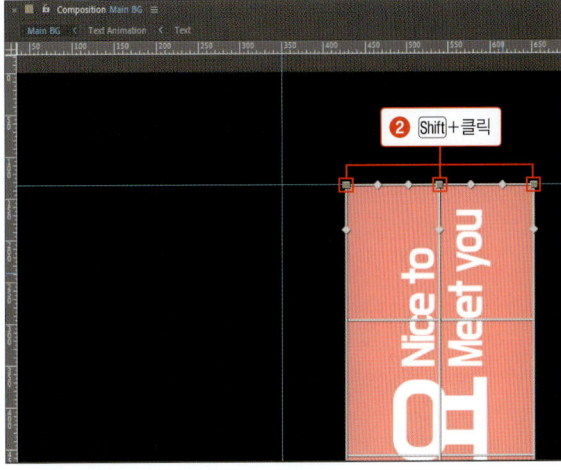

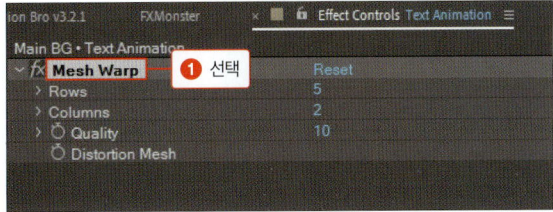

19 위쪽 가운데에 있는 조절점을 드래그하여 그림과 같이 기준선에 맞게 변형합니다. Mesh Warp는 자유자재로 소스를 변형하는 효과입니다.

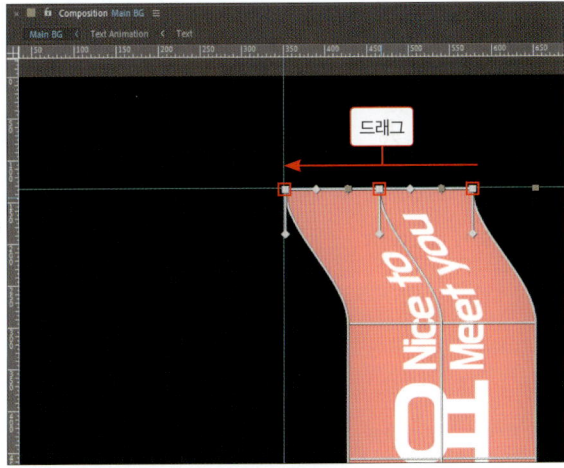

20 ❶ Composition 패널의 빈 공간을 클릭해 Mesh Warp의 선택을 해제한 다음 ❷ 다시 Effect Controls 패널에서 Mesh Warp을 선택합니다. ❸ 가장 오른쪽 방향선을 그림과 같이 가장 오른쪽 조절점에 맞게 드래그하여 변형합니다.

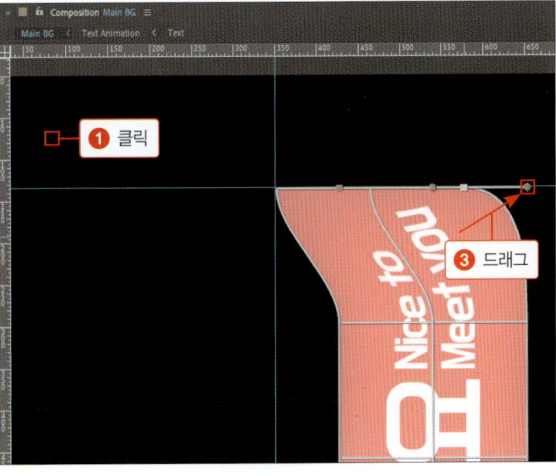

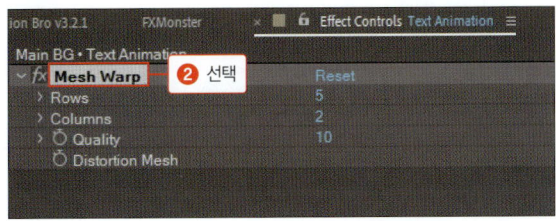

21 같은 방법으로 이번에는 가운데 방향선을 선택하고 앞과 같은 방법으로 변형합니다. 가운데 조절점에 맞춰 변형됩니다.

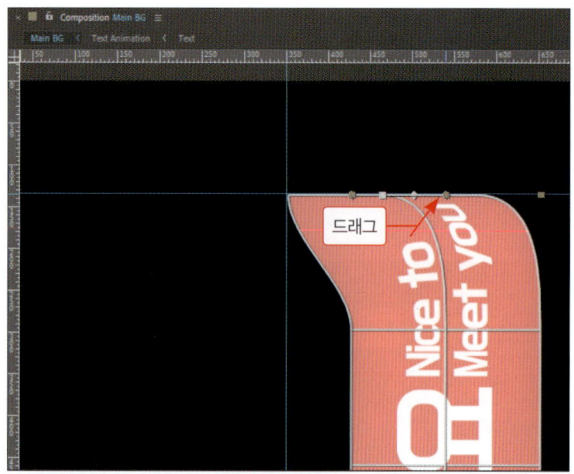

22 같은 방법으로 이번에는 왼쪽 방향선을 선택하고 앞과 같은 방법으로 변형합니다. 왼쪽 조절점에 맞춰 변형됩니다.

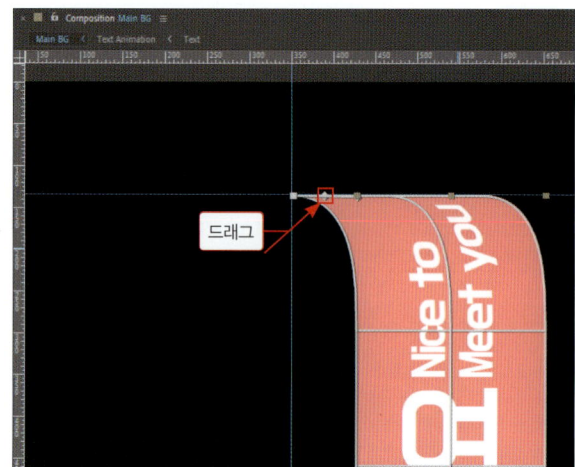

23 마찬가지 방법으로 이번에는 'Text Animation' 레이어 아래 조절점들도 Mesh Warp를 이용하여 같은 방법으로 변형합니다.

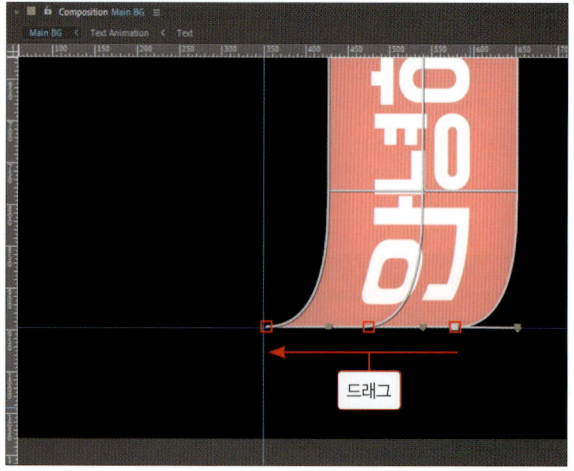

24 ① Composition 패널의 빈 공간을 클릭한 다음 ② Ctrl+R을 눌러 그림과 같이 눈금자를 비활성화합니다. ③ 눈금자들은 화면 바깥으로 드래그하여 편집에 방해되지 않도록 이동합니다.

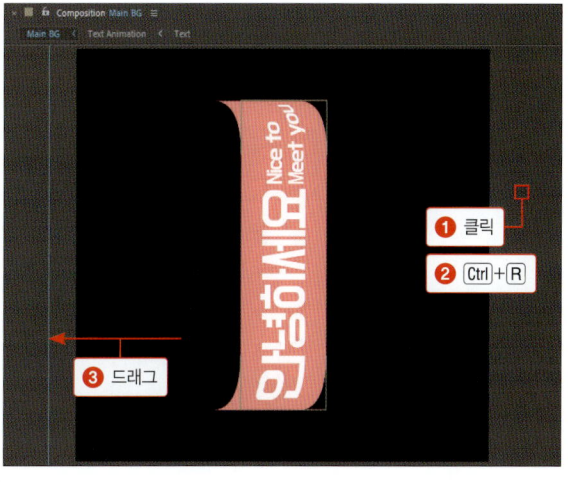

25 ① Timeline 패널에 있는 'Text Animation' 레이어를 선택한 다음 ② Ctrl+D를 눌러 레이어를 복제합니다. ③ 그 다음 #2에 있는 'Text Animation' 레이어의 Transform 항목을 표시한 다음 ④ Position을 '395, 544', Rotation을 '180°'로 설정하여 그림과 같이 고리 모양이 되도록 합니다.

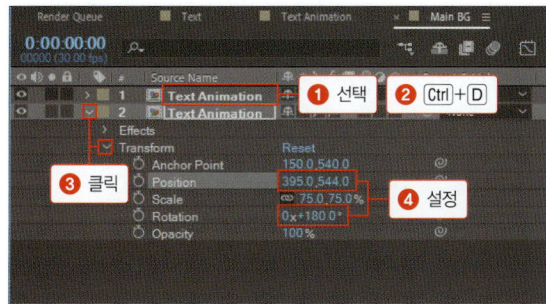

26 원근감을 주기 위해 Effects & Presets 패널을 클릭하여 활성화합니다. ① 'Curves' 이펙트를 검색한 다음 ② Color Correction → Curves를 하단에 있는 'Text Animation' 레이어에 드래그하여 효과를 적용합니다.

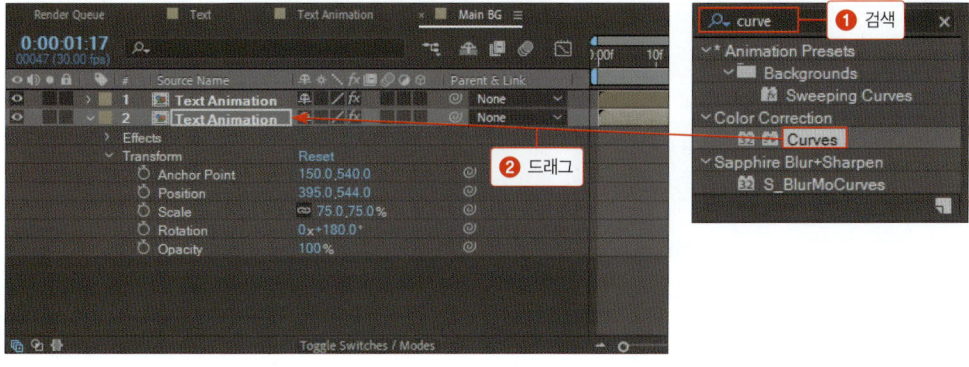

Chapter 01 · 텍스트 레이어 알아보기 **347**

27 Effect Controls 패널에서 Curves를 그림과 같이 조절하여 아래에 있는 부분이 어둡게 변하도록 설정합니다.

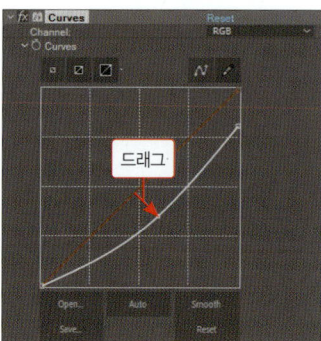
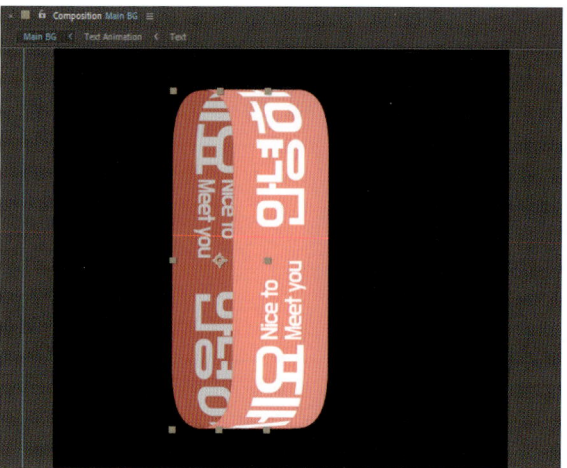

28 ❶ 고리의 움직임을 제어하기 위해 메뉴에서 (Layer) → New → Null Object를 실행하면 Timeline 패널에 'Null 1' 레이어가 만들어집니다. ❷ 'Text Animation' 레이어들을 선택한 상태로 ❸ Parent & Link를 클릭하고 ❹ 'Null 1'로 지정합니다.

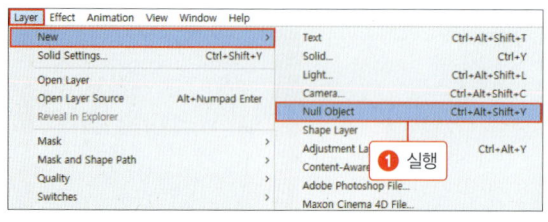
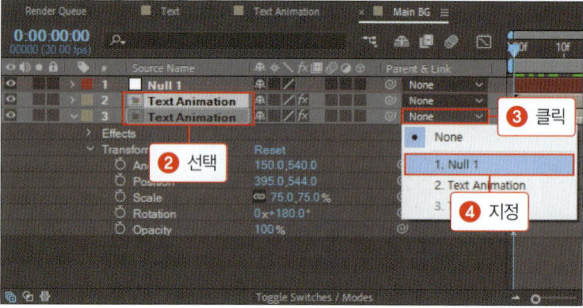

TIP
Parent&Link가 보이지 않는 경우 Timeline 패널 아래에 있는 〈Toggle Switches / Modes〉 버튼을 클릭합니다.

29 이제 'Null 1' 레이어와 속성이 연결됩니다. ❶ Timeline 패널에서 'Null 1' 레이어의 Transform 속성을 표시한 다음 ❷ Rotation의 왼쪽의 'Stop Watch' 아이콘(🕐)을 클릭하여 키프레임을 만들고 ❸ '0초'에서 '0', '5초'에서 '180'로 설정합니다. ❹ 중앙에 위치하도록 Position의 X를 '584'으로 변경합니다.

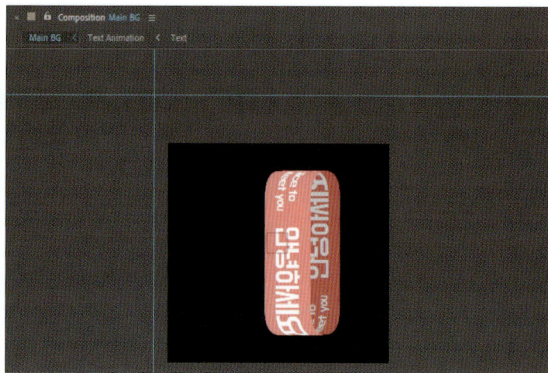

면 • Dash • Add • Repeater • Trim Paths

셰이프 레이어 알아보기

일러스트레이터처럼 도형과 같은 기본 형태를 만드는 셰이프 레이어에 관해 알아보겠습니다.

필수기능 01 셰이프 레이어의 면과 선 설정하기 (중요)

셰이프 레이어를 만들기 전에 셰이프 레이어의 면과 선을 설정하는 과정을 알아봅니다.

Fill/Stroke Options 설정하기

Tools 패널에서 사각형 도구(■)나 펜 도구(✎)를 선택하면 오른쪽에 Fill과 Stroke가 활성화됩니다. Fill 또는 Stroke를 클릭하면 Fill Options 또는 Stroke Options 대화상자가 표시됩니다.

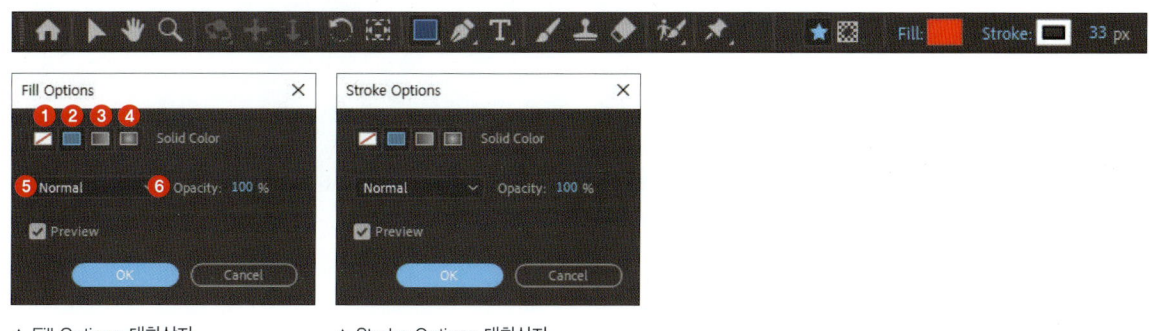

▲ Fill Options 대화상자   ▲ Stroke Options 대화상자

❶ **None** : 색을 지정하지 않는 기능입니다.
❷ **Solid Color** : 단색으로 지정되는 기능입니다.
❸ **Linear Gradient** : 선형 그러데이션을 설정하는 기능입니다.
❹ **Radical Gradient** : 원형 그러데이션을 설정하는 기능입니다.
❺ **Blending Mode** : 하나의 셰이프 레이어에 여러 개의 패스가 있을 때 블렌딩 모드(Blending Mode)를 지정할 수 있는 기능입니다.
❻ **Opacity** : 불투명도를 설정하는 기능입니다.

Shape Fill Color와 Shape Stroke Color 대화상자 살펴보기

Fill 또는 Stroke의 색상 상자를 클릭하면 셰이프의 면과 선 색을 설정하는 Shape Fill Color 또는 Shape Stroke Color 대화상자가 표시되어 색상을 설정할 수 있습니다.

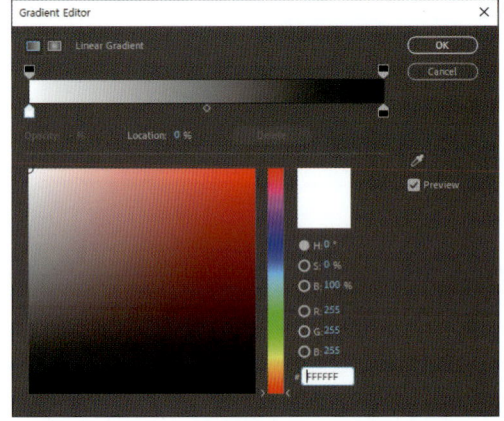

▶ 그러데이션 색을 설정하였을 때의 Gradient Editor 대화상자

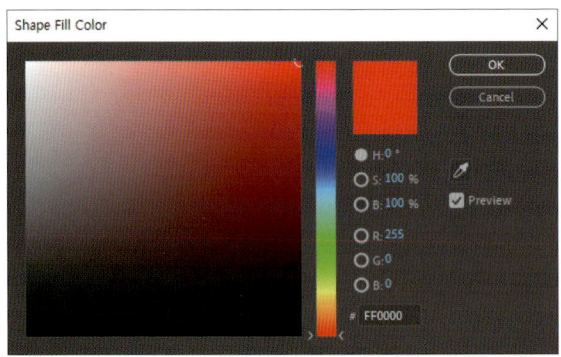
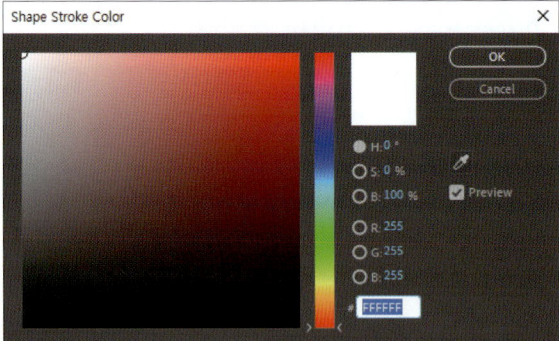

▲ 'Solid Color'로 지정하였을 때 Shape Fill Color와 Shape Stroke Color 대화상자

실습예제 02 · 셰이프 레이어 만들기

다양한 셰이프를 만들기 위해 기본 셰이프 레이어를 만드는 과정을 알아봅니다.

◎ 완성파일 : 05\Shape_완성.aep

01 새 프로젝트를 만들고 컴포지션을 만들기 위해 Ctrl+N을 누릅니다. Composition Settings 대화상자가 표시되면 ❶ Composition Name에 'Shape Layer'를 입력하고 ❷ Preset을 'HDTV 1080 29.97'로 지정한 다음 ❸ 〈OK〉 버튼을 클릭합니다.

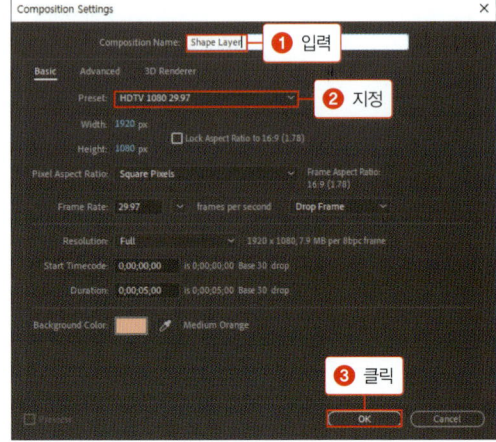

02 ❶ Tools 패널에서 사각형 도구(■)를 선택하고 Fill 의 색상 상자를 클릭합니다. Shape Fill Color 대화상자가 표시되면 ❷ #에 '00FF8A'를 입력한 다음 ❸ 〈OK〉 버튼을 클릭합니다.

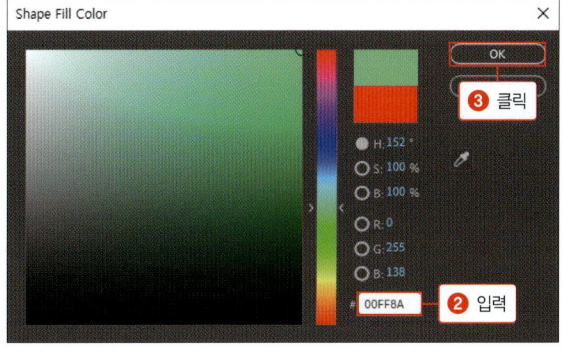

03 ❶ 'Stroke'의 파란색 글씨를 클릭합니다. ❷ Stroke Options 대화상자가 표시되면 'None'을 선택한 다음 ❸ 〈OK〉 버튼을 클릭하여 색상을 없앱니다.

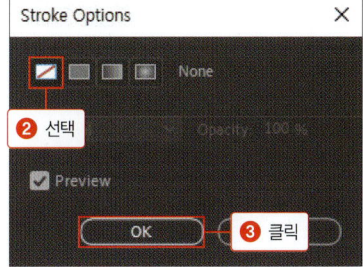

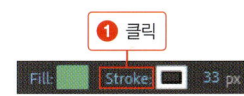

04 Composition 패널의 화면에 Shift 를 누른 상태로 드래그하여 정사각형을 만듭니다. Timeline 패널에 자동으로 셰이프 레이어가 만들어집니다.

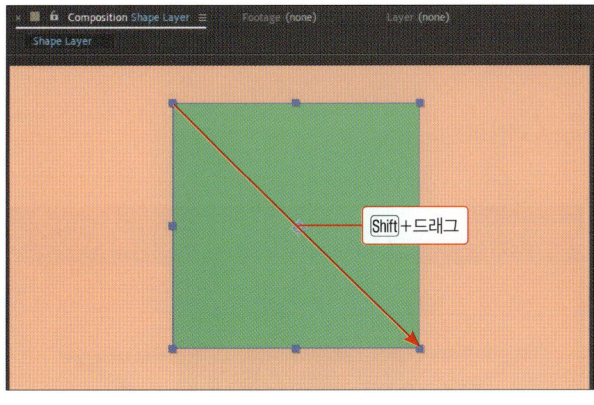

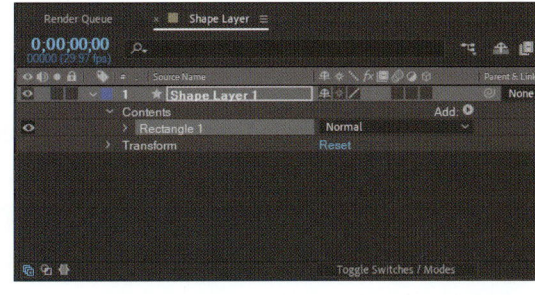

05 이번에는 다른 방법으로 셰이프 레이어를 만들어 봅니다. Tools 패널에서 펜 도구(✐)를 선택한 다음 Fill 의 색상 상자를 클릭합니다.
Shape Fill Color 대화상자가 표시되면 ❶ #에 '0600FF'를 입력한 다음 ❷ 〈OK〉 버튼을 클릭합니다.

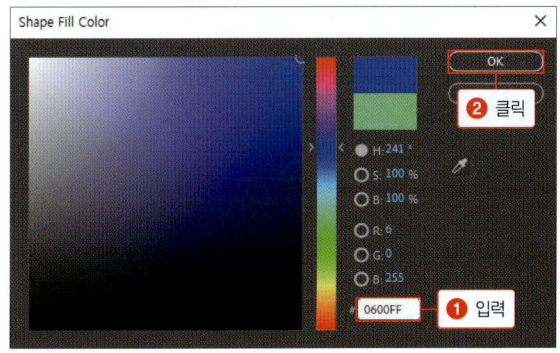

Chapter 02 • 셰이프 레이어 알아보기 351

06 Composition 패널의 화면에서 클릭 또는 드래그해 자유로운 형태의 셰이프를 만듭니다.

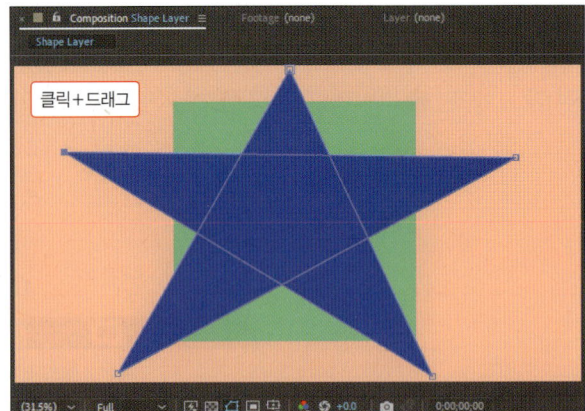

TIP
클릭하면 직선, 드래그하면 곡선이 됩니다.

07 Fill Color와 Stroke Color를 기호에 맞게 설정하여 셰이프 레이어를 변경할 수 있습니다.

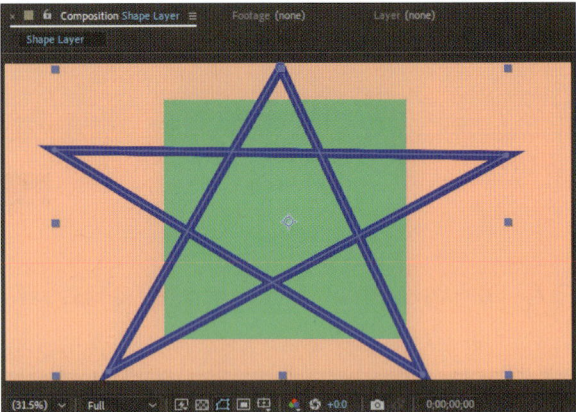

TIP
예제에서는 Fill Color를 'None', Stroke Color를 '#4200FF'로 지정했습니다.

08 Tilmeline 패널에 패스를 조절하여 완성한 셰이프 레이어가 만들어집니다.

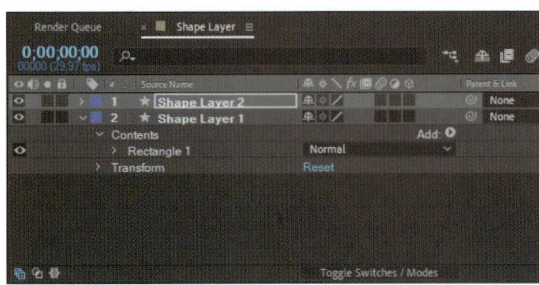
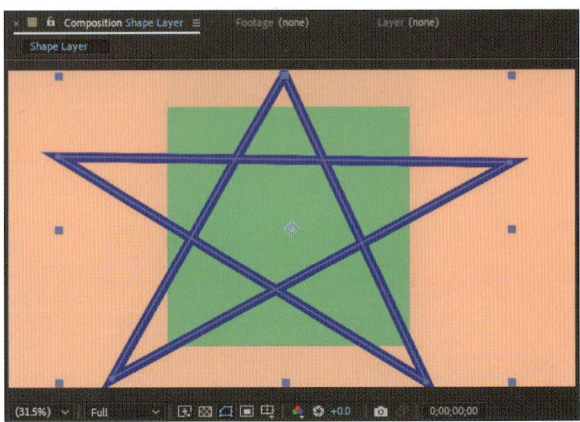

실습예제 03 펜 도구로 셰이프 레이어 만들기

펜 도구를 이용하면 선 형태의 패스를 만들 수 있습니다. 이번 예제에서는 세밀하게 펜 도구를 다루는 방법을 알아봅니다.

● **예제파일** : 05\오리.aep   ● **완성파일** : 05\오리_완성.aep

01 새 프로젝트를 만들고 05 폴더에서 '오리.aep' 파일을 불러옵니다. Project 패널에서 '오리' 컴포지션을 더블클릭하여 불러옵니다.

02 ❶ Tools 패널에서 펜 도구()를 선택합니다. 반투명한 오리 그림을 따라서 그려 보겠습니다.
❷ Composition 패널의 화면을 클릭하면 새로 점을 찍을 수 있습니다. 이때 드래그하여 곡선으로 패스를 변형할 수 있습니다.

> **TIP**
> '오리.png' 레이어는 잠겨있으므로 선택되지 않습니다. 잠금을 해제한 다음 선택하고 펜 도구로 Composition 패널의 화면을 클릭하면 셰이프 레이어가 아니라 마스크가 적용됩니다.

03 조절점의 양쪽에 방향선이 표시됩니다. Alt 를 누른 상태로 한쪽의 방향선을 드래그하여 곡선을 조절합니다.

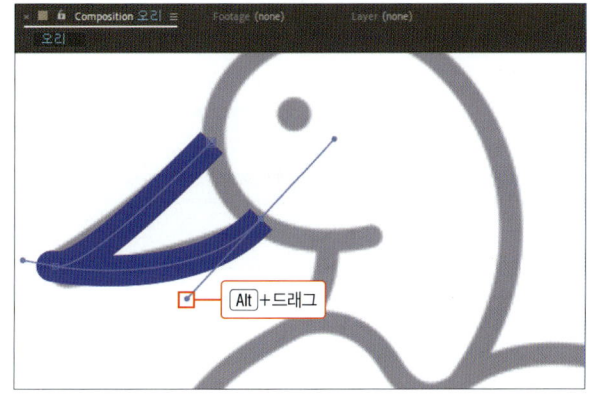

04 클릭과 드래그를 반복하여 그림과 같이 패스를 그립니다.

05 한 번에 클릭이 어려운 경우에는 다른 곳을 클릭하여 점을 찍은 다음 드래그하여 조절하는 형식으로 패스를 그립니다.

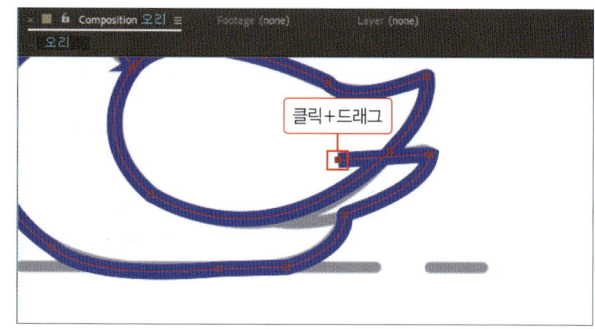

06 ❶ Timeline 패널의 빈 부분을 클릭하여 선택을 해제한 다음 ❷ 다시 Composition 패널의 화면에서 나머지 패스 부분을 계속해서 그립니다.

07 ❶ Tools 패널에서 사각형 도구(■)를 길게 클릭하여 표시되는 원형 도구(●)를 선택합니다. ❷ 눈 부분을 드래그하여 패스를 채웁니다.

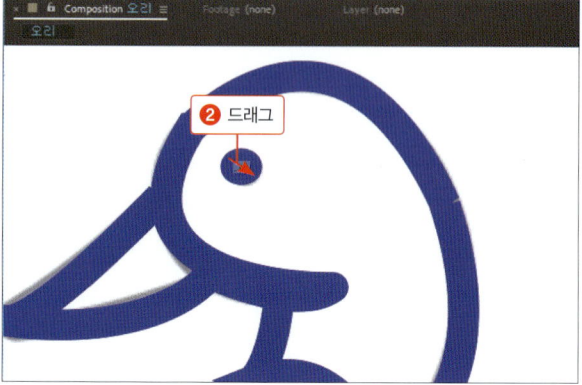

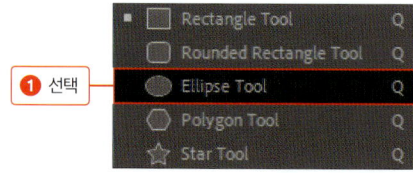

08

끝 선을 둥글게 만들겠습니다. ❶ Timeline 패널에서 'Shape Layer' 레이어의 Contents → Shape 1 → Stroke 1 항목을 표시한 다음 ❷ 'Round Cap'으로 지정하면 끝이 둥글게 변경됩니다. 끝이 각진 부분들을 같은 방법으로 전부 수정하도록 합니다.

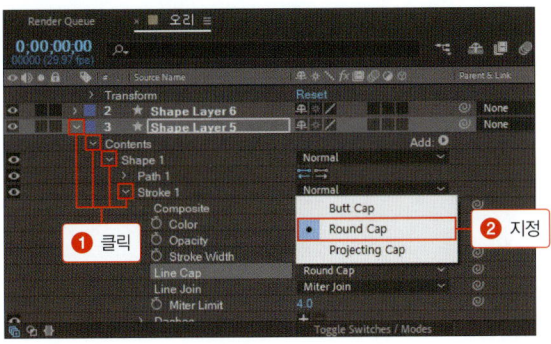 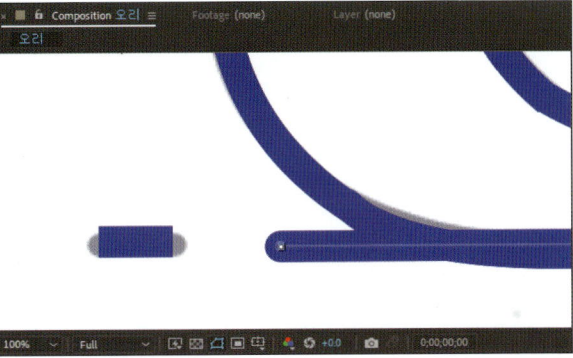

09

❶ Tools 패널에서 펜 도구( )를 길게 클릭하여 표시되는 기준점 추가 도구( )를 선택하고 ❷ Composition 패널에서 패스를 클릭하면 추가로 점을 찍을 수 있습니다. 점은 세밀도를 잡는 중요 수단이 됩니다.

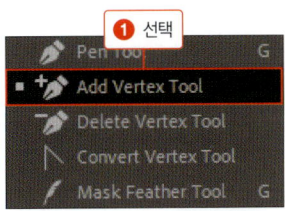 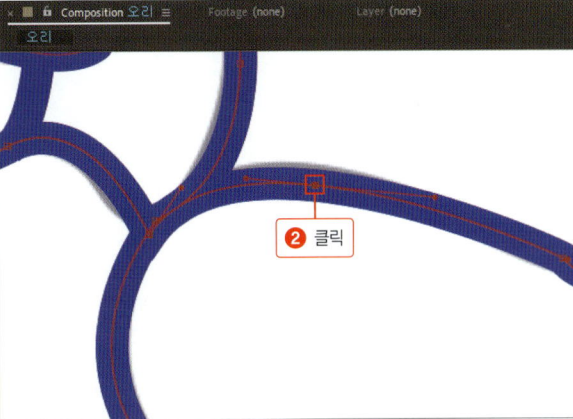

10

셰이프 레이어를 마무리합니다. 펜 도구( )로 클릭해 만들어진 점들을 드래그하면 세밀하게 조절합니다.

> **TIP**
> 펜 도구는 일반적인 다른 도구들과 달리 쉽게 하는 비결이 없는 도구로 손에 익는 것이 가장 쉬운 도구 적응 방법입니다. 다양한 상황에서 펜 도구를 활용하여 손에 익도록 합니다.

필수기능 04 셰이프 레이어의 속성 알아보기

셰이프를 세밀하게 설정하기 위해 먼저 셰이프 레이어의 속성에 대해서 알아보겠습니다. 셰이프 레이어에는 크게 Path, Stroke, Fill, Transform의 네 가지 속성이 있습니다.

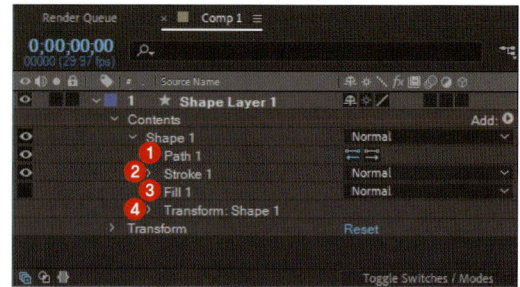

① **Path** : 셰이프 레이어의 패스 애니메이션을 만드는 기능으로 Mask Path와 같은 방식으로 이용할 수 있습니다. 이때 순서가 필요한 움직임을 만들 수 있어 시작 점과 끝 점을 바꿀 수 있습니다.
② **Stroke** : 선을 설정하는 기능으로 블렌딩 모드와 색상, 불투명도, 두께 등을 설정할 수 있으며, 선 형태일 때 끝부분을 직선 또는 둥글게 등 다양하게 설정할 수 있습니다.
③ **Fill** : 패스 안쪽 색을 지정하는 기능으로 블렌딩 모드와 색상, 불투명도 등을 설정합니다.
④ **Transform** : 레이어, 텍스트 레이어와 같은 Transform 속성을 설정하여 변형합니다.

추가 Shape 메뉴 살펴보기

셰이프 레이어를 만든 다음 Timeline 패널의 빈 공간을 마우스 오른쪽 버튼을 클릭하면 추가 메뉴를 볼 수 있습니다. 추가 메뉴에 대해 알아봅니다.

① **RotoBezier** : Path Shape의 연결 부분을 자동으로 자연스럽게 만드는 기능입니다. 직각 부분을 곡선으로 만들 수 있습니다.
② **Closed** : 펜 도구로 패스를 만들 때 시작/끝 부분을 연결하지 않으면 선 형태로 만들어지는 경우 선을 연결하여 면 형태로 만듭니다.
③ **Convert to Bezier Path** : 셰이프 레이어를 만들 때 사각형/원형/다각형 도구 등을 이용하면 베지어(Bezier)를 직접 수정할 수 없습니다. Convert to Bezier Path 도구를 이용하면 점과 선을 직접 수정할 수 있습니다.
④ **Group Shapes & Ungroup Shapes** : 하나의 셰이프 레이어에 여러 개의 Path Shape를 만들 수 있습니다. 이때 각 Path Shape를 성격에 맞추어 그룹을 지정합니다.
⑤ **Set First Vertex** : 셰이프를 만들면 시작/끝 점이 있습니다. 펜 도구를 이용할 때는 바로 알 수 있지만, 사각형이나 원형처럼 완성형 도구를 만들면 임의의 기준을 만들어 적용합니다. 이때 Vertex – Set First Vertex를 선택하면 선택한 점을 시작 점으로 만듭니다.
⑥ **Free Transform Points** : Shape 전체를 선택하여 쉽게 이동하는 기능이며 작업 화면에서 Vertex를 모두 선택한 다음 더블클릭했을 때 나타나는 기능과 같습니다.

실습예제 05 Dashes로 점선 만들기

Dashes 기능을 이용해서 점선 형태의 셰이프 레이어를 만들어 봅니다.

◎ 예제파일 : 05\밑줄.aep ◎ 완성파일 : 05\밑줄_완성.aep

Before

After

01 새 프로젝트를 만들고 05 폴더에서 '밑줄.aep' 파일을 불러옵니다.

TIP
예제에서 사용한 글꼴은 'I AM A PLAYER'입니다.

02 Tools 패널에서 펜 도구( )를 선택하고 ❶ Fill 을 'None', Stroke를 'Solid Color', Stroke Width 를 '24px'로 설정합니다. ❷ Stroke의 색상 상자를 클릭하 여 Shape Stroke Color 대화상자가 표시되면 ❸ '스포이 트' 아이콘( )을 클릭한 다음 ❹ Composition 패널의 '별 표.png' 레이어를 클릭하여 선의 색상을 지정하고 ❺ 〈OK〉 버튼을 클릭합니다.

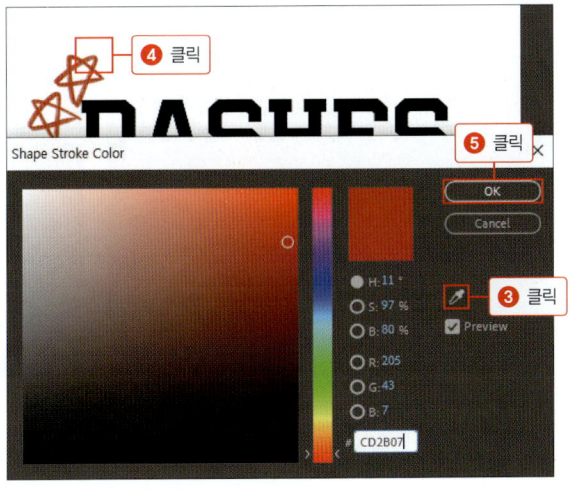

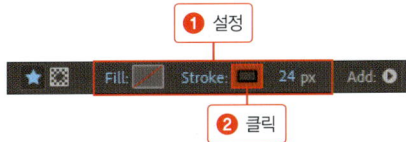

Chapter 02 • 셰이프 레이어 알아보기   357

03 ❶, ❷ Composition 패널의 화면에서 글씨 왼쪽 하단과 오른쪽 하단을 클릭하여 직선 패스를 만듭니다.

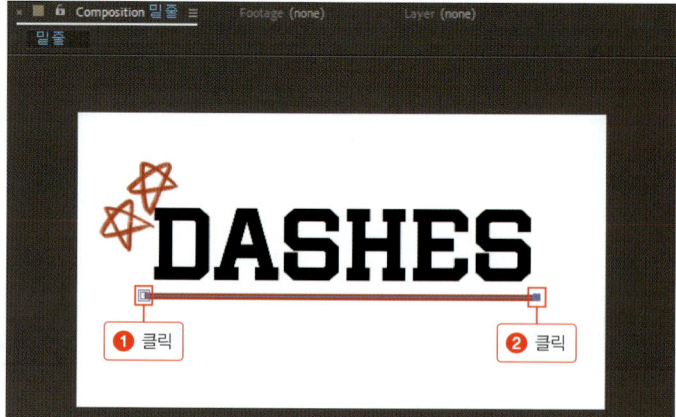

> **TIP**
> Shift 를 클릭한 상태로 클릭하면 곧은 직선을 만들 수 있습니다.

04 ❶ Timeline 패널에서 'Shape Layer 1' 레이어의 Stroke 1 속성을 표시한 다음 ❷ Dashes의 〈+〉 버튼을 클릭합니다. Dash, Offset이 표시되고 Composition 패널의 패스가 점선으로 바뀝니다.

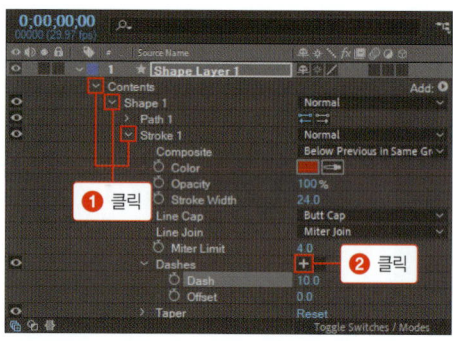

05 Dashes 속성의 Dash를 이용해 점선의 길이와 간격을 설정할 수 있습니다. 예제에서는 '100'으로 설정하여 간격을 조절하였습니다.

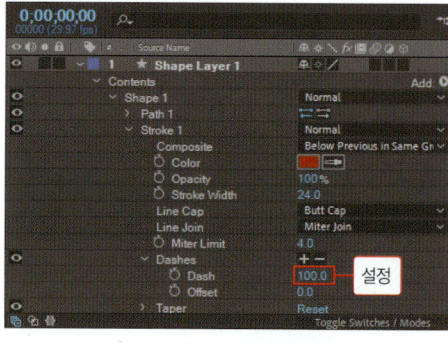
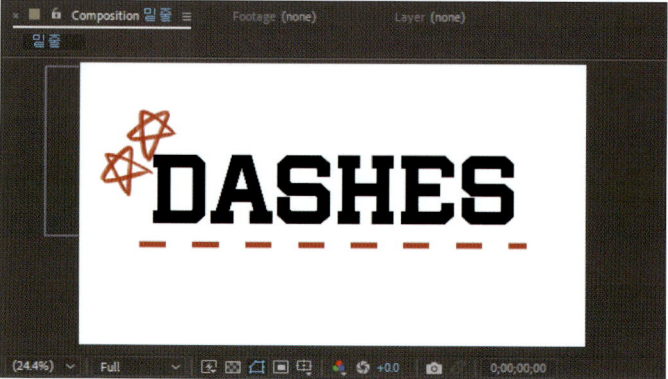

실습예제 06 선 끝을 둥글게 만들기

선의 각진 양 끝을 둥글게 만들어 부드러운 형태의 패스로 변형해 봅니다.

- 예제파일 : 05\둥근선.aep
- 완성파일 : 05\둥근선_완성.aep

01 이전 작업을 이어서 진행하거나 새 프로젝트를 만들고 05 폴더에서 '둥근선.aep' 파일을 불러옵니다.

TIP
예제에서 사용한 글꼴은 'I AM A PLAYER'입니다.

02 ❶ Timeline 패널에서 'Shape Layer 1' 레이어의 Stroke 1 항목을 표시한 다음 ❷ Stroke Width를 '70'으로 설정합니다. 선이 두꺼워지는 것을 확인할 수 있습니다.

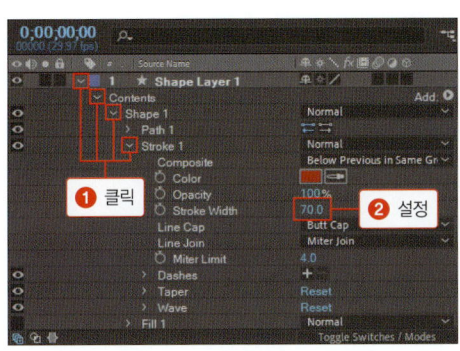

03 ❶ Line Cap을 클릭한 다음 ❷ 'Round Cap'으로 지정하여 선 양 끝을 둥글게 만듭니다.

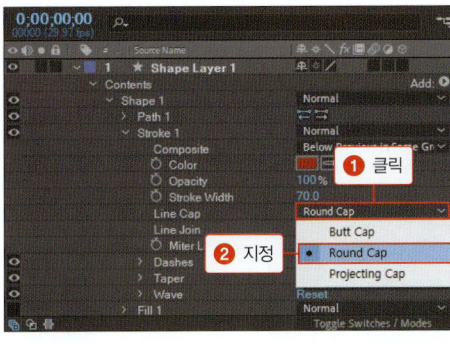
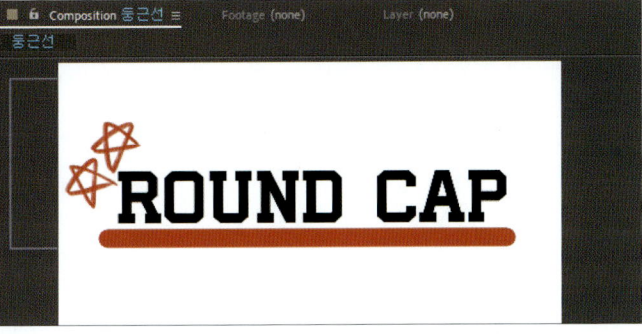

필수기능 07 셰이프 레이어의 Add 기능 알아보기

셰이프 레이어에 Add 기능을 이용하면 다양하게 연출할 수 있습니다. Add 기능에는 어떤 것들이 있는지 알아봅니다.

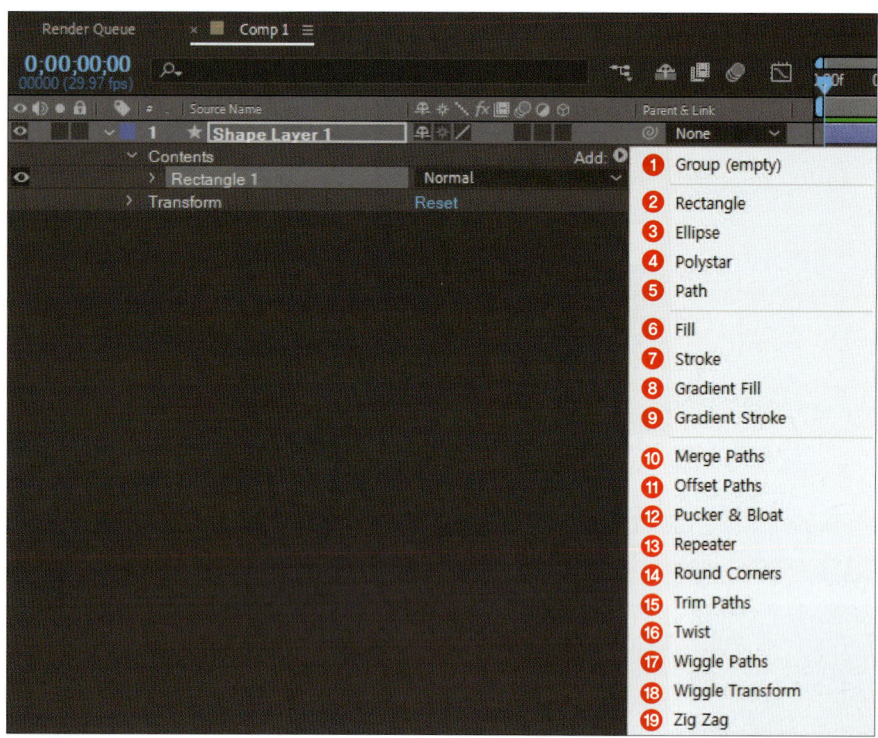

❶ **Group (empty)** : 비어있는 그룹을 만드는 기능으로 그룹에는 기본으로 Transform 속성만 포함되어 있습니다. 이 그룹에 드래그하여 Path, Stroke 등 다양한 속성을 추가할 수 있습니다.
❷ **Rectangle** : 사각형 패스를 추가합니다.
❸ **Ellipse** : 원형 패스를 추가합니다.
❹ **Polystar** : 다각형 패스를 추가합니다.
❺ **Path** : 비어 있는 패스를 추가합니다.
❻ **Fill** : 만들어진 패스에 색상을 추가합니다.
❼ **Stroke** : 추가된 패스에 선을 추가합니다.
❽ **Gradient Fill** : 그러데이션 색상을 추가합니다.
❾ **Gradient Stroke** : 그러데이션 선 색상을 추가합니다.
❿ **Merge Paths** : 패스끼리 합치고 뺄 수 있습니다. 두 개의 패스를 만들고 Merge Paths 속성의 Mode를 지정하면 두 개의 패스를 하나로 만들 수 있습니다.

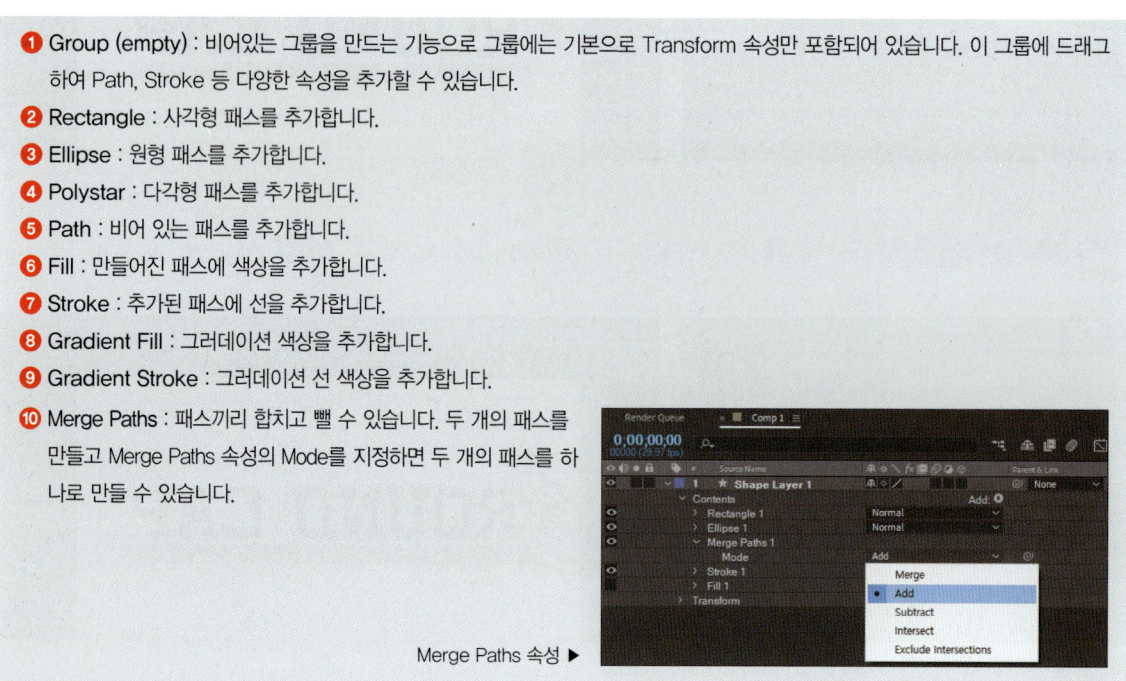

▲ Merge Paths 속성

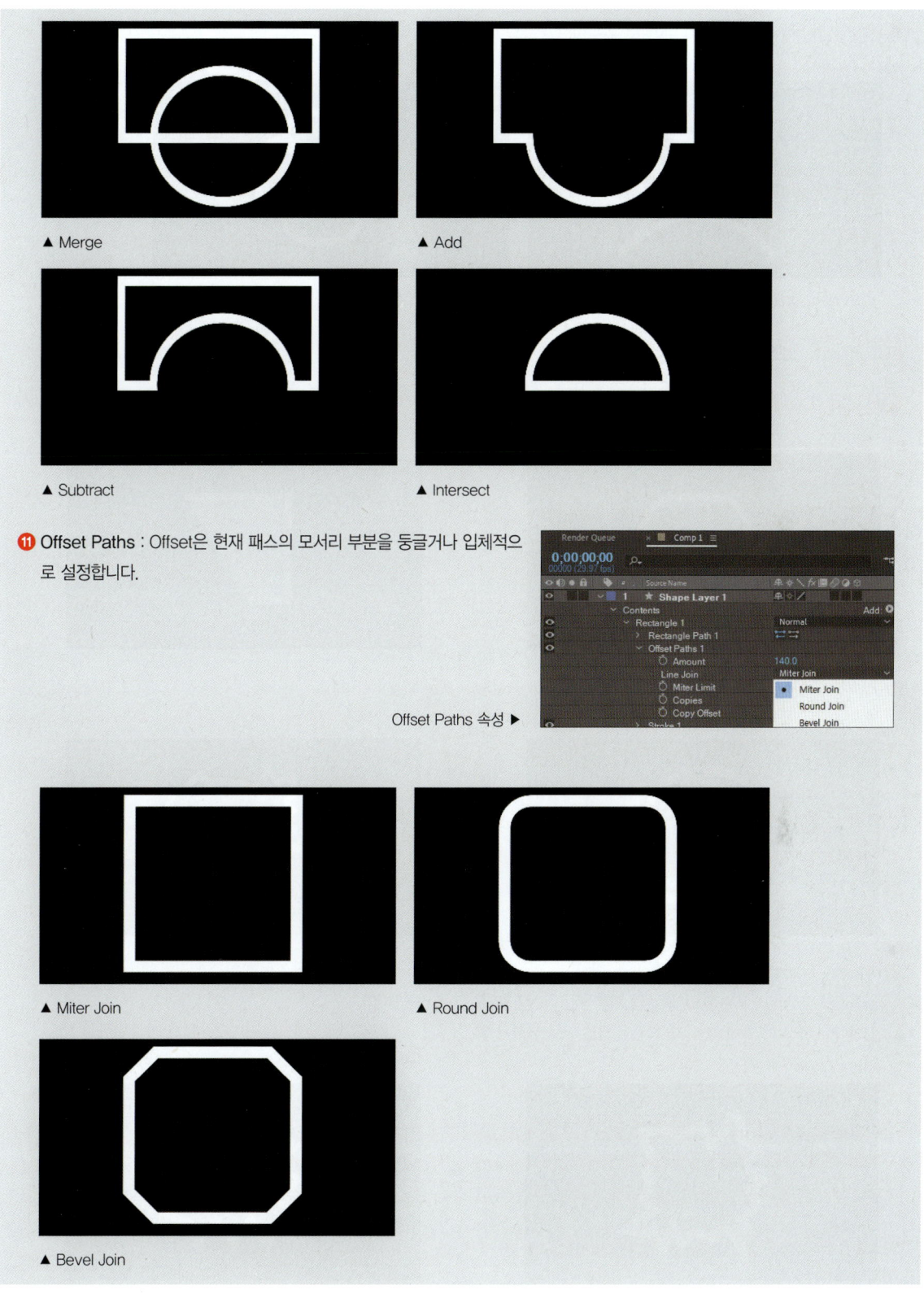

▲ Merge   ▲ Add

▲ Subtract   ▲ Intersect

⓫ **Offset Paths** : Offset은 현재 패스의 모서리 부분을 둥글거나 입체적으로 설정합니다.

Offset Paths 속성 ▶

▲ Miter Join   ▲ Round Join

▲ Bevel Join

⓬ **Pucker & Bloat** : Pucker와 Bloat는 '오므려서 주름을 잡다, 부풀어 오른다'라는 뜻으로 기준점 사이를 오므리거나 부풀리는 기능입니다.

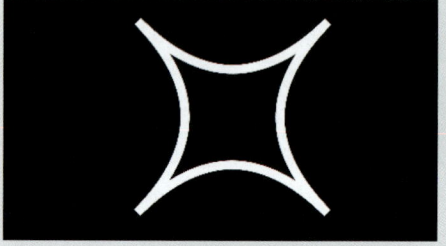 

▲ 사각형 패스의 Pucker & Bloat를 '-50'으로 설정   ▲ 사각형 패스를 Pucker & Bloat를 '50'으로 설정

⓭ **Repeater** : 패스를 복제하는 기능입니다.

⓮ **Round Corners** : 각진 모서리 형태를 유지하면서 둥글게 만듭니다.

⓯ **Trim Paths** : 패스를 잘라내는 기능으로, 선을 나타내고 지울 수 있습니다.

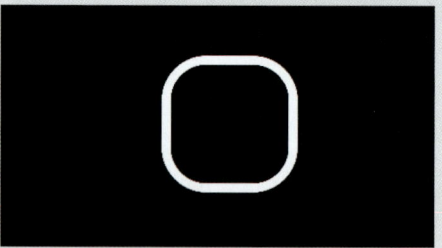 

⓰ **Twist** : 중심축을 기준으로 회전, 왜곡하는 기능으로 중심축을 이동할 수 있습니다.

⓱ **Wiggle Paths** : 패스를 무작위의 지그재그 형태로 바꾸는 기능입니다.

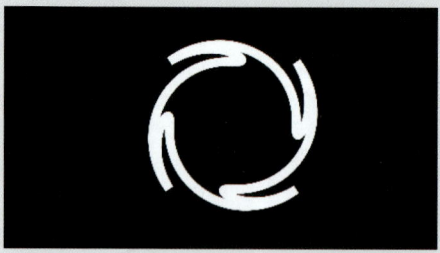 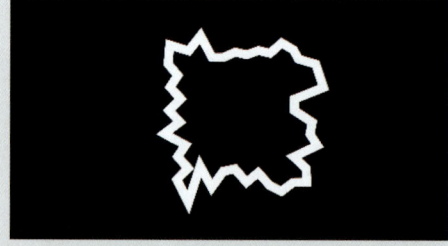

⓲ **Wiggle Transform** : Wiggle Paths 기능으로 만든 선의 움직임을 설정하여 Wiggle Paths의 세부적인 타이밍을 조절합니다. Wiggle Paths가 적용되지 않으면 아무 변화가 일어나지 않습니다.

⓳ **Zig Zag** : Wiggle 기능과 다르게 규칙적인 지그재그 형태를 만듭니다.

 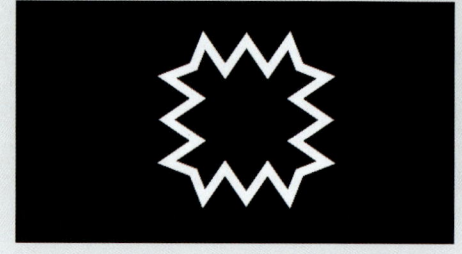

실습예제 08 Repeater 속성으로 셰이프 레이어 복제하기

셰이프 레이어의 Add 기능을 이용하여 Repeater 속성을 추가해서 변화를 만들어 봅니다.

- 예제파일 : 05\로딩.aep
- 완성파일 : 05\로딩_완성.aep

Before / After

01 새 프로젝트를 만들고 05 폴더에서 '로딩.aep' 파일을 불러옵니다. 예제에서 사용한 글꼴은 'I AM A PLAYER'입니다.

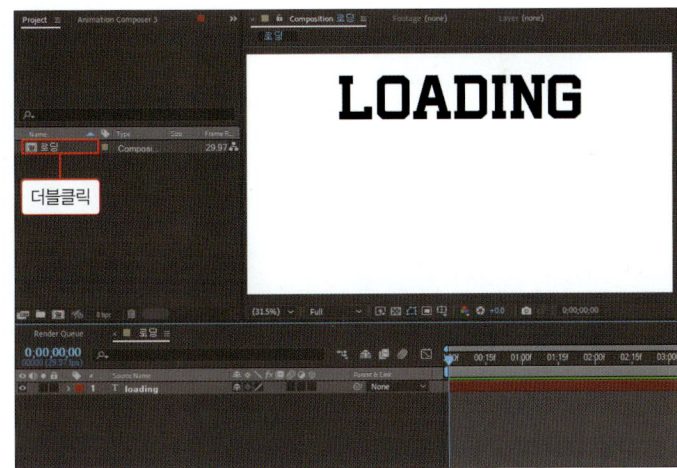

02 셰이프 레이어를 만들기 전에 중심점을 지정해 봅니다. ❶ Composition 패널 하단의 'Grid and guide options' 아이콘(田)을 클릭한 다음 ❷ 'Title/Action Safe'를 선택합니다.

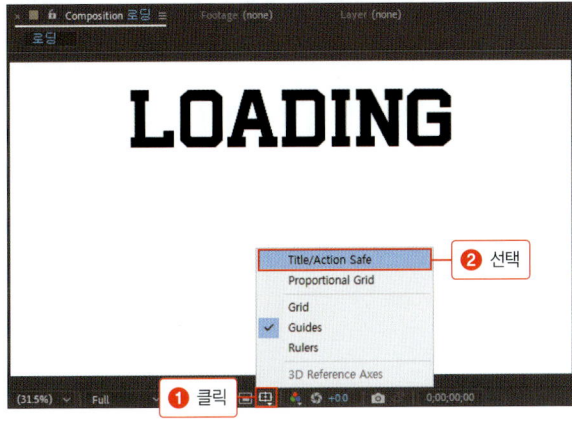 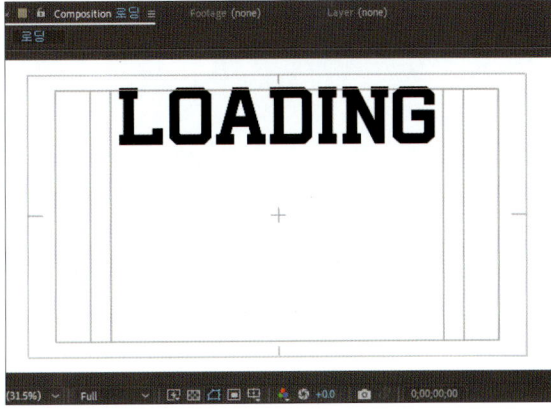

03 ❶ Tools 패널에서 펜 도구(✏️)를 선택하고 Fill을 'None', Stroke를 'Solid Color', Stroke Width를 '24px', Stroke Color를 '검은색'으로 설정합니다. ❷ Composition 패널에서 화면 중심의 아래를 클릭해 그림과 같이 수직선을 만듭니다.

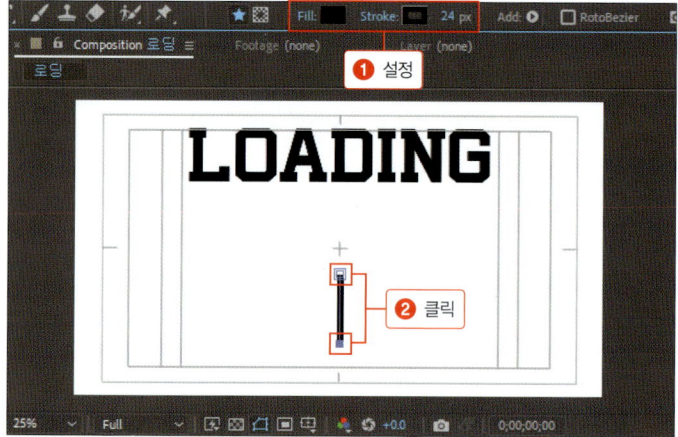

04 ❶ Timeline 패널에서 셰이프 레이어의 Contents 속성을 표시하고 ❷ 오른쪽 ▶를 클릭한 다음 ❸ Repeater를 실행합니다. Repeater 속성이 추가되어 선이 3개로 복제됩니다.

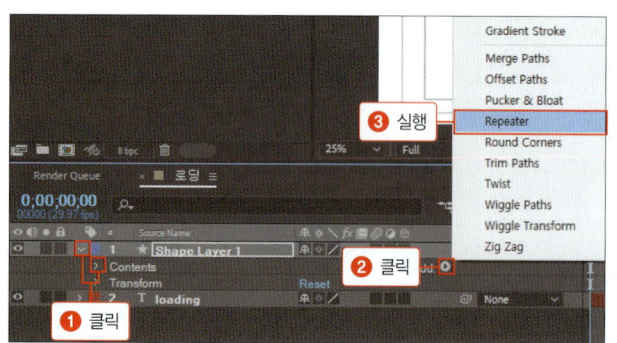 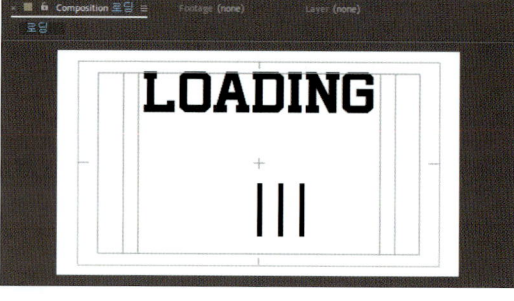

05 Repeater 항목의 Copies를 '12'로 설정하여 선을 12개 복제합니다.

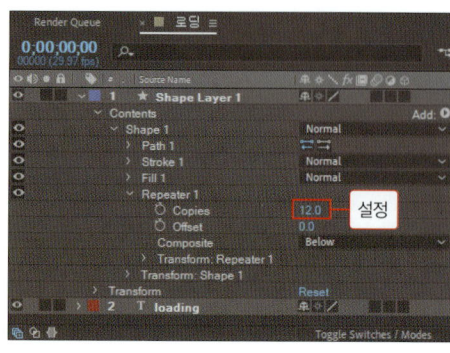 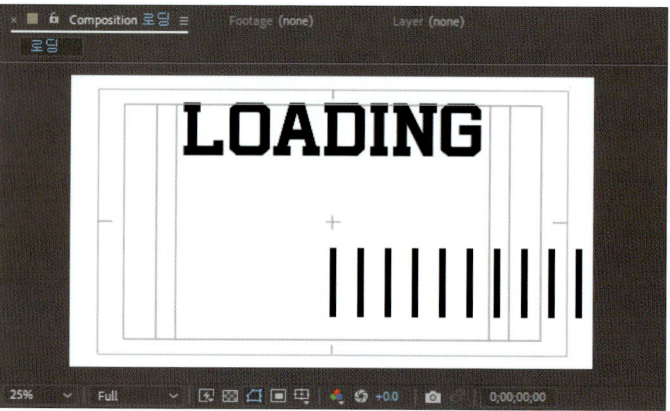

06 Repeater 항목의 Transform: Repeater 1에서 Position을 '0'으로 설정하여 중심축을 기준으로 선을 이동합니다. Rotation을 '30°' 회전한 다음 End Opacity를 '30%'로 설정해서 뒤로 갈수록 투명하게 만들어 로딩 애니메이션 형태를 완성합니다.

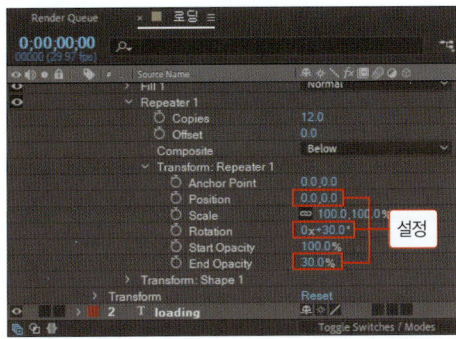
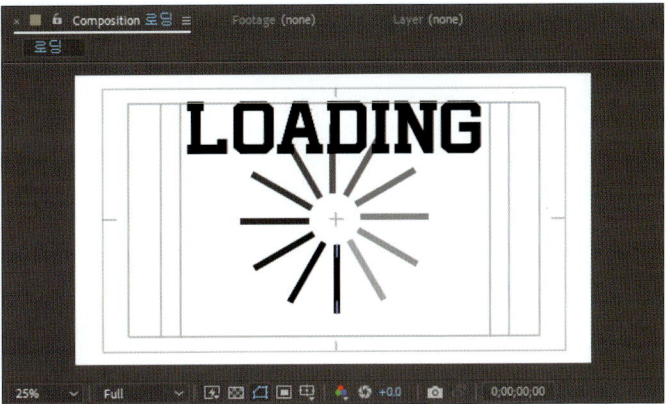

07 Timeline 패널에서 'Shape Layer 1' 레이어의 Transform 속성을 표시한 다음 Position의 Y를 '680'으로 설정하여 그림과 같이 글자 아래에 위치하도록 합니다.

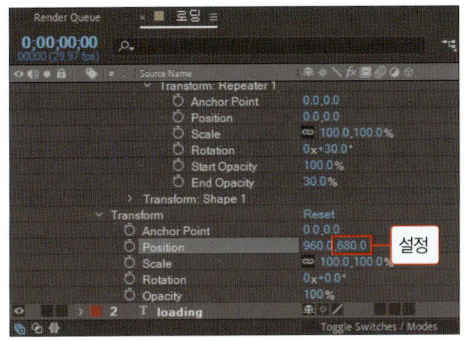
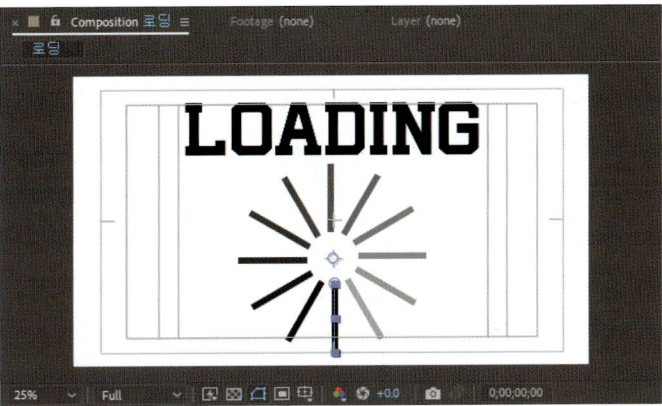

> **TIP**
> Composition 패널의 화면에서 선을 아래로 드래그하여 이동해도 됩니다.

08 ❶ 현재 시간 표시기를 '0초'로 이동한 다음 ❷ Rotation 왼쪽의 'Stop Watch' 아이콘(◎)을 클릭하여 키프레임을 만듭니다.

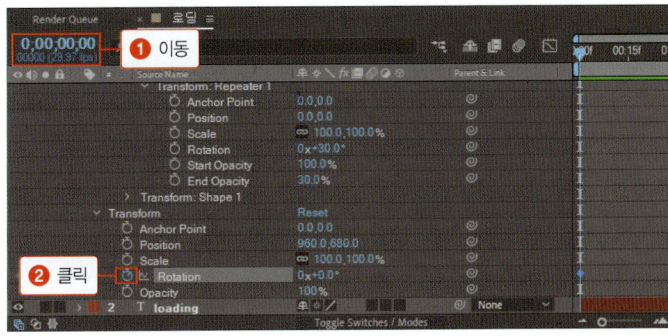

09
❶ 현재 시간 표시기를 '4초 29프레임'으로 이동한 다음 ❷ Rotation을 '2x +0°'로 설정합니다. 선이 돌아가는 로딩 애니메이션 형태가 만들어집니다.

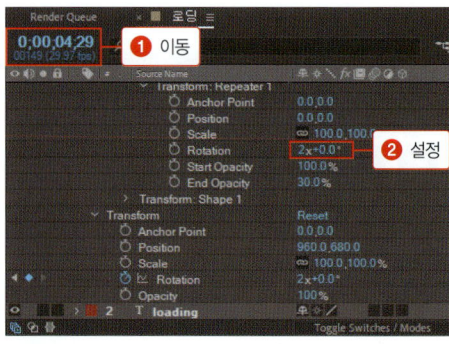
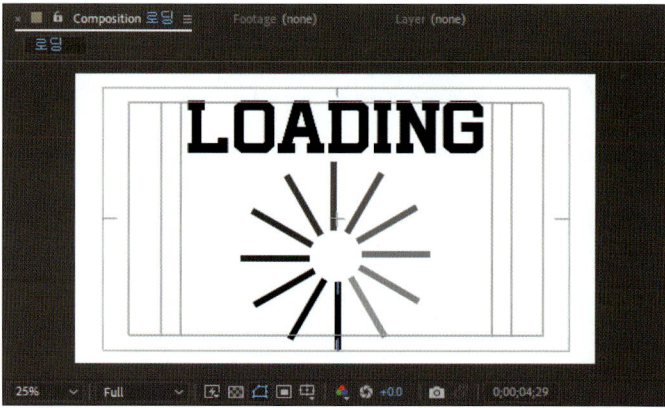

실습예제 09 | Trim Paths 기능으로 선 조절하기

Add 기능을 이용해서 Trim 속성을 추가한 다음 선을 조절한 애니메이션을 만들어 봅니다.

◉ 예제파일 : 05\Trim Paths.aep　　◉ 완성파일 : 05\Trim Paths_완성.aep

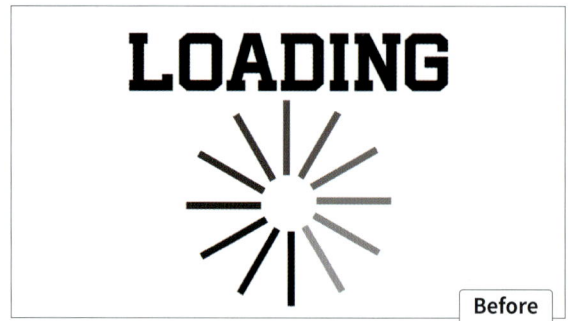

01
이전 작업을 이어서 진행하거나 05 폴더에서 'Repeater.aep' 파일을 불러옵니다. ❶ Composition 패널 하단에 있는 'Grid and guide options' 아이콘(⊞)을 클릭한 다음 ❷ 'Title/Action Safe'를 선택하여 가이드와 그리드를 숨깁니다.

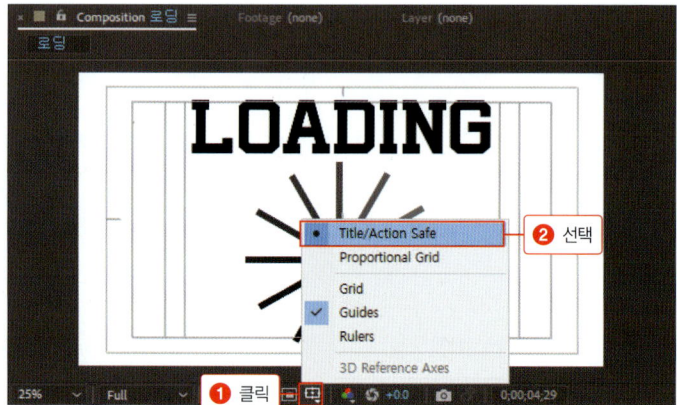

02 ① Timeline 패널에서 Add의 오른쪽 ◉를 클릭하고 ② Trim Paths를 실행하여 Trim Paths 속성을 추가합니다.

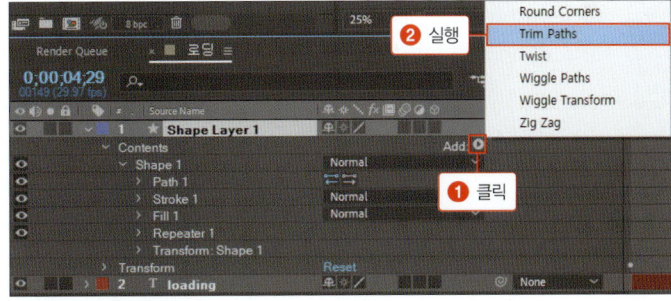

03 Trim Paths 속성을 이용해 애니메이션을 만들어 봅니다. ① 현재 시간 표시기를 '0초'로 이동한 다음 ② Trim Paths 1 항목을 표시합니다. ③ End 왼쪽의 'Stop Watch' 아이콘(◉)을 클릭하고 ④ '0%'로 설정해 키프레임을 만듭니다.

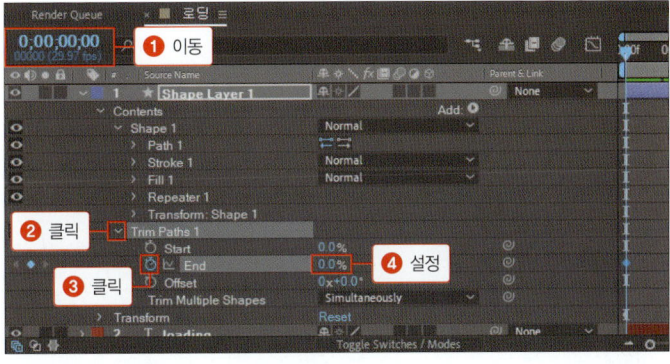

04 ① 현재 시간 표시기를 '1초'로 이동한 다음 ② End를 '100%'로 설정하여 키프레임을 만듭니다.

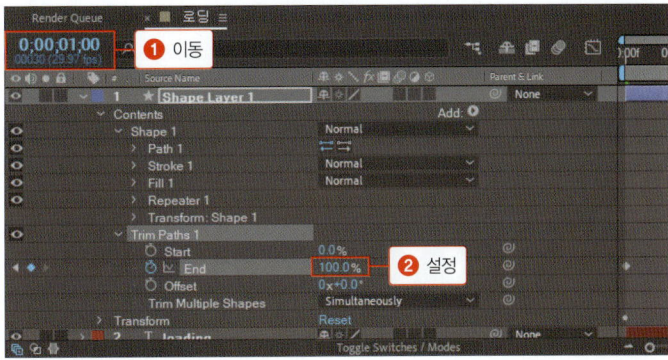

05 이번에는 Start를 설정하여 선이 없어지는 애니메이션을 만들어 봅니다. ① 현재 시간 표시기를 '15프레임'으로 이동한 다음 ② Start 왼쪽의 'Stop Watch', 아이콘(◉)을 클릭하여 키프레임을 만듭니다.

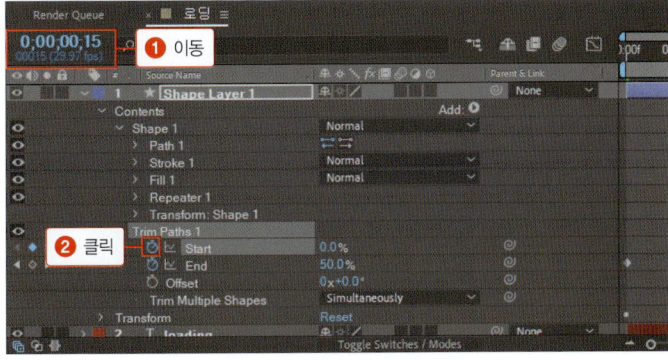

06 ❶ 현재 시간 표시기를 '1초'로 이동한 다음 ❷ Start를 '100%'로 설정하여 선이 없어지는 애니메이션을 만듭니다.

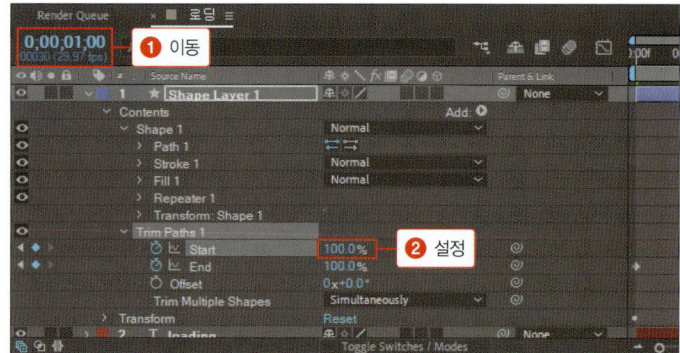

07 선이 없어졌다가 나타나는 애니메이션을 자연스럽게 만들기 위해 ❶ 키프레임 부분을 드래그해서 선택하고 ❷ F9 를 눌러 Easy In/Out 상태로 만듭니다.

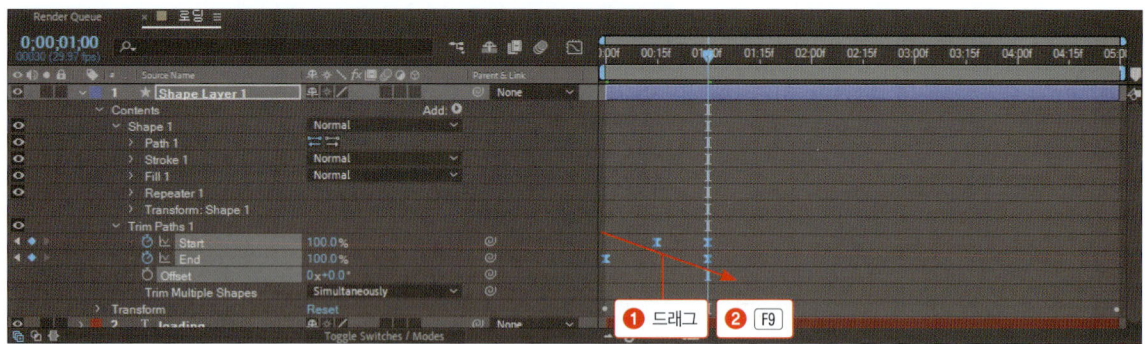

08 램 프리뷰를 통해 로딩 애니메이션을 확인할 수 있습니다.

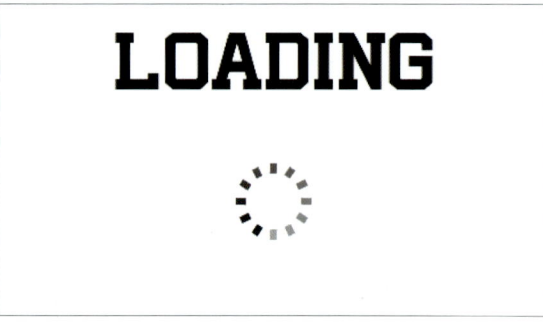 

 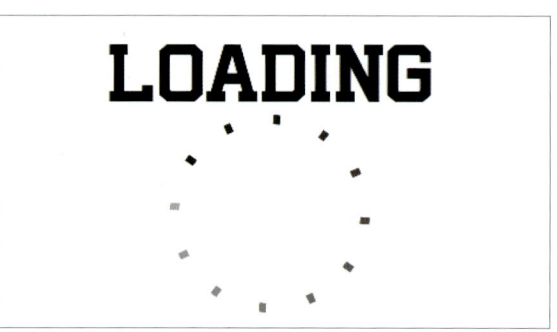

실습예제 10   Wiggle Paths 지그재그 라인 만들기

Add 기능을 이용하여 Wiggle Paths 속성으로 지그재그로 움직이는 선 애니메이션을 만들어 봅니다.

◉ 예제파일 : 05\리듬.aep   ◉ 완성파일 : 05\리듬_완성.aep

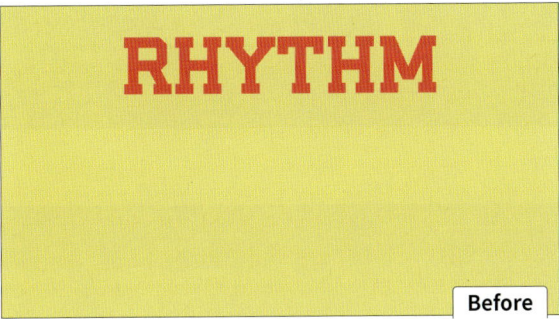
Before

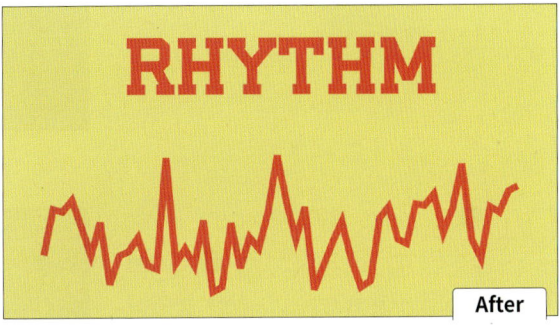
After

01 새 프로젝트를 만들고 05 폴더에서 '리듬.aep' 파일을 불러옵니다.

> **TIP**
> 예제에서는 무료 폰트인 'I AM A PLAYER'를 사용했습니다.

02 ❶ Timeline 패널에서 텍스트 레이어를 선택하고 Tools 패널에서 펜 도구(✒)를 선택합니다. ❷ Composition 패널의 화면에서 그림과 같이 시작 점을 클릭하고 끝 점을 클릭하여 직선 패스를 만듭니다. 여기서는 Fill을 'None', Stroke Color를 '#ED3737'로 지정하였습니다.

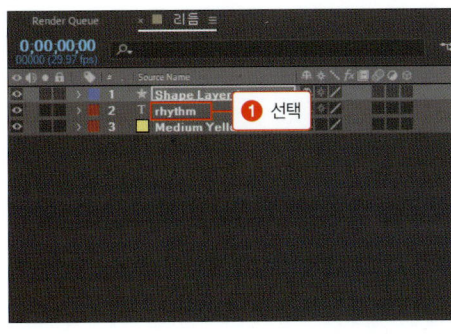

> **TIP**
> 예제에서는 Fill을 'None', Stroke Color를 '#ED3737'로 지정했습니다.

Chapter 02 · 셰이프 레이어 알아보기   **369**

03 ❶ Timeline 패널에서 'Shape Layer 1' 레이어의 속성을 표시한 다음 ❷ Add 오른쪽 ▶를 클릭하고 ❸ Wiggle Paths를 실행하여 속성을 추가합니다.

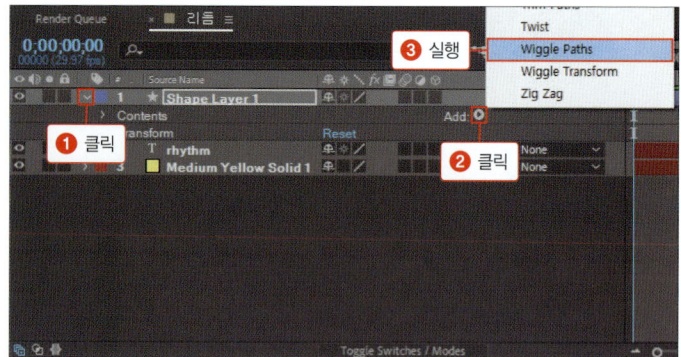

04 ❶ Contents 항목의 Shape 1 → Wiggle Paths 1을 표시한 다음 ❷ Size를 '600', Detail을 '50', Wiggles/Second를 '3'으로 설정합니다.

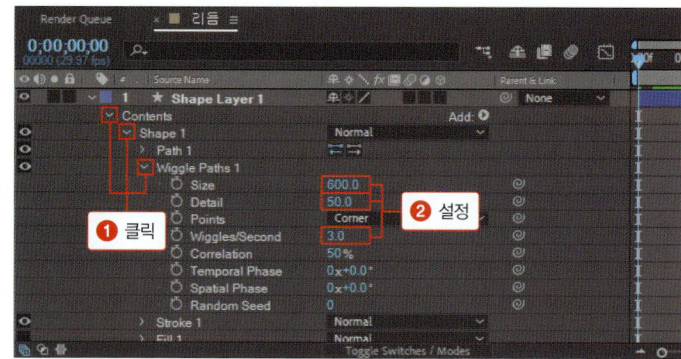

05 Wiggle Paths는 키프레임을 설정하지 않아도 움직이는 애니메이션을 만들 수 있습니다. 램 프리뷰를 통해 반복하는 지그재그 애니메이션을 확인합니다.

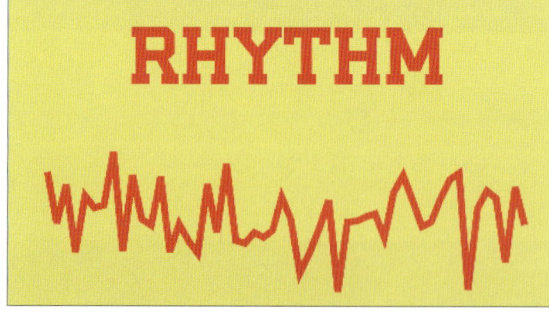
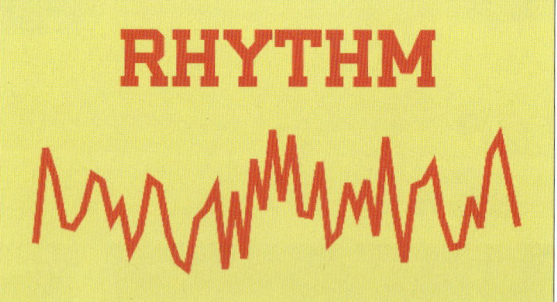
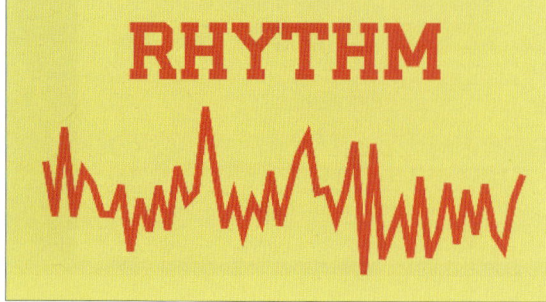
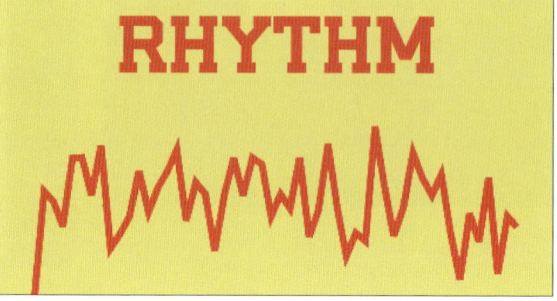

텍스트 레이어와 셰이프 레이어 적용하기

1 318쪽 참고

사진에 텍스트 레이어를 이용하여 글자를 넣어보세요.

`예제파일` 05\Korea.aep   `완성파일` 05\Korea_완성.aep
`해설 동영상` 05\5-1.mp4

> **Hint** 프로젝트 불러오기 → 문자 도구 선택하기 → Composition 패널의 화면을 클릭하여 텍스트 추가하기 → Character 패널에서 글꼴과 색상을 지정하고 크기 설정하기

2 353쪽 참고

나뭇잎 모양의 셰이프 레이어를 펜 도구를 이용하여 따라 그려 보세요.

`예제파일` 05\Leaf.aep   `완성파일` 05\Leaf_완성.aep
`해설 동영상` 05\5-2.mp4

> **Hint** 프로젝트 불러오기 → 펜 도구 선택하기 → 클릭과 드래그로 나뭇잎 모양 셰이프 레이어 그리기 → Line Cap를 'Round Cap'으로 지정하여 끝부분 둥글게 만들기

애프터 이펙트에서 모션 그래픽을 제작할 때 가장 많이 이용하는 기능은 3D 기능입니다. 현재 애프터 이펙트에서 3D 레이어 기능은 시각 효과를 만드는 가장 중요한 기능입니다. 애프터 이펙트의 모든 레이어는 3D 기능을 이용하면 3차원 공간에 배열되어 모션 그래픽 작업을 진행할 수 있으며, 3D 레이어와 연동되는 다양한 이펙트를 통해 완성도 높은 영상을 만들 수 있습니다.

PART 6.

3D 공간 다루기

01 | 3D 공간 알아보기

3D·Select View Layout • Camera Setting • Light

3D 공간 알아보기

3D 레이어는 모션 그래픽에서 가장 많이 이용하는 작업 중 하나입니다. 입체적으로 나타내는 3D 레이어에 대해 알아보고 관련 효과들을 적용해 봅니다.

필수기능 01 애프터 이펙트에서의 3D 개념 알아보기

일반적으로 3D라고 하면 360° 회전이 가능한 물체를 그대로 3D 프로그램에서 구현하여 만든 물체 혹은 배경이라고 생각할 수 있습니다. CG 및 VFX의 핵심 기능인 3D는 애프터 이펙트에서는 일반적인 3D의 개념과 조금 다른 의미로 사용됩니다.

애프터 이펙트에서의 3D 작업은 2D 이미지를 활용하여 3D처럼 만드는 구조로 2.5D라고도 합니다. 입체로 배열되지만, 실제 3D 개체 방식은 아닙니다. 작업 환경이 3D 공간일 뿐 기본적으로 애프터 이펙트에서는 실제 3D 개체를 불러와서 작업할 수 없습니다.

▲ 애프터 이펙트에서의 3D

필수기능 02 모션 그래픽에서의 3D 활용하기

이러한 '3D = 2.5D'의 개념으로 인해 애프터 이펙트는 영상 제작보다 모션 그래픽에서 좀 더 두각을 나타내는 툴입니다. 애프터 이펙트에서 간단하게 카메라를 설치하고 3D 작업 공간에 물체를 배치해 키프레임을 통해 카메라 움직임을 주면 3D처럼 보이기 때문에 심도 효과나 조명을 설치하면 고급스러운 3D처럼 보이게 만들 수 있습니다.

▲ 3D 공간에 소스를 배치한 모습

▲ 평면 소스를 2.5D로 배치하여 3D처럼 보이게 한 모습

필수기능 03 3D 레이어 알아보기 ★중요

애프터 이펙트에서 3D 작업은 일반적으로 통용되는 3D 개체가 아닌 2.5D로 앞서 살펴보았습니다.

2D 레이어는 Position에 X, Y축만을 가지며 Rotation은 가운데를 중심축으로 회전합니다. 3D 레이어는 Position에 X, Y, Z축이 있으며 Rotation도 X, Y, Z축으로 나누어집니다. Scale도 X, Y, Z축으로 나누어지지만, Z축은 입체를 만들지 못합니다. 이 부분으로 인해 2.5D에 해당하는 부분이라고 볼 수 있습니다.

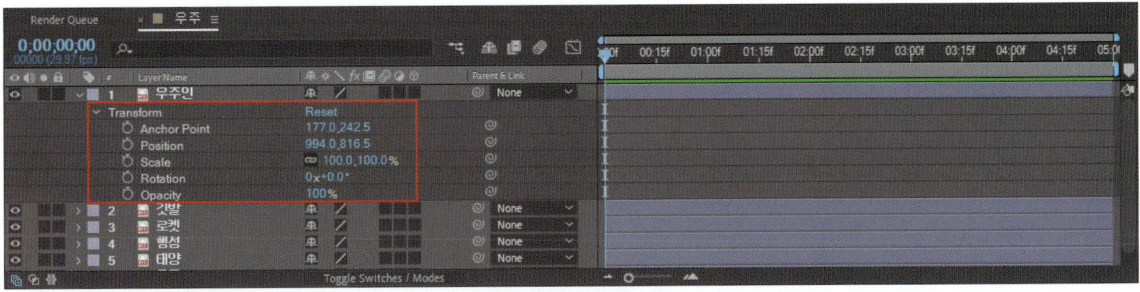
▲ Timeline 패널의 2D 레이어

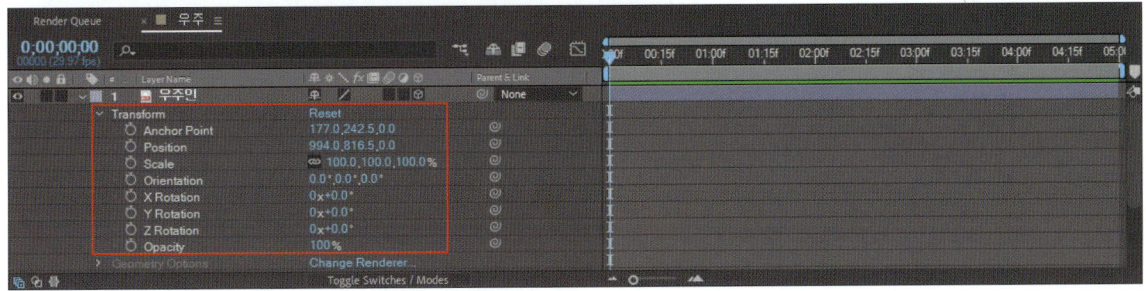
▲ Timeline 패널의 3D 레이어

Composition 패널 모니터 화면에서 2D 레이어는 선택 영역만 활성화되며, 3D 레이어는 선택 영역과 함께 세 개의 축이 나타납니다. 세 개의 축은 다음과 같이 3D 축으로 회전할 수 있습니다.

▲ Composition 패널의 2D 레이어

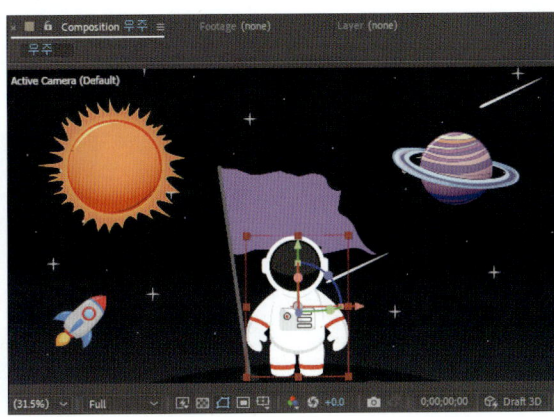
▲ Composition 패널의 3D 레이어

Chapter 01 · 3D 공간 알아보기 375

실습예제 04 3D 레이어 만들기 우선순위 TOP 03 중요

2D 레이어를 3D 레이어로 만드는 과정은 간단합니다. 3D Layer 아이콘을 클릭하여 활성화하는 것만으로도 3D 레이어를 만들 수 있습니다. 간단하게 일반 2D 레이어를 3D 레이어로 만들어 봅니다.

◉ 예제파일 : 06\우주.psd   ◉ 완성파일 : 06\우주_완성.aep

01 새 프로젝트를 만든 다음 06 폴더에서 '우주.psd' 파일을 'Composition – Retain Layer Sizes'로 지정하여 불러옵니다. Project 패널에서 '우주.psd'를 더블클릭하여 컴포지션을 엽니다.

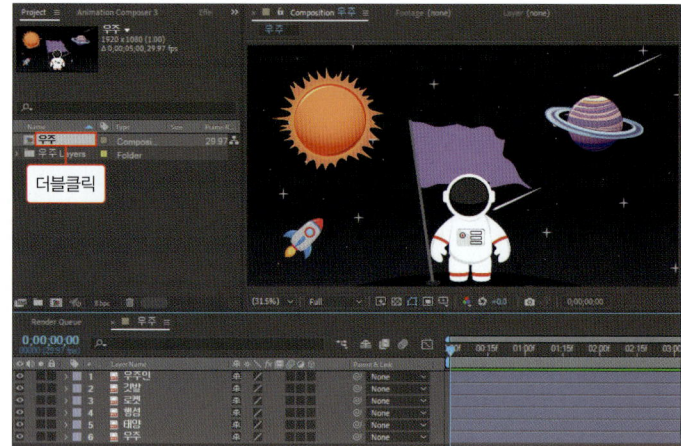

02 Timeline 패널에서 '우주' 레이어를 제외한 모든 레이어를 클릭한 다음 '3D Layer' 아이콘()을 클릭하여 3D 레이어를 만듭니다.

배경 레이어는 무한하게 확장해야 하므로 2D 레이어로 작업하는 게 유용합니다.

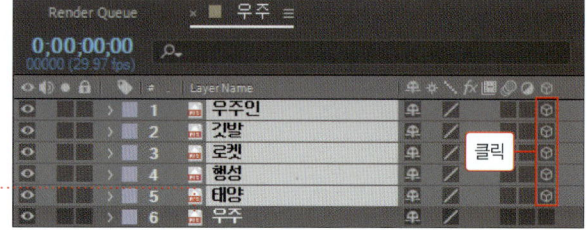

> **TIP**
> 3D Layer가 보이지 않는 경우, Timeline 패널 하단의 〈Toggle Switches/Modes〉 버튼을 클릭해 모드를 변경합니다.

03 Composition 패널의 화면에서 3D 레이어를 선택하면 3개의 축이 표시되는 것을 확인할 수 있습니다.

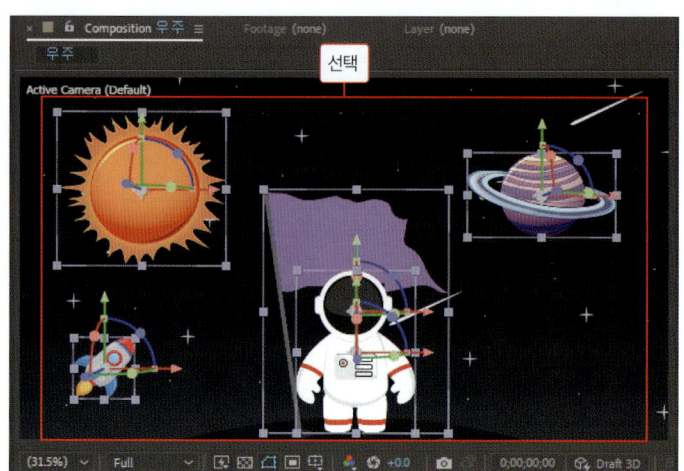

필수기능 05 3D 뷰 지정하기

3D 레이어 작업에 최적화된 환경을 만들기 위해 Composition 패널 하단의 Active Camera에서 3D 뷰를 지정해 다양한 앵글을 확인할 수 있습니다.

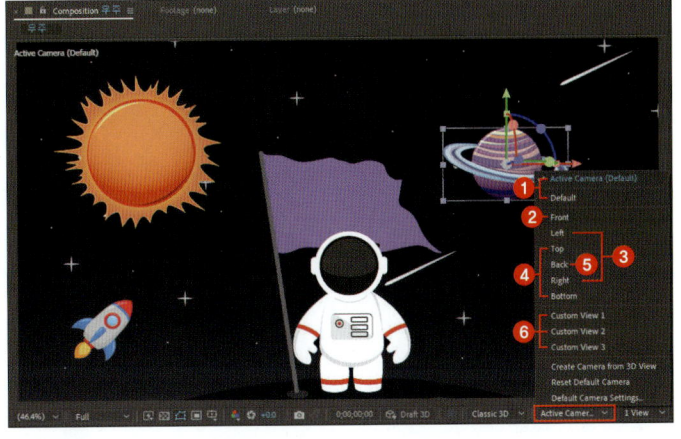

① **Active Camera (Default)/Default** : 기본 뷰로 처음 3D 레이어를 만들면 Camera 레이어를 만들지 않아도 기본 카메라가 있는 것으로 설정됩니다. Active Camera가 이 경우에 해당하며 Camera 레이어를 만들면 자동으로 카메라를 설정하는 기능입니다.
3D 레이어를 Z축으로만 배열하면 영상이 아닌 정지된 상태에서는 2D 레이어와 구분하기 힘들지만, 앵글을 바꾸면 3D 레이어로 보입니다.

▲ '행성' 레이어를 Z축으로 배열한 모습

② **Front** : 정면에서 보는 뷰로 배경의 2D는 안 보이며 투시가 없는 상태의 평면으로 보입니다.

▲ Front 뷰

③ **Left/Right** : 왼쪽 또는 오른쪽에서 본 모습으로, 실제 평면 레이어를 옆에서 본 모습이므로 레이어 배열만 보이고 입체적이지 않습니다. Left와 Right는 그대로 반전한 모습입니다.

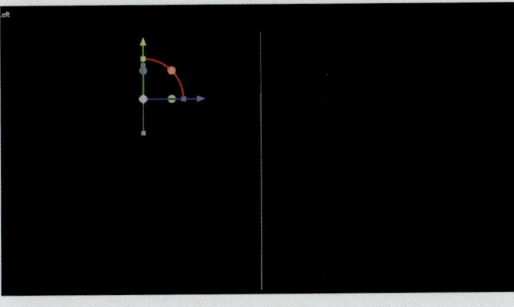

▲ Left 뷰

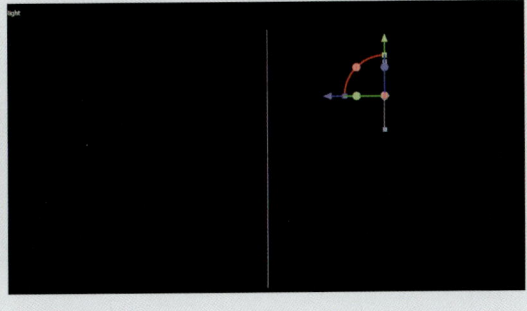

▲ Right 뷰

❹ **Top/Bottom** : 위, 아래에서 본 모습으로 Left, Right 뷰처럼 공간 배열만 볼 수 있습니다.

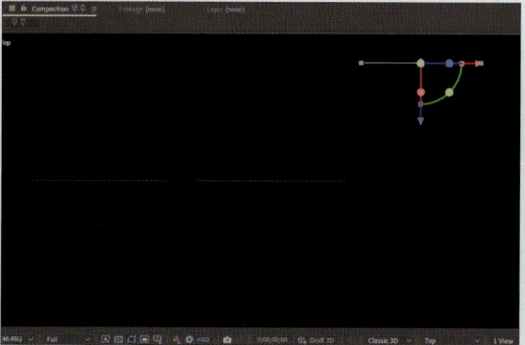
▲ Top 뷰

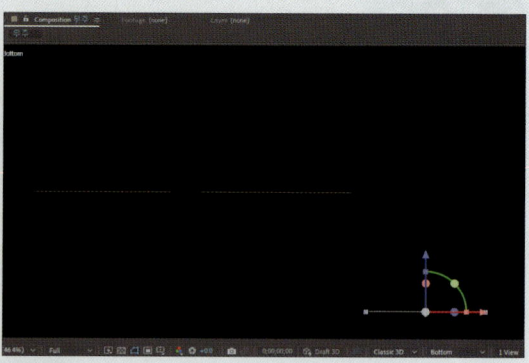
▲ Bottom 뷰

❺ **Back** : Front 뷰와 반대로 Front 뷰를 그대로 반전시킨 모습을 볼 수 있습니다.

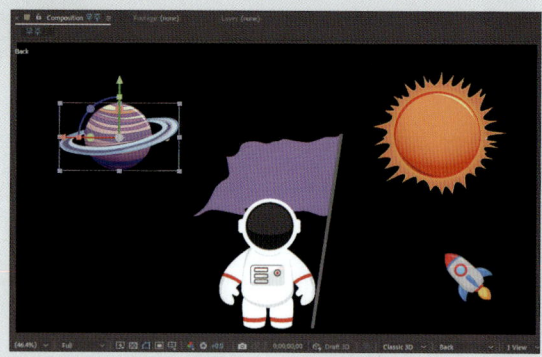
▲ Back 뷰

❻ **Custom View 1~3** : 사용자가 임의 지정하는 뷰로, 기본으로 45° 위에서 바라보는 시점이기 때문에 입체로 배열된 모습을 확인하기 편리합니다. Custom View는 크게 세 가지가 있으며 쉽게 지정하여 이용할 수 있습니다.

▲ Custom View 1

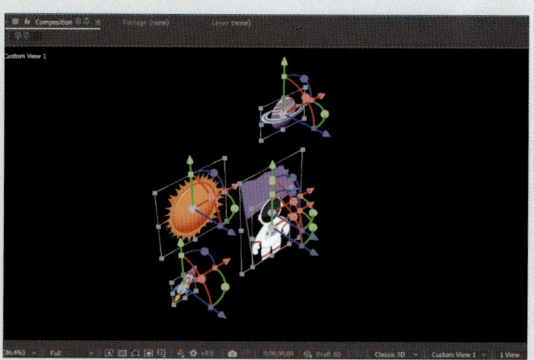
▲ 레이어를 선택하여 공간에 배열된 형태를 더 잘 볼 수 있는 모습

> **TIP**
> 3D 작업을 도와주는 다양한 환경 설정을 모두 이용할 필요는 없습니다. 작업하면서 자신에게 가장 잘 맞는 환경을 찾아 진행하세요.

필수기능 06 레이아웃 뷰 지정하기

애프터 이펙트에서는 3D 소프트웨어처럼 동시에 다양한 뷰를 확인하면서 작업할 수 있습니다. 주로 공간에 레이어를 배열할 때 유용한 기능으로 Composition 패널 아래의 '1 View'를 클릭하여 다양한 레이아웃 뷰를 지정할 수 있습니다.

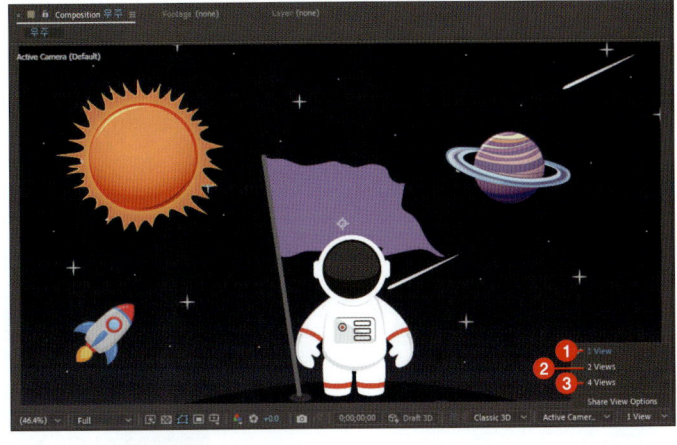

① **1 View** : 애프터 이펙트의 기본 뷰로 하나의 화면만 보는 설정입니다.

② **2 Views** : 가운데를 중심으로 양쪽으로 두 개의 화면을 볼 수 있는 설정입니다.

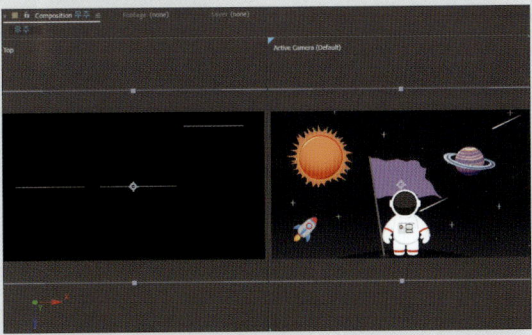

③ **4 Views** : 네 개의 화면을 볼 수 있는 설정입니다.

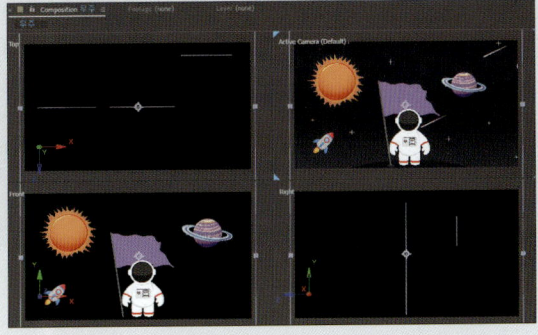

실습예제 07 3D 레이어 레이아웃 배열하기

3D 공간에 레이어를 배열하는 것은 가상 공간에 하나의 세상을 만드는 기능입니다. 애프터 이펙트에서 레이어 배열은 가장 중요하므로 공간에서 3D 레이어를 배열해 봅니다.

○ **예제파일** : 06\우주 3D.aep ○ **완성파일** : 06\우주 3D_완성.aep

01 새 프로젝트를 만든 다음 06 폴더에서 '우주 3D.aep' 파일을 불러옵니다. 3D 배열을 위해 ① Composition 패널의 Select view layout을 클릭한 다음 ② '2 Views'로 지정합니다.

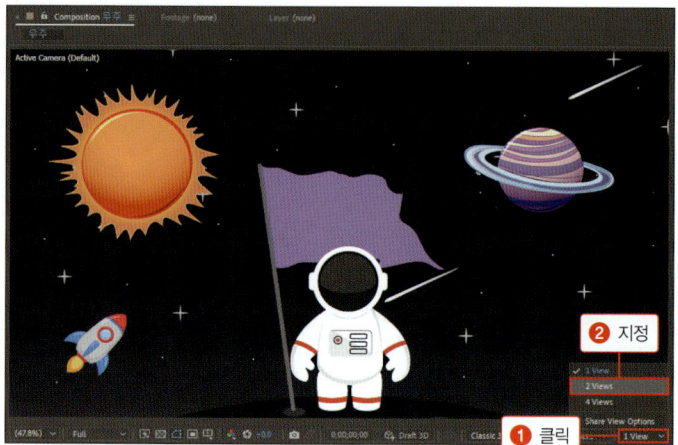

TIP
편리한 작업 환경을 만들기 위해 Composition 패널 아래에 있는 Magnification ratio popup을 'Fit'으로 지정합니다.

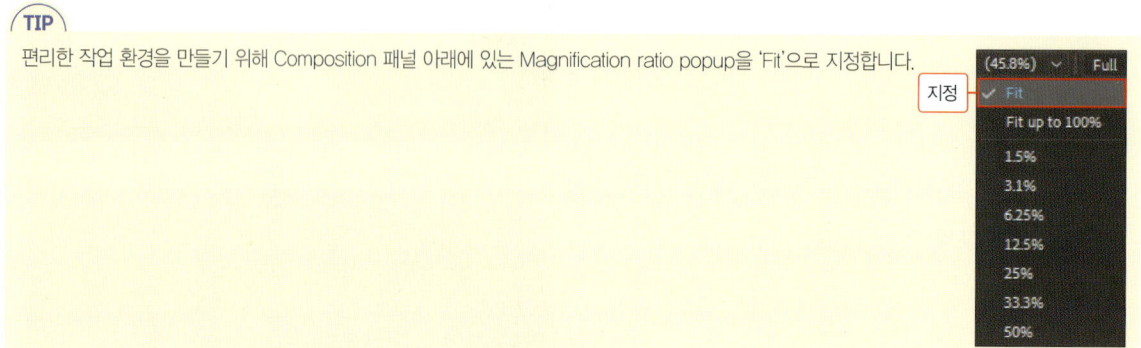

02 Timeline 패널에서 레이어를 선택하고 레이아웃에 맞춰 배열해 봅니다. ① '태양' 레이어를 선택한 다음 ② P를 눌러 Position을 표시합니다.

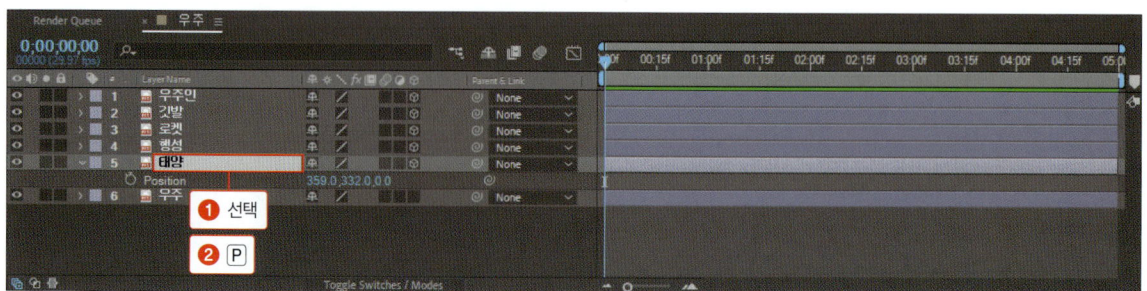

03 Composition 패널의 Top 뷰에서 Z축을 위로 드래그하여 배열합니다. 마우스 포인터를 축에 드래그하면 축의 이름을 확인할 수 있습니다.

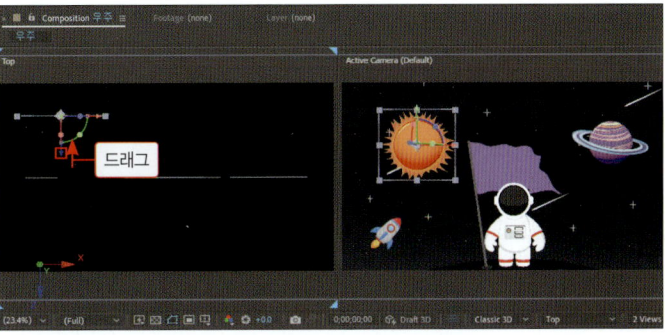

04 Timeline 패널의 '태양' 레이어의 Position Z축을 '350'으로 설정하여 위치를 조정합니다.

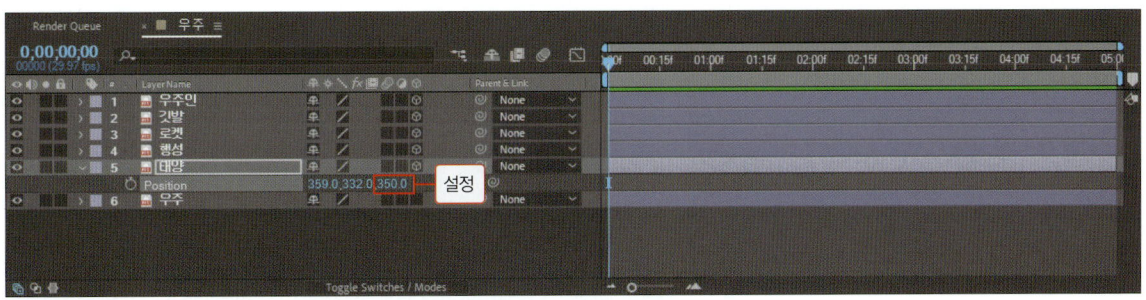

05 이번에는 ❶ '행성' 레이어를 선택한 다음 ❷ Composition 패널의 Top 뷰에서 Z축을 아래로 드래그하여 이동합니다.

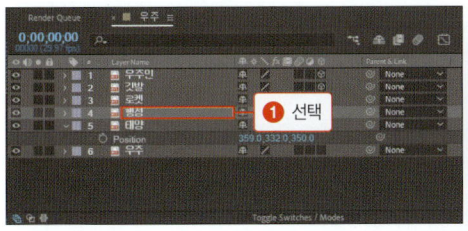 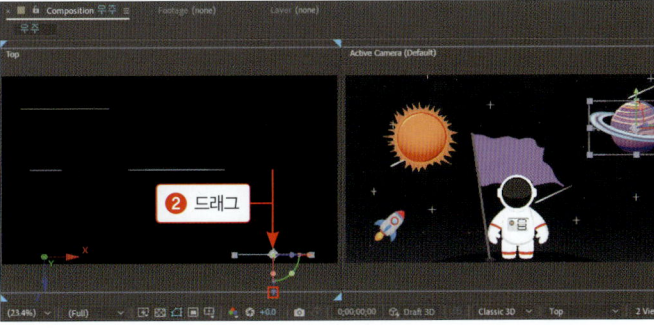

TIP
마우스 포인터를 축에 드래그하면 축의 이름을 확인할 수 있습니다.

06 ① Timeline 패널의 '행성' 레이어가 선택된 상태에서 P를 눌러 Position을 표시합니다. ② Z축을 '-480'으로 설정하여 위치를 조정합니다.

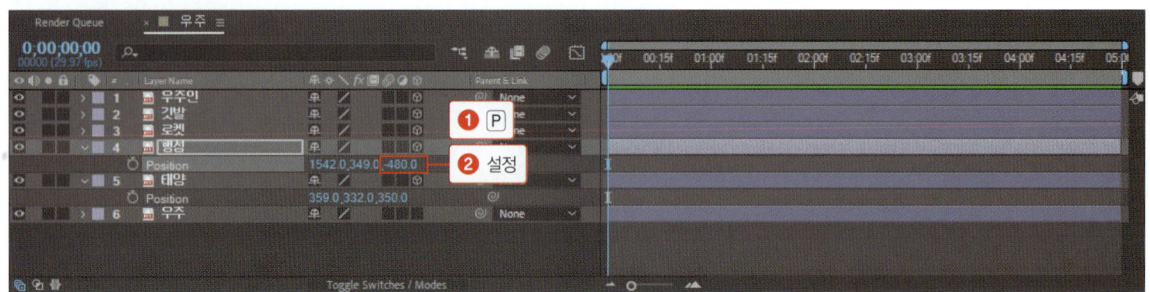

07 ① Timeline 패널에서 '로켓' 레이어를 선택한 다음 ② Composition 패널의 Top 뷰에서 Z축을 아래로 드래그하여 이동합니다.

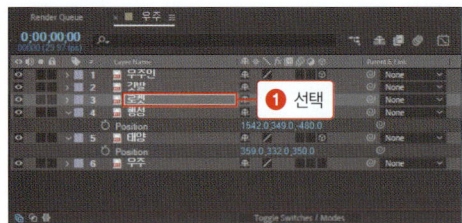
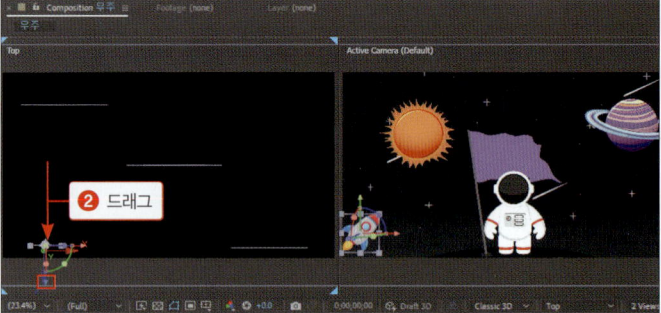

08 ① Composition 패널에서 Top 뷰를 선택한 다음 ② 3D View Popup을 클릭하고 ③ 'Custom View 1'로 지정합니다.

09 입체적으로 배열된 3D 레이어들을 볼 수 있습니다.

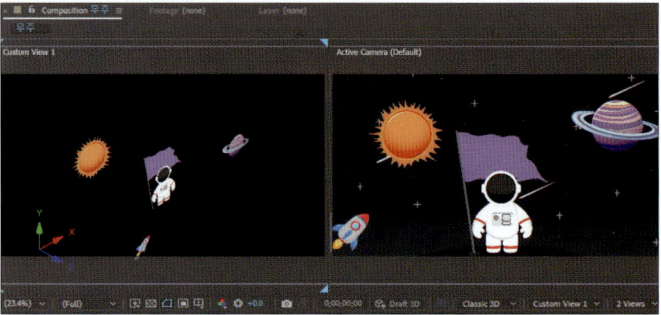

실습예제 08 3D 카메라 애니메이션 만들기 중요

실제 3D 모션 그래픽을 만드는 데 카메라 애니메이션은 가장 중요한 역할을 합니다. 3D 카메라 레이어를 만들고 카메라를 이동하는 방법을 알아봅니다.

○ **예제파일** : 06\도형.aep   ○ **완성파일** : 06\도형_완성.aep

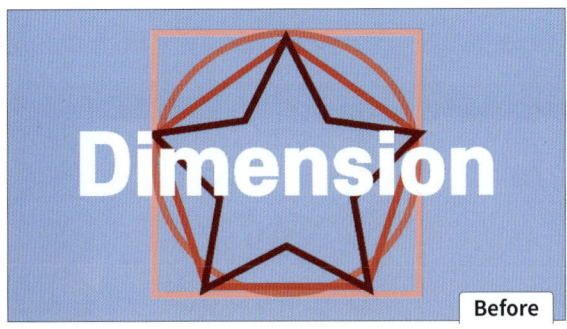
Before

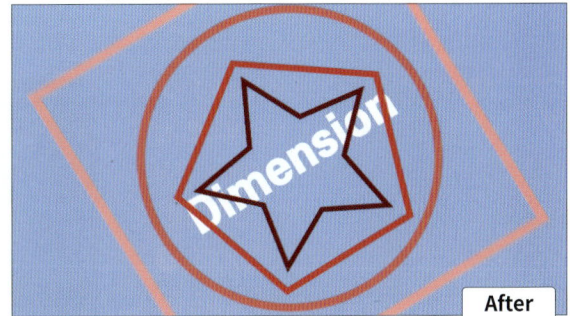
After

01 새 프로젝트를 만든 다음 06 폴더에서 '도형.aep' 파일을 불러옵니다. 메뉴에서 (Layer) → New → Camera(Ctrl+Alt+Shift+C)를 실행합니다.

> 애프터 이펙트에서는 3D Camera도 하나의 레이어로 구성되기 때문에 카메라를 만들기 위해서는 (Layer) 메뉴를 이용해야 합니다.

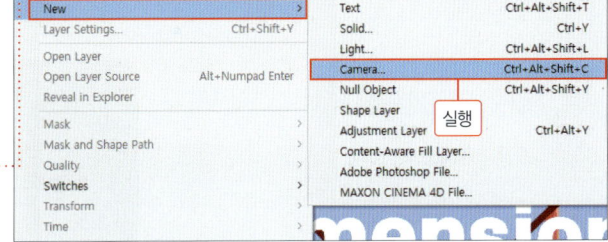

02 Camera Settings 대화상자가 표시되면 ❶ Type을 'One-Node Camera'로 지정하고 ❷ 〈OK〉 버튼을 클릭해 카메라를 만듭니다.

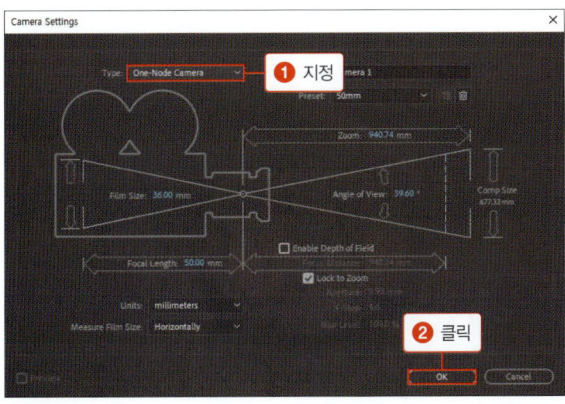

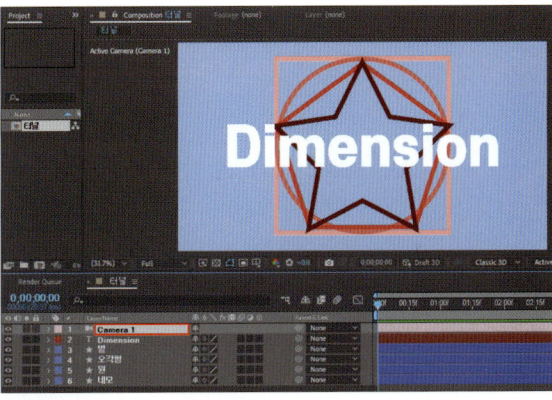

> **TIP**
> Preset에서는 카메라 렌즈를 지정할 수 있습니다. 이때 수치가 작을수록 광각 렌즈로 큰 공간감을 만들며, 수치가 클수록 망원 렌즈로 멀리 있는 사물을 가까이 보여 줍니다. 이때 망원 렌즈는 공간감이 상대적으로 약하게 나타납니다.

Chapter 01 • 3D 공간 알아보기   383

03 카메라 레이어는 3D Layer를 적용해야 변화가 생깁니다. Timeline 패널에서 모든 레이어의 '3D Layer' 아이콘(⊙)을 클릭하여 3D 레이어를 만듭니다.

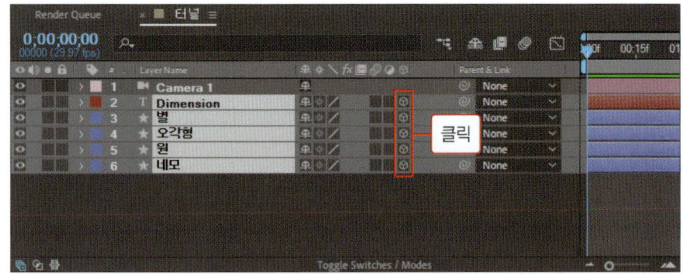

04 ❶ 현재 보이는 Custom View 1~3 또는 Left/Top View에서 카메라를 선택하고 마우스 휠을 돌려 확대하면 카메라 중심에 세 개의 축이 나타납니다. 마우스 포인터를 각 축에 위치시키면 X, Y, Z축이 표시됩니다. ❷ Z축으로 이동하기 위해 파란색 Z축 화살표를 드래그해서 이동합니다.

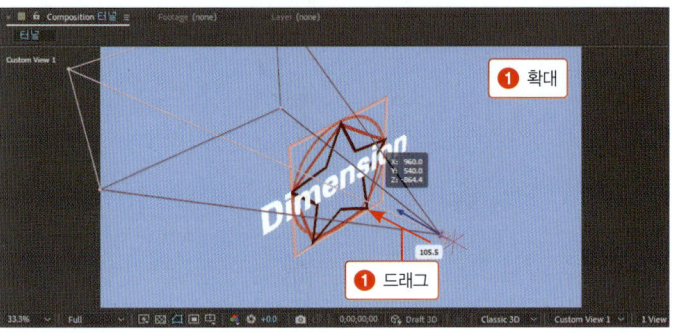

05 이 상태에서 '네모'-'원'-'오각형'-'별'-'Dimension' 레이어 순서대로 카메라에 가깝게 Z축으로 드래그하여 배치합니다. 카메라 레이어를 이동하여 레이어를 배치할 수도 있습니다.

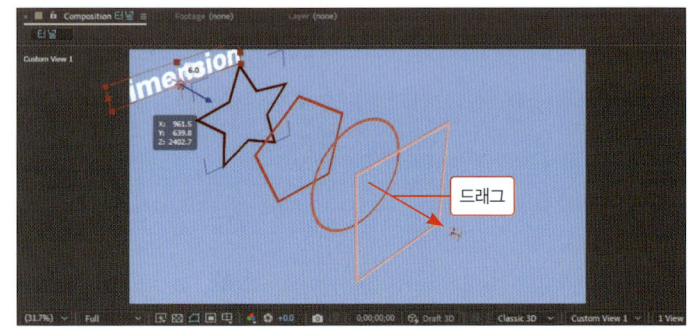

> **TIP**
> 레이어를 선택하고 P를 눌러 각 레이어의 Transform 속성의 Position을 표시한 다음 Z축을 설정해도 됩니다.

06 3D View Popup을 클릭하고 'Active Camera'로 지정하면 그림과 같이 배치가 변경된 것을 확인할 수 있습니다.

384 Part 6 · 3D 공간 다루기

07 이번에는 Position으로 카메라를 이동해 보겠습니다. ❶ Timeline 패널에서 'Camera 1' 레이어를 선택한 다음 ❷ Transform 속성을 표시하고 ❸ Position의 Z축을 '–3000'으로 설정합니다.

08 Position의 Z축을 '1500'으로 설정하면 카메라가 글씨에 가까이 이동하는 화면을 볼 수 있습니다.

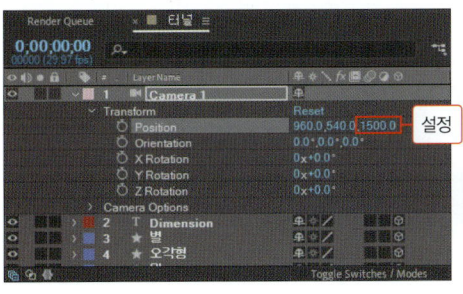
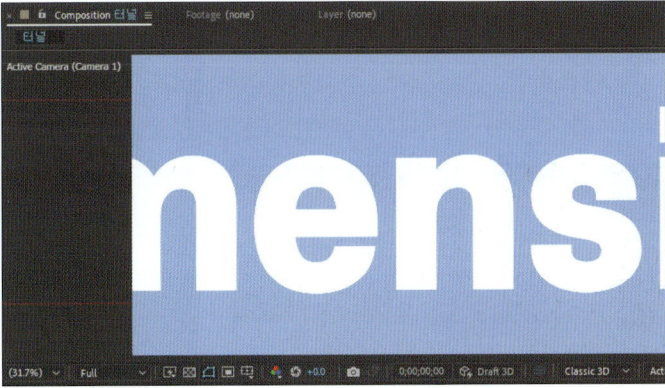

> **TIP**
> 글씨가 보이지 않는 경우, Custom View로 다시 들어가서 도형의 배치를 카메라 위치에 맞게 다시 배치합니다.

09 이러한 변화를 이용해서 키프레임 애니메이션을 만들겠습니다. ❶ 현재 시간 표시기를 '0초'로 이동한 다음 ❷ Position 왼쪽의 'Stop Watch' 아이콘(⏱)을 클릭하여 키프레임을 만듭니다. ❸ 'Camera 1' 레이어의 Position의 Z축을 '1500'으로 설정합니다.

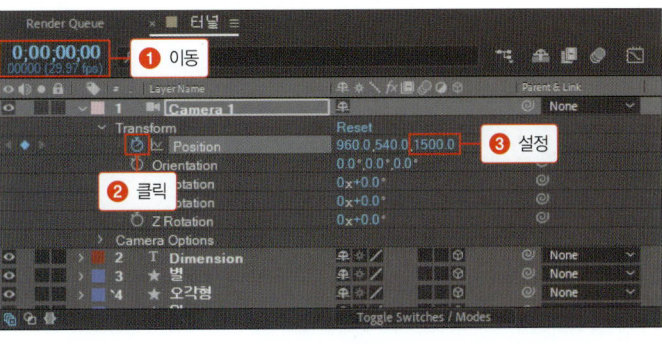

Chapter 01 • 3D 공간 알아보기　385

10 ❶ 현재 시간 표시기를 '2초'로 이동한 다음 ❷ Position의 Z축을 '-3000'으로 설정합니다. 점점 카메라가 뒤로 이동하는 애니메이션이 만들어집니다.

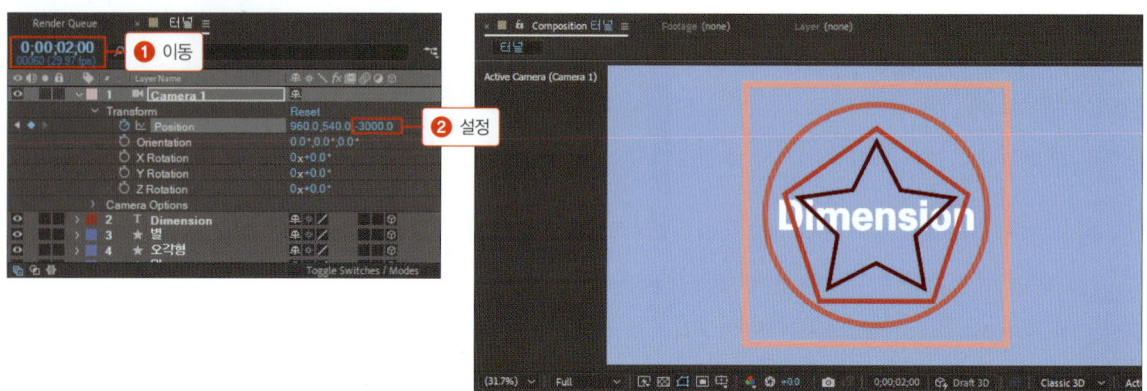

11 이번에는 카메라가 Z축으로 회전하는 애니메이션을 추가해 보겠습니다. ❶ 현재 시간 표시기를 '0초'로 이동한 다음 ❷ Z Rotation을 '-45°'로 설정하고 ❸ 'Stop Watch' 아이콘( )을 클릭하여 키프레임을 만듭니다.

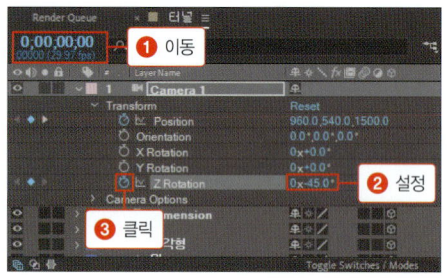

12 ❶ 현재 시간 표시기를 '2초'로 이동한 다음 ❷ Z Rotation을 '45°'로 설정하여 키프레임을 만듭니다.

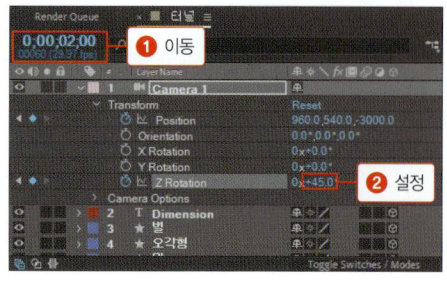
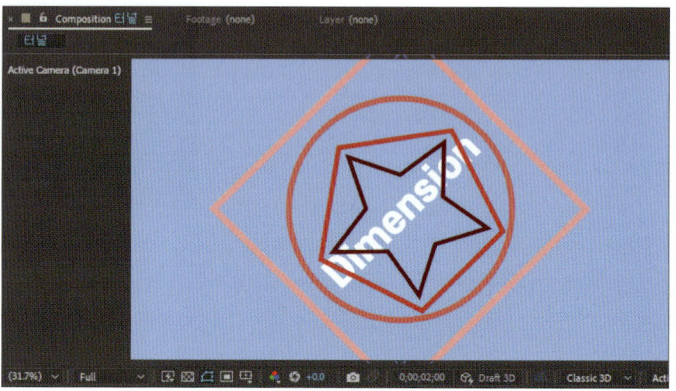

13 Timeline 패널에서 다음과 같이 Switch 항목의 'Motion Blur' 아이콘( )을 클릭하여 활성화합니다.

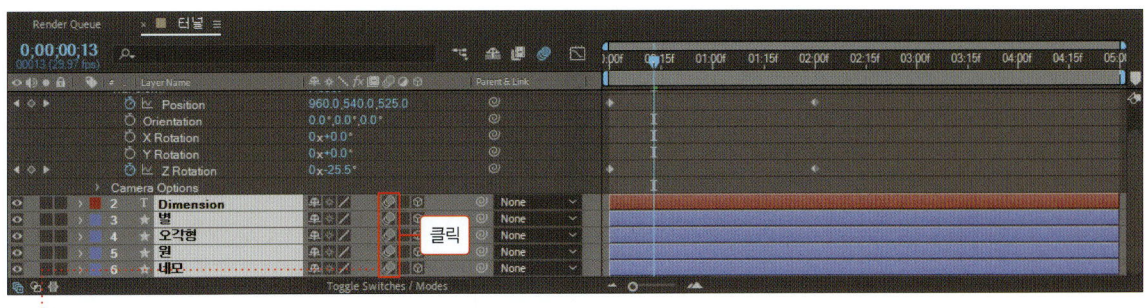

왜 그럴까? 카메라 애니메이션은 동적인 애니메이션입니다. 모션 블러(Motion Blur)를 적용하면 소스가 확대되면서 생기는 픽셀이 깨지는 현상을 가릴 수 있는 것은 물론, 시각적인 현실감을 부여하여 완성도를 높여줄 수 있습니다.

14 램 프리뷰를 통해 재생하면 도형 터널을 지나면서 회전하는 애니메이션을 확인할 수 있습니다.

 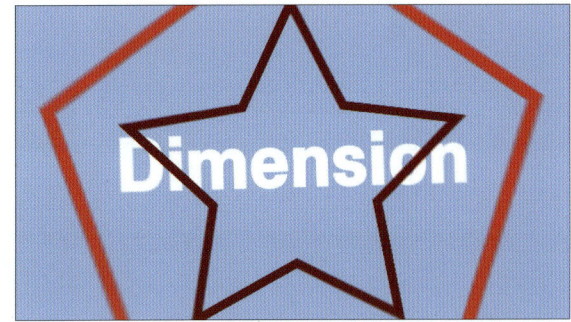
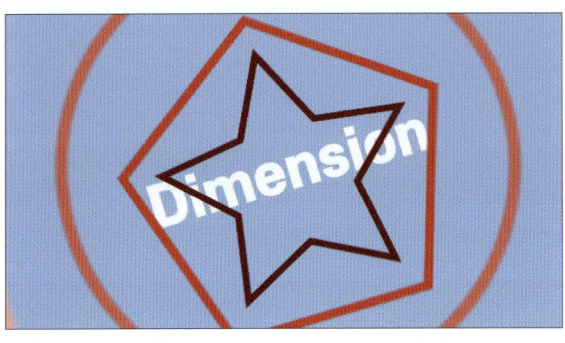 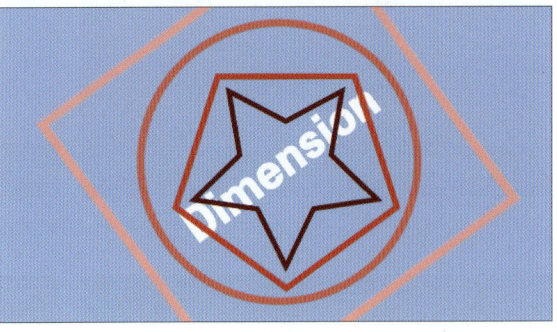

TIP 효율적인 작업을 위해서는 '2 View'로 지정하여 왼쪽에는 Custom View를 표시하고 오른쪽에는 Active Camera를 표시하는 것이 좋습니다. 이렇게 지정하면 카메라 및 소스의 배치와 움직임을 확인하면서 결과물도 동시에 확인할 수 있다는 장점이 있습니다.

필수기능 09 Camera Settings 설정하기 우선순위 | TOP 13 중요

앞선 예제에서 3D 공간에 Camera 레이어를 이용하여 애니메이션을 만들었습니다. 카메라 레이어를 만들 때 카메라를 어떻게 설정하느냐에 따라 큰 차이가 생깁니다. Camera Settings 대화상자의 Preset에서 렌즈 설정에 따라 소스의 배치가 동일해도 다양한 결과물이 나올 수 있습니다.

15mm에 가까울수록 광각 렌즈라고 볼 수 있으며 렌즈의 화각이 넓어지면서 사물을 배경과 함께 넓게 보여 줍니다. 대신 멀리 갈수록 이미지가 왜곡되는 현상이 발생하게 됩니다. 반면에 200mm에 가까울수록 망원 렌즈라고 볼 수 있으며 렌즈의 화각이 좁아지면서 멀리서도 줌을 통해 사물을 보여 준다고 생각하면 됩니다. 일반적으로 공간감을 중요시하면 광각 렌즈를 선택하면 되고 특정 피사체를 중요시하면 망원 렌즈를 선택하면 됩니다.

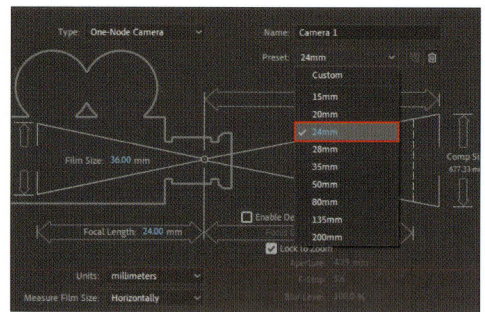 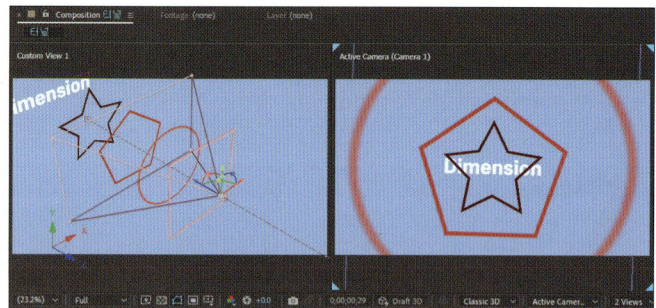

▲ 24mm의 카메라 – 넓은 화각으로 인해 공간감이 돋보이는 화면

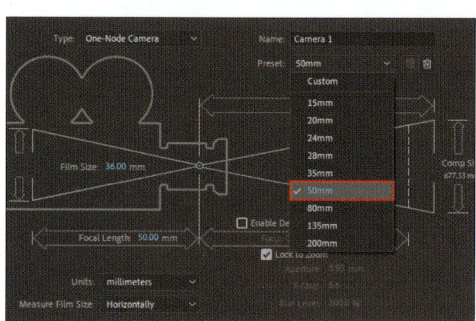 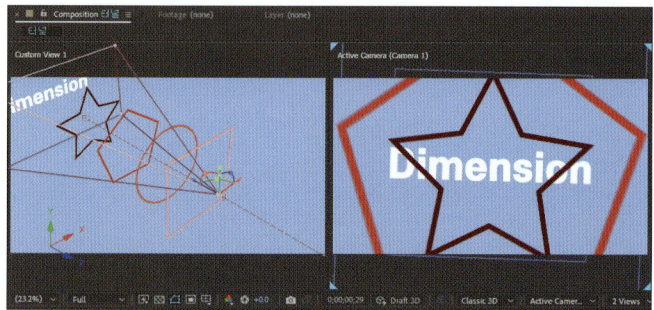

▲ 50mm의 카메라 – 기본 설정으로 24mm에 비해 레이어간의 거리가 가까워 보이는 화면

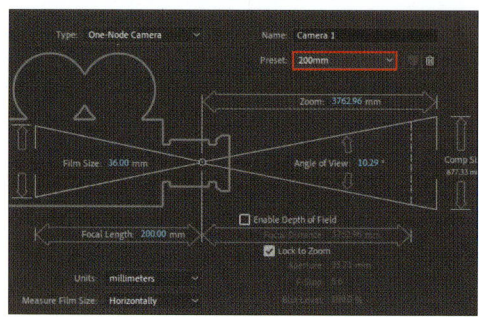 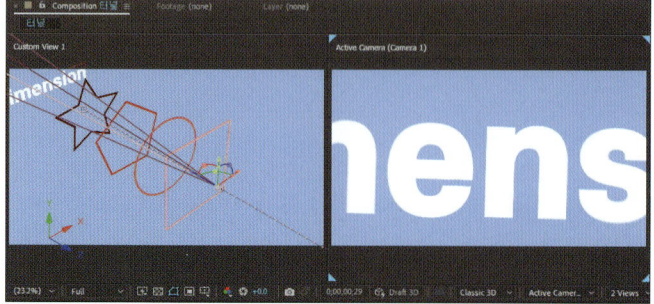

▲ 200mm의 카메라 – 멀리서 줌을 통해 사물을 보는 것처럼 특정 피사체에 집중된 모습

실습예제 10 : 3D 카메라에서 카메라 심도 표현하기

실제 촬영에서 초점 거리에 따라 피사체에 흐림 현상이 발생합니다. 이것을 '심도(depth of field, DoF)'라고 합니다. 애프터 이펙트에서도 카메라에 심도를 설정하여 현실적인 상황을 모션 그래픽에 적용할 수 있습니다.

◉ 예제파일 : 06\네온터널.aep   ◉ 완성파일 : 06\네온터널_완성.aep

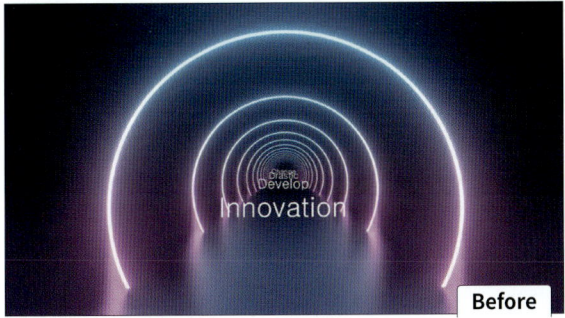
Before

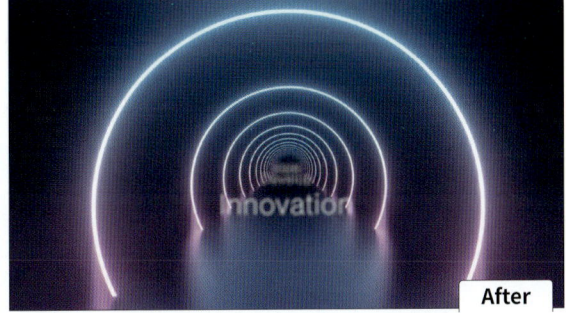
After

01 새 프로젝트를 만들고 06 폴더에서 '네온터널.aep' 파일을 불러옵니다. 카메라 애니메이션이 적용된 장면이 표시됩니다.

02 ❶ Timeline 패널에서 'Camera 1' 레이어의 Camera Options 항목을 표시합니다. ❷ Depth of Field의 'Off'를 클릭하여 'On'으로 설정합니다.

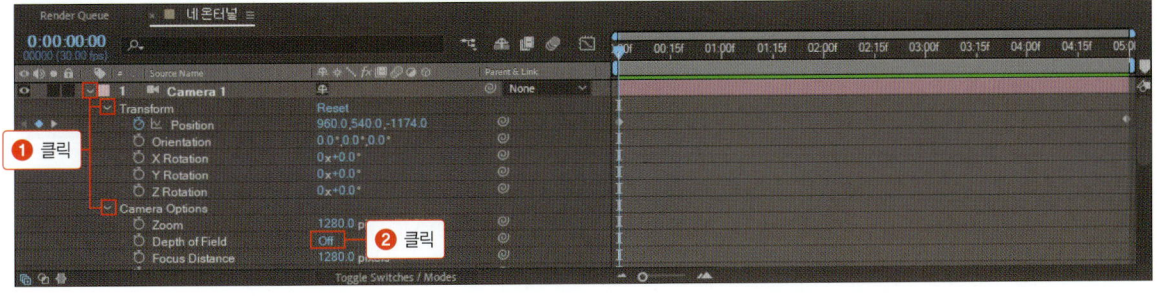

03 Composition 패널의 화면에 설정이 반영됩니다. 'Camera 1' 레이어의 Camera Options 항목의 Focus Distance, Aperture, Blur Level을 각각 '850px', '130px', '100%'로 설정합니다. 멀리 있는 물체는 심도가 적용되어 흐려지는 것을 확인할 수 있습니다.

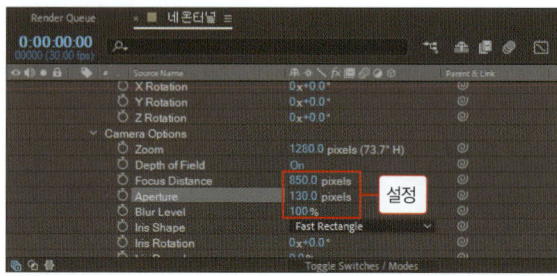 

> **TIP**
> 심도 설정은 카메라의 상황마다 전부 다르게 적용할 수 있습니다. 기호나 상황에 맞게 자유롭게 설정하도록 합니다.

04 램 프리뷰를 통해 재생하면 카메라 애니메이션과 함께 심도가 조절되는 것을 확인할 수 있습니다.

 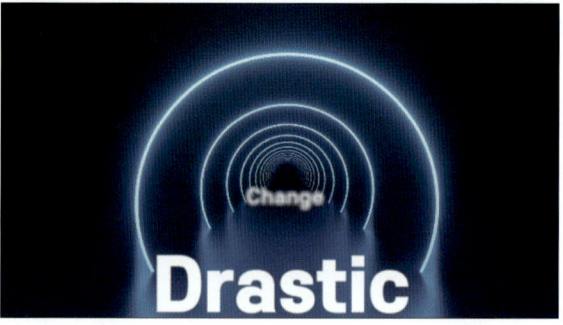

> **TIP**
> Motion Blur(모션 블러)는 동작에 따라 적용되는 흐림으로 움직이는 잔상이라고 생각하면 됩니다. 반면에 Dof(심도)는 거리감에 따라 적용되는 흐림으로 사람이 한 곳에 집중하면 대상 이외의 것은 흐려져서 잘 보이지 않는 것과 같습니다.

필수기능 11 Light Options 속성 알아보기 중요

Light Options 속성 조명 알아보기

애프터 이펙트에서 3D 레이어에 적용할 수 있는 것은 카메라 레이어만 있는 것이 아닙니다. 조명도 적용할 수 있습니다. 애프터 이펙트의 조명은 기본적으로 네 가지 형태가 있습니다. Light Options에서 만들 수 있는 다양한 조명에 대해서 살펴봅니다.

① Parallel

Parallel의 사전적인 의미는 '평행, 나란한'이며 조명에서는 태양 빛이라고 볼 수 있습니다. 태양 빛은 워낙 먼 곳에서부터 지구로 들어오기 때문에 거의 평행에 가깝게 비춘다고 해서 태양처럼 고르게 전체를 비추는 조명을 Parallel Light라고 합니다.

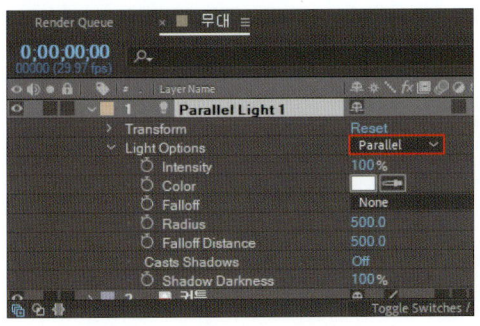

② Spot

특정 부분만 강하게 비추는 조명으로 주로 무대에서 이용합니다. Spot Light를 받은 부분만 강조하는 효과를 얻을 수 있습니다.

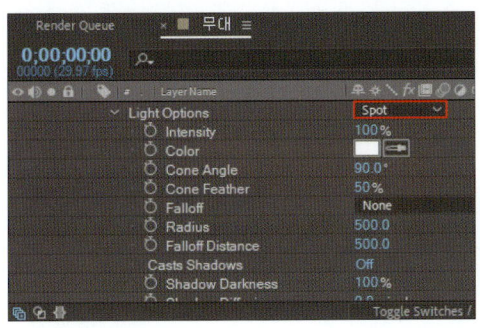

❸ Point

Point Light는 전구처럼 360° 전체를 비추는 조명입니다. Point Light만 이용해도 분위기를 연출할 수 있습니다.

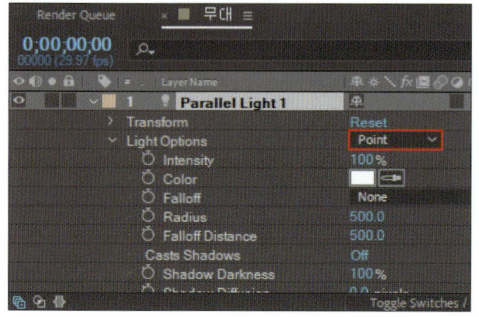

❹ Ambient

Ambient는 '주변, 환경'을 뜻하며 일반적으로 고르게 비추는 조명을 말합니다. 과거에는 없었지만, 더 효율적인 작업을 위해서 추가된 조명으로, 전체적인 밝기를 설정하고 강조할 부분에 Point Light 또는 Spot Light를 이용합니다. Ambient Light는 주변 전체를 고르게 비추므로 조명의 위치를 설정하는 가이드(Guide)가 없습니다.

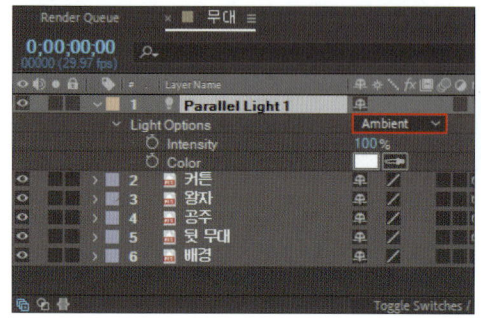

> **TIP**
> 조명도 카메라 레이어와 마찬가지로 3D Layer에만 적용이 됩니다. 2D Layer에는 조명이 적용되지 않습니다.
>
>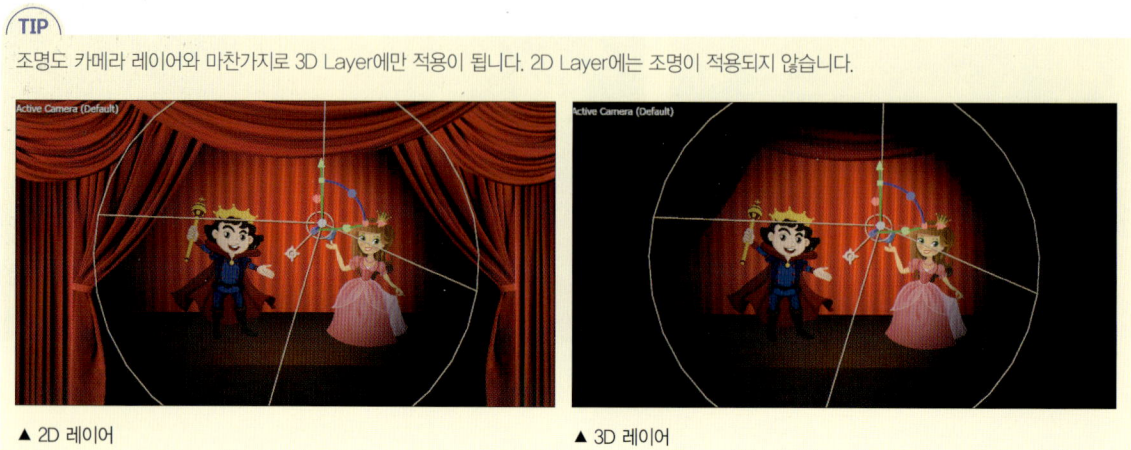
>
> ▲ 2D 레이어　　　　　　　　　　　▲ 3D 레이어

Light Options 속성 살펴보기

네 개의 Light Options 속성에 공통으로 포함되는 다양한 옵션을 살펴봅니다.

❶ **Intensity** : 빛의 밝기, 세기를 뜻합니다. 기본으로 '100%'로 설정되지만, 100% 이상으로 설정할 수도 있습니다. 100% 이상으로 설정하면 매우 밝아지며, 보통 100 이하의 수치로 빛의 세기를 조절합니다.

❷ **Color** : 조명의 색을 설정하는 부분으로 너무 강하게 색을 넣으면 전체적으로 색이 덧입혀진 느낌을 주기 때문에 주의하도록 합니다.

❸ **Falloff** : 빛의 세기를 강제로 낮추는 기능이며 일반 조명에서는 어떤 영역 이후로 강제로 낮추기가 쉽지 않습니다. 물론 조명 앞에 젤라틴 등을 덧입혀 특정 부분을 지나면서 색을 낮출 수 있지만, 디지털 환경처럼 극적으로 조명의 강도를 줄일 수 있습니다. Radius와 Falloff Distance를 이용하여 조명의 세기가 줄어드는 영역을 설정합니다.

❹ **Cast Shadows** : 그림자를 설정할 수 있습니다. 기본적으로 Off로 설정되어 있으며, On으로 설정하면 그림자가 만들어집니다.

❺ **Shadow Darkness** : 그림자의 세기를 설정할 수 있습니다. 기본으로 '100%'로 설정되지만, 100% 이상으로 설정할 수도 있습니다. 0%에 가까울수록 그림자가 옅어집니다.

❻ **Shadow Diffusion** : 그림자의 확산을 설정할 수 있습니다. 수치가 작을수록 진하고 날카로운 그림자가 만들어지며, 수치가 커질수록 부드러운 그림자가 만들어집니다.

실습예제 12 조명 설치하고 그림자 표현하기

조명을 통해 무대에서 암전되는 상황의 그림자 애니메이션을 만들어 봅니다.

● 예제파일 : 06\무대.aep   ● 완성파일 : 06\무대_완성.aep

Before

After

01 새 프로젝트를 만들고 06 폴더에서 '무대.aep' 파일을 불러옵니다.

02 조명을 설치하기 위해 메뉴에서 (Layer) → New → Light(Ctrl+Alt+Shift+L)를 실행합니다.

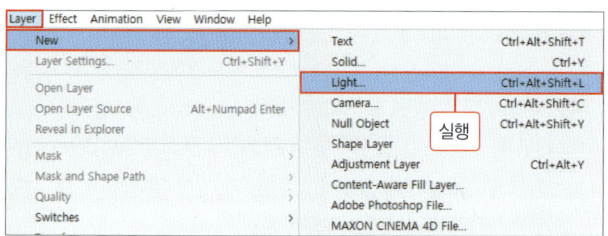

03 Light Settings 대화상자가 표시되면 ❶ Light Type을 'Point'로 지정하고 ❷ Color를 '흰색'으로 지정합니다. ❸ 'Cast Shadows'를 체크 표시한 다음 ❹ 〈OK〉 버튼을 클릭합니다.

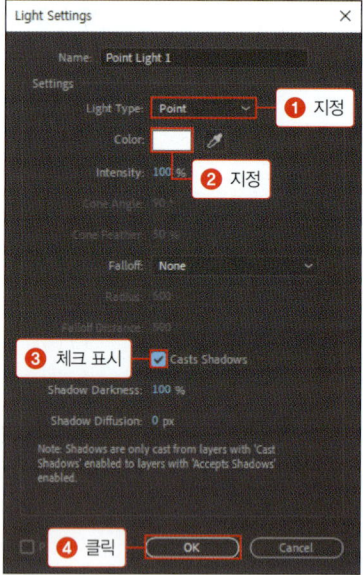

TIP
조명은 3D 레이어에만 적용됩니다. 2D 레이어에는 적용되지 않습니다.

04 Timeline 패널에서 '커튼', '배경' 레이어를 제외한 모든 레이어의 '3D Layer' 아이콘(◎)을 클릭하여 3D 레이어를 만듭니다.

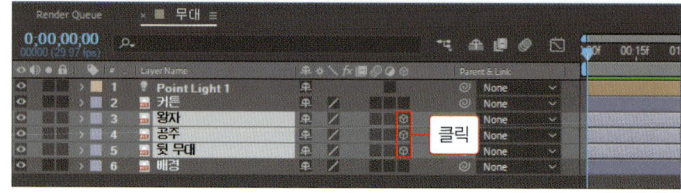

05 ❶ '왕자' 레이어의 Material Options 속성을 표시하고 ❷ Cast Shadows를 'On'으로 설정합니다.

06 ❶ 마찬가지로 '공주' 레이어의 Material Options 속성을 표시하고 ❷ Cast Shadows를 'On'으로 설정합니다. 이때 Composition 패널에는 그림자가 표시되지 않습니다.

07 현재 배경과 레이어가 붙어있기 때문에 '왕자'와 '공주' 레이어를 배경에서 Z축 방향으로 조금 이동하면 그림자가 만들어집니다. ❶ Timeline 패널에서 '왕자'와 '공주' 레이어를 선택하고 ❷ P를 눌러 Position을 표시합니다. ❸ Z축을 '-83'으로 설정하면 그림자가 표시됩니다.

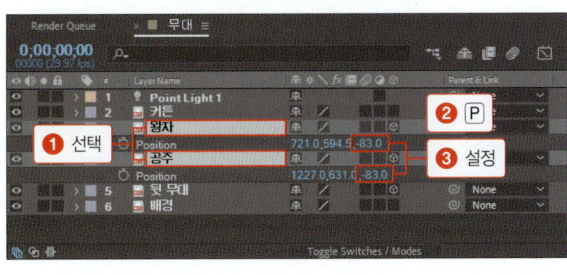

08 ❶ Timeline 패널에서 'Point Light 1' 레이어를 선택하고 ❷ P를 눌러 Position을 표시합니다. ❸ Y축을 '800'으로 설정합니다.

TIP

조명의 값에 따라 그림자의 방향이 달라집니다. 현실에서 태양이나 형광등과 같은 빛의 방향에 따라 생기는 그림자를 생각하면 그림자의 방향을 예측할 수 있습니다.

09 ❶ 현재 시간 표시기를 '0초'로 이동한 다음 ❷ 'Point Light 1' 레이어의 Position 왼쪽의 'Stop Watch' 아이콘(⏱)을 클릭하여 키프레임을 만듭니다. ❸ 'Point Light 1' 레이어의 Position의 Z축을 '0'으로 설정합니다.

10 ❶ 현재 시간 표시기를 '2초 29프레임'으로 이동한 다음 ❷ 'Point Light 1' 레이어의 Position의 Z축을 '-800'으로 설정합니다.

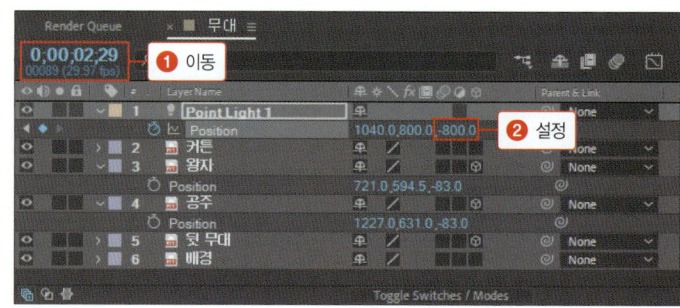

11 램 프리뷰를 통해 재생하면 밝아지면서 조명에 따라 그림자가 움직이는 모습을 확인할 수 있습니다.

실습예제 13 조명으로 입체감 나타내기 우선순위 | TOP 14

조명 중에 가장 특색 있는 조명인 'Spot' 조명을 이용하여 방송 쇼 느낌의 인트로를 연출할 수 있습니다. 실제 3D가 아닌 2D 요소를 이용해서 3D 느낌의 장면을 만들 수 있습니다.

◉ 예제파일 : 06\인트로.aep   ◉ 완성파일 : 06\인트로_완성.aep

Before

After

01 새 프로젝트를 만들고 06 폴더에서 '인트로.aep' 파일을 불러옵니다. 미스터리 인트로 쇼의 장면이 표시됩니다.

TIP
예제에서는 'Cooper Black' 글꼴을 사용했습니다. 예제와 같은 글꼴을 사용하려면 글꼴이 설치되어 있는지 확인하고 없다면 검색하여 다운받도록 합니다.

02 장면의 구성을 이해하기 위해 ❶ Tools 패널에서 커서 주위 궤도 도구( )를 선택합니다. ❷ Composition 패널의 Custom 뷰에서 드래그하여 앵글의 다양한 변화를 만들 수 있습니다.

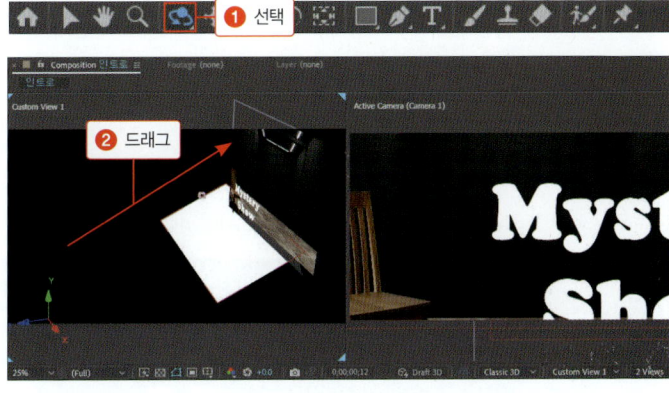

TIP
Custom 뷰를 바라보는 시각만 변화를 준 것이므로 오른쪽 Active Camera에는 아무런 변화가 없습니다.

03 해당 화면을 살펴보면 의자 사진 밑에 흰색 레이어(그림자용)가 깔려 있고 의자가 벽에서 살짝 떨어져 있는 것을 확인할 수 있습니다.

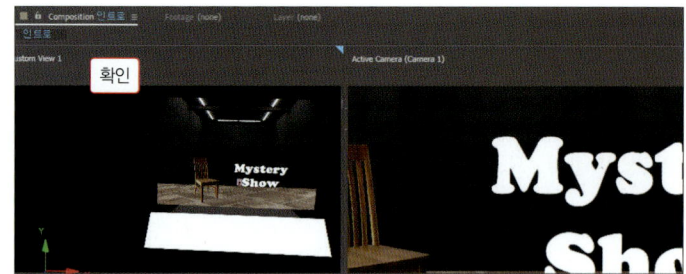

04 조명을 의자 위에서 아래로 비추어 그림자를 만들어 봅니다. 조명을 설치하기 위해 메뉴에서 (Layer) → New → Light(Ctrl + Alt + Shift + L)를 실행합니다.

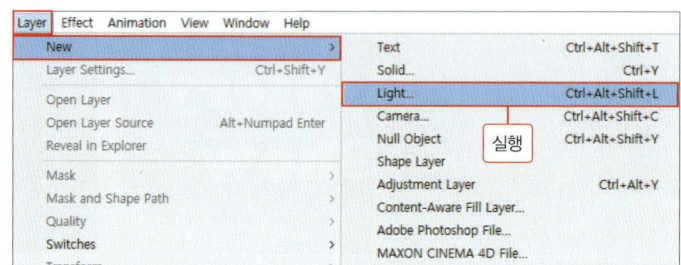

05 Light Settings 대화상자가 표시되면 ❶ Light Type을 'Spot'으로 지정하고 ❷ Color를 '흰색'으로 지정합니다. ❸ 'Casts Shadows'를 체크 표시한 다음 ❹ 〈OK〉 버튼을 클릭합니다.

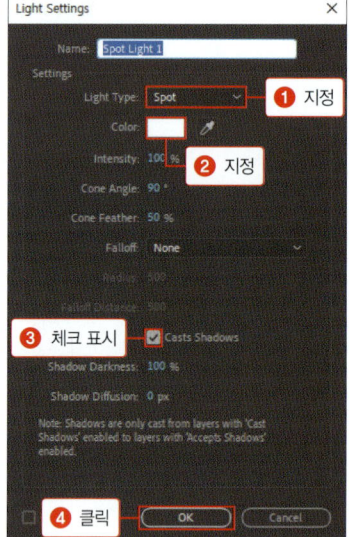

06 앞에서 쏘는 정면 형태로 Spot 조명이 설치됩니다. 위에서 아래로 쏘는 조명을 만들기 위해 Timeline 패널에서 'Spot Light 1' 레이어의 Transform 속성을 표시합니다.

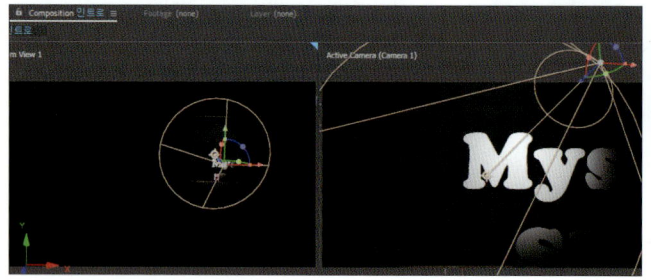 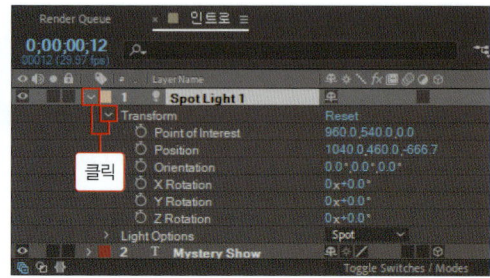

07 'Spot Light 1' 레이어 Position의 X, Y축을 '1284, -1166'으로 설정합니다.

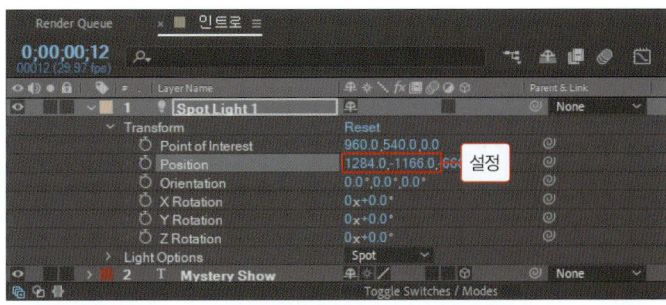

08 ❶ 현재 시간 표시기를 '0초'로 이동한 다음 ❷ Point of Interest 왼쪽의 'Stop Watch' 아이콘(⏱)을 클릭하여 키프레임을 만듭니다. X, Y, Z축의 변화를 통해 조명의 애니메이션을 설정할 수 있습니다.

09 ❶ 현재 시간 표시기를 '3초'로 이동한 다음 ❷ Point of Interest의 X축을 '2000'으로 설정합니다.

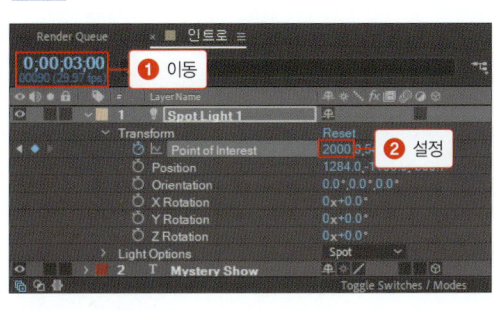
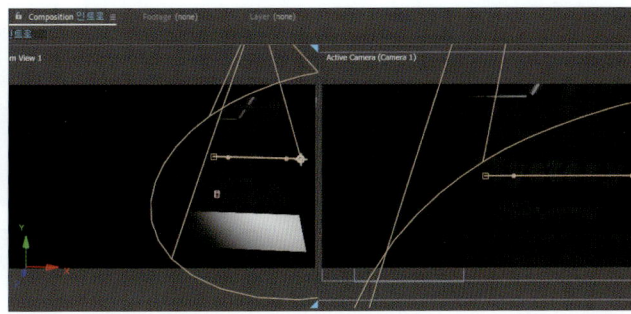

10 ❶ 현재 시간 표시기를 '4초 29프레임'로 이동한 다음 ❷ Point of Interest의 X축을 다시 '960'으로 설정합니다.

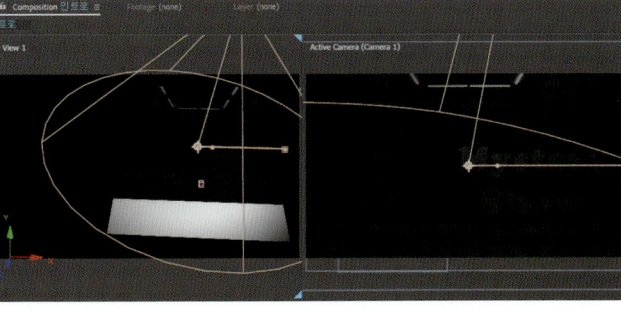

11 ❶ 'Spot Light 1' 레이어의 Light Options 항목을 표시한 다음 ❷ Intensity를 '400%', Cone Angle을 '60°'로 설정합니다.

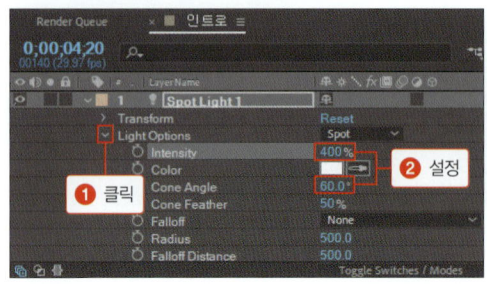 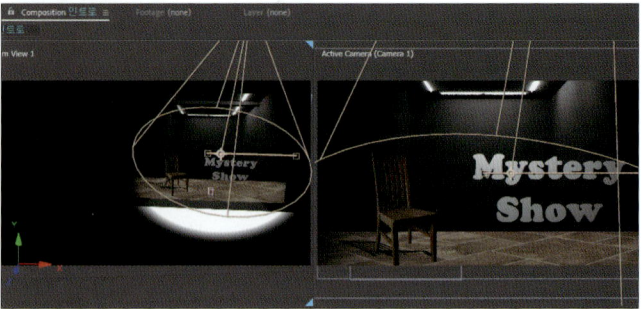

> **TIP**
> 조명의 옵션 값을 조절하여 조명의 세기, 조명의 넓기, 조명의 가장자리 등을 설정할 수 있습니다. 세부 설정을 조절하면 다른 느낌의 영상을 만들 수 있습니다.

12 램 프리뷰를 통해 재생하면 조명이 움직이면서 일부분만 보이는 형태의 조명 애니메이션을 확인할 수 있습니다.

실습예제 14 · 사진으로 입체감 나타내기 ★★★ 중요

앞서 살펴본 것들을 활용하여 한 장의 사진을 이용해서 3D 공간을 처음부터 만들어 봅니다. 실제 3D를 작업하는 것이 아니라 최대한 3D 느낌을 연출하는 과정으로 천천히 따라해 봅니다.

◉ **예제파일** : 06\들판.psd ◉ **완성파일** : 06\들판_완성.aep

01 새 프로젝트를 만들고 06 폴더에서 '들판.psd' 파일을 컴포지션 형태로 불러옵니다.

TIP

'들판.psd' 파일은 최대한 3D 느낌을 만드는 공간 이미지입니다. 실제 이미지는 한 장의 사진으로 새, 말, 나무, 하늘 등의 각 요소를 포토샵으로 나눠 저장한 이미지입니다.

▲ '땅' 레이어   ▲ '하늘' 레이어   ▲ '나무' 레이어

▲ '말' 레이어   ▲ '새' 레이어

Chapter 01 · 3D 공간 알아보기   401

02 '땅' 레이어를 90° 3D 회전하여 사용할 예정입니다. Tools 패널에서 뒤로 팬 도구( )를 선택합니다.
❶ Composition 패널의 화면에서 '땅' 레이어 기준점을 클릭한 다음 ❷ '하늘' 레이어의 경계로 드래그합니다.

> **TIP**
> 이때 Shift를 누른 상태로 드래그하면 일직선으로 바르게 기준점을 이동할 수 있습니다.

03 마우스 휠을 돌려 화면을 확대하여 정밀하게 경계선을 맞춥니다.

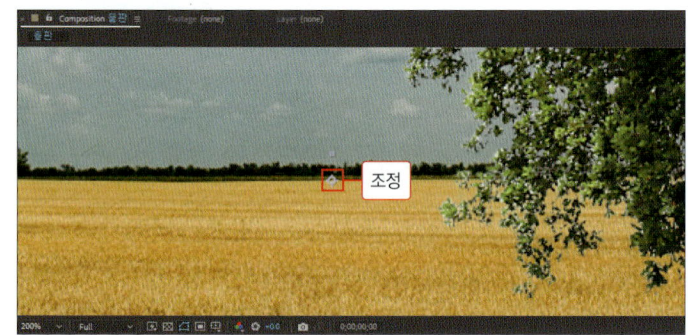

04 Timeline 패널에서 모든 레이어의 '3D Layer' 아이콘( )을 클릭하여 3D 레이어를 만듭니다.

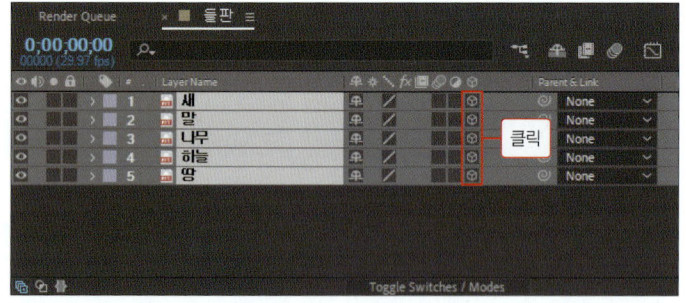

05 메뉴에서 (Layer) → New → Camera ((Ctrl)+(Alt)+(Shift)+(C))를 실행합니다.

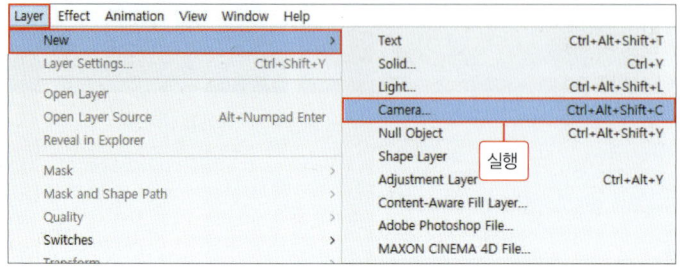

06 Camera Settings 대화상자가 표시되면 ❶ Type을 'One-Node Camera'로 지정하고 ❷ Preset을 '24mm'로 지정한 다음 ❸ 〈OK〉 버튼을 클릭해 Camera 레이어를 만듭니다.

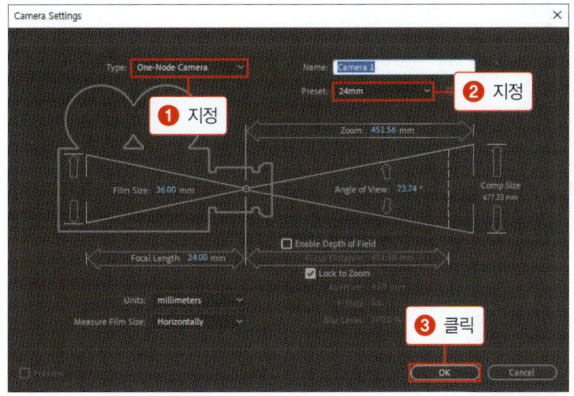
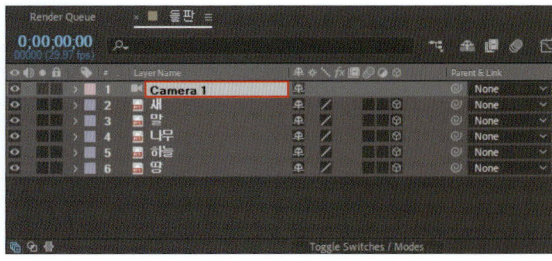

07 ❶ Composition 패널의 3D 뷰를 '2 Views'로 지정해 두 개의 화면으로 나눕니다. ❷ 왼쪽 화면은 'Custom View 1'로 지정하고 오른쪽 화면은 'Active Camera'로 지정합니다.

TIP
각 화면을 클릭하고 뷰를 지정하면 클릭한 화면의 뷰를 변경할 수 있습니다.

08 ❶ '땅' 레이어를 선택하고 ❷ Transform 속성을 표시합니다. 땅을 3D 공간처럼 접어서 땅처럼 만들기 위해 ❸ X Rotation을 '-90°'로 설정합니다.

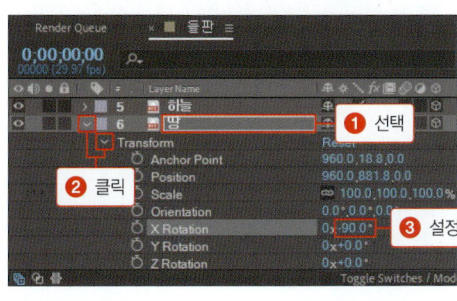

Chapter 01 • 3D 공간 알아보기   403

09 여백을 없애기 위해 Custom View 1에서 '땅' 레이어의 조절점을 Shift를 누른 상태로 드래그하여 크기를 키웁니다. 이때 '하늘' 레이어와 겹치는 조절점은 제외하고 드래그 해야 합니다.

10 ❶ Tools 패널에서 커서 주위 궤도 도구( )를 선택합니다. ❷ 왼쪽의 'Custom View 1'에서 드래그하면 앵글의 다양한 변화를 만들 수 있습니다. 이때 Custom 뷰를 바라보는 시각만 변화를 준 것이므로 오른쪽 Active Camera에는 아무런 변화가 없습니다.

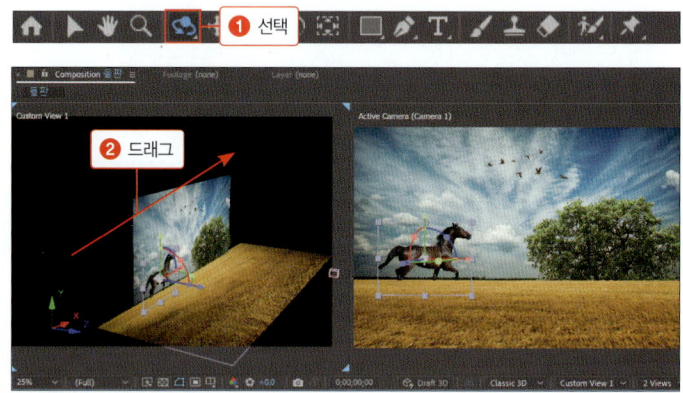

11 ❶ Tools 패널에서 선택 도구( )를 다시 선택합니다. Custom View 1에서 '말' 레이어와 '하늘' 레이어가 겹쳐 있는 것을 확인할 수 있습니다. 공간감을 만들기 위해 ❷ Custom View 1의 '말' 레이어를 Z축으로 이동하기 위해 파란색 Z축 화살표를 드래그해서 이동합니다.

12 이번에는 ❶ '나무' 레이어를 선택하고 ❷ Custom View 1의 '나무' 레이어를 Z축으로 이동하기 위해 파란색 Z축 화살표를 드래그해서 이동합니다.

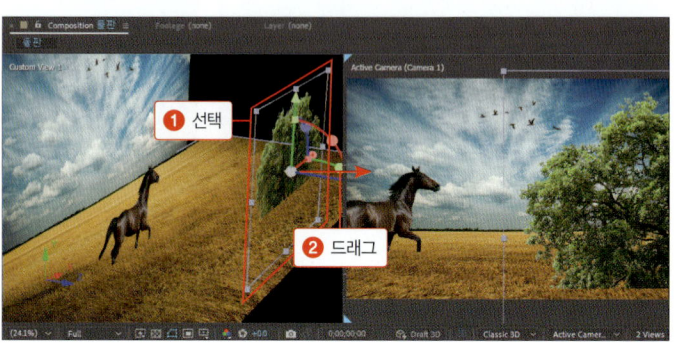

13 ① '말', '나무' 레이어를 선택하고 ② 연두색 Y축 화살표를 드래그해서 이동합니다.

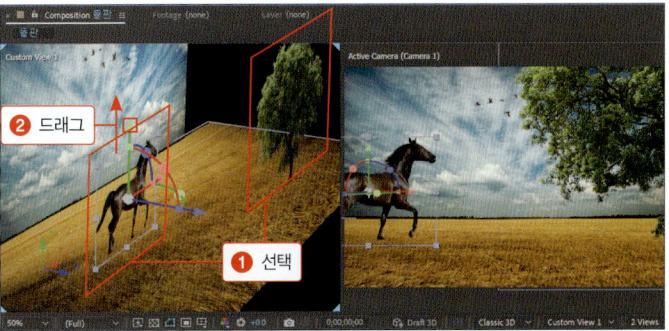

14 변화를 이용해서 키프레임 애니메이션을 만들겠습니다. ① 현재 시간 표시기를 '0초'로 이동한 다음 ② 'Camera 1' 레이어에서 Position 왼쪽의 'Stop Watch' 아이콘( )을 클릭하여 키프레임을 만들고 ③ Position의 Z축을 '-1280'으로 설정합니다.

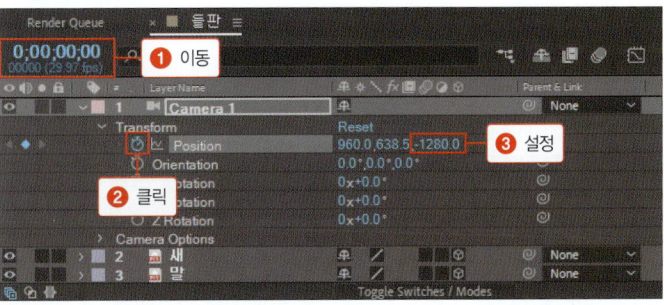

15 ① 현재 시간 표시기를 '4초'로 이동한 다음 ② Position의 Z축을 '-445'로 설정합니다. 점점 카메라가 앞으로 이동하는 애니메이션이 만들어집니다.

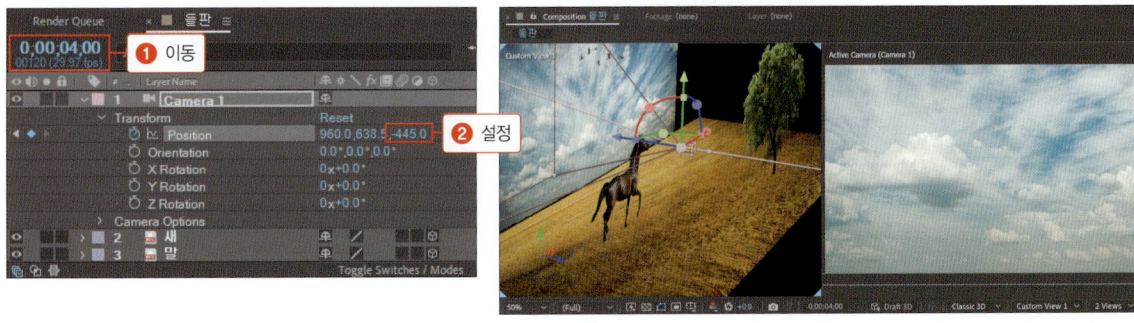

16 ① 키프레임을 모두 드래그하여 선택한 다음 ② F9 를 누릅니다. 키프레임을 Easy Ease로 만들어 자연스러운 움직임을 표현할 수 있습니다.

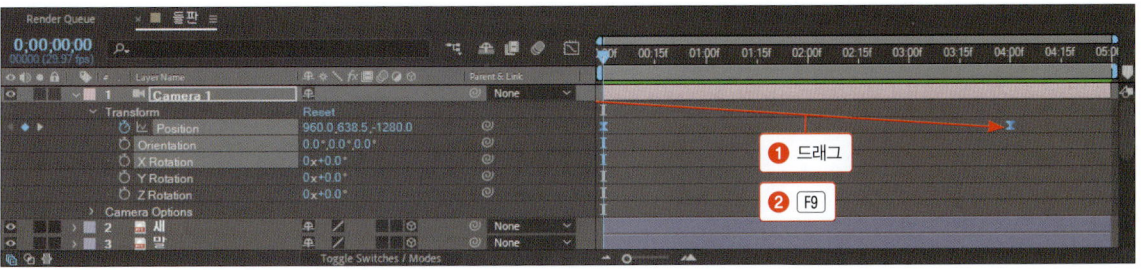

17 ❶ '말', '나무', '새' 레이어를 모두 선택한 다음 ❷ Switch 항목의 'Motion Blur' 아이콘()을 클릭하여 활성화합니다.

18 램 프리뷰를 통해 재생하면 카메라와 3D 레이어를 활용한 3D 공간을 구성할 수 있습니다.

실습예제 15 · 2D 이미지로 Fake 3D 만들기

애프터 이펙트는 일반적으로 3D를 만들 수 없지만, 3D처럼 보이게 만들 수는 있습니다. 이것을 'Fake 3D'라고 하며, 3D처럼 두께도 있고 회전도 가능한 효과입니다. Fake 3D를 만드는 방법을 알아봅니다.

◉ 예제파일 : 05\로고.png　　◉ 완성파일 : 05\로고_완성.aep

Before　　After

01 새 프로젝트를 만들고 Ctrl+N을 눌러 Composition Settings 대화상자가 표시되면 ❶ Width를 '1920px', Height를 '1080px'로 설정한 다음 ❷ 〈OK〉 버튼을 클릭합니다.

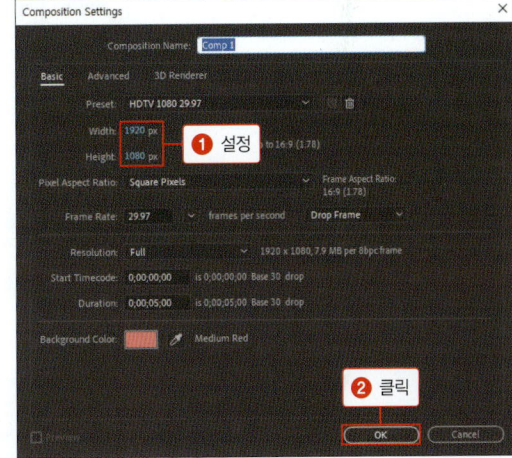

02 Ctrl+Y를 눌러 단색의 Solid 레이어를 만듭니다.

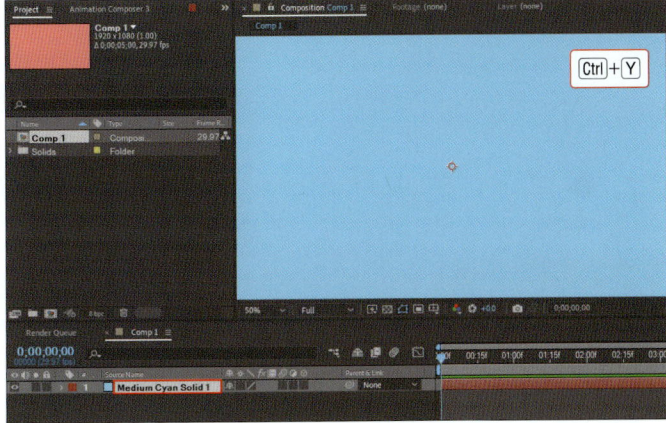

> **TIP**
> 예제에서는 색상을 '#69DDFF'로 지정했습니다.

03 ❶ Project 패널의 빈 부분을 더블클릭하여 Import File 대화상자를 표시한 다음 ❷ 06 폴더에서 ❸ '로고.png' 파일을 선택하고 ❹ 〈Import〉 버튼을 클릭합니다.

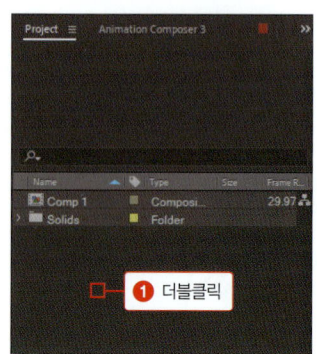
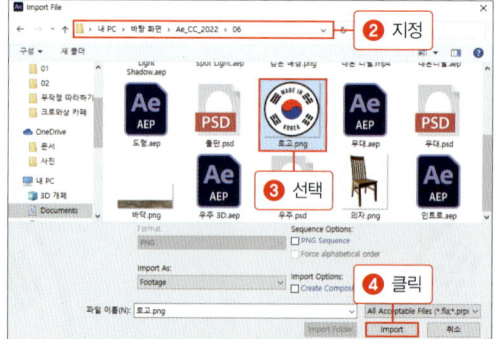

04 Project 패널에서 '로고.png' 파일을 Timeline 패널로 드래그하여 Composition 패널에 표시합니다.

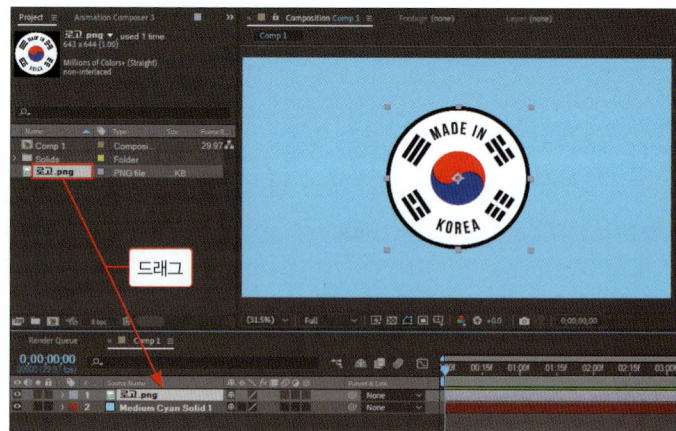

05 ❶ Timeline 패널에서 '로고.png' 레이어를 선택한 다음 ❷ Transform 속성을 표시하고 ❸ '3D Layer' 아이콘(◻)을 클릭하여 3D 레이어를 만듭니다.

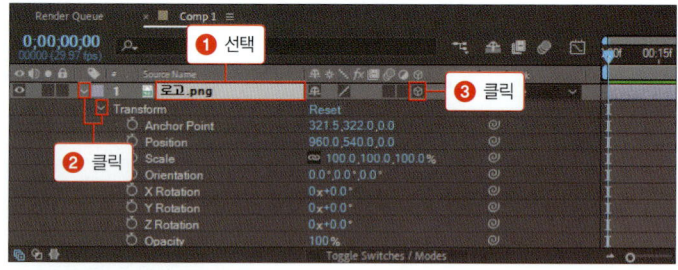

06 ❶ '로고.png' 레이어의 Position에서 마우스 오른쪽 버튼을 클릭한 다음 ❷ Seperate Dimensions를 실행합니다. X, Y, Z로 Position이 세분화됩니다.

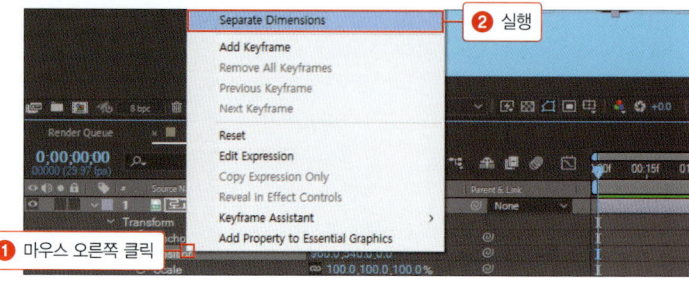

07 ❶ Alt 를 누른 상태로 Z Position 옆에 있는 'Stop Watch' 아이콘( )을 클릭합니다. Expression을 입력할 수 있는 스크립트 영역이 활성화되면 ❷ 'index'를 입력하고 ❸ Timeline 패널의 빈 부분을 클릭합니다.

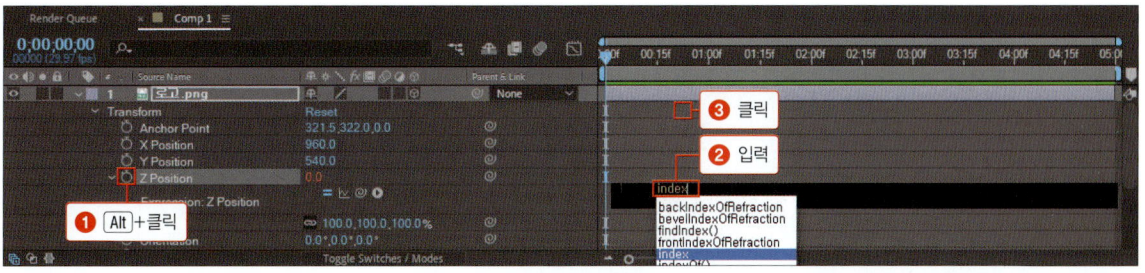

08 ❶ Timeline 패널에서 '로고.png' 레이어를 선택한 다음 ❷ Ctrl+C를 누르고 ❸ Ctrl+V를 눌러 레이어를 붙여 넣습니다.

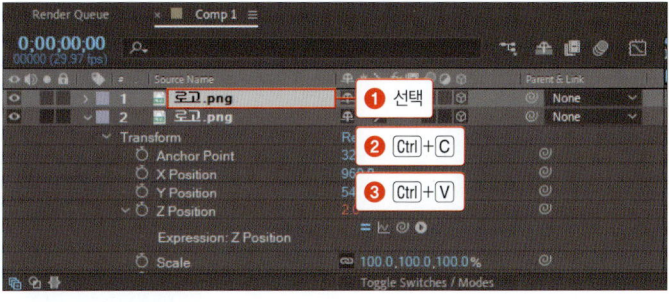

09 ❶, ❷ 같은 방법으로 반복해 레이어를 15~40개로 복제합니다.

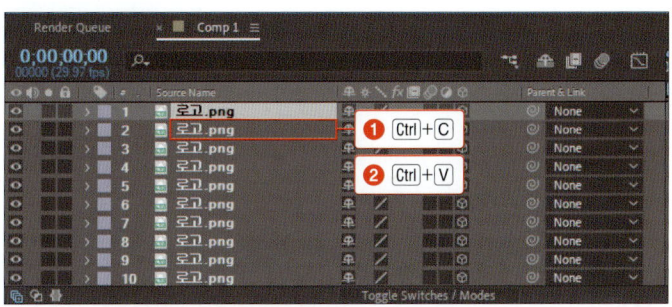

10 ❶ Tools 패널에서 커서 주위 궤도 도구( )를 선택합니다. ❷ Composition 패널을 드래그하면 앵글의 다양한 변화를 만들 수 있습니다. ❸ 화면을 돌려 두께를 확인합니다.

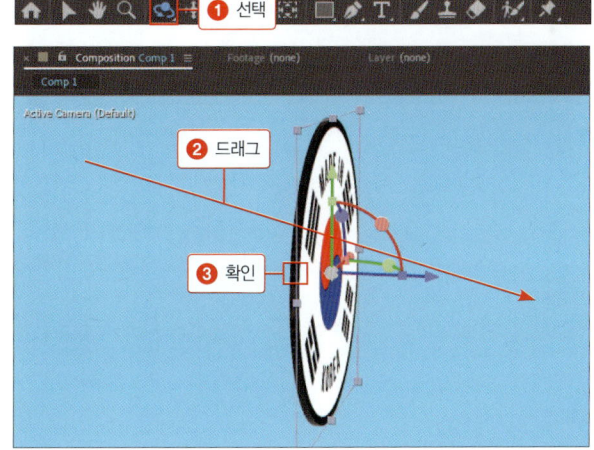

Chapter 01 · 3D 공간 알아보기   409

11 ❶ Timeline 패널에서 배경을 제외한 모든 '로고.png' 레이어를 모두 선택하고 메뉴에서 (Layer) → Pre-compose(Ctrl+Shift+C)를 실행하면 Pre-compose 대화상자가 표시됩니다. ❷ 그림과 같이 설정하고 ❸ 〈OK〉 버튼을 클릭합니다.

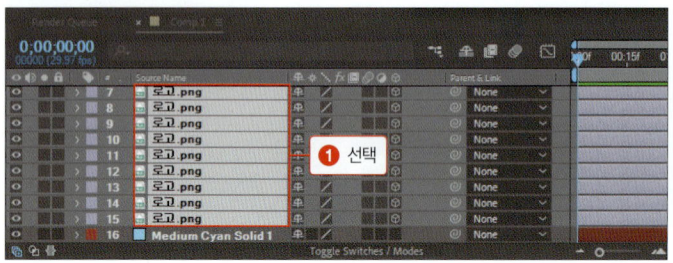
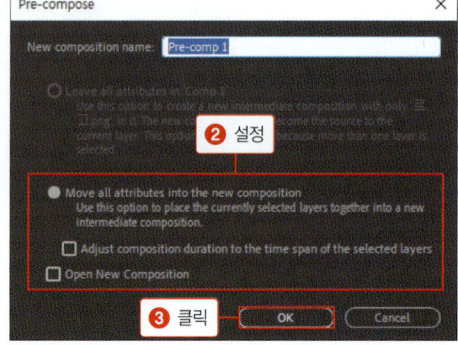

12 레이어가 하나의 컴포지션으로 묶이게 됩니다. ❶ Timeline 패널에서 'Pre-comp 1' 레이어의 '3D Layer' 아이콘(▣)을 클릭하여 3D 레이어를 만듭니다. 그 다음 ❷ 'Rasterize' 아이콘(✳)을 클릭하여 컴포지션 상태에서도 회전할 수 있게 변경합니다.

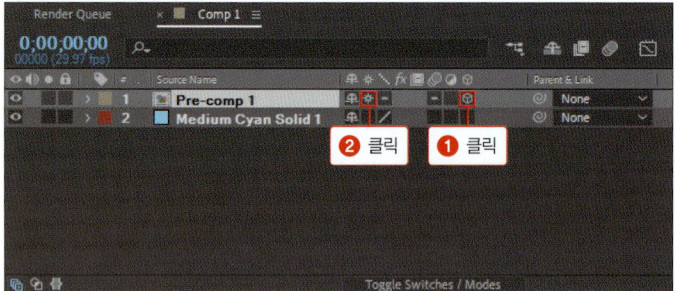

13 ❶ 'Pre-comp 1' 레이어의 Transform 속성을 표시한 다음 ❷ Y Rotation을 설정해 회전합니다. 두께가 유지된 상태로 3D로 회전하게 됩니다.

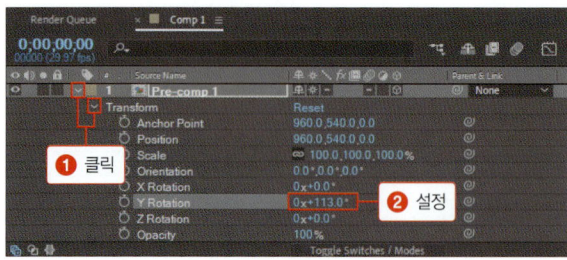
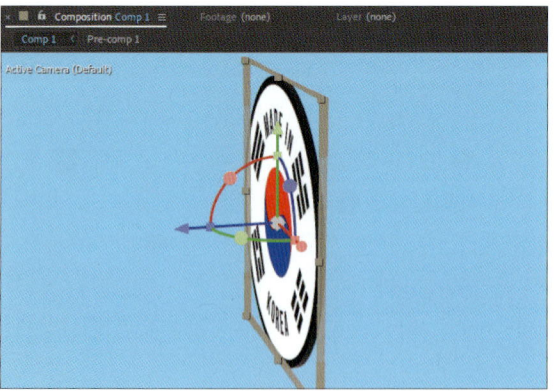

> **TIP**
> 실제로는 2D 레이어지만 두께를 주어 3D처럼 보이게 됩니다. Fake 3D를 이용하여 간단하게 애프터 이펙트에서 3D를 만들 수 있습니다.

실습예제 16 Geometry Options로 2D 셰이프 레이어를 3D로 만들기

3D 레이어의 Geometry Options는 3D 레이어에 입체적인 변화를 만드는 기능입니다. 애프터 이펙트 CC 2017부터 CINEMA 4D 엔진을 이용해 셰이프 레이어에 두께감을 줄 수 있습니다.

● 완성파일 : 06\Extrusion Depth_완성.aep

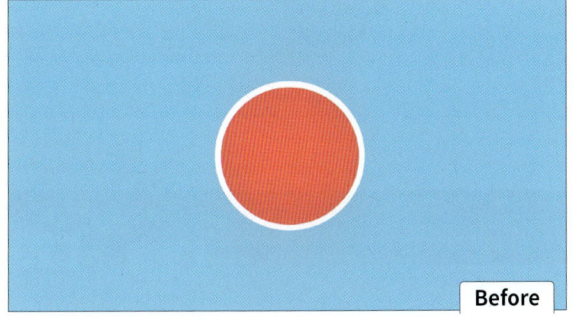
Before

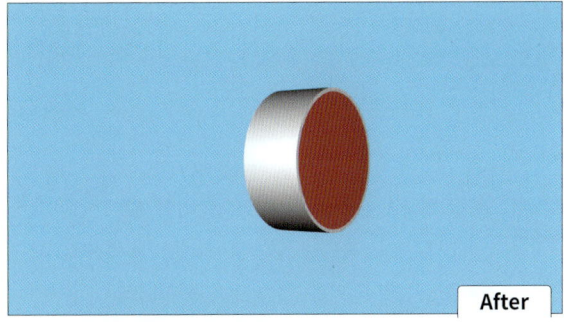
After

01 새 프로젝트를 만들고 메뉴에서 Ctrl+N을 눌러 새로운 컴포지션을 만듭니다. Composition Settings 대화상자가 표시되면 ❶ Width를 '1920px', Height를 '1080px'로 설정한 다음 ❷ 〈OK〉 버튼을 클릭합니다.

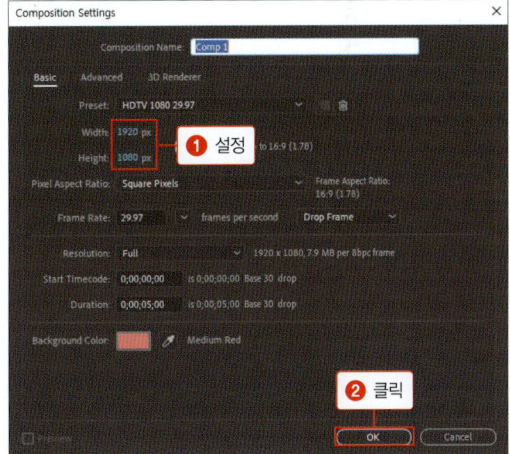

02 메뉴에서 (Layer) → New → Solid (Ctrl+Y)를 실행하여 단색의 Solid 레이어를 만듭니다.

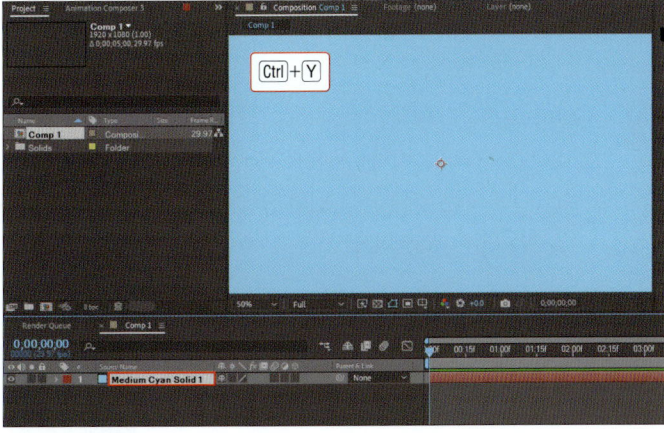

TIP
예제에서는 색상을 '#69DDFF'로 지정했습니다.

03 ❶ Tools 패널에서 원형 도구(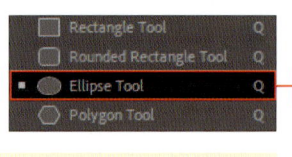)를 선택합니다.
❷ Shift를 누른 상태로 Composition 패널의 화면에 드래그하여 그림과 같이 원을 그립니다.

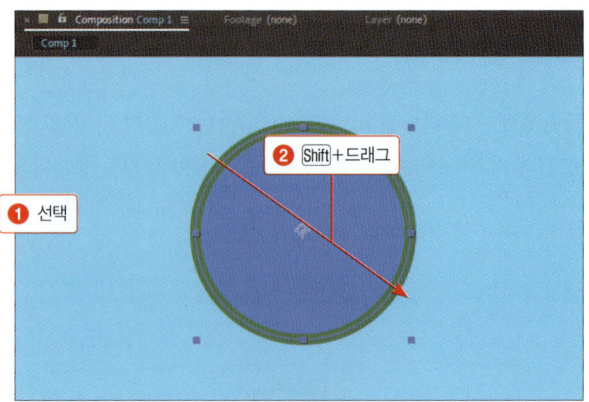

TIP
레이어를 선택하지 않고 마스크가 아닌 셰이프 레이어를 만듭니다. 레이어가 선택된 상태에서 원형 도구를 활용하면 셰이프 레이어가 아닌 마스크가 만들어집니다.

04 배경 색상과 잘 보이도록 설정합니다. ❶ Tools 패널에서 Fill을 '#FF5D5D', Stroke를 '흰색'으로 지정하고 ❷ Stroke의 두께를 '24px'로 설정합니다.

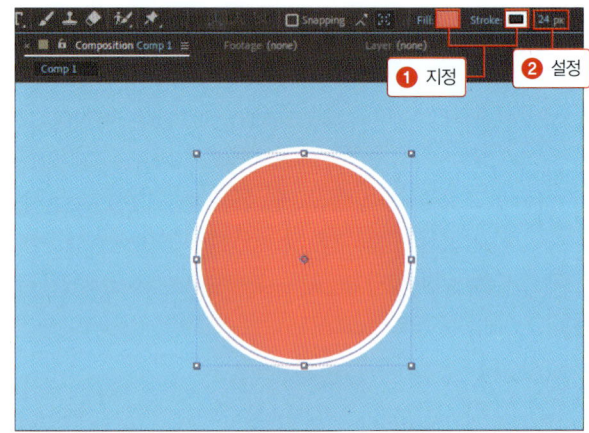

05 ❶ '3D Layer' 아이콘(⬚)을 클릭하여 3D 레이어를 만들고, ❷ 'Shape Layer 1' 레이어의 Geometry Options 속성 오른쪽의 'Change Renderer'를 클릭합니다.

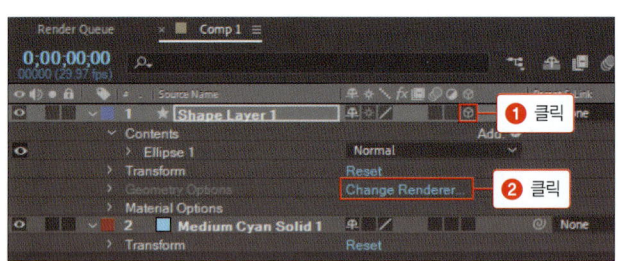

06 Composition Settings 대화상자가 표시됩니다. (3D Renderer) 탭에서 Renderer가 'Classic 3D'로 기본 지정되어 있어 Geometry Options가 비활성화된 상태입니다.

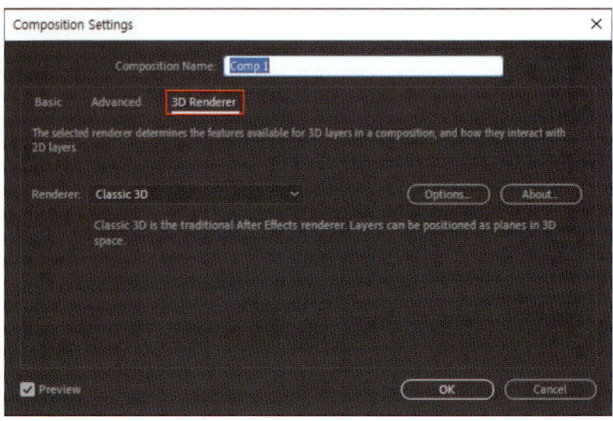

07 Composition Settings 대화상자에서 ❶ Renderer를 'CINEMA 4D'로 지정한 다음 ❷ 〈OK〉 버튼을 클릭합니다. ❸ Timeline 패널에 Geometry Options 속성이 표시된 것을 확인합니다.

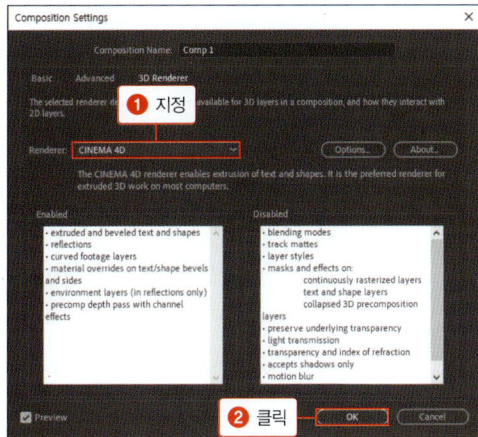
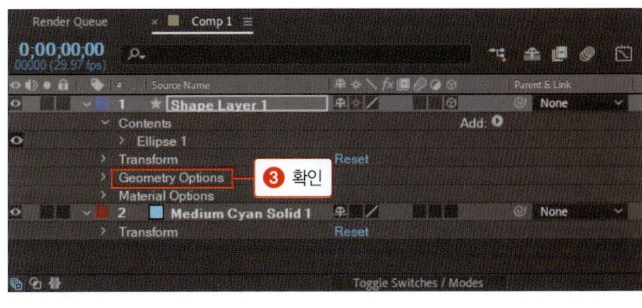

08 Geometry Options 속성의 Extrusion Depth를 '200'으로 설정합니다. 이때 Composition 패널에는 아무런 변화가 없습니다.

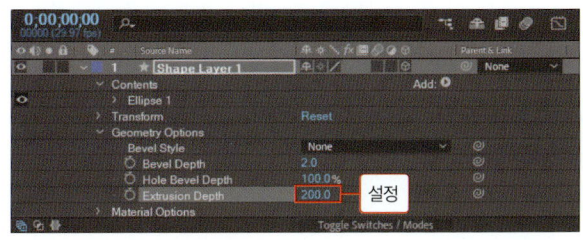
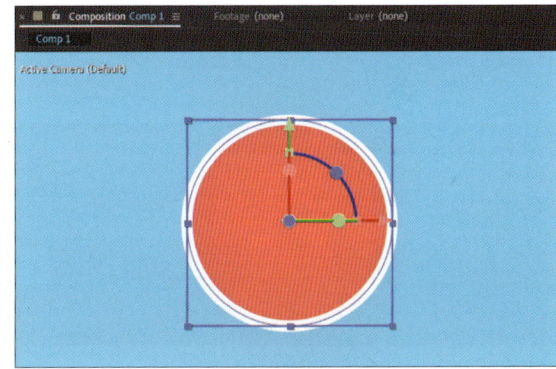

09 ❶ 'Shape Layer 1' 레이어의 Transform 항목을 표시한 다음 ❷ Y Rotation을 설정해 회전하면 두께가 유지된 상태에서 3D로 회전하게 됩니다.

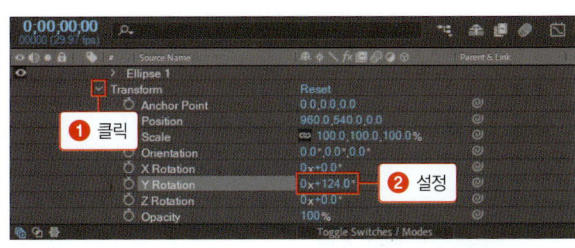
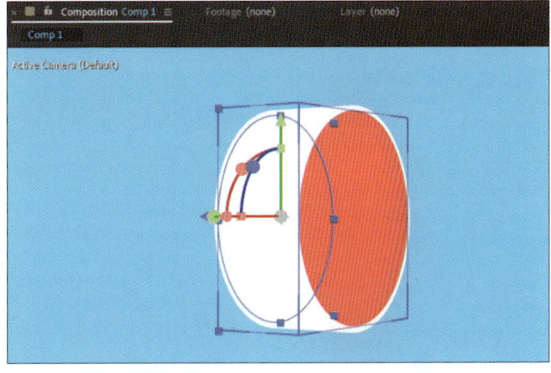

10 해당 레이어는 3D 레이어로 조명의 영향을 받습니다. 조명을 설치하기 위해 메뉴에서 (Layer) → New → Light(Ctrl+Alt+Shift+L)를 실행합니다.

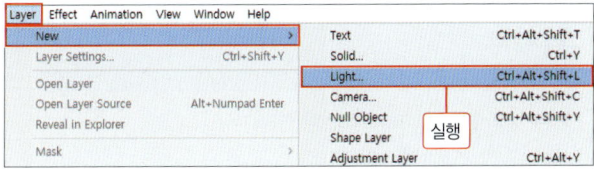

11 Light Settings 대화상자가 표시되면 ❶ Light Type을 'Parallel'로 지정하고 ❷ Color를 '흰색'으로 지정한 다음 ❸ 〈OK〉 버튼을 클릭합니다.

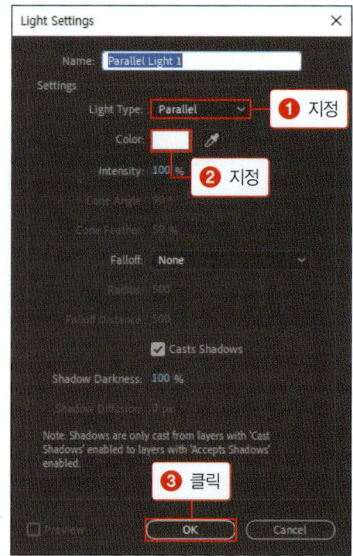

12 3D 레이어에 조명이 설치된 것을 확인할 수 있습니다. 조명의 세기와 위치, 물체의 위치와 회전 등을 설정하여 3D 애니메이션을 만듭니다.

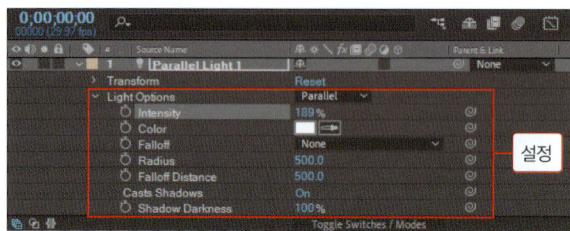
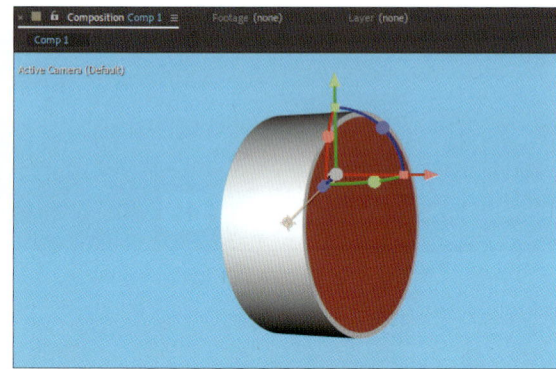

> **TIP**
> Extrusion Depth는 애프터 이펙트의 Shape Layer와 Text Layer에만 적용되는 기능입니다. 일반적인 레이어에는 Geometry Options의 Extrusion Depth가 적용되지 않습니다.

▲ Text Layer에 Extrusion Depth를 적용한 모습

실습예제 17 Geometry Options로 곡면 레이어 만들기

3D 레이어의 Geometry Options를 이용하여 평면으로 보이는 레이어에 굴곡을 주어 입체적으로 보이게 할 수 있습니다. Curvature를 이용하여 곡선으로 만들고, Segments를 설정하여 부드러운 곡면을 만들어 봅니다.

● **완성파일** : 06\Curvature_완성.aep

01 새 프로젝트를 만들고 Ctrl+N을 눌러 Composition Settings 대화상자가 표시되면 ❶ Width를 '1920px', Height를 '1080px'로 설정한 다음 ❷ 〈OK〉 버튼을 클릭합니다.

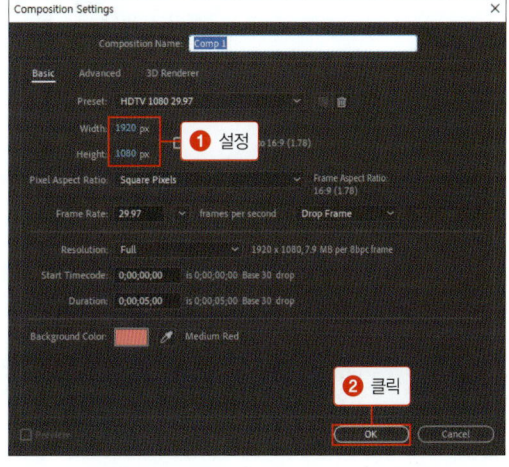

02 Ctrl+Y를 눌러 단색의 Solid 레이어를 만듭니다.

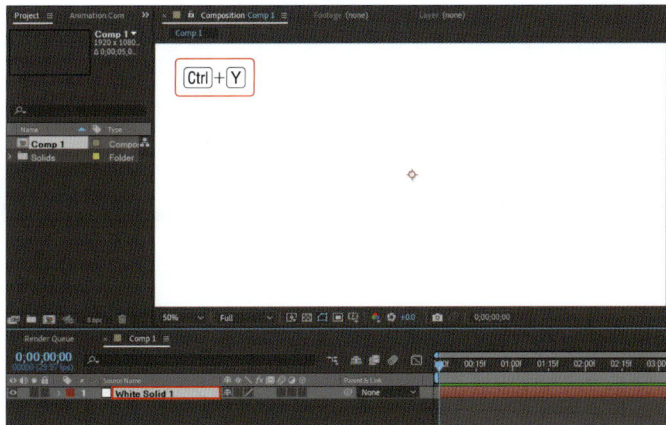

TIP
예제에서는 색상을 '#FFFFFF'로 지정했습니다.

03 ❶ '3D Layer' 아이콘(◎)을 클릭하여 3D 레이어를 만들면 ❷ Geometry Options 항목이 표시됩니다.

TIP
이전 예제를 이어서 작업할 경우, Renderer가 'CINEMA 4D'로 설정되어 있습니다.
Renderer 변경 방법은 이전 예제를 참고하시기 바랍니다.

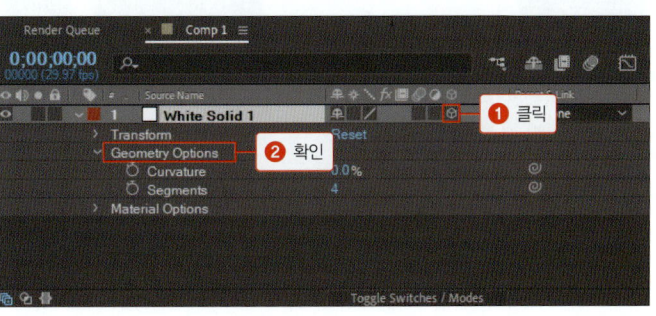

04 Geometry Options의 Curvature를 '100%'로 설정하면 'White Solid 1' 레이어가 곡선으로 바뀝니다.

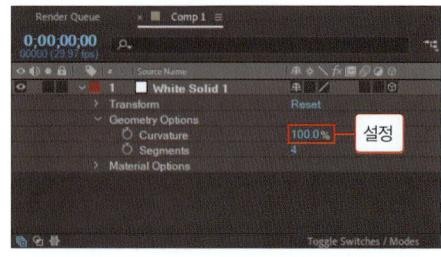
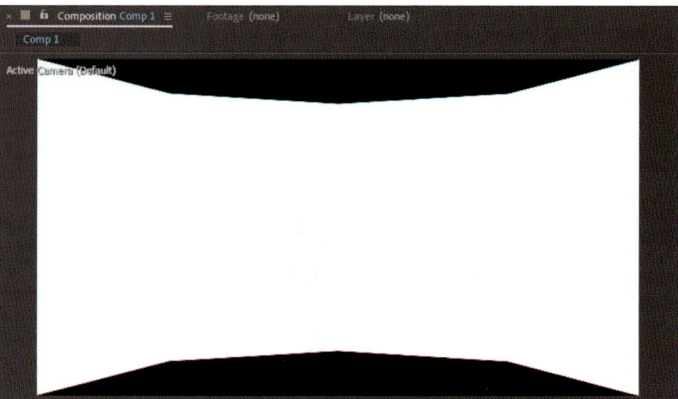

05 이때 Segments 수치가 낮아 각진 형태가 나타나므로 Segments를 '40'으로 설정합니다. 각진 'White Solid 1' 레이어가 부드러운 곡면으로 바뀝니다.

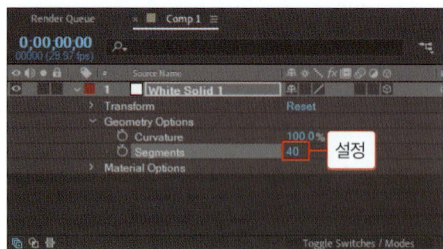
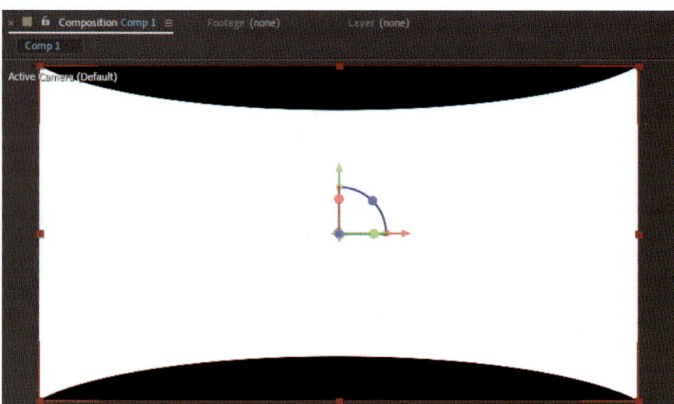

06 Tools 패널에서 카메라 관련 도구들을 이용하여 Composition 패널의 화면을 드래그하면 시점을 변경할 수 있습니다. 다른 앵글로 보면 완전한 곡면을 확인할 수 있습니다.

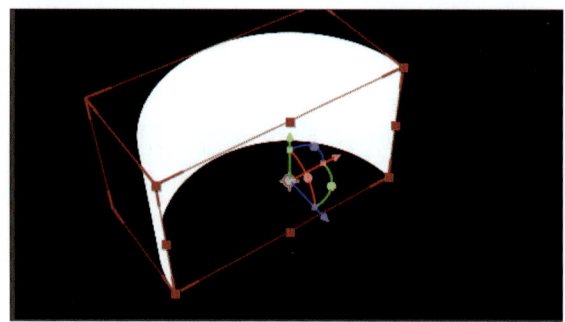
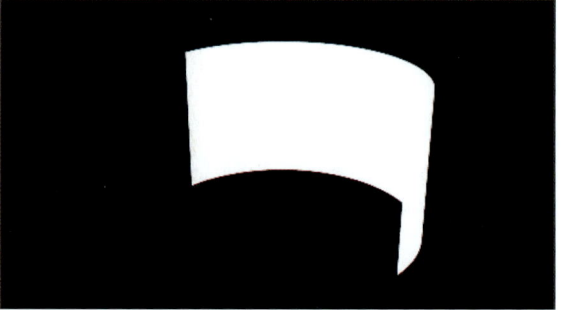

> **TIP**
> Geometry Options의 Curvature를 이용하면 책 페이지를 넘기거나 사진이나 종이가 펄럭이는 효과를 만들 수 있습니다.

실습예제 18 · 3D Camera Tracker로 합성하기 우선순위 | TOP 12 중요

3D Camera Tracking을 이용하여 영상에서 카메라를 추적해 봅니다.

● 예제파일 : 06\트래킹.aep   ● 완성파일 : 06\트래킹_완성.aep

01 새 프로젝트를 만들고 06 폴더에서 '트래킹.aep' 파일을 불러옵니다.

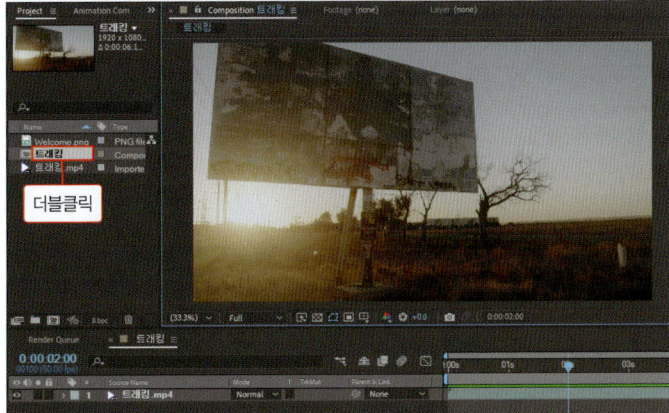

02 ❶ Timeline 패널에서 '트래킹.mp4' 레이어를 선택한 다음 ❷ 메뉴에서 (Animation) → Track Camera를 실행합니다.

> **TIP**
> Effects&Presets 패널에서 '3D Camera Tracker' 이펙트를 드래그하여 적용해도 동일한 효과가 적용됩니다.

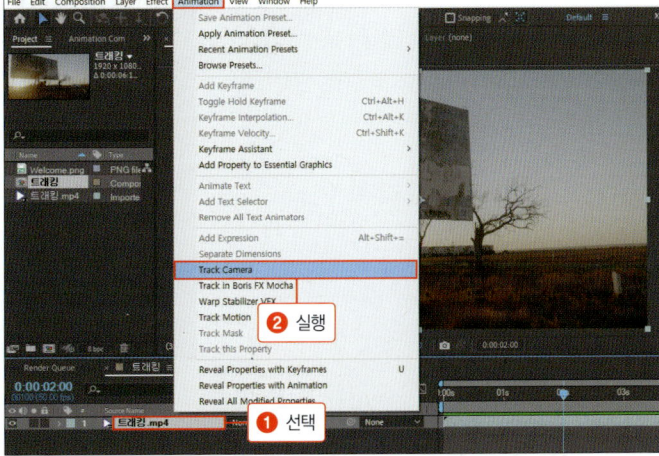

03 자동으로 Composition 패널의 화면에 영상 추적 작업이 진행됩니다.

▲ 영상을 분석하는 과정　　　　　　　　　　▲ 카메라를 세팅하는 과정

04 트래킹 작업을 마치면 화면에 수많은 X 형태의 마커가 만들어집니다. Timeline 패널에서 현재 시간 표시기를 드래그하여 시간을 이동하면 X 형태의 마커들이 영상에 따라 움직입니다.

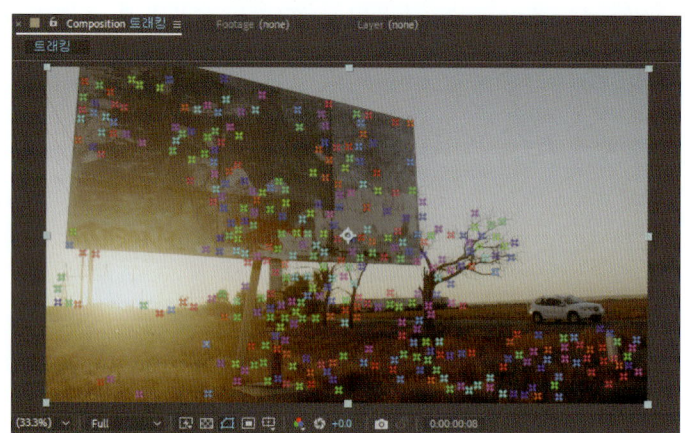

05 Ctrl을 누른 상태로 표지판 부분을 드래그하면 다수의 마커를 선택할 수 있습니다. 마커의 개수가 많으면 많을수록 트래킹의 정확성이 높아지게 됩니다. 드래그를 완료하면 빨간색 원이 나타납니다.

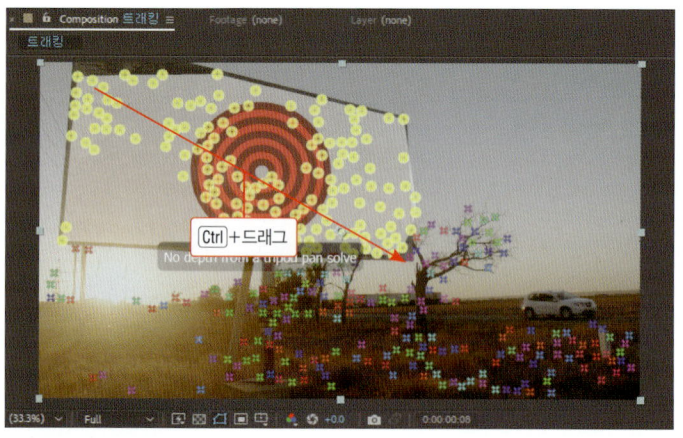

06 ① 선택된 마커에서 마우스 오른쪽 버튼을 클릭한 다음 ② **Create Solid and Camera**를 실행하여 단색의 Soild 레이어와 Camera 레이어를 만듭니다.

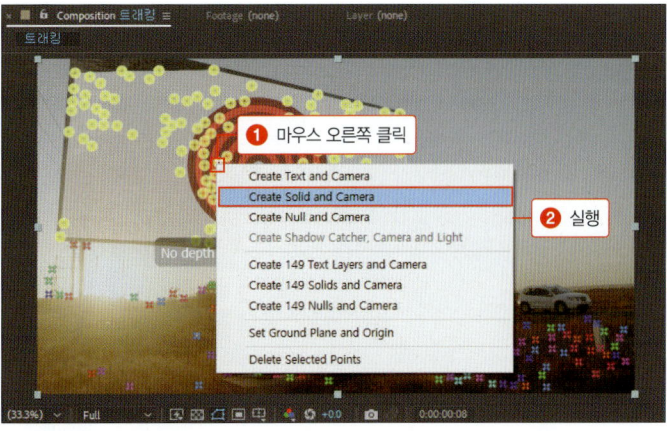

07 ① Timeline 패널의 'Track Solid 1' 레이어를 선택한 다음 ② (Alt)를 누른 상태로 Project 패널의 'Welcome.png' 파일을 Timeline 패널의 'Track Solid 1' 레이어에 드래그합니다.

> **TIP**
> Project 패널이 보이지 않는다면 메뉴에서 (**Window**) → **Project**를 실행합니다.

08 ① Timeline 패널에서 'Welcome.png' 레이어를 선택하고 ② Transform 항목을 표시합니다.

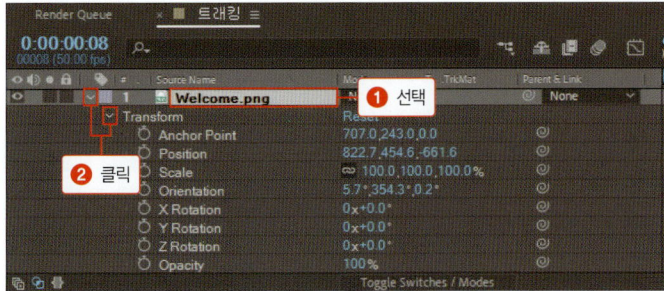

> **TIP**
> (Alt)를 누른 상태로 선택된 레이어에 소스를 드래그하면 소스를 대체할 수 있습니다.

Chapter 01 · 3D 공간 알아보기   419

09 표지판의 기울기에 맞게 'Welcome.png' 레이어의 Transform 속성을 설정합니다. Scale, X, Y, Z Rotation을 설정하여 그림과 같이 변경할 수 있습니다.

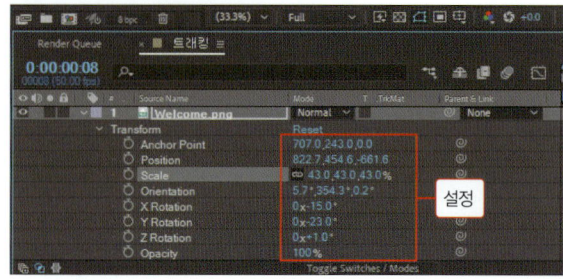

> **TIP**
> 트래킹이 완료된 상태라 소스의 Scale과 Rotation을 변화하여 표지판에 딱 맞게 변형합니다. Position을 설정하면 트래킹 속성이 어긋나기 때문에 주의가 필요합니다.

10 자연스럽게 합성하기 위해 Timeline 패널에서 'Welcome.png' 레이어의 Mode를 'Overlay'로 지정합니다.

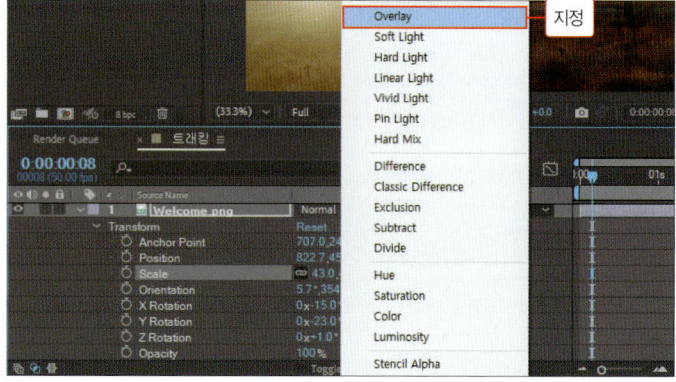

> **TIP**
> Mode가 보이지 않는다면 'Renderer'를 'Classic 3D'로 변경합니다. CINEMA 4D 엔진에서는 해당 Blending Mode가 표시되지 않습니다.

11 램 프리뷰를 통해 재생하면 배경에 맞게 소스가 자연스럽게 합성된 것을 확인할 수 있습니다.

3D 레이어로 공간감 만들고
3D Camera Tracker로 합성하기

1 401쪽 참고

3D 레이어로 인물과 배경의 공간감을 만들어 보세요.

- 예제파일 06\3Dmountain.psd
- 완성파일 06\3Dmountain_완성.aep
- 해설 동영상 06\6-1.mp4

Hint 레이어를 선택한 다음 3D 레이어 만들기 → 카메라 레이어 만들기 → Position을 설정하여 Z축으로 레이어 이동하기 → 카메라 레이어 Position을 설정하여 3D 공간에 레이어 배치하기

2 417쪽 참고

3D Camera Tracker로 움직이는 영상 벽에 그래픽을 합성해 보세요.

- 예제파일 06\3Dwall.mp4, Emoji.png
- 완성파일 06\3DCameraTracker_완성.aep
- 해설 동영상 06\6-2.mp4

Hint 영상을 불러오고 '3D Camera Tracker' 이펙트 적용하기 → 마커를 선택하고 Create Solid and Camera 실행하기 → 합성할 이미지를 Alt 를 누른 상태로 단색 Solid 레이어에 드래그하기 → Blending Mode 지정하기

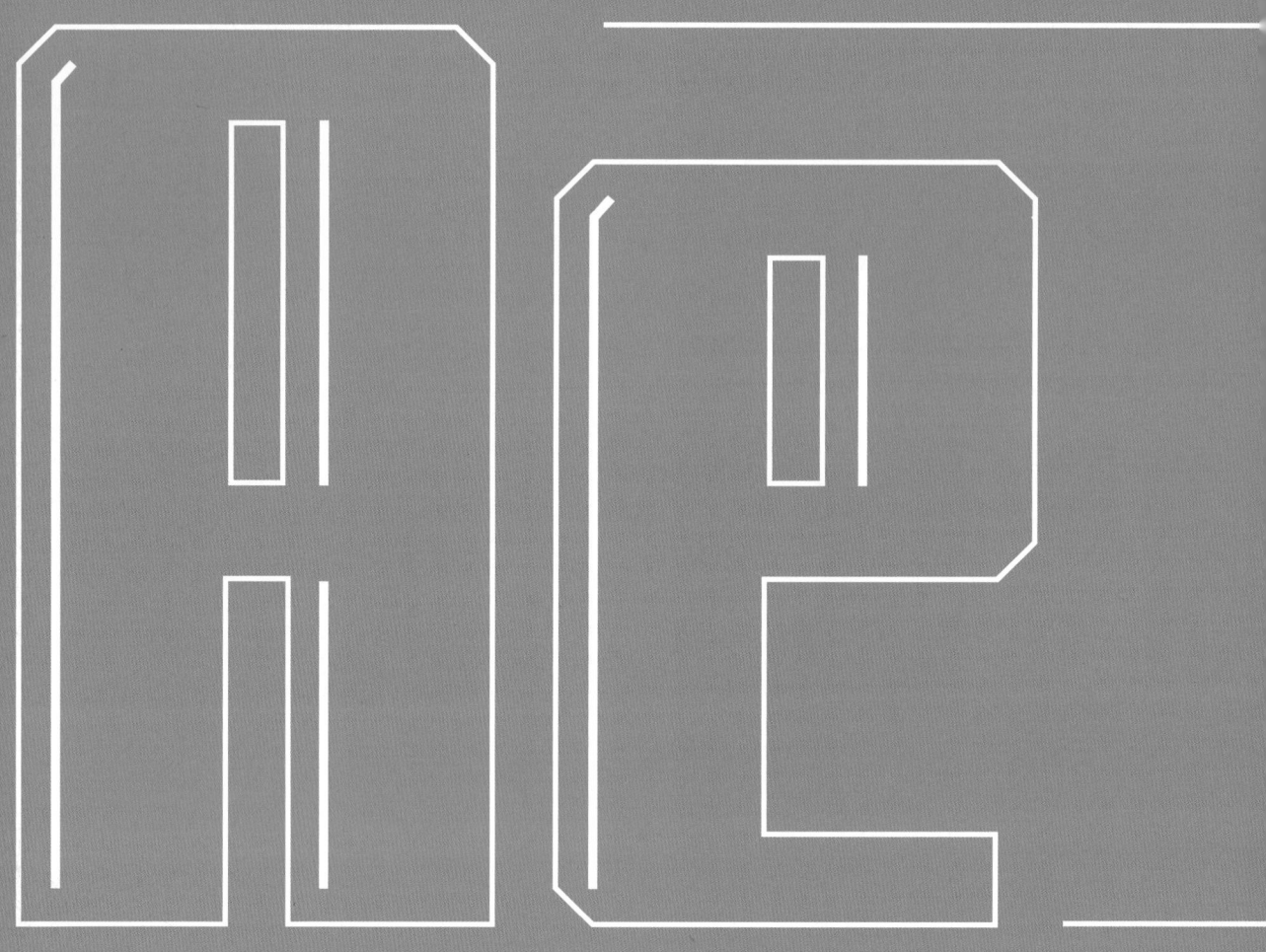

외부 개발사에서 개발되어 작업의 결과물을 만들 때 시간 절약 및 완성도를 높여 주는 서드파티 플러그인의 종류와 이펙트를 알아보고, 모든 작업을 마친 다음 다양한 출력 형태로 결과물을 저장하는 렌더링 방법을 알아봅니다.

PART 7.

서드파티 플러그인과 렌더링 알아보기

01 | 서드파티 플러그인 이해하기
02 | 렌더링으로 작업 마무리하기

우선순위 | TOP 20   Animation Composer • Saber • Motion Bro

서드파티 플러그인 이해하기

애프터 이펙트의 작업을 도와주는 중요한 기능 중에는 서드파티 플러그인이 있습니다. 어도비가 아닌 다른 회사들이 만들어서 배포하는 이펙트로 완성도 높은 다양한 시각 효과를 만들 수 있으며, 작업 시간을 줄여줍니다.

필수기능 01 서드파티 플러그인 살펴보기

다양한 영상 편집과 합성 플러그인을 제작했던 여러 회사도 애프터 이펙트 시장이 커지면서 애프터 이펙트 전용 플러그인을 제작하고 있습니다. 작은 규모의 제작사들도 플러그인을 판매할 수 있는 여러 환경이 생기면서 활발하게 플러그인을 만들고 있습니다. 개인들이 구매하기 쉬운 플러그인부터 고가의 플러그인까지 다양한 플러그인을 얻을 수 있는 사이트를 알아봅니다.

Videohive

Videohive는 모션 그래픽 디자이너와 영상 제작자들이 반드시 알아두어야 할 사이트입니다. 프로젝트를 수정해서 사용하는 템플릿뿐만 아니라 Effects & Presets 패널에서 적용하는 효과처럼 하나의 이펙트 개념으로 사용할 수 있는 서드파티 플러그인도 배포하고 있습니다.

Videohive의 장점은 비교적 저렴한 가격으로 애프터 이펙트에 익숙하지 않은 개인이나 프리랜서 혹은 소규모의 제작 업체들도 쉽게 서드파티 플러그인에 접근할 수 있다는 점입니다. Motion Bro, Mister Horse, FX Monster 등 효용성 높은 플러그인으로 모션 그래픽 및 영상 제작에 날개를 달 수 있습니다.

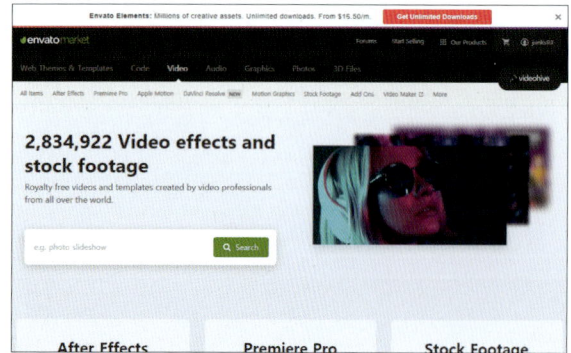 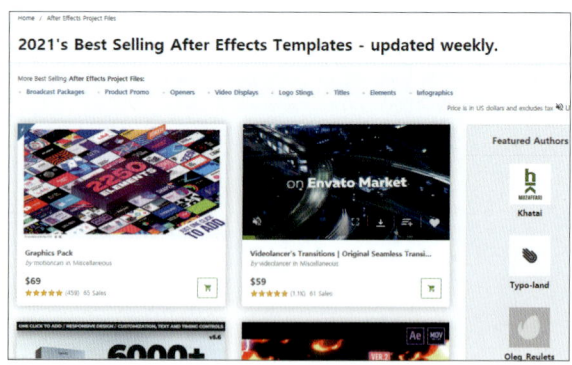

▲ videohive.net

Aescripts

Aescripts는 애프터 이펙트에 어느 정도 익숙해진 사람들이 이용하면 좋은 사이트입니다. 가격이 상대적으로 Videohive에 비해 비싸고 플러그인이 전문적이기 때문에 접근성도 떨어지지만, Lockdown, Newton, Autofill, Deepglow, Stardust, Element 3D 등 모션 그래픽 디자이너와 영상 제작자의 컴퓨터에는 대부분 깔려 있을 플러그인들이 Aescripts 사이트에서 배포되어 애프터 이펙트에 숙달된 사람들은 Videohive보다 Aescripts를 더 많이 이용하게 될 것입니다.

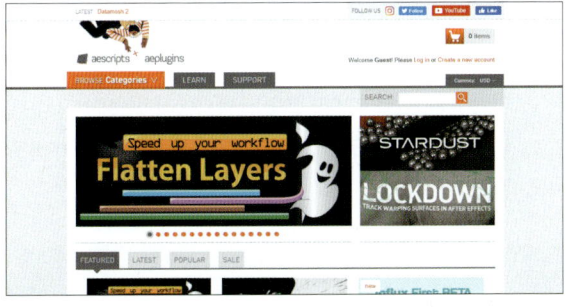 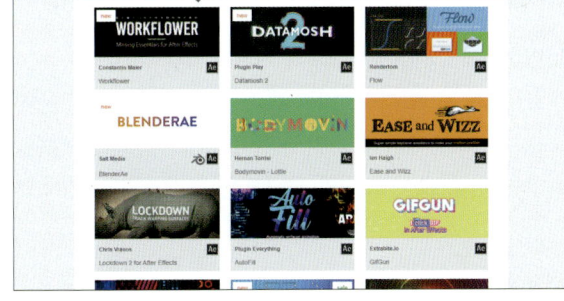

▲ aescripts.com

그 외의 사이트

대표적으로 Red Giant, Boris FX, Revisionfx, Video Copilot 등이 있습니다. 전부 다 그런 것은 아니지만 특정 사이트에서 파는 서드파티 플러그인들은 가격이 상당히 고가인 축에 속합니다. 하지만 실무에서도 사용하는 효과적인 플러그인으로 필요하다면 용도에 맞게 알아보고 구매하도록 합니다.

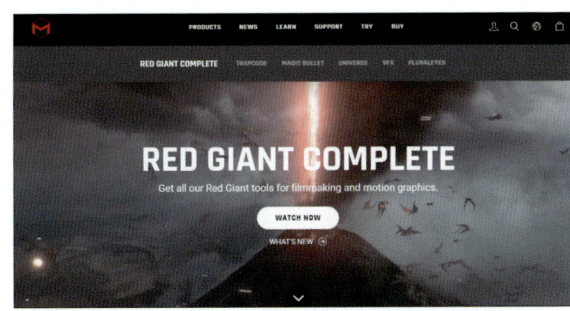 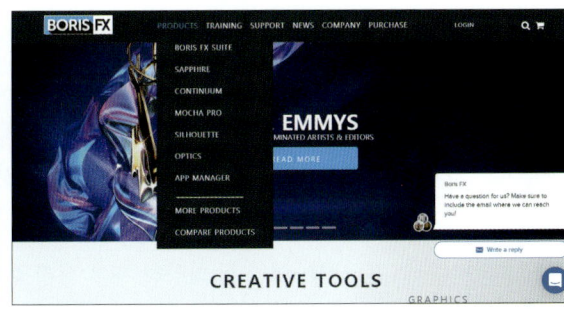

▲ Trapcode, Magic Bullet 등의 플러그인을 배포하는 Red Giant   ▲ Mocha Pro, Sapphire, Silhouette 등의 플러그인을 배포하는 Boris FX

 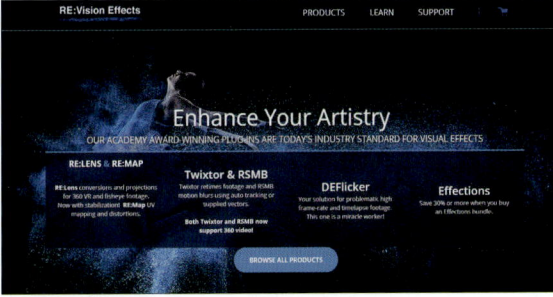

▲ Element 3D, Saber, Twitch, Optical Flares 등의 플러그인을 배포하는 Boris FX   ▲ Twixtor, RSMB 등의 플러그인을 배포하는 Boris FX

필수기능 02 | 서드파티 플러그인 알아보기

대부분의 서드파티 플러그인은 금액을 지급해야 하지만 프로모션 및 체험판의 형태로 무료로 이용이 가능한 서드파티 플러그인도 많습니다. 애프터 이펙트 서드파티 플러그인은 수 백가지가 넘기 때문에 필요한 경우 추가로 찾아보고 다운받아 사용하는 것을 추천합니다. 응용하면 다양한 결과물을 만들 수 있습니다.

Animation Composer – Mister Horse

10만 명 이상의 모션 그래픽 디자이너들이 이용하는 Animation Composer 3 플러그인은 국내에서도 유명한 무료 플러그인입니다. 하나의 서드파티 플러그인 안에 텍스트 프리셋, 트랜지션(화면 전환) 프리셋, 2D 그래픽 소스 프리셋, 효과음 프리셋 등 100개 이상의 다양한 종류의 이펙트를 포함하고 있습니다. 클릭만으로 이펙트를 적용하여 모션 그래픽에 필요한 효과를 3초 만에 만들 수 있습니다.

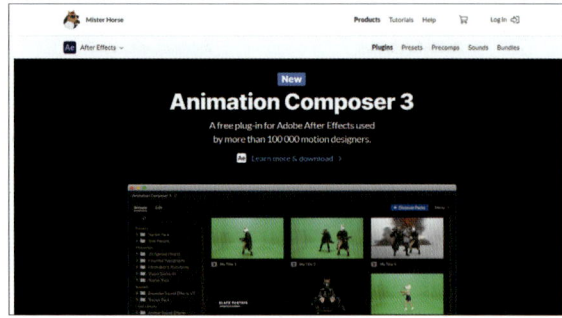
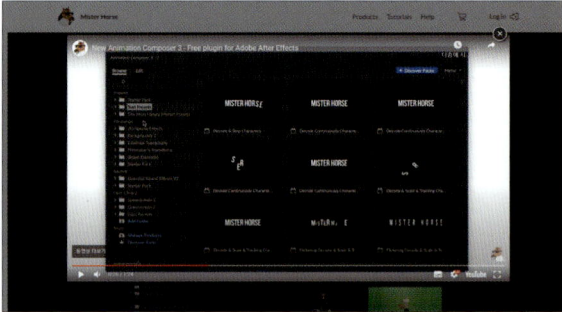

▲ 출처 : misterhorse.com/animation-composer

Saber – Video Copilot

Saber는 애프터 이펙트에서 광선을 만들 수 있는 플러그인으로 모션 그래픽과 영상 제작에서 많은 사랑을 받는 플러그인입니다. 광선 검, 네온, 불타는 글씨, 에너지 볼 등 응용하면 다양한 이펙트를 만들 수 있으므로 가지고 있으면 활용할 곳이 많은 플러그인입니다.

Saber는 밝기, 왜곡, 색상, 연기 등 다양한 세부 설정을 전부 조절할 수 있으며 글씨나 광선 검뿐만 아니라 펜 툴을 이용한 패스에도 적용할 수 있습니다. 모든 기능이 100% 무료로 부담 없이 다운받아서 사용하도록 합니다.

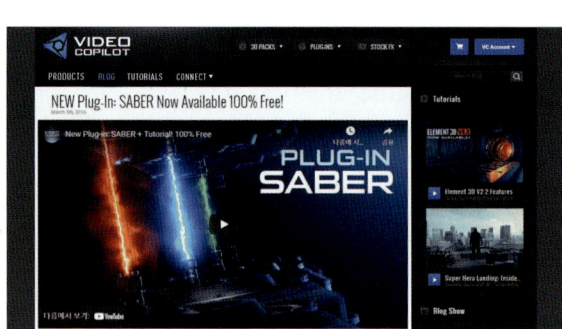
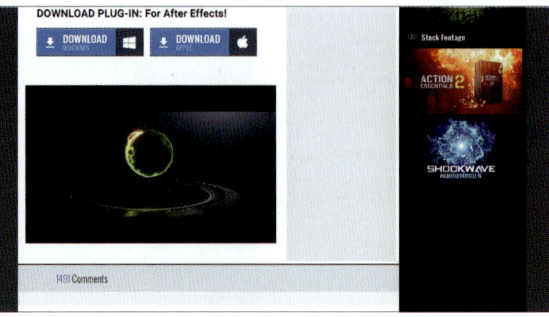

▲ 출처 : videocopilot.net

Free Presets For Motion Bro/Motion Bro - Motion Bro

Motion Bro 사에서 제공하는 무료 서드파티 플러그인으로 Animation Composer처럼 다양한 테마의 프리셋을 한꺼번에 제공하고 있습니다. Animation Composer와 비슷한 서드파티 플러그인이지만 좀 더 다양한 테마를 제공하기 때문에 많은 사람에게 사랑받는 플러그인입니다. 클릭만으로 효과를 적용할 수 있으므로 3초 만에 다양한 효과를 적용할 수 있습니다.

각각의 프리셋은 마음에 들면 유료 버전으로 결제하여 확장할 수 있습니다. 유료 버전의 경우에는 기본적으로 Motion Bro Extenstion 패널에 플러그인들을 개별적으로 다운로드하여 사용하는 개념으로 얼굴을 추적하여 거기에 모션 그래픽 요소를 추가할 수 있는 AE Face Tools, 2300개 이상의 트랜지션을 제공하는 Vidolancer's Transitions, 인포그래픽 제작을 도와주는 Infofix-Infographics Pack이 있습니다. Free Presets For Motion Bro를 이용해보고 필요한 프리셋 테마가 있다면 결제하여 사용하도록 합니다.

▲ 출처 : motionbro.net/free-presets

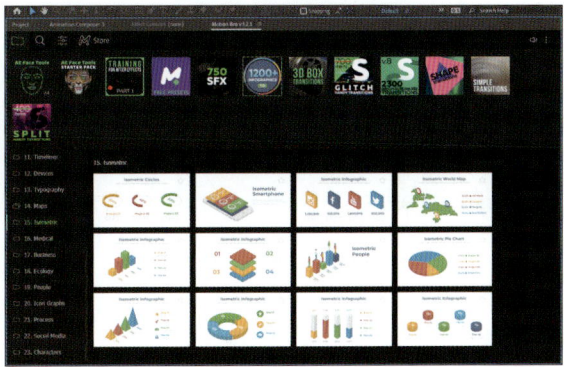
▲ Motion Bro에서 제공하는 플러그인 Infofix - Infographics Pack

Mocha Pro - Boris FX

Mocha Pro는 Boris FX(https://borisfx.com/products/mocha-pro) 사에서 배포하는 트래킹 플러그인입니다. 기본적으로 애프터 이펙트에 설치되어 있는 Mocha AE의 유료 버전이며 확장된 기능을 제공합니다. 트래킹 기능만 제공하는 Mocha AE와 다르게 트래킹한 데이터를 기반으로 물체를 추가 및 삭제를 할 수 있으며 흔들리는 카메라 무빙을 'Stabilize' 이펙트를 통해 보정할 수도 있습니다. 또한, 2021년에 추가된 'Warp Tracking' 이펙트를 통해 옷 주름과 피부와 같은 접히는 부분에도 합성 및 삭제를 할 수 있습니다. 정교한 실사 작업이나 촬영본에 모션 그래픽을 섞어야 한다면 가지고 있으면 큰 도움이 되는 플러그인 중 하나입니다.

▲ 특정 부분을 트래킹하여 움직임의 데이터를 분석하는 화면

▲ 분석된 트래킹 데이터를 기반으로 포토샵과 연계하여 불필요한 부분을 삭제하는 화면

Element 3D - Video Copilot

Element 3D는 Video Copilot(https://www.videocopilot.net/products/element2) 사에서 배포하는 서드파티 플러그인으로 애프터 이펙트에 3D 물체를 얹게 해 주는 프로그램입니다. 기본적으로 애프터 이펙트는 3D 파일을 가져올 수 없습니다. 애프터 이펙트는 2.5D 개념의 프로그램이기 때문에 CINEMA 4D나 블렌더, MAYA와 같은 프로그램에서 3D 작업을 하고 시퀀스 형태로 애프터 이펙트로 가져와야 합니다. 그러나 Element 3D를 통해 바로 애프터 이펙트에 3D 물체를 얹어서 사용할 수 있으며, 실사 작업뿐만 아니라 3D 모션 그래픽이 필요한 경우에도 Element 3D에서 작업한 다음 사용할 수 있습니다.

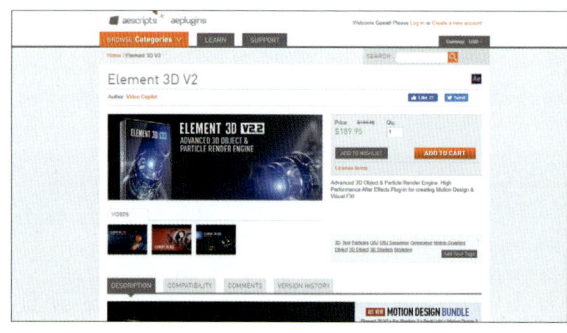

▲ Element 3D를 구매할 수 있는 Aescripts 사이트

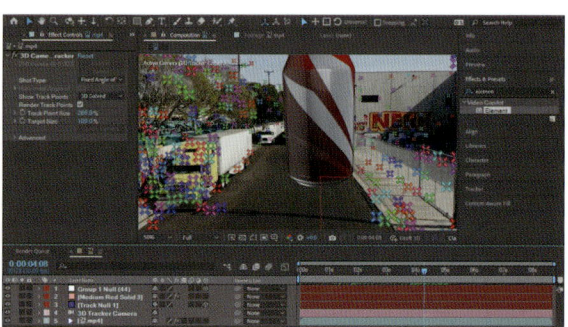

▲ 애프터 이펙트의 '3D Camera Tracker' 이펙트와 연동하여 움직이는 영상에 3D 물체를 합성한 모습

Flash FX Pro - FXMonster

유튜브 영상이나 상업용 영상, 예능 영상 등을 보면 만화적인 느낌의 강조 효과가 많이 나오는 것을 볼 수 있습니다. 이런 것들을 통틀어 'Flash FX' 혹은 'Cartoon FX'라고 부릅니다. 만화적인 느낌은 실사와 모션 그래픽에 모두 어울리며 밋밋한 영상에 역동적인 느낌을 줄 수 있습니다.

Flash FX는 본래 한 프레임 한 프레임 그려서 표현해야 하지만 시간과 비용으로 인해 일반적인 영상 크리에이터들이 하기 어려운 작업입니다. 하지만 이러한 이펙트를 모아서 사용할 수 있는 것이 FXMonster 사에서 배포하는 Flash FX Pro입니다. 전문 디자이너가 미리 작업해 놓은 Flash FX를 클릭하여 푸티지에 얹어서 사용할 수 있습니다. 직접 그리기 어려운 상황에서 최소의 투자 최대의 효율로 큰 도움이 될 것입니다.

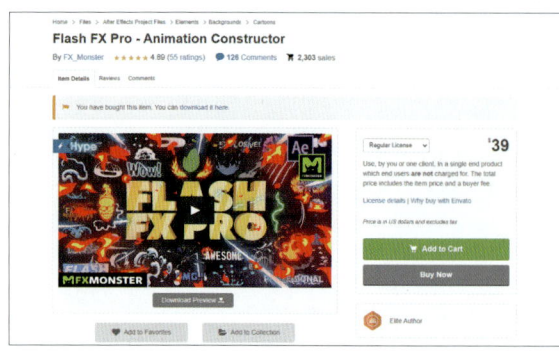

▲ Flash FX Pro를 다운로드할 수 있는 Videohive 사이트

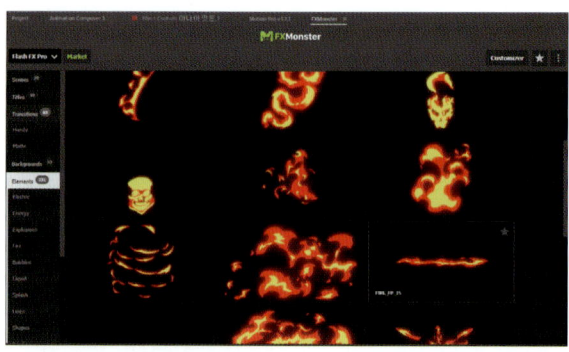

▲ 다양한 테마의 Flash FX 이펙트

필수기능 03 Animation Composer 설치하기

Animation Composer는 서드파티 플러그인이므로 별도의 설치가 필요합니다. 설치하는 방법에 대해 알아봅니다.

Animation Composer 이펙트 다운로드하기

Animation Composer는 Mister Horse(https://misterhorse.com/animation-composer) 사이트에 접속해서 다운로드할 수 있습니다.

운영 체제에 맞게 다운로드 버튼을 클릭하면 설치 파일이 다운로드됩니다. 계정을 만들고 로그인한 다음 Animation Composer 3와 Starter Pack을 다운받습니다. 애프터 이펙트를 실행한 상태에서는 다운로드가 진행되지 않으므로 반드시 애프터 이펙트를 종료한 상태에서 다운로드를 진행하도록 합니다.

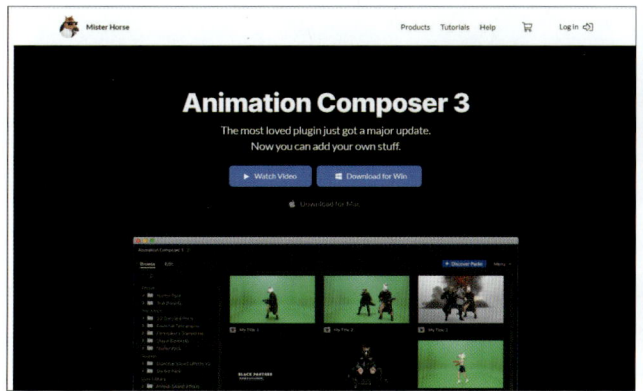
▲ Animation Composer를 다운받을 수 있는 Mister Horse 사이트

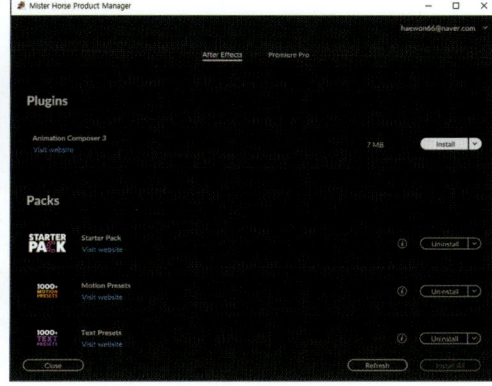
▲ 〈Install〉 버튼을 누르면 설치가 완료됩니다.

Animation Composer 창 표시하기

Animation Composer는 Effects & Presets에서 드래그 앤 드롭 형태로 적용하는 효과가 아닙니다. 독자적으로 하나의 이펙트 창을 표시하여 적용하는 형태입니다. 이것을 표시하기 위해 애프터 이펙트를 실행한 다음 메뉴에서 [Window] → Animation Composer 3를 실행합니다.

Animation Composer 3 창이 표시됩니다. 이 창을 Project 패널 및 Effect Controls 패널이 모여 있는 탭에 드래그하여 하나의 패널로 만들 수 있습니다. Animation Composer 3를 애프터 이펙트에서 하나의 패널로 이용할 수 있게 됩니다.

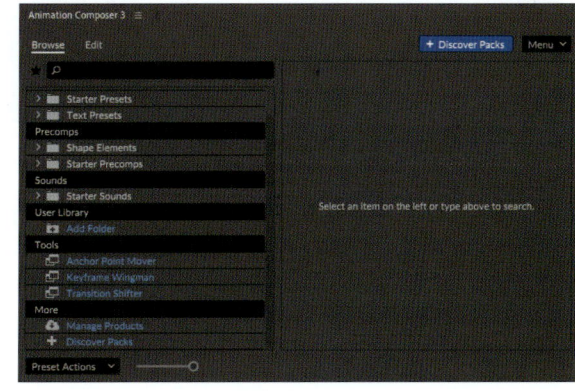
Animation Composer 3를 패널로 만든 모습 ▶

실습예제 04 Animation Composer로 모션 그래픽 만들기

Animation Composer를 이용하여 PSD 이미지 한 장을 모션 그래픽 타이틀 장면으로 손쉽게 만들 수 있습니다. 다양한 이펙트를 적용해 봅니다.

- 예제파일 : 07\도넛.psd
- 완성파일 : 07\도넛_완성.aep

01 새 프로젝트를 실행하고 07 폴더에서 '도넛.psd' 파일을 'Composition – Retain Layer Sizes' 형식으로 불러옵니다.

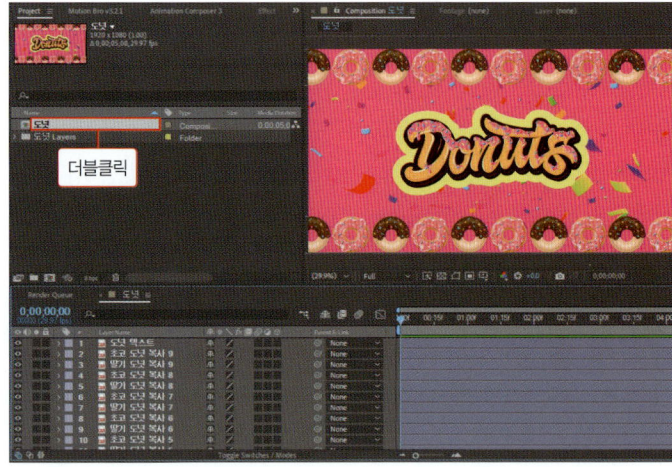

TIP
예제를 진행하기 위해 Animation Composer 3를 설치합니다. 설치 방법은 429페이지를 참고해 주세요.

02 ❶ 메뉴에서 (Window) → Animation Composer 3를 실행합니다. ❷ (Browse) 탭의 Presets 항목에서 Starter Presets → Transitions – 2D Layer의 'Bounce Scale From Anchor Point'를 선택한 다음 ❸ 〈In〉 버튼을 클릭합니다.

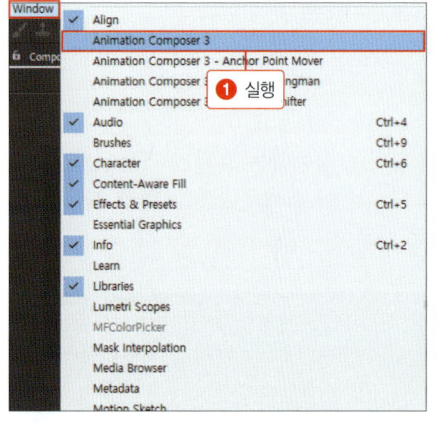 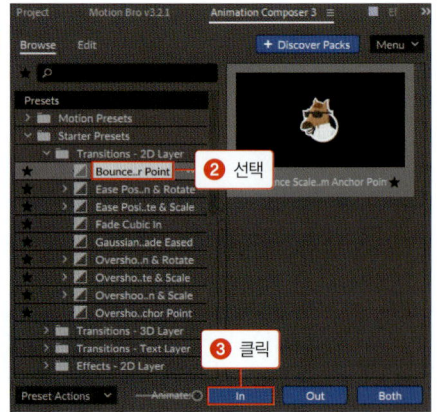

TIP
'In'은 영상 앞쪽에 효과를 적용하여 나타나는 효과를 만드는 것이고, 'Out'은 영상 뒤쪽에 효과를 적용하여 사라지는 효과를 만드는 것입니다. 'Both'는 양쪽에 넣어 나타났다가 사라지는 효과를 만들어 줍니다.

03 ❶ Timeline 패널에서 #2의 '초코 도넛 복사 9' 레이어를 선택한 다음 Shift를 누른 상태로 #21의 있는 '딸기 도넛' 레이어를 클릭하여 모든 도넛 레이어를 선택합니다. ❷ Animation Composer 3 패널 (Browse) 탭의 Presets 항목에서 Starter Presets → Transitions-2D Layer의 'Fade Cubic In'을 선택한 다음 ❸ 〈In〉 버튼을 클릭합니다.

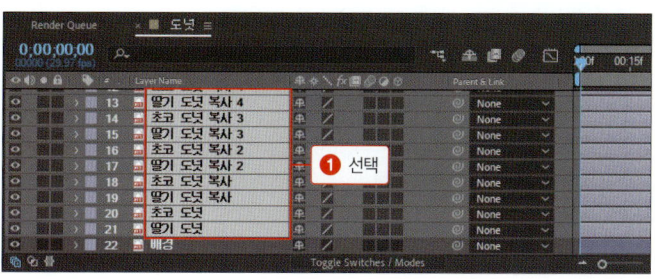
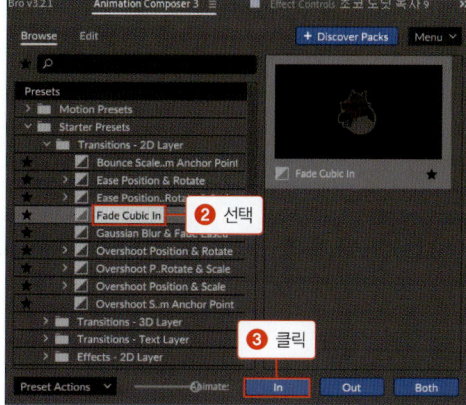

TIP
효과를 더블클릭하면 Both의 형태로 효과가 적용됩니다.

04 페이드 효과가 적용됩니다. 하나하나 시간차로 나타나는 효과를 구현합니다. 메뉴에서 (Window) → Animation Composer 3 - Transition Shifter를 실행합니다.

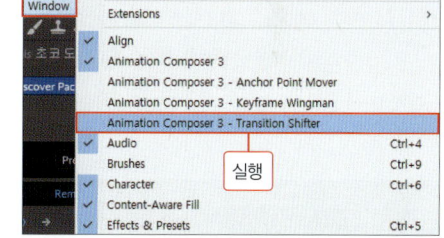

05 Transition Shifter 패널이 대화상자로 표시됩니다. ❶ 2프레임 단위마다 간격을 두기 위해 Stagger의 frames를 '2'로 설정하고 ❷ 'Ascending'으로 지정한 다음 ❸ 〈Do〉 버튼을 클릭합니다.

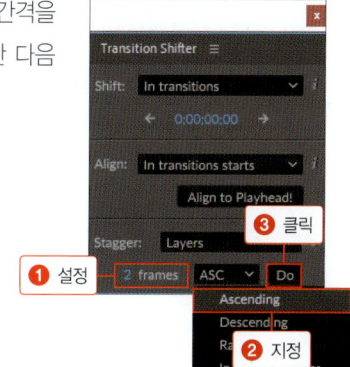

TIP
Transition Shifter 메뉴
❶ frames : 간격을 띄울 프레임을 설정합니다.
❷ Ascending : 기본적으로 설정된 옵션으로 Timeline 패널 기준 아래에서부터 차례로 프레임의 간격을 설정합니다.
❸ Decending : Timeline 패널 기준 위에서부터 차례로 프레임의 간격을 설정합니다.
❹ Random : 무작위로 프레임의 간격을 설정합니다. 이 경우 중복적으로 프레임 간격이 설정될 수 있습니다.
❺ In selection order : 레이어를 선택한 순서대로 프레임의 간격을 설정합니다.

06 ❶ 램 프리뷰를 통해 재생하면 모든 요소가 차례로 나타나는 것을 확인할 수 있습니다. ❷ Transition Shifter 패널의 닫기 버튼을 클릭하여 비활성화합니다.

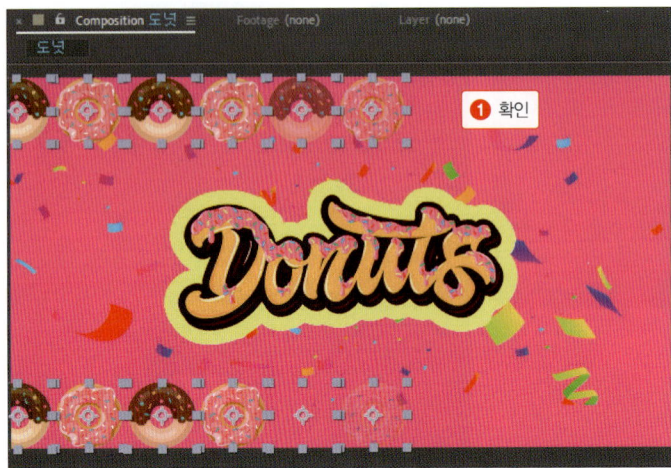
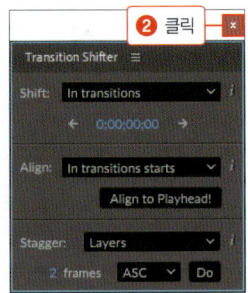

07 Animation Composer 3는 중복적으로 효과를 추가로 적용할 수 있습니다. ❶ Timeline 패널에서 #1의 '도넛 텍스트' 레이어를 선택한 다음 ❷ Animation Composer 3 패널 (Browse) 탭의 Presets 항목에서 Starter Presets – Effects → 2D Layer → 2D Layer Transformations에 있는 'Cosine Position & Rotation'을 선택하고 ❸ 〈Apply〉 버튼을 클릭합니다.

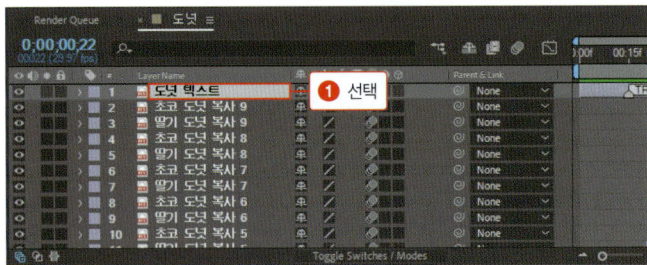
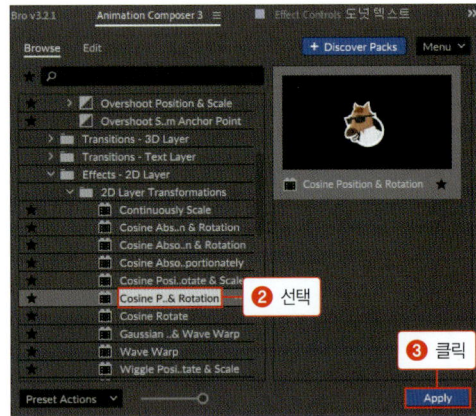

08 램 프리뷰를 통해 재생하면 글씨가 둥둥 떠다니는 효과가 적용된 것을 알 수 있습니다.

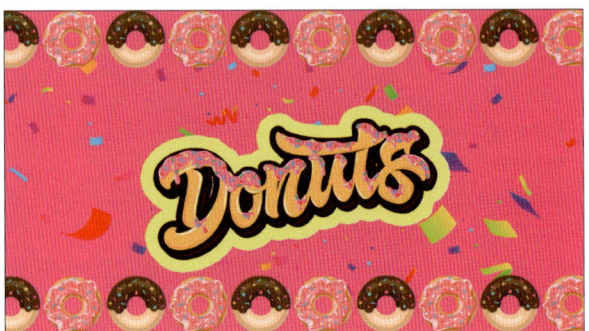

TIP
효과에 대한 세부 설정은 Effect Controls 패널에서 설정할 수 있습니다. 또한, 효과의 지속 시간은 Timeline 패널에 있는 마커를 드래그하여 설정할 수 있습니다.

필수기능 05 Saber 이펙트 설치하기

Saber는 서드파티 플러그인이므로 별도의 설치가 필요합니다. 설치 방법을 알아봅니다.

Saber 이펙트 다운로드하기

Saber는 Video Copilot(https://www.videocopilot.net/blog/2016/03/new-plug-in-saber-now-available-100-free) 사이트에 접속해서 다운로드할 수 있습니다.

운영 체제에 맞게 〈DOWNLOAD〉 버튼을 클릭하면 설치 파일이 다운로드 됩니다. 별도의 로그인이 필요하지 않으며 누구나 다운받을 수 있습니다. 애프터 이펙트를 실행한 상태에서는 다운로드가 진행되지 않으므로 반드시 애프터 이펙트를 종료한 상태에서 다운로드를 진행합니다.

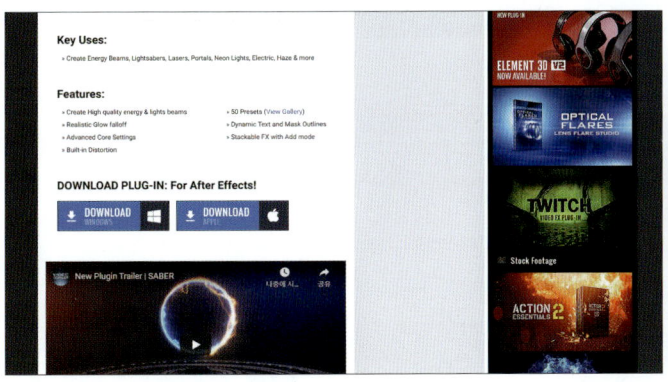
▲ Video Copilot의 Saber 이펙트 제공 사이트

▲ 설치 진행 대화상자

Saber 이펙트 적용하기

Saber 이펙트는 별도의 패널로 만들어지는 서드파티 플러그인이 아닌 Effects & Presets 패널에 설치되는 이펙트입니다. 기본 효과와 마찬가지로 드래그하여 효과를 적용할 수 있습니다. Saber는 주로 단색 레이어 (Solid)에 이펙트를 드래그하여 효과를 적용합니다.

Composition을 만든 다음 단색의 Solid를 만들어 Saber 이펙트를 'Solid' 레이어에 드래그하면 그림과 같이 광선 검 형태로 표시됩니다. 여기서 세부 설정을 통해 다양한 효과로 변형하거나 글씨에 적용하거나 패스에 선을 넣을 수 있습니다.

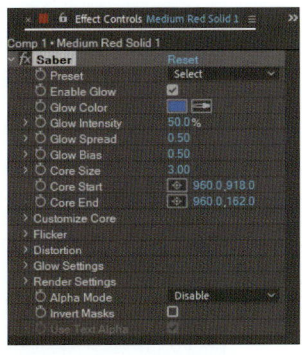
▲ Effects & Presets 패널

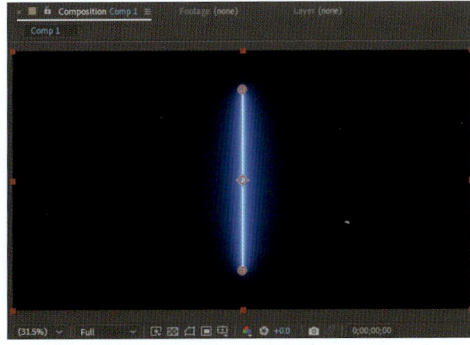
▲ Effects & Presets 패널에서 Solid에 효과를 적용한 모습

실습예제 06 Saber 이펙트로 네온사인 글씨 만들기

Saber 이펙트를 이용하면 네온사인 글씨 효과를 쉽게 만들 수 있습니다. 네온사인 글씨를 만들어 봅니다.

◎ 예제파일 : 07\Neon.aep   ◎ 완성파일 : 07\Neon_완성.aep

Before

After

01 ❶ 새 프로젝트를 만들고 07 폴더에서 'Neon.aep' 파일을 불러옵니다. 프로젝트에는 애프터 이펙트 장면이 구성되어 있습니다. ❷ 메뉴에서 **(Layer) → New → Solid**(Ctrl +Y)를 실행합니다.

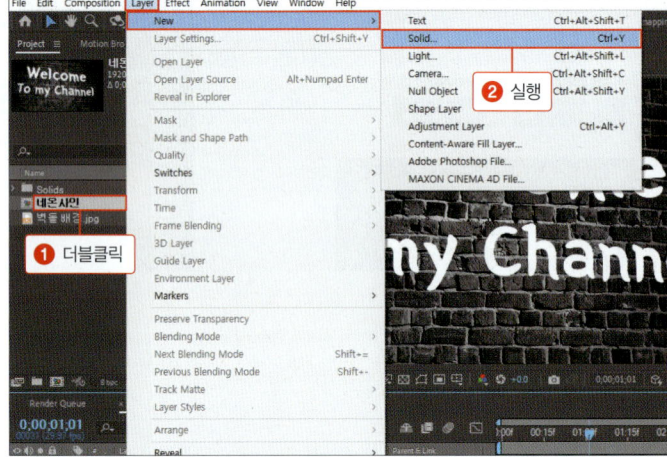

TIP
예제에서는 무료 폰트 '배달의민족 연성'을 사용했습니다. 폰트가 없는 경우 설치하고 진행합니다.

02 Solid Settings 대화상자가 표시되면 〈OK〉 버튼을 클릭합니다. 색상은 어떤 색이라도 상관이 없습니다.

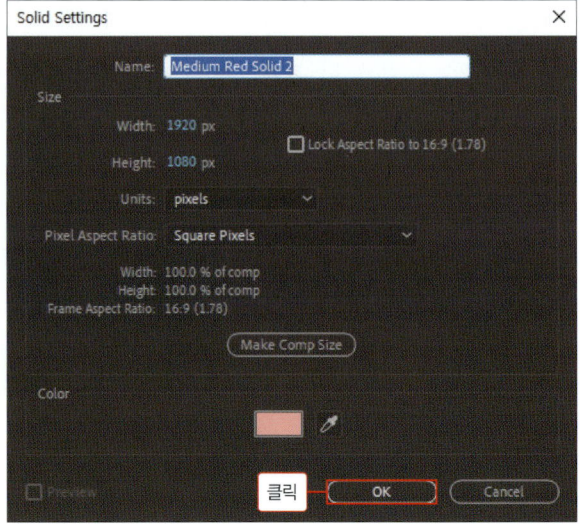

03 ❶ Effects & Presets 패널을 클릭한 다음 'Saber' 이펙트를 검색합니다. ❷ Video Copilot → Saber를 Timeline 패널의 'Medium Red Solid 2' 레이어에 드래그합니다.

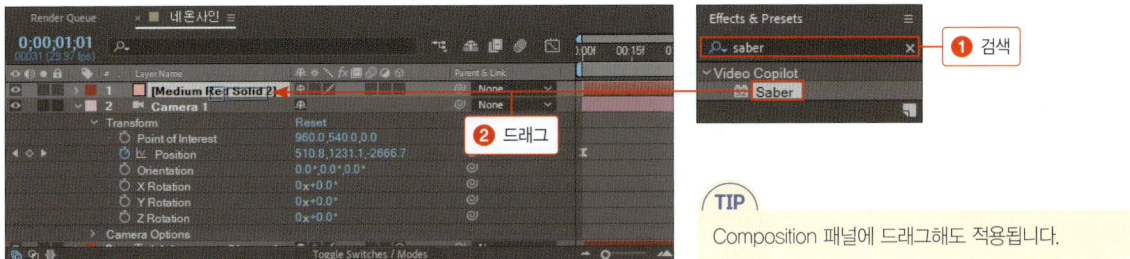

TIP
Composition 패널에 드래그해도 적용됩니다.

04 Composition 패널과 Effect Controls 패널에 Saber 이펙트가 표시됩니다. Saber 이펙트를 텍스트와 연동하기 위해 ❶ Effect Controls 패널에서 Customize Core의 >를 클릭하여 하위 항목을 표시합니다. ❷ Core Type을 'Text Layer'로 지정합니다.

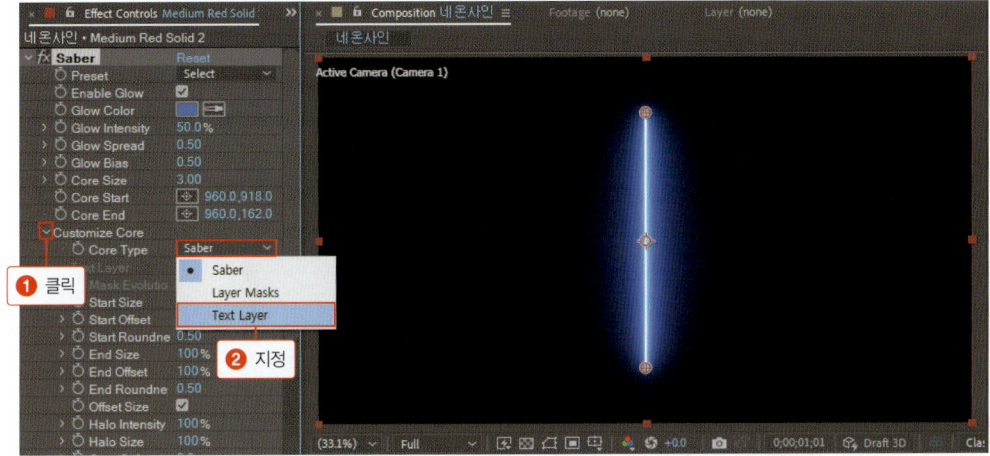

05 Text Layer를 '3. Welcome To my Channel'로 지정합니다. Saber 이펙트가 텍스트 레이어와 연동됩니다.

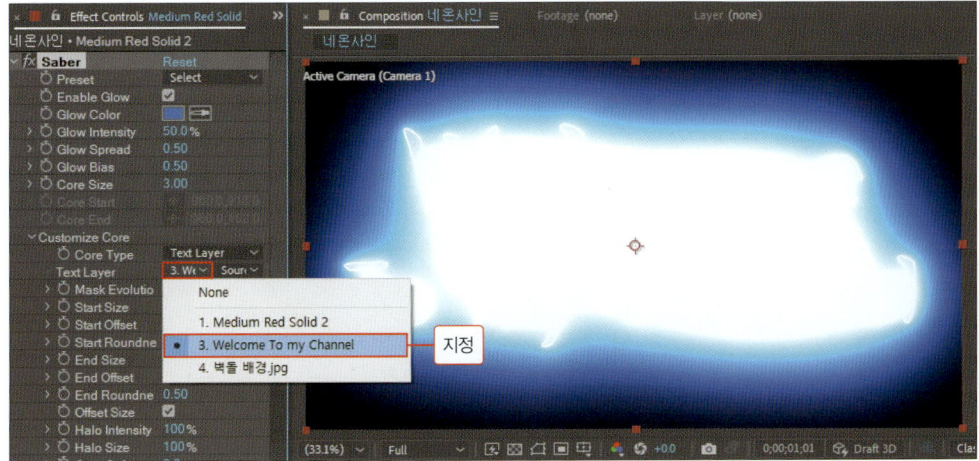

06 네온사인 형태로 프리셋을 변경하기 위해 Preset을 'Neon'으로 지정합니다. 네온사인 형태로 Saber 형태가 변경됩니다.

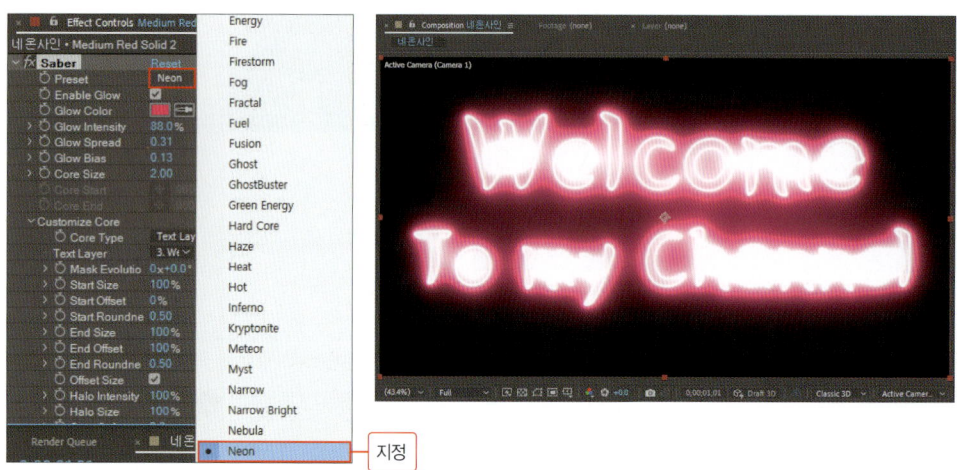

07 배경을 투명하게 설정하기 위해 ❶ Render Settings 항목의 >를 클릭하여 하위 항목을 표시합니다. ❷ Composite Settings를 'Transparent'로 지정하여 배경을 투명하게 변경합니다.

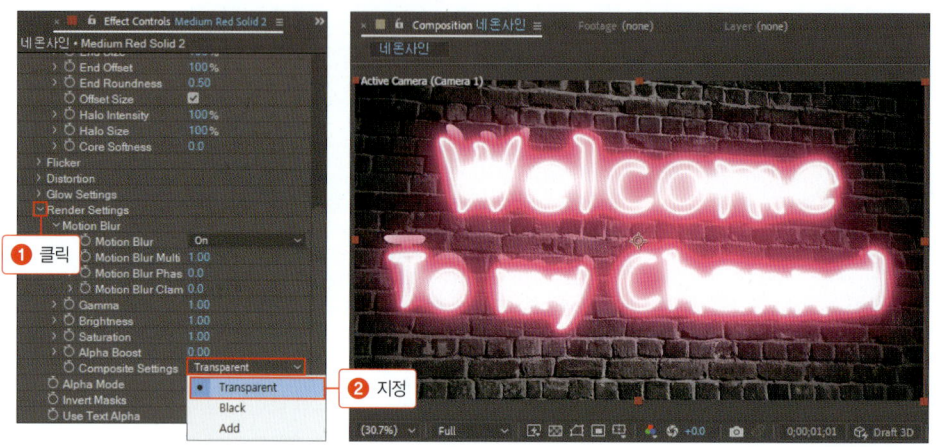

08 'Medium Red Solid 2' 레이어의 '3D Layer' 아이콘(⬛)을 클릭합니다. 카메라 레이어의 움직임에 따라 네온사인 글씨도 움직이게 됩니다.

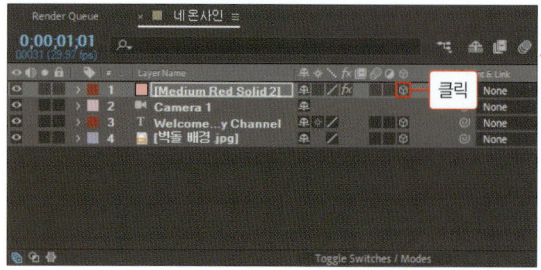
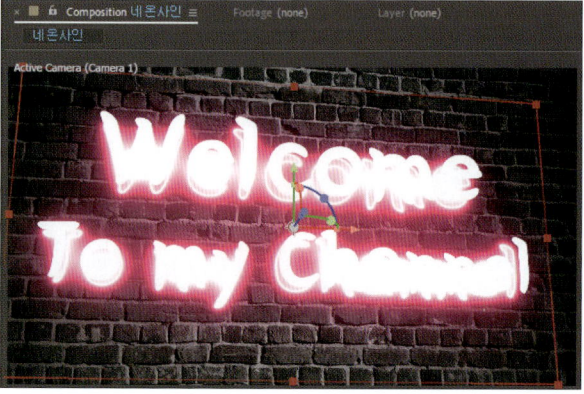

09 ❶ Timeline 패널에서 Ctrl을 누른 상태로 'Medium Red Solid 2' 레이어와 'Welcome To my Channel' 레이어를 클릭하여 선택합니다. ❷ P를 눌러 Position 속정을 표시합니다.

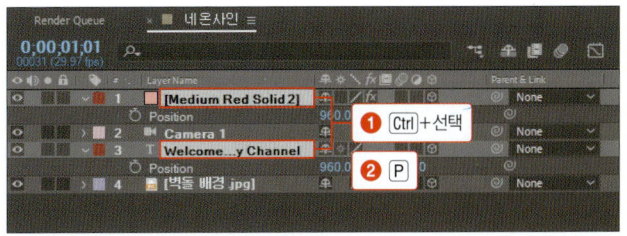

10 ❶ 'Medium Red Solid 2' 레이어의 Z축을 '-110'으로 설정합니다. 이제 텍스트 레이어는 화면에 보일 필요가 없으므로 ❷ 텍스트 레이어의 '눈' 아이콘(◉)을 클릭하여 레이어를 비활성화합니다.

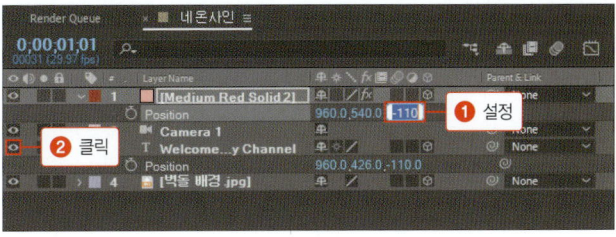

11 Effect Controls 패널에서 Saber 항목의 세밀한 설정합니다. Glow Intensity을 '50%', Glow Spread을 '0.31', Glow Bias을 '0.26', Core Size를 '1.5'로 설정합니다.

12 ❶ 현재 시간 표시기를 '0초'로 이동합니다. ❷ Effect Controls 패널의 Customize Core 항목에서 End Offset 왼쪽의 'Stop Watch' 아이콘(◉)을 클릭하여 키프레임을 만든 다음 ❸ '0%'로 설정합니다.

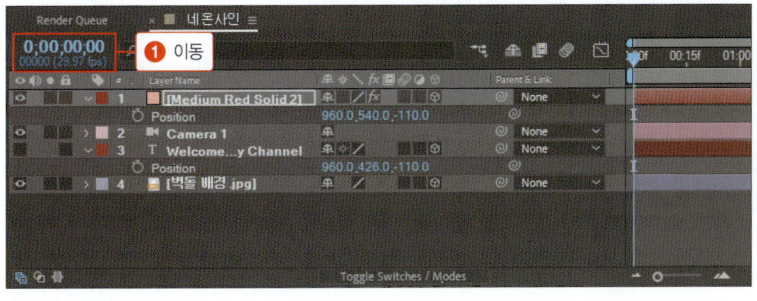

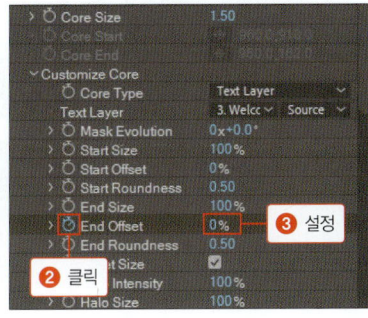

13 ❶ 현재 시간 표시기를 '2초'로 이동한 다음 ❷ End Offset을 '100%'로 설정합니다.

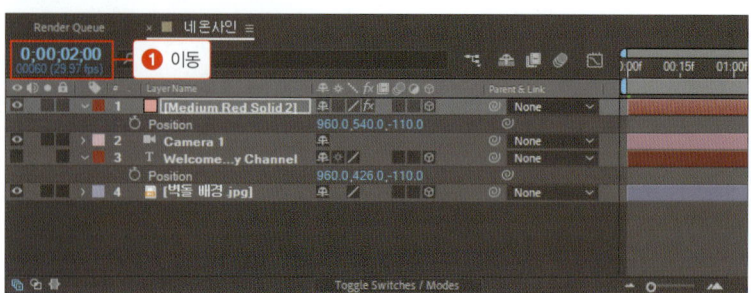 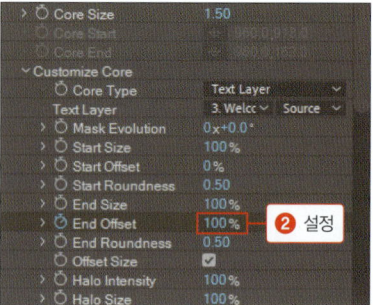

14 ❶ Distortion의 >를 클릭하여 하위 항목을 표시하고 Core Distortion의 >를 클릭하여 하위 항목을 표시한 다음 ❷ Distortion Amount를 '16'으로 설정합니다. Saber의 외부 선이 왜곡되는 효과가 나타납니다.

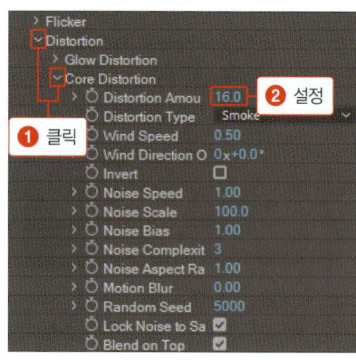 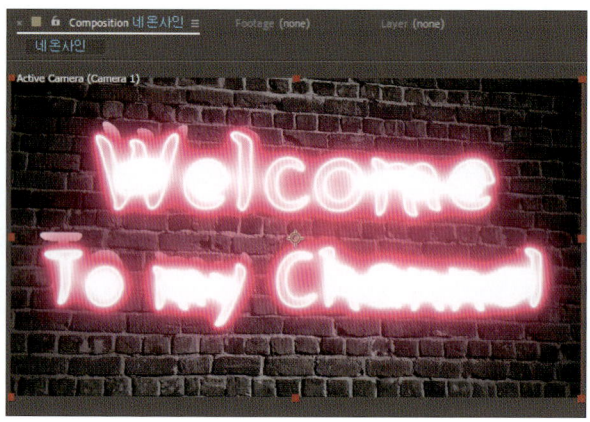

15 램 프리뷰를 통해 재생하면 네온사인 글씨가 나타나는 애니메이션을 확인할 수 있습니다.

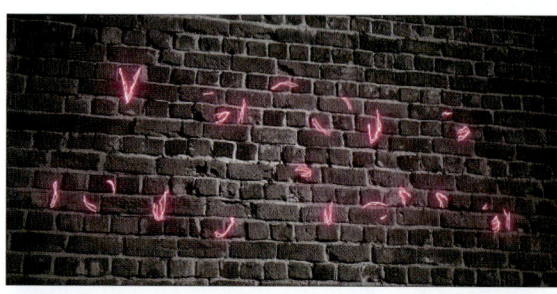 

필수기능 07 Motion Bro Free Preset 이펙트 설치하기

Motion Bro Free Preset은 서드파티 플러그인이므로 별도의 설치가 필요합니다. 설치 방법을 알아봅니다.

Motion Bro Free Preset 이펙트 다운로드하기

Motion Bro Free Preset은 Creative Cloud Desktop 앱과 Motion Bro(https://motionbro.net/free-presets) 사이트에 접속해서 다운로드할 수 있습니다.

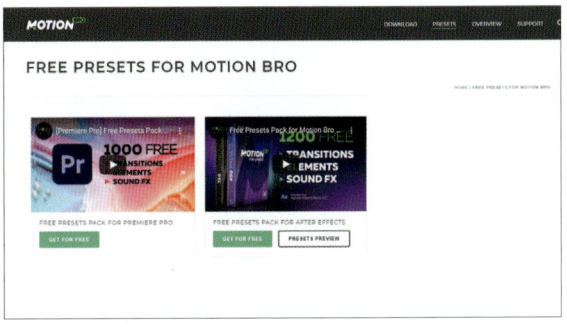

▲ Motion Bro Free Preset를 다운받을 수 있는 Motion Bro 사이트

여기서는 Creative Cloud Desktop에서 설치하는 방법을 알아봅니다. Creative Cloud Desktop 앱을 실행한 다음 (Stock 및 마켓플레이스) 탭을 클릭하여 서드파티 플러그인을 검색할 수 있는 화면을 표시합니다. 분류에서 (플러그인) 탭을 클릭하여 변경한 다음 'Motion Bro'를 검색하면 Motion Bro 이펙트가 표시됩니다.

〈설치〉 버튼을 클릭하여 이펙트를 설치할 수 있습니다. 애프터 이펙트를 실행한 상태에서는 다운로드가 진행되지 않으므로 반드시 애프터 이펙트를 종료한 상태에서 다운로드를 진행합니다.

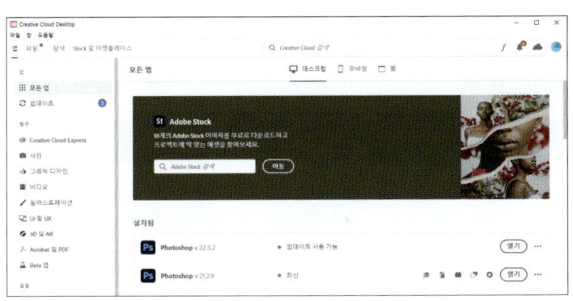

▲ Creative Cloud Desktop

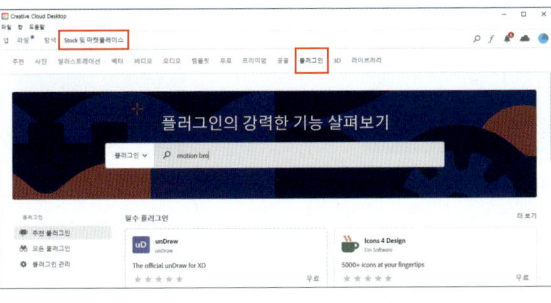

▲ (플러그인) 탭

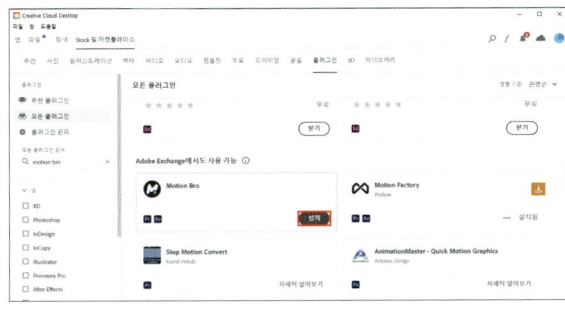

▲ 'Motion Bro' 이펙트가 설치된 모습

애프터 이펙트에 Motion Bro Free Preset 이펙트 설치하기

Motion Bro Free Preset을 이용하기 위해서는 Motion Bro Extenstion을 다운받아야 합니다. Motion Bro Extenstion에서 Motion Bro에서 제공하는 서드파티 플러그인들을 이용할 수 있기 때문입니다. 홈페이지에서 제공하는 ZXP Installer를 다운받고 설치하면 Motion Bro Extenstion를 자동으로 애프터 이펙트에 설치할 수 있게 됩니다. Extension을 ZXP Installer를 통해 애프터 이펙트에 설치하고 Motion Bro Free Preset 팩을 Extension에 연결하여 이용한다고 생각하면 됩니다.

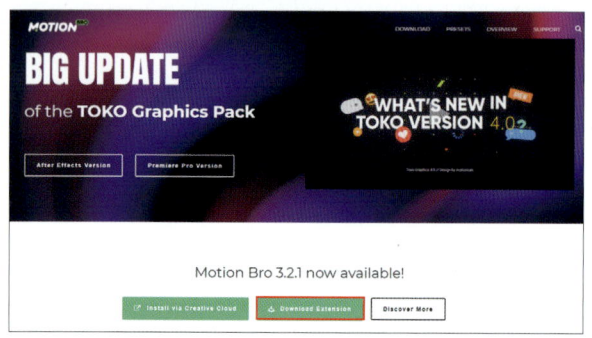

▲ Motion Bro Extension을 다운받을 수 있는 사이트

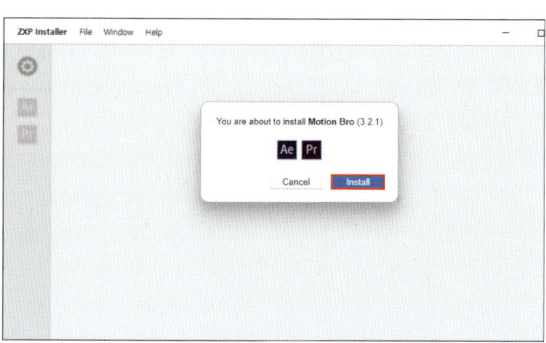

▲ ZXP Installer를 통해 애프터 이펙트에 Motion Bro Extenstion을 설치하는 화면

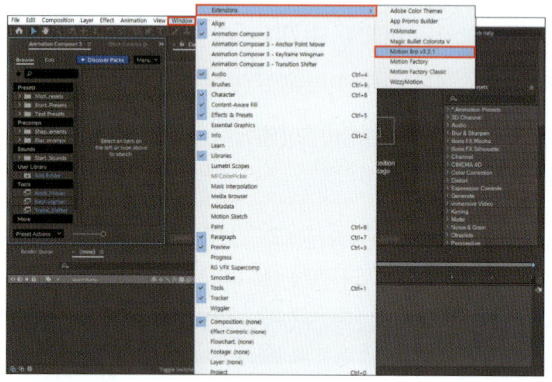

▲ 메뉴에서 (Window) → Extenstions에 Motion Bro 실행

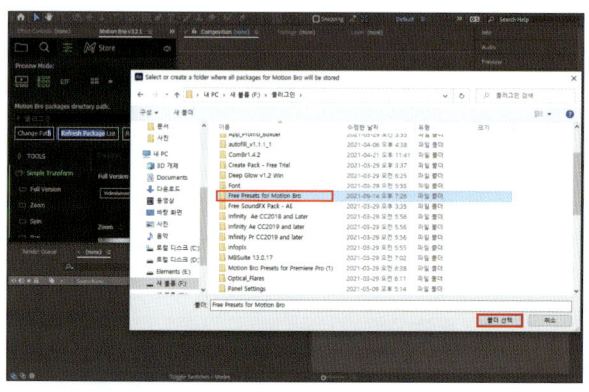

▲ Motion Bro 패널에서 Free Presets for Motion Bro 폴더가 있는 폴더를 'Motion Bro packages directory path'로 지정하는 모습

◀ 자동으로 시리얼 번호가 입력되는 Free Presets for Motion Bro

실습예제 08 Motion Bro Free Preset 이펙트로 화면 전환 효과 적용하기

Motion Bro Free Preset을 이용하여 다양한 효과를 적용해 볼 수 있습니다. 그중에서 Zoom Transition을 통하여 간단하게 트랜지션 효과를 적용해 봅니다.

- 예제파일 : 07\섬.aep
- 완성파일 : 07\섬_완성.aep

Before

After

01 새 프로젝트를 실행하고 07 폴더에서 '섬.aep' 파일을 불러옵니다. 프로젝트에는 애프터 이펙트 장면이 구성되어 있습니다. (Window) → Extensions → Motion Bro를 실행해 Motion Bro 패널을 활성화합니다.

> **TIP**
> 예제를 진행하기 위해 Motion Bro Free Preset를 설치합니다. 설치 방법은 439페이지를 참고해 주세요.

02 ❶ Timeline 패널에서 '클로즈업샷.mp4' 레이어를 선택합니다. 경계 부분에 화면 전환 효과를 넣기 위해 ❷ Motion Bro 패널의 Simple Transform → Zoom에서 첫 번째 효과의 〈Apply〉 버튼을 클릭합니다.

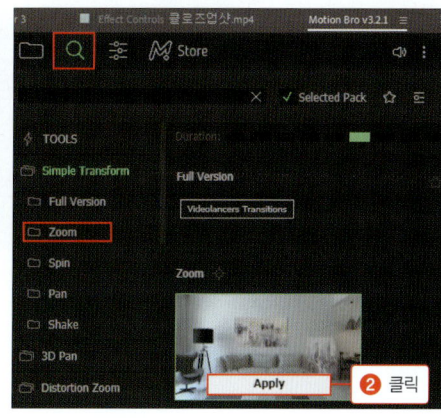

Chapter 01 • 서드파티 플러그인 이해하기 441

TIP

Motion Bro에 플러그인이 보이지 않는 경우 'Motion Bro 서드파티 플러그인 항목' 아이콘(▣)을 선택하고 'Free Presets' 아이콘(Ⓜ)을 클릭한 다음 '효과 리스트 항목' 아이콘(🔍)을 선택합니다.

03 두 영상의 경계 부분에 화면 전환 효과가 나타납니다.

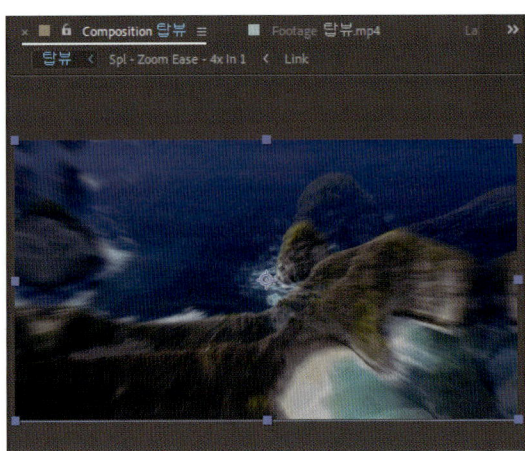

TIP

Duration과 다른 효과를 적용하려면 Timeline 패널에 있는 화면 전환 효과 레이어를 삭제한 다음 새로 적용하면 됩니다.

04 Duration을 설정하지 않아도 화면 전환 효과 레이어를 양쪽으로 드래그하면 길이에 비례하여 화면 전환의 속도를 조절할 수 있습니다. 기호에 따라 조절하면서 화면 전환 효과를 설정합니다.

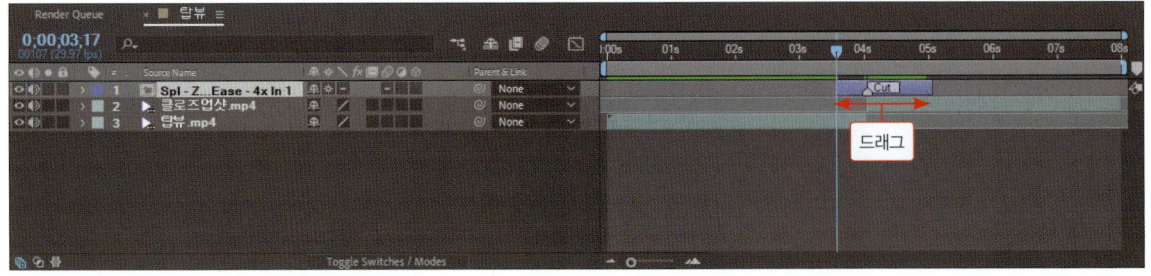

TIP

Duration을 설정하면 화면 전환의 속도를 설정할 수 있습니다. 게이지가 왼쪽으로 갈수록 속도가 빨라지고 오른쪽으로 갈수록 속도가 느려집니다.

05 화면 전환 효과를 중복으로 설정할 수도 있습니다. ❶ Timeline 패널에서 '클로즈업샷.mp4' 레이어를 선택합니다. ❷ Motion Bro 패널의 Simple Transform → Spin에서 첫 번째 효과의 〈Apply〉 버튼을 클릭합니다.

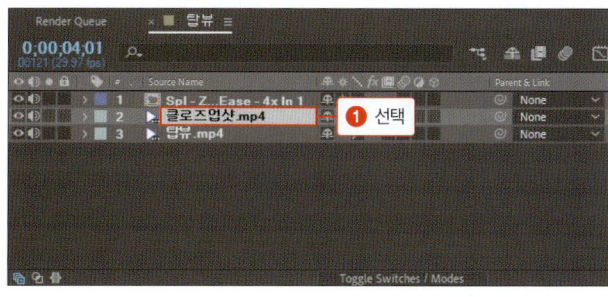
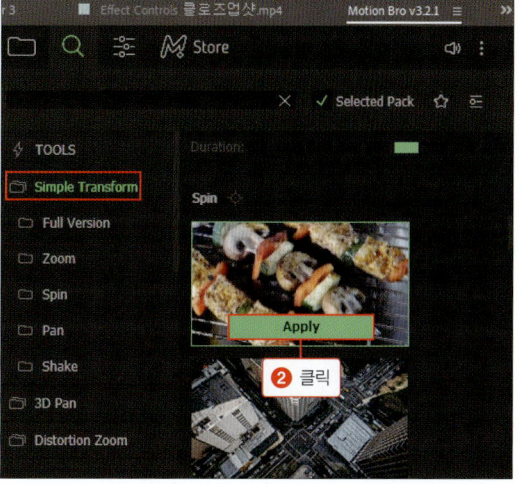

06 램 프리뷰를 통해 재생하면 회전하는 효과가 추가됩니다. 확대되면서 회전하는 화면 전환 효과를 확인할 수 있습니다.

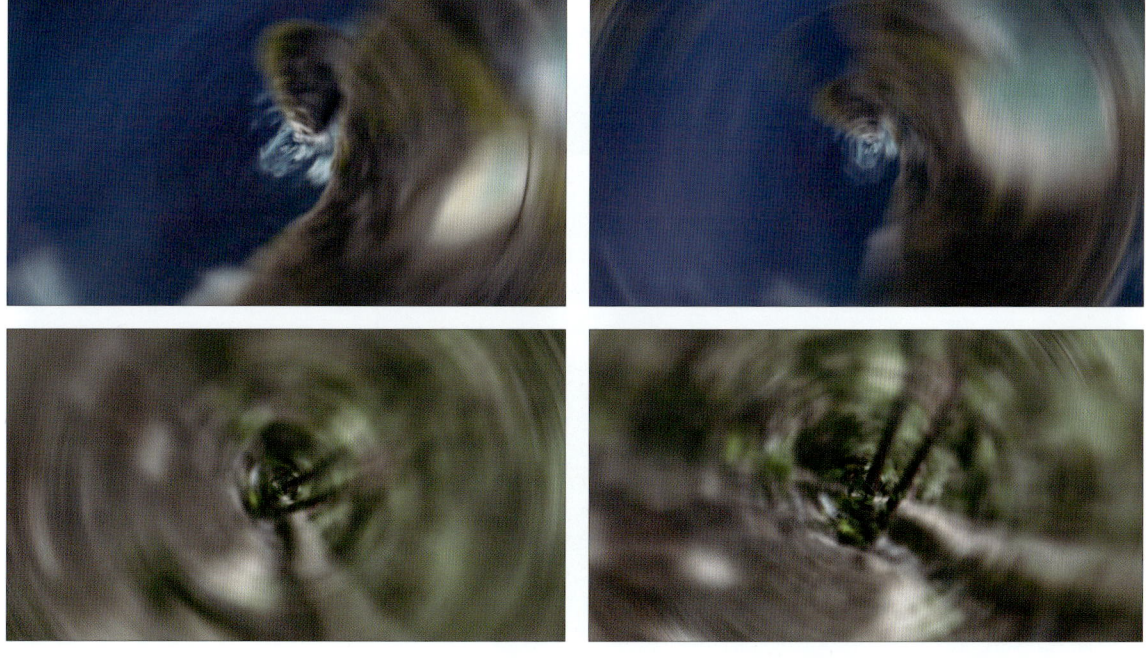

Chapter 01 · 서드파티 플러그인 이해하기 **443**

우선순위 | TOP 07　　Render Queue ・ Media Encoder

렌더링으로 작업 마무리하기

렌더링은 그래픽 작업을 결과물로 만드는 과정입니다. 주로 영상, 시퀀스, 이미지 파일, 오디오 파일 등 다양한 형태의 결과물을 만듭니다. 이번 챕터에서는 애프터 이펙트의 렌더링과 미디어 인코더를 활용한 인코딩 작업에 대해서 알아보겠습니다.

필수기능 01 Render Queue 알아보기 (중요)

Render Queue는 렌더링하는 공정(프로세스, 라인)이라 볼 수 있습니다. Render Queue 안에 여러 컴포지션이 있을 때 다양한 Render Queue를 배치할 수 있습니다.

Render Queue에는 크게 세 가지 설정과 두 가지 버튼이 있습니다. 환경 설정을 표시할 때 파란색 글자를 클릭하면 각각의 대화상자가 표시됩니다.

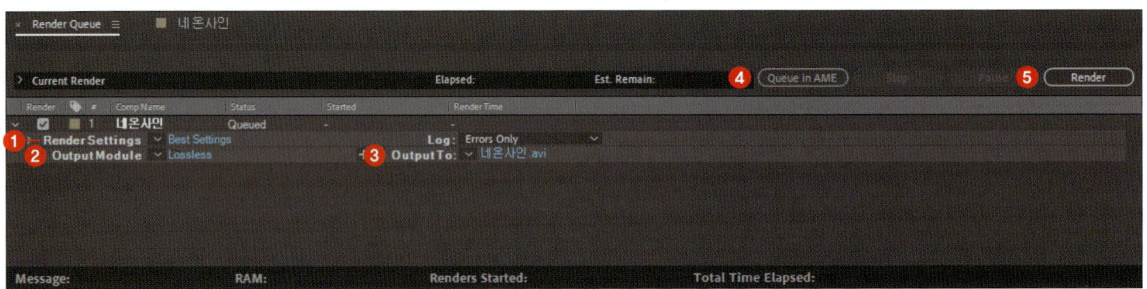

❶ **Render Settings–Best Settings** : Render Settings 대화상자에서는 Quality, Resolution을 지정할 수 있으며 Frame Rate, Motion Blur, Field 등을 상세하게 설정할 수 있습니다. 애프터 이펙트 작업 환경에서 설정한 부분들을 어떻게 렌더링에 반영할지 선택하는 부분으로 보통 설정을 변경하지 않고 기본 설정을 이용합니다.

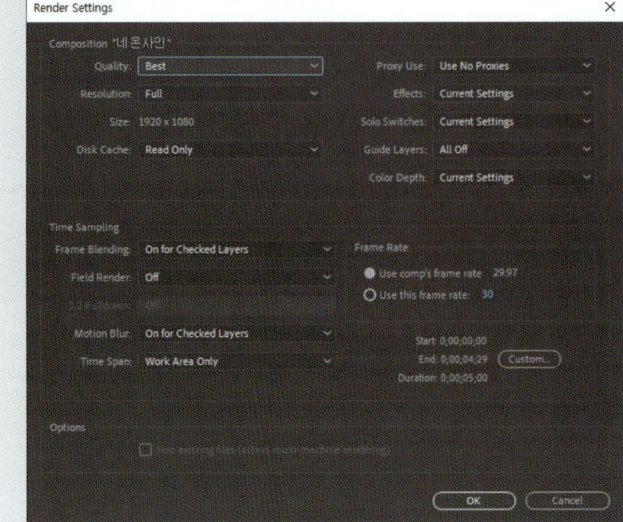

❷ **Output Module-Loseless** : Output Module Settings 대화상자에서는 Output Module을 설정하며, 렌더링할 파일 포맷, 확장자, 화면 크기, 오디오 등을 설정할 수 있습니다. 렌더링할 때 가장 많이 이용하는 설정으로 이미지, 영상 파일, 시퀀스 저장 등이 모두 이곳에서 이루어집니다.

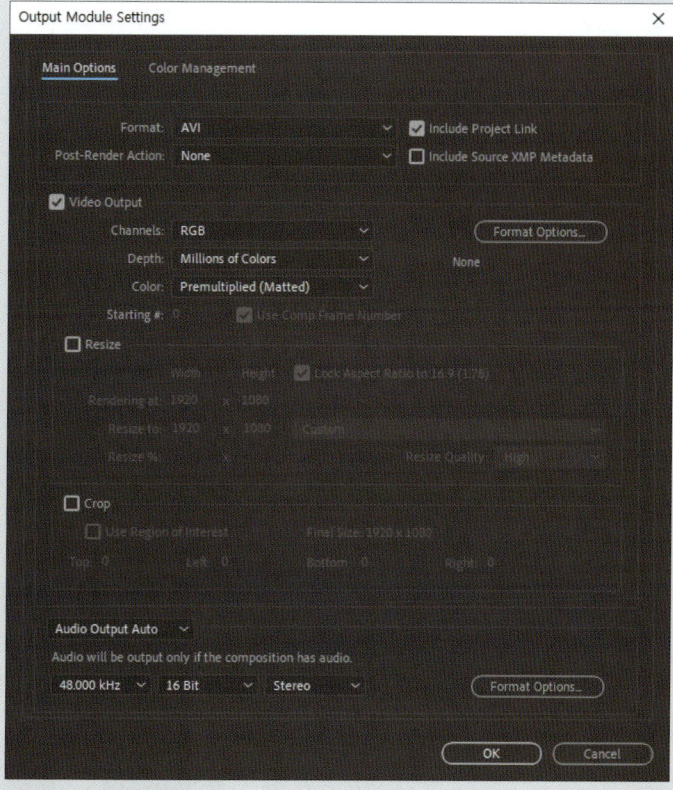

❸ **Output To** : 렌더링 파일의 저장 경로를 지정합니다. 지정된 경로에 영상 및 시퀀스가 만들어집니다.

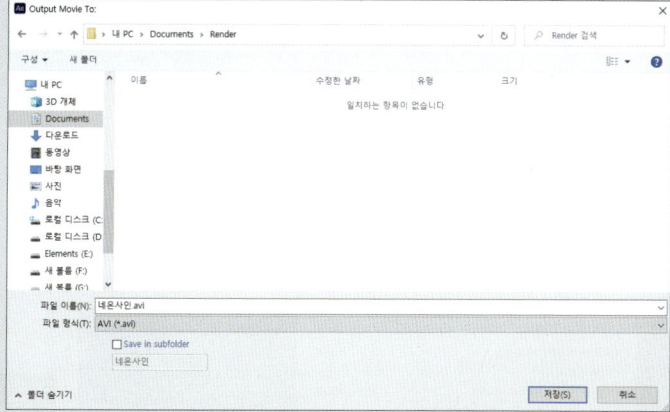

❹ **Queue in AME** : 〈Render〉 버튼 왼쪽에는 어도비 미디어 인코더를 실행하는 〈Queue in AME〉 버튼이 있습니다. 미디어 인코더는 저용량 고화질의 영상, 미리 보기를 위한 영상, 웹에 올려야 하는 영상 등을 작업할 때 영상을 렌더링하면 바로 인코딩하는 소프트웨어로 애프터 이펙트 또는 프리미어 프로를 설치하면 자동으로 같이 설치됩니다.

❺ **Render** : 최종 Render 명령을 실행하는 버튼으로 이 버튼을 클릭하기 전에 항상 설정을 다시 한번 확인해야 합니다. 많은 디자이너 혹은 영상 제작자들이 하는 실수 중 하나로 렌더링을 진행하면서 오디오를 빼먹거나 저장 형식을 잘못 지정하는 것입니다. 애프터 이펙트의 경우 영상 길이보다 보통 몇 배에서 몇 십배 오래 렌더링을 진행하므로 장시간 렌더링의 경우 〈Render〉 버튼을 클릭하기 전 설정을 확인하여 시간을 낭비하지 않도록 하는 것이 중요합니다.

실습예제 02 영상을 이미지로 저장하기 ★★★

완성된 영상을 렌더링하여 이미지 파일로 만들어 봅니다.

◉ 예제파일 : 07\Render.aep

01 렌더링하려면 애프터 이펙트의 작업 환경이 필요하므로 앞서 작업한 프로젝트를 실행하거나 07 폴더에서 'Render.aep' 파일을 불러옵니다. 어떤 작업 환경에서도 이 과정을 따라 할 수 있습니다.

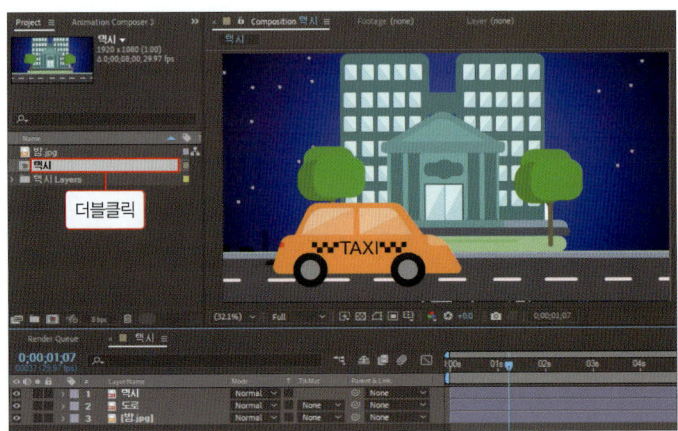

02 이미지가 필요한 시간대에 현재 시간 표시기를 위치합니다. 먼저 현재 시간 표시기를 '0초'로 이동합니다.

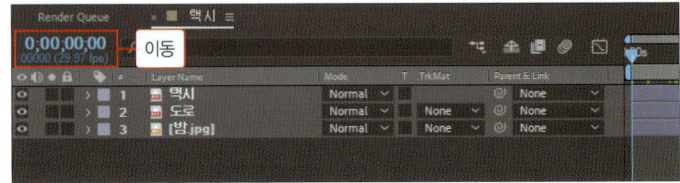

03 ❶ 메뉴에서 (Composition) → Save Frame As → File을 실행합니다. 자동으로 Render Queue에 저장될 이미지를 설정할 수 있는 Output Frame To 대화상자가 표시됩니다. 저장 위치, 파일 이름, 형식을 지정하고 〈저장〉 버튼을 클릭합니다. ❷ Render Queue 패널에서 Render Settings의 ∨를 클릭하고 ❸ 'Best Settings'를 선택합니다.

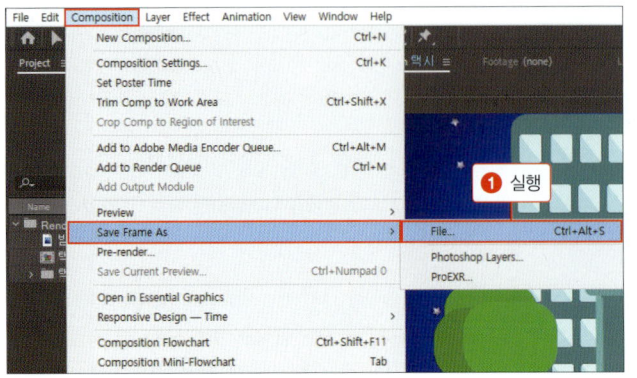 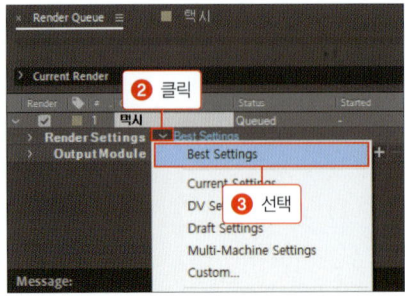

> **TIP**
> 작업 환경에 따라 Output Frame To 대화상자가 표시되지 않을 수 있습니다. 이 경우 Render Queue 패널의 Output To의 파란색의 텍스트를 클릭하면 됩니다.

04 이미지 포맷을 지정하기 위해 Output Module에서 파란색의 'Photoshop' 텍스트를 클릭합니다.

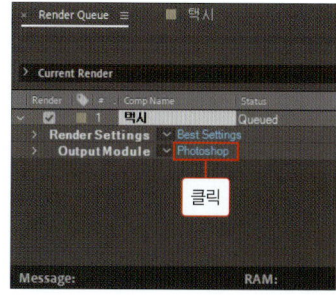

05 Output Module Settings 대화상자에서 ① Format을 'JPEG Sequence'로 지정합니다. ② 〈Format Options〉 버튼이 활성화되면 클릭합니다.

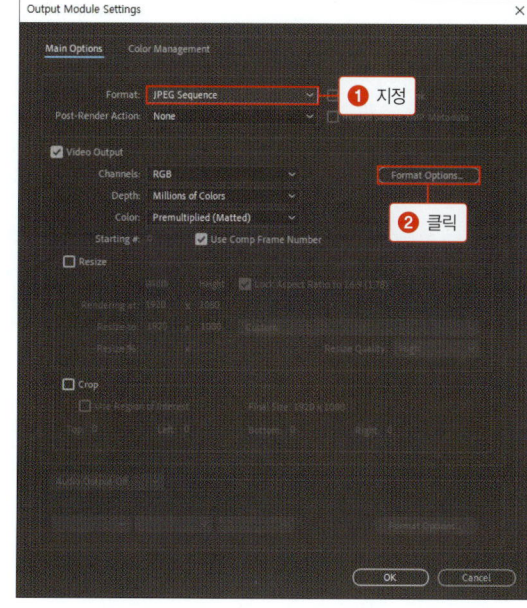

TIP
'JPEG Sequence'로 설정하면 JPEG Options 대화상자가 바로 표시될 수 있습니다. 이럴 경우 바로 06번 과정을 바로 진행하면 됩니다.

06 JPEG Options 대화상자가 표시되면 ① Quality를 '10'으로 설정한 다음 ② 〈OK〉 버튼을 클릭합니다. Output Module Settings 대화상자에서도 〈OK〉 버튼을 클릭합니다.

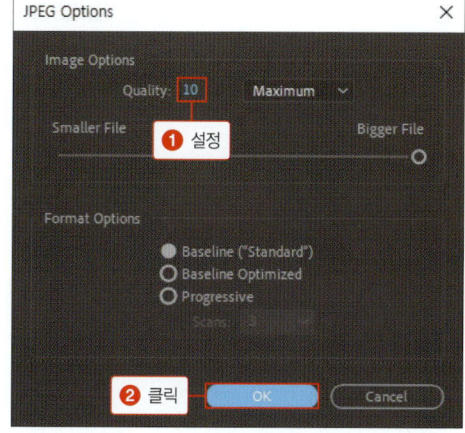

Chapter 02 · 렌더링으로 작업 마무리하기 **447**

07

❶ Output To 오른쪽의 파란색 텍스트를 클릭합니다. Output Frame To 대화상자가 표시되면 ❷ 저장 경로를 지정한 다음 ❸ 파일 이름과 형식을 지정하고 ❹ 〈저장〉 버튼을 클릭하여 모든 설정을 마칩니다. ❺ 〈Render〉 버튼을 클릭하면 렌더링이 완료됩니다.

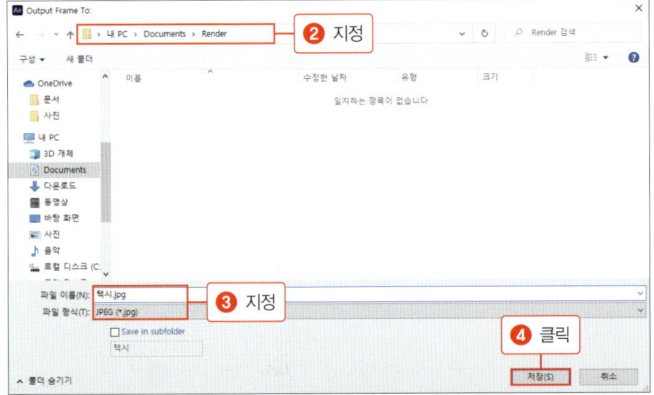

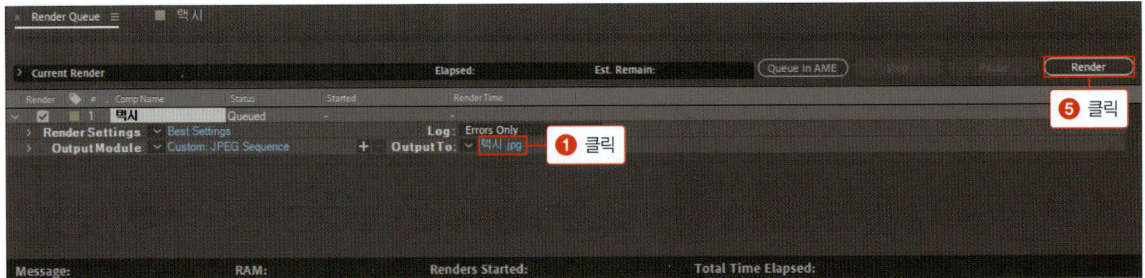

08

이미지를 저장할 때 빠르게 진행되므로 저장 과정보다는 멜로디로 렌더링 작업이 완료된 것을 확인할 수 있으며, 비활성화된 Render Queue를 통해 작업이 마무리되었음을 확인할 수 있습니다.

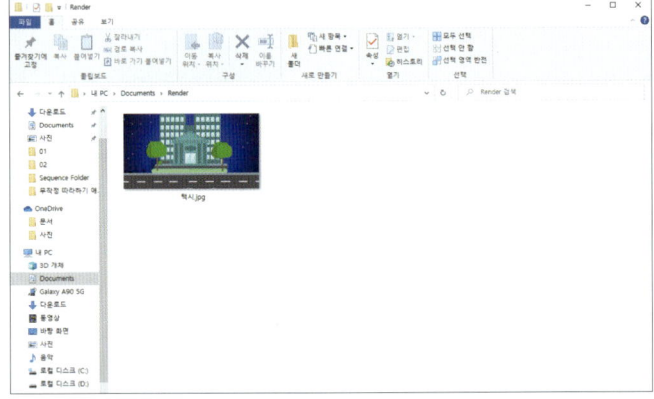

▲ 이미지 렌더링을 통해서 저장된 JPG 파일

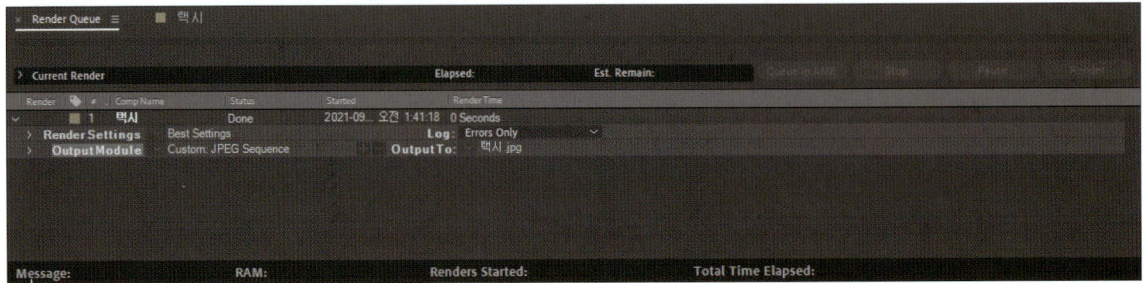

▲ 작업이 완료되어 비활성화된 Render Queue

실습예제 03 영상 파일로 저장하기 ★중요

영상 파일로 렌더링하여 저장하는 방법을 알아봅니다.

◉ 예제파일 : 07\Render.aep

01 렌더링하려면 애프터 이펙트의 작업 환경이 필요하므로 앞서 작업한 프로젝트를 실행하거나 07 폴더에서 'Render.aep' 파일을 불러옵니다. ❶ Timeline 패널에서 Work Area를 '0초'에서 '3초'로 지정합니다. ❷ 현재 시간 표시기를 해당 시간으로 이동한 다음 ❸ B를 누르면 시작 점이 지정되고 ❹ N을 누르면 끝 점이 지정됩니다.

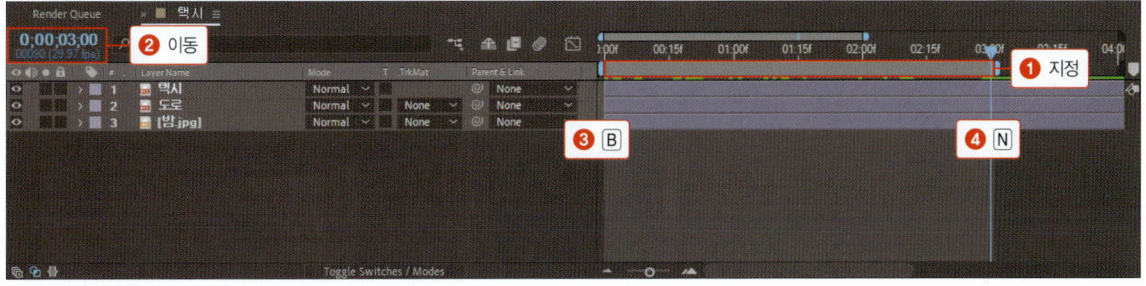

> **TIP**
> Work Area를 지정할 때는 드래그하거나 단축키 B, N을 이용할 수 있습니다.

02 메뉴에서 (Composition) → Add to Render Queue(Ctrl+M)를 실행합니다.

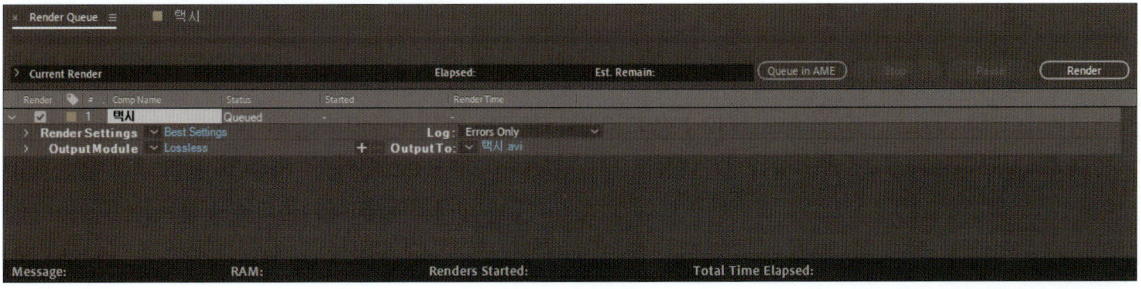

03 Render Settings는 이전 렌더링 설정을 가져오며 여기서는 'Best Settings'로 지정되었으므로 다른 설정이 필요 없습니다. Output Module 오른쪽의 파란색 글씨를 클릭합니다.

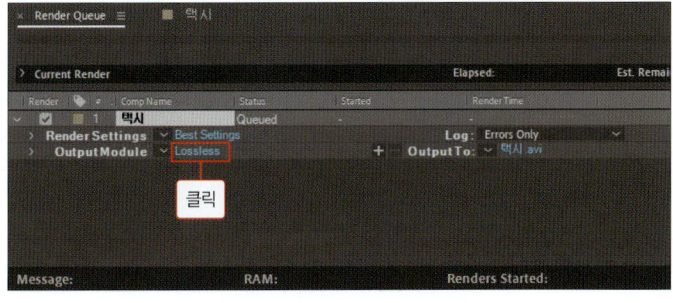

Chapter 02 · 렌더링으로 작업 마무리하기 **449**

04 Output Module Settings 대화상자가 표시되면 ❶ Format을 'QuickTime'으로 지정한 다음 ❷ 〈Format Options〉 버튼을 클릭합니다.

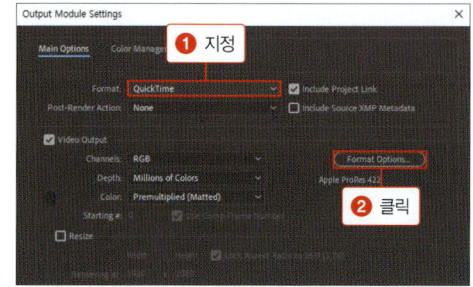

05 Video Codec 항목에서 ❶ Video Codec을 클릭하고 ❷ CC 2019 버전부터는 'Apple ProRes 422'로 지정한 다음 ❸ 〈OK〉 버튼을 클릭합니다.

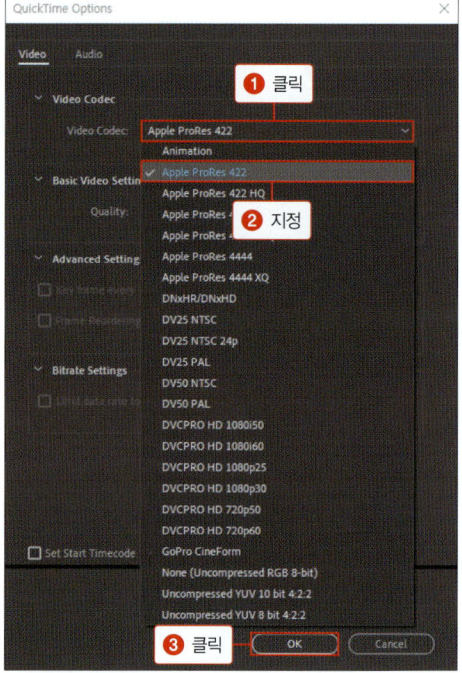

06 저장 경로를 지정하지 않으면 이전 과정에서 이미지를 만든 폴더가 자동으로 지정됩니다. 다른 폴더에 저장하기 위해서는 Output To의 파란색 텍스트를 클릭합니다. Output Movie To 대화상자가 표시되면 ❶ 저장 위치, ❷ 파일 이름, 형식을 지정하고 ❸ 〈저장〉 버튼을 클릭합니다.

07 〈Render〉 버튼을 클릭하여 렌더링할 수 있습니다. 저장 위치에 영상이 저장됩니다.

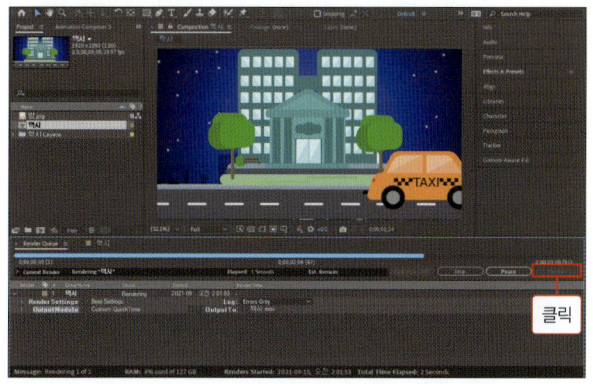

▲ 렌더링 과정

▲ 완성된 '택시.mov' 파일

실습예제 04 시퀀스로 영상 파일 저장하기 중요

실무에서 가장 많이 이용하는 렌더링 방법입니다. 영상의 각 프레임을 모두 이미지 파일로 저장하는 방법을 알아봅니다.

◎ 예제파일 : 07\Render.aep

01 렌더링하려면 애프터 이펙트의 작업 환경이 필요하므로 앞서 작업한 프로젝트를 실행하거나 07 폴더에서 'Render.aep' 파일을 불러옵니다. ❶ '택시' 컴포지션에서 Ctrl + M 을 눌러 Render Queue를 추가합니다. Render Settings는 'Best Settings'로 지정되어 있으므로 따로 설정할 필요는 없습니다. ❷ Output Module의 'Lossless'를 클릭합니다.

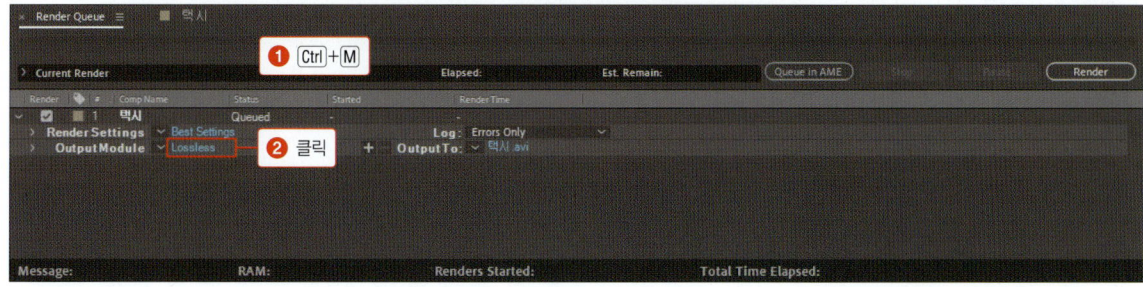

Chapter 02 · 렌더링으로 작업 마무리하기   451

02 Output Module Settings 대화상자가 표시되면 ❶ Format 을 'PNG Sequence'로 지정한 다음 ❷ 〈OK〉 버튼을 클릭합니다.

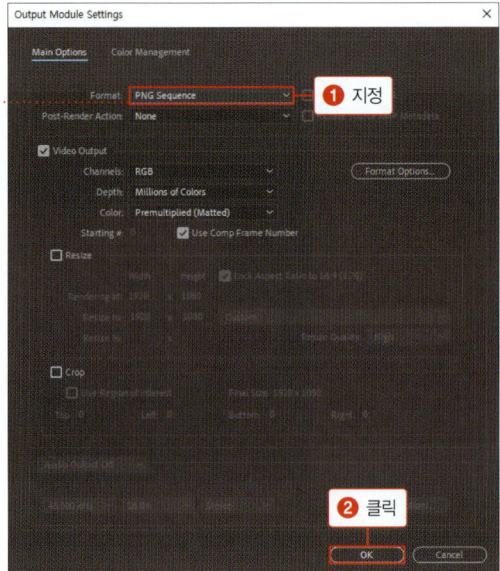

실무에서는 주로 Targa, Tiff, DPX/Cineon Sequence 포맷을 주로 이용하지만, 용량이 상당히 크기 때문에 예제에서는 간단하게 'PNG Sequence'로 지정했습니다.

03 Output Morie To 대화상자를 이용해서 저장 경로를 지정할 때 반드시 별도의 폴더를 지정해야 합니다. 폴더를 지정하지 않으면 ❶ 'Save in subfolder'를 체크 표시하고 ❷ 〈저장〉 버튼을 클릭한 다음 ❸ 〈Render〉 버튼을 클릭합니다.

04 렌더링하면 각각의 영상 프레임이 PNG 이미지 파일로 저장됩니다. 시퀀스로 렌더링하면 영상 파일처럼 많이 압축하지 않아 좋은 화질의 이미지를 얻을 수 있습니다.

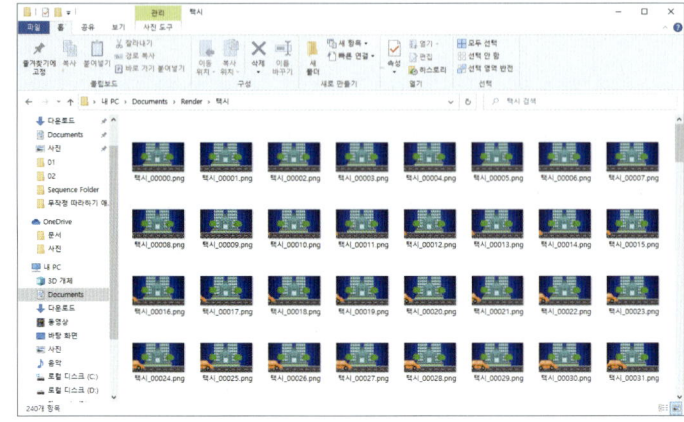

▲ 폴더 안에 이미지 형태로 저장된 모습

필수기능 05 어도비 미디어 인코더 알아보기

애프터 이펙트의 Render Queue를 이용하여 렌더링하는 방법이 기본이지만 어도비 미디어 인코더를 이용하여 영상을 출력하면 Render Queue에서는 지원하지 않는 확장자를 이용하여 재생에 최적화된 영상을 만들 수 있습니다.

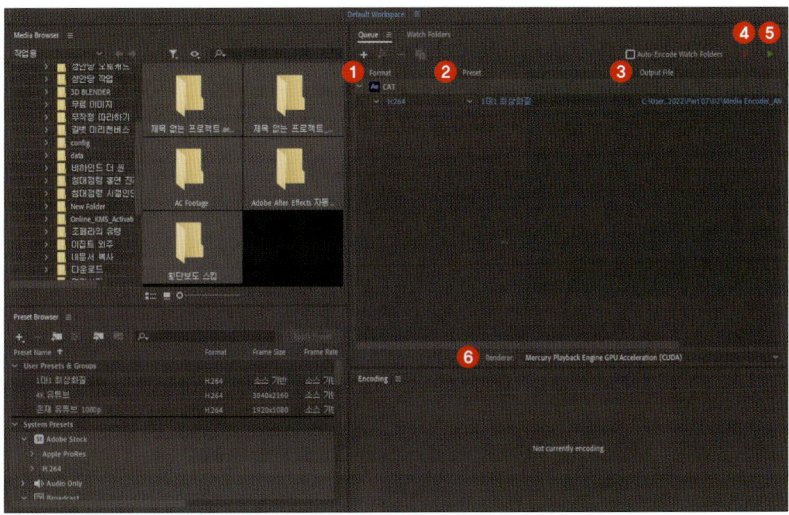

① **Format-H.264** : Export Settings 대화상자로 다양한 영상 출력 설정을 할 수 있습니다. 기본적으로 프리미어 프로와 구조가 똑같고 주로 쓰는 항목은 Format, Preset, Output Name, Video, Audio입니다.

② **Preset-1대1 최상화질** : Format와 동일한 Export Settings 대화상자가 표시됩니다. 다양한 영상 출력 설정을 할 수 있습니다. 기본적으로 프리미어 프로와 구조가 똑같고 주로 쓰는 항목은 Format, Preset, Output Name, Video, Audio입니다.

③ **Output File** : 렌더링 파일의 저장 경로를 지정합니다.

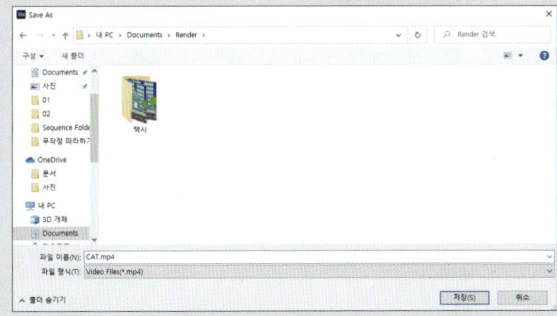

④ **Stop Queue** : 인코딩 중인 영상의 인코딩을 정지합니다. 〈Start Queue〉 버튼을 클릭한 다음 활성화됩니다.

⑤ **Start Queue** : 영상의 인코딩을 시작합니다. Render Queue의 〈Render〉 버튼과 동일한 역할을 합니다.

⑥ **Renderer** : 렌더러를 지정할 수 있습니다. 그래픽카드에 따라 선택지가 표시됩니다. 애프터 이펙트는 평소 그래픽카드와 크게 연관이 없지만, 해당 과정에서 유일하게 그래픽카드의 성능에 따라 결과물 출력 속도가 달라집니다. 일반적으로 Geforce 그래픽카드 유저의 경우 'CUDA', Radeon 그래픽카드 유저의 경우 'OpenCL'로 지정하는 것이 좋습니다.

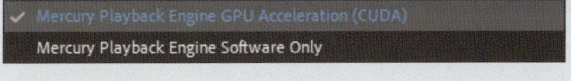

▲ 렌더러 지정 모드

실습예제 06 어도비 미디어 인코더로 저용량 고화질 영상 만들기 우선순위 | TOP 04 중요

어도비 미디어 인코더로 일반적으로 가장 많이 사용하는 저용량 고화질 영상을 출력해 봅니다.

◎ 예제파일 : 07\Media Encoder.aep

01 메뉴에서 (File) → Open Project를 실행하고 07 폴더에서 'Media Encoder.aep' 파일을 불러옵니다. ❶ Timeline 패널에서 Work Area의 시작 점과 끝 점을 지정한 다음 ❷ 메뉴에서 (Composition) → Add to Adobe Media Encoder Queue(Ctrl+Alt+M)를 실행합니다.

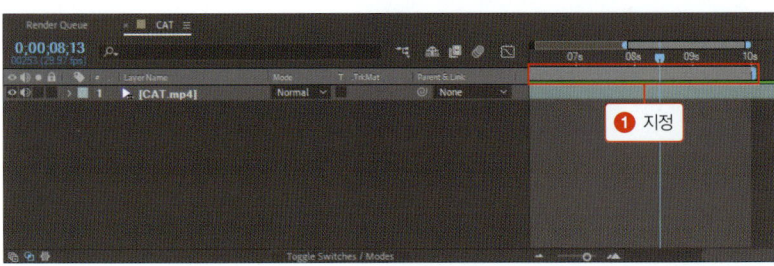
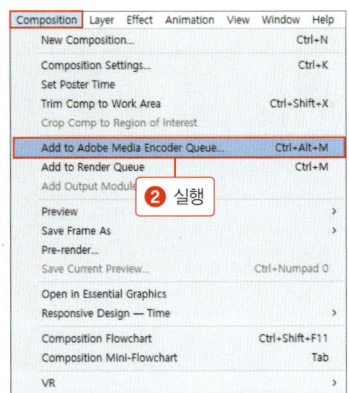

02 어도비 미디어 인코더가 자동으로 실행됩니다.

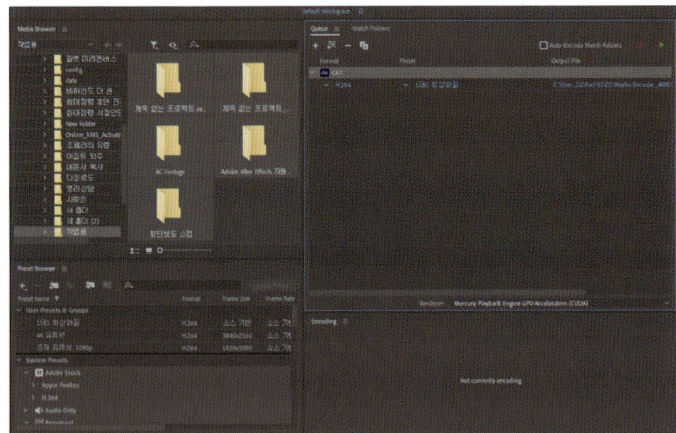

03 대기열(Queue)에 자동으로 AE 포맷이 추가됩니다. 'H.264' 또는 '1대1 최상화질'의 파란색 텍스트를 클릭합니다.

> **TIP**
> 해당 부분은 사용자마다 다른 설정이 표시될 수 있습니다.

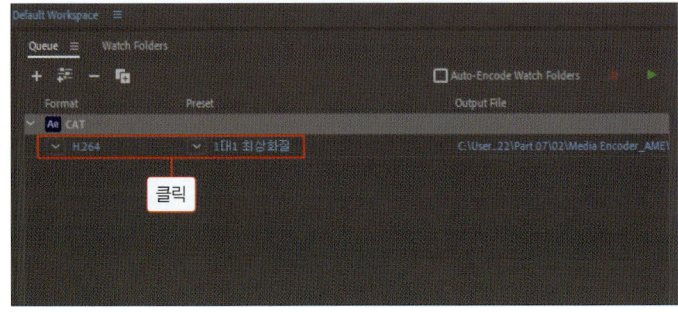

04 Export Settings 대화상자가 표시되면 Format을 'H.264'로 지정합니다.

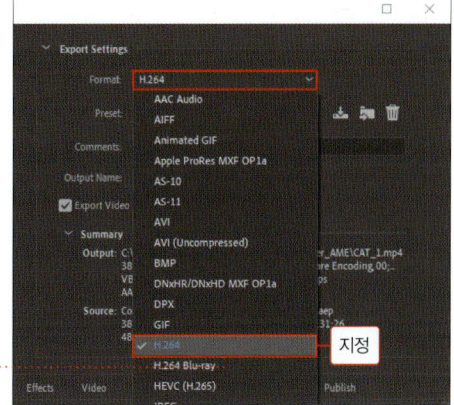

Format 중에 가장 많이 이용하는 포맷은 MP4(H.264)입니다.

05 (Video) 탭에서 〈Match Source〉 버튼을 클릭해 너비, 높이, 프레임레이트 등을 애프터 이펙트 작업 환경과 일치하도록 설정합니다.

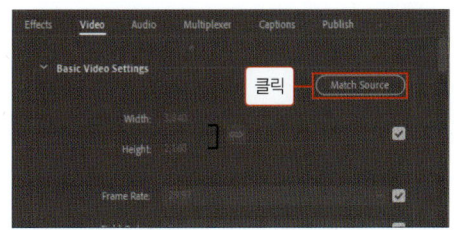

06 ❶ (Video) 탭의 스크롤바를 아래로 드래그하면 표시되는 ❷ Bitrate Settings 항목을 확인합니다.

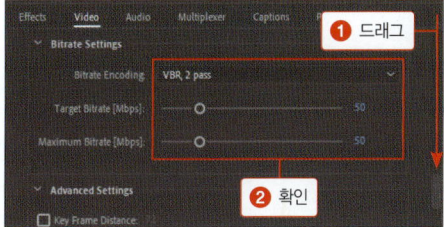

07 ❶ Bitrate Encoding을 'VBR, 2 pass'로 지정하고 ❷ Target Bitrate[Mbps]를 '20', Maximum Bitrate[Mbps]를 '25'로 설정합니다. ❸ 하단에서 예상 파일의 크기를 확인할 수 있으며, 비트 전송률을 설정할 때마다 자동으로 계산하여 예상 파일 크기를 알려 줍니다. ❹ 'Use Maximum Render Quality'를 체크 표시한 다음 ❺ 〈OK〉 버튼을 클릭합니다.

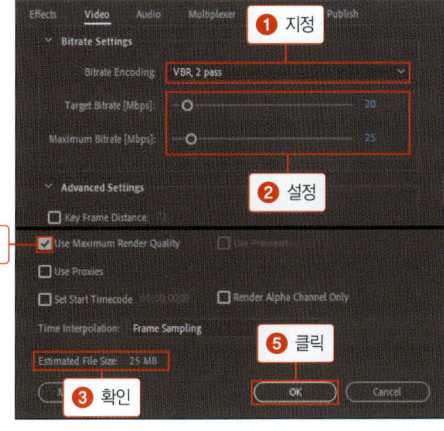

TIP
Bitrate는 재생하는 컴퓨터 환경에 맞추어 설정해야 합니다. 너무 크게 설정하면 저사양 노트북에서는 끊기는 현상이 발생할 수 있으며, 너무 작게 설정하면 화질이 저하될 수 있습니다.

08 오른쪽 출력 파일 경로가 표시되는 파란색 텍스트를 클릭합니다.

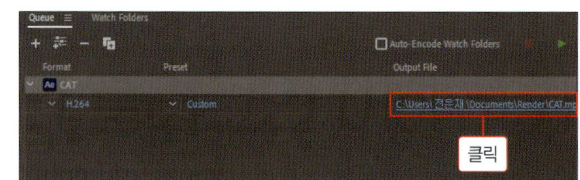

09 Save As 대화상자가 표시되면 ❶ 저장 경로, ❷ 파일 이름과 형식을 지정한 다음 ❸ 〈저장〉 버튼을 클릭합니다.

10 'Start Queue' 아이콘(▶)을 클릭하면 인코딩이 진행됩니다.

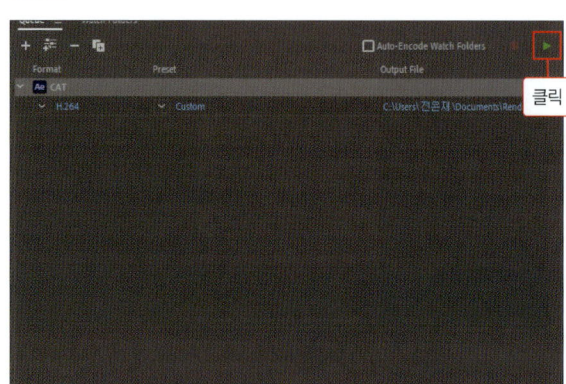
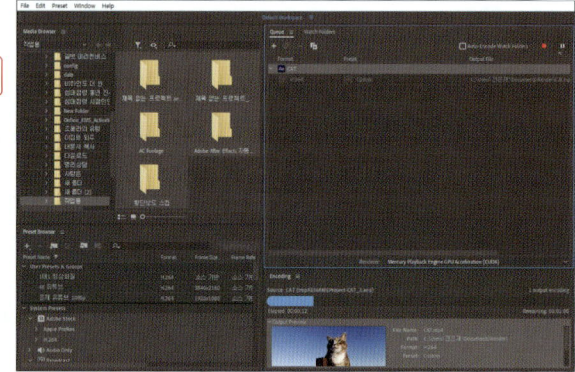

▲ 인코딩이 진행 중인 모습

11 저장 위치에 'CAT.mp4' 파일이 만들어집니다.

실습예제 07 | 어도비 미디어 인코더로 무압축 고화질 영상 만들기

어도비 미디어 인코더로 화질이 좋은 무압축 고화질 영상을 출력해 봅니다.

◎ 예제파일 : 07\Media Encoder.aep

01 새 프로젝트를 만들고 07 폴더에서 'Media Encoder.aep' 파일을 불러옵니다. ❶ Timeline 패널에서 Work Area의 시작 점과 끝 점을 지정한 다음 ❷ 메뉴에서 (File) → Export → Add to Adobe Media Encoder Queue를 실행합니다.

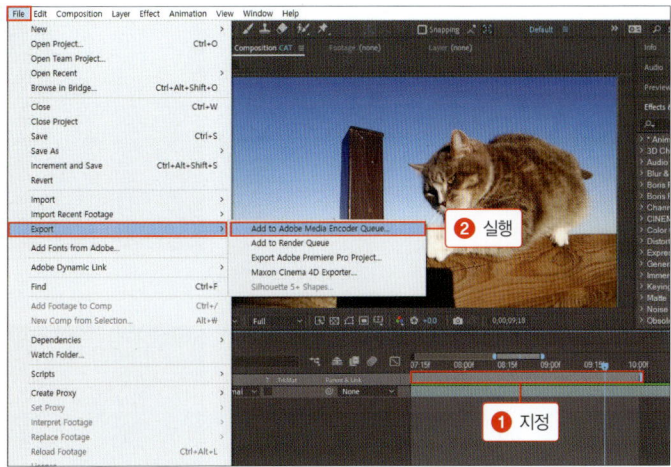

02 어도비 미디어 인코더가 자동으로 실행됩니다.

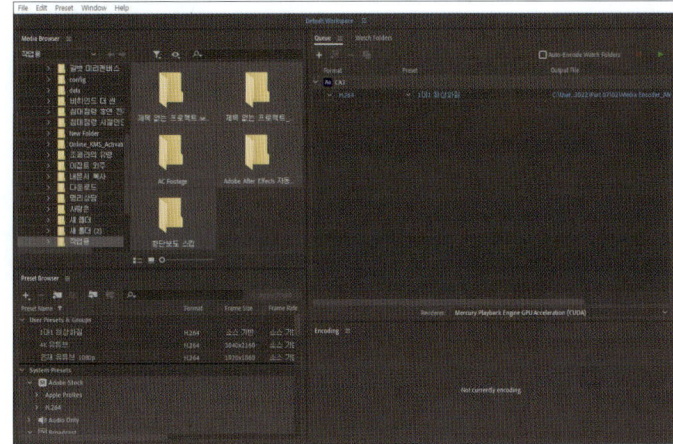

03 대기열(Queue)에 자동으로 AE 포맷이 추가됩니다. 'H.264' 또는 '1대1 최상화질'의 파란색 텍스트를 클릭합니다.

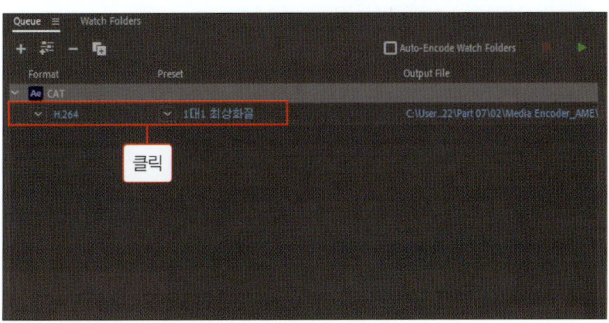

TIP
해당 부분은 사용자마다 다른 설정이 표시될 수 있습니다.

Chapter 02 · 렌더링으로 작업 마무리하기   457

04 Export Settings 대화상자가 표시됩니다.

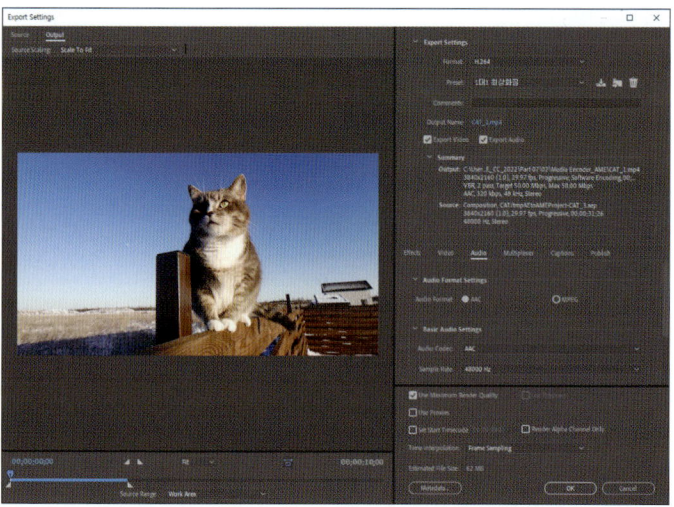

05 Export Settings 대화상자에서 ❶ Format을 'QuickTime'으로 지정하고 ❷ Preset을 'Apple ProRes 422'로 지정합니다.

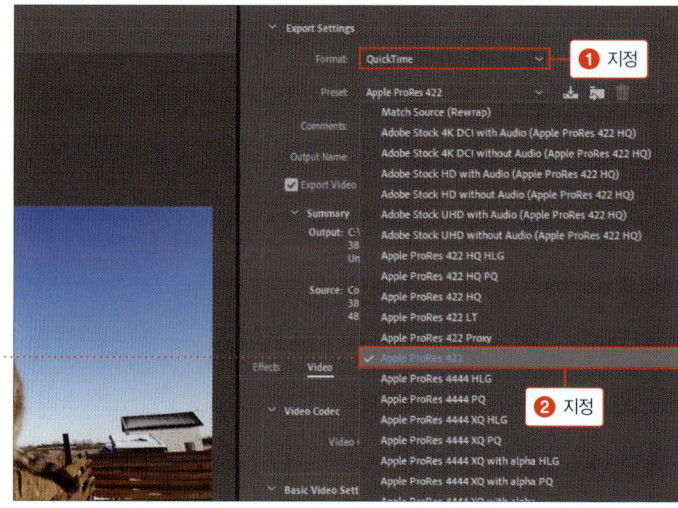

> CC 2019 버전부터 지원하는 'Apple ProRes 422'는 방송국에서도 사용하는 Preset입니다.

06 (Video) 탭에서 〈Match Source〉 버튼을 클릭해 너비, 높이, 프레임레이트 등을 애프터 이펙트 작업 환경과 일치하도록 설정합니다.

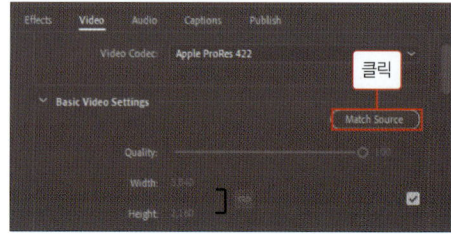

07 ❶ 'Use Maximum Render Quality'를 체크 표시한 다음 ❷ 〈OK〉 버튼을 클릭합니다.

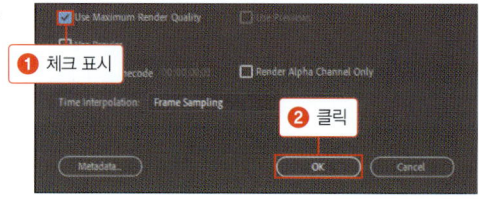

08 ❶ 출력 파일 경로가 표시되는 Output File의 파란색 텍스트를 클릭합니다. Save As 대화상자가 표시되면 ❷ 저장 경로, ❸ 파일 이름과 형식을 지정한 다음 ❹ 〈저장〉 버튼을 클릭합니다.

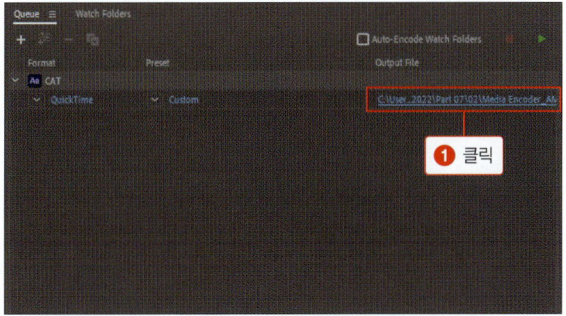
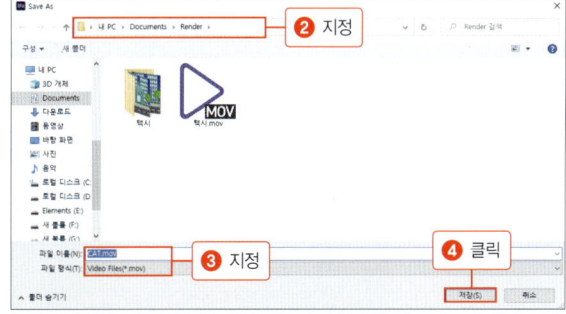

09 'Start Queue' 아이콘(▶)을 클릭하면 인코딩이 진행됩니다.

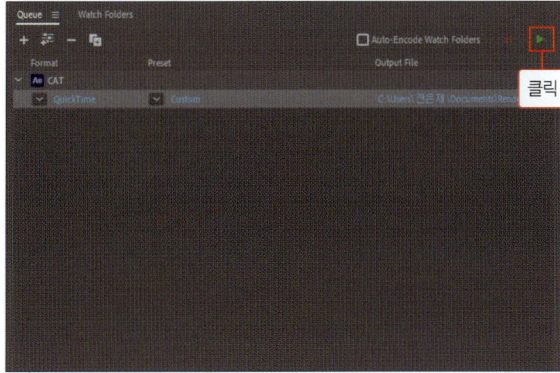
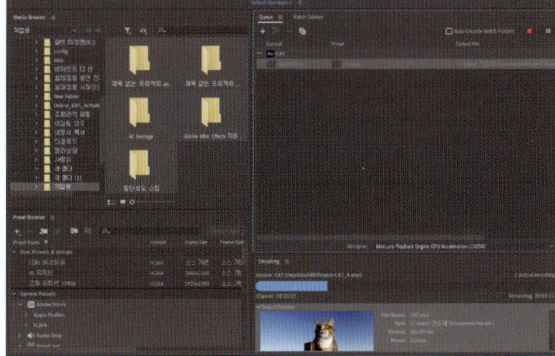

▲ 인코딩이 진행 중인 모습

10 저장 위치에 'CAT.mov' 파일이 만들어 집니다. 전 과정에서 만든 'CAT.mp4' 파일과 비교하면 크기 면에서 큰 차이를 보입니다. MOV 형식은 화질이 상대적으로 뛰어나지만 용량이 크기 때문에 용도와 컴퓨터 사양에 맞게 출력하는 것이 중요합니다.

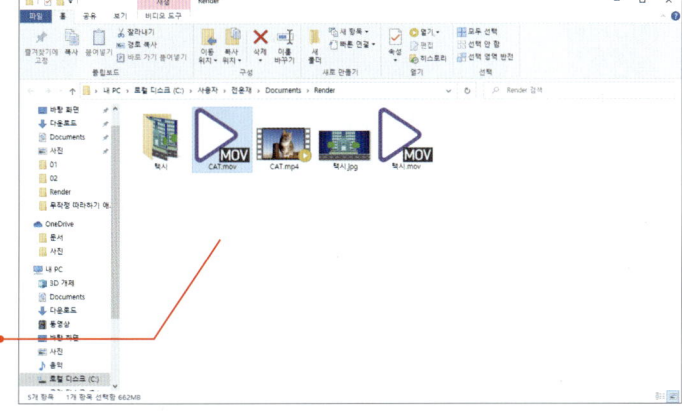

이처럼 다양한 렌더링과 인코딩 방식을 통해 애프터 이펙트의 결과물을 만들 수 있습니다. 사용 환경과 이후 작업 방향에 따라 선택하여 렌더링을 진행합니다.

혼자 해 보기

서드파티 플러그인으로 영상 만들고 고화질 영상으로 렌더링하기

1
430쪽 참고

Animation Composer로 움직이는 텍스트 상자를 만들어 보세요.

예제파일 AnimationComposer.mp4　완성파일 AnimationComposer_완성.aep
해설 동영상 07\7-1.mp4

> **Hint** Hint. Animation Composer 3 실행하기 → 'Youtube Subscribe 1' 검색하고 더블클릭하기 → Timeline 패널의 'Youtube Subscribe 1' 레이어에서 마우스 오른쪽 버튼 클릭해 Time Stretch 실행하기 → 속도 '50%'로 지정하기 → 소스 위치와 크기 조절하기

2
449쪽 참고

Quick Time Animation(Mov)의 고화질 영상으로 렌더링하세요.

예제파일 QuickTimeRender.mp4　완성파일 QuickTimeRender_완성.aep
해설 동영상 07\7-2.mp4

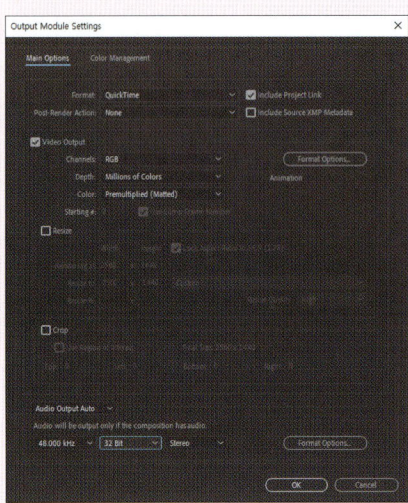 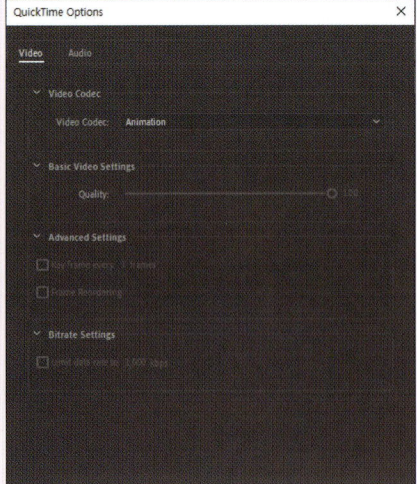

> **Hint** Render Queue 실행하기 → Format을 'QuickTime'으로 지정하고 〈Format Options〉 버튼 클릭하기 → Video Codec을 'Animation'으로 지정하고 렌더링하기

찾아보기

A

Active Camera	377
Adaptive Resolution	73
Adaptive Sample Limit	144
Add	191, 232, 360
Add Grain	285, 288
Add Vertex Tool	51, 186
Advanced	265, 333
Advanced Lightening	273
Aescripts	425
All Caps	323
All Panels	53
All Transform Properties	333
Always Preview This View	72
Ambient	392
Amount	334
Anchor Point	111
Animate	332
Animation	48, 53
Animation Composer	426, 429
Application	286
Apply To	132
Arithmetic	250
Audio	45
Audio 패널	55
Audio Layer	275
Audio Spectrum	278
Auto Bezier	155, 166
Auto Color	253
Auto-Open Panels	52
Auto-Orient	130

B

Back	378
Based on	334
Based On	334
Baseline Shift	322
Bevel Edges	293
Bezier	155
Blend	274
Blending Mode	264
Blend with Original	251
Blur	245
Blur Dimensions	245
Blurriness	245
Boris FX	427
Bottom	378
Brightness	254
Brush Tool	51

C

Camera Lens Blur	248
Camera Settings	388
Capture speed at	123
Cartoon	301
Cast Shadows	393
CC Cylinder	293
CC Glass Wipe	308
CC Grid Wipe	306
CC HexTile	300
CC Jaws	305
CC Kaleida	300
CC Lens	263
CC Line Sweep	305
CC Rainfall	243
CC Snowfall	243
CC Sphere	294, 297
CC Spotlight	293
CC Toner	254
CC Twister	305
Center	264
Center text	324
Change	255
Change By	255
Change to Color	255, 257
Channel	250, 251, 256
Channel Combiner	250
Channel Control	256
Channel Range	256
Character	320
Character 패널	55
Character Offset	333
Character Value	333
Circle	273
Classic Color Burn	231
Classic Color Dodge	232
Classic Difference	234
Clone Stamp Tool	52
Closed	356
Close Other Panels in Group	59
Close Panel	59
Color	53, 235
Colorama	254
Color Burn	231
Color Correction	253
Color Dodge	232
Colorize	256
Columns	59, 82, 84
Composite On Original	275
Composition	44, 47, 56, 71, 85
Composition 패널	71
Composition Flowchart	72
Composition Mini-Flowchart	83
Composition Settings	72, 82
Content-Aware Fill	208
Continuous Bezier	155
Contrast	253, 254
Convert to Bezier Path	356
Convert Vertex Tool	51, 186
Correction	334
Create a new Composition	60
Create a new Folder	60
Create Nulls From Paths	204
Curves	255, 256, 259
Custom View 1~3	378

D

Darken	193, 231
Darker Color	231
Delete selected project items	61
Delete Vertex Tool	51, 186
depth of field	389
Detail Radius	301
Detail Threshold	301
Difference	193, 234
Dimensions	133
Distort	263
Divide	234

Dolly to Cursor Tool	50	File	46, 62	Hue	235, 256
Dolly Tool	50	Fill	360	Hue Interpolation	275
Dolly Towards Cursor Tool	50	Fill Color	333	Hue/Saturation	256, 261
Drops	244	Fill Options	349		
Drop Shadow	294	Fine Tuning	287		
Duration	86	Flash FX Pro	428		

I

		Flow Right/Left to Left/Right	72	Import	62
		Font Family	320	In	86
		Font Size	321	Indent first line	325

E

		Font Style	320	Indent right margin	325
Easy Ease	166	Footage	64	Influence	163
Easy Ease In	147, 148, 166	Footage 패널	79	Info	45
Easy Ease In/Out	147, 148, 149, 166	Format-H.264	453	Info 패널	55
Edit	46	Framing	265	Inside Color	275
Edit selected keyframes	165	Free Presets For Motion Bro	427	Intensity	393
Edit Speed Graph	161	Free Transform Points	356	Interpret Footage	60
Edit Value Graph	161	Frequency	133	Intersect	192
Edit Workspaces	53	Frequency bands	275	Invert	251
Effect	47	From	255	Inverted	193
Effect Controls	44	Front	377	Iris Wipe	305
Effect Controls 패널	55	FXMonster	428		

J

Effects	53			Jagged	133
Effects & Presets	45			Jitter	274
Effects & Presets 패널	54			Justify last	324

G

Element 3D	428	Gaussian Blur	245		
Ellipse	360	Generate	273		
Ellipse Tool	185	Geometry Options	411, 415		

K

Enable Auto-keyframe	82	Glow	300		
Enable Frame Blending	72, 82	Gradient Fill	360	Kerning	321
Enable Motion Blur	72, 82	Gradient Stroke	360	Keyframe	110
Enables Frame Blending	83	Graph Editor	83, 160	Keyframe Interpolation	154
Enables Motion Blur	83	Grid	76		
End Frequency	275	Group (empty)	360		

L

End Point	275	Group Shapes	356		
Eraser Tool	52	Guides/Rulers	76		
Essential Graphics	53			Label	85
Exclusion	234			Layer	47, 84
Expression	138			Layer 패널	79
Eyedropper	320			Layer Name/Source Name	85

H

		Hand Tool	50	Leading	321
		Hard Light	233	Learn	53
		Hard Mix	233	Left	377

F

Fake 3D	407	Help	49	Left align text	324
Falloff	393	Hide Shy Layers	82	Levels	253
Fast Previews	73	Hides Shy Layers	83	Libraries	45, 53
Fast Previews Preferences	74	Hide This	88	Lighten	192, 232
Faux Bold	322	Hold	165	Lighter Color	232
Faux Italic	323	Home	44, 50		
Feather	264	Horizontally Size	322		

Lightness	256	
Light Options	391	
Line Anchor	333	
Linear	155, 165	
Linear Burn	231	
Linear Dodge	232	
Linear Gradient	349	
Linear Light	233	
Line Spacing	333	
Link	264	
Live Update	82	
Lock Dimensions	334	
Luminosity	235	

M

Magnification	264
Magnification ratio popup	72
Magnify	264, 266
Magnitude	133
Marker	85
Mask	184
Mask Expansion	196
Mask Feather	195
Mask Feather Tool	51, 186
Mask Opacity	196
Mask Path	194
Mask Tool	51
Maximum Height	275
Merge Paths	360
Mesh Warp	339
Method	265
Min Amount	334
Minimal	53
Minimax	251
Mirror	264, 268
Mister Horse	426
Mocha Pro	427
Mode	85
Motion Blur	145
Motion Bro	427
Motion Bro Free Preset	439
Motion Sketch	123
Motion Tracking	53
Multiply	231

N

Noise	285
Noise Type	133
No Motion	265
None	191, 349
Nulls Follow Points	207

O

Off(Final Quality)	73
Offset Paths	361
Opacity	111, 117, 264
Orbit Around Cursor Tool	50
Orbit Around Tool	50
Out	86
Output File	453
Output Module-Loseless	445
Output To	445
Outside Color	275
Overlay	233

P

Paint	53
Pan Behind Tool	51
Panel Group Settings	59
Pan Tool	50
Paragraph	324
Parallel	391
Parent	140
Parent & Link	85
Path	184, 360
Pen Tool	51, 186
Perspective	265, 293
Pin Light	233
Point	392
Points Follow Nulls	207
Polygon Tool	185
Polystar	360
Position	111
Preset	286
Preset-1대1 최상화질	453
Preview	45
Preview 패널	54
Preview Region	286
Preview Time	77
Primary Viewer	72

Project	44, 56
Project 패널	59
Project Flowchart	61
Project Settings	59
Proportional Grid	75
Pucker & Bloat	362
Puppet Advanced Pin Tool	52
Puppet Bend Pin Tool	52
Puppet Overlap Pin Tool	52
Puppet Pin Tool	52
Puppet Position Pin Tool	52
Puppet Starch Pin Tool	52

Q-R

Queue in AME	445
Radical Gradient	349
Radio Waves	274
Randomize Order	334
Random Seed	334
Range	335
Rectangle	360
Rectangle Tool	185
Rectified Audio Waveforms	82
Reflection Angle	264
Reflection Center	264
Region of Interest	75
Remove Grain	287, 291
Render	445
Renderer	453
Render Queue	444
Render Settings-Best Settings	444
Render Time pane	86
Repeat Edge Pixels	245
Repeater	362, 363
Reset Exposure	77
Resolution	73
Result	265
Retain Layer Sizes	65
Reveal Composition in Project	82
Right align text	324
Right to right/left text direction	325
Rotation	111
Rotation Tool	51
RotoBezier	356
Roto Brush Tool	52
Round Corners	362
Rounded Rectangle Tool	185

S

Saber	426, 433
Sampling	287
Saturation	235, 256
Scale	111, 114
Scene Depth	244
Screen	232
Selection Tool	50
Selector	333
Select view layout	78
Sequence	67
Set First Vertex	356
Shadow Color	294
Shadow Darkness	393
Shadow Diffusion	393
Shadow Only	294
Shape	264, 356
Shape Fill Color	350
Shape Stroke Color	350
Sharpen	245
Show	124
Show 3D View Labels	72
Show Cache Indicators	82
Show Composition Navigator	72
Show Snapshot	77
Shutter Angle	143
Shutter Phase	143
Silhoutte Alpha	236
Silhoutte Luma	236
Size	244, 264
Small Caps	323
Small Screen	53
Smoothing	123
Smooth Motion	265
Smoothness	334
Soft Light	233
Softness	255
Solid Color	349
Source Text	326
Spatial Interpolation	154
Spatial Path	132
Spatial Phase	334
Speed	244
Speed Graph	162
Spherize	263
Spot	391
Spread	244
Standard	53
Start Capture	124
Start Frequency	275
Star Tool	185
Start Point	275
Start Queue	453
Stencil Alpha	235
Stencil Luma	235
Stop Queue	453
Stop Watch	110
Stretch	86
Stroke	310, 360
Stroke Color	333
Stroke Options	349
Stroke Width	321, 333
Stylize	299
Subscript	323
Subspace Warp	265
Subtract	192, 234
Superscript	323
Switches	85

R

Take Snapshot	77
Temporal Graph	132
Temporal Interpolation	154
Temporal Phase	334
Text	53
Thickness	275
Thumbnail Transparency Grid	59
Timecode	83
Time Indicator	83
Timeline	45
Timeline 패널	81
Title/Action Safe	75
Toggle Transparency Grid	74
Toggle Viewer Lock	71
Tolerance	255
Tools	44
Tools 패널	50
Top	378
Trace Path	207
Tracking	333
Transfer Controls pane	86
Transform	120
Transition	304
Transparency Grid	72
Trim Paths	362, 366
TrkMat	85
Tsume	322
Turbulent Displace	263
Tweaking	286
Twist	362
Type Tool	51

U

Undock Panel	59
Units	334
Unsharp Mask	287
Use Keyframe Icons	82
Use Keyframe Indices	83
Use Legacy	254

V

V/A Features	85
Vertically Scale	322
Video Copilot	426, 428
Videohive	424
View	48
Viewing Mode	286
View Options	72
Vivid Light	233

W

Warp Stabilizer	265, 271
Wiggle Paths	362, 369
Wiggler	132
Wiggles/Second	334
Wiggle Transform	362
Wiggly	334
Wind	244
Window	49
Wireframe	73
Work Area	83